佐藤長門［編］

SATO Nagato

古代東アジアの仏教交流

勉誠出版

序言

従来、日本古代の仏教受容やその後の展開に関しては、日唐・日済関係などという二国間の交流史に焦点をあてて考究するのがほとんどで、その傾向は中国・韓国の学界もほぼ同じと考えてよいだろう。しかしそれでは、同じく中国から仏教を受容したはずの日本と新羅・高麗が、なぜ九世紀以降になると日本では密教が、朝鮮半島では禅宗がそれぞれ〝新仏教〟として王権や支配層に受け入れられていくのかなどという論点は、はじめから分析の対象にすらなり得ず、世界宗教としての仏教のダイナミズムもほとんど希薄化してしまうことになる。

もちろん、古代の北東アジア諸国が仏教を受容した理由は、第一義的には国内的な要件に帰結する。したがって右の疑問についても、まずは受容する側の国内問題から探求すべきで、それを〝一国史〟的考察と批判するのは的外れであろう。対外関係や国際交流にかかわる問題をあつかう場合でも、それをどの視点・立場から検証するのかを曖昧にしたままの行論では方向性が定まらず、客観性にはほど遠い〝根なし草〟的な分析におちいる危険性が多分にある。ただし仏教が外来文化・宗教であったことも事実であり、その受容に際し導入元である中国の宗教事情や政治状況、社会の発展段階などが影響するのはもちろん、人物や物品の移動にかかる海上交通の様相によっても受容の中身が大きく変動することは言を俟たないのであって、仏教導入の状況を検討する際には対外交流史からの分析が欠かせない視角となる。

本書では右の論点も含め、九世紀以降の東アジア仏教が日本・中国・朝鮮半島でそれぞれどのように展開していったのかを解明する第一歩として、とかく二国間の交流史に傾斜しがちであった研究状況に風穴をあけることをめざし、北東アジアを構成する各国の仏教事情を十全に理解したうえで、それらを比較史的に検討するためのスタートを切りたいと考えている。しかし現在に至っても、中国・韓国等における仏教の最新研究が日本に紹介され、その情報が〝共有〟されることはほとんどなく、また仏教史以外の政治史・社会史などの研究者が課題解明のために協力したという話もあまり聞いたことがない。各国における研究の交流と相互理解はこれからますます必要になってくると思われるが、本書は不十分ながらも東アジア諸国の研究者をつどって実施した共同研究の試みである。

ここに収めた論考の概要については以下に記した通りであるが、本書はその内容から二部構成とし、第一部では東アジア各国の仏教事情と推移を中心に、第二部では日本仏教の変遷と交流を中心に、それぞれ所与の課題解明に取り組んでいる。

「第一部　交差する東アジア仏教」では、古代の東アジア世界における仏教の展開と交流について、日本・中国・朝鮮諸国それぞれの視点から考察する。張全民論文「隋唐長安城の仏寺遺跡と遺物」は、膨大な数にのぼる隋唐期の長安城内寺院のうち、現在までに発掘された遺跡や出土遺物を整理分析し、それらを文献史料と校合するなどして寺名比定をおこなう。王海燕論文「杭州における入宋僧成尋の仏教的交流活動」は、入宋当初の成尋が杭州の仏教界と積極的に交流しなかったのは、杭州仏教の情報を持っていなかったからで、情報量が増えるにつれて両国仏教の可視的・事相的（実践的）な違いに関心を抱いたことを述べる。岡野浩二論文「**中国と日本の国家仏教**」は、日本の仏教統制は唐以前の王朝の仏教政策を取り入れたと考えるべきで、寺額の頒布や特恩度、俗講や普通院など日本が導入しなかったか未発達な制度もあり、授戒制度も日唐間で異なっていたことを論じる。田中史生論文「**古代東アジアの仏教と民間の国際交易**」は、東シナ海交易の拠点であった舟山群島での観音信仰などを例に、仏教はその地域の特性に応じた柔軟性・多様性を有し、広域的な交易世界をつなぐ役割を果たしていたとする。山崎雅稔論文「**新羅仏教の展開と特質**」は、新羅仏教は真興王代に本格的に弘まって護国宗教として機能し、中代には帰国した留学僧を開祖とする宗派が成立したが、下代になると末法意識が広がり、弥勒信仰が群雄の勢力拡大にも利用されたことを指摘する。趙明済論文「**九〜十三世紀における韓国仏教史の展開と特徴**」は、新羅・高麗の留学僧によって九世紀後半以後に中国・江南地域で学ばれた禅宗は、十一世紀には高麗の官僚制的支配を受けて弱体化し、十二世紀には北宋禅を取り入れて再整備がなされたものの、武臣政権以後は南宋禅との直接交流が切断されていたことを考察する。

「**第二部　東アジアのなかの日本仏教**」では、主に平安期以降の日本仏教が東アジア世界との関連において、どのように展開していったのかを検討する。上川通夫論文「**平安仏教の展開と転形**」は、古代仏教から中世仏教への転換について、民衆が仏教を意志的に導入したことに加え、日本列島各地の山寺が宋仏教を導入・継承する拠点として機能し、東アジア世界ともつながっていたことを指摘する。佐藤長門論文「**日本古代における密教の受容過程**」は、最澄・空海の密教授学は偶発的なものであったが、最澄が帰国すると新たな護国呪法として密教が受け入れられ、空海も最澄の結縁灌頂以後に王権の帰依を受けたことを述べる。柳田甫論文「**『入唐五家伝』の編纂とその意義**」は、真言宗内における東寺の独自性・優位性を主張するため、賢宝によって至徳二年以降に真言宗関係の入唐僧の家伝を編纂したものが『入唐五家伝』であったとする。柿島綾子論文「「宗長者」呼称の成立と三十帖策子事件」は、真言宗教団内を東寺中心に再編しようとした観賢が十世紀初頭に「宗長者」の呼称を創出し、その過程で空海が著した『三十帖策子』の東寺所蔵も定まったことを論じる。笹生衛論文「律令期の祭祀・儀礼と官衙・寺院・集落」は、貴重品を供出して罪を贖う伝統的形態に道教由来の個人信仰が一体化していく祓の変化の背景に、国分寺を核とする地域の信仰ネットワークが深くかかわっていたことを説く。また礪波護氏には、「入唐僧と旅行記」と題して特別寄稿をいただいた。

本書の刊行によって、当初われわれが設定していた課題がすべて明らかになったわけではなく、また各国の研究状況が十全に理解できたわけでもない。東アジア仏教の変遷過程を解明するため、各国研究者と連携して共同研究をおこなう必要性は、今後ますます増えていくだろう。本書の刊行がその一助になれるのならば、望外の喜びである。なお本書は、二〇一五年(平成二十七)一月二十五日に、國學院大學(渋谷キャンパス)の学術メディアセンター・常磐松ホールで開かれた国際シンポジウム「古代東アジアの仏教交流」での報告やコメントを論考化し、それに関連するいくつかの論文を新たに加えたものである。

佐藤長門

目次

第二部　東アジアのなかの日本仏教

第一部　交差する東アジア仏教

隋唐長安城の仏寺遺跡と遺物

張　全民
（王　海燕
金子修一　訳）

はじめに

隋唐時代は中国古代における仏教発展の全盛期にあたり、長安城では仏寺の建立がもっとも盛んで、当時の仏教の中心でもあった。隋唐の長安城の仏寺は数が多く、規模も宏大で、総計一一〇坊のほとんどに寺が分布している（図1）。唐代の韋述『両京新記』(1)にもとづく北宋代の宋敏求『長安志』(2)には僧寺六四、尼寺二七とあるが、この数字には天宝年間（七四二〜七五六）以後に増えた寺院の数は入っていない。清代の徐松『唐両京城坊考』(3)によると、長安城には僧寺が八一、尼寺が二八あった。(4)小野勝年氏は、大量の古典文献を調べたうえで、『中国隋唐長安・寺院史料集成』(5)を著した。この書の統計によれば、隋唐の長安城内には総計一二二寺あり、その内訳は僧寺九三、尼寺二九であった。その後の文献整理の進展や碑文の新発見、および考古学の発掘にともなって、長

図1　唐長安城における寺院と道観の配置図（史念海主編『西安歴史地図集』（西安地図出版社、1996年）参照）

安城における寺院の実数はさらに増えているであろう。当然、これらの寺院には隆興も廃毀もあり、すべての寺が同時に存在したわけではない。寺院の興廃や改称などの原因を鑑みれば、隋唐時代の長安における寺院の実数に関して、より一層の詳細な考証をおこなう必要がある。以下本稿では、中華人民共和国の成立以後に発掘された隋唐時代における長安城内の寺院遺跡と出土遺物について紹介していく。なお、隋唐の長安の皇城や宮城にも郊外にも多くの寺院が置かれたが、本稿では割愛する。

一、仏寺の探査と発掘

発掘調査された隋唐長安の寺院は少なく、積善尼寺・青竜寺・西明寺・実際寺・慈恩寺・清禅寺・醴泉寺・薦福寺・大荘厳寺・大総持寺などだけで、かつ局所的な発掘と探査のみがおこなわれており、詳細な発掘資料はほとんど公開されていない。ここでは、これらの発掘資料についてまとめて紹介したい。

1、積善尼寺遺跡

一九五六年八月十四日、西安の土門村の南にある遺跡の発掘調査で、泥塑の釈迦仏像・菩薩像が出土した。崩れた壁画の残址のなかにも、壁画中の多くの仏像の絵をみいだすことができた。また、石彫の仏像・菩薩像・武士像三八〇体強も出土し、そのなかには「大唐善業泥」等の文字があった。(6)

土門村は唐代の開遠門にあたり、開遠門内の南は義寧坊に相当する。『両京新記』によれば、義寧坊の北西隅には積善尼寺が所在したとあることから、この寺院遺物は唐代の積善尼寺のものとみられている。(7)

2、青竜寺遺跡

青竜寺遺跡は雁塔区鉄炉廟村の北の高地上にあり、唐長安・新昌坊の東南隅の楽遊原に相当している。青竜寺のもとの寺名は霊感寺で、隋の開皇二年（五八二）に創建された。唐の武徳四年（六二一）に一旦廃されたが、龍朔二年（六六二）に観音寺として復興し、景雲二年（七一一）に青竜寺と改名したものの、会昌五年（八四五）にふたたび廃寺に遭って「内園」となった。翌年（八四六）に修復されて護国寺と改称したが、人々は依然として青竜寺と呼んでいた。盛唐以後の青竜寺は密教の主要道場として、日本や新羅などの国々から長安に留学してきた僧侶らが多数訪れて修学しており、東アジアにおける仏教文化交流の重要な拠点であった。日本の「入唐八家」に数えられる僧侶のうち、空海・円行・円仁・恵運・宗叡・円珍の六人は青龍寺で法を受けたことがあり、なかでも空海は恵果の伝授をえて帰国し、真言宗を創建していわゆる「東密」の開祖となった。新羅の僧侶慧日も恵果を師として学び、帰国後に密教を広めていった。青龍寺は明の万暦年間（一五七三～一六二〇）に破壊されて残っていなかったが、一九七三年から一九八〇年にかけて、中国社会科学院考古研究所が発掘をおこなった。(8)

青竜寺の規模はもともと新昌坊の四分の一を占め、東西の長さは約五〇〇メートル、南北の幅は約二六〇メートルあったが、現在の寺跡は北部の東西約五〇〇メートル、南北約一二〇～一七〇メートルの高地（図2）にしか残らず、寺の周辺にはなお部分的に囲墻の跡が残存している。北墻の中部には山門の基址ひとつがあり、ごく一部の墻の土台と車輪の痕跡が残っている。青竜寺の東部は地勢がもっとも高く、園林の部分であっただろう。西部には寺のほとんどの建築が集中していたと考えられており、現在並列したふたつの屋敷跡がみつかり、そのなかに塔・殿・回廊などの建築が存在した。青竜寺遺跡では、長方形磚・蓮花紋磚・板瓦・丸瓦（筒瓦）・獣面紋瓦当・蓮花紋瓦当・鴟尾など、多様な磚（煉瓦）や瓦が出土しており、加えて鎏金小銅像・三彩仏像・小陶塔・

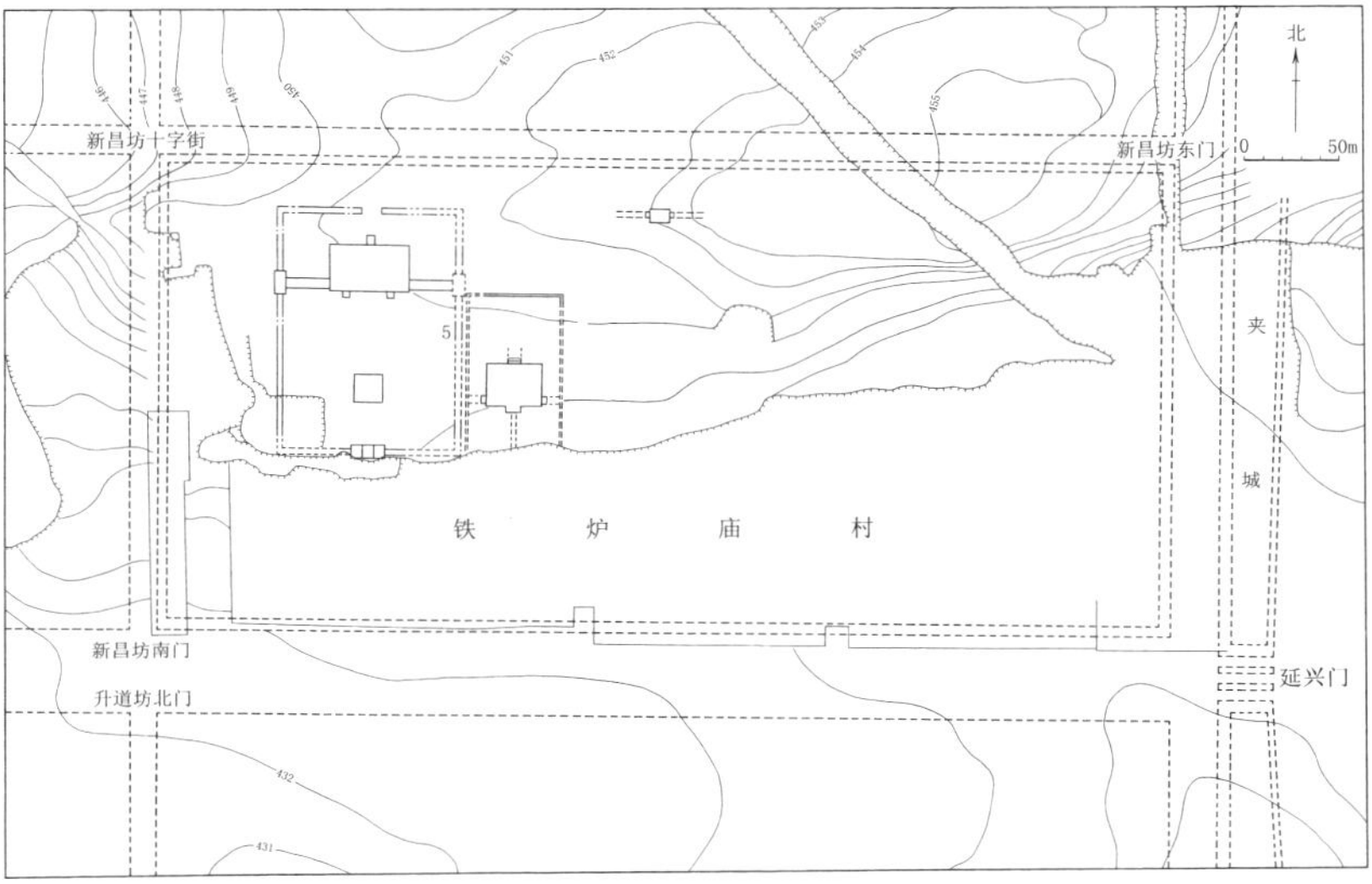

図2　唐青竜寺遺跡の実測図（中国社会科学院考古所西安唐城队『唐长安青竜寺遺址』より）

石経幢・壁画断片、および大和五年（八三一）に杜立秀が立てた石灯なども出土した（図3）。

一九九二年、青竜寺遺跡のうえに唐代様式の建物を造った際、地表から約一・二メートル下にある唐代の文化層より、長さ約九・一メートル、幅約四・五メートル、深さ約二〜二・五メートルの不規則な形の灰坑がみつかり、[9] 唐の中晩期の遺物とみられる多量の磁器破片（「盈」と書かれた珍しい白磁の破片あり）や陶器破片、および少量の磚の破片、瓦の破片など建築部材が出土した。

図3　唐青竜寺遺跡出土の石灯台（中国社会科学院考古所龔国強研究員提供）

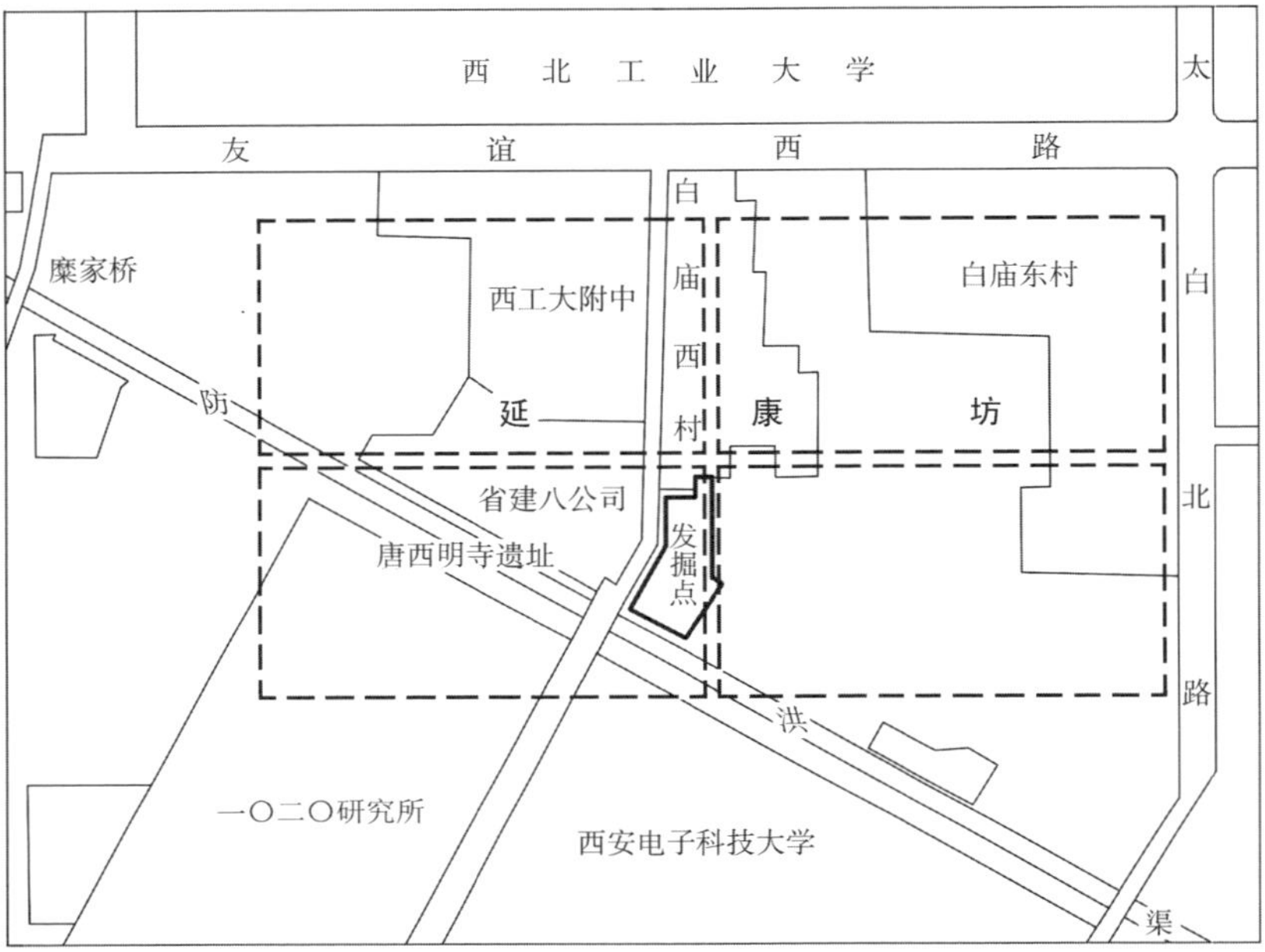

図4　唐西明寺遺跡の発掘位置概念図（安家瑶『唐長安西明寺遺址的考古発現』より）

3、西明寺遺跡

西明寺は碑林区白廟村一帯、すなわち唐長安の延康坊の南西隅にある（図4）。唐の高宗の顕慶元年（六五六）の創建で、大中六年（八五二）に福寿寺と改称し、会昌の廃仏の際にも皇帝の勅で保護を受けた四つの寺院に入る寺であったが、唐末の戦乱で廃寺となった。史料によると、西明寺はインドの精舎を模造した寺院で、豪華な美しさで世に名高く、広さが三五〇歩、周囲が数里、左右に道（衢）が通り、凡そ一〇の院があった。寺内には大殿一三所、楼台廊廡四千区があり、規模は宏大でしかも殿堂は荘厳であり、唐代の有名な皇家の寺院であった。西明寺は中国仏教史および中国と外国との文化交流史において、重要な位置づけを占めている。西明寺では、唐代の名僧、例えば律宗の開祖道宣や法相宗の開祖玄奘、東塔宗の開祖懐素などが弘法したこと、中天竺の高僧善無畏や漢伝密教の祖師不空が密教を広めたこと、また新羅の円測や日本の空海など入唐僧が求法したこともある。さらに日本の平城京の大安寺は西明寺を模して建立されたとあり、一九八五年と一九九二年に中国社会科学院考古研究所の唐城工作隊が発掘をおこなった[10]（図5）。

西明寺遺跡は東西の長さが約五〇〇メートル、南北の幅が約二五〇メートルあり、最東部の屋敷遺跡のみが発掘され、面積が一万平方メートル近く、主要区画と南西院、東南院という三区画に分かれている（図6）。主要区

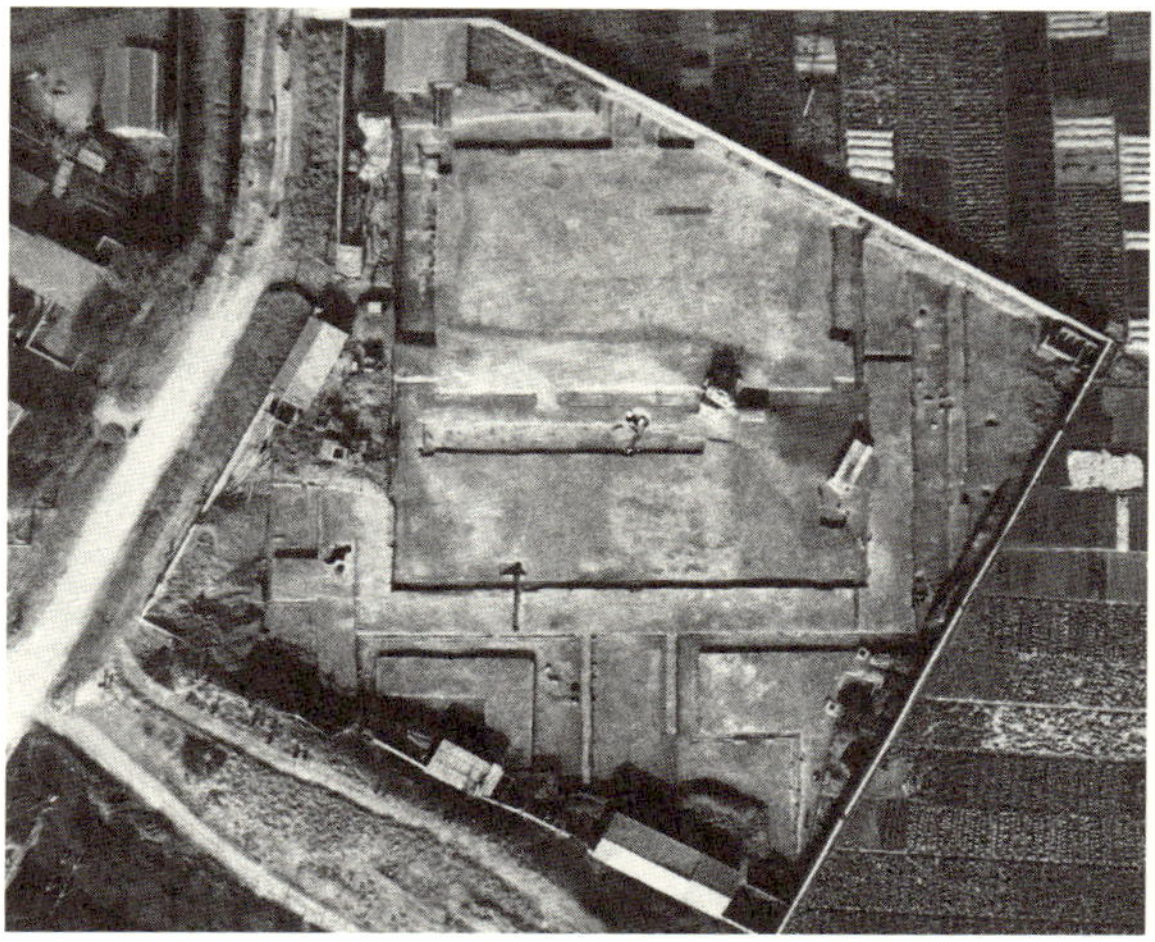

図5　1985年における唐西明寺遺跡発掘区域鳥瞰
（安家瑶『唐長安西明寺遺址的考古発現』より）

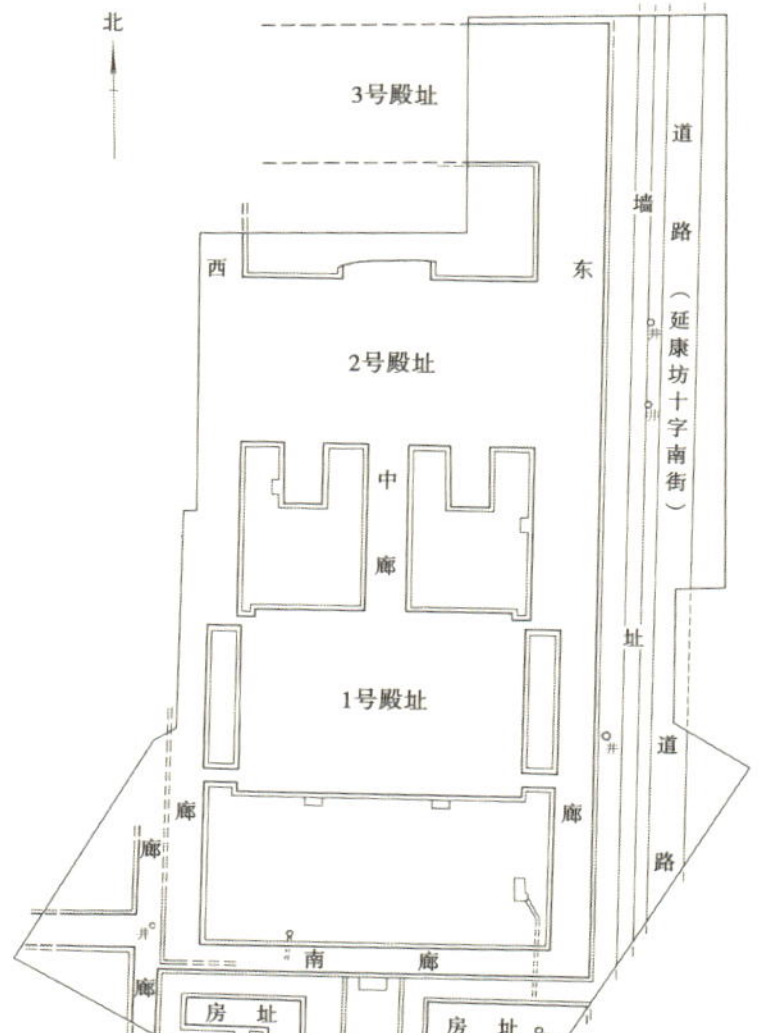

図6　唐西明寺遺跡の全体平面図
（安家瑶『唐長安西明寺遺址的考古発現』より）

図8　西明寺遺跡出土の石製仏頭
（安家瑶『唐長安西明寺遺址的考古発現』より）

図7　西明寺遺跡出土の鎏金銅菩薩像
（安家瑶『唐長安西明寺遺址的考古発現』より）

画の中心やや北寄りに主殿の遺構があり、その土台は版築で平面は長方形、その南に東と西それぞれの踏歩（石段）があり、また主要区画の東・南・西に回廊が設けられ、主殿と回廊との間に庭がある。主殿遺構より南は前院で、石灯・浸透井戸（滲井、地面に溜まった水や汚水などを除去するために地下に掘られた吸水坑）・排水路などの跡が発見された。南回廊の南側には中央の夾道があり、夾道の両側がそれぞれ東南院と南西院である。東南院には版築土台の家屋跡と磚築の円形の井戸跡があり、南西院には一基の建築物の土台跡がみつかり、壁磚や散水と石段（踏歩）などの遺構が残っている。

出土した建築用資材は、縄紋・蓮花紋・無地の長方形・正方形の磚や、光面布紋裏（表が無地、裏が布目）の青板瓦、極めて小さな丸瓦と蓮花紋の灰色瓦当・漆黒色瓦当、および少量の緑色瑠璃瓦当と獣面の鬼瓦と鴟尾などがあり、仏教遺物は鎏金銅仏像・鎏金銅菩薩（図7）・石仏像（図8）・陶仏像、日常用品は「西明寺」という文字の刻まれた石の茶臼と、白磁碗・陶硯の残片・ガラス製魚飾りなどがある。

4、実際寺遺跡

実際寺遺跡は西北大学構内の図書館や賓館の西にあり（図9）、一九八〇年・一九八二年に西北大学賓館と賓館のレストランを建てた際、唐代の寺院の遺物とみられる蓮花紋瓦当・文字付長方形磚・板瓦・石経幢残片・善業泥・束腰形台座残石・貼金菩薩像残片などが出土した。地表から一メートル以下および浸透井戸のなかに多くの石灰製壁の剥落片がみつかり、鮮やかな緑や赤などで彩色されていた。一九八七年十月、西北大学は逸夫図書館を新建するため、紅楼とも呼ばれたもとの二階の行政ビルを解体した。この建物の東部の地下一メートル程度のところに、大きな部屋の室内地面・土製階段・石製敷居など遺跡・遺物が発見されたが、探査や発掘をいずれもおこなわずに遺跡が壊された。一九八九年に留学生寮を建築したときも、地下や浸透坑、浸透井戸から多量の唐代の遺物が出土し、蓮花紋瓦当や蓮花紋方形磚など建築部材と、漢白玉石製経幢頂・黄釉碗・白磁碗・長頸瓶・陶鉢などの残片が姿をあらわした。これらの出土品と遺跡によって、ここが隋唐の実

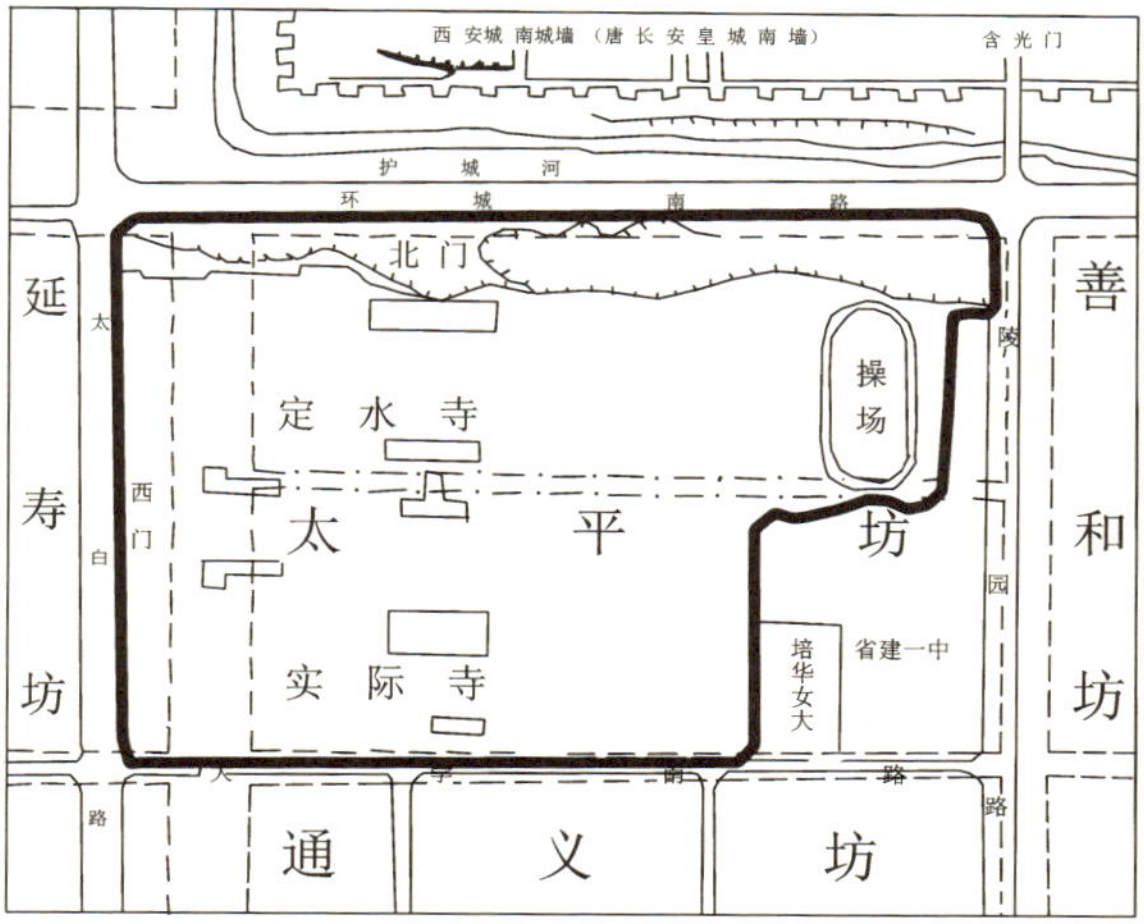

図9　太平坊・実際寺遺跡の位置概念図
（李健超『増訂唐両京城坊考』より）

際寺、すなわち唐の温国寺だろうと推定されている。(11)

『唐両京城坊考』によれば、太平坊の南西隅に温国寺が所在していた。温国寺はもとの実際寺で、隋の太保・薛国公長孫覧の妻鄭氏が宅を喜捨して寺を建立したものであり、景龍元年（七〇七）に殤帝（李重茂）が温王になってから温国寺と改称され、大中六年（八五二）には崇聖寺と改称された。実際寺は浄土宗の寺院で、中国仏教史および中国と外国との文化交流史において重要な地位を有している。寺内の浄土院は京城内でもっとも精妙といわれ、尹琳や呉道玄の絵があった。

5、慈恩寺磚瓦窯遺跡

慈恩寺は唐長安城の最も有名な寺院のひとつで、漢伝仏教の法相（唯識）宗の総本山であり、大雁塔が寺内に建っている。慈恩寺は唐の貞観二十二年（六四八）に、太子の李治が彼の母文徳皇后の追善のために建立した寺院であるため、「慈恩」と名づけられた。慈恩寺は唐長安城の晋昌坊の東半分を占め、隋の無漏寺の跡でもある。寺は林泉形勝なところに建てられ、寺内には「重楼複殿、雲閣洞房」と表現される一〇余りの屋敷からなり、殿堂と坊舎が合わせて一八九七軒という、規模が非常に広大で、かつ極めて荘厳華麗なものである。寺院が完成した後、太子の李治は玄奘法師を最初の住職に招いた。玄奘が慈恩寺で一一年間にわたって仏経を翻訳したため、慈恩寺は長安城における三大訳経道場のひとつになり、また玄奘による法相宗の創立地で法相宗の総本山でもあった。永徽三年（六五二）、玄奘法師はインドから齎した経典を保存するため、寺内の西院に表面に磚、内面に土で五層の仏塔を建立することを皇帝に申し出た。長安年間（七〇一～七〇四）、それを七層の方形楼閣式の磚塔に改修したのが現在の大雁塔であり、塔の高さは六四メートルで、第一層の南の拱門の両側には唐の太宗撰『大唐三蔵聖教序』と高宗撰『述三蔵聖教序記』という、いずれも唐の著名な書道家の褚遂良が書いた二基の石碑が嵌っている。唐代の新進士たちは曲江宴の後、名声を誇るために慈恩塔に上って壁に自分の名前を書き付けた。殿堂には仏教壁画が飾られ、有名な閻立本・呉道子・尉遅乙僧・鄭虔・王維などの真筆がある。元果院と太真院は、牡丹の名所として長安の有名な場所である。寺内の大殿の前に南池があり、育てられている蓮の花も有名であった。また寺内には長安城の最大の劇場があり、「長安戯場多集於慈恩」といわれるように、帰ることを忘れそうなところであった。

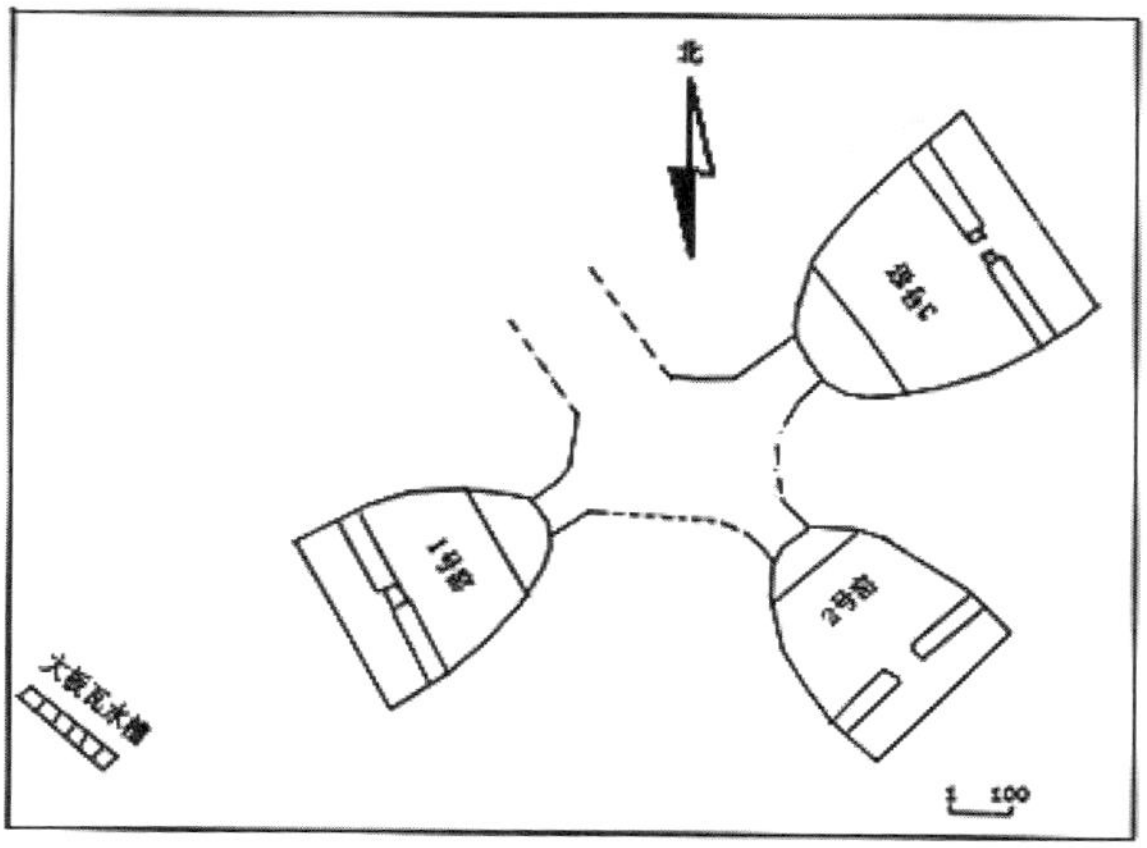

図10　慈恩寺の窯室分布平面図
（韓保全『西安慈恩寺内的唐代磚瓦窯址』より）

一九八三年五月、慈恩寺の修復工事中に唐代の磚瓦窯遺跡がみつかり、西安市文物管理委員会はすぐに人を派遣し、考古学的整理をおこなった。[12] この窯址は慈恩寺大殿の北の道の西側にあり、北に大雁塔の土台まで距離は二〇メートルである。長さ三メートル、幅二メートルの長方形竪穴のなかに、三つの窯室が「品」字形のように並び（図10）、竪穴の三つの隅には窯門があり、ほかのひとつの隅には一条の斜面坑道が設けられていた。出土品には、唐代のものとみられる一般的な縄文紋条磚や丸瓦・板瓦などの建築部材以外に、蓮花紋瓦当の陶製鋳型と瓦当・鳳凰紋刻磚・研磨筒瓦・鉄輨（きせがわ、車の轂の外側の端をおおう鉄）などがあった。

これらの磚瓦窯遺跡は、それ以前に西安で発見された他の唐代の磚瓦窯遺跡と基本的に類似していることと、出土した丸瓦・蓮花紋瓦当などの建築部材も唐代の遺物とみられることから唐代の磚瓦窯遺跡と推定でき、高宗の永徽三年（六五二）の塔の建立前に設けられたと考えられている。宋敏求『長安志』巻八・晋昌坊条に「半以東大慈恩寺、寺西浮図六級、崇三百尺」とある記事によれば、大雁塔は慈恩寺の西院にあったことがわかる。慈恩寺は唐太宗の貞観二十二年（六四八）に建てられた故、慈恩寺の建築に際して、寺の西院に磚瓦窯が置かれ、その場で磚や瓦が焼かれ、殿宇の建築に用いられたのだろう。

6、清禅寺舎利塔基遺跡

一九八七年、西安市長楽路四〇号の楡林地区駐西安弁事処の建築現場で、隋代の舎利塔基一基がみつかった。(13) 舎利塔基は南北方向の長方形磚室で、南北の長さ八九センチ、東西の広さ三七センチ、高さ三六・四センチをはかり（図11）、副葬品は豊富で、陶器・磁器以外に、クリーム色の磁器製の瓶から、ガラス・瑪瑙・水晶石・琥珀等多くの宝飾品が発見された。また灰陶壺二点が出土し、一点のなかには舎利骨があり、もう一点には朽ちた

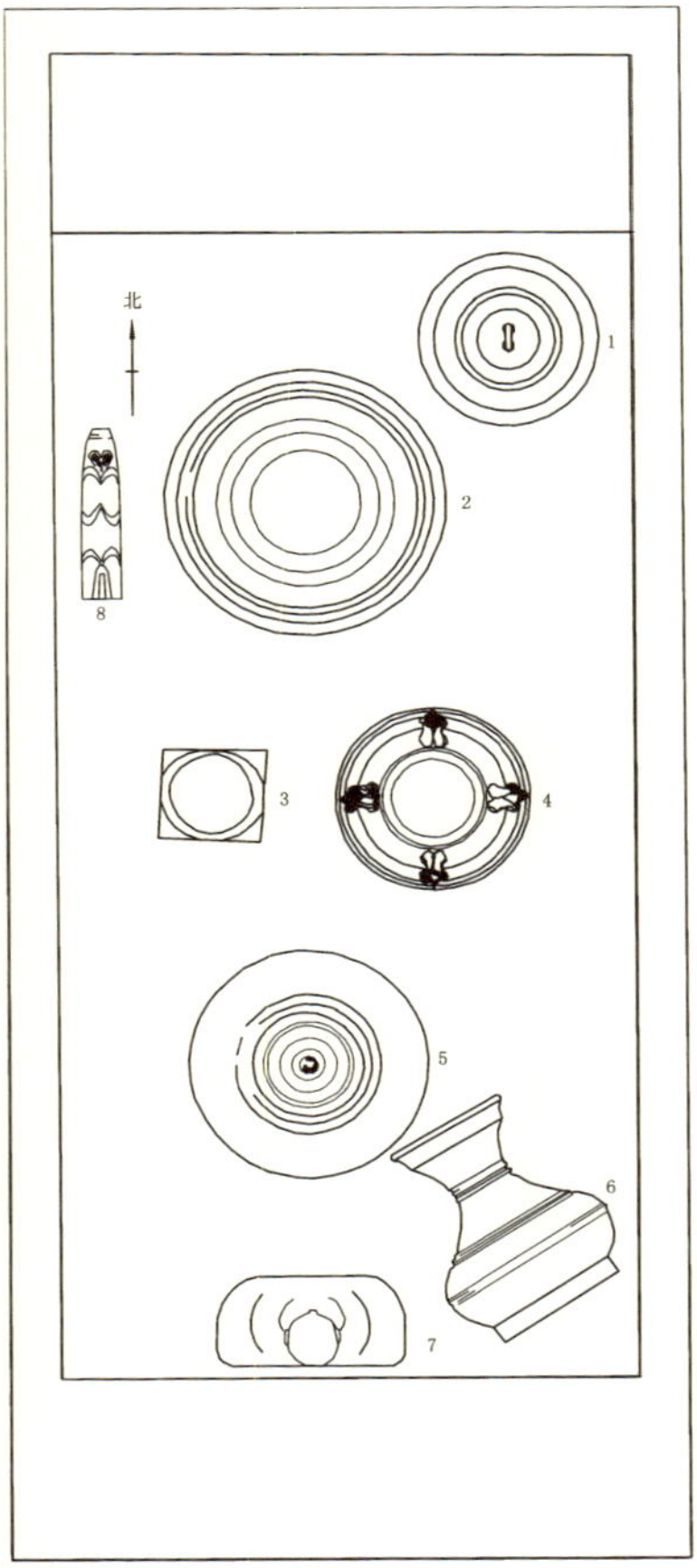

1.銅蓋　2.陶罐　3.玉琮
4.四耳瓷瓶　5.米黄色瓷罐　6.醤色釉瓷瓶
7.菩薩石像　8.玉猪（玉製豚）

図11　清禅寺の舎利塔基磚室の平面図
（鄭洪春『西安東郊隋舎利墓清理簡報』より）

穀物の痕跡が残っていた。ほかにも磁器の四耳壺一点、磁器の瓶二点（クリーム色釉一点、カラメル色釉一点）、ガラス瓶一点、さらにガラス玉・瑪瑙玉・水晶・玉石・玉印・玉琮・玉猪・琥珀・宝石を嵌めこんだ金餅・銀製指輪・銅製五銖銭などがあった。方形の墨書磚がひとつあり、その文には隋代の清禅寺の高僧曇崇が開皇九年（五八九）から開皇十四年（五九四）にかけて舎利を埋めたことが記されていた。(14)『唐両京城坊考』には、清禅寺は興寧坊の南門の東にあり、隋の開皇三年（五八三）に文帝が沙門曇崇のために建てたとある。

容器の灰陶壺とガラス瓶とが長方形磚室のなかにじかに置かれているのは、北魏時代のパターンを継承したもので、東魏・北斉時代から隋の開皇年間にかけて地宮（地下宮殿）が存在するようになったが、舎利容器の様式には重大な変化がなかったことを反映している。(15)

7、醴泉寺醴泉遺跡

醴泉遺跡は現在の蓮湖区のもとの西関空港の北部、延光機械工場の南墻の外にあり、唐長安城の醴泉坊（もともと承明坊と称し、「甘泉浪井」七口が掘られ、これらの井戸の水を飲むと病気が治るため、このように改称された）の十字路の北西に位置する。隋の文帝はここに醴泉監を置き、甘い泉の水を汲んで御厨に供給した。開皇十二年（五九二）に醴泉寺と改称したが、唐・会昌五年（八四五）の武宗の廃仏に際して廃寺となった。一九八七年、西安市文物局が発掘した。(16)

醴泉遺跡は磚築の方形坑であり、坑の口は地表から約一・二メートルの隋唐時代の地面にあたる。方形坑は、一辺の長さ三・八メートル、深さ二・五メートルで、坑の底に石板が敷かれ、磚を敷いた南の中部から地面に達する坂道がある。坑の底に泉の湧き出し口があわせて七つあり、真ん中の湧き出し口は最も大きくて海棠のような形に築かれ、東西の長さは最長が一・一メートル、南北の幅は最大が〇・八メートルである。北の半分は坑の北壁の円形竪井戸（直径〇・六メートル）の下にあり、井戸の下に東西並列の泉の湧き出し口が二つあり、各直径が〇・一七メートルである。他に、方形坑の東壁と西壁に各々近い所にも泉の湧き出し口二つある。これの七つの泉の湧き出し口からの水位はいずれも〇・八メートルである。

方形坑のなかから、北魏・西魏・北周および隋から唐の中期までの破損した青石・砂石・漢白玉石彫像が二〇点弱発見された。唐の武宗の廃仏に際して、壊されて方形坑に埋められたのであろう。

8、薦福寺遺跡

薦福寺は唐長安城の最も著名な寺のひとつで、小雁塔が寺内に配置されており、唐の叡宗の文明元年（六八四）に則天武后が高宗追善のため、開化坊の南部（現在朱雀大街以東の友誼西路）に所在した中宗が皇帝になる前に住んでいた英王宅を寺に改造したもので、最初の名前を献福寺といった。則天武后の天授元年（六九〇）には、「薦福寺」という勅額が真筆の飛白書で書かれた。中宗がふたたび皇帝の位に就いた後、薦福寺の造営が再開され、景竜年間（七〇七～七一〇）には寺の南の横街を隔てて安仁坊の北西隅にある大薦福寺別院のなかに薦福塔が建てられた。薦福寺には多くの高僧が集まり、義浄のほかに、華厳宗の「五祖」のひとりである法蔵、于闐国の高僧の実叉難陀、南山道宣律師の法嫡・道岸、「開元三大士」のひとりである天竺高僧の金剛智などは薦福寺で弘法しており、日本求法僧の円仁もここで学んだ。薦福寺は長安城における有名な皇家寺院で、なかに呉道子など有名な画家の書いた壁画がある。中宗はたびたび群臣を率いて薦福寺を巡幸したほか、文人たちも常に寺に参拝したり泊まったりしており、「壁上曾題尽古人」というように、壁に多くの題記を書き付けた。薦福寺の仏経俗講と仏牙舎利供養は、多くの信者や民衆を魅了し、賑やかで盛大である。晩唐になると、薦福寺は長安城の劇場のひとつとして散楽百戯が演じられ、長安城における重要な民間文化の場所になった。会昌五年（八四五）の武宗の廃仏の際、薦福寺は勅で保護された四つの寺院のひとつであった。唐末、薦福寺は戦乱で壊されたが、北宋以後、この寺は塔院に基づいて寺塔合一のようなプランになった。

二〇〇三年、西安博物院の建築に合わせて、中国社会科学院考古研究所西安唐城隊・西安市文物保護考古所が薦福寺塔基を探査し、(17)あわせて一か所の灰坑で発掘をおこなった。(18)

小雁塔の土台となる版築の平面はほぼ方形を呈し、東西八九・七メートル、南北八八・五メートルで、階段状に周囲から中心へ版築の層が深くなるにつれて厚くなるのではないかとひとまず推測されている。土台の西側に対する探査の結果によると、土台の外周は大体五つの階段に分かれており、塔心を中心に外側から内側へ版築の厚さをみると、それぞれ一・二、一・三、一・四、一・五五、一・八メートルと不揃いで、土台の下の版築の深さは三・八メートルを超え、竪穴方形坑が掘られた可能性が高いと考えられている。地下宮殿の版築の底部は、人の手によって礫石が敷かれ、非常に硬くて貫通し難い。全体的に版築は緻密で堅牢に造られており、土の質も上質である。中心部分の版築は極めて堅牢であるが、外周側の版築は中心部の版築ほど固くない。小雁塔の土台の広さや厚さは、中国の古塔のなかではあまり多くみられない。この点は、小雁塔の土台の処理が注意深く丹念におこなわれていたことを窺わせる。

塔の基台は磚を重ねた方形台で、底部は細長い青石で敷かれ、塔身の下に配置された。唐代の基台の位置に従い、磚や石で外側を仕切って復元・保護をおこなった。外側から塔身までの距離は六メートルあり、小雁塔の塔身の底辺の一辺長一一・三八メートルを加えると、修繕した後の基台は一辺の長さが二三・三八メートルになり、

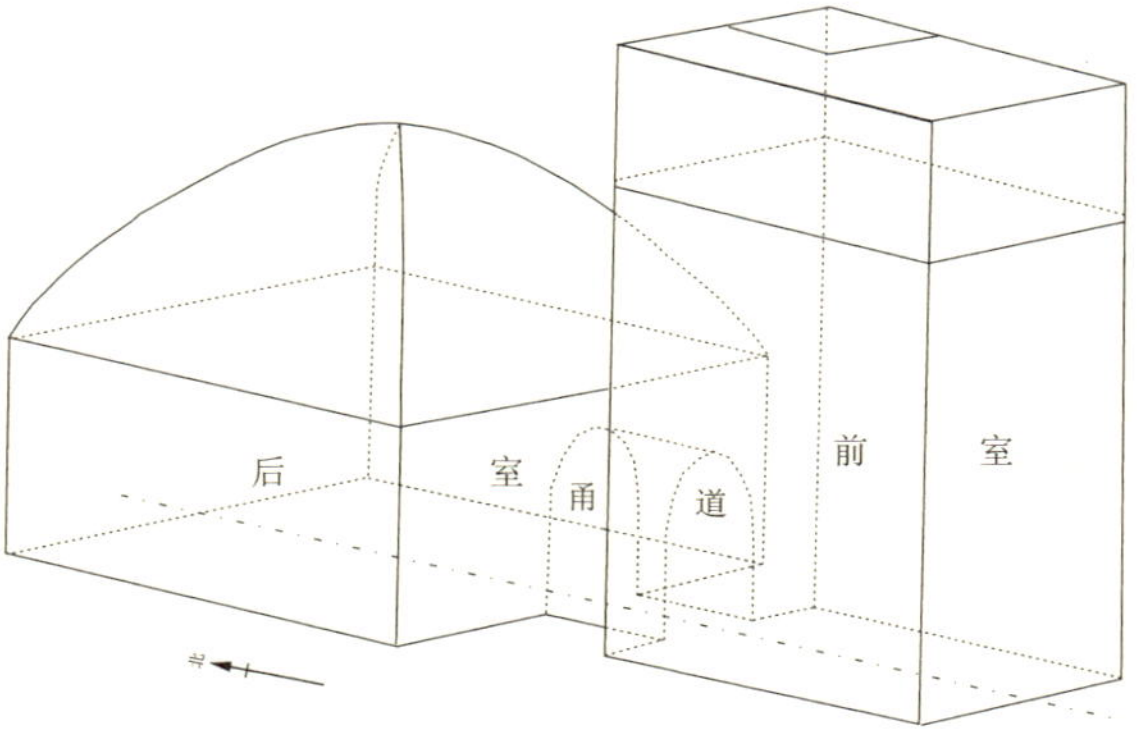

図12　小雁塔地下宮殿の構造模式図
（張全民・龔国強『関於小雁塔塔基考古的収穫』より）

高さは三・二メートルとなる。基台に内包されたのは版築の土台だろう。唐代以前は塔の土台が一般的に低かったが、高さで世に名高い北魏の皇家寺院である永寧寺の木塔に比べても、小雁塔の基台のほうがより高い。すなわち、唐代に塔基がますます高く築かれる傾向を反映して、塔身をさらに壮大に表現すると同時に、小雁塔をより一層堅固にしている。

中国の学界においては、日本人学者の常盤大定・関野貞著『支那文化史跡』に依拠して、小雁塔の地下宮殿は、遅くとも清末にはすでに発見されていたとする見方がある。しかし、『支那文化史跡』を調べたところ、その解説第九巻には、塔は明治三十九年（清・光緒三十二年、一九〇六）に「閉塞して居る。昔時は、恐らくは上層に通ずる階段があつたらうが、今は各層の床を失ひ、唯初層に棹縁天井を有するのみである。内部正面佛壇上なる厨子内には、菩薩像を安置し、左右に各五軀の佛像を列し、更に上に棚様の持送りを作り、正面に釋迦三尊、左右に各八軀の羅漢の像を安置して居る」とある。[19] 初層の棹縁天井を地下宮殿の入口とみなした説があったため、小雁塔の地下宮殿が発見されたと誤解されたこともあった。

地下宮殿は小雁塔の台基の中部にあり、青磚を組んで造られたもので、前室・通路（甬道）・後室という三部分から構成され、北から南を向き、方向は一七八度である（図12）。前室は南側にあり、長方形の竪穴で南北の長さ一・九五メートル、東西の広さ一・三メートル、塔の地表まで三・六五メートルである。通路は前室と後室の間にあり、南は前室、北は後室に接し、平面は長方形で南北の長さ〇・七メートル、東西の広さ〇・九メートル、丸天上の高さが一・二メートルある。後室は通路の北側に築かれ、平面が方形で南北二・七メートル、東西二・七メートル、穹窿形天井で一・三五メートルのところから天井が造られ、天井の頂点から底面までの高さは二・八二メートルである。その底面は現在の塔の土台周囲にある散水遺構の地面よりやや高く、青磚が敷設されている。地下宮殿からは唐代の埋納遺物がみつからず、形状や構造および用いられた磚から、唐代に築かれたと推測されているが、具体的年代は不詳である。磚築の堅固な地下宮殿は小雁塔の土台の重要な構成要素であり、唐代における塔の地下宮殿の形状や構造およびその発展・変化に関する研究にも重要な実例を提供している。

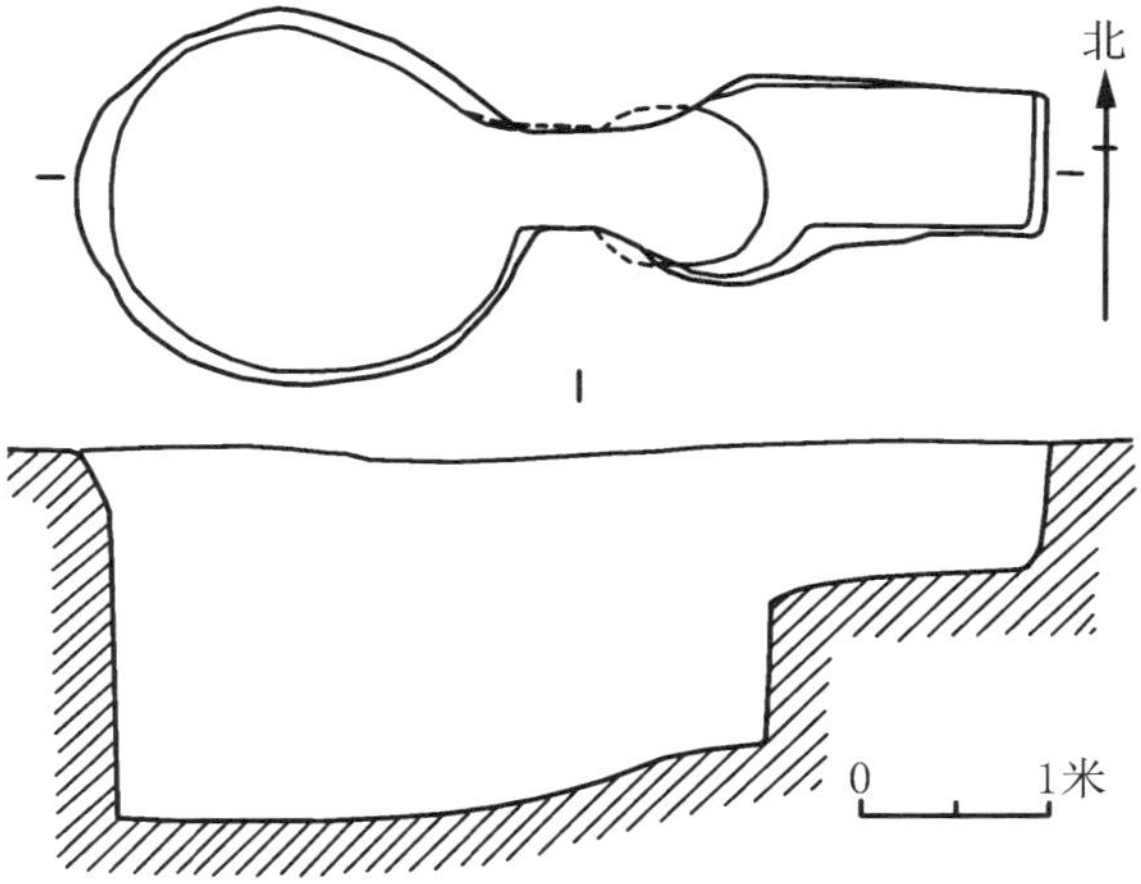

図13　西安小雁塔東院H1の平面図及び断面
（中国社会科学院考古研究所西安唐城队、西安市文物保護考古所聯合考古隊『西安小雁塔東院出土唐薦福寺遺物』より）

二〇〇三年、薦福寺の東院では、唐代の灰坑一基が発掘された（図13）。その坑口の平面の形は不規則で、三つの部分に大別でき、西部は楕円形の坑、中部は東へ突き出した円形の小坑、東部は長方形の浅い坑で、坑口の東西の長さは五・二メートル、南北の最も広い所で二・一五メートル、唐代の地表までの距離は、最も浅い所で〇・七五メートル、最も深い所で二・一二メートルであった。出土品は七一点

図16　西安小雁塔東院出土の陶製風字硯
（中国社会科学院考古研究所西安唐城队、西安市文物保護考古所聯合考古隊『西安小雁塔東院出土唐薦福寺遺物』より）

図14　西安小雁塔東院出土の獣面磚
（中国社会科学院考古研究所西安唐城队、西安市文物保護考古所聯合考古隊『西安小雁塔東院出土唐薦福寺遺物』より）

図17　西安小雁塔東院出土の白磁執壺
（中国社会科学院考古研究所西安唐城队、西安市文物保護考古所聯合考古隊『西安小雁塔東院出土唐薦福寺遺物』より）

図15　西安小雁塔東院出土の陶製浄瓶
（中国社会科学院考古研究所西安唐城队、西安市文物保護考古所聯合考古隊『西安小雁塔東院出土唐薦福寺遺物』より）

で、陶器・磁器・石製品・骨製品・銅製品・鉄製品・貝製品などがある。この灰坑は唐代の中晩期のものとみられ、獣面磚（図14）、陶浄瓶（図15）、陶風字硯（図16）および邢州窯・定窯・鞏県窯・黄堡窯・長沙窯・越窯の白磁碗、青磁碗、執壺（図17）、絞胎磁枕（図18）、長沙窯の緑褐彩磁罐（図19）、藍彩盒などが出土し、唐代の薦福寺の物質文化と生活に対する研究に重要な実例の資料を与えている。

二〇一〇年一月、小雁塔の北部にある小広場の建設にあわせて、西安市文物保護考古所が工事現場の範囲に対して文物探査と発掘調査をおこなったところ、[20]地下約一メートルの地点から南北に唐代の道がみつかった。その長さは三〇メートル以上、幅は約二・一メートルで、地面の障碍で総延長は不明であるが、この道は土の道で、長期間踏みつけられたため、踏まれた跡面の遺構も残存している。この道は唐代の薦福寺の塔院の南北中軸にあたり、当時の人々が小雁塔を上りに来た道であろう。

図18　西安小雁塔東院出土の絞胎枕
（中国社会科学院考古研究所西安唐城队、西安市文物保護考古所聯合考古隊『西安小雁塔東院出土唐薦福寺遺物』より）

図19　西安小雁塔東院出土の緑褐彩罐
（中国社会科学院考古研究所西安唐城队、西安市文物保護考古所聯合考古隊『西安小雁塔東院出土唐薦福寺遺物』より）

9、隋の禅定寺・唐の大荘厳寺遺跡

この遺跡はもとの木塔寺の苗圃一帯にあり、隋唐の長安城の永陽坊と和平坊との東側、隋の禅定寺・唐の大荘厳寺の範囲にあたり、両坊の西側に設けられた大総持寺と南北の通りを隔てて向かい合っていた。史料によれば、隋の仁寿三年（六〇三）に禅定寺が建立された。宇文愷は、京城の西には昆明池があって地勢が低いため、禅定寺に木塔を築くという計画を奏上した。この木塔は高さ三三〇尺、周長一二〇歩であったという。それが、唐の武徳元年（六一八）に、大荘厳寺と改額された。

隋の禅定寺・唐の大荘厳寺の塔の土台に関しては、今のところ、まだ詳細は不明である。二〇〇四年五月、中国社会科学院考古研究所西安唐城工作隊によって、唐長安城の南西隅の探査・調査がおこなわれたが、隋の大禅定寺・唐の大総持寺の木塔の土台から東へ四〇〇メートルの場所には仮建築が重ねられ、現存する清代の木塔寺の南山門の東南にあたることが判明した。地元の長老によると、そこにはもともと版築の高台があったが、一九五八年の製鋼運動のときに土台の石が掘り出されて使われたため、土台が壊されたという。この版築の土台は大荘厳寺の木塔の土台と推測される。(21)

二〇〇九年夏、木塔寺遺跡公園の建設工事の最中、南山門外に噴水池を建造した時に、整然な長方形青石二〇点強が発見された。その後、西安市文物保護考古所による考古学の探査がおこなわれ、隋唐時代の版築がみつかり、南北の長さは四八メートルあったが、噴水施設の建築で地下遺存が既に壊されていたため、東西の広さは不明である。地表から〇・五メートルのところには比較的完全な青石が残っており、一・〇～二・七メートルのところには版築がみつかり、土質が堅く、版築層が極めて密である。版築の下には石が敷かれ、貫通していない。この版築は東西に大総持寺の塔基と大体同一直線上に位置し、辺長四八メートルの方形と推測され、大荘厳寺の木塔の土台にあたるかもしれない。[22]

二〇〇七年三月から十月にかけて、西安市文物保護考古所は天地源公司の蘭亭坊不動産事業にあわせて、この寺院遺跡に対して二〇〇〇平方メートル強の面積の発掘をおこなった。[23] 現場の布掘りから隋代の舎利石函の蓋が採集され、そのうえに篆書で「禅定道場舎利塔下銘」と記されていたことは、ここが隋代の禅定寺であったことを示す重要な証拠とみられている。現場の中部を東西に壁の遺構一条が貫いており、長さ約二〇〇メートル強、幅約二・二メートル余りで、永陽坊と和平坊を仕切る壁であったと推測されている。

今回の発掘区画は和平坊の坊内の、壁遺構の北にあたる。主にふたつの区画に分かれており、西の区画は南北に相対的に独立した中庭四基と、東西にある廂房とが繋がっている（図20）。中庭は建物と長い廊下によって隔てられており、東西七・二〜七・四メートル、南北七・三〜九・三メートルである。東西の廂房の基礎には、各四本の南北方向の細長い版築がみつかり、外側に磚築の散水遺構がある。この建物の主体は唐代のものとみられ、一部が再建され、清代の遺構も発見された。出土品には開元通宝・蓮花紋瓦当・獣面紋瓦当・獣面瓦・陀羅

図20　隋禅定寺・唐荘厳寺遺跡の考古グリッド俯瞰図
（西安市文物保護考古研究院資料）

図21　隋禅定寺・唐荘厳寺大殿遺跡の一角
（西安市文物保護考古研究院資料）

尼経幢残石などがある。東の区画では唐代の殿堂遺址一基が発見され、周囲に長い廊下を回らし（図21）、出土品には蓮花紋瓦当・磁器残片があり、そのなかの白磁残片の底部には「盈」という字が刻まれていた。東側からは約三五×四五メートルの大殿の土台遺構が発掘され、銅製帯金具や陶磁器残片と建築部材などが出土した。このほか、隋唐時期の井戸遺跡も何基か発掘されている。

10、隋の大禅定寺・唐の大総持寺遺跡

この遺跡は木塔寺遺跡公園の西部にあり、隋唐の長安城の永陽坊および和平坊の西半部に相当し、隋の大禅定寺・唐の大総持寺の範囲に属している。史料の記載によれば、大禅定寺は隋の大業三年（六〇七）に立てられ、寺内の伽藍は荘厳寺と同じく、高さが大荘厳寺のそれと異ならない木塔もあったという。唐の武徳元年になると、大総持寺と改名された。

二〇〇四年五月、中国社会科学院考古研究所西安唐城工作隊は、唐長安城の南西隅の探査・調査をおこない、唐長安城の西城壁以東二八〇メートル、南城壁以北四四〇メートルのところで、辺長四五メートルの方形版築土台遺跡を発見した。隋の大禅定寺・唐の大総持寺の木塔の土台で寺院の北西部にあたると推定される。(24)

二〇一〇年春、木塔寺遺跡公園の二期工事にあわせるため、陝西省文物勘探有限会社はこの遺跡を改めて探査した。結果として、辺長五二メートル、厚さ二・二メートル（下に煉瓦や石があるため底までは探査できず、厚さはもっとあると思われる）の版築土台がみつかり、そのなかには石や磚が底に敷かれ、隋の大禅定寺・唐の大総持寺の木塔の土台と想定された。土台の西側には、土台と踏まれた道との間に南北一七メートル、東西四・五メートルの通路的な連接台があり、塔をのぼるための踏歩と推定される。また、連接台の西側にも踏まれた東西の路面があ

り、長さが一八〇メートルを超え、幅が四・五メートルであるという。(25)

二、仏寺の出土遺物

遺物が出土したものの、発掘されていない仏寺は比較的多い。遺物によって確定できた寺名には、正覚寺・静法寺・慈悲寺・懿徳寺・先天寺・定水寺などがある。以下では、この六寺から出土した遺物について紹介したい。

1、隋・正覚寺出土仏像

一九八五年九月、西安市の大南門外の冉家村南にある建築現場から石造仏が出土したため、西安市文管所の人々が現場に足を運んだ。石仏は直径三・八メートルの円形坑から出土し、その坑はすでに埋め戻されていた。現在の地表から約四メートル下のところで石造物が掘り出され、さらに下へ整理し続けると、泥の中から仏像・仏座など総計一一点が相次いで出土した。(26)

これらの仏像の年代については、隋の大業五年(六〇九)の年代が記された一体の彫像のほかに、一体の青石造観音像の台座の底にも「□和二年□月」などの文字が刻まれていた。様式の特徴からみると、この仏像は北周時期のものであり、北周の武帝の天和二年(五六七)に作られたのではないかと推定されている。この仏像と同時に出土した年代の記されていないほかの彫像は、様式の特徴により、北周もしくは隋の時代の作品であったと考えられ、隋以後のものはなかったと判断される。

これらの彫像の出土地は、現在の西安市の大南門外の冉家村の南であり、唐長安城の朱雀大街の東側第二街の第二坊である崇義坊の坊内にあたり、出土場所からみると崇義坊の横街の北に当たっている。宋敏求『長安志』巻七・崇義坊条に「坊内横街之北招福寺」とあり、この下の割注に「乾封二年（六六七）睿宗在藩立、本隋正覚寺」と記されている。よって彫像は、隋の正覚寺の寺内から出土したと推測される。

2、唐代の夾紵（脱活乾漆造）大鉄仏と静法寺

一九九四年十一月二十四日、陝西省水文資源勘探局の建築現場で、ある井戸から唐代の夾紵大鉄仏（図22）、鉄仏の銅右手、銅火焔状光背および石製の井欄部材、漢白玉製の溝形部材、白磁碗など唐代の文物が出土した。(27)その後、出土遺物は小雁塔の西安市文物倉庫に送られ、現在は西安博物院の所蔵である。

図22　唐代夾紵大鉄仏（筆者の撮った西安博物院展示品）

王長啓・高曼両氏は、夾紵大鉄仏が唐代の興化坊内の西南隅に相当するところから出土し、唐の空観寺の跡にあたるとみなしている。一方で、李恭氏は唐代の都城の道路遺跡を考察・分析しながら、文献史料の記事を考証したうえで、夾紵大鉄仏の出土した場所が唐の安化門大街の西、延康坊東南隅の静法寺にあたるという見解を出している。

3、慈悲寺の唐代の建築部材

一九九四年十二月、西安市友誼西路六三一所の生活区第一〇号住宅楼の建築現場で、東西八〇メートル、南北三〇メートルの土台から、大量の唐代の建築部材が出土した。なかには蓮花紋方形磚数十点、種々の様式の蓮花紋瓦当、無地の方形磚と長方形磚のほか、珍しい四葉紋方形磚残片一点があった。(28)

『唐両京城坊考』によると、光徳坊の十字街の北に慈悲寺があり、武徳元年（六一八）、高祖は沙門曇献のために寺を建立した。隋末の飢饉のとき、常に救済活動をおこなったことから、慈悲寺と命名されたという。隋唐長安城の里・坊や道路等に関する資料から分析すると、発掘地点は慈悲寺の範囲に属する。出土した唐代の建築部材は大明宮含元殿遺跡の出土品に類似し、唐代における慈悲寺の政治的・宗教的位置づけや、建立の縁起と仏殿の立派さと関係していると考えられる。

4、懿徳寺智蔵禅師舎利塔基と慈門寺

一九九七年三月二十二日、西北工業大学の構内にある附属小学校の校舎建築現場で、智蔵禅師舎利塔基・石函・銅函・銀瓶・舎利塔銘文が発見された。(29) 銀瓶のなかに納められていた智蔵禅師舎利粒二粒は、出土した後に壊されてなくなった。舎利塔の銘文によると、この塔は慈門寺内にあるという。

唐の韋述『両京新記』によれば、慈門寺は延寿坊にあり、「南門之西、懿徳寺。隋開皇六年刑部尚書萬安公李圓通所立。神龍元年、中宗為懿徳太子追福、重加飾為禅院」という記事がある。つまり、唐の中宗の神竜元年（七〇五）以前の懿徳寺は慈門寺であった。

5、『大唐康居士之銘』残石と先天寺

一九九八年十二月二十四日、陝西広厦五号ビル工事の三七九番の杭（杭の直径六〇センチ）のなかの、地表から五メートル下のところから残石七点が出土した。一九九九年一月二十八日、ある人が一点の石上に文字があることを発見した。文字は一五行残っており、行に残存している文字数は最大で一一字あり、首題は「大唐康居士之銘」である。石の材質は青白石であった。この石は僧侶の塔葬の墓誌と考えられる。記載に従えば、康居士は中央アジアから来たソグド人の康姓の僧侶と思われ、開元六年（七一八）に長安に入ったという。この墓誌は、唐代におけるソグド人の仏教信仰・密教信仰および僧侶と皇家との関係、僧侶による医療活動などに対する研究に史料価値を有するものである。ちなみに、五号ビル工事の一三二番の杭の地表から六メートル下にも石塊があったという情報を耳にしたため(30)、ここにほかの墓誌も存在したと推測できる。

出土地は現在の西安市桃園北路の西、豊慶路の北にあたり、居徳坊の東南隅に位置した先天寺ではないかと推測されている。史料には「先天寺、本宝国（宝昌の誤字）寺。隋開皇三年（五八三）、勅大興・長安両県各置一寺、因立宝昌・禅林二寺、東西相対、時人謂之県寺。其地本漢之円丘。先天元年（七一二）、改為先天寺」とある(31)。

6、定水寺遺跡と出土文物

定水寺は太平坊の西門の北にあり、大体現在の西北大学の化学ビル・化工ビルとその付近にあたる。隋の開皇十年（五九〇）、荊州総管上明公楊紀は慧能禅師のため、宅を喜捨して定水寺を建立した。寺の規模が広大とはいえないが、壁画がとても有名である。これらの壁画のなかでは、隋や唐代初期および以前の有名な画家、例えば南朝梁の画家張僧繇や、隋初の画家などが書いたものが多い。一九七四年、化工ビルの建築の際、地下約一メー

トルのところから、多量の唐代の建築部材のほかに磁器の碗・壺などがみつかり、その後、歴史学部の文物陳列室に所蔵されている。(32) 出土地の場所からみると、定水寺一帯にあたると思われるが、出土した文物には詳細な記録が欠けているため、仏寺との明確な関係はみえない。

まとめに

本稿は、発掘・探査した一〇か所の隋唐長安城の仏寺遺跡をまとめ、出土品がある六ヵ所の寺院について推定してきた。数からみると、これらの寺院は隋唐の長安城における寺院総数の八分の一しか占めていない。また規模と面積からみれば、寺院遺跡の一部しか発掘や探査をおこなわなかったため、隋唐の長安城における仏寺の全貌を窺うことは難しく、残念といわざるを得ない。多年にわたって、隋唐長安城遺跡で多くの建築プロジェクトがおこなわれ、三々五々出土した仏教寺院の文物が博物館に所蔵され、(33) あるいは民間へ流出した。現在、隋唐長安城に関する考古学の正確な地理情報システムはいまだに確立されていないし、出土した文物もまとまりがないため、具体的な仏寺に関連させることが難しい。

隋唐長安城遺跡は、現在の西安市の中心街地と重複しているため、文化財の保護が非常に困難で、多くの仏寺遺跡がすでに深刻なレヴェルまで破壊されている。しかし西安市の文物機関は、隋唐長安城遺跡考古調査プロジェクトを開始しており、仏寺遺跡および仏教文物の出土地などに対して地理座標マッピングを実施している。よって今後は、隋唐長安城遺跡考古地理情報システムの構築にともなって、隋唐長安城の仏寺に対する保護と研究がより一層促進することは間違いないだろう。

註

（1）唐・韋述『両京新記』。辛徳勇輯校『両京新記輯校』（三秦出版社、二〇〇六年）参照。

（2）宋・宋敏求『長安志』巻八（閻琦、李福標、姚敏傑校点『長安志・長安志図』、三秦出版社、二〇一三年）参照。

（3）清・徐松『唐両京城坊考』（中華書局、一九八五年）。

（4）①佐藤武敏『長安』（高兵兵訳、三秦出版社、二〇一三年、一六六〜一六八頁）参照。②塚本善隆『中国浄土教史研究』（『塚本善隆著作集』第四巻、大東出版社、一九七六年）。この書籍には、唐代の長安における仏寺一〇五寺が挙げられている。

（5）①小野勝年『中国隋唐長安・寺院史料集成史料篇』（法藏館、一九八九年）。②王宣、海波「唐代長安城修建仏塔原因探析」（『大明宮研究（院刊）』総第八期、二〇一三年六月）。

（6）何漢南「西安西郊清理出一批唐代造像」（『文物参考資料』一九五七年第六期、八九頁）。

（7）清・徐松撰、李健超増訂『増訂唐両京城坊考』（修訂版）（三秦出版社、二〇〇六年、二四七頁）。

（8）①中国科学院考古研究所西安工作隊「唐青竜寺遺址発掘簡報」（『考古』一九七二年第五期）。②中国社会科学院考古所西安唐城工作隊「唐長安青竜寺遺址」（『考古学報』一九八九年第二期）。

（9）西安市文物保護考古所「青竜寺遺址出土〝盈〟字款珍貴白磁器」（『考古與文物』一九九七年第六期）。

（10）①中国科学院考古研究所西安唐城工作隊「唐長安西明寺遺址発掘簡報」（『考古』一九九〇年第一期）。②安家瑶「唐長安西明寺遺址的考古発掘」（『唐研究』第六巻、北京大学出版社、二〇〇〇年）。

（11）①李健超「隋唐長安城実際寺遺址出土文物」（『考古』一九八八年第四期）。②李懐清「西北大学校園里的唐代遺跡與遺物」（『考古與文物』一九九五年第四期）。

（12）韓保全「西安慈恩寺内的唐代磚瓦窯址」（『考古與文物』一九八六年第一期）。

（13）①鄭洪春「西安東郊隋舎利墓清理簡報」（『考古與文物』一九八八年第一期）。②清・徐松撰、李健超増訂『増訂唐両京城坊考』（修訂版、一四三頁）。

（14）冉万里『中国古代舎利瘞埋制度研究』（文物出版社、二〇一三年、三五〜三七頁）。

（15）冉万里『中国古代舎利瘞埋制度研究』（文物出版社、二〇一三年、六二頁）。

（16）①韓保全、向徳「文物志」（西安市地方志編纂委員会『西安市志』第六巻、西安出版社、二〇〇二年）。②王長啓「礼泉寺遺址出土仏教造像」（『考古與文物』二〇〇〇年第二期）。

（17）張全民・龔国強「関於小雁塔塔基考古的收獲」（『西安文物考古研究』第二輯、陝西出版伝媒集団三秦出版社、二〇一三年、二九五～三〇三頁）。

（18）中国社会科学院考古研究所西安唐城隊・西安市文物保護考古所聯合考古隊「西安小雁塔東院出土唐薦福寺遺物」（『考古』二〇〇六年第一期）。

（19）常盤大定・関野貞『支那文化史跡・解説』第九巻（法藏館、一九四〇年、六九～七〇頁）。

（20）西安市文物保護考古研究院考古発掘資料。

（21）中国社会科学院考古研究所西安唐城工作隊資料。

（22）西安市文物保護考古研究院考古勘探資料。

（23）西安市文物保護考古研究院考古発掘資料（筆者が主催した発掘）。

（24）趙曼妮「保護木塔遺址顕示唐城西南隅」（西安市城郷建設委員会、西安歴史文化名城研究会『論唐代城市建設』、陝西人民出版社、二〇〇五年、四八一～四八二頁）。

（25）陝西省文物勘探有限公司勘探資料。

（26）韓保全「隋正覚寺遺址出土的石造像」（『考古與文物』一九八七年六期）。

（27）①王長啓、高曼「唐代夾紵大鉄仏」（『考古與文物』二〇〇二年漢唐考古増刊）。②李恭「関於唐代夾紵大鉄仏出土時間與地点的商榷」（『考古與文物』二〇〇三年第六期）。

（28）李源「唐長安慈悲寺遺址曇花一現」（『大明宮研究（院刊）』総第五期、二〇一二年）。

（29）呼林貴、劉合心、徐涛「唐智蔵禅師舎利塔銘的発現及相関歴史地理問題探索」（『碑林集刊』（五）、一九九八年）。

（30）西安市文物保護考古研究院・張全民捜集資料。

（31）清・徐松撰、李健超増訂『増訂唐両京城坊考』（修訂版、二四九頁）。

（32）李懐清「西北大学校園里的唐代遺迹與遺物」（『考古與文物』一九九五年第四期）。

（33）西安市文物保護考古所『西安文物精華・仏教造像』（世界図書出版公司、二〇一〇年）。

杭州における入宋僧成尋の仏教的交流活動

王　海燕

はじめに

杭州は、中国浙江省北部の杭嘉湖の平野に位置し、昔から有名な観光地として「上に天堂（天国）あり、下に蘇・杭州あり」という諺が伝わっているほどで、蘇州と並び、「天国」のような綺麗な地方と譬えられている。歴史上の杭州は、前後して五代・呉越国の国都と南宋の首都臨安府となり、当時の中国で繁栄した大都市のひとつとも数えられる。

仏教の側面からみると、杭州の仏教は東晋から始まり、五代・呉越国において著しく発展し、宋代に全盛期に入った。明代の田汝成『西湖遊覧志餘』巻一四・方外玄蹤には、

杭州内外及湖山之間、唐已前為二三百六十寺一。及二銭氏立国一、宋朝南渡、増レ為二四百八十一、海内都会未レ有二加レ於レ此一者也。

と記され、唐代の杭州にはすでに数多くの寺院が存在したことがわかる。五代・呉越時代以後、日本の僧侶と杭州の僧侶の間の交流は徐々に増えるようになった。成尋の『参天台五臺山記』は、宋代の政治や経済、社会、信仰など多くの研究分野で注目されている。ただし、成尋と杭州の仏教界との交流に関して論じたものは、それほど多くない。[1] 本稿では、入宋僧の一人である成尋の『参天台五臺山記』を元に、成尋と杭州の仏教界との交流活動を考究しながら、杭州仏教に対する成尋の関心点や情報についても検討していきたい。

一、受動的な仏教的交流活動

延久二年（一〇七〇）正月、大雲寺主の成尋は朝廷に入宋を奏請した。「僧成尋請渡宋申文」[2]には、

（五臺山と天台山への）巡礼之情、歳月已久矣。加之天慶寛延・天暦日延・天元奝然・長保寂照、皆蒙二天朝之恩計一、得レ礼二唐家之聖跡一。爰齢迫二六旬一、餘喘不レ幾。若無レ遂二旧懐一、後有二何益一。宿縁所レ催、是念弥切也。以二六時六行道一、一生斎食、常坐不レ臥、勇猛精進、凝二一心誠一、及二三個年一。於戯、航海之棹、非レ不レ畏也。偏任二残涯於畳浪之風一、懐土之涙、非レ不レ落也。（中略）然而先世之因、欲レ罷不レ能、今世之望、又レ思二何事一。望請、天裁給二官符於大宰府一、随二商客皈向之便一、遂二聖跡巡禮之望一。

とあり、入宋僧の寛延・日延・奝然・寂照の例を挙げながら、以前から五臺山や天台山などの聖地への巡礼に憧れる気持ちを述べたことから、成尋は渡航目的を明らかに聖地巡礼としたことがわかる。周知のように、成尋の入宋申請は結局のところ、朝廷に許可されなかった。

延久四年（宋・熙寧五、一〇七二）三月、六〇代に入った成尋は弟子七人を連れて宋人の商船に乗り込み密航して入宋し、四月十四日に杭州城に入った。十六日、船から上陸して門官に会った直後、船頭の案内で宿処の張三客店に泊まることになった。この客店は家主の名前が張賓で、城内の抱剣営の辺りに所在する民宿である。抱剣営は元々の名前が宝剣営で、杭州城内の東部にあたり、かつて呉越国王の設けた軍隊駐屯地であったが、宋代になると、杭州城内での有名な庶民の娯楽街に転じ、小説にしばしば登場している場所でもある。[3]『参天台五臺山記』の記事によると、張三客店は多くの商人に利用されている店で、商人の陳詠はこの客店に泊まったことから、杭州に到着した直後の成尋らに再会して通事になった。[4]

張三客店の壁には、女身の阿閦仏真言が懸けてあった。阿閦仏の女身の形像を日本に伝えるため、成尋は弟子の聖秀に命じて書き写させた。成尋はそこで、杭州で初めて現地の仏教信仰に接触したことになるが、杭州の仏教界との交流はいまだにおこなっていない。

四月二十四日、民宿に泊まり続けている成尋のところに、龍華宝乗寺からの金剛経会の案内状が届いた。『参天台五臺山記』延久四年四月廿四日条には、

　雨下。龍華宝乗寺金剛経会請書到来。而依レ雨不二行向一。廿三四五三箇日斎。毎日二千人云々。会主請書在二別紙一。

と記されてあり、「金剛経会」とは「金剛般若経会」の略語である。(5) 龍華宝乗寺は杭州城外の南にある慈雲嶺一帯に位置し、元々開運二年（九四五）に呉越国王銭弘佐が瑞萼内園を喜捨して建立した寺院で、宋の大中祥符元年（一〇〇八）に龍華宝乗寺と改称され、龍華宝乗院とも呼ばれる。(6) 龍華宝乗寺には建立当初、呉越国王の意志により、南朝の居士で後世の人々に弥勒化身と位置づけられた傅（翕）大士塔が造られ、高麗人の禅僧霊照が住持となった。そのことから、龍華宝乗寺は弥勒信仰や禅の普及にかかわった寺院ともいえる。(7) ちなみに、紹興十三年（一一四三）、杭州城の南門・嘉会門より距離が四里のところで、かつ龍華宝乗寺の西にあたる場所に、南宋の王朝は郊壇を建てた。(8) よって、龍華宝乗寺から嘉会門までの距離も約四里あると推算できる。

しかし、龍華宝乗寺の招請に対して、斎会が三日間にわたっておこなわれるためか、あるいは関心が薄かったためか、それとも張三客店から龍華宝乗寺まで距離が少しあるためか、雨天を口実に当日成尋は龍華宝乗寺に行かなかった。翌日（二十五日）の朝、龍華宝乗寺の金剛般若会の会主から出迎えの船が来たので、成尋は船で龍華宝乗寺に赴いた。龍華宝乗寺では、成尋は大仏殿・礼堂・五百羅漢院・観音院・須菩提院などを順に詣で、斎会にも参加した。その後、船に乗って客店に戻った。ここで注意すべきは、傅大士や傅大士塔について触れていないことである。『参天台五臺山記』では、傅大士に言及した記事が煕寧五年八月八日条まで待たなければならないため、(9) 成尋は龍華宝乗寺の縁起を知らなかった可能性が高いと考えられる。

龍華宝乗寺に行った翌日（二十六日）、成尋は通事の陳詠とともに杭州の知州衙に行き、天台山に参る旨の中文を提出すると同時に、杭州の宿坊に関しても申請したようである。二十七日、杭州の知州衙の使いが成尋の宿坊申請に応じて、宿所を南屏山興教寺に指定することを伝えに来た。二十八日、杭州の知州衙の使いがふたたび到来し、興教寺の請文を成尋にみせ、さらに知州の指示で成尋一行八人の招待費として官衙から興教寺に銭二貫文を送るという旨を伝達した。二十九日朝、杭州の知州衙の与えた輿に乗った成尋は従僧たちとともに張三客店から興教寺に移り、寺の大門で興教寺の教主をはじめ諸僧たちの歓迎を受けた。

　興教寺は杭州城外の南屏山にあり、開宝五年（九七二）に呉越国王銭弘俶によって建てられ、最初の寺名は善慶寺であったが、宋の太平興国年間（九七六～九八四）に興教寺と改称され、元代の末に廃墟となった。『咸淳臨安志』巻二三・山川二・南屏山条には、

　南屏山　在㆓興教寺後㆒、怪石聳秀、中穿㆓一洞㆒、上有㆓石壁㆒、若㆓屏障㆒然、刻㆓司馬温公所㆑書家人卦㆒、楽記礼楽不㆑可㆓斯須去㆑身㆒、中庸道不㆑遠㆑人、各一章。

と記しているように、興教寺のうしろには『家人卦』と『楽記』『中庸』それぞれの一章が刻まれている石壁が存在する。この石壁は現在、「浙江省省級文物保護単位」に指定され、杭州南山路八号のなかにあることと、後述の浄慈寺にも近いことから、南山路八号の辺りが興教寺の跡ではないかと思われる。

　成尋は興教寺で大仏殿・十六羅漢院・天台九祖堂・五百羅漢院・文殊堂・阿弥陀堂などの殿堂を巡礼し、講経もみた。『参天台五臺山記』によると、成尋の興教寺滞在時期には、寺には大教主と小教主の二人がいた。大教主と小教主の名前は記されていないが、大教主は梵臻である可能性が高いと思われている。[10] 梵臻は、明州延慶寺にいる天台山家派の有名な学者知礼の晩暮の弟子で、自身も著名な山家派の論者であり、熙寧五年（一〇七二）、すなわち成尋の入宋の年に興教寺に移り、興教寺を杭州における天台山家派の拠点にした人物である。大教主が梵臻であったとすると、『参天台五臺山記』にその名前や興教寺での学問の交流も記録しなかったのを考慮する

と、成尋は梵臻とその学問を知らなかったかもしれない。

興教寺の近所に浄慈寺がある。興教寺に移動した当日（二十九日）の午後、成尋は興教寺を出て浄慈寺を参拝した。成尋は浄慈寺で大仏殿・五百羅漢院・石塔などを巡り、寺の教主の勅賜達観禅師（妙恵大師）と交流したと記録している。浄慈寺は禅寺として名高く、顕徳元年（九五四）に衢州の慈化定慧禅師道潜を迎えるため、呉越国王銭弘俶によって建てられた寺院で、元々の寺名は慧日永明院であった。建隆二年（九六一）、有名な禅僧の延寿は霊隠寺から浄慈寺に移り、寺の第一代住持となった。ところで、成尋が会った達観禅師はその事跡が史料に残らず不明であるが、成尋を自分の部屋に入れて茶で招待したことと、後日にも成尋に斎会案内状を送ったことから、日本の入宋僧への積極的な交流姿勢が窺われる。

五月一日、張三客店の家主張賓らは口頭で、天台に行く許可が杭州知州衙から下りたことを成尋に伝えてきた。そして翌日（二日）、霊隠寺の僧侶徳讃と明慶院の浴堂の僧侶が各々来訪し、餞別の意味を込めて成尋と土産を交換したが、学問や情報などの面での交流はみえない。霊隠寺に関しては後述するが、仏教と儒学との融合を唱えた著名な契嵩禅師が霊隠寺で亡くなったのは熙年五年（一〇七二）六月であるため、成尋が徳讃に会った五月に霊隠寺に行けば、あるいは契嵩に相見できたかもしれない。この点から成尋は、『禅門定祖図』『伝法正宗記』『輔教編』などを著した契嵩のことを知らなかったことが推測できる。(11)

明慶院は明慶寺とも称し、律学を伝える寺院として杭州の城内に位置し、南宋の時代になると御前明慶寺と呼ばれて北宋の大相国寺のように位置づけられ、鎮護国家的な儀礼や行事をおこなう寺院であった。(12)しかし成尋は、明慶寺の僧侶の名前も記さないことから、明慶寺に関心を持たなかったのではないかと考えられる。

五月四日、「公移」を得た成尋は船で杭州から出発し、天台山へと赴いた。杭州における仏教的交流活動は一段落ついたのである。この段階では、成尋は熙寧五年（一〇七二）年四月十六日に杭州に上陸し、初めて杭州の寺院を訪れたのが四月二十五日であった。二十四日まで、入国の手続きのために官衙に行ったり、市を見物したりしたこともあるが、能動的に杭州の寺院と交流しようとする意欲がみえない。杭州の僧侶たちの、成尋と積極的に接触しようとする姿勢と比べると、浄慈寺参拝を除いて、成尋は杭州の仏教界との交流を受動的におこなっていたと結論づけられるだろう。

二、能動的な仏教的交流活動へ

熙寧五年（一〇七二）八月、成尋は皇帝・神宗の勅により、六日に天台国清寺を出て都の開封へ向かい、途中で二十一日に杭州に到着し、二十四日に杭州を離れて上京の旅を続けた。この杭州滞在の三日間、杭州の官衙の船を待ちながら、成尋は役所を巡っただけで仏教界との交流をしなかった。

熙寧六年（一〇七三）五月、成尋は開封から天台へ帰る途中で再び杭州に滞在した。二十日に杭州に入り、二十六日に初めて霊隠寺・飛来峰・天竺寺を訪問した。『参天台五臺山記』熙寧六年五月廿六日条には、

今年従二日本一将来永智上人李詮於二霊隠寺一儲レ斎。辰時、行向。嵩大師幷小師三人、通事。使臣殿直称二無レ暇由一不レ去。出二州西門一、於二集賢亭一乗レ船、渡二西湖三里一、上二歩頭一陸経レ于二五里間一、漸向二松林二寺門一、宛如二天台十里松門一。次至二霊隠寺一。堂々荘厳不可思議。奇岩怪石異レ於二他処一。中天竺霊鷲山一小嶺飛来、峰北面造二霊隠寺一、南面造二天竺寺一也。山体似二飛来一、山洞数処、奇秀絶異也。先参二寺主慈覚大師賜紫雲

知房一、重々宿処花美殊勝、即点レ茶了。自引二将西軒一、夏涼遊戯亭也。上長押打二数十詩板一。一両書二取之一。

とあり、日本から入宋僧の永智上人を乗せてきた、日宋間で往来している商人李詮が斎を設けるという機会に霊隠寺に行き、霊隠寺の立地や荘厳さに感心したという。霊隠寺は東晋の咸和元年（三二六）にインド僧慧理によって創建され、唐の会昌廃仏で衰え、呉越国時代から再興し、景徳四年（一〇〇七）に景徳霊隠禅寺と改称された。杭州の仏教は、霊隠寺の建立によって展開し始めたといっても過言でないのである。霊隠寺は宋代から禅寺として、前述した浄慈寺と同様に著名であり、後世に禅院五山のひとつと数えられている。霊隠寺では、成尋はまず寺主の慈覚大師雲知に拝謁し、そして雲知の案内で西軒（夏涼の遊戯亭）を見物し、霊隠寺の立地・景色を堪能した。さらに西軒に懸けてある数十枚の詩板から三つの詩を書き取り、霊隠寺の院々堂々を見聞し、斎会に出席した後、霊隠寺の浴堂に入って、非常に潔浄と感じた。

　霊隠寺を出た成尋は、続いて天竺寺に向かった。成尋が記しているように、小渓を隔てて霊隠寺と相対しているのは飛来峰であり[13]、北面には霊隠寺、南面には天竺寺がある。天竺寺に関して、『参天台五臺山記』熙寧六年五月廿六日条には、

次参二天竺寺々主房一。百余人学二問天台教一。管内僧正海月大師恵弁問二仁王疏有無一。答云、四巻疏紛失了。有二天台一巻疏・三巻章安私記一。金剛般若疏非二天台疏一由示レ之。答二天台疏由一了。僧引将見二山洞臥龍石一、実似二飛来一。次見二葛仙公錬丹泉一、水極清涼、飲レ之成レ薬云々。人々飲レ之。拝二五百羅漢・九祖堂等一了。僧正儲二仙菓茶一、船頭等皆喫了。山委曲皆在二碑文一、因レ之乞二僧正一。明日可レ送由約了。於二長老西軒一聞二

仏法僧鳥声一数度、飛来峰内鳴鳥也。

とある。杭州には、天竺寺は上天竺寺・中天竺寺・下天竺寺という三つの寺院がある。『参天台五臺山記』の記事によれば、成尋の行った天竺寺は霊隠寺と対照して飛来峰の南に位置することから、下天竺寺であったと思われる。[14] 下天竺寺は隋の開皇十五年（五九五）に真観法師と道安禅師によって建立され、当初は南天竺寺という寺名であったが、唐の永泰年間（七六五～七六六）に下竺霊山教寺、宋の大中祥符年間（一〇〇八～一〇一六）の初頭に霊山寺と改称され、天禧四年（一〇二〇）にふたたび天竺寺という寺名に戻った。唐代末の戦乱で天竺寺は焼失し、その跡に五代・呉越国のとき五百羅漢院が建立されたという記事があるため、[15] 成尋のみた五百羅漢は五代の五百羅漢院に遡ることができるかもしれない。

下天竺寺は、高僧の遵式が天台浄土思想を広めていた寺院でもある。天竺寺において、成尋と一問一答をおこなった寺主・海月法師恵弁（慧弁）は遵式の弟子祖韶の弟子であり、祖韶に従い、天竺寺で「天台教を受け、西方観を習い」（「従レ韶於二天竺一受二天台教一、習二西方観一」）、さらに祖韶の晩年の意思で八年間、祖韶の代講として講説していたこともある。[16] 恵弁は杭州仏教の代表的人物の一人として、「神宇澄穆にして慍喜を見わさず、而して緇素は悦服す」（「神宇澄穆、不レ見二慍喜一、而緇素悦服」）と評価され、[17] 都僧正という僧官の職に選ばれ、「凡そ講授二十五年、往来千人、法を得たる者は甚だ衆し。西方観成り、同社の人と塔及び閣を造る」（「凡講授二十五年、往来千人、得レ法者甚衆。西方観成、与二同社人一造二塔及閣一」）と称讃されている。[18] 成尋と会った一か月半の後、恵弁は熙寧六年（一〇七三）七月十七日に入寂した。

上記の史料で、恵弁は日本に「『仁王疏』があるかないか」と成尋に尋ねたとある。『仁王疏』は正式名称を

『仁王護国般若経疏』というが、中国では失われてしまったので、五代・呉越時代以来、杭州奉先寺の住職源清や天台山家派の知礼が前後して日本の天台宗に求めたことがある。しかし、諸事情で成尋の入宋時期になっても、中国の仏教界は未だにそれを得ていなかったため、恵弁は成尋に尋ねたのである。さらに、『金剛般若疏』が天台疏であるかどうかに関して、天台智顗の書いた疏ではないという恵弁の見解に対して、成尋は智顗の論述と唱える。ここに、日中両国における天台教学の相違がみてとれる。

その後、天竺寺の僧侶の案内で、山洞と臥竜石や葛洪の錬丹用の泉と伝わる錬丹泉などを見物し、五百羅漢と天台九祖を礼拝した。そして、飛来峰に多くの碑文が刻まれてあるので、成尋から恵弁に碑文の拓本を頼み、翌日に成尋のところに届けると約束したとある。以上の点から、この段階の成尋は中国仏教界と積極的に交流しようとしていた意欲がみえるだろう。

続いて、成尋は天竺寺の隣にある勅興聖院を参拝した。勅興聖院とは霊鷲興聖寺のことであると思われるが、同寺は下天竺寺と霊隠寺の両寺に挟まれた地に所在し、開運二年（九四五）に呉越国王によって建てられ、当初の寺名を霊鷲寺といい、大中祥符八年（一〇一五）に霊鷲興聖寺と改称された。成尋は霊鷲山の山洞をみて、「広大さは、五六間の屋母の如し。石埼に十六羅漢、種々の仏像等を造り付け、奇怪なる洞なり」（「広大如二五六間屋母一。石埼造二付十六羅漢、種々仏像等一、奇怪洞也」）との印象を書き残している。(19)

翌日（二十七日）の朝、天竺寺の恵弁は約束の通り、使いを派遣して碑文（陸羽の書いた『天竺霊隠二寺記』）の拓本一枚と成尋への真筆手紙とを送ってきた。成尋は「感喜極まりなし」（「感喜無レ極」）と日記に書き込んだ。(20)二十八日、商人李詮と同じく、日宋間を往来している商人劉琨が霊隠寺で斎会を設けるというので、成尋は朝からふたたび霊隠寺に向かった。わずか三日間に再度霊隠寺に赴いていることから、成尋には商人劉琨の斎会を断れない理由があったのかもしれないが、それがなくても成尋自身に天竺寺や霊隠寺などを訪れる意思があったのだろう。『参天台五臺山記』熙寧六年五月廿八日条に、

天晴。辰一点、向二霊隠寺一。嵩大師・三人小師同去。於二西湖一乗レ船。先参二天竺寺僧正一。昨日出去者。善妙大師出来点レ茶。以二橋上一塔院拝礼了。処々喫レ茶四箇度。巳時、向二霊隠寺一。劉琨都綱斎。謁二慈覚大師一。沐浴了。申時帰レ船了。

とあるように、成尋はまず天竺寺の恵弁のところに伺ったが、あいにく恵弁は前日出かけていたため、会えなかった。そこで塔院礼拝などの後、霊隠寺に向かって斎会に参列し、寺主の慈覚大師雲知のところにも謁した。六月一日、成尋は船に乗って杭州城を出、二日に銭塘江を渡り、越州へ向かった。これにともない、杭州における成尋の仏教的交流活動にも終止符が打たれた。入宋直後に杭州に滞在したころに比べると、一年後の成尋は杭州で仏教的交流活動を積極的におこなったといえる。この差は、杭州の仏教に対する成尋の情報の多寡に関係しているのだろう。

三、杭州仏教に対する成尋の情報と関心

前述したように、成尋は天台山・五台山の仏教聖地巡礼を目的として北宋に密航した。この目的は『参天台五臺山記』にも度々明記されている。例えば熙寧五年（一〇七二）六月二日に、五臺山巡礼申請のため成尋が作成

した上表文には、

大日本国延暦寺阿闍梨大雲寺主伝燈大法師位臣某、欲下乞二
天恩一巡中礼五臺幷大興善寺青龍寺等聖跡上
右某従二少年時一有二巡礼志一。伝聞、江南天台、定光垂三跡於二金地一。河東五臺、文殊現三身於二巌洞一。将欲下尋二其本処一、巡中礼聖跡上。而為二大雲寺主一三十一年、護二持左丞相一二十年、如レ此之間不レ遂二本意一。今齢満二六旬一、余喘不レ幾。若不レ遂二鄙懐一、後悔何益。因レ之得レ附二商客船一所二参来一也。就中、天竺道猷登二石橋一、而礼二五百羅漢一。日域霊仙入二五臺一、而見二一万菩薩一。某性雖二頑愚一、見レ賢欲レ斉。先巡二礼聖跡一、次還二天台一。終レ身修二行法華秘法一、専求二現証一、更期二極楽一。所レ随レ身天台真言経書六百余巻、灌頂道具三十八種、至二于真言経儀軌一、持二参青龍寺経蔵一。糺二其訛謬一。伏望、
天恩、早賜二宣頭一、将レ遂二素意一。臣某陳表以聞
熙寧五年六月　日
大日本国延暦寺阿闍梨大雲寺主伝燈大法師位臣某上表(21)

（傍線は引用者によるものである）

とあり、「巡礼」「聖跡」という言葉が何回も使われている。ここで注意すべきは、「大興善寺」「青龍寺」が日本の入唐僧らの訪れた唐・長安城の寺院だということである。これらの寺院が聖跡として挙げられていることと、熙寧五年十月に円仁の『入唐巡礼求法行記』と奝然の『奝然日記』を宋の皇帝神宗に献上したことを鑑みると、入宋以前の成尋は円仁や奝然など入唐僧・入宋僧の先達の日記から中国の仏教情報を得ていたことが推察できる。(22)

しかし、杭州仏教に関する情報は、入唐僧・入宋僧の日記にはほぼ載っていない。その点にこそ、天台山と五臺山への巡礼を目指す成尋にとって、杭州仏教の情報を把握できなかった一因があるだろう。

ところで、杭州を都にした五代・呉越国は、商人や僧侶たちを通して、呉越と日本の交流を促していた。周知のように、唐末の会昌廃仏や兵乱で、中国では仏教の経典が多く散逸し、教学仏教は衰えていったが、五代・呉越国王の銭氏一族は仏教を尊崇したため、仏教の発展を積極的に推進していた。そのなかで、呉越国王の銭弘俶は僧侶や商人たちから散逸した天台宗の教典が日本にあるという情報を得て、仏典を日本に求めたのである。(23) 年次が欠けている大宰府政所牒（『大宰府神社文書』、『平安遺文』九―四六二三）によれば、日本の天台座主・延昌は呉越国の天台徳詔和尚の書状に応えて、延暦寺の僧侶日延に天台宗の教典を呉越国へ携えさせた。日延は天暦七年（九五三）に蒋承勳の船で呉越国に赴き、杭州で呉越国王銭弘俶に会って経典を手渡したのち、天徳元年（九五七）に新修符天暦や内典・外典千巻以上を持って日本に帰った。『古経跋語』中・往生西方浄土瑞応刪伝一巻条には、

呉越国水心禅院住持主興福資利大師賜紫道説敬造捨、日本国大師初導伝持、
天徳二年歳次戊午四月廿九日庚辰木曜紫宿延暦寺度西海沙門日延大唐呉越州□日賜紫慧光大師、初導伝持写之得焉。

とあり、日延は杭州の水心禅院住持道詵が重修した『往生西方浄土瑞応刪伝』を書き写したことが分かる。水心禅院は天福年間（九三六～九四三）に創建された寺院で、元の名称は水心寺であったが、宋代の大中祥符年間（一〇〇八～一〇一六）に水心保寧寺と改称された。水心寺といえば、永延元年（九八七）に同寺の僧侶斉隠が商人朱仁聡の船で来日し、翌年正月に西海道を托鉢している源信に会い、源信から『往生要集』を贈られている。斉隠の

来日は、日延と水心寺の交流の延長線上とみるべきだろう。

長徳元年（九九五）、斉隠はふたたび朱仁聡の船に乗って来日し、杭州奉先寺の住職源清の手紙二通と源清の著した『法華示珠指』などの書籍を携えてきた。その手紙には、前述した日本の天台宗に『仁王護国般若経疏』など教典を求めるという内容がある。奉先寺は、元々五代・呉越国王銭弘俶の意志によって建立された寺院で西湖に臨む大伽藍であったが、景祐二年（一〇三五）の時点ですでに廃寺となり、当時の霊隠寺の住職の慧明禅師延珊は奉先廃寺から経幢二基を霊隠寺に移した。(24) また、源清は天台宗山外派の代表者の一人でもある。源清の著作については、日本天台学者から「其の文膚浅」という厳しい評価もあり、(25) 日本の朝廷は天台山門派・寺門派両派の僧侶に命じて質疑・反駁を書かせた。そこから、日本天台は山外派の学説を受け入れなかったことが窺われる。

日延は、前述の「僧成尋請渡宋申文」のなかで、入宋僧の一人として挙げられた人物である。したがって成尋は、杭州における日延の交流事跡を知っていたはずと思われるが、『参天台五臺山記』には水心寺に関する記事がみえない。ちなみに、成尋は霊隠寺を二度訪れているにもかかわらず、奉先寺の経幢に言及していない。

「僧成尋請渡宋申文」には、そのほかに入宋僧として奝然と寂照が列挙されているが、彼らは杭州の仏教界との交流経験はあるのだろうか。入宋した奝然は永観元年（九八三）十月、天台山から北宋の都・開封へ向かい、途中で杭州を通過したが、その日記には「杭州・越州を経過した」（「経二過杭越一」）というわずか数文字の簡単な記事しか残されておらず、(26) 杭州の仏教界との交流はおこなわれなかったことが推定される。もう一人の寂照は源信の弟子にあたり、長保五年（一〇〇三）に明州に到着した。寂照は源信に委託された「天台宗疑問二十七条」を持って明州延慶寺の知礼のもとを訪れ、知礼の答釈を弟子に持ち帰らせて源信の元に送った。その後、寂照は日本に帰らず、入寂まで中国に滞在していた。彼が一〇三四年に亡くなった場所が杭州である。杭州における寂照の活動はほとんど伝わらないが、北宋時代の杭州には多くの天台宗僧侶が来止していたことと、[27]『仏祖統紀』巻五〇に所収の遵式の『南岳止観後序』には「日本国圓通大師寂照、錫皆扶桑、杯泛二諸夏一、既登二鄮嶺一、解レ篋出レ巻」とあることから、天聖九年（一〇三一）まで杭州の天竺寺に住んでいた遵式、あるいは杭州の仏教界と寂照が交流していた可能性は否定できないだろう。つまり、寂照は盛んな杭州仏教の状況を把握していたと考えられるのであるが、その情報が成尋に伝わることはなかった。

　杭州仏教をほとんど知らないまま杭州に入った成尋は、前述したようにひとつひとつの寺院を見聞しながら、僧侶一人ひとりと交流してきたが、杭州仏教の全体像が分かるわけではなかった。『参天台五臺山記』煕寧五年八月十三日条には、

　天晴。雨下。崇班子秀才来云、潤州大江中有二金山寺一必可レ礼云々。杭州有二三百六十寺一、蘇州有二三百六十石橋一云々。

と記され、案内役は成尋に、旅先にある杭州・蘇州・潤州それぞれの見所を紹介している。八月十三日はちょうど、台州から開封に向かっている成尋らが再度杭州に着く前々日である。「云々」という言葉からは、成尋が案内役の語った内容から必要な情報だけを選んで日記に書き込んだことを想定させる。よって、「杭州に三百六十か所の寺がある」という情報は、成尋にとって初耳だった可能性が高いといえるかもしれない。

　さらに、入寂した霊隠寺の契嵩禅師についても、成尋の情報は増えている。『参天台五臺山記』煕寧五年十月廿一日条には、

未時、文慧大師来借輔。
国中有二一伝法苾蒭一、曰二明教大師賜紫契嵩一、大通二内外教乗一、戒行精潔、賦生清高、撰二此輔教編三策一。大体護二持三宝一、勧二修十善一、勉二其朝賢一、帰二奉像教一。今年六十四歳遷化。荼毘之後、耳根不レ壊、舌根不レ壊、男根不レ壊。持課櫘子数珠不レ壊、幷舎利等今已建二窣覩波一葬レ之。今有二輔教三策一。奉二呈日本阿闍梨一。幸望随喜看閲一番。訳経証義文慧大師智普和南以上別書也。

とあり、開封の太平興国寺訳経院の文慧大師智普は、成尋に契嵩の『輔教編』を貸したのみならず、契嵩への称賛や入寂年、および入寂後の様子に関する説話も伝え、『輔教編』を強く薦めた。四日間後、二十五日に成尋は『輔教編』を読み終え、文慧大師に返した。『輔教編』以外に、翌年（一〇七三）三月、成尋は開封で契嵩の書いた『伝法正宗記』も読み終わり、「杭州霊隠寺東山契嵩和尚の著した法蔵二十七人伝は菩提達磨門人の集で、達磨の来朝した年紀が相違していることは（『伝法正宗記』）第五の奥（書）にあり、別紙に抄し取った」（「杭州霊隠寺東山契嵩和尚作二法蔵二十七人伝一、菩提達磨門人集也。達磨来朝年紀相違。在二第五奥一別紙抄取了」）と日記に書き込んでいる。(28)ここで「杭州霊隠寺東山の契嵩和尚」という明記していることは、霊隠寺をより一層印象的に認識させ、後日の霊隠寺訪問の意欲に繋がっているのだろう。

ところで、杭州仏教の情報が増加している一方で、杭州仏教に対する成尋の関心点にも変化が窺われる。前に挙げた五臺山巡礼申請のための上表文によれば、成尋の入宋目的にはもうひとつ、経典交流をはじめとする仏教交流も存在していた。成尋は「身に随ふ所の天台真言の経書六百余巻、灌頂の道具三十八種、真言の経儀に至るまで、青竜寺の経蔵に持参し、其の訛謬を糺さむ」（「所レ随レ身天台真言経書六百余巻、灌頂道具三十八種、至二于真言経儀軌一、持二参青龍寺経蔵一、糺二其訛謬一）と記している。この目的は、『参天台五臺山記』にしばしば記された、天台山や都・開封での成尋と現地僧らによる教典の貸し借りによって実行されていたことが確かめられる。しかし、杭州における経典交流は、『参天台五臺山記』にはみえない。杭州仏教に対して、成尋は如何なる関心を持っていたのだろうか。

まず、熙年五年（一〇七二）四月十六日から五月三日にかけて、成尋が杭州に滞在した期間の関心事を検討しよう。四月二十五日、龍華宝乗寺での見聞について、成尋は日記に、

> 先拝二大仏殿一焼香。中尊丈六金色弥勒仏、左右有二丈六釈迦、弥陀仏一。弥勒脇仕有二比丘形二菩薩一、無著、世親歟。堂荘厳甚妙也。黄金仏具、燈台等有二其数一。毎柱巻二赤色縫物練絹一、以二色々練絹一結レ幡花鬘代。礼堂立二寄子食床一。僧侶並二居仏面左右一。賜紫大師等為レ首各座。次礼二五百羅漢院一。次礼二観音院一。次須菩提院。衆人焼香為レ事。仏前敷レ絹。有二一僧一執二香炉一啓白。次諸僧並立、打レ鈸十口許。次著二食座一。諸僧先以二坐具一敷二寄子一坐、乍レ帖置レ之。先食二菓子一、茘子・梅子・松子・龍眼。味如二干棗一似二茘子一、頗少去二上皮一喫レ之。胡桃子実極大、皮薄易二喫破一。又作二菓五六種一、不レ知レ名。甘蔗・生蓮根・紫苔為二菓子一。有二桜子一。先乳粥、次汁三度、最後飯極少盛レ之。[29]

という詳細な内容を記し、寺内の殿堂伽藍以外に、大仏殿内の仏像配置や仏具・荘厳具の素材、金剛般若斎会のありかた、さらに菓子の名前や形と味まで詳しく挙げている。弥勒仏が中尊で、釈迦と阿弥陀二仏が左右に並び、弥勒の二脇仕に比丘形の無著と世親が配置されているという様式は、日本の仏像配置様式と異なるため、成尋の

興味を呼んだと指摘されているが、(30)法要次第や食座と食事との作法を記録していることから、むしろ入宋した直後の成尋は、杭州もしくは宋代における可視的な寺院伽藍や仏教の事相的（実践的）側面に注目していると考えられる。この点は、興教寺や浄慈寺に関する記事にも窺われる。

興教寺について、成尋は前に述べた寺院伽藍だけでなく、大仏殿には釈迦三尊が配置され、十六羅漢院には等身大の造像があり、五百羅漢院には長三尺の造像が置かれ、阿弥陀堂には三年間行道・念仏して阿弥陀経を唱えている僧侶がおり、大仏殿のうしろ二隅には等身大の大弁才功徳天像が置かれ、なお等身大の天台九祖の造像があるなどの様相をも記述している。さらに、講堂でおこなわれた講経次第について、『参天台五臺山記』延久四年四月廿九日条に、

講堂講経、百余人著座。教主一人礼レ仏登二高座一、只一座、無二読師座一、高六尺許。有レ橋如二仏説法儀式一。唄二人。維那打レ柱。出レ唄。教主表白、読二玄義釈籤第六巻一了。

と記している。また同条で、浄慈寺に関しても、

参二拝大仏殿石丈六釈迦像一。次礼二五百羅漢院一、最以甚妙。次礼二石塔一、九重高三丈許、毎重彫二造五百羅漢一。並有二二塔一、重閣内造レ塔。食堂有二八十余人鉢一、皆裹レ絹懸レ木、上懸二油紙一、如二興教寺食堂一。（中略）寺内三町許。重々堂廊敢以無レ隙。以二造石一敷レ地、面如二塗レ漆一。(31)

と寺院の種々の有り様を記録している。ここで注目すべきは、成尋がいだいている日宋比較や諸寺比較の意識である。興教寺の講会に「読師の座」がないという特徴は、日本の法会に読経師がいることとの対比である。また「興教寺の食堂の如し」という記事も、浄慈寺と興教寺を比べるという意識を示している。さらに後日の天台山国清寺の講会については、「先に唄し、散花無し、作法は杭州興教寺の如し」（「先唄、無二散花一、作法如二杭州興教寺一」）と記している。(32) この記事からも、成尋が散華がある日本の法会と興教寺の講会との比較をおこなっていることが窺われる。これらのことから成尋は、『参天台五臺山記』に見るもの聞くものすべてを漏らさず記録したわけでなく、日宋の仏教を比較しながら、宋代の仏教の様相を伝え残そうとしたと考えられるのである。

次に、熙年六年（一〇七三）五月二十日から五月三十日にかけての、杭州滞在期間の関心事をみていこう。前述したように、この時点での成尋は、主に霊隠寺・天竺寺をはじめとする飛来峰周辺の寺院の僧侶と交流していた。『参天台五臺山記』においては、霊隠寺や天竺寺などの伽藍や仏像の様相、および斎会についての記述は簡略である。霊隠寺での見聞では仏像の様相や斎会次第に言及せず、「寺主の慈覚大師賜紫雲知の房」「西軒」「浴堂」という三つの建物名が記され、その以外の建物については「堂々荘厳」「院々堂々」という表現で一括して述べられている。天竺寺にいたっては、「寺主の房」「五百羅漢」「九祖堂」とのみ記載し、ほかの伽藍や仏像については一切記してない。それに対して、僧侶との交流の以外に、寺院の立地にかかわる景観や詩文が成尋の筆を取って記されている。例えば前に述べたように、成尋は霊隠寺で詩を三篇書き写した。その詩の内容は下記の通りである。(33)

①霊隠寺飛来峰　　知軍州事祖無擇

林梢葱蒨払二晴暉一　厳宝玲瓏□二寒霧一
共言当日是飛来　只恐他年却飛去
広陵陳良

②霊隠寺西軒
好嶺来従二天外一飛　檻前重畳覧二幽奇一
龍廻二暁洞一山先潤　風入二秋林一桂不レ知
寒王噴レ泉僧定後　半規留レ景客帰時
勝尋到レ此迷二真境一　屐歯盤桓忍二暫移一
太常博士許敏

③留題霊隠長老方丈西軒
儷然危構絶二風埃一　畳巘周環万象該。
聳レ壑喬松千嶂起　当レ軒霊鷲一峰来。
頽陽苒々尋レ窓下　飛溜潺々遶レ舎廻。
今日偸レ閑出二城市一　欄辺欲レ去更徘徊。

詩の内容を読むと、三篇とも霊隠寺が面する飛来峰に触れ、霊隠寺の立地景観の立派さを讃嘆したものである。成尋自身も、飛来峰については「山体が飛来したに似る。山洞が数か処あり、奇秀絶異なり」（「山体似二飛来一。山洞数処、奇秀絶異也」）、「山の委曲に皆碑文あり」（「山委曲皆在二碑文一」）、山洞の石垣に「十六羅漢、種々仏像等を造り付け、奇怪なる洞なり」（「石埼造二付十六羅漢、種々仏像等一、奇怪洞也」）などと記述している。[34] もちろん飛来峰は、成尋が記したように「中天竺の霊鷲山の一小嶺が飛来した」峰（「中天竺霊鷲山一小嶺飛来」）[35] と伝承され、霊鷲とも呼ばれる、それ自体が仏教的性格を付与されている峰であり、成尋が紙幅を費やして記録したのは当然のこともいえる。しかし、天台山・五臺山巡礼の願望をも果たし、開封の僧侶との交流もおこなった後に杭州寺院を訪れた成尋は、杭州仏教の状況を以前よりも把握していたため、寺院の立地や周辺の景観にも関心を向けることができたのかもしれない。

おわりに

以上、杭州の仏教状況に関する入宋僧成尋の情報が最初の極めて少ない状態から、ある程度知りうる状態へ変化したこと、その変化にともなって、杭州仏教界との交流が受動的なものから能動的なものへと転換したこと、また成尋が日宋仏教を比較する意識を持ちながら北宋の仏教をみていた可能性があること、さらに杭州仏教における可視的、事相的（実践的）な寺院伽藍や仏像の様相、そして斎会次第や寺院の立地景観にまで関心を向けたことなどを述べてきた。

ところで、隋の大業六年（六一〇）の大運河の開通とともに、大運河の南端にあたる杭州は中国の南北の人と物が往来する都市に発展してきた。『唐大和上東征伝』には、

天宝三載歳次㆓甲申㆒、越州竜興寺衆僧、請㆓大和上㆒講律受戒。事畢、更有㆘杭州・湖州・宣州並来請㆓大和上㆒講㆖律。大和上依レ次巡遊、開講授戒。還至㆓鄮山阿育寺㆒。

という記事があり、鑑真が三回目の渡日に失敗した後、天宝三載（七四四）に杭州の寺院から誘われて律を講じたとある。そこから、唐代の杭州には高僧らが往来したことが窺われる。ところが現存の史料からみると、最澄や空海に代表される日本の入唐僧らは杭州に対して関心が薄かったようである。[36] 入唐僧たちが杭州の仏教界と交流しなかった理由については、越州仏教の繁盛に比べると、当時の杭州仏教は影が薄かったという見解が出されている。[37] しかし、五代・呉越時代以後、杭州の仏教は天台・禅・律などが盛行しており、とくに天台学は天台山や四明（寧波）と並び、杭州は中心地のひとつとして復興してきた。また、諸宗の僧侶の間では、浄土信仰も盛んであった。[38] にもかかわらず、北宋代に渡海した日本の僧侶はほぼ天台山や五臺山、そして開封を目指し、杭州の仏教に対しては無関心であった。この点については、入宋僧のネットワークや日本の仏教環境・動向とも関連する問題であるが、今後の課題としたい。

註

（1）管見の限り、成尋と杭州の仏教界との交流に関しての論考は、藤善真澄氏の「入宋僧と杭州・越州」（藤善真澄編『浙江と日本』所収、関西大学出版部、一九九七年）と「成尋と杭州寺院――『参天台五臺山記劄記』三―一」（『関西大学東西学術研究所紀要』三三、二〇〇〇年）があり、いずれも『参天台五臺山記の研究』（関西大学出版部、二〇〇六年）に所収。

（2）『朝野群載』巻二〇、異国。

（3）施曄・鄭秉咸「古代杭州小説中的抱剣営書写研究」（『九江学院学報（社会科学版）』二〇一二年第一期）。

（4）『参天台五臺山記』延久四年六月五日条。

（5）藤善真澄訳注『参天台五臺山記』上、延久四年四月廿四日条の註1（関西大学出版部、二〇〇七年）。

(6)『咸淳臨安志』巻七七・寺院・城外（自慈雲嶺郊臺至嘉会門泥路龍山）。『武林旧事』巻之五・湖山勝槩・慈雲嶺・龍華宝乗院条。

(7)藤善真澄「成尋と杭州寺院」（前掲註1論文）。

(8)『咸淳臨安志』巻三・郊廟・郊丘条。

(9)天台山から都・開封への途中で剡県に着き、知県の配置により、成尋は実性院に一泊安下した。『参天台五臺山記』熙寧五年八月八日条に「安二下実性院一、本名清泰寺、在二傅大士影一、礼拝焼香。院主智深長老云、諸寺打二木魚鼓一集二行者一、是以二傅大士一為二根本一。大士覓二嵩頭陀一時打二魚鼓一、頭陀即応二鼓音一来。自レ爾以来、天下大小寺院、為レ集二大衆一打二木魚鼓一、云々」とあり、実性院の傅大士の真影の前で成尋は傅大士の真影を礼拝し焼香し、院主から大衆を集めるために木魚鼓を打つ寺院の習慣が傅大士に由来したという伝承を聞いた。

(10)平村文雄「参天台五臺山記の概要」（『参天台五臺記校本並に研究』所収、風間書房、一九七八年）。藤善真澄「成尋と杭州寺院」（前掲註1論文）。

(11)藤善真澄「成尋入宋時の杭州仏教」（『参天台五臺山記の研究』所収、関西大学出版部、二〇〇六年）。

(12)元・黄溍『金華黄先生文集』巻一二・「杭州明慶寺記」を参照。

(13)飛来峰に関しては、『咸淳臨安志』巻二三が引用した晏殊の『輿地志』に「晋咸和元年、西天僧慧理登二茲山一、嘆曰、此是二中天竺国霊鷲山之小嶺一、不レ知二何年飛来一」という説話が記されている。古代から現在まで、飛来峰の磨崖仏は世間に名高いが、現存している石仏は、造像時代が五代から元代まで混在している。

(14)藤善真澄訳注『参天台五臺山記』下・熙寧六年五月廿六日条の注7（関西大学出版部、二〇一一年）。

(15)『咸淳臨安志』巻八〇・下竺霊山教寺条。

(16)蘇轍「天竺海月法師塔碑一首」（『欒城後集』巻二四）。

(17)蘇軾「海月辯公真賛一首並序」（『東坡後集』巻二〇）。

(18)蘇轍「天竺海月法師塔碑一首」。

(19)『参天台五臺山記』熙寧六年五月廿六日条。

(20)『参天台五臺山記』熙寧六年五月廿七日条。

(21)『参天台五臺山記』延久四年六月二日条。

（22）　佐藤長門氏は、九世紀の入唐僧が先代の情報や経験を参照して自身の求法巡礼活動を行ったと指摘している（「入唐僧の情報ネットワーク」、鈴木靖民編『円仁と石刻の史料学――法王寺釈迦舎利蔵誌――』所収、高志書院、二〇一一年）。このような情報取得の手段は成尋にも継承されていると考えられる。

（23）　南宋の江少虞『皇朝類苑』巻七八に引用された『楊文公談苑』には、「呉越銭氏多因㆓海舶㆒通信、天台智者教五百余巻有録而多闕、賈人言日本有㆑之。銭俶致㆑書於㆓其国主㆒、奉㆓黄金五百両㆒、求㆑写㆓其本㆒。尽得㆑之。訖今、天台教大布㆓江左㆒」とある。この内容は、開封の太平興国寺の梵才三蔵の房で成尋がみた『奝然法橋並寂照大師来唐日記』にも引用されている（『参天台五臺山記』延久四年十二月廿九日条）。

（24）　明・呉之鯨『武林梵志』巻一一、清・阮元『両浙金石志』巻五などを参照。奉先寺の二基の経幢は今も霊隠寺の天王殿の前に残っている。

（25）　『元亨釈書』巻四・慶祚伝。

（26）　『入瑞像五蔵文』（『平安遺文』九―四五六七）。

（27）　佐藤成順「北宋時代の杭州の浄土教者」（鎌田茂雄博士還暦記念論集刊行会編『鎌田茂雄博士還暦記念論集中国の仏教と文化』所収、大蔵出版、一九八八年）。

（28）　『参天台五臺山記』熙寧六年三月廿二日条。

（29）　『参天台五臺山記』延久四年四月廿五日条。

（30）　藤善真澄「成尋と杭州寺院」（前掲註1論文）。

（31）　『参天台五臺山記』延久四年四月廿九日条。

（32）　『参天台五臺山記』延久四年五月廿一日条。

（33）　『参天台五臺山記』熙寧六年五月廿六日条。

（34）　『参天台五臺山記』熙寧六年五月廿六日条。

（35）　『参天台五臺山記』熙寧六年五月廿六日条。

（36）　例えば最澄は越州には行ったが、越州に近い杭州には寄らなかった。空海は福州に上陸し、杭州経由で長安に向かったが、帰国に際しては越州に滞在しても、杭州を訪れた記録はみえない。入唐僧と杭州の関係をあらわす唯一の記録は、恵萼が杭州管下の塩官県霊池寺（現在海寧市硤石鎮東山（田中史生「入唐僧恵萼に関する基礎的考察」、『入唐僧恵蕚と東アジア』、勉誠出版、二〇一四年））に赴き、斉安禅師に会って義空禅僧を日本に招いたというものだけである。手島崇裕「北宋の仏教界と日本僧成尋――その人的交流と異国僧としての役割について」（『比較文学・文化論集』第二五号、二〇〇八年）も参照。

(37) 藤善真澄「入唐僧と杭州・越州」（『関西大学東西学術研究所紀要』二九、一九九六年）。

(38) 佐藤成順「北宋時代の杭州の浄土教者」（前掲注27論文）、同「北宋時代の杭州における禅僧と浄土教」（『三康文化研究所年報』第二三号、一九九一年）、同「浄土教史の舞台――杭州浄慈寺――」（『三康文化研究所年報』第二八号、一九九三年）。

中国と日本の国家仏教

岡野浩二

はじめに

日本の古代史や仏教史の研究は、「国家仏教」という術語を用いて進められてきた。それは、律令制を基軸とした国家運営のなかに仏教も組み込まれ、僧尼の身分や行動、教団や寺院の運営も、国家の政策と無関係には存在しえないという観点に立ったものである。その国家仏教論を深化させるためには、中国仏教との比較や関係説明が有効であり、また必要と考える。なぜなら、日本の律令国家は中国をモデルにして形成されたのであり、仏教政策もその例外ではないからである。

王金林「唐代仏教と奈良仏教との比較」(1)は、「国家仏教」の観点から中国仏教・日本仏教を比較している。そこでは、唐代仏教が奈良仏教に与えた影響として、(一)諸学派(南都六宗)の形成、(二)漢訳仏典の輸入、

㈢経論講説の隆盛、㈣政治権威としての大仏建立、㈤国分寺の建立の五点を挙げ、そのうえで、国家仏教としての日中の共通性として、①仏教と伝統的信仰との習合、②僧侶の政治権力への従属、③国家の仏教に対する厳格な統制（得度権の掌握、僧籍・度牒の作成、僧官による寺院・僧尼の統制、道僧格・僧尼令という国家の法による拘束）を指摘している。

しかし、唐代仏教が奈良仏教に与えた影響や、国家仏教の共通性を指摘するだけでは十分ではない。藤善眞澄「隋唐仏教への視角」(2)は、仏教が国家権力に隷属したとみる歴史観に対して、次のような主張をしている。すなわち仏教は仏・法・僧の三つの要素からなるが、中国皇帝が統制しようとしたのは僧（僧尼）だけである。また仏教教団の国家権力への屈服を指摘するのであれば、領土全体に絶対的権力が及んでいるという理想像を前提とするのではなく、王者の実力不足を出発点として、官制の発達、律令体制の発展過程など、支配権力浸透の過程を論じたうえでなければならないと述べている。また吉田一彦「国家仏教論批判」(3)も、日本の僧尼令の規定と出家者の実態の乖離を指摘し、僧綱を統制官として過大評価することに警鐘を鳴らしている。こうした国家仏教論に対する批判的な見解から学ぶべきことは、国家の対仏教政策という一般論で済ませるのではなく、国家統治の内実や、仏教政策（特に僧尼・寺院に対する政策）の変遷を、きめ細かく分析し、そのうえで全体像を構築しなければならないということである。

そこで本稿では、中国仏教史の先行研究を踏まえて㈠国家の僧尼統制法、㈡中央・地方の官寺と僧官、㈢寺院・僧尼の膨張規制、㈣皇帝と仏教との関係、㈤僧尼の活動を取り上げ、それを国家仏教という大概念のなかに位置づけ、そのうえで日本の国家仏教の特質を論じることにしたい。

一、僧尼統制法

1、北魏の僧尼法制

中国において僧尼・寺院に対する法制がまとまって登場するのは、北魏の孝文帝（在位四七一〜四九九）・宣武帝（在位四九九〜五一五）の時代である。『魏書』巻一一四・釈老志（以下『魏書釈老志』と略称）孝文帝・太和十七年（四九三）条に「詔立二僧制四十七条一」とあるが、「僧制四十七条」の具体的な内容は記されていない。しかし、その前後の法制を一連のものととらえることができる。

『魏書釈老志』太和十年（四八六）冬には、「有司又奏、前被レ勅以勒レ籍之初、愚民僥倖、仮称二入道一、以避二輸課一、其無レ籍僧尼、罷二遣還俗一、重被レ旨、所レ検僧尼、寺主・維那、当寺隠審、其有二道行精勤者一、聴仍在レ道為レ行」とあり、戸籍を調査し、入道と称して税負担を逃れる行為を禁じ、該当者に還俗を命じ、寺主・維那の寺官に出家者の監督が命じられている。私度の禁止は、その後の熙平二年（五一七）春条にも、「自今有二一人私度一、皆以違二旨論一、隣長為レ首、里党各相降二一等一」という記事がみえる。

また太和十六年（四九二）には、「詔、四月八日・七月十五日、聴下大州度二一百人一為中僧尼上、中州五十人、下州二十人、以為二常準一、著二於令一」と、四月八日・七月十五日に限って得度を許すこととし、州の大中小の等級に応じた定員制が導入されている。

さらに『魏書釈老志』孝文帝条には、「先レ是、立二監福曹一、又改為二昭玄一、備有二官属一、以断二僧務一」と、僧務を統括する監福曹が昭玄と改称した記事がある。これより先の和平年間（四六〇〜四六五）には道人統から改称した沙門統という僧官が確認でき、昭玄は沙門統を長官とする組織であったと考えられる。

そして、永平元年（五〇八）秋条には、「緇素既殊、法律亦異、故道教鄣二於互顕一、禁勧各有レ所レ宜、自今已後、衆僧犯二殺人已上一罪者、仍依レ俗断、余犯悉付二昭玄一、以二内律・僧制一治レ之」とある。僧が殺人以上の罪を犯した場合は俗人の法で裁かれるが、それ以外の場合は昭玄に付して、内律・僧制によって処分せよという法制である。このことから、昭玄が僧尼の監督官で、僧尼の比較的軽い犯罪はその監督下において、戒律と僧制をもとに処分することが決まったのである。

永平二年（五〇九）冬には、沙門統の提案によって次のことが決まっている。すなわち①州・鎮郡の寺院の維那・上座・寺主が戒律に通じていること、②出家者が不浄の物を所持することの禁止、③僧尼が三宝を名目として資財を貸し出して利益を得ることの禁止、④出家者の喪服は父母三師に限定すること、⑤寺院によらず民間に遊止することを禁じ、違反者を還俗させること、⑥造寺は五〇人以上の僧がある場合に許し、違反者は外州に擯出すること、⑦外国僧尼の帰化は精検のうえで許可することである。

以上のように、孝文帝・宣武帝の時代に、私度の禁止、得度の時期・数の規定、僧尼監督の機関（昭玄・沙門統、維那・上座・寺主）、僧尼の犯罪の処分規定、僧尼の私財所有の禁止、僧尼の寺院止住、造寺の条件（五〇僧の在住）、僧尼の服喪、外国僧などの法制が整備されたのである。そして、これらの政策のうち、太和十年（四八六）・熙平二年（五一七）の私度の禁止は日本の僧尼令22私度条、永平元年（五〇八）の僧尼の犯罪の処分は僧尼令21准格律条の淵源といえる。また昭玄・沙門統は、日本の僧尼令にみえる治部省・玄蕃寮・僧綱の祖型であり、さらに永平二年（五〇九）の③は僧尼令18不得私蓄条、⑤は僧尼令5非寺院条と符合する内容である。

2、唐の道僧格、日本の僧尼令

唐代の道僧格は、日本の僧尼令が先行法令として扱ったことから、『令集解』（僧尼令）に逸文のかたちで部分的に残っている。諸戸立雄らがその復元を試みており、制定は貞観十一年（六三七）ごろと考えられ、道士・女冠・僧・尼を対象とし、禁止事項と、違反に対する苦使・還俗などの処罰が規定されている。(4) その内容と、日本の僧尼令との対応関係は、次の通りである。

①天文による災祥の仮説、国家に言及して衆を妖惑、兵書の習読、殺人、姦、聖道を得たとの詐称の禁止と処罰＝僧尼令1観玄象条

②他人になりすました出家の禁止＝僧尼令22私度条

③徒刑以上の罪を犯した場合、俗法によって処罰されるが、僧尼は還俗し、告牒をもって徒一年にあてる＝僧尼令21准格律条

④刑罰としての苦使として写経と修営功徳を課す＝僧尼令15修営条

⑤衣服の規定と違反者の還俗＝僧尼令10聴着不蘭条

⑥三宝物をもって官僚を饗応、朋党を共謀、三綱を毀罵、長宿を凌突の禁止と違反者の苦使＝僧尼令４三宝物条

⑦飲酒・食肉・食五辛および酒酔して人を闘打することの禁止と違反者の苦使・還俗＝僧尼令７飲酒条

⑧音楽・博戯の禁止と違反者の苦使＝僧尼令９作音楽条

⑨歴門教化の禁止と違反者の苦使＝僧尼令５非寺院条

⑩占相吉凶の禁止と違反者の苦使＝僧尼令２卜相吉凶条

⑪私に奴婢・田宅・資財を蓄えることの禁止＝僧尼令18不得私蓄条

北魏で打ち出された政策のうち、私度の禁止、僧尼監督機関の存在、僧尼の犯罪の処分規定、僧尼の私財所有の禁止、僧尼の寺院止住の原則は、道僧格や僧尼令に盛り込まれている。また北魏が発令した、得度の時期・数の規定、造寺の条件は、道僧格や僧尼令に規定されていないが、僧尼・寺院の増加を抑制する策が別のかたちで出されているので、第三節で検討することにしたい。

二、国寺・諸州官寺・僧官

1、永寧寺

北魏では孝明帝（粛宗）の熙平年間（五一六〜五一八）に洛陽城内に永寧寺が建てられている（『魏書釈老志』、『洛陽伽藍記』巻一）。城内には永寧寺一寺、城外に尼寺一寺に限定する計画があったことや、九重塔が伴っていたことは、同寺の位置づけを象徴している。九重塔を有する寺院は、それに続いて新羅の皇竜寺や日本の大官大寺が知られ（『三国史記』巻五・善徳王十四年（六四五）三月条、『三国遺事』巻三・塔像第四、『日本書紀』舒明天皇十一年（六三九）十二月条、『大安寺伽藍縁起』）、寺塔が国家の威信を示すものと認識されていたことがわかる。

2、大興善寺

隋の文帝（楊堅）は、開皇二年（五八二）に大興城（長安城）の造営を開始し、そこに大興善寺を設置した。『続高僧伝』（巻二一・釈霊蔵）では、それが「国寺」と表現されている。また、長安城の朱雀大路の東に大興善寺、西に玄都観が位置することから、大興善寺が仏教、玄都観が道教を代表する施設であったことがわかる。これより先、文帝は北周の実権を掌握した時点で陟岵寺に一二〇僧を迎えている。そして長安に大興善寺が建てられると、法蔵などの僧が陟岵寺から移転している。隋代に大興善寺に住んだ僧六〇名が知られており、僧猛が隋国大統、霊蔵が昭玄都維那、曇遷が昭玄大統といったように、中央僧官をつとめている。また訳経・義解・明律・修禅などに優れた僧が多く、大興善寺は隋代の仏教界の中核をなす施設であったといえる。(5) 唐代には、天宝十五年(七五六)に不空が住んで密教の灌頂道場が設置されており、『入唐求法巡礼行記』開成五年(八四〇)十月二十九日条にも翻経院や灌頂道場のことがみえる。

3、諸州の官寺

隋・唐の時代には、諸州に官寺を建立することが、複数回にわたって命じられている。隋の文帝は、開皇三年(五八三)に「京城及諸州官立寺之所」で正月・五月・九月に法会をおこなうことを命じている(『歴代三宝紀』巻一二)。また『八瓊室金石補正』(巻二五)に収載されている「南宮令宋景構尼寺銘幷陰側」の碑文にみえる「大隋皇帝詔立㆓僧尼二寺㆒」の文言も、文帝の諸州官寺建立を示している。(6) また文帝は仁寿元年(六〇一)六月十三日の、自身の誕生日に舎利を諸州に頒布して舎利塔を建立させる詔を発している(『広弘明集』巻一七)。唐の高祖(李淵)が、武徳九年(六二六)に官費でまかなう寺観について決めた際にも、京城の三寺・二観とともに天下諸州の寺観各一所がみえる(『旧唐書』巻一・高祖紀)。高宗は乾封元年(六六六)の泰山への行幸を契機に、諸州に一寺一観の建立を命じている(『旧唐書』巻五・高宗紀)。

則天武后は、高宗の崩御後、実権を握って国号を唐から周に変更し、載初元年(六九〇)に諸州に大雲寺の建立を命じている（『旧唐書』巻六・則天武后紀）。しかし、神竜元年（七〇五）に中宗が即位して国号を唐に戻すと、諸州に寺観各一所を置き、大唐中興を名とすることが命じられた（『冊府元亀』帝王部・巻五一・崇釈氏）。その中興寺は、同三年（七〇七）に竜興寺と改称した（『唐会要』巻四八）。玄宗も、開元二十六年（七三八）に州ごとに寺観の設置を命じ、「開元」をもってその名とすることにした（同書巻五〇）。

以上の大雲寺・竜興寺・開元寺は、いずれも新たに伽藍を建立するのではなく、在来の寺院をそれらに指定して改称させるものであった。また大雲寺・竜興寺が、すべて開元寺と改称したわけでもなく、それらが併存した州もあった。『入唐求法巡礼行記』開成三年（八三八）十一月二十九日条には、「毎レ州有二開元寺・竜興寺一、只是揚州竜興寺耳」とあり、諸州に開元寺と竜興寺があるが、揚州では竜興寺しか存在しないと記している。

『仏祖統記』（巻四〇）に「二十七年（開元）、勅二僧道一、遇二国忌一、就二竜興寺一、行道散斎、千秋節祝寿、就二開元寺一」とあり、『唐会要』（巻五〇）にも同様の記事があり、開元二十七年（七三九）以前から竜興寺でおこなわれていた国忌（皇帝の忌日）・千秋節（皇帝の誕生日）・三元（一月十五日・七月十五日・十月十五日）の行事のうち、国忌が竜興寺で、千秋節・三元が開元寺でおこなわれるようになったことがわかる。

4、僧官と俗官

『隋書』（巻二八・百官志）によると、鴻臚寺—崇玄署が僧尼を所管する官として設けられている。大興善寺に大統などの僧官が置かれたことは先述の通りである。唐もこれを踏襲したが、開元二十五年（七三七）から貞元四年（七八八）までは祠部、貞元四年から唐末までは功徳使といったように、僧尼所管の官司が変遷している。僧官については、武徳二年（六一九）に十大徳が設置され僧尼を統括することになったが、短期間で廃止されている。その一方で各寺院には、上座・寺主・都維那各一人からなる三綱の設置が『大唐六典』（巻四・礼部）に規定されている。

唐王朝では中央僧官の組織が確立しなかったが、時代が降ると実情が違ってきたようである。『入唐求法巡礼行記』開成四年（八三九）正月十八日条には、「凡此唐国、有二僧録、僧正、監寺三種色一、僧録統二領天下諸寺一整二理仏法一、僧正唯在二一都督管内一、監寺限二在一寺一、自外方有二三綱幷庫司等一、暮際、僧正住二当寺一」と記されている。つまり、唐では僧録が天下の諸寺を、僧正が各州の管内寺院を、監寺が各寺院を監督しており、また各寺院には三綱や庫司という僧職も存在するという記事である。僧録は『入唐求法巡礼行記』会昌元年（八四一）正月九日条に「左街僧録」がみえるが、これは長安城内の僧尼・寺院を対象とした僧官のようである。僧正は宋など南朝においてみられた僧官であったが、唐代には各州の地方僧官であったことがわかる。また揚州都督の李徳裕が光義という僧を僧正に推薦し、開元寺に住まわせているという開成四年正月十八日の記事から、各州の僧正の人事権を都督が握っていたことがわかる。

また各州の地方僧官に類するものとして、五台山には僧長が、天台山には僧正が置かれていた。すなわち『続清涼伝』（巻下・台山瑞応伝）に「如二天台・五台一、比二州郡一別置二僧官一」とあり、『宋高僧伝』（巻二〇）に天台山国清寺清観が僧正となったことがみえるのである。なお『入唐求法巡礼行記』開成五年（八四〇）五月二日条に、竹林寺は五台山に属さないとあるのは、同寺が五台山僧長の監督が及ばない別格寺院であるという意味であろう。

5、日本の国分寺、大寺と僧綱

日本に目を転じると、次の点が注目される。国分寺は、大雲寺・竜興寺・開元寺を模倣したものと考えられている。しかし一方で、『日本書紀』天武天皇十四年（六八五）三月壬申条に「詔、諸国毎レ家作二仏舎一、乃置二仏像及経一、以礼拝供養」とあり、また天平十三年（七四一）の国分寺建立の詔よりも前に諸国で『金光明経』が講説されていたことが諸国正税帳から知られており、天武朝に国分寺創建が構想されていたとみることも可能である。(7) その問題を考える際に、隋・唐が早くから諸州に官寺を置く政策を打ち出していたことを忘れてはならないであろう。

日本における僧官は、推古天皇三十二年（六二四）に僧正・僧都・法頭が設置され、大化元年（六四五）に十師・寺司・法頭、天武天皇十二年（六八三）に僧正・僧都・律師と変遷し、僧尼令で僧正・僧都・律師を僧綱と規定し、養老六年（七二二）に僧綱の居所が薬師寺と決められている。(8) 僧綱の確立過程や寺院との関係については、次のような解釈が可能である。大化元年の十師は唐の十大徳をモデルとしたものであるが、十大徳が存続しなかったことから、日本でも十師制は定着しなかった。その後の僧綱は、大官大寺・薬師寺など都城内に建立されたいくつかの「大寺」と密接に関係していた。僧尼令に京内の仏教行政は僧綱が管轄するという規定があるのは、僧綱の構成員が京内大寺に住んでいることを前提としており、僧綱の下僚の佐官も京内大寺の三綱が兼務していた。大寺のなかでも特に藤原京・平城京の東西に位置する大官大寺（大安寺）・薬師寺が、仏教行政の中心を担う寺院と位置づけられていたことがわかる。それは、大興善寺に高僧を住まわせて僧統とした隋の仏教政策と符合する。唐は道教を重視したこともあり、仏教行政のための僧官を確立させなかった。そのため、日本は当初は唐制を模倣しようとしたが、隋の方式に準じて僧綱・大寺の制度を確立させたのである。

ただし地方僧官については、中国との相違点が指摘できる。九世紀にみられる唐の諸州の僧正は現地の僧を地方官が推挙していた。日本の場合は、僧尼令では地方僧官を設けず、国郡の俗官による管理を規定していたが、大宝二年（七〇二）には国師を設置し、中央から赴任するものとしたのである（『続日本紀』同年二月丁巳（二十日）条）。

三、寺院と僧尼の膨張規制

1、寺院・僧尼の増大と廃仏

唐の法琳が記した『弁正論』（巻三）には、西晋（寺一八〇、僧尼三七〇〇）、東晋（寺一七六八、僧尼二万四〇〇〇）、宋（寺一九一三、僧尼三万六〇〇〇）、斉（二〇一五、僧尼三万二五〇〇）、梁（寺二八四六、僧尼八万二七〇〇）、北魏（国家大寺四七、王公造寺八四九、百姓造寺三万、僧尼二〇〇万）、隋（寺三九八五、僧尼二三万六二〇〇）など、歴代王朝の寺院と僧尼の数が記録されている。(9) また『大唐六典』（巻四・礼部）にも、「凡天下観、総一千六百八十七所、一千百三十七所道士、五百五十所女道士」、「凡天下寺、総五千三百五十八所、三千二百四十五所僧、一千（拠旧唐志、当作二千）、一百一十三所尼（旧唐志、四十作三十、一十作二十）」とあり、道士・僧尼と道観・寺院の数値を知ることができる。

こうした寺院・僧尼の増大とは裏腹に、三武一宗の法難と呼ばれる廃仏策がみられる。(10) ①北魏の武帝（在位四二三〜四五二）は、太延四年（四三八）に五〇歳以下の沙門の還俗を命じ、太平真君七年（四四六）には諸州で沙門・仏像を廃している。②北周の武帝（五六〇〜五七八）は、建徳三年（五七四）に僧三〇〇万人を還俗させて軍民としたほか、寺院・仏像・経典を破壊・焼却し、資財を没収しており、同六年に占領・合併した北斉にも廃仏策を及ぼしている。③唐の武宗（八四〇〜八四六）は、会昌二年（八四二）に、犯歴のある僧、戒行を欠く僧の還俗や僧尼の私有財産の没収を命じ、長安での還俗者は三四〇〇人余に及んだ。同四年には山房・蘭若・普通・仏道などの小寺院などの破却が命じられ、廃寺は四六〇〇箇所、廃止の小寺院四万、還俗の僧尼・奴婢は三〇万、寺領の没収は一〇〇〇万箇所に及んだ。④後周の世宗（九五四～九五九）は、顕徳二年（九五五）に、勅額のない寺院の廃止、寺院の建立禁止、私の剃髪出家の禁止などの策を打ち出し、廃寺三万余、還俗僧尼六万一〇〇〇などをもたらした。廃仏の背景として、（一）税を負担しない僧尼の増加が国家財政を不安定にしたこと、（二）僧尼・寺院の堕落、（三）道教・仏教の思想的対立などが指摘できる。（三）に関しては、北魏の武帝が寇謙之、唐の武宗が趙帰真という道士を信任している。

2、寺院整理と寺額

　増加する寺院・関連施設、僧尼に対して規制を加えたのは、上記の大規模な廃仏の際だけではない。隋の煬帝が大業五年（六〇九）に寺院の合併を命じたことが知られる。『集神州三宝感通録』（巻上・扶風岐山南古塔）には「大業五年僧不レ満二五十人一者廃レ之、此寺従レ廃、入二京師宝昌寺一、其塔故地仍為二寺荘一」、また『仏祖統記』（巻三九）にも「五年（大業）、詔二天下僧徒一無二徳業一者、並令レ罷レ道、寺院準二僧量一留、余並毀折」とあり、五〇人に満たない寺院の廃止や、徳業のない僧の還俗が命じられたのである。[11] 唐の高祖は、武徳九年（六二六）に僧尼・道士・女冠に対して、精勤練行を条件に、衣食などの費用を官費でまかなうとし、その範囲を京城の寺三所・観二所、諸州各一所と限定している（『旧唐書』巻一・高祖紀）。

　また唐代については、『仏祖統記』（巻四〇）開元十五年（七二七）条に、「勅、天下村坊仏堂小者、並二拆除之一、功徳移二入近寺堂大者一、皆令二封閉一、公私望レ風、凡大屋大像亦被二残毀一」とあり、小規模の仏堂を整理したことが記されている。

こうした小規模の仏堂施設の整理統合策と連動して、一定の条件を備えた寺院には寺額が与えられたようである。西州岸頭府到来文書には「功倉符為当県無額仏堂」[12]と、「無額仏堂」がみえる。そして『宋史』（巻四九〇・列伝二四九・外国六）にも「高昌即西州也、（中略）仏寺五十余区、皆唐朝所レ賜レ額」という記事が確認できるのである。なお、寺額の設置に関しては、諸州に開元寺の設置命令を伝える『唐会要』（巻五〇）に「改以二開元一為レ額」とあるのも参考になる。

寺額は与えられていないが、与えられる可能性のある施設として、「蘭若」が存在した[13]。すなわち『唐会要』（巻四九・雑録）所収の開元十九年（七三一）六月二十八日勅には「寺・観」とは異なり、山林において衆を集めて妄りに生縁を説く場所として「蘭若」が登場しており、また同書（巻四八・寺）太和二年（八二八）十月条に、「蘭若」が額を与えられて「寺」になった事例が記されている。

3、日本の寺格と寺院数・寺額

『日本書紀』天武天皇九年（六八〇）四月条に、「国大寺二三」以外は官が治めることはせず、「食封」（封戸）のある寺は三〇年をもって食封を廃止するとの勅が載っており、これから、国大寺・有封寺・諸寺の寺格が成立することになった。この政策は、唐の武徳九年（六二六）に僧尼・道士の費用を官費でまかなうとし、その範囲を京城の寺三所・観二所などと限定したのと類似している。寺院増加に伴う財政問題として、主要寺院をごく少数に限定したことで、大寺の地位が明確になったのである。

一方、『続日本紀』霊亀二年（七一六）五月庚寅（十五日）条には、伽藍の整備や僧尼の常住などの条件を満たさない草堂などの合併命令が載っている。そこにみえる「争求二額題一」の文言は、合法的な寺院に扁額が与えていたことを示唆している。日本における寺院数は『日本書紀』推古天皇三十二年（六二四）九月丙子条に寺四六、僧八一六、尼五六九という数字がみえるだけであるが、『入唐求法巡礼行記』開成三年（八三八）十一月十八日条には、円仁が揚州大都督の李徳裕から日本の寺院数を尋ねられ、三七〇〇と答えたことがみえる。唐は寺院数の把握に強い関心を示しており、遣唐使は日本のそれを報告することが求められたのかもしれない。また八・九世紀の日本では、一定の条件を満たした寺院が「定額寺」に指定されている。(14)

なお、『唐大和上東征伝』には「私立㆓唐律招提名㆒、後請㆓官額㆒」とみえ、鑑真が唐招提寺を建立した際には私の寺であったが「官額」を申請したことが記されている。唐招提寺にはその際の寺額が現存しており、唐僧の鑑真が寺額の存在を強く意識していたことがわかる。それは同時に、日本では「額題」「定額寺」が呼称のみのもので、申請でもしないかぎり、実際には扁額は授与されなかったことを示している。また北魏や唐では、寺院が成立する前提として五〇人の僧が在住することが定められていたが、日本の場合は具体的な数値は確認できない。ただし弘仁十四年（八二三）に東寺に五〇僧を置いたことは（『類聚三代格』巻二）、入唐経験のある空海の提案によるものかもしれない。

4、僧籍・度牒、得度許可の類型

僧尼の名前、出家の事情などを記した僧籍が、俗人の戸籍に対応して造られている。『魏書釈老志』には、延興二年（四七二）の詔勅で無籍の僧を州・鎮に送付させたことがみえる。唐代については『仏祖統記』（巻四〇）開元十七年（七二九）条に「勅、天下僧尼三歳一造㆑籍共帳始此」とある。一方で『大宋僧史略』（巻中・僧籍弛張）は、文宗の太和四年（八三〇）から翌年に僧籍が作成されたのが始まりであると説明し、それに続けて、それ以前はどうであったのかという問答があり、州単位や寺院単位で造られていて不備であったと説明している。また僧尼の身分証として、度牒が発行された。『大宋僧史略』（巻中・祠部牒附）には、玄宗朝（七一二～七五六）にそれが始まり、天宝六載（七四七）からは祠部がその牒を給することになったと説明している。しかし、道僧格に告牒のことがみえるので、貞観十一年（六三七）には存在していたとみられる。

唐代には、私度の禁止と取り締まりが繰り返し命じられている。『続高僧伝』（巻二五、釈法冲）には「貞観初年、下レ勅有二私度者一、処レ以二極刑一」とみえ、貞観元年（六二七）に私度僧が極刑に処せられたことがわかり、『唐大詔令集』（巻一一三）には開元十九年（七三一）七月の「不レ許三私度僧尼及住二蘭若一勅」が掲載されている。

唐代の得度者には、試度・特恩度・進納度の三種類が存在した。①「試度」は試験を課して合格した者に得度を許すもので、中宗の神竜元年（七〇五）もしくは二年から始まったことが『仏祖統記』（巻四〇）や『釈氏稽古略』（巻三）から知られる。また『唐大慈恩寺三蔵法師伝』（巻一〇）などによると、すでに顕慶三年（六五八）に試験によって一五〇人の得度が許されたことがみえる。②「特恩度」は、勅許によって大量の出家者を許すものである。隋の文帝が開皇十年（五九〇）に五〇万人を得度させた（『仏祖統記』巻三九）のが早い例で、唐の太宗は貞観二十二年（六四八）に玄奘の功績に応じて京城および天下諸州の寺に各五人、弘福寺に五〇人の度者を許している（『唐大慈恩寺三蔵法師伝』巻七）。そのほか皇帝の即位、忌日、誕節、病気平癒の祈願などを理由に、一〇〇人単位で得度が許された例が散見する。③「進納度」は、得度を希望する者が金銭を納入して僧になるものである。『新唐書』（巻五一・食貨志）によると、玄宗朝の、安史の乱後に銭を納めて僧尼・道士となることを許し、財政を補ったといい、粛宗朝にも道士僧尼一万人を度したという。このとき「空名告身」（対象者の名前が書いていない身分証）を発行したことが同書に記されている。[15]

5、授戒と戒壇院

正式な僧尼（比丘・比丘尼）となるには、受戒を経なければならなかった。中国では、道宣が『四分律行事鈔』『関中創立戒壇図経』を著して戒律の実践方法や授戒（受戒）作法、戒壇院の規模を定め、乾封二年（六六七）に長安浄業寺に戒壇を築いた。そして道宣の弘景は浄業寺で、その弟子の鑑真は長安の実際寺で受戒しており、鑑真は日本に授戒戒作法を伝えている。ただし、道宣の南山律のみが正統とみなされ、それによって官立の戒壇が整備されたわけではない。その時代にはインドを訪ねたり、インドから来訪した僧がおり、それらが洛陽や嵩山に戒壇を建てている。[16] また鑑真は、揚州のみならず各地で授戒し、その人数は四万人に及んだというが、それらの地に戒壇を構築したわけではない。日本の最澄が入唐し、貞元二十年（八〇四）に天台山国清寺において弟子の義真を受戒させたことも、各地で授戒が可能であったことを示している。

『大宋僧史略』（巻下・方等戒壇）には「代宗永泰年三月二十八日、勅㆓大興善寺㆒、方等戒壇所㆑須一切官供、至㆓四月㆒勅㆓京城僧尼㆒、臨㆑壇大徳各置㆓十人㆒、永為㆓常式㆒」とあり、代宗の永泰年間（七六五～七六六）になって、長安の大興善寺に官の費用で経営する方等戒壇が設置され、一〇人の大徳が置かれたという。同書によると、「方等戒壇」は道宣の戒壇よりも大乗的で、資格を問わず菩提心を持てば平等に具足戒が受けられたという。また『仏祖統記』（巻四二）によると、長慶四年（八二四）には泗州に、宝暦元年（八二五）には長安両街の二寺に、太和二年（八二八）には洪州に、それぞれ方等戒壇が立てられている。[17]

『旧唐書』（巻一七上・敬宗紀・文宗紀）によると、憲宗（在位八〇五～八二〇）が私度の戒壇を禁じる勅を出し（長慶四年条）、宝暦二年（八二六）と太和三年（八二九）には、勅命に背いて戒壇を立てた観察使などが俸料一月分の罰金を課せられている。『入唐求法巡礼行記』開成三年（八三八）十月十九日条には、円仁が弟子の惟正・惟暁を受戒させることを望んだ記事があり、「大唐太和二年（八二八）以来、為四諸州多有三密与二受戒一、下二符諸州一、不レ許二百姓剃髪為レ僧、唯有二五台山戒壇一処、洛陽終（南脱カ）山瑠璃壇一処一、自二此二一外皆悉禁断、因レ茲請報二所由一取二処分一也」と記されている。つまり太和二年（八二八）から諸州で密かに授戒をおこなうことが禁止され、五台山と洛陽終南山の二箇所の戒壇院のいずれかでしか受戒が許されなかったという内容である。なお『入唐求法巡礼行記』開成五年（八四〇）四月十三～十五日条には、貝州の開元寺に新たに壇場が開かれ、諸州から四〇〇余人が集まって戒律を受けたこと、戒壇院に入って壇場をみたこと、善光寺に入って尼衆の戒壇をみたことが記載されている。また五月十四日条には、五台山において惟正・惟暁が白玉壇に於いて具足戒を受けたことも記されている。

官立の方等戒壇が長安の大興善寺に登場し、また各州にもそれが立てられるようになったのは、金銭を納入させて出家を許した進納度と同様に、安史の乱後の財政政策であったとみられる。方等戒壇が資格を問わず広く受戒者を迎えたのもそのためであろうが[18]、各州の戒壇建立には規制が加わっていったのである。

6、日本の造籍・得度・授戒

日本においても、僧尼の籍が造られた。雑令38造僧尼籍条には、六年ごとに三通を造り、一通は職国に留め、他は太政官に送り、中務省・治部省に納めると規定されている。また『続日本紀』養老四年（七二〇）正月丁巳（四日）条には、僧尼に「公験」（度縁とみられる）を授けた記事がある。得度者の類型については、持統天皇十年（六九六）十二月に、浄行者一〇人を毎年得度させることとし、年分度者の制度が始まった。一方で天皇の病気平癒などを理由として一〇〇人・一〇〇〇人単位の大量の出家者を許す臨時度者が、推古朝からみられる。出家時に試験を課すことも天平六年（七三四）からおこなわれており、試験は臨時度者をも対象に含んでいた[19]。唐の試度・特恩度と日本の年分度者・臨時度者とは、細部では異なるものの、重なるところも多い。それに対して唐でみられた進納度は、日本では成立しなかった。

授戒制度については、鑑真の来日に伴って、天平勝宝六年（七五四）に東大寺に、天平宝字五年（七六一）に下野国薬師寺・筑前国観世音寺に戒壇院が建てられた（『東大寺要録』巻一・本願章第一）。これによって、正式な僧尼になるには、三戒壇のいずれかで受戒しなければならなくなった。唐では仏教教団が自主的に戒壇院を建て、授戒をおこなっており、国家の管理を前提とはしていなかった。しかし日本では、道宣の系譜を引く南山律を正統とみなし、『四分律』にもとづく厳しい授戒作法で、官立の戒壇を設置したのである。唐の官立戒壇が緩やかな戒律の方等戒壇で、金銭を納入して俗人に受戒を許したのとは、性格が大きく異なるものであったといえる。

授戒・戒壇に対する唐・日本の相違に起因する問題を、三点指摘しておきたい。まず留意すべきは、『日本後紀』弘仁四年（八一三）二月丙戌（三日）条の、東大寺戒壇院が設置された天平勝宝以来、授戒時に僧の度縁を毀ち、戒壇院十師の発給する戒牒を公験としてきたが、やはり度縁・戒牒の両者をもって公験とすることにしたという記事である。このことは、唐では度縁とは無関係に戒牒が発給され、俗官が戒牒に署判を加えることもしていなかったことや、それに準拠して東大寺戒壇院での授戒が始まったことを示している。[20] 次に問題なのは、唐招提寺に戒壇が建てられたか否かという点である。[21] この点を考える際には、日本では官立の三戒壇しか存在しないということを前提とするのではなく、唐では各地に異なる形態の戒壇が存在したことを踏まえなければならない。そして第三に、女性の受戒についても検討すべきである。唐では尼の戒壇・受戒が『入唐求法巡礼行記』から知られたが、日本の東大寺戒壇で女性が受戒した例は知られていない。[22]

四、皇帝と仏教

1、菩薩戒を受ける皇帝

梁の武帝は、天監十八年（五一九）に禁中に戒壇を建てて、菩薩戒を受けた（『続高僧伝』巻六・釈恵約）。また隋の文帝や、煬帝も同じように菩薩戒を受けている。煬帝の場合、大業三年（六〇七）に智顗を戒師として受戒し、「菩薩戒弟子皇帝」と自称している（『広弘明集』巻二八）。その後も、唐の太宗、太宗長子承乾、則天武后、中宗、睿宗、代宗、徳宗らが菩薩戒を受けている。玄宗が菩薩戒を受けていないのは道教を崇拝していたためであり、その一方で玄宗や代宗は不空から密教の灌頂を受けている。中国皇帝が菩薩戒を受けたことの意味について、河上麻由子は（一）衆生救済の菩薩となることで、人心を掌握するため、（二）崇仏僧・仏教界の支持を得るため、（三）皇位継承の正統性を得るための、三点を指摘している。[23] また玄宗・代宗が不空から密教の灌頂を受けていることは、菩薩戒と同じような機能を担ったと考えることができる

日本では、聖武太上天皇・光明皇太后・孝謙天皇が鑑真から菩薩戒を受けており、また文徳天皇は円仁から密教の灌頂を受けている。[24]

2、内道場

内道場の始まりは、『晋書』（巻九・孝武本紀）によると、東晋の太元六年（三八一）であり、また『大宋僧史略』（巻中・内道場）には、唐代では則天武后の時代に始まると記されている。内供奉は『大宋僧史略』（巻下・内供奉并引駕）では粛宗の至徳元載（七五六）、安史の乱の最中に設置されたといい、『旧唐書』（巻一一一・張鎬伝）の「供奉

僧在二内道場一」という記事がそれに対応している。ただし内供奉僧の実例は、すでに七世紀末〜八世紀初頭には確認できるという。[25] 最澄の密教の師匠である順暁や、空海の師の恵果も、内供奉として確認でき、『入唐求法巡礼行記』会昌二年（八四二）五月二十九日条には、長安両街に二〇人ずついた内供奉大徳が停止されたとの記事がみえる。

日本でも、孝徳朝から宮廷内に仏教施設が確認でき、八世紀には義淵・玄昉・道鏡などが内裏や内道場に供奉したことが知られる。また光仁朝には十禅師という僧職が設置され、その一人であった最澄が入唐した際には「供奉僧最澄」と自称しており、唐の内供奉を意識していたことがわかる。最澄の帰朝後に、十禅師が内供奉十禅師と呼ばれるようになり、円珍は入唐に際して内供奉十禅師の補任状（治部省牒）をあらためて作成することを朝廷に依頼し、それを携行している。[26]

3、国忌と降誕斎

国忌は『大唐六典』（巻四・祠部）に載っており、また先に述べたように開元二十七年（七三九）以前から諸州の竜興寺でおこなわれていた。『大宋僧史略』（巻中・行香唱道）によると、不空が高祖・太宗ら七聖の忌日に斎を設けて行香することを奏上して許されたが、斎は催さず行香のみをおこなったといい、文宗朝（八二七〜八四〇）に両京・天下州府で国忌に寺観において行香することが停止され、大中五年（八五一）になって旧に復したという。『入唐求法巡礼行記』開成三年（八三八）十二月八日条には「国忌之日、従捨二五十貫銭於此開元寺一、設レ斎供二五百僧一」という記事がみえる。また降誕斎（皇帝の誕生日）についても、『入唐求法巡礼行記』開成五年（八四〇）六月十一日条に、五台山の諸寺で武宗のそれがおこなわれ、金閣寺で勅使が行香したと記されている。[27]

日本では、持統天皇元年（六八七）と大宝二年（七〇二）に、天武天皇と天智天皇の国忌が置かれている。日本での国忌は、京内の諸寺、あるいは平安京の東寺・西寺などの大寺でおこなわれており（『延喜式』巻二一・治部省）、諸州の官寺でおこなわれた隋唐とは異なっている。また日本では、天皇の誕生日に仏事をおこなうことは確認できない。その一方で、聖武天皇の四〇歳の算賀として、東大寺の良弁らが『華厳経』を講説したことが『東大寺要録』（巻五・諸宗章第六）にみえ、また天皇の即位に伴って『仁王経』を講説する一代一度の仁王会が九世紀に成立し、『延喜式』（巻二一・玄蕃寮）に規定されている。

4、皇帝への敬礼問題

東晋の咸康六年（三四〇）に、僧尼も皇帝に対して敬礼すべきであるか否かの論争が始まり、元興元年（四〇二）に再発した論争のなかで、慧遠は「沙門不敬王者論」を記している。この問題は唐代まで続き、貞観五年（六三一）には僧尼・道士も父母に拝すべし、顕慶二年（六五七）には僧尼は父母・尊者からの拝礼を受けるべからず、竜朔二年（六六二）には僧尼・道士は父母に対して拝すべしという命令が出されており、君に対する拝礼は撤回された。この時、道宣は『涅槃経』や『梵網経』を根拠として君への不拝を主張した「論沙門不応拝俗啓」を記している。玄宗朝の開元二年（七一四）には、僧尼・道士は父母に対して拝礼すべしとの勅が下され（『唐大詔令集』巻一一三「令僧尼道士女冠拝父母勅」）、さらに開元二十一年（七三三）には、僧尼は道士・女冠にならって君に拝礼し、合わせて父母にも拝礼すべき詔が発せられた（『冊府元亀』帝王部・巻六〇・立制度）。しかし、粛宗は上元二年（七六一）に僧尼が朝会において臣として拝礼するのを停止する勅を下している（『通典』巻六八）。『入唐求法巡礼行記』開成五年（八四〇）三月五日条に、皇帝の詔書に対して官人・軍人・百姓らが拝礼したのに対して、僧尼や道士は拝さなかったとあるのも、敬礼問題の結末を示している。

インドでは国王が僧尼に礼をすることはあっても、国王に拝礼を求めることはなかった。それに対して中国では皇帝の権威は国土全体に及ぶと考え、拝礼を求めたのである。仏教側はこれに応じることはせず、対立関係が生じた。『仁王経』には、国王が僧官を設置するときは仏法が滅びるといった文章がみえるが、これも訳経がなされた時代の皇帝と僧尼との対抗関係を示しているのであろう。玄宗が僧尼に敬礼をさせる勅を出しながら、次の粛宗がそれを撤回したのは、安史の乱の鎮圧に功績のあった仏教者への配慮であったという(28)。

日本においては、敬礼問題は表面化していない。ただし、僧尼令には官人と僧尼との関係を規定した条文がみられる。19遇三位已上条は、僧尼が道路において三位以上に遭遇したならば隠れよといった規定である。官人と僧尼が遭遇し、どちらの地位が高いかで争いが起こらないように、僧尼が隠れることで遭遇しなかったことにするという意味であろう。なお、鑑真に従って唐から来日した法進が記した『梵網経註』には、「出家人法不下向二国王一拝礼上」という『梵網経』の一文に対して「国王雖レ居二尊位一、未レ超二塵累之階一」などの註釈を付している。

五、僧尼の活動

1、三学業長者・二十五衆・五衆

隋の文帝は、五衆・二十五衆という教学興隆の組織を設置している。すなわち『続高僧伝』(巻一九・釈法応)に「開皇十二年有レ勅捜二簡三学業長者一、海内通化崇二於禅府一、選二得二十五人一、其中行解高者、応レ為二其長一、勅二城内一別置二五衆一、各使二一人晩夜教習一、応レ領二徒三百一、於二実際寺一相続伝レ業、四事供養並出二有司一」とあり、同書十六・十七年には二十五衆の「摩訶衍匠」や、五衆の「大論衆主」「涅槃衆主」「十地衆主」「講律衆主」に僧が就いたことが知られるのである。

三学業長者の具体像は不明であるが、三学は仏教を構成する戒（戒律）・定（禅定）・恵（知恵）を指す。『大唐六典』（巻四・礼部）に寺院の三綱（上座・寺主・都維那）の説明に続けて「僧持レ行者有二三品一、其一曰レ禅、二曰レ法、三曰レ律、大抵皆以二清浄慈悲一為レ宗」と記されていることや、『仏祖統記』（巻四二）大中十年（八五六）条に「勅、毎レ歳度レ僧、依二本数一、於二戒定恵三学中一、択下有二道性一通二法門一者上度レ之、此外雑芸一切禁止」とあることから、戒・定・恵の三学が僧尼の基本的な資質として求められたことがわかる。また『入唐求法巡礼行記』開成三年（八三八）十一月二十四日条にも、①経論律記疏等を講じる者（座主・和尚・大徳）、②納衣して収心する者（禅師・道者）、③律を持する者（律大徳・律座主）という僧侶の三類型がみえる。

２、教学と寺院との関係

隋・唐代には、吉蔵（五四九～六二三）が三論教学、智顗（五三八～五九七）が天台教学、法蔵（六四三～七一二）が華厳教学、玄奘の弟子の基（六三二～六八二）が唯識教学を体系化し、道宣（五九六～六六七）が授戒作法を整えて律を興隆させ、達摩の法脈を引く六祖恵能（六三八～七一三）のころに禅が、不空（七〇五～七七四）のときに密教が栄えた。しかし、隋唐の寺院は一宗一派に偏していない。[29] 教学を体系化する僧が現れたからといって、その教義を核として特定の僧団・寺院が編成されるわけではなく、一寺院で多様な仏典や教学を学ぶ僧が共存したのである。

『入唐求法巡礼行記』開成五年（八四〇）五月二日条には、五台山竹林寺に律院・庫院・花厳院・（法華院）・閣

院・仏殿院の六院があると説明しており、その名称から律・華厳などの教学が竹林寺に併存していたことがわかる。一方で十六日条によると、円仁は大花蔵寺の涅槃院において志遠の『摩訶止観』講説を聞いている。同寺は八世紀後半に澄観が華厳教学の註釈書を書いた場所であるが（『宋高僧伝』巻五・釈澄観）、円仁は同寺十二院の僧が志遠を首座としているとし、十七日条で「実可レ謂二五台山大花厳寺是天台之流一也」と記している。華厳や天台など特定の教学に通じた僧が活動したことで、特定の教学と寺院（僧侶集団）に対応関係が形成されたのであろう。

特定の教学にもとづく教団については、居住形態を考える必要がある。智顗が住んだ天台山は天台教学の中心となった。また禅宗は瞑想によって禅定を得る修行集団であり、『続高僧伝』（巻二〇・釈道信）によると、道信（五八〇～六五一）のときに「山中五百余人」の弟子がいたという。また『宋高僧伝』（巻一〇・釈懐海）によると、百丈懐海（七四九～八一四）は、大雄山（百丈山）に入って生活・布教し、それまで律寺に同居していた禅が、独立することになったという。

3、日本の南都六宗と天台宗・真言宗

『続日本紀』養老二年（七一八）十月庚午（十日）条によると、太政官布告によって、①法門の師範を顕彰し、②領袖たるにふさわしい僧、③および五宗の学、三蔵の教えの宗師たる人を申告させ、④性根に応じて就学することが命じられている。そこにみえる「五宗」は、後に成立する南都六宗に当てはめて解釈されているが、隋で開皇十二年（五九二）に設置された三学業長者・二十五衆・五衆を模したものと理解すべきであろう。その後、天平十九年（七四七）の法隆寺・大安寺・元興寺の資財帳では、三論衆・別三論衆・修多羅衆など、寺院ごとに

異なる諸学派の「衆」がみえるが、天平勝宝三年（七五一）になると東大寺に法性宗・三論宗・律宗・倶舎宗・成実宗・華厳宗が存在し、それぞれに大学頭・小学頭・維那の職が置かれている。[30] 翌年の東大寺大仏開眼供養会を前提に、国家が学派の組織編成を企てたことが窺えるのである。

特定の教理や祖師を核として、寺院と宗との対応関係が固まるのは、平安時代に入ってからである。延暦二十五年（八〇六）正月二十六日の太政官符において、華厳業二人・天台業二人・律業一人・三論業三人（一人は成実）・法相業三人（一人は倶舎）と、宗（業）ごとに年分度者を配分することが決まった（『類聚三代格』巻二）。これによって、専攻教学の定員に応じて新たに出家者が誕生するシステムが整ったのである。そして最澄は、天台宗の年分度者は比叡山の戒壇院で受戒し、十二年間山に籠る方針を打ち出した。その大乗戒壇設立運動は、弘仁十三年（八二二）に嵯峨天皇から認可され（『叡山大師伝』）、天台宗の僧は比叡山延暦寺に居住するという原則が固まったのである。

一方、真言宗の場合は、承和二年（八三五）に年分度者三人を確保しているが、その配置をめぐって東寺・神護寺・高野山が争い（『類聚三代格』巻二）、また南都僧が真言密教を兼学したこともあり、寺院と宗との対応関係が固定化するには至らなかった。

また天長年間（八二四〜八三四）に律・法相・三論・天台・華厳・真言の六宗が淳和天皇の求めに応じて、各々の教理や歴史を記しており、その天長六本宗書が教理内容の固定化を象徴するものとなった。なお唯識教学が「法相宗」と他者から呼ばれ、さらにそれが自称に転じたのも、平安初期のことである。[31]

4、妖訛の禁止、官人邸宅への出入禁止

教学振興とは逆方向の法制も登場している。唐の貞観十一年（六三七）に成立した道僧格には、道士・女冠・僧・尼が百姓を妖惑することを禁じた条文が存在した。また開元三年（七一五）十一月十七日の「禁㆓断妖訛等㆒勅」は、弥勒下生に仮託した妖訛を禁止したものであり（『唐大詔令集』巻一一三）、『入唐求法巡礼行記』会昌二年（八四二）十月九日条が伝える僧尼の還俗命令でも、焼練・呪術・禁気を解する者が最初の対象者となっている。『続高僧伝』（巻二〇・釈明浄）に、禅業・山居・服食・呪水・治病に長じた恵融が登場しているように、僧尼のなかには仏教の主流から外れた能力を有する者が存在していた。そうした能力が、妖惑という行為に拡大することを、国家は恐れたのであろう。

また開元二年（七一四）七月の「禁㆓百官与僧道往来㆒制」（『全唐文』巻二一、『冊府元亀』帝王部・巻一五九・革弊、『唐会要』巻四九・雑録）は、百官が僧尼・道士の門徒となって交流していることを誡め、その往来を禁じたものである[32]。

5、俗講

在家信者への布教活動についてみよう。『入唐求法巡礼行記』会昌元年（八四一）正月九日条に、長安城内諸寺での俗講の記事がみえる。左街の資聖寺・保寿寺・菩提寺・景公寺、右街の会昌寺・恵日寺・崇福寺で、高僧が『華厳経』『法華経』『涅槃経』を講じており、太和九年（八三五）以来途絶えていたのが再開されたものという。その後九月一日、二年正月一日、五月にもその記事がみえ、一月・五月・九月の三長斎月に開催されたことがわかる。この俗講は、『続高僧伝』（巻二〇・釈善伏）の記載から貞観三年（六二九）にはおこなわれていたことが知ら

れ、経典の講説を在家信者に聞かせるものであった。また日本から入唐した円珍も俗講に居合わせており、俗講は造寺の資を得るために、三月（三長斎月）に俗人を講堂に集めて経典の講説を聞かせるものであると『仏説観普賢菩薩行法経文句合記』（巻上）に記している。(33)

また『入唐求法巡礼行記』開成三年（八三八）十一月二十四日条には「化俗法師」がいて、それは本国（日本）の「飛教化師」と同じであるといい、世間無情の理を説いて男女の信者を化導していたという。

6、巡礼と普通院

『魏書釈老志』によると、延興二年（四七二）に「若為㆓三宝㆒、巡㆑民教化者、在㆑外齎㆓州鎮維那文移㆒、在㆑台者齎㆓都維那等印牒㆒、然後聴行、違者加㆑罪」という法令が出されている。民間を巡って布教する場合には、地方であれば州・鎮の維那の発行した証明書を、帝都であれば都維那の証明書を持つことを規定した内容である。

僧尼の布教や移動・巡礼の実態を、鑑真を事例としてみてみよう。『唐大和尚東征伝』によると、鑑真は揚州の出身で、大雲寺（のち竜興寺）に入り、長安の実際寺で受戒し、二京を巡遊して淮南に帰っている。揚州大明寺で日本の栄叡・普照に会って日本への渡航を志し、六回目で成功する。この間、振州の大守の庁内、雷州の開元寺、虔州の開元寺などを巡り、各地で僧俗に授戒しており、その数は四万人に及んだと記されている。

また、安居（四月から七月までの雨期に僧尼が集住して学問・修行する行事）に当たっては、各地の僧が天台山に移住したことが『入唐求法巡礼行記』開成四年（八三九）閏正月十九日条から知られる。それは円仁が天台山の様子を聞いた記事で、「敬文答云、国清寺《（天台山）》常有㆓一百五十僧㆒久住、夏節有㆓三百已上人㆒泊、禅林寺常有㆓四十人㆒住、夏節七十余人」と記されている。つまり、天台山国清寺には一五〇僧が住んでいるが、夏節（安居）には三〇〇以上になり、また禅林寺には常に四〇僧が住み、夏節には七〇余人になるという説明である。

円仁は開成五年（八四〇）に五台山を巡礼している。それに関して『入唐求法巡礼行記』には、①本来の希望は、天台山で安居をおこない、その後に諸処に遊んで聖跡を巡礼することであったこと（三月八日条）、②普通院という五台山巡礼のための宿泊施設が複数存在したこと（四月二十三・二十五日条）、③五台山を巡る頭陀僧と尼の宅に赴き斎会をおこなったこと（七月二十二日条）などが記されている。

7、日本における布教と巡礼

長安の寺院でおこなわれた俗講や、五台山周辺に顕著にみられた普通院は、日本では確認できない。僧尼の所属寺院と巡礼・安居との関係、五台山巡礼や天台山での安居など、中国と日本との相違点とその意味は、さらに考えるべき課題である。

僧尼令の規定を前提条件として、僧尼の布教や移動を限定的なものとみるのではなく、その実態を解明しなければならない。その際、道昭が天下を周遊して井戸・港・橋を整備したり（『続日本紀』文武天皇四年（七〇〇）三月己未（十日）条）、宗叡が清和上皇を畿内近国の霊山巡礼に導いた行動（『日本三代実録』元慶八年（八八四）三月二十六日丁亥条）が、入唐経験とどのように関係したのかという観点も必要であろう。

おわりに

日本の国家仏教と中国の国家仏教の関係を考える際、まず唐との関係に注目が集まりがちである。しかし、奈良仏教と唐仏教との比較というような単純な構図で済ませてはならない。これまでの考察から、特に留意すべき点を挙げておきたい。

日本の国家仏教の祖型としての中国仏教という点については、唐より前の王朝を視野に入れて考える必要がある。私度の禁止、僧尼の犯罪の処罰、布教活動や寺院建立の制限などの政策基調は、北魏で整っている。また日本における都城内の大寺院と僧官との関係や教学振興策は、隋の政策と符合するところが多い。唐は仏教以上に道教を尊重した王朝であり、僧官の位置づけが低いという特性があり、日本はそれ以前の王朝の仏教政策を取り入れたことを、認識しなければならないのである。

祖型とは異なる日本の国家仏教という点では、大規模な廃仏、寺院・僧尼の実数把握、寺額の頒布、特恩度、降誕祭の諸州寺院での実施、皇帝への敬礼問題、都城内の寺院での俗講、宿泊施設としての普通院などが、日本ではみられない、もしくは未発達であった。それらの意味は、今後あらためて考えるべきである。また官立戒壇は、中国では安史の乱以降に財政問題と絡んで登場した。しかし、日本では授戒が得度と連動した僧尼統制策と位置づけられ、官立戒壇が設置されている。中国の官立戒壇は緩やかな戒律の方等戒壇であったが、日本の官立戒壇は厳格な『四分律』にもとづくものであった。

中国の仏教政策の変化という点では、安史の乱後、①財政補塡を目的とした進納度や官立の方等戒壇が登場し、②不空が信任されて五台山の経営を担い、③各州の地方官による戒壇建立が始まったことが指摘できる。また唐の僧官についても、初唐でみられた十師は衰退したが、九世紀には、長安に僧録、各州と天台山には僧正、五台山には僧長が、それぞれ設置されている。こうした唐の変化と日本仏教との関係で注目すべきは、最澄が東大寺戒壇院を小乗仏教とみなして比叡山に大乗戒壇を立て、僧綱に管掌されない独自の天台宗経営を主張したことであり、その根拠として最澄は不空の存在と、長安の仏教行政を担う俗官の功徳使を取り上げている（『顕戒論』巻下四五・五二）。唐における国家と寺院との関係を理解していた最澄は、日本の国立戒壇や僧綱を相対化してとらえることができたのである。日本の奈良仏教から平安仏教への転換も、中国仏教との関係を踏まえて考えるべき点が多いといえよう。

註

（1）王金林「唐代仏教と奈良仏教との比較」（田村圓澄先生古稀記念会編『東アジアと日本　考古・美術編』所収、吉川弘文館、一九八七年）、同『奈良文化と唐文化』（六興出版、一九八八年）。
（2）藤善眞澄「隋唐仏教への視角」（『中国仏教史研究』所収、法藏館、二〇一三年、初出は一九七〇年）。
（3）吉田一彦「国家仏教論批判」（『日本古代社会と仏教』所収、吉川弘文館、一九九五年、初出は一九九四年）。
（4）道僧格の復元については、諸戸立雄『中国仏教制度史の研究』（平河出版社、一九九〇年）二三～五〇頁、鎌田茂雄『中国仏教史　第五巻　隋唐の仏教（上）』（東京大学出版会、一九九四年）一九一～一九二頁を参照。
（5）山崎宏『隋唐仏教史の研究』（法藏館、一九六七年）四五～六四頁。
（6）塚本善隆「国分寺と隋唐の仏教政策並びに官寺」（著作集六『日中仏教交渉史研究』所収、大東出版社、一九七四年、初出は一九三八年）。
（7）安藤鴻基「上総大寺考再び」（大金宣亮氏追悼論文集刊行会編『古代東国の考古学』所収、慶友社、二〇〇五年）は、天武朝構想説を支持している。
（8）中井真孝「奈良時代の僧綱」（『日本古代仏教制度史の研究』所収、法藏館、一九九一年、初出は一九八〇年）。
（9）道端良秀『中国仏教史全集　第一巻　中国仏教通史』（書苑、一九八五年）一〇三頁参照。
（10）三武一宗の法難については、鎌田茂雄『中国仏教史　第三巻　南北朝の仏教（上）』（東京大学出版会、一九八四年）三〇九～三一八頁、四四三頁、同『中国仏教史　第五巻　隋唐の仏教（上）』（前掲註4書）一二三～一三

八頁、牧田諦亮「五代王朝の宗教政策」（『五代宗教史研究』所収、平楽寺書店、一九七一年）を参照。

（11）山﨑宏『隋唐仏教史の研究』（前掲註5書）一三五頁。

（12）小田義久編『大谷文書集成　第二巻』（法藏館、一九九〇年）三四七二号。

（13）藤本誠「唐代の仏教施設名称について」（『水門』二五号、二〇一三年）。

（14）中井真孝「定額寺の原義」（前掲註8書所収、初出は一九七六年）。

（15）道端良秀『中国仏教史全集　第二巻　唐代仏教史の研究』（書苑、一九八五年）四〇～七七頁、諸戸立雄『中国仏教制度史の研究』（前掲註4書）三〇九頁。

（16）横超慧日「戒壇について」（『中国仏教史の研究　第三』所収、法藏館、一九七九年、初出は一九四二年）。

（17）手島崇裕『平安時代の対外関係と仏教』（校倉書房、二〇一四年）二二三～二二四頁、佐藤達玄『中国仏教における戒律の研究』（木耳社、一九八六年）一三二～一三四頁。

（18）横超慧日「戒壇について」（前掲註16論文）。

（19）吉田一彦「僧尼と古代人」（前掲註3書所収、初出は一九九一年）。

（20）坂上早魚「日本・唐・新羅における授戒制度について」（『史論』四四号、一九九一年）。

（21）稲木吉一「唐招提寺における戒壇の創設問題について」（『美術史研究』二三冊、一九八五年）、東野治之「初期の唐招提寺をめぐる諸問題」（『大和古寺の研究』所収、塙書房、二〇一一年、初出は二〇〇五年）。

（22）石田瑞麿「比丘尼戒壇」（『日本仏教思想研究　第二巻　戒律の研究下』所収、法藏館、一九八六年、初出は一九七八年）。なお牛山佳幸『古代中世寺院組織の研究』（吉川弘文館、一九九〇年）三〇一～三〇二頁も合わせ参照されたい。

（23）河上麻由子『古代アジア世界の対外交渉と仏教』（山川出版社、二〇一一年）二八八頁。

（24）勝浦令子「八世紀における「崇仏」天皇の特質」（大橋一章ほか編『「仏教」文明の受容と君主権の構築』所収、勉誠出版、二〇一二年）、駒井匠「天皇の受灌頂と皇帝の受灌頂」（佐藤文子ほか編『仏教がつなぐ東アジア』所収、勉誠出版、二〇一四年）。

（25）藤善眞澄「唐代の内供奉制」（前掲註2書所収、初出は一九九九年）。

（26）薗田香融「わが国における内道場の起源」（『日本仏教の伝来と受容』所収、塙書房、二〇一六年、初出は一九

八〇年)、本郷真紹「内供奉十禅師の成立と天台宗」(『律令国家仏教の研究』所収、法藏館、二〇〇五年、初出は一九八五年)。

(27) 原田正俊「皇帝の誕生日法会から室町将軍の誕生日祈禱へ」(前掲註24書所収)。

(28) 礪波護「唐代における僧尼拝君親の断行と撤回」(『唐代政治社会史研究』所収、同朋舎、一九八六年、初出は一九八一年)。

(29) 布施浩岳「中国仏教の展望」(『講座仏教　第Ⅳ巻　中国の仏教』大蔵出版、一九五八年)、山﨑宏『隋唐仏教史の研究』(前掲註5書)五六頁、鎌田茂雄『中国仏教史　第六巻　隋唐の仏教(下)』(東京大学出版会、一九九九年)五三三頁。

(30) 井上光貞「南都六宗の成立」(著作集二『日本古代思想史の研究』所収、岩波書店、一九八六年、初出は一九六一年)。

(31) 吉津宜英「「法相宗」という宗名の再検討」(『渡邊隆生教授還暦記念論集　仏教思想文化史論叢』所収、永田文昌堂、一九九七年)。なお、岡本一平「日本における仏教の宗派の形成と展開」(금강대학교 불교문화연구소(金剛大学校仏教文化研究所)編『동아시아 종파불교 역사적 현상과 개념적 이해(東アジア仏教宗派　歴史的現象と概念的理解)』所収、민족사(民族社)、二〇一六年)が、宗派の定義と日本仏教の宗派の諸段階を歴史的に論じている。

(32) 礪波護「唐中期の仏教と国家」(前掲註28書所収、初出は一九八二年)。

(33) 齊藤圓眞「俗講」(『渡海天台僧の史的研究』所収、山喜房仏書林、二〇一〇年、初出は一九九一年)。

＊引用・参照した史料の出典は次の通りである。『魏書釈老志』＝『東洋文庫　魏書釈老志』(平凡社)。『晋書』『隋書』『旧唐書』『新唐書』＝(中華書局)。『冊府元亀』＝『冊府元亀(校訂本)』(鳳凰出版)。『唐会要』＝(上海古籍出版社)。『大唐六典』＝(廣池学園事業部)。『唐大詔令集』＝(鼎文書局)。『全唐文』＝『全唐文新編』(吉林文史出版社)。『八瓊室金石補正』＝『石刻史料新編(六)』(新文豊出版)。『通典』＝(真興書局)。『歴代三宝紀』『仏祖統記』『釈氏稽古略』＝『大正新脩大蔵経　第四九巻』。『続高僧伝』『宋高僧伝』『唐大慈恩

寺三蔵法師伝』＝『大正新脩大蔵経　第五〇巻』。『続清涼伝』＝『大正新脩大蔵経　第五一巻』。『広弘明集』『弁正論』『集神州三宝感通録』＝『大正新脩大蔵経　第五二巻』。『大宋僧史略』＝『大正新脩大蔵経　第五四巻』。『梵網経註』（『梵網戒本疏日珠鈔』所引）＝『大正新脩大蔵経　第六二巻』。『三国史記』『三国遺事』＝『完訳三国史記』『完訳三国遺事』（六興出版）。僧尼令＝『日本思想大系　律令』（岩波書店）。『日本書紀』『続日本紀』『日本後紀』『令集解』『類聚三代格』『延喜式』＝『新訂増補国史大系』（吉川弘文館）。『唐大和上東征伝』『大安寺伽藍縁起』＝『寧楽遺文』（東京堂出版）。『入唐求法巡礼行記』＝『入唐求法巡礼行記の研究』（法藏館）。『東大寺要録』＝（国書刊行会）。『顕戒論』『叡山大師伝』＝『伝教大師全集』（世界聖典刊行会）。『仏説観普賢菩薩行法経文句合記』＝『大日本仏教全書　第二六冊』（名著普及会）。

古代東アジアの仏教と民間の国際交易

田中史生

はじめに

黒田俊雄氏の顕密体制論[1]以来、平安仏教の展開をどう捉えるかは、古代仏教から中世仏教への転換を考える上でも重要な研究テーマである。この課題に対し、東アジア史の視点を組み込んだ興味深い議論を展開しているのが上川通夫氏である。上川氏は、中世仏教を大陸仏教の模範再現ではなく、恣意性・創作性を含んだ擬似的汎東アジア的日本仏教と定義し、その萌芽を、東アジアの政治世界が再編された十世紀後半に求める。汎東アジア仏教自体が自明でなくなるこの時期、摂関期の仏教は北宋仏教との類同性を意識しつつも、中国仏教の模倣再現形式にとどまらない新展開をみせるからである。ただし、摂関期の仏教は未だ古代仏教の属性を抜け出せず、その中世仏教としての発露は、摂関政治の否定再編を企てた院権力主導のもとになされたという。[2]また最近では上川氏の指摘を踏まえた手島崇裕氏が、渡海僧侶の往来などを通して範となるべき中国仏教の変質が認識され、摂関期に中国仏教と対峙する自国仏教の独自性への自覚と動きが深まったと論じて、こうした傾向が日本にとどまらず「東アジア世界」全体の傾向ではなかったかという見通しも示していて注目される。(3)

一方、こうした日本仏教の独自化への動きとは別に、平安時代、列島内外において仏教は、国際交易にかかわる人々に一定の職業倫理観を与え、その信仰のネットワークが海を越えて広がっていたことも知られている。(4)それは、社会に秩序を与える法や制度が国家や王権の権力の及ぶ範囲に限られるなか、国家・民族の交差する越境的な交易空間において、仏教がそれを補完するものとして共有されていたことによると考えるが、(5)そこには国家的、独自的に展開する仏教がみせた「疑似的汎東アジア」とは異なる、東アジア、あるいはそれを越える規模の仏教を介した実体的な社会のつながりも看取される。この両者がどのような関係にあるかという問題は、東アジアの仏教の展開を考える上でも、一つの重要な研究課題となりうるだろう。

そこで本稿では、東アジアの交易拠点や交通の要衝における仏教信仰の展開と、国際交易への僧侶のかかわり方をいくつか比較史的に取り上げながら、交易世界に共有された仏教の多様性について、具体的に捉えてみたいと思う。(6)

一、海上の観音・僧伽信仰と明州・舟山海域

『法華経』巻八・観音菩薩普門品第二五（以下「観音経」）に海上交易者の羅刹鬼からの救済、大海漂流者の救済が語られ、『華厳経』巻六八・入法界品に観音菩薩が海上の補怛洛迦山にあると記されていることなどを拠り所

として、海上航海者が観音信仰と深いかかわりを持っていたことはよく知られている。この航海守護神としての性格を、海域史の視点から検討したものに、山内晋次氏の一連の研究がある。(7)このなかで山内氏は、前近代のアジア海域に航海守護神としての観音信仰が広がっていたことや、九世紀以降の東アジアから東南アジアにかけて、この信仰に支えられて活動していた中国海商を中心とする人々の様相などを概観している。また、中国では五世紀から航海守護神としての観音信仰が確認されるが、日本では『入唐求法巡礼行記』（以下『行記』と略す）承和五年（八三八）六月二十四日条と同七月二日条の伝える、遣唐使船上での観音への祈願が、最も早い確実な史料となることも指摘している。

ただし、この航海安全と結び付いた観音信仰が、日本でも八世紀には意識されるようになっていた可能性を示す史料が、一つ知られている。『行記』開成五年（八四〇）三月七日条によると、海に面した山東半島登州の開元寺を訪れた円仁は、その僧伽和尚堂内の北壁に、かつて唐を訪れた日本国使が、西方浄土と補陀落浄土を描いていたことを確認している。壁上の縁起は消えてしまっていたというが、円仁の記録した願主の名から、これらが唐にある藤原清河を迎えるため、天平宝字三年（七五九）に渤海経由で入唐した日本国使によるもので、壁画は航海安全を祈願して描かれたものと理解されている。(8)

筆者も、この日本国使による描画は、航海安全祈願として行われた可能性が高いと考える。それが僧伽和尚堂で行われているからである。『宋高僧伝』巻十八「唐泗州普光王寺僧伽伝」によると、僧伽はもと西域の何国の人で、若くして出家した後、六五七年頃から唐で活動を始め、泗州に普光王寺を創建し、七一〇年、長安薦福寺において八三歳で死去した。牧田諦亮氏によれば、僧伽は死後、観音信仰と結びつき、水難・盗賊・祈雨などに対する霊験で民間に広く信仰され、各地に僧伽和尚堂が造営される。また、僧伽伝の現存最古の文献で唐代の李邕（六七八～七四七）撰文による「大唐泗州臨淮県普光王寺碑」には、殊に水難の多い臨淮の地に寺を設け、人々の苦難を救済しようとしたことが記されていて、ここに航路安全・水神としての僧伽信仰の萌芽を見出しうるという。(9) したがって、八世紀半ばの日本国使が西方浄土・補陀落浄土を描く場として僧伽和尚堂を選んだことは、僧伽と観音信仰との結びつきを意識した、水難救済、つまりは航海安全祈願のためであったとみてよいと思う。

なお、この僧伽を観音の応化とする話は、現存する中国史料では北宋代の九七八年成立の『太平行記』以降から明確に確認できる。このため、僧伽信仰と観音信仰の結びつきを宋代以降とし、『行記』を根拠にこれを唐代まで遡らせることには否定的な見方もある。(10) けれども、『高野雑筆集』下巻所収「唐人書簡」のうち、唐の大中三年（八四九）に来日した唐僧無々が京の義空に書き送った書簡には、徐州開元寺において「直二写観音・誌公・僧伽三楨一、彼像惣在二大宰府一」と記されている。このうち五世紀の高僧である誌公は、『行記』開成五年（八四〇）四月六日条が「誌公和尚、是十一面菩薩之化身」と明記するように、当時すでに十一面観音の化身として信仰されていたことが明らかだから、観音像、誌公像とセットで請来された僧伽像も、当然、観音信仰とかかわるものとして意識的に写されたとすべきで、観音と結び付いた僧伽信仰が唐代に遡ることは間違いない。(11)

そして九世紀以降、この観音と僧伽が入り乱れた海上の信仰が、中国江南地域の明州から舟山群島にかけての海域で花開いた。明州は今の浙江省寧波市にあたり、南から流れる泰化江と、北から流れる余姚江が寧波市街の東で合流して、良港の三江口を形成する。合流した両河川は甬江となって東へ流れ、舟山群島の連なる杭州湾沖に出る。そこから北に向かえば朝鮮半島、北東に進めば九州に到着できた。ここが、日本列島も射程におさめた東アジア海域の交易拠点として発展するのは、八四〇年代以降のことである。(12)

当海域の観音信仰で最も著名な聖地は、中国仏教四大聖山の一つに数えられる、舟山群島の普陀山であろう。

群島最大の舟山島の東方に浮かぶ普陀山（梅岑山）は、南宋の乾道五年（一一六九）成立の『乾道四明図経』巻七・昌国県梅岑山条に「四面環レ海、高麗・日本・新羅・渤海諸国、皆由レ此取レ道」とあるように、江南地域と日本列島や朝鮮半島とを結ぶ海上交通の要衝であった。そして、暗礁をもつ岩礁の形成された船の難所でもあった。十三世紀前半の中国地方志『宝慶四明志』の巻十一・開元寺条には次のようにある。

> 開元寺。鄞県南二里。唐開元二十八年建。以二紀年一名。会昌五年、毀二仏祠一、此寺例廃。大中初、刺史李敬方有請二于朝一、復二開元寺一。乃即国寧寺旧址建焉、《中略》又有二不肯去観音一。先レ是、大中十三年、日本国僧恵諤詣二五臺山一敬礼。至二中臺精舎一、見二観音貌像端雅一。喜レ生二顔色一、乃就懇求、願三迎帰二其国一。寺衆従レ之。諤即肩舁至レ此、以レ之登レ舟、而像重不レ可レ挙。率二同行賈客一尽レ力舁レ之、乃克勝。及レ過二昌国之梅岑山一、濤怒風飛、舟人懼甚。諤夜夢一胡僧謂之曰、汝但安二吾此山一、必令二便風相送一。諤泣而告レ衆以レ夢。咸驚レ異。相与誅レ茆縛レ室、敬置二其像一而去。因呼為二不肯去観音一。其後開元僧道載復夢観音欲レ帰二此寺一、乃刱建二殿宇一、迎而奉レ之。邦人祈禱輒応、亦号二瑞応観音一。唐長史韋絢、嘗記二其事一。皇朝太平国中、重飾二旧殿一、目曰二五臺観音院一。

右によると、大中十三年（八五九）、日本国僧の恵蕚が五臺山から請い受けた観音像を日本へもたらすため、明州から商船で運び出したところ、梅岑山、すなわち普陀山付近で強い波風に遭遇した。その夜、恵蕚の夢に一人の胡僧があらわれ、像をこの山に安置するよう告げた。そのとおりに簡素な堂をつくり敬い置くと、船は動き日本に帰ることができた。その後、明州開元寺の僧が、夢のお告げに従いこの像を開元寺に迎え、その霊験によって瑞応観音と号したという。『宝慶四明志』はそれに続けて、「唐長史韋絢、嘗記二其事一」と記していて、この話のもとになるものが、恵蕚と同時代にすでに形成されていたことも知ることができる。また恵蕚の夢に登場したという「胡僧」は、西域出身の僧伽を意識したものだろう。なお十三世紀半ばの『仏祖統紀』第四二によれば、その後、異僧が明州開元寺の観音像を模刻し普陀山にもたらして、これが「海東諸国朝覲、商賈往来」の際に崇敬を集めることとなったという。

ところが、北宋の宣和六年（一一二四）に成立した『宣和奉使高麗図経』巻三四・海道一・海岑条には、これらと異なる次のような伝承が記されている。

梅岑

二十六日戊寅。西北風勁甚。使者率二三節人一、以二小舟一登レ岸入二梅岑一。旧云、梅子真棲隠之地。故得二此名一。有三履迹瓢痕在二石橋上一。其深麓中有二蕭梁所レ建宝陁院一。殿有二霊感観音一。昔新羅賈人往二五臺一、刻二其像一欲三載帰二其国一。暨レ出レ海遇レ焦、舟膠不レ進。乃還置二像於焦一。上院僧宗岳者、迎奉二於殿一。自レ後海舶往来、必詣祈福、無レ不二感応一。呉越銭氏、移二其像於城中開元寺一。今梅岑所二尊奉一、即後来所レ作也。

右によると、五臺山から観音像をもたらしたのは「新羅賈人」で、船は普陀山海域の暗礁に座礁し、像は礁に安置されて、その像が上院の僧宗岳によって殿に奉納された。その後、十世紀には呉越国の銭氏によって明州開元寺に移され、現在普陀山で尊奉されている像はその後新たに制作されたものであるという。

この『宣和奉使高麗図経』は、北宋の使節として高麗を訪れた徐兢の見聞録で、徐兢は宣和五年（一一二三）

五月二十六日、普陀山に到着した。「旧云」以下は、この時の見聞に基づくものだろう。そして『宣和奉使高麗図経』は、現存史料のなかでは、五臺山から普陀山にもたらされたとされる観音像の来歴を記す最も古い文献である。それでも、前述のように『宝慶四明志』によれば、明州開元寺の観音像については恵蕚と同時代の文人韋絢の文献にもみえていたはずだから、普陀山から開元寺に観音像が移され安置された時期を『宣和奉使高麗図経』が呉越国の銭氏の時代に置くのは史実ではないだろう。しかし普陀山の観音像が、開元寺に像を移した後、新たに作られたとするのは、後の『仏祖統紀』が普陀山の観音像を明州開元寺観音像の模刻とすることと矛盾しない。さらに『宣和奉使高麗図経』が、「新羅賈人」によって五臺山から観音像がもたらされたとするのは、『宝慶四明志』に恵蕚が「同行賈客」とともに観音像将来を行ったとあることと通じる。実際、『行記』などから、恵蕚が在唐新羅人らの協力を得て唐で活動を行っていたことは明らかだから、恵蕚の船も新羅賈人の船も同じ船を指すとみるのが妥当であろう。[13]『宣和奉使高麗図経』の記された十二世紀前半、普陀山が朝鮮半島の人々の崇敬も集めていたことは『墨荘漫録』などによって確認できる。高麗を訪れるために普陀山を経由した徐兢は、ここで同郷の先人たちの貢献を讃える高麗系の交易者たちから、「新羅賈人」に重点を置いた普陀山の観音像の「歴史」を聞くことになったとみられる。[14]

では、九世紀に明州開元寺で崇敬されていたとみられる観音像が、普陀山にも置かれた時期はいつであろうか。ここで留意されるのは、『宝慶四明志』巻二〇・寺院の梅岑山観音宝陀寺条が「梁貞明二年建」とし、元代の『釈氏稽古略』巻三、『仏祖歴代通載』巻一六も、普陀山の観音院を「昌国誌云、梁貞明二年始建」寺」と記していることである。このうち『釈氏稽古略』や『仏祖歴代通載』が引く「昌国誌」とは、『宝慶四明志』巻八・任奕条に「王阮所」修昌国志」とあるものを指すとみられ、王阮は、やはり『宝慶四明志』巻一二・巻二〇に南宋の淳熙～紹熙年間（一一七四～一一九四）に活躍した人物として登場する。つまり『昌国誌』は十二世紀後半に遡る成立であって、ここに普陀山の観音院創建が貞明二年（九一六）と明記されていたということになる。『宣和奉使高麗図経』が「有㆓蕭梁所㆑建宝陁院㆒。殿有㆓霊感観音㆒」とするのは「梁」を六世紀の蕭梁と誤解したものだろう。

そうであれば、観音院は開元寺の観音像をモデルとした像を祀る施設とみられるから、像が普陀山に置かれたのも、後梁の貞明二年（九一六）頃と考えてよいだろう。そうすると、呉越は九〇七年に誕生した華北の後梁に臣従していたから、先の『宣和奉使高麗図経』に「呉越銭氏、移㆓其像於城中開元寺㆒」とあるのも、貞明二年頃の呉越銭氏の時代に開元寺から普陀山に模刻像が移された事実と、唐代に普陀山から開元寺へ像が移動した話が、混同されて記録されてしまった可能性が高い。このように理解できるとすると、貞明二年は呉越初代王の銭鏐の時代であるから、普陀山の観音院成立に実際にかかわったのも、呉越王銭鏐ということになるだろう。また『宝慶四明志』梅岑山観音宝陀寺条によれば、当寺は北宋の元豊三年（一〇八〇）に改建が命じられ、宝陀の寺名を賜ったというから、北宋も呉越と普陀山との関係を継承し、これを支援していたことがわかる。

ただ、『宝慶四明志』が、恵蕚と「同行賈客」が普陀山に簡素な祀堂を作り観音像を安置したとするのは、そうした伝承を持つ簡素な堂が観音院成立以前にあった可能性を示唆するものである。元代の延祐七年（一三二〇）成立の『延祐四明志』巻一六・宝陀寺条は、恵蕚が普陀山に置いた観音像を、島民の張氏が居宅を喜捨して安置し、これが「不肯去観音院」と呼ばれたとも伝える。これ以上の史料的根拠はないが、おそらく、舟山島近海を航行する商船が信仰し、明州開元寺の観音像の奇譚と結びついた簡素な堂は普陀山にもあって、呉越王銭鏐の支援のもと、これを基礎に開元寺の観音像をモデルとした像が置かれて、観音院が成立したのではなかろうか。

舟山島の周囲には、この普陀山のほか、入宋日本僧成尋が『参天台五臺山記』（以下『参記』と略す）延久四年

（一〇七二）四月二日条に「僧伽和尚木像数体坐。往還船人常参拝処也」と記した、「東茄山」の「泗州大師堂」もあった。これは、舟山島の北に浮かぶ岱山にあった普明院を指す(15)。『宝慶四明志』巻二〇 昌国県志の「寺院」には次のようにある。

普明院。県西北海中。古泗州堂也。窣堵波二。以レ鉄為レ之。世伝二阿育王所一レ鋳。銭氏忠懿王寘二之於此一。皇朝大中祥符中賜二院額一。紹興十八年僧曇解侈二大之一。高麗入貢、候二風於此一。

これによれば、普明院は泗洲堂を前身とし、その発展の契機は銭氏忠懿王が置いた鉄製の窣堵波にあるとみられる。銭氏忠懿王とは呉越第五代王の銭弘俶のことである。その後、北宋の大中祥符年間（一〇〇八～一〇一六）に院額が与えられた。つまりここでも、普陀山同様、十世紀の呉越王による舟山島周辺の海上交通とかかわる信仰の発展への関与と、北宋がこれを継承し発展させていったことが指摘できる。

ところで、唐末の軍人銭鏐によって創建された呉越国は、九世紀の交易圏を前提に、東シナ海交易圏・南シナ海交易圏の結節点たる杭州湾の港湾整備によって、東アジア海域の地位を飛躍的に高めたことが知られている(16)。その呉越国は、舟山島近海を行き交う交易者たちが九世紀以来信仰していた当海域の観音信仰の最大の支援者となることによっても、交易拠点としての当海域への影響力を強めていったことが窺える。そして北宋は、この呉越国と海域信仰の関係を引き継いでいった。また先の『宝慶四明志』開元寺条によれば、北宋の太平興国年間（九七六～九八三）に明州開元寺も旧殿が荘厳化され、五臺観音院と呼ばれるようになった。ここに北宋の直接的な関与があったか否かは不明だが、北宋時代には明州開元寺もさらなる発展の契機を得ていることは留意されるだろう。

なお『宝慶四明志』付載「昌国県境図」からは、舟山島の西に近接する里釣山・中釣山・外釣山のいずれかに「泗州堂」があったことも判明する。(17) その来歴の詳細は不明だが、おそらくこれも、九世紀の信仰を基礎に、呉越国、北宋の支援を背景に発展したものなのだろう。このようにして九世紀以降、海商たちの成長とともに東アジアの海上のクロスロードとして成長した舟山島の周囲には、観音や僧伽を祀る施設が発達していったとみられる。

二、交易拠点の多様性と仏教信仰の多様性

明州・舟山海域にみられた交易者の観音信仰との結び付きは、海上を行き交う海商だけのものではない。『法華経』の「観音経」には「若三千大千国土、満㆓中怨賊㆒。有㆓一商主㆒、将㆓諸商人㆒、齎㆓持重宝㆒、経㆓過険路㆒。其中一人、作㆓是唱言㆒、諸善男子、勿㆑得㆓恐怖㆒。汝等応当一心、称㆓観世音菩薩名号㆒、是菩薩能以㆓無畏㆒施㆓於衆生㆒。汝等若称名者、於此怨賊当得㆓解脱㆒。」とある。観音信仰は、陸上の交易者たちにとっても、遠距離移動の危険から免れるための信仰となりえた。

それを図化した盛唐期の絵画資料として、右の「観音経」の一節とともに、漢人盗賊に襲われるソグド商人一行の姿を描く敦煌莫高窟第四五窟の壁画は著名である。(18) この壁画は窟の南壁にあって、中央に描かれた観音菩薩の左右に「観音経」に依拠した場面を展開させた一場面として表現されている。中国の西域への入り口にあたるシルクロードの要衝敦煌にはソグド人集落が形成されていて、ここからはソグド語仏典も発見されているが、元来、ソグド人たちはゾロアスター教を信仰した。しかし、シルクロードの拠点に集落を築いた彼らのなかには、

中国仏教の影響を受け、仏教に改宗する者も少なくなかった。[19] また、敦煌などのシルクロードに沿った寺院遺跡の壁画の製作には、王・貴族層だけでなくソグド人を含む大商人らの支援があったことも知られている。[20] この壁画は、隊商を救う観音の功徳を、ソグド人キャラバンをモデルに描いたものであるから、中国との交易に携わり仏教とのかかわりを深めた当地のソグド人たちが、この窟の信仰と壁画制作支援にかかわっていたことを反映したものであろう。

なお、『行記』開成四年（八三九）正月七日条によると、この時揚州にあった円仁は、淮南節度使李徳裕から、開元寺の瑞像閣の修理のために日本国の名義で五〇貫の喜捨を求められたが、揚州居留の波斯国人は一千貫、占婆国人は二百貫の喜捨が求められていたという。当時、唐の国際交易拠点として発展していた揚州でも、敦煌同様、ユーラシアから集い住む様々な出自の交易者たちが、官などの呼びかけのもとに、共通して仏教寺院の支援を行う様子がみられたと考えられる。

第四五窟南壁の壁画において、筆者がもうひとつ注目しているのは、ソグド人キャラバンの下方に、大海に乗り出した漢人の商人船とみられる船が描かれていることである（図1）。この場面に付された「観音経」は、前述の海上交易者の羅刹鬼からの救済を説いた部分、すなわち「若有㆓百千万億衆生㆒、為㆑求㆓金・銀・瑠璃・硨磲・碼碯・珊瑚・琥珀・真珠等宝㆒、入㆓於大海㆒、假使㆘黒風吹㆓其船舫㆒、飄㆗堕羅刹鬼国㆖、其中若有㆓乃至一人㆒、称㆓観世音菩薩名㆒者、是諸人等皆得㆑解㆓脱羅刹之難㆒」という一節である。描かれた船は、布を縫い合わせたような帆を持つ、板材を組み合わせた船体の構造船で、船の中央には天を仰いで観音に救済を求めて合唱する漢人が表現されている。また船首には数名の船員が、船の進行方向に向かって海中に長棹を投入しているが、その絵画表現と関連して留意されるのは、『行記』開成四年（八三九）四月十一日条に、承和の遣唐使が帰国船として雇った新羅船が、風にあおられて浅瀬に入り込み、棹を下ろして進路をはかる様子が記されていることである。つまり、壁画の船は座礁を警戒し、進路を探る様子を写実的に描いたものということになる。しかも、船尾には怪魚の姿で表現された荒々しくうねるいくつもの波が迫り、帆は後方からの風で大きく前方に膨らんでいるから、この船は、後方から強い波風を受け、座礁を恐れる漢人海商船を描いたものとみて大過ないだろう。それは、普陀山の観音伝承が、五臺山の観音像を運ぶ海商船の被った強い波風や座礁への恐怖と結びついて語られていることと通じる。第四五窟に描かれた盛唐期の漢人の活躍する交易の海も、こうした中国東方（もしくは南海）の海域にほかなるまい。海から遠く離れた敦煌の海商船の壁画が、海商らのアジア海域での危険への恐怖と、彼らの観音信仰を、正しく、かつ写実的に捉えていることは注目すべきである。

図1　敦煌莫高窟第45窟に描かれた船
（敦煌研究院編『中国美術全集　絵画編15　敦煌壁画・下』上海人民美術出版社より）

　以上のように第四五窟の壁画からは、漢人とソグド人の交易者たちが、敦煌において観音信仰を共有していた実態と、そこで意識されていた交易空間が、内陸の交易拠点たる敦煌にあっても、東方の海域を含んだものとしてあった実態が浮かび上がってくる。要するに、この第四五窟に描き出された観音信仰には、敦煌の交易拠点としての地域的性格や社会関係が映し出されているとみられるのである。

こうした個々の交易拠点の特性と結び付いた観音信仰の地域性は、前述の明州・舟山海域の観音信仰にも見出しうる。高麗系の交易者たちは、観音像にまつわる日本僧恵蕚と「同行賈客」に関する伝承を、「新羅賈人」を主役とした伝承として語っていた。それは江南地域と日本列島・朝鮮半島を結ぶ海上の要衝に花開いた、信仰の担い手の多様性に対応したバリエーションとしてある。しかも『仏祖統紀』第四二が恵蕚の船は補陀山（普陀山）の「石上」に乗り上げ、ここに草庵を建ててこれを安置したと記した後、「今山側有二新羅将一」と注記したように、この二種類の伝承は、互いに交わりながら共存していた。新羅将（礁）という岩礁の名称はもちろん、ここに座礁したという「新羅賈人」の船の話から名づけられたものとみられるからである。(21)

明州開元寺の恵蕚伝承に関しては、これとは別に、十三世紀高麗時代の『三国遺事』の巻三・洛山二大聖・観音・正趣・調信条に、恵蕚と同時代の新羅僧梵日にまつわる伝承があることも興味深い。それは唐から新羅に帰国した梵日が、大中十二年（八五八）、不思議な縁で導かれ水中より引き出した正趣菩薩の石像を、観音信仰の拠点たる洛山に殿を作って安置したというもので、その石像は、梵日が太和年間に入唐した際、「明州開国寺」で出会った新羅僧と生き写しであったという。正趣菩薩は観音菩薩とゆかりが深く、普陀山にも正趣菩薩信仰とのかかわりが想定できることなどから、観音像をめぐる恵蕚の伝承と正趣菩薩像をめぐる梵日の伝承は、いずれも普陀山海域を往来した海商らの観音信仰の影響を受けているとの指摘がある。(22)また「明州開国寺」について、明州にそのような名称の寺院は確認できず、明州開元寺の誤りであるという指摘がある。(23)これらはいずれも正しい見解だろう。明州開元寺は、唐代、外国人の安置場所として使用されていたとみられ、明州を訪れる日羅の人々が共通の滞在寺院としたところであった。そしてこの明州は、九世紀になって東アジア海域の民間交易の拠点として頭角をあらわした地域でもあった。すなわち、明州開元寺における九世紀の日本僧・新羅僧にまつわる信仰伝承の交差は、こうした実際の九世紀以来の明州の抱えた歴史的背景と「場」に基づいているのである。(24)

このように、敦煌や明州・舟山海域の仏教信仰には、当地で展開する越境的な国際交易のあり方や特性と対応した、様々な主体を取り込む多様性・寛容性がみられる。ところが同じ九世紀、国際交易上の交通の要衝となった山東半島突端部の登州赤山でも観音信仰ともかかわる仏教信仰が展開したが、ここではそういった多様性が小さい。

『行記』開成四年（八三九）六月七日条によれば、登州に創建された赤山法花院は、当時の東アジア海域交易をリードし、新羅王権とも深くかかわった新羅清海鎮大使張宝高（保皐）創建の寺院である。宝高は、もともと身分の低い新羅の海島出身者で、新羅社会の混乱のなか、八世紀末か九世紀初頭ごろ新羅を脱出して唐へ渡った。そこで、安史の乱後に勢力を拡大し自立性を強めていた山東半島の李氏一族を掃討する武寧軍に身を投じると、その才を発揮して、軍中小将の地位までのぼった。けれども八二〇年代ごろには帰国し、その軍事的な知識と人脈を駆使して黄海海域の新羅人交易者たちの支配をおしすすめ、黄海を中心に唐―新羅―日本を結ぶ交易世界をリードする存在となっていったとみられる。(25) 宝高が黄海に突き出した山東半島の突端部に赤山法花院を置いたのは、彼が山東半島の反唐勢力の鎮圧にかかわっていた経歴を持つからだけでなく、彼ら交易者たちにとってこの地が唐の玄関口となっていたからでもある。こうして、『法華経』観世音菩薩普門品を意識した寺名を持つ赤山法花院は、唐で活躍する新羅人の篤い崇敬を集め、彼らの最大の精神的拠り所として発展していった。(26)

この寺院に開成四年六月から翌年二月まで滞在した円仁は、寺の経営や仏教儀礼について『行記』に記録している。それによると、赤山法花院の管理を担ったのは、当地で在唐新羅人の管理を担った張詠と、文登県押衙の林大使、邵村の村勾当（村長）の王訓ら、いずれも在唐新羅人であった（開成四年六月七日条）。またこの寺には、宝高の交易船一行も滞在した（開成四年六月二十七日・二十八日条）。さらに、開成四年十一月から翌年正月まで続いた法華経の講話や儀礼は、朝夕の礼拝は唐式で行われたものの、その他は基本的に新羅語音を用いた新羅式で、新羅風俗の色彩が強かった。この期間、各方面からは多くの僧や縁ある人々が一同に会したが、彼ら僧俗、老若男女とも円仁とその従僧を除き全て新羅人であった。誦経の儀式では、最後に薬師如来と観音菩薩の名号が唱えられた。ここに集う人々の健康と海上交通の安全が祈願されたのだろう。夏は、八月十五日から昼夜の三日間、新羅の対渤海（高句麗）戦への勝利と中秋節とを結びつけた新羅独特の祝いの行事も、飲食と歌舞を交えて行われた。寺の老僧は、円仁に対しその歴史的背景を説明した後、「今此山院、郷国を追慕し、今日節を作せり」と語ったという。

このように、赤山法花院は、在唐新羅人を中心に経営された唐の寺院で、「郷国」の「新羅」を共通のキーワードに、在唐新羅人、新羅系交易者たちの国境を越えた結びつきを、集団的に再確認する場であった。それは、新羅王権に清海鎮大使として認められ、新羅王権との結び付きを強めながら国際交易活動を活発化させた創建者張宝高の性格や立場とよく対応する。[27]宝高は、自らの地位を「新羅」の中枢・中心に接近させつつ、「新羅」世界を仏教寺院という形で唐にも持ち込むことで、「新羅」という地縁を利用した交易者たちの越境的組織づくりを行っていたのである。

以上のことから、赤山法花院の仏教信仰の、敦煌莫高窟第四五窟や明州・舟山海域の観音信仰との異なりには、当地の交易・交通上の意味や性格の異なりが反映されていると理解される。すなわち、敦煌や明州・舟山海域の観音信仰は、多様な出自の交易者が交わる陸や海のクロスロード上に花開いた。したがって、そこでの信仰にもここに集う様々な主体を取り込む多様性・寛容性が備わった。けれども赤山法花院は、在唐新羅人と新羅清海鎮勢力とが結びあう接合部分に立地し、この新羅系の交易ネットワークを維持・強化するための宗教施設として機能した。そのために、赤山法花院では「新羅」が重要なキーワードとされたと考えられる。要するに、広域的な交易世界をつなぐ役割を果たした仏教信仰も、多様な交易者の交わる地域においては、そこに形成される個々の社会関係の性格やあり方、地域性に対応して、変化し多様化していたのである。

三、僧侶と海商

ところで周知のように、日本では九世紀に遣唐朝貢使が停止されて以降、日本僧は海商船の往還に従い入唐・入宋を果たすようになった。ただし渡海には天皇の勅許が必要で、中国側も彼らの出入国を管理していたから、僧侶の往還は相変わらず国家の管理下にあり、九世紀末からは僧の渡航の抑制もしている。(28)その一方で、海商船で往還する彼らは、日本古代国家にとって外交使節にかわり海外情報を得られる貴重な存在で、(29)文化交流（移入）や外交交渉の役割が期待される存在でもあった。(30)こうした海商船で渡海する僧侶と古代国家の密接不可分の関係については、近年、特に研究が進んでいる。

一方、海商側にとっても国家と結びつく僧侶の運搬は、大きなメリットがあったとみられる。例えば江南に拠点をもつ唐商が対日交易を本格化させたのは、張宝高暗殺で新羅系交易者らに混乱・対立が生じるなか、承和十四年（八四七）に唐商張友信の船が、日本王家招聘の唐僧や、日本派遣の入唐交易使・入唐僧を、明州から日本へ運んだことが契機となっている。[31] これ以降、江南唐商は日本王権の信頼を得て、頻繁に来航するようになった。『行記』承和十四年十一月十四日条によれば、同年に円仁帰国を支援した在唐新羅人の金珍らには、太政官符によって特に「優給」が命じられていて、入唐日本僧の帰国を支援した海商には、日本からの「優給」もあったことが知られる。張宝高配下の崔暈が「和尚求法帰国之時、事須㆘将㆓此名紙㆒到㆗漣水㆖。暈、百計相送、同往㆓日本㆒」と、円仁の帰国に同道したいと申し出ていることにも、[32] こうした「優給」への期待があっただろう。また、同一商人の来航に一定年限をあけるよう定めた年紀制のもと、これに違反し長和元年（一〇一二）に来航した宋海商周文裔が「入唐寂照消息書、幷所㆑送天竺観音一幅・大僚作文一巻」などをもたらして、結局、安置が認められていることも注目される。[33]

しかも前述のように、仏教は多様な交易世界に寄り添う柔軟性を持ち、越境する交易者たちを支えたから、海商の僧侶運搬には、宗教的な意味もともなっていたとみられる。

『日本高僧伝要文抄』第二所引『智証大師伝』によれば、仁寿三年（八五三）、李延孝や欽良暉らの海商船で松浦郡値嘉嶋を発した円珍らは、途中、強い北風に吹かれると流求国に漂着した。この時、食人の風習の噂のある島に漂着したことを恐怖した海商は激しく動揺し、泣き叫んで円珍にすがったが、円珍が合掌し目を閉じて不動明王に念願すると、風が起こり、島から抜け出すことができたという。なお『参記』によれば、延久四年（一〇七二）三月十五日に肥前国松浦郡壁島から宋海商船に乗った成尋は、船中で『法華経』の読誦を継続的に行っているが、その三月二十一日に、悪風に船が流されているのを心配すると、やはり不動尊呪一万遍を念誦したことなどが記されている。海上で大きな危機に直面した際は、不動明王への祈願もよく行われていたようである。成尋はこの翌日、良風に恵まれ宋商らが喜ぶのを見て、これが不動尊呪念誦の成果であることを彼らに伝えている。

このように、海商船を利用し渡海をはかる僧侶は、その船上において、航海安全祈願を行う仏教の専門者としての役割も果たしていた。渡海希望の僧侶を海商船が盛んに運んだ背景には、仏教による加護を願う海商らの僧侶への期待もあったと考えられる。

しかも、その祈願の方式も、船の構成員や通過する地域の特性に沿って、柔軟な対応がとられていたようだ。例えば『行記』大中元年（八四七）九月八日条には次のようにある。

聞二悪消息一、異常驚怕。無レ風、発不レ得。船衆捨二鏡等一祭レ神求レ風。僧等焼レ香、為二当島土地及大人小人神等一念誦、祈三願平等得二到本国一。即在二彼処一為二此土地及大人小人神等一、転二金剛経百巻一。

右は、帰国する円仁を乗船させて日本へ向かう新羅人・唐人の海商らが、新羅近海で「悪しき消息」を聞き畏れ、除災の祈願を行ったことについて記したものである。これによると、海商らは鏡などを海中に投じて神への祈禱を行ったが、円仁は焼香して金剛経を転読する仏式によって神に祈願している。こうして乗船者たちは皆等しくに安全を祈願したという。しかもその対象は、共通して「当島土地及大人小人神等」であったとみられる。すなわちこれは、船上において海商と僧が同時に、それぞれの方式で新羅海域の神に除災を願ったことを記したものであろう。なお、筆者は二〇一六年三月に岱山島の調査を行ったが、その際、島内の仏教寺院である福寿禅院において現在も「当方土地尊神」への祭祀が行われていることを確認している（図2）。

同様のことは成尋の乗った宋商船でもみられ、先の『参記』延久四年三月二十一日条では、「船人騒動、祈レ神トレ之。艮風出来。予心中不動、念二五臺山文殊幷一万菩薩・天台石橋五百羅漢一、念誦数万遍」とも記されて

図2　岱山島福寿禅院の「当方土地尊神」への祭祀（2016年3月、筆者撮影）

いる。このうち船人らの祭祀が、海商の出身に基づく中国式でなされていたことは、同十六日条に「船頭・杪割等、以㆓鶏・酒㆒祭㆓諸神㆒、焼㆓紙銭・幡㆒読㆓祭文㆒」とあることから明らかである。それは日本の遣唐使船が、航海の安全祈願を神と仏の双方に行っていたことと通じる。海商船にあっても仏教は、船上の多様な主体の持ち込む神や宗教と共存し、その場で求められる宗教的な目的と役割を共有していたのである。

一方、僧のなかからも交易自体に直接かかわる者が登場する。弘仁六年（八一五）に大宰府に来航し、筑前で交易にかかわったあと、天長元年（八二四）に「張大使」に従って赤山院に入った新羅僧の信恵は、その一人といえるだろう。[34] 貞観十一年（八七〇）に博多津で発生した新羅海賊による官船襲撃事件でも、以前から大宰府管内に居留し、事件にも関与したとされる新羅人のなかに僧侶や沙弥がみえる。[35] また『三代実録』貞観六年（八六四）年八月十三日条によると、大宰府は、貞観四年（八六二）に真如親王に従って入唐した大唐通事張友信が帰国するまで、友信にかわり唐僧法恵を観世音寺に住まわせてその任にあてることを請い、中央から許可されている。元来、大唐通事は、唐商と大宰府の間にたって交易関連の雑務に従事し、そのために商人の知識・能力を有する張友信が任用されていたとみられているから、[36] 法恵も唐商の交易に精通し、つまりは交易活動と直接的なかかわりをもって北部九州に居留していた唐僧であろう。さらに十一世紀末には、大宰権帥や対馬守の指示を受けて宋海商の手引きで契丹に渡航し、兵具などを売却して多くの「宝貨」を得た、日本の権律師で「商人僧」の明範が、これを指示した大宰府官人らとともに処断される事件も起こっている。[37] 十一世紀には、国際交易活動に直接携わる日本僧も登場していたことが知られるのである。

仏教が交易拠点の地域性・特性に応じた柔軟性を示しながら、広域的な交易世界をつなぐ役割を果たしたという先の検討を踏まえるならば、以上のように、海商とともに交易活動に参加し移動する僧侶や、交易拠点に居留し現地の官・交易品需要者と来航する交易者との間をつないだ僧侶が、仏教の多様化・変化にも一定の役割を果たしていた可能性も考えられるだろう。

むすび

北部九州において鴻臚館を舞台とした古代国家の管理交易が終焉を迎える十二世紀以降、博多に拠点を築いた宋海商、いわゆる博多綱首らは、大宰府・博多周辺に拠点を持つ寺社・権門との間に帰属関係を築き、その保護下で安定的な対日交易を展開しようとした。[38] こうして宋海商らは日本の寺社への寄進・奉納も盛んに行ったが、そうしたなか、初期の経塚が北部九州に集中することから、日本の経塚の発生も大陸文化との接点のなかで起こった可能性が指摘されている。[39]

また近年、列島の北と南の交易拠点において、在地化した仏教的様相を示す平安時代の遺跡が確認されている。北では青森市新田（1）遺跡において、青森県内で最も早い時期の十世紀後半から十一世紀に属する鉄製・木製の仏教関連遺物と神像が出土している。これらは在地の素材で造られた、形状も技術も中央の本格的な造形物とは異なるもので、教団仏教の背景も看取されないなど、地域性の強いものである。[40] また南では、喜界島城久遺跡群において十一～十二世紀に、他の奄美諸島に先駆けて火葬墓が登場する。それは北の「日本」からの仏教の影響を受けたものとみられるが、その様相は焼骨を壺に入れ埋葬する薩摩・大隅などと異なり、須恵質のカムィヤキの壺が納骨用ではなく副葬・供献用として用いられている。[41] 葬法も、火葬墓を再葬の段階で火化した、日本の墓制にはみられない極めて珍しいものという。[42] 両遺跡の性格をめぐっては議論があり、いくつかの課題も残されているが、遺物の状況からみて、「日本」の北方・南方交易とかかわる拠点として発展したとすることでは、見解に大きな相違はない。十一世紀の『新猿楽記』に、東は「俘囚の地」、西は「貴賀の嶋」までを駆けめぐり、「唐物」「本朝物」を交易する「商人主領」の八郎真人が登場するように、このころになると、博多で国際交易にもかかわる日本商人が、新田（1）遺跡や城久遺跡群にもあらわれるようになっていただろう。

ならば、本稿でみた東アジアの交易拠点における社会関係や地域性に対応した仏教の多様化の様相は、列島の交易拠点にもあてはまる可能性が高いと考えるが、それらは、近年議論のすすんでいる中世仏教への展開を意識した平安仏教のあり方とどのようなかかわりを持つかという問題とともに、今後の課題としたいと思う。

註

（1）黒田俊雄『日本中世の国家と宗教』（岩波書店、一九七五年）。
（2）上川通夫『日本中世仏教形成史論』（校倉書房、二〇〇七年）。
（3）手島崇裕『平安時代の対外関係と仏教』（校倉書房、二〇一四年）
（4）山内晋次「平安期日本の対外交流と中国海商」（『奈良平安期の日本とアジア』所収、吉川弘文館、二〇〇三年）。
（5）田中史生「平安期の国家と国際交易者——遠距離交易の安全性・信頼性を担保するもの——」（『国際交易と古代日本』所収、吉川弘文館、二〇一二年）。
（6）なお本稿は、二〇一五年一月に國學院大學で開催された国際シンポジウム「古代東アジアの仏教交流」における筆者のコメントをもととするが、本稿は、その際に提示した論点のうち、特に国際交易と仏教との関係に焦点を絞ったものである。
（7）山内晋次「航海守護神としての観音信仰」（『古代中世の社会と国家』所収、清文堂出版、一九九八年）、同「前近代東アジア海域における航海信仰——海神祭祀・海の境界・観音信仰——」（『海域世界の環境と文化』〈東アジア海域叢書4〉所収、汲古書院、二〇一一年）、同「「海」の神としての観音信仰と日本」（『くらしがつなぐ寧波と日本』〈東アジア海域に漕ぎ出す3〉所収、東京大学出版会、二〇一三年）、同「東アジア海域論」（『岩波講座 日本歴史』第二〇巻所収、岩波書店、二〇一四年）。
（8）小野勝年『入唐求法巡礼行記の研究 第二巻』（鈴木学術財団、一九六六年）二七七～二八一頁。
（9）牧田諦亮「中国における民俗仏教成立の過程」（『中国仏教史研究　第二』所収、大東出版、一九八四年）。
（10）王海燕「唐宋時代における泗州大師僧伽信仰の一考察」（『日本古代の王権と東アジア』所収、吉川弘文館、二〇一二年）。
（11）田中史生「南路（大洋路）の島嶼地域と古代の海商」（『国際交易と古代日本』所収、吉川弘文館、二〇一二年）。
（12）田中史生「江南の新羅系交易者と日本」（前掲註5書）。
（13）朴現圭「中国佛教聖地普陀山与新羅礁」（『浙江大学学报』〈人文社会科学版〉三三―一、二〇〇三年）、曹永禄「善妙与洛山二大聖——9世紀海洋仏教伝説的世界——」（『登州港与中韓交流国際学術討論会論文集』所収、山東大学出版社、二〇〇五年）。

(14) 田中史生前掲註11論文。
(15) 藤善眞澄「日宋交通路の再検討――岱山より杭州へ――」(『参天台五臺山記の研究』所収、関西大学出版部、二〇〇六年)。
(16) 山崎覚士「未完の海上国家――呉越国の試み――」、同「港湾都市、杭州――五代における都市、地域、海域――」(『中国五代論』所収、思文閣出版、二〇一〇年)。
(17) 田中史生前掲註11論文。
(18) 敦煌莫高窟第四五窟の壁画については、敦煌研究院編『中国美術全集　絵画編15　敦煌壁画・下』(上海人民美術出版社、一九八八年)、『敦煌石窟6莫高窟第四五・四六窟』(文化学園・文化出版局、二〇〇二年)参照。
(19) 赤木崇敏「ソグド人と敦煌」(『ソグド人と東ユーラシアの文化交渉』所収、勉誠出版、二〇一四年)、吉田豊「漢語仏典と中央アジアの諸言語・文字――中世イラン語、特にソグド語仏典の場合――」(『仏教文明の転回と表現』所収、勉誠出版、二〇一五年)。
(20) 森安孝夫『シルクロードと唐帝国』〈興亡の世界史〇五〉講談社、二〇〇七年)。
(21) 明代の万暦三五年(一六〇七)成立の『普陀山志』も、恵蕚の船が座礁した岩礁を新羅礁とする。
(22) 神野富一「洛山寺考――朝鮮の補陀洛の成立について――」(『補陀洛信仰の研究』所収、山喜房佛書林、二〇一〇年)。
(23) 曹永禄前掲註13論文。
(24) 田中史生「日唐僧恵蕚に関する基礎的考察」(『日唐僧恵蕚と東アジア　附恵蕚関連史料集』所収、勉誠出版、二〇一四年)。
(25) 蒲生京子「新羅末期の張保皐の抬頭と反乱」(『朝鮮史研究会論文集』一六、一九七九年)。
(26) 金文経「在唐新羅人社会と仏教」(『アジア遊学』二六、二〇〇一年)。
(27) 田中史生「九世紀日本の内政と国際交易」(前掲註5書)。なお山崎雅稔「唐代登州赤山法花院の八月十五日節」(『遣唐使と入唐僧の研究』所収、高志書院、二〇一五年)は、赤山法花院の八月十五日節が、唐と連携した対高句麗戦への勝利を祝い同日に行われていた新羅の国家的な行事を反映したものであったとする。
(28) 榎本渉『僧侶と海商たちの東シナ海』(講談社選書メチエ、二〇一〇年)。

（29）河内春人「入唐僧と海外情報」（『東アジア交流史のなかの遣唐使』所収、汲古書院、二〇一三年）。
（30）手島崇裕前掲註3書。
（31）田中史生「江南の新羅系交易者と日本」（前掲註5書）。
（32）『行記』会昌五年七月九日条。
（33）『御堂関白記』寛弘九年九月条。
（34）信恵については田中史生「新羅人の交易活動と大宰府」（前掲註5書）参照。
（35）『三代実録』貞観十二年二月二十日条、同九月十五日条。
（36）山崎雅稔「九世紀日本の対外交易」（『アジア遊学』二六、二〇〇一年）
（37）森公章「劉琨と陳詠――来日宋商人の様態――」（『成尋と参天台五臺山記の研究』所収、吉川弘文館、二〇一三年）。
（38）榎本渉「日宋・日元貿易」（『中世都市・博多を掘る』所収、海鳥社、二〇〇八年）、渡邊誠「十二世紀の日宋貿易と山門・八幡・院御厨」（『平安時代貿易管理制度史の研究』所収、思文閣出版、二〇一二年）など参照。
（39）谷口耕生「聖地寧波をめぐる信仰と美術」（『特別展 聖地寧波』所収、奈良国立博物館、二〇〇九年）。
（40）須藤弘敏「新田（1）遺跡出土の仏教関係遺物について」（『古代末期・日本の境界――城久遺跡群と石江遺跡群――』所収、森話社、二〇一〇年）。
（41）池畑耕一「古代・中世の鹿児島と喜界島」（『東アジアの古代文化』一三〇、二〇〇七年）。
（42）狭川真一「城久遺跡群の中世墓」（『古代中世の境界領域――キカイガシマの世界――』所収、高志書院、二〇〇八年）。

新羅仏教の展開と特質

山﨑雅稔

はじめに

インドに起源をもつ仏教は中国での経典の漢訳事業を経て東アジアに広がり、それぞれの時代、地域において発展・変容を遂げてきた。古代日本おいては六世紀以降、朝鮮諸国より仏教を受容し、高句麗・百済・新羅各国の僧侶、経典の理解、寺院建築・造像の技術と様式を取り入れながら独自の仏教文化が形成されてきた。しかし、朝鮮半島を単なる仏教伝来の通り道として理解してよいわけではない。(1) 新羅僧による経典研究は飛鳥・奈良時代に限らず平安時代においても手本とされていたし、(2) 他方で日本とは異なる仏教史の展開があった。ここでは先学の研究に学びながら新羅仏教の特質を考えることにしたい。

一、仏教の肇始

朝鮮三国への仏教東漸と信仰のはじまりは、四世紀後半から六世紀前半にかけての出来事とされる。一二一五年（高宗二）に霊北寺の僧覚訓が撰上した『海東高僧伝』巻一・流通一之一には次のようにみえる。

若我海東、則高句麗解味留王時、順道至平壌城。継有摩羅難陀、従晋来于百済国。則枕流王代也。後於新羅第二十三法興王践祚。梁大通元年丁未三月十一日。阿道来止一善県、因信士毛礼隠焉。属有使者、香道指其焚点之儀。由是延致王宮。然其教未闡。舎人厭髑、赤心面勇決国人之疑、噫微夫子吾当従何教也。自爾、円光・慈蔵之徒、西入伝法、上下信敬、外奉行。先呼而後応。日益而月増。遂使於三韓及我聖祖葦旧鼎尤尊仏教。凡制度多用仏教。守文継体之君。伝而不失。

すなわち、高句麗の味留王（小獣林王）の時代に順道が平壌城にいたり、百済の枕流王の時代に胡僧摩羅難陀が東晋より到来したという。四世紀後半のことである。その後、新羅には法興王の時代（在位五一四〜五四〇）、蕭梁の大通元年丁未の年（五二七）に阿道が「一善県」に来て、信士毛礼のもとに隠棲した。仏の教えが広がるのは舎人「厭髑」（異次頓）が我が身を犠牲にして「国人」層の信仰に対する疑念を晴らし、円光・慈蔵ら留学僧による伝法が行われて以降のことであったという。阿道の到来時期など事実関係は文献によって叙述を異にするものの、こうした歴史のとらえ方は金富軾撰『三国史記』（一一四五年）や一然撰『三国遺事』（一二八一年頃）にも共有されている。

味留王は平壌遷都以前の王である。順道は三七二年（同王二）六月に前秦の符堅の使者とともに高句麗入りし、仏像・経典等をもたらした僧侶であり、ときに省門において王の奉迎を受けた。その二年後に神僧阿道が到来すると、順道・阿道のために省門寺（肖門寺）・伊弗蘭寺が建立されたという。(3) 覚訓はこれを「海東仏教之始」としている。高句麗は前王故国原王の時に前秦に滅ぼされた燕より逃れてきた慕容評を符堅のもとに送り届けている。前秦の順道派遣はその返礼であったとみられる。(4)

高句麗への仏教伝来には異説もある。『梁高僧伝』巻第一〇・神異下・釈曇始伝は「晋孝武大元之末、齎経律数十部、往遼東宣化。顕授三乗、立以帰戒。蓋高句驪聞道之始」として、梁孝武帝の大元年間（三七六～三九六）末の関中出身の僧曇始による伝教をもって高句麗仏教のはじまりとする。覚訓も『梁高僧伝』を引用して釈曇始伝を立伝するが、夏の赫連勃勃による僧難を乗り越えて伝教した僧侶として取り上げるにとどまる。時期が下ることにもよると思われるが、少なくとも順道・阿道と曇始の二系統の伝承が存在する。

百済に仏教を伝えた摩羅難陀は、三八四年（枕流王一）に東晋の孝武帝のもとに朝貢した外交使節の帰国船に随行して百済入りした僧侶であり、ときに枕流王は摩羅難陀を宮中に迎えて礼拝し、翌年二月には漢山に仏寺を創建して一〇人を度したとされる。(5) 摩羅難陀の到来は伝説的であり、その後しばらく仏教関連記事もみられない。百済は四七五年に高句麗との戦争に敗れて漢山より熊津に政治拠点を遷し、五三八年には泗沘に遷都している。漢山時代の遺跡からは蓮華紋が描かれた金属器や瓦などが出土していることから、仏教文化と接点を持っていたと思われるが、寺院建築などはまだ発見されていない。信仰の隆盛は六世紀以降、熊津時代の武寧王代（在位五〇一～五二二）以降と考えられる。

一九七一年に発見された武寧王陵の墓誌（武寧王妃誌石の裏面）には、「銭一万文」を用いて「申地」を購入して墓地としたことが刻されている。申の方角は西南西にあたり、極楽浄土の方角である。ここに仏教思想の一端が窺われる。(6) 武寧王陵は南朝梁の文化的影響を受けて築造されており、磚や瓦の製造者など造墓事業に関わる工人を梁から招聘して築造されたものと推定される。武寧王は梁の高祖武帝に朝貢して冊封を受けながら高句麗・新羅と対抗したが、崇仏の王ともいわれる梁の武帝との通交を背景に積極的に仏教も受容したものと考えられる。続く聖王の時代（在位五二三〜五五四）になると、五二六年（聖王四）に天竺より帰国した謙益が『五分律』の梵文をもたらして律宗を伝え、五四一年（同王一九）には梁に毛詩博士・工匠・画師の招聘とともに涅槃経義疏の将来を要請して許されている。(7)

また、『三国遺事』巻第三・興法第三・原宗興法厭髑滅身条には、「又於大通元年丁未、為梁帝創寺於熊川州、名大通寺」とあり、新羅法興王が崇仏の君主とされた武帝のために大通元年（五二七）に大通寺を建てたことがみえる。一然も「熊川即公州也。時属新羅故也。然恐非丁未也。乃中大通元年己酉歳所創也。始創興輪之丁未、未暇及於他郡立寺也」と注記して疑義を呈しているが、この頃熊津（公州）は百済の王都であり、法興王の事蹟とするのは困難である。事実としては、聖王による造寺事業であったとみられる。公州市班竹洞の寺址より、講堂基壇・金堂址・塔址とともに「大通」銘をもつ瓦片が発見されており、大通寺址と推定されている。(8)

新羅仏教のはじまりは、墨胡子・阿道の一善郡来訪譚と法興王代（在位五一四〜五四〇）の公認、異次頓（厭髑）の殉教説話によって語られる。

『三国史記』巻第四・新羅本紀第四・法興王十五年（五二八）条によれば、墨胡子は訥祇王の時代（在位四一七〜四五八）に一善郡に来て、郡の住人毛礼の宅中に安置されたという高句麗僧である。しばらくして梁の使者が香物をもたらしたが、群臣はその名前も用途も分からなかったので各地に人を遣わして尋ねたところ、墨胡子だけが香物の名前を知っており、香を焚けば人の誠が神に通じるようになり、誓願を立てれば不思議な霊験が得られることを教えたという。ときに王女が病に伏したので、王が墨胡子に命じて香を焚かせると病は癒えた。王はこれを喜んで多くの賜物を行ったが、墨胡子は賜物を毛礼に与えて一善郡を去ったとされる。(9) この説話では墨胡子によって、「神」において仏陀・達磨・僧伽の三宝より優れたものはないと語られている。

次いで、一善郡に来たのが阿道（我道）である。同史料は毗処王（炤智王、在位四七九〜五〇〇）代にかかる出来事とする。阿道は同郡の毛礼家に来て数年滞在した後に死去したが、一緒に来た三人の従者はその後も留まり、経律を講読したので仏教を信奉する村人も出てきたという。法興王十五年条には、阿道の伝承は『鶏林雑伝』の所伝にもとづく記述であり、韓奈麻金用行の「我道和尚碑」と大きく異なることが記される。ここにいう「我道和尚碑」は、『三国遺事』巻第三・興法三・阿道基羅条が引く「我道本碑」、同・原宗興法厭髑滅身条にみえる「阿道碑」と同じ碑石と推測されるものの、現存しない。(10) 阿道基羅条によれば、我道は高句麗人であり、母は高道寧、正始年間（二四〇〜二四八）に曹魏の使者として高句麗に来た我崛摩との間に生まれた。出家して魏での修行を終えて一九歳で母のもとに帰ったが、母はこれより「三千余月」の後に鶏林（新羅）に聖王が現れて仏法を興隆させること、その王京には「七処伽藍」という釈迦以前の仏の時代に建てられた伽藍の址（「前仏時伽藍之墟」）があり、鶏林こそが仏法が長らく行われてきた地であると語り、鶏林に赴いて釈祀を迎えるよう諭したという。阿道は未鄒王二年癸未（二六三）に王京に入って布教の許しを請うが、仏教はまだ世人の知るところではなかったため、一善郡の毛禄の家に隠棲したという。

法興王が即位するのは未鄒王代の癸未年より数えて「三千余月」後、すなわち二五二年後である。ここに説話上の作為が認められる。「七処伽藍」とは天鏡林・三川岐・龍宮南・龍宮北・沙川尾・神遊林・婿請田にあった伽藍であり、それぞれの跡地には興輪寺・永興寺・皇龍寺・芬皇寺・霊妙寺・天王寺・曇厳寺が建てられたとされる。善徳王代に創建された芬皇寺・霊妙寺、文武王代に建立された天王寺の名称がみえることから、前仏時代の七処伽藍伝承が形成されるのは七世紀後半以降のことである。新羅ではこの伝承にみるような、仏縁国土説・仏国土説が独自に形成された。真興王が建立した皇龍寺には釈迦牟尼以前の過去仏である迦葉仏が説法を行った宴坐石があったとする話(11)、新羅三宝の一つとされた同寺金堂の丈六仏が実は阿育王の誓願によるもので、阿育王が釈迦を供養するために金銅仏の鋳造を試みたが成就しなかったことから、「有縁国土」における尊像の完成を期して未完の像を船に載せたところ、新羅の河曲県（蔚州）に流れ着いたことを機縁として鋳造されたという話(12)、あるいは慶州狼山を須弥山に見立てて五台山・洛山・金剛山に各々文殊・観音・法起菩薩が常住すると観念する信仰などがそれにあたる。(13)

『三国史記』が依拠した『鶏林雑伝』は、『高僧伝』『漢山記』『花郎世紀』などを著したことでも知られる金大問の著作であり、作品の成立年代は七〇〇年前後と考えられる。「我道和尚碑」の撰者金用行は新羅時代の人物と推定されるが詳細は分からず、碑が建てられた年代も不明である。阿道の一善郡来訪譚は八世紀初頭には存在していたが、碑文に語られるような新羅仏教の肇始にまつわる言説はまだ形成されていなかったとみられる。

阿道の伝承のほか、炤智王代（在位四七九〜五〇〇）の宮中に焚修僧がいたとする記事がある。(14)しかし、新羅への仏教伝来の時期ははっきりしない。仏法の肇行について、『三国史記』は法興王十五年（五二八）とし、(15)「我道和尚碑」は天監十三年甲午（五一四）の法興王即位年を挙げ、『三国遺事』は蕭梁の普通八年丁未（五二七）、(16)『海東高僧伝』は同王十六年とするなど史料によって異なるが、(17)法興王代に位置づける点では一致する。(18)

仏教興隆の転換点は、異次頓（厭髑）の殉教にあったとされる。その説話によれば、当初は信仰に積極的な王に異論を唱える群臣も少なくなかったが、仏教の法威を主張した異次頓が処刑されると、斬られた首は金剛山に落ち、身体からは白乳の血が吹き出し、異次頓の予言どおりに国中に天変地異が続いたことから、仏教の法威を疑う者はいなくなったという。『鶏林雑伝』の記すところであり[19]、異次頓に対する信仰は八世紀初頭には発生していたと考えられる。年代は不明ながらも、一然は興輪寺の僧永秀が毎月五日に信者を集めて異次頓の墓前に祭壇を設け、梵唄を唱和してその霊を祀ることがあったとする逸話を載せている[20]。また異次頓の墓は憲徳王代の元和十二年（八一七）に国統の恵隆、法主の孝園・金相郎らの手によって改修され、墓前に碑が建てられたという。碑文は南澗寺沙門一念が撰述した「髑香墳礼仏結社文」とされる。殉教の様子を描写するとともに、王と群臣の間に「造塔」をめぐる対立の存在を伝える「栢栗寺異次頓殉教碑」（栢栗寺石幢記）もまた元和十三年に作成されており、憲徳王代に異次頓の事蹟を顕彰しようとする大きな動きがあったことが看取される[21]。

なお阿道和尚碑には、異次頓が二六歳にして舎人であったことや、彼の父祖に関する記載があったことが知られる。一然は、阿道・法興王・異次頓を「三聖」とみなして、異次頓の壮烈な死は朝廷の信仰をたすけるものであり、それは阿道の本心に通じるのであって、聖者たるにふさわしいと論じている[22]。つまり、阿道の伝教・法興王の興法・異次頓の犠牲は三位一体として把握される。「三聖」の威徳によって寺院の建立は盛んとなり、徳を修めた高僧が国内に福徳をもたらし、菩薩も現世に出現し、西域の名僧もまた新羅に到来するようになった。そしてそれゆえに、新羅は三韓一統を果たしたとされる。「三聖」は護国仏教にまつわる言説のなかで位置づけられているが、こうした認識がいつ、どのように形成されたかが問題となろう[23]。

二、上代の王権と仏教

新羅の初期王権は、もとより共同体を代表する祭祀者としての性格を有していた。第二代の王である南解次次雄について、『三国史記』巻第一・新羅本紀第一・同王即位条に「次次雄或云慈充。金大問云方言謂巫也。世人以巫事鬼神尚祭祀。故畏敬之、遂稱尊長者為慈充」と注記されているように、「次次雄」とは鬼神に事えて祭祀を行う者であり、その長者に対する尊称であった。(24) 墨胡子の説話は神における三宝の優位性を説くが、異次頓の説話においても仏は神にほかならないと述べられている。初期の仏教は巫を媒介として啓示を得る神の存在に仏を付加する論理を持つものであり、神に通じる呪術的性格を帯びるものであった。(25)

七処伽藍説のように、慶州をかつて仏教が栄えた土地であったとする見方からすれば、一然が論じるように法興王は廃れていた信仰を中興し、法を弘めた人物とみなされる。(26) 王は寺院を建立し、法衣に身を包んで興輪寺に起居し、王族を寺隷とし、みずからも出家して法雲を名のった。一九七〇年に発見された蔚山の川前里刻石群には、「乙卯年八月四日聖法興大王節」に「道人比丘僧安」「沙弥僧首」および「居智伐村衆士」等が刻したという一文がある。「乙卯年」を五三五年（法興王二十二）とすれば、法興王は在位中より仏教興隆の主導者たる意図をもってその諱を用いた可能性がある。(27) また、「甲寅大王寺中安蔵許作」と刻された一文がある。法興王の意志を継いだ真興王（在位五四〇〜五七六）は興輪寺に賜額して「大王興輪寺」としており、「大王寺」はその略称とみられる。「甲寅年」に関しては、五三四年（法興王二十一）説・五九四年（真平王十六）説があるが、安蔵は真興王代に中央僧官の大書省に任命された僧侶と同一人物とみられ、(28) 前者が有力である。(29)

五〇三年（智証王四）に建てられた「迎日冷水里碑」、五二四年（法興王十一）に建てられた「蔚珍鳳坪碑」には新羅の支配層と住人との間に誓約儀礼の一環として殺牛祭祀が行われたことがみえる。しかし、法興王による信仰の実践は、それまでの王権の宗教性に対して変更を促すものであったと考えられる。実際に五二九年（同王十六）には殺生を禁止する王命が下されている。(30)

仏教の受容が本格化するのは真興王代のことである。(31) 五四四年（同王五）二月には興輪寺が完成し、その翌月には俗人の出家が許されている。五五三年（同王十四）には黄龍の出現を奇縁して、王の発願による黄龍寺（皇龍寺）の建立が開始された。皇龍寺は五五六年（同王二十七）に完成し、祇園寺・実際寺も同時期に創建をみている。皇龍寺は五七四年（同王三十五）までに金堂の丈六仏が鋳造され、六四五年（善徳王十四）には慈蔵の誓願による九層木塔が造立されて、(32) 護国仏教と王権守護の中心寺院として徐々にその威容を整えていった。(33) 僧官制度の整備(34)とともに、経典・仏舎利等の将来も積極的に行われ、五四九年（同王十）には覚徳が梁より仏舎利を将来し、五六五年（同王二十六）には陳使劉思に随って新羅にきた明観が「釈氏経論」一七〇〇余巻を、五七六年（同王三十七）には安弘が胡僧毗摩羅ら二人をともなって帰国し、稜伽経・勝鬘経と仏舎利をもたらしている。

真興王は「王幼年即位、一心奉仏、至末年祝髪被僧衣」とされる崇仏の王であり、(35) 王子には転輪聖王思想に由来する金輪王・銅輪王の名をつけ、王の没後、王妃も出家して尼僧となり、永興寺に住したという。(36) 王族と仏教の関わりは、真平王（在位五七九〜六三二）の名前である白浄が釈迦の父浄飯王の異訳名称に由来すること、次いで即位した徳曼（善徳王、在位六三二〜六四七）が忉利天に葬るよう遺言し、のちに狼山の南に築かれた王陵の下に四天王寺が建てられて遺言が体現されたこと、次いで即位した勝曼（真徳王、在位六四七〜六五三）は、勝鬘経にみえる勝鬘夫人に由来した名づけとみられる点にも窺われる。(37)

六世紀の新羅は、律令制定や元号制定を通して王権の強化を図り、高句麗の軍事的影響から脱却して加耶地域への侵攻を進めるなど版図を拡大していく。そのなかで仏教は新旧の領域を統合する支配論理としても機能したとみられる。「磨雲嶺巡狩碑」（五六八年）は帝王建号と領域拡大によって国内外に平和をもたらしたことを伝え、行幸に沙門法蔵・慧忍が随駕したことを記す。(38) 六世紀後半、高句麗・百済との戦争が激化するなか、戦死者のために八関筵会も催された。三国一統の原動力になったとされる花郎集団は、新羅社会における仏教の浸透を伝える一例である。花郎に統率された郎徒で構成され、王族に宗教的に仕奉する存在であった花郎集団は、朝鮮三国間の戦争を背景に軍事的性格を強め、やがて国家的な軍事力として編成されて戦地に赴いた。崔致遠撰「鸞郎碑序」によれば、(39) 花郎集団は孔子・老子・釈迦の教え、つまり儒教・道教・仏教の三教による教化を集団の統合理念とした。仏教の思想としては弥勒信仰と融合し、花郎は弥勒の化生とされ、郎徒は死後に兜率天に行けると信じられた。(40)

支配者層に浸透した仏教は、隋・唐の成立や長引く三国間の対立を背景にして次第に護国仏教としての性格を強めていく。円光が説いた世俗五戒、皇龍寺九層塔建立、文武岩の伝説などはその一端を伝えるものである。六〇〇年（真平王二十二）に隋から帰国した円光は、五戒の一つとして臨戦不退の教えを説き、その後、対高句麗戦争において隋の援軍を請うべく「乞師表」を作っている。(41) 皇龍寺九層塔の建立は、慈蔵が在唐中に五台山で皇龍寺に棲む龍の父に遇し、隣国降伏・九夷朝貢・王祚安泰のために造塔し、八関会を行うべきことを告げられたことに奇縁する。(42) 朝鮮半島を統一した文武王（在位六六一～六八一）は死後海龍となって国土を守護することを願い、吐含山の東の海に浮かぶ大王岩に葬られた。神文王が亡父のために建立した感恩寺の金堂には、海龍の通り道があるとされる。(43) 龍に関する伝承は固有信仰とも結びついた。だが、その観念は仏教の受容を背景に醸成されたものであり、護国龍・護法龍として言説化したものである。

真興王代に設けられた僧官制度は仏教の保護を目指したものであったが、官制の整備・改革にともない、六四〇年代には統制機関としての性格を付与され、さらに俗官を統制する大道署の充実がはかられるなどして、六五一年（真徳王五）には寺院成典の成立をみる。護国寺院の造営・管理を掌る官司である。仏教は国家の統制下に組み込まれ、寺院は仏法による国家安泰・除災致福のための機関へと性格を変えていった。

三、中代における信仰の展開

新羅仏教は、武烈王代から恵恭王代（六五四〜七八〇）にかけての中代に最盛期を迎える。聖徳王（在位七〇二〜七三七）は即位以前に五台山で修行し、景徳王代（在位七四二〜七六五）には金大城が父母の追善供養のために仏国寺・石仏寺（石窟庵）を建立し、景徳王もまた真表から菩薩戒を受け、宣徳王（在位七八〇〜七八五）は遺言で火葬・散骨を命じている。宮中には内院があって、高僧を招いての講説、法会が行われていたことが知られる。この時期の信仰を支えたのが、中国において仏教教学を吸収して朝鮮半島にもたらした求法僧であり、民衆教化を担う在地の僧侶であった。しかし、宣徳王代以降になると、王権の混乱とともに国家主導の仏教は衰退し、九世紀前半には入唐僧によって南宗禅が伝えられ、台頭する地方豪族と結びついて仏教の新しい潮流を生み出していく。以下では新羅中代・下代における仏教の特質を取り上げることにしたい。

1、中国インドへの求法

隋・唐の冊封を受けた新羅は、自国をとりまく国際情勢を打開する目的から頻繁に外交使節を派遣するが、留学生・留学僧の派遣にも積極的であった。国家に保護された新羅の留学僧は比較的恵まれた環境におかれ、玄奘や義浄のもとで行われた経典の翻訳に加わることも多く、高僧の弟子となった者も少なくない。『唐高僧伝』には円光・慈蔵、『宋高僧伝』には元暁・義湘・円測・無相・真表などの新羅僧が立伝されている。

唐初の長安においては、新訳唯識学派を中心にして活躍が目立っている。六四五年（貞観十九）に玄奘（六〇二〜六六四）のもとではじまった新しい経論の翻訳過程で生じた真諦（四九九〜五六九）らの旧訳仏典に対する批判、およびそれに対する旧訳に依拠した立場からの反批判においては、百済僧義栄や新羅僧神昉・円測・順璟らが激しく論争を展開したことが知られる。華厳宗第二祖の智儼（六〇二〜六六八）は旧訳寄りの立場をとったが、新羅華厳宗の開祖となった義湘は智儼に学んでおり、この時期の論争は新羅の仏教教学にも影響を及ぼした。元暁は入唐こそしなかったが、新訳・旧訳の相違や矛盾を攻撃する争いを和解させる論理（和諍思想）を提唱し、その思想は唐にもおよび、華厳宗を大成したとされる法蔵（六三四〜七一二）は元暁の思想にもとづいて両訳の統合を図った。(44)

玄奘が訳した『成唯識論』の注釈を行った憬興は、帰国後、文武王の遺命によって国師となり、三郎寺に身を置いた。(45)憬興が著した『無量寿経連義述文賛』『観経疏』は、奈良時代中頃に日本にも将来された。平安時代以降の浄土信仰の広がりとともに、その著述はしばしば参考にされている。源信の『往生要集』や親鸞の『教行信証文類』にも引用がみられ、憬興は「浄土ノ人師」と認識されたことが知られる。(46)新羅僧は漢訳経典の翻訳や経典教学の解釈、論争の担い手であって、唐における漢訳経典の成立に大きな役割を果たした。日本の新羅仏教の受容は、こうした新羅僧の活動や高い教学理解を背景にしたものであった。

留学した新羅僧のなかには、インドへの巡礼・求法に赴いた者も少なくなかった。(47)この点は、日本僧の活動と対照的である。『三国遺事』巻四・義解第五・帰竺諸師には次のようにある。

広函求法高僧伝云、釈阿離那一作耶跋摩一作、新羅人也。初希正教、早入中華。思覲聖踪、勇鈑弥増、以貞観年中離長安、到五天、住那蘭陀寺、多閲律論、抄写貝莢。痛矣帰心、所期不遂、忽於寺中無常、齢七十余。継此有恵業・玄泰・求本・玄恪・恵輪・玄遊、復有二亡名法師等。皆忘身順法、観化中天。而或夭於中途、或生存住彼寺者、竟未有能復雞貴与唐室者。唯玄泰師、克返帰唐、亦莫知所終（下略）。

中国に渡った阿離那跋摩が貞観年間（六二七〜六四九）に長安より天竺に行き、那爛陀寺において律論を貝葉に写して学び、その後も恵業・玄泰・求本・恵輪・玄遊、無名の二僧が天竺に向かったが、このうち唐に帰来したのは玄泰だけだったという。

このほか、義浄の『大唐西域記』には、西域を巡礼して那爛陀寺で学んだ恵業、中インドで経律論を研究した玄大などの新羅僧がみえる。『東国輿地勝覧』には、義信なる僧が白駱駝に経典を載せて帰国したとするが、それは真興王代に法住寺を建立した義信にまつわる逸話と考えられる。不空の弟子慧超（七〇三〜？）は『慧超往五天竺国伝』を書いた僧で、その残巻が一九〇八年にペリオによって発見されたことで知られる。慧超は海路でインドに行き、釈迦の遺跡、五天竺をめぐり、中央アジア経由で七二七年（開元十五）に長安に戻っている。『不空表制集』所引「三蔵和上遺書一首」に、不空の弟子として「新羅慧超」の名前がみえる。金剛智のもとで経典の訳出に参加し、七八〇年（建中一）、その弟子不空が完成させた訳経を五台山で書写した(48)。金剛智・不空のもとで密教を学んだことが知られる。こうしたインドへの求法は、新羅の仏教が漢訳仏典の受容にとどまらず、仏教の原点に回帰しようとする思想的傾向を持っていたことを示唆する。

2、宗派の成立

中国に学んだ新羅の仏教は、帰国した僧侶を開祖とする宗派を生み出した。唐代には律・倶舎・成実・三論・天台・華厳・慈恩（法相）・禅・密・浄土・摂論・地論・涅槃など一三の宗派があり、新羅時代には律・小乗（倶舎・成実）・華厳・法相（慈恩）・密・涅槃の各宗派が形成された。各宗派について整理すれば以下のとおりである。[49]

律宗は慈蔵を開基とする。慈蔵は一二年にわたり終南山雲際寺で学び、五台山文殊像の前で仏頂骨、仏袈裟、仏舎利をうけ、帰国後に通度寺を建立して金剛戒壇を建てた。小乗宗とも言われる成実宗・倶舎宗は、『東文選』により存在が知られるが不明な点が多い。崔致遠撰「鳳巌寺智證国師碑」の記述より、倶舎宗はもっとも早く成立した宗派の一つであったとされる。涅槃宗は武烈王代に普徳が開いた。高句麗僧の普徳は道教への傾斜を諫めて本国を去り、全州高達山に移ったとされる。円光も中国で涅槃経を学んでおり、元暁・義湘・憬興・義寂・大賢が注釈を加えている。

華厳宗は智儼の法脈を受け継ぐ義湘派（浮石宗・義持宗）と、国内で独自に発生した元暁派（海東宗・芬皇宗・元暁宗）の二つの系統がある。開泰寺住寺守真が収集した再彫版高麗大蔵経の別録によれば、両者は宗祖だけでなく根本経典を異にし、その教理も異なる。元暁派は大集経・宝積経・金剛三昧経・涅槃経・無量寿経に依拠したのに対し、義湘派は華厳経に依拠した。

法相宗は玄奘が慈恩寺で起こし、瑜伽論・唯識論を所依経典、弥勒仏を本尊とする。新羅では景徳王代に真表律師が大成させた。金山寺慧徳王師真応塔碑（一一一一年建立）に「□《元》暁法師導之於前、□《太》賢大統踵之於後、燈燈伝焰、世世嗣興」とあり、元暁・太賢を祖とした。

朝鮮時代初期における宗派の一つであった中道宗は、三論の異名である。三論宗の出現は鳩摩羅什の経典の漢訳を前提とし、高句麗に仏教を伝えた順道・阿道・曇始は三論宗とされるが確かな根拠がない。高句麗僧の慧観や智蔵・道慈が日本に伝えている。密教に関しては、青竜寺の恵果のもとで学んだ玄超・恵日がいる。恵日は胎蔵・金剛両曼荼羅を受けて新羅に広めた。七世紀前半に入唐した明朗も、金剛智・不空が純密を伝える以前の雑密を学んでおり、神印宗の開祖とされている。

このほか、真表は聖徳王代に金山寺の崇済法師から得度を受け、仙渓（扶安付近）において弥勒像の前で懺悔懇求を行い、弥勒仏より現身説戒・占察経・簡子を受けて、[50]七四七年（景徳王六）に金山寺に戻り、丈六弥勒仏を鋳造・安置した。戒法とともに占察法会を行った。占察法会は中国で流行した偽経である『占察善悪業報経』にもとづく占いと法会であり、男女合雑によって広く民間に浸透した。

3、天台思想・浄土思想

新羅仏教の特徴として、天台思想は受容されながら宗派としての成立をみなかったこと、同じように浄土思想も社会に流布しながらも宗派の形成をみなかったことが挙げられる。[51]

天台思想は、中国の天台宗第六祖荊渓湛然（七一七～七八二）のもとで学んだ法融・理応・純英らによって伝えられたが、華厳宗が盛んであったため、新羅では宗派を形成するに至らなかったとみられる。高麗時代になると、大覚国師義天（一〇五五～一一〇一、文宗の第四子）が一〇八五年に入宋して天台宗を学び、智者大師智顗の霊塔の下で天台の教えを本国に弘める発願文を書いて帰国し、宗派の成立をみている。天台宗の成立背景には禅宗・教宗双方の教理・教団の思想的対立があり、その緩和に期待が寄せられたのである。また十世紀後半、天台徳韶の要請をうけた呉越の忠懿王が高麗の光宗に使者を遣わして、会昌の廃仏や唐滅亡前後の混乱によって散佚した天台宗・華厳宗の経典を求めたことを遠因とする。光宗は忠懿王の求めに応じて九六一年（同王十二）に諦観を派遣し、天台宗の経典・章疏を呉越に送った。諦観はその後天台宗第十二祖義寂に師事し、天台教学の教理入門書とされる『天台四教儀』を書いた。さらにその同門であった高麗僧義通（九二七〜九八八）は義寂を継いで天台宗第十三祖となり、後継者を輩出した。諦観・義通は衰微していた天台宗の復興をさせた人物として評価される。二人の天台思想の高麗への影響は不明ながら、こうした事実は新羅仏教の延長にある高麗仏教の水準の高さを示している。義天は杭州の浄源のもとで華厳宗を学び、多くの華厳経典を高麗に持ち帰り、海印寺に華厳経閣を建てた。その経典は高麗から送られた経典等によって再調製されたものによるところが大きい。(52)

新羅の浄土思想は主に、阿弥陀が常住する西方の極楽浄土への現身を願う阿弥陀浄土往生思想、弥勒の待つ兜率天への上生を願う弥勒浄土往生思想が広がった。慈蔵・元暁・義湘・憬興・義寂・法位・玄一らによる浄土経典の研究が行われたが、(53)慈蔵の『阿弥陀経疏』『阿弥陀経義記』以降、阿弥陀浄土に対する研究が盛んに行われる傾向にあり、(54)華厳宗の義湘・元暁も阿弥陀信仰を重視したことから中代に流行した。しかし、下代に末法観が強く意識されるようになると、阿弥陀信仰とともに弥勒信仰も広がり、禅宗においても浄土思想が重視されるようになった。(55)法相・天台・密教などの各宗派にも受容されたが、浄土思想は一定の宗派を形成するに至らなかった。

新羅の浄土信仰は興輪寺の阿弥陀三尊像、前世父母のために建立したとされる石仏寺の阿弥陀如来などの造像によってもその受容が知られるところであり、(56)『三国遺事』にも関連説話があって信仰の展開を窺うことができる。『三国遺事』巻第五・広徳厳荘には、文武王代（在位六六一～六八一）の話として、慶州の広徳・厳荘という二人の沙門が西方往生する説話がある。これにもとづけば、三国統一の前後には浄土信仰が新羅人の生活に及んでいたことになるが、民間に広く浸透するのは八世紀半ばの景徳王代（在位七四二～七六五）以降のことと目される。『三国遺事』巻第三・造塔第四・南白月二聖条は、聖徳王八年（七〇九）の話として、菩薩行を行っていた白月山の夫得・朴朴の二人が観音菩薩の化身であった娘と沐浴して、それぞれ弥勒尊像と無量寿仏となって村人の尊崇をあつめたこと、景徳王十四年（七五五）、この話を聞いた景徳王が白月山南寺を建立して、「現身成道弥勒之殿」「現身成道無量寿殿」を賜額したことを伝える。二人は人生の無常を悟って世俗を離れて往生を願ったとされており、庶民への信仰の浸透を窺わせる内容になっている。また、現身成仏の往生観、弥陀・弥勒・観音が密着した信仰の展開が看取される。

『三国遺事』巻第五・避隠第八・布川山五比丘条は、景徳王代に石窟で生活していた五人の比丘が西方往生のために弥陀を念じること十年にして極楽浄土より聖衆が来迎し、往生を遂げたとする話である。比丘は蓮華台に乗って空中を飛び、通度寺の門外で無常・苦・空の道理を説き、遺骸を脱ぎ捨て現身成仏して西方に去った。ここには厭離穢土・欣求浄土の思想をみることができる。また比丘の集団的信仰、弥陀経典にみえる蓮華台に乗っての往生観が表現されている。さらに、同巻五・感通第七・郁面婢念仏西昇条は、西方往生を求める康州（晋州）の善士数十人が弥陀寺を建立して万日念仏契を結んで日々念仏を唱えていたが、そこに来ていた郁面という女の奴婢が屋根をすり抜けて西方に飛び、遺骸を脱ぎ捨てて真身を現し、蓮台に乗って去ったという話を伝える。地方の在俗信者による信仰のあり方が描出されるとともに、奴婢・女性の往生が説かれている。

四、下代の末法意識と弥勒信仰

新羅下代に入ると、国内の混乱や唐における武宗の廃仏、黄巣の乱を背景にして末法時代の到来が強く意識されていく。

「大中十二年戊寅」（八五八）に武州の地方官であった金遂宗の上奏を承けて鋳造された長興宝林寺の盧舎那仏坐像の銘文は、造像年を「釈迦如来入滅後一千八百八年」とし、八六五年（感通六）に鋳造された鉄原到彼岸寺の鉄造盧舎那仏坐像銘には、当年を釈迦入滅より「一千八百六載」と数えている。また、八四四年（会昌四）建立の興法寺廉居和尚碑は当年を「涅槃一千八百四年」としており、釈迦入滅の年次は必ずしも合致しないが、新羅においては入滅を『周書異記』にみえる穆王五三年壬申（紀元前九四九年）とする見方が流布していたとみられる[57]。正法・像法を経て末法にいたり、仏の教えが衰滅するという末法思想は、北魏・北周の廃仏を経て六世紀後半には普及していったとされる[58]。東海市の三和寺鉄造盧舎那仏坐像は、背刻銘に浮石寺系の僧侶とされる決言の名が刻されていることから、八八〇年代の鋳造と推定される仏像である。その銘文の二行目には「□《釈》迦仏末法三百余年」とあり、末法の到来より三〇〇余年を経過しているという認識が窺われる。前掲史料と合わせて勘案すれば、釈迦入滅より一五〇〇年、正法五〇〇年・像法一〇〇〇年を経て六世紀半ばから後半にかけて末法の世に入ったことになる[59]。

ただし、宝林寺盧舎那仏坐像銘・到彼岸寺鉄造盧舎那仏坐像銘・三和寺鉄造盧舎那仏坐像銘・興法寺廉居和尚碑より釈迦入滅後一八〇〇余年という共通した時代認識が読み取れるように、末法意識が顕在化するのは九世紀半ば以降のことであろう。鉄造の盧舎那仏の造像が行われているが[60]、三和寺の鉄仏は銘文に「僧道利等上首十方、旦越同心同願盧舎那仏成大志。由盧舎那仏大願力、由故当来下生弥勒尊、此処華厳経説」とあって、その記すところによれば、僧道利ら上方十方が同心同願して盧舎那仏を鋳造したのは盧舎那仏の大願力によって弥勒菩薩を兜率天より下生せしめ、弥勒菩薩が行う龍華三会の説法に浴することを願うものであった。到彼岸寺の鉄仏は、道詵が鋳造したものであったが、造像に際しては一五〇〇人におよぶ居士の香徒組織が発願者になったという。各地で行われた盧舎那仏の造像事業の背景には末法意識があり、弥勒下生信仰にもとづいて弥勒菩薩による救済を求める人々の姿をみることができる。(61)

盧舎那仏の造像には華厳宗系寺院や僧侶の関与があったと思われるが、弥勒信仰は禅宗系僧侶にも共有されていたとみられる。光陽玉龍寺洞真大師宝雲塔碑（九五八年建立）に「入鷄足山待慈氏」とあるように、洞真大師（八六九〜九四七）は慈氏すなわち弥勒菩薩の下生を期して鶏足山に入り、多くの信者を集めていたという。

末法意識は新羅末期、特に八八〇年代後半以降、より現実的なものとして認識されていく。八九五年（咸寧二）に海印寺に立碑された五台山寺吉祥塔の塔詞（海印寺別大徳僧訓撰）には「自酉及卯一七年中、方円濁乱。原野兵蓬、人忘向背、行似狼獷」とあり、己酉年（八八九）より乙卯年（八九五）年にかけて新羅は「濁乱」のなかにあり、戦禍は海印寺に及んで多くの僧侶が兵刃に命を落としたことが記される。同じ頃作成された同寺の護国三宝戦亡緇素玉字には、「乾寧濁世」において死没した僧侶の名が刻されている。兵火や争乱が寺院に及ぶなかで、「濁乱」「濁世」という末法意識は現実的なものとして印象づけられたのである。なお、同年の海印寺妙吉祥塔碑（崔致遠撰）には、「唐十九帝中興之際、兵凶二災西歇東来。悪中悪者、無処無也。餓殍戦骸、原野星排」とある。在唐経験を持つ崔致遠は、当時の兵乱・凶作は黄巣の乱後の唐から新羅に入ってきたものと認識していたのである。

豪族勢力が各地に割拠する争乱の時代に突入すると、弥勒信仰は人心掌握の論理として作用した。泰封を建国した弓裔はその晩年みずから「弥勒仏」を称し、自分の子を青光菩薩・神光菩薩と呼ばせ、二〇余巻の経典を著述したとされる。[62]甄萱が拠った百済の故地には、池中より武王（薯童）眼前に弥勒三尊が出現したことを縁起として建立された益山の弥勒寺、[63]真表が丈六弥勒菩薩像を奉安した金山寺がある。後百済期の弥勒寺に関しては、九九五年（高麗成宗一四）建立の華城葛陽寺恵居国師碑に、「龍徳二年夏、特被弥勒寺開塔之恩」とあって、龍徳二年（九二二）に「開塔」が挙行されたことが知られる。奉安されていた仏舎利を礼拝し、その功徳を得ようとする仏教儀式であったと考えられ、[64]その主催者が百済王を名のる甄萱であったことは確実である。弥勒信仰においては、弥勒が下生する時、地上を治めているのは理想の王である転輪聖王とされている。甄萱は支配領域下にあった華厳寺・天冠寺・海印寺などの華厳宗寺院を保護するとともに、禅宗寺院の実相寺・宝林寺・大安寺・玉龍寺・双峰寺などとも関わりを持っており、[65]一つの信仰に限定されるものではないが、甄萱をはじめとする新興勢力の台頭の前提には弥勒下生の信仰によって生み出された人々のつながりが想定される。

おわりに

以上、新羅の仏教受容と展開を概観してその特質を整理したが、仏教史の基本史料となる『三国史記』『三国遺事』『海東高僧伝』はいずれも高麗時代の編纂物であり、そこに叙述される阿道や異次頓、仏国土説や護国龍に関する説話などは、歴史的に形成された言説である。三国統一前後、新羅中代・下代にかけての新羅仏教の動向をあらためて検討しながら、その成立背景を検討すべきであろう。中国に留学・求法した新羅僧のなかには経典の漢訳事業に参画し、教学研究の主流をなす者、インドへの聖地巡礼を目指す者もあった。その一方で、新羅では本国の仏教発展に努めた僧侶の伝記や塑像が作成されて崇敬の対象となり、石碑が建立されることもあった。新羅人がどのように自国の仏教界の発展を認識し、歴史化したのか、また教学研究の宗派の成立、在地社会における信仰の展開と神仏関係、寺院建築・仏像などの新羅化、そして王権との関係がいかに新羅仏教の特質を表象するのかが問われる。そのためには、同時代の経典研究、造塔記・高僧関係碑文などの金石文資料、仏教美術に対する具体的な考察が必要だが、これらについては今後の課題としたい。

註

（1）鎌田茂雄『朝鮮仏教史』序文（東京大学出版会、一九八七年）。

（2）金天鶴「平安時代の華厳宗における新羅仏教思想の役割」（『論集平安時代の東大寺――密教交流と末法到来のなかで』ザ・グレイトブッダ・シンポジウム論集第一一号、二〇一四年）。

（3）『三国史記』巻一八・高句麗本紀第六、『海東高僧伝』巻第一・釈順道伝による。肖門寺・伊弗蘭寺の創建を小獣林王五年（三七五）条に掛ける。順道に関して、覚訓は東晋より来たとする「或説」を挙げる。また、『三国遺事』巻三・興法第三・順道肇麗条が「僧伝作二道（順道・阿道）来自魏云者誤矣。実自前秦而来」と記すように異説がある。

（4）石井公成「仏教の朝鮮的受容」（鎌田茂雄編『講座・仏教の受容と変容』第5巻・韓国編所収、佼成出版社）による。

（5）『三国史記』巻第二四・百済本紀第二、『海東高僧伝』巻一・流通一之一・釈摩羅難陀伝、『三国遺事』巻第三・興法第三・難陁闢済条。三者ともほぼ同内容の記事だが、『三国遺事』同条は「阿莘王即位大元十七年二月、下教崇信仏法求福。」として、仏教の公認を東晋の太元十七年（三九二）とする記事を載せる。

（6）森浩一監修・東潮・田中俊明編『韓国の古代遺跡2』百済・伽耶遍（中央公論社、一九八九年）九五頁参照。

（7）『三国史記』巻二六・百済本紀四・聖王十九年条。

（8）森浩一監修・東潮・田中俊明編『韓国の古代遺跡2』百済・伽耶遍（中央公論社、一九八九年）一〇五頁参照。

（9）『海東高僧伝』巻第一・流通一之一・釈阿道伝所引の墨胡子伝も同内容の記事で構成される。一善郡は新羅時代の道開部曲があったとされる慶尚北道亀尾市桃開面道開二里付近で毛礼家址があったとされる。また同史海開面所在の桃李寺付近もその候補地である。同郡および毛礼関連資料・遺跡については、韓国教員大学校博物館・慶尚北道亀尾市『新羅仏教初伝地域学術調査報告書』（同博物館学術調査報告第一一輯、一九九七年）参照。墨胡子の実在性は疑わしく、一然は次に述べる阿道と同一人物とみなす。

（10）我道については朴寅亮『殊異伝』にも関連史料が収載されている。我道和尚碑はモンゴル軍の東京（慶州）侵攻後の一二四四年（高宗三十一）に鋳造された興輪寺梵鐘銘文にその一部が引用されている。その後編纂された『海東高僧伝』や『三国遺事』の記事は『殊異伝』所載の記事とほぼ同じであり、十三世紀初頭には逸失したのであろう。

（11）『三国遺事』巻第三・塔像第四・迦葉仏宴坐石条所引「玉龍集」・「慈蔵伝」。

（12）『三国遺事』巻第三・塔像第四・皇龍寺丈六条。

（13）韓国国立中央博物館特別展図録『統一新羅』（二〇〇三年）。

（14）『三国遺事』巻第一・紀異第一・射琴匣条。

（15）『三国史記』巻四・新羅本紀第四・法興王十五年条に「肇行仏法」とある。

（16）『三国遺事』巻第三・興法第三・原宗興法厭髑滅身条。

（17）『海東高僧伝』巻一・流通一之一・釈法空伝。

（18）末松保和「新羅仏教肇行の紀年」（『新羅史の諸問題』所収、東洋文庫、一九五四年）は、新羅仏教のはじまりを法興王十四年（五二七）とみる。本稿では氏の所論に従う。上記のほか、崔致遠撰「鳳巌寺智証大師碑」や「大覚国師霊通寺碑」は法興王十四年としている。

（19）『三国史記』巻四・新羅本紀第四・法興王十五年条。

（20）『三国遺事』巻第三・興法第三・原宗興法厭髑滅身条。

（21）殉教碑は「彼法興王即位大同十五乙未年、来達今於唐永泰二年丙午、二百五十三時、有老魄策便旋至於邑際、観望旧墳於中一墳、忽出幼魂、老魄弔曰噫歟子也。但看故人冢墓之丘」として、永泰二年（七六六）に「老魄」

（法興王の霊）と「幼魂」（異次頓の霊）の交わりがあったことを記す（末松保和「異次頓伝説の史料」『新羅史の諸問題』東洋文庫、一九五四年）。八世紀後半には異次頓の墓をまつる行事が行われていたとみられる。異次頓に関する言説はいくつかの画期をもって展開したものと考えられよう。八・九世紀の高僧関係碑文については郭丞勲『金石文を通じた新羅史研究』東北アジア歴史叢書二、韓国学中央研究院、二〇〇五年）参看。

（22）『三国遺事』巻第三・興法第三・原宗興法厭髑滅身条。「此乃扶丹墀之信力、為阿道之本心聖者。」とある。

（23）興輪寺金堂には丈六の金銅仏とともに東壁・西壁に沿って「十聖」の塑像が奉安されており、阿道・異次頓は東壁の第一・第二像として安置されていた（『三国遺事』巻第三・興法第三・東京興輪寺金堂十聖条）。他は恵宿・安含・義湘（東壁）、表訓・虵巴・元曉・恵空・慈蔵（西壁）である。「十聖」観の成立に関しては、金煐泰「新羅十聖考」（『新羅仏教研究』民族文化社、一九八七年）などの研究がある。

（24）辛鍾遠『新羅最初の高僧』（民族社、一九九八年）。

（25）鎌田茂雄『新羅仏教史序説』（東京大学東洋文化研究所報告、一九八六年）による。

（26）『三国遺事』巻第三・興法第三・原宗興法厭髑滅身条。

（27）辛鍾遠『新羅最初の高僧』（前掲註24書）。

（28）『三国遺事』巻四・興法第三・慈蔵定律条に「新羅真興王十一年庚午、以安蔵法師為大書省一人、又有小書省二人。」とある。

（29）辛鍾遠『新羅最初の高僧』（前掲註24書）。

（30）『三国史記』巻第四・新羅本紀第四・法興王十六年条。

（31）以下は主に『三国史記』巻第四・新羅本紀第四による。

（32）『三国史記』巻第五・新羅本紀第五・同年三月条。

（33）皇龍寺については梁正錫『皇龍寺の造営と王権』（ソギョン、二〇〇四年）参看。

（34）『三国遺事』巻第四・興法第三・慈蔵定律条。

（35）『三国史記』巻第四・新羅本紀第四・真興王三十六年条。引用文に続いて出家後に法雲を名乗ったとする一文がある。

（36）『三国史記』巻第四・新羅本紀第四・真興王三十七年条。『三国遺事』巻第三・興法第三・原宗興法厭髑滅身条

は法雲を名のったのは法興王であり、本条にみる出家した王妃も法興王妃であったとする。

(37) 福士慈稔「仏教受容と民間信仰」（石井公成編『新アジア仏教史』第一〇巻、朝鮮半島・ベトナム所収、佼成出版社、二〇一〇年）。

(38) 福士慈稔「仏教受容と民間信仰」（前掲註37論文）。

(39) 『三国史記』巻第四・新羅本紀第四・真興王三十七年条。

(40) 福士慈稔「仏教受容と民間信仰」（前掲註37論文）。唐の令孤澄の『新羅国記』によれば、花郎は「貴人子弟之美者」から選ばれた（『三国史記』巻第四・新羅本紀第四・真興王三十七年条）。

(41) 円光が説いた五戒とは事親以孝・事君以忠・交友以信・臨戦無退・殺生有択の五項目。乞師表については、『三国史記』巻第四・新羅本紀第四・真平王三十年条に「命円光修乞師表、光曰、「求自存而滅他、非沙門之行也、貧道在大王之土地、食大王之水草、敢不惟命是従。乃述以聞」とある。

(42) 『三国遺事』巻三・皇龍寺九層塔所引「東都成立記」。

(43) 『三国遺事』巻第二・万波息笛条に「金堂砌下東向開一穴、乃龍之入寺旋繞之備」とある。

(44) 留学僧・求法僧の動向に関しては、鎌田茂雄『朝鮮仏教史』（前掲註1書）など参照。

(45) 『三国遺事』巻第五・感通第七・憬興遇聖条。

(46) 憬興については、渡辺顕正『新羅憬興師述文賛の研究』（永田文昌堂、一九七八年）。渡辺氏によれば、『浄土三経往生文類』（興正寺蔵伝宗祖真蹟本本）の広本に「憬興師云」とあり、その左脇に「ジヤウドノニンシナリ」と仮名書きされる。

(47) 以下、平井宥慶「インドを旅した新羅僧」（『新アジア仏教史』第一〇巻、朝鮮半島・ベトナム所収、佼成出版社、二〇一〇年）に拠って整理。

(48) 不空訳『大乗瑜珈金剛性曼珠室利千臂千鉢大教王教』序。

(49) 以下、朝鮮の各宗派の展開については中吉功『海東の仏教』（国書刊行会、一九七三年）によって整理する。

(50) 『三国遺事』巻第四・義解第五・真表伝簡条。

(51) ここでは詳述しないが、九世紀以降、唐より帰国した僧侶によって禅の思想がもたらされ、後世の九山禅門をはじめとして多くの禅宗寺院が建立されたことも、日本の禅宗史と比較すれば一つの特質として挙げられよう。

(52) 池明観『新版韓国文化史』（明石書店、二〇一一年）

(53) 安啓賢『新羅浄土思想史研究』（玄音社、一九八七年）および石井公成「仏教の朝鮮的受容」（前掲註4論文）。

(54) 佐藤厚氏によれば、中国で中心的だった『観無量寿経』の研究はあまり行われず、『無量寿経』『阿弥陀経』の研究が中心であったという（「統一新羅時代の仏教」『新アジア仏教史』第一〇巻、朝鮮半島・ベトナム所収、佼成出版社、二〇一〇年）。

(55) 張日圭「新羅金石文の末世意識と弥勒信仰」（『金石文による新羅史研究』東北アジア歴史叢書二、韓国学中央研究院、二〇〇五年）。

(56) 『三国遺事』巻第五・孝善第九・大城孝二世父母条。石仏寺の創建については、「乃為現生二親、創仏国、為前世爺嬢創石仏寺、請神琳・表訓二聖師各住焉」とある。黄寿永『石窟庵』（悦話堂、一九九四年）。石窟庵の本尊は像容こそ阿弥陀如来だが、仏国寺の本尊が盧舎那仏坐像であること、華厳思想の影響を受けて造営されたとみられることなどから、「内面」的には盧舎那仏とも言われる（朴亨國「朝鮮半島の仏教美術」『新アジア仏教史』第一〇巻、朝鮮半島・ベトナム所収、佼成出版社、二〇一〇年）。

(57) 今西龍「到彼岸寺仏像調査記」（『新羅史研究』復刻版、国書刊行会、一九八八年）。宝林寺盧舎那仏坐像銘は大中十二年戊寅を「情王即位第三年」とする。「情王」は憲安王（誼靖）を指すが、憲安王三年は大中十三年己卯（八五九）にあたり、釈迦入滅の年より一八〇八年後となる。

(58) 元永常「南北朝時代の疑偽経における末法思想の形成」（『印度学仏教学研究』第五一巻一号、二〇〇二年）よれば、僧祐（四四五～五一六）が著した『出三蔵記集』巻第五・「新集疑経偽撰雑録」解題にその時代を「像運澆季」とする認識がみえる。その後、南岳慧思の「立誓願文」（五五八年）や『大方等大集経』の「月蔵分」（五六六年）、『大乗同性経』（五七〇年）の伝訳により末法説は普及したという。

(59) 新羅下代における末法意識は、本文に挙げた銘文のほか、『楡岾寺本末寺誌』（一九四二年）所載の咸通三年造像（八六二）の長安寺盧舎那仏の背石刻銘文にも窺われる。本資料については、許興植『高麗仏教史研究』（一潮閣、一九八六年）・郭丞勲『新羅金石文研究』（韓国史学、二〇〇六年）参照。

(60) 年紀銘をもつ宝林寺盧舎那仏・到彼岸寺盧舎那仏は新羅仏教彫刻史において製作年代を検討する重要な根拠となるが、ともに中唐初期の様式美から脱却して新羅化しつつある様式を備える。松原三郎「高麗金銅仏考」（『韓国金銅仏研究』所収、吉川弘文館、一九八五年）参照。新羅・高麗時代の鉄仏鋳造に関しては、李仁英『高麗時代の鉄仏像の考察』（東国大学校大学院碩士学位請求論文、一九八七年）など。

(61) 弥勒信仰については、菊地章太『弥勒信仰のアジア』（大修館書店、二〇〇三年）、金三龍『韓国弥勒信仰の研究』（教育出版センター、一九八五年）、松本文三郎『弥勒浄土論・極楽浄土論』（平凡社、二〇〇六年）など。

(62) 『三国史記』巻第五〇・列伝第一〇・弓裔伝。

(63) 『三国遺事』巻第二・武王条。

(64) 李道学「後百済の全州遷都と弥勒寺開塔」（『韓国古代史研究』第一六五号、二〇一四年）。拙稿「後百済甄萱政権の対日外交」（『國學院雑誌』第一一七巻三号、二〇一六年）。

(65) 張日圭「新羅下代西南海地域の禅僧と後百済」（『韓国古代史研究』第一六五号、二〇一四年）。

九～十三世紀における韓国仏教史の展開と特徴

趙　明済

はじめに

仏教は三国時期に受け入れられ、韓国の社会や文化全般に深い影響を及ぼし、今日まで韓国の代表的な宗教のひとつとして維持されている。だが、朝鮮時代に朱子学が思想界を主導したので、仏教は宗教の機能だけが残されることとなった。近代になると帝国日本の支配下で、日本仏教の進出とともに植民地仏教の性格をもつようになり、なおかつ近代仏教を模索していった。(1) しかし、仏教は長い間学問的市民権を持っていなかったし、研究のための制度的基盤が構築されなかったので、学問的研究が遅れた。近代期に韓国仏教史に関わる研究がはじまったが、植民地支配と韓国戦争のせいで本格的な研究が出来ない状況であった。一九六〇年代から少しずつ学問的研究が再びはじまり、一九八〇年代になって本格的な研究が展開されるようになった。

このような研究環境の問題とかかわるが、これまでの研究は韓国仏教史という一国史の次元のみに限られていた。しかし、前近代における仏教は国家、民族の枠で規定されない普遍的思想、宗教という性格があるので、東アジア仏教という広い視野から研究する必要があると思われる。ただし、このような視角は「仏法東流」、「三国伝来」という従来の仏教史の常識とは違う。文明の拡散を一方的な流れとして把握するのではなく、「中国と周辺諸国の相互影響」という点に重点を置く必要があると思われる。(2)

なお、これまでの韓国仏教史研究は人物中心に研究されてきたが、新たな研究視角、方法論を模索しなければならないと思われる。古代、中世の韓国仏教史研究は資料が少ないという限界があるが、まだ研究されていない文献が少なくない。本稿は古代から中世にかけて、華厳宗から禅宗へという韓国仏教の主な流れがどのように進んでいったのか、さらに唐代禅、宋代禅がいかに新羅、高麗の禅宗界において受け入れられていったのかについて分析したい。また従来の人物中心の研究視角ではなく、典籍の受け入れや高麗禅宗の独自な文献の編纂、流通などを通じて思想史的影響がいかにあらわれていたのかを中心としてみてみたい。

一、新羅末高麗初における仏教界の変化

新羅下代に至って、政治・社会的変化とともに仏教界にも新たな変化がもたらされた。その変化とは、新羅中代に王室や真骨貴族によって体制理念とされてきた華厳宗、法相宗の衰退とともに、新たに受け入れられていた禅宗の台頭である。九世紀以来盛んにおこなわれていた入唐留学を通して、新羅僧侶たちは華厳から禅へ転向していった。かれらは会昌の廃仏、唐の支配秩序の崩壊にともなって多く帰国し、新羅末から高麗初までいわゆる

九山禅門という門派を全国各地に開いていった。

九山禅門のなかで開山祖である道義、洪陟、慧徹（七八五～八六一）は、西堂地蔵の法を受け、また無染（八〇〇～八八八）は仏光如満、麻谷宝徹などの指導を受けた。これら唐の禅師たちは南岳系、特に馬祖の門下という共通の特徴を有している。つまり九山禅門は、ほとんど馬祖禅の思想的影響を受けていたのである。このような特徴は、唐代禅の流れと一致している。八世紀後半になると、北宗と荷沢宗が次第に衰えていく。代わりに九世紀初めに禅宗の覇権を確立したのが、馬祖道一（七〇九～七八八）を中心とする洪州宗であった。馬祖の禅は「平常心是道」、「即心是仏」という成句に要約されるように自己の心が仏であり、平常のありのままの心、それがそのまま道だというものである。(3) 一方、日常の営為と仏法との等置という考えは、禅院の集団生活の原理を規定する清規の形成をうながした。百丈懐海の「一日不作、一日不食」という表現のように、農耕や土木作業は仏行のひとつとされていた。かかる思想は、安史の乱以後各地で台頭していた節度使をはじめとする新興勢力の後援を受けたのである。

さて、禅宗がはじめて受け入れられる時、一時的に新羅王室の王権強化策とかかわって王室の積極的な支援を受けたことがあったが、新羅末になって徐々に地方豪族が地方社会の実質的な支配者として独自の基盤を作っていくと、禅宗は地方豪族の理念として受け入れられていった。(4) さらに、一部の禅門は彼らの所在している地方社会を政治的・軍事的側面まで握ることにより、独自の勢力圏を形成するほどに成長した。(5)

かかる禅宗の台頭がもつ歴史的重要性について、従来の仏教学界ではあまり認識されてこなかったが、歴史学界では新羅末の社会変動期における禅思想が変革思想として重要な位置を占めていることを強調してきた。このような研究により、新羅末から高麗初頭までを古代から中世社会への転換期としてみることが通説となったのである。しかし、当時の華厳思想を中心とする教学と禅思想は、対立的な思惟構造を持っていないという批判が提示され、(6)一九八〇年代から時代区分論とかかわって、新羅中代を重視する流れが幅広くおこなわれていた。さらに一九九〇年代からは、時代区分論が退潮したことにともない、新羅末の禅宗の受容がもつ歴史的意味にかかわる評価も変わるようになった。

禅門の政治的関係や機能については従来、地方豪族とのかかわりが強調されてきたが、禅門の立場では現実的な必要性によって外護者の選択がなされていた。真聖王以前までは、まだ新羅王室の権威があったので、禅門は王室との友好的関係が続いていた。しかし、真聖王代から政治的混乱が続くと、禅門は外護者として地方豪族の影響を受けるようになったのである。

なお、新羅末の禅僧たちの禅思想の分析から、新羅末の禅は個人主義的性格であり、それが地方豪族の政治的理念となったという見解がある。(7)これまでの研究はほとんど禅宗と地方豪族との関係を強調し、彼らの政治的理念として機能したと結論づけており、それは通説化するほどであるものの、禅思想それ自体に対する分析には疑問を覚える点もあり、禅を地方豪族の政治的理念とみる図式的結論を前提とする研究にははじめから限界がある。

残存している金石文資料を通してみると、禅師たちの現実認識は禅思想よりも儒教理念にもとづいていた。例えば朗慧無染は、憲安王の諮問に対して『礼記』を引用しながら王道政治を提示し、『書経』の能官人を強調している。(8)朗慧は儒教理念を仏教と調和させつつ、政治的助言をおこなっていたのである。允多（八六四〜九四五）は八〇歳の老齢にもかかわらず、神聖王の招聘に応じて、僧侶もまた王の民だから敢えて王命に従わなくてはならないとして、直接王京まで出向いていった。(9)利厳（八六九〜九三六）は太祖の政治的諮問に対して為民政治を強調し、(10)麗厳（八六二〜九三〇）も太祖に説法する時に王道政治を説いた。(11)以上の事例からわかることは、新羅下代から高麗初めまでの禅僧たちの現実認識をみると、禅思想と地方豪族とのかかわりは直接繫がらず、むしろ儒教理念として政治的諮問をおこなっていたということである。

九世紀後半になると、貴族の王位継承争いが激しくなり、一般民衆の抵抗が拡がっていったので、混乱や被害が寺院まで及んでいた。したがって、唐から帰国した禅僧たちもあちらこちらに避難し、住錫するところを探すため、結局外護者の力を借りるしかない状況であった。例えば、折中（八二六〜九〇〇）は唐から帰国したのち、本山である獅子山が兵火で全て消失して避難したことがあり、また盗賊に命をねらわれる危険に遭遇したこともあった。(12)

以上述べたように、禅宗を単に地方豪族の政治的イデオロギーとして規定することは、あまりにも説得力がないようにみえる。なお新羅末にあっても、既存の華厳宗は依然として教団勢力を維持していた。華厳宗は王室と繫がって、義相など新羅華厳思想の基盤となる祖師たちに対する追慕事業をおこなっており、華厳経を写経する結社運動を推進していた。なお、華厳宗の中心寺刹であった海印寺では、南岳と北岳という二つの学派に分かれていたが、高麗太祖の支援をうけた北岳の希朗によって主導された。また、阿弥陀・弥勒信仰などの浄土信仰は特定宗派と関係をもたず、地方社会の土着勢力や農民・賤民層を中心として幅広く流行していた。

さて、九世紀半ば以後における唐の政治的社会的混乱、すなわち武宗による会昌の廃仏（八四五〜八四七）や黄巣の乱（八七五〜八八四）などが続くと、留学僧の数自体が減少するとともに、在唐留学僧の帰国が急ぎおこなわれた。ただし、中国全域にわたる留学は影をひそめたものの、五代十国の時期まで江南地域は政治的、経済的に比較的安定しており、しかも禅宗を保護する政策を取っていたので、新羅や高麗からの留学が続いていた。この時期に、海東の禅僧たちが留学していた代表的な禅僧や禅の系統は、次のふたつである。ひとつは雪峰義存（八二二〜九〇八）やその門下の法眼宗であり、もうひとつは洞山系列の雲居道膺（八三五〜九〇二）であった。

雪峰と彼の門下の雲門文偃（八六四〜九四九）、玄沙師備（八三五〜九〇八）、また玄沙の系統から出た法眼文益（八八五〜九五八）、天台徳韶（八九一〜九七二）、永明延寿（九〇四〜九七五）などの流れは、雲門宗と法眼宗としてまとめられた。新羅の兢譲（八七八〜九五六）は、雪峰の門下で学ぶため九〇〇年に入唐している。[13]しかし後述するように、この時期の高麗禅宗の動向は光宗代にみられる法眼宗との関係がほとんどである。

ところで、雪峰とともに唐末の禅宗を代表する趙州従諗の門下で学んだ新羅禅僧は、ほとんど史料にあらわれない。その理由は、趙州の活躍した華北が政治的に不安定であったことに対して、雪峰が活動していた江南地域が安定した環境にあり、政治的経済的な外護が存在したことによると思われる。

雲居の門下で学んだ代表的な留学僧は、いわゆる「海東四無畏大師」とされる利厳、麗厳、逈微（八六四〜九一七）、慶猷（八七一〜九二一）などである。[14]彼らは全て高麗の太祖の後援を受け、高麗初期の代表的な禅僧として活躍した。雲居は石頭系の禅僧なので、新羅禅宗でも馬祖禅以外の唐代禅に対する関心が広がっていったのである。唐代禅は南岳系とともに、第二の主流として青原系（六祖—青原行思—石頭希遷と繋がる）が存在しており、中唐の終わりごろから晩唐の時期にかけて、石頭を祖とする法系意識が形成されていった。石頭系は馬祖系の現実他態の作用・営為とは次元を異にする純粋な本来性を人格的に表象し、「主人公」などと呼んで本来性の自己を重視していた。[15]雲居道膺は、石頭—薬山惟儼—雲巌曇晟—洞山良价—雲居という法系で繋がる人物である。唐末から五代にかけて、曹山本寂の門派とともに雲居の門派などが活躍したが、禅門全体では大きな影響力を持たなかった。

高麗の開国とともに、中央集権化が進んでいく過程を通して、華厳宗を中心とする教宗が浮上し、禅宗は徐々に弱体化していった。特に光宗は、華厳宗の均如を抜擢して教宗勢力に関する改編を模索した。(16) 均如（九二三～九七三）は新羅末以来分裂していた華厳宗を統合することや、禅宗に対する対応を思想体系として定立する課題をもっていた。彼は新羅華厳の伝統を義相の華厳思想から確認しながら、中国法蔵の華厳思想を受け入れたのである。彼は華厳思想の優越性を強調して、華厳宗の位相強化を企てた。

また光宗は王権強化のため、地方豪族と彼らと結託していた禅宗に対する改編を推進していった。それは法眼宗の受け入れと、その禅思想に対する関心としてあらわれた。例えば、慧炬が法眼文益の門下で修学して、光宗代に国師となった。なお、光宗は智宗（九三〇～一〇一八）など三六人の禅僧を派遣して、法眼宗の永明延寿（九〇四～九七五）から教えを学ばせた。(17) 彼が光宗二十一年（九七〇）に帰国したころ、法眼宗の禅は注目されていた。(18) 延寿の著作である『宗鏡録』一〇〇巻や『万善同帰集』などは、教禅一致思想や禅浄双修思想を標榜する文献であった。これらの著作は、光宗の仏教政策に相応しい思想なので、注目を集めたのである。なお、延寿の思想は十三世紀にまた注目されるようになり、朝鮮時代の仏教においても重視された。法眼宗に関する関心や後援は、延寿の教禅一致論が当時の高麗仏教の再編に相応しい思想だと考えられていたことによるのだろう。(19)

さて当時の高麗仏教は、中国に影響を及ぼしたこともある。法眼の弟子で、呉越で活躍した天台徳韶は、銭弘俶に勧めて散逸した仏典を高麗に求めており、これによって天台宗が再び活性化することになった。それとともに、高麗の天台学を代表する諦観、義通などが活躍して、宋初の天台宗の復興に役立つことになった。

二、十一〜十三世紀における高麗仏教の展開

高麗は地方豪族勢力を統合・再編して、官僚制度を基盤とする中央集権体制を樹立し、その運営原理として儒教政治理念を重視した。仏教は国家宗教としての地位を相変わらずもち、社会的文化的機能が維持されていた。ただ、国家の官僚制的支配は、仏教にも及んでいた。仏教教団は教宗と禅宗に分けられ、僧科という国家試験によって僧侶を選定し、僧階や僧職を与えた。燃燈会や八関会など、僧俗を糾合する国家統合的機能をもつ仏教儀礼が、国家次元でおこなわれていった。かかる支配宗教としての仏教教団は、高麗の支配体制が完成される文宗代に支配層が門閥貴族化されるとともに、彼らの支援を受けた教宗勢力も台頭した。

華厳宗は均如以後、坦文（九〇〇〜九七五）、決凝（九六四〜一〇五三）、義天（一〇五五〜一一〇一）、楽真（一〇四五〜一一一四）、澄厳（一〇九〇〜一一四一）などの国師、王師を輩出するほど、高麗前期の主要な宗派として発展していった。法相宗は、太祖が広明寺などの法相宗寺院を開京十刹に含めるなど多様な支援をおこなっており、光宗代には地方まで広がっていくようになった。なお、法相宗は鼎賢（九七二〜一〇五四）、海麟（九八四〜一〇六七）、韶顕（一〇三八〜一〇九六）、恵永（一二二八〜一二九四）などの国師、王師を輩出して、高麗前期まで主要な宗派として維持されていた。

かかる変化は、開京の主な寺院を通しても確認できる。高麗初期、特に太祖代に開京に新たに創建された寺院のなかでは、禅宗寺院の数が一番多かった。しかし光宗代から華厳宗寺院がもっとも多くなり、十一世紀以後には華厳宗の興王寺や法相宗の玄化寺が開京を代表する寺院になっていた。開京の中心寺刹の変化には、国家の仏

教政策や仏教界を代表する宗派の変化が反映されていたので、それを通して当時の高麗仏教の流行がわかる。[20]法相宗の場合、玄宗の願刹として玄化寺が創建され、開京の代表的な寺院のひとつになっていた。初彫大蔵経の最初の刊行は玄化寺でおこなわれたし、同寺は代表的な門閥貴族である仁州李氏の後援を受けていた。要するに、高麗前期まで華厳宗と法相宗は高麗仏教を主導する枢要な宗派だったのである。

このような状況下、義天が登場して門閥貴族と結託している仏教界の改革をおこない、高麗王室の王権強化を目的として天台宗の開創へと進んでいった。彼は元暁の継承を自任しており、宋に留学して新たな仏教の受容などを通して理念的基盤を積み、新たな宗派として天台宗を開創した。しかし義天の仏教改革は、本質的に門閥貴族と同一の基盤から出発するという限界があったので、結局失敗に終わった。

ところで、禅宗は既に高麗の中央集権化とともに徐々に弱体化していたが、天台宗の出現によって統合の対象となり、大きな打撃を受けることになった。[21]禅宗は十二世紀に至って、次第に教団を再整備しながら新たな基盤を築いていった。このような動向は、学一（一〇五四～一一四四）を中心とする迦智山門と、坦然（一〇七〇～一一五九）を中心とする闍堀山門によって主導された。また、当時禅僧たちと交遊しながら、彼らに思想的影響を与えた李資玄（一〇六一～一一二五）らの居士禅の動向も注目される。このような禅宗界の動向は、宋代禅の受け入れともかかわっている。なお、宋代禅の受け入れは北宋の禅宗との直接的交流を通してもおこなわれていたが、主にさまざまな禅籍の受け入れともかかわるのが特徴である。[22]

慧照国師曇真は、文宗九年（一〇七六）に宋へ入り、三年間遊学していた。彼は、宋の神宗と新法党官僚の後援を受け、首都である開封に暮らして宋の禅僧たちと交流した。彼が遊学していた時期は、約五〇年間断絶していた高麗と宋の国交が再開した時期であった。当時宋の神宗と新法党官僚たちは、高麗と連合して遼を攻略しようとする対外戦略策をとっており、このために積極的な親高麗政策を推進していたのである。

曇真は宋への遊学を通して、とりわけ浄因道臻（一〇一四〜一〇九三）の思想的影響を多く受けた。[23] 浄因道臻は、本来臨済宗の浮山法遠の法脈を継いだ禅僧であり、大覚懐璉（一〇〇九〜一〇九〇）から高く評価されて浄因寺の後任の住持になった人物である。大覚懐璉は、『宗門遮英集』を編纂した承天惟簡とともに、雲門宗の著名な禅僧であった。当時、雲門宗は北宋の禅宗界を主導していた。浄因寺は一〇四九年に仁宗によって開封に創建された寺であり、大覚懐璉が住持として招致され、仁宗の厚い帰依を受けた。なお、開封の最大寺刹である相国寺の六四院を二禅八律に再編し、一〇八二年に創建された慧林寺と智海寺は、ともに雲門宗の拠点として慧林宗本をはじめとする雲門宗の禅師たちが住錫していた。浄因寺の創建と大覚懐璉の招致は北宋仏教史に大きな変化をもたらし、これを契機に開封で禅風が盛んにおこなわれたといわれている。曇真はこれら雲門宗、臨済宗の禅僧たちと交流しながら、北宋の禅を受け入れたのである。彼が宋から遼本大蔵経をもち帰り、また新たな坐禅の修行規則を導入するなどさまざまな活動をおこなったことにより、高麗の仏教界に大きな変化をもたらしたといえる。[24]

曇真を継いだ坦然は、臨済宗の黄竜慧南を継いだ介諶（一〇八〇〜一一四八）から手紙を通して印可を受けた。なお彼は、道膺・膺壽・行密・戒環・慈仰ら臨済宗の禅僧たちと間接的な交流をおこなっていた。[25] したがって坦然の段階に至って、宋代臨済宗の禅僧たちとの間接的な交流を通して、印可を受けるほど禅の境地が深い水準まで達したと思われる。また彼の偈頌や法語は、宋の禅宗界からも認められていた。坦然の事例は、高麗の禅宗界において宋代禅がかなり根付いていたことを物語る。

このような傾向は、高麗の禅宗界に次第に拡散していった。例えば、学一は門下の禅僧たちが二種の自己を主張したところ、自己はひとつしかないと指摘した。この問題は、『禅林僧宝伝』が伝わってから証明されたという逸話が、学一の碑文で紹介されている。(26) ここで議論された内容は、一一二三年に著述された覚範慧洪（一〇七一～一一二八）の『禅林僧宝伝』とかかわるので、当時の高麗禅宗界における宋代禅の理解は、禅籍の導入とも深くかかわることを示している。史料不足により、具体的な内容を述べることはできないが、次の事例は十二世紀の高麗禅宗界において、宋代禅が広がっていたことを物語るものである。

明宗九年（一一七九）に、醴泉竜門寺の重修記念のため開催された談禅会に曇真―英甫の法脈を継いだ祖膺が断俗寺の孝惇を招聘し、全国から集まった九山学徒五〇〇人を対象に五〇日間『伝灯録』『楞厳経』『仁岳集』『雪竇拈頌』などを講義した。このなかで『雪竇拈頌』は、宋代公案禅への関心が高くなっていたことを物語る。特に全国の禅僧を対象に雪竇の拈古や頌古が講義されたことは、公案批評にくわしい禅師が存在していたことを示しており、さらに禅門一般まで文字禅に対する幅広い需要があったことをあらわしている。

また、かかる傾向は禅僧たちだけではなく、当時の文人たちにまで拡散していた。例えば、居士禅を代表する李資玄は禅に対する理論と参禅修行を実践する思想的基盤として『楞厳経』を重視したが、(27) 雪峰義存（八二二～九〇八）の語録である『雪峰語録』を通して禅的な悟りを得、(28) また雪竇重顕の思想的な影響も受けていた。このことは、彼の著述を通しても確認できる。「清平山文殊院記」によると、彼の著述には『追和百薬公楽道詩』一巻、『禅機語録』一巻、『歌頌』一巻、『布袋頌』一巻などがあった。現在残されていないものの、その題目からわかるように頌古を作っていたので、宋代禅からの影響を窺うことができる。

李仁老（一一五二～一二二〇）は覚範慧洪の『冷斎夜話』を読み、さらに『筠溪集』までも求めて読むほど、宋代の禅文学や禅籍について深い興味があったとみられる。(29) 覚範は臨済宗黄竜派の代表的な禅僧であり、『禅林僧宝伝』『林間録』『冷斎夜話』『石門文字禅』などさまざまな著述がある。『冷斎夜話』一〇巻は覚範が諸方の詩文に関する見聞記事、詩人たちの逸話、及び彼らの評論など総計一六一項目の小品を集成した文献である。この本は北宋期禅僧の作品としては特異なもので、覚範が蘇東坡をはじめとする文人たちの詩文に対する関心が高かったことが確認できる。『筠溪集』は『石門文字禅』三〇巻の前半部である一六巻を選び、再編集したものである。そのほとんどが古詩や律詩などであり、これら詩文は宋代の知識人から高い評価を受けた。[30]

ところで、覚範は宋の黄庭堅、蘇東坡などとともに江西詩派を代表する人物であり、特に黄庭堅作詩法に関する重要概念を解説したことで著名である。[31] 黄庭堅、蘇東坡などの文人たちは、臨済宗黄竜派と深い関係を持っていた。李仁老の『破閑集』では、黄庭堅の「換骨奪胎論」が議論されており、江西詩派の作詩法から深い影響を受けたことが確認できる。したがって、李仁老が『冷斎夜話』『筠溪集』などの覚範の著述に深い関心を持っていたことは、単に宋代詩文学だけではなく、宋代禅にまで関心を持っていたことを示している。以上述べたように、十二世紀の高麗の禅宗界においては北宋代の禅宗界のさまざまな禅籍が受け入れられており、宋代禅の特徴である公案禅に対する関心が広がっていたことがわかる。

さて、一一七〇年に起きた武臣による庚寅の乱は、高麗社会に大きな変化をもたらした。門閥貴族と結託していた華厳宗・法相宗などの教宗は、武臣政権と武力衝突して大きな打撃を受けたのである。このような状況下で、当時の仏教界を改革しようという信仰結社運動が起きた。かかる信仰結社としては、十二世紀末から十三世紀初めにかけて展開していた知訥の修禅社とともに、了世の白蓮社が代表的である。このふたつの結社は、禅と浄土信仰を中心とする宗派を代表しており、このような傾向はこれ以降、高麗仏教の主な流れとして展開していく。

修禅社に関する研究は、修禅社が既存の禅門を統合しながら崔氏武臣政権の庇護によって曹渓宗へと成立・発展したという単線的な観点でおこなわれてきた。なお、武臣政権期の仏教界の動向については、政治権力の行方と彼らの仏教政策、寺院勢力の推移などを基準として整理されたことが多い。しかし、これまでの研究は武臣乱を起点として、高麗を前期と後期に区分して高麗社会の変化を強調する視角と同じ観点からなされていたが、仏教史の流れからみてみると、そのような単線的な見方とは整合しないことが少なくない。

高麗後期になると、教宗から禅宗中心の仏教へ進んでいったが、十三世紀の禅の流れは十二世紀までの禅と断絶してはおらず、むしろ十二世紀から受け入れていた宋代禅、特に文字禅を基盤とする公案禅を受容する段階であった。このような傾向は、修禅社を通して確認できる。

修禅社の一世である知訥の思想体系は、「惺寂等持門」「円頓信解門」「径截門」という三門体系に集約できる。「惺寂等持門」とは定慧雙修で、「円頓信解門」は李通玄の華厳思想を禅法に受け入れ、禅教一致を標榜すること、「径截門」は「惺寂等持門」と「円頓信解門」の限界を乗り越えるために看話禅を強調することである。知訥は彼の禅思想体系に定慧雙修と禅教一致を提示するが、窮極的には看話禅を強調した。既存の研究では、知訥の禅思想にかかわる分析を通して、修禅社において看話禅風が一般化したという結論に至っている。しかし、知訥の禅思想は三門体系という修行方法論にあらわれているように、看話禅だけを標榜するものではなかった。

修禅社二世である慧諶は、知訥と比べると看話禅中心の傾向へ進んでいった。慧諶は「無字」話頭を重視し、看話禅を修行する時の十種病に対する問題を体系的に整理した「狗子無佛性話揀病論」を作った[32]。しかし後述するように、慧諶の公案禅はまだ文字禅の段階であり、看話禅は受容段階だったといえるだろう。かかる傾向は十三世紀末まで継続していたので、これまでの研究のように看話禅が修禅社段階で一般化されたとはいえない。

さて十三世紀後半になると、高麗社会は武臣政権の崩壊とともに対蒙古抗戦が終了し、元の干渉期に至って仏教界にも新たな変化がもたらされた[33]。禅宗では、武臣政権と結託していた修禅社の代わりに、一然の迦智山門が台頭してきた。一然の迦智山門は、王政復古を推進していた政治勢力の後援によって成長し、忠列王代以後には高麗仏教界で中心的な教団として活動していた。なお天台宗の場合、妙蓮寺を中心とする勢力が教団を主導していた。

華厳宗は武臣乱以後大きな打撃を受けたが、覚訓が『海東高僧伝』を編纂し、守其が高麗大蔵経の編纂、校正、刊行などを主導したので、十三世紀にも存在感をみせていた。さらに十四世紀に活動していた体元の華厳関連著述を通して、華厳思想は教学の代表として受け入れられており、それは朝鮮後期まで変わらなかった。法相宗は武臣の反乱によって大きな打撃を受けた。特に開京の法相宗寺院は被害が多かったが、弥勒、阿弥陀、地蔵信仰などを通して地方の法相宗寺院は活性化していった。十三世紀末に恵永が写経僧一〇〇名を率いて元へ派遣され、大蔵経を写経した事例からわかるように、法相宗は元の干渉期に勢力を回復したのである。

三、十三世紀における公案禅の受容と公案集の編纂

前近代社会の典籍を板刻するためには、莫大な経費や技術的な要件とともに、それを支援できる檀越の存在、さらにそれに興味を持って読める読書層の存在などの条件を満たさなければならなかった。つまり、あるテキストの受容と出版を通じて、当該社会における思想的傾向がいかに反映されているのか確かめる方法論は、人物中心の教理や教団史の限界を乗り越え、思想史研究にとっても注目すべきものであると思われる。以下では、宋代の公案禅が高麗禅宗にいかに受け入れられていたのかについて、『禅門拈頌集』（以下『拈頌集』と略す）を通してみることにする。

『拈頌集』は修禅社二世である慧諶が、一二二六年に弟子の真訓らとともに、古則一一二五則に唐や宋の祖師たちの著語を配列する方式で編纂した公案集である。しかし、モンゴルの侵略を受けて、江華島へ遷都する時に初版が消失したので、一二四三年に修禅社三世である夢如が古則公案三四七則を増補し再刊した。(34) したがって、『拈頌集』は修禅社独自の公案集であり、修禅社のみならず、高麗禅宗全体が公案禅をいかに理解し受容したのかをはかることが可能な、代表的な文献である。また、『拈頌集』に収録された古則や著語は全て中国文献から引用されており、特に宋代の禅籍がほとんどである。よって『拈頌集』は、十二～十三世紀において高麗禅宗が宋代禅をいかに受け入れ理解したのか、そして従来の看話禅中心の理解方式から脱皮して、宋代禅の受容問題をもっと広い視角から理解したのかを確かめるうえで重要な史料といえる。

ところで、宋代の禅宗はまず北宋前期に雲門宗が主導し、北宋中期以降に臨済宗の黄竜派、次いで南宋時期に臨済宗の楊岐派が主導していた。そして曹洞宗が、独自の宗風を伝えて命脈を維持していた。宋の時代は、禅宗が社会制度のうちに組み込まれたことや、それに応じて禅宗内部の組織形態や修行方式が制度的に整備され規格化されたという意味で、禅の制度化の時代であったということができる。

思想・実践の面からいえば、宋代禅は公案禅であるといえる。公案とはもともと役所の文書などを指すが、禅宗では修行の題材として参禅者に課せられる古人の問答のことをいう。公案の参究のしかたは、大まかにいうと文字禅と看話禅のふたつがある。文字禅とは、公案の批評や再解釈を通して禅理の探究をおこなおうとするもので、具体的には原問答の回答に対して代案や別解を考えたり（代語、別語）、問答の趣旨を詩に詠んだり（頌古）、散文で論評を加えたり（拈古）、さらにそれらを講説したり（評唱）するものである。一方、看話禅は特定の一公案に全意識を集中することで、人の意識を限界まで追い詰め、その極致で意識の激発、大破をおこして劇的な大悟の実体験を得させようとするものである。

系統的な文字禅の営為は、北宋初期の臨済宗の汾陽善昭（九四七〜一〇二四）にはじまる。古人の問答百則を選んで詩を付した『汾陽頌古』などが、彼の作品として残っている。そしてその後、文字禅の頂点を極めたのが雲門宗の雪竇重顕（九八〇〜一〇五二）の『雪竇頌古』と、それに対する臨済宗の圜悟克勤（一〇六三〜一一三五）の講義録『碧巌録』であった。『碧巌録』は文字禅の精華と称すべき書物で、公案と頌古に対する論評の詳しさ、公案中の登場人物に関する故事・話頭の紹介の豊富さなどから、禅門の教科書的な役割を果たしてきた。

しかしそれにとどまらず、圜悟の評唱には同時代の通説・俗説を痛烈に批判しつつ、修行者に実地の大悟を要求するという強い実践的志向がみて取れる。彼が『碧巌録』で提示した禅は、「活句」に参ずることで「無事」を打破して大悟に到り、「本来無事」に回帰することである。ただ、かかる論点は『碧巌録』ではまだひとつの実践方法として、集約されていない。このような限界を乗り越え、具体的な実践方法に集約されたのは、圜悟の弟子である大慧宗杲（一〇八九〜一一六三）によって提示された看話禅であった。圜悟や大慧における公案は、もはや一則ずつの意味を個別に解釈すべきものではない。それはどこまでも無意味であり不可解であることにこそ意味がある。そうであるからこそ、公案は参禅者の思路を断ち切り、意味と論理を超越した絶対的大悟をもたらし得るとされたのである。(35)

『拈頌集』三〇巻は、唐代を主として北宋代までの禅門祖師に関する古則公案一一二五則と、それらに対する後人の拈提頌古などの著語類を豊富に集め、これら公案の主人公たる祖師たちを釈尊以下の禅門伝灯の次第によって排列したものである。(36)これは東アジア仏教界で作られた公案集のなかでも量的に豊富であり、北宋の代表的な公案集である『宗門統要集』（以下『宗門統要集』と略す）に比べられる高麗の独自の公案集として編纂されたものである。したがって『拈頌集』は、唐・宋代禅の影響を検証するとともに、高麗禅宗界の思想的傾向を理解するためにも極めて重要な史料ということになる。さらに『拈頌集』は、既に語録が伝存しない北宋から南宋初期の語句がかなり豊かに引用されている。特に心聞曇賁など臨済宗黄竜派との関係が深く反映されている。心聞曇賁は無示介諶の法嗣であり、上述したように介諶や坦然と交流があった人物である。

ここで簡単に、『拈頌集』の編纂を通して高麗禅宗界における宋代禅がいかに受け入れられていたのか、十二～十三世紀において高麗禅宗の思想的傾向がどのようなものだったのかについてみてみたい。『拈頌集』の編集構成は、基本的に『統要』と同じである。『統要』は伝燈史書を総括したものでありながら、公案集の性格をもつので、宋代禅宗の基本的な禅籍として重視された。[37] また『拈頌集』の著語のなかで、拈古は『統要』からそのまま引用されることが多かった。しかし、修禅社は『拈頌集』を編纂する時に、『統要』の問題点を認識して、本則の配列順序を修正するなど独自の体系を作ったのである。[38]

『拈頌集』の頌古の引用と編纂においては、『禅宗頌古聯珠集』（以下『頌古聯珠』と略す）の影響が著しくみられる。『頌古聯珠』は全三六四則のなかで三一〇則が『拈頌集』に引用されており、頌古の配列や引用にも影響を及ぼした。[39] また『拈頌集』はかかる公案集以外に、語録の公案化が反映された『宗門燃燈会要』の体裁や構成からも影響を受けて編纂された。なお、『拈頌集』はこのような公案集とともに、『景徳伝燈録』をはじめとする宋代の伝燈史書も活用したが、それは内容の校勘や法眼宗の著語の引用のためであった。

さて、かかる文献は『拈頌集』の全体構成や編纂方向を決める際に参考とされたが、膨大な著語には修禅社によって幅広く収集された宋代の語録が活用された。ここでは宋代の語録を雲門宗、曹洞宗、臨済宗など、主な宗派別の著語の引用やその特徴について簡単に述べる。

まず雲門宗の場合、雪竇七部集が一番重視された。雪竇七部集は北宋の文字禅を代表する語録なので、『祖英集』を除いて多く引用されており（全二七三則）、公案批評の代表的な作品として『拈頌集』で頌古を引用する時、はじめに置かれる場合が多い。[40] なお雪竇七部集と深くかかわる『統要』と『祖庭事苑』が、高麗禅宗に幅広く受け入れられていた。雪竇以外の雲門宗の著語は、法真守一（二〇六則）、南明法泉（一三四則）、智海本逸（一二〇則）、大覚懐璉（一〇七則）などの順で引用されている。上述したように、大覚懐璉は曇真が入宋した時に交流しており、南明法泉は彼の『南明泉和尚頌証道歌』が高麗で刊行され、高麗の瑞龍禅老連公がその注釈書である『南明泉和尚頌証道歌事実』を一二四八年に刊行した。[41]

曹洞宗では、宏智正覚の著語が『拈頌集』で全二八六則にわたって引用されている。かかる引用頻度は、大慧宗杲の三二三則の引用数とともに双璧となっている。[42] 次に丹霞子淳（一〇四則）、投子義青（九一則）の著語が多いが、これはほとんど『投子頌古』や『丹霞頌古』から引用されているので、『拈頌集』では投子、丹霞、宏智と繋がる禅僧、すなわち北宋末から南宋初めにかけての曹洞宗を代表する著語を集成したことになる。

臨済宗の著語は、雲門宗、曹洞宗よりもっとも多く引用されている。臨済宗の著語の主人公は、北宋初期の臨済宗黄竜派・楊岐派・大慧派など、臨済宗の分化・発展にともなう多様な禅僧たちであった。北宋初期の臨済宗の著語は、海印超信（一三二則）、瑯琊慧覚（八七則）、大潙慕喆（七一則）、大愚守芝（五一則）、雲峯文悦（四九則）などの順で引用されている。彼らの著語は多様な形式であるが、大体拈古がもっとも多い。このような様相は、北宋初期においてはまだ頌古より拈古が流行していたこととかかわる。

黄竜派の著語は、心聞曇賁（一四八則）、無示介諶（八五則）、真浄克文（六二則）、東林常総（四九則）、晦堂祖心（四九則）、長霊守卓（四四則）、智海智清（四三則）、黄竜慧南（四〇則）、慧林徳遜（二八則）などの順で引用された。

上述したように、高麗の坦然が無示介諶から印可を受けたことがあり、介諶の門下の弟子たちと交流をおこなっていた。かかる交流関係は十三世紀まで続いていたようで、例えば慧諶が一二一三年に心聞曇賁の『宗鏡撮要』を刊行したように、修禅社でも黄竜派との交流の伝統が繋がっていた。『拈頌集』本則の最後が心聞曇賁の公案という事実は、それをよくあらわしている。

彼らの著語は拈古より頌古が多くなっているので、北宋禅宗界の公案批評の流れと同じ様相であった。ところで湛堂文準、覚範恵洪の場合、彼らが黄竜派内で位置していた位相と比べると、あまり重視されていなかった。湛堂文準は晩年に五年間大慧宗杲を指導したので、当時の黄竜派の代表的な禅僧であったし、また覚範恵洪は湛堂文準と法兄弟であり、彼の多様な著作が宋、高麗において流行していた。それにもかかわらず、彼らの著語があまり引用されなかったことは、後述するように『拈頌集』が宋代の膨大な公案批評の集成書であったためであると考えられる。(43)

楊岐派の著語では大慧がもっとも多く引用され、次に圜悟克勤（一七七則）、竹庵士珪（一四七則）、保寧仁勇（一二八則）、崇勝瑞珙（一一二則）、南華知昺（一〇五則）、松源崇嶽（一〇五則）、仏眼清遠（一〇二則）、上方日益（九九則）、五祖法演（四九則）、密庵咸傑（四五則）、空叟宗印（四五則）、仏鑑慧懃（四三則）、牧庵法忠（三〇則）などの順で引用された。(44) かかる引用状況からみると、楊岐派の主流の著語が一番多いものの、その以外禅僧たちの著語も少なくない。楊岐派の著語の引用は、南宋末以後の大慧派、虎丘派まで幅広く確認される。特に圜悟、大慧以後の語録は看話禅とかかわる内容が少ないにもかかわらず、『拈頌集』では看話禅についての言及は全くされていない。

圜悟の著語からは拈古や頌古が多く引用されたが、『碧巌録』の評唱が全く引用されていない。圜悟の評唱では、文字禅を乗り越え修行者に実地の大悟を要求するという強い実践的志向があるので、大慧の看話禅に繫がるところがある。にもかかわらず、『拈頌集』では圜悟の評唱が全く引用されていないことからすれば、修禅社の『拈頌集』の編纂は文字禅の次元でおこなわれた公案集の集成であったといえよう。(45)

このような理解は、大慧の著語が『拈頌集』でいかに引用されているのかをみても明らかになる。大慧の著語は、ほかの禅僧と同じように頌古（一一八回）と拈古（四四回）が多いが、特に上堂（九九回）、示衆（四三回）、普説（二九回）などの法語が一八七回引用され、割合がかなり大きい。さらにこのような法語では、大慧の看話禅に関する詳しい説明や禅僧たちのための修行実践にかかわる非常に手厚く親切な指導がおこなわれていた。

ところで『拈頌集』で引用された大慧の法語は全て、本来の法語のなかで公案批評とかかわる一部の内容だけが収録されている。一方、看話禅とかかわる内容は全く引用されていない。例えば「秦国太夫人請普説」は、かなり長い内容でありながら、「無字」話頭の参究をはじめ看話禅の具体的な指導について述べられている。ところがこの普説は、『拈頌集』で一二回も引用されているものの、全て本則とかかわる公案批評だけであり、看話禅と関係する内容は全くみえないのである。このような状況は、他の法語も同じである。さらに大慧の看話禅に関する代表的な文献である『大慧書』が一度だけしか引用されていないように、『拈頌集』では看話禅に対する言及がほとんどない。(46)

要するに『拈頌集』は、修禅社が文字禅の理解のために公案集を集成したものだったのである。なお、修禅社の時期には既に看話禅は高麗に伝来していたが、それは導入段階であって、盛行しているとはいい難かった。(47)このような状況は、十三世紀の高麗禅宗界において、文字禅とかかわる禅籍が相次いで編纂されたことからも明らかである。例えば修禅社は『拈頌集』を増補したころ、『禅門雪竇天童圜悟三家拈頌集』（以下『三家集』と略す）

を編纂した。『三家集』は『拈頌集』三〇巻のなかで、雪竇重顕、宏智正覚、圜悟克勤という三家の拈頌を選び、それを六巻に編集したものである。『三家集』は『拈頌集』が公案集としてはあまりにも膨大だったので、学人の公案批評理解のためには不便であり、文字禅の精粋だけをまとめる必要が生じたことなどから編纂されたと思われる。(48)

さらに慧諶の門下である覚雲は、『拈頌集』の注釈書である『禅門拈頌説話』三〇巻を著述した。かかる傾向は修禅社だけではなく、禅宗界全般に拡散した。例えば迦智山門でも、一然の『禅門拈頌事苑』三〇巻（逸書）や混丘の『重編禅門拈頌』三〇巻（逸書）などの公案注釈書がこの時期に相次いであらわれている。ほかにも一然の『祖庭事苑』三〇巻（逸書）や『重編曹洞五位』など、文字禅とかかわる基本的文献が十三世紀末まで継続して著述されていた。『祖庭事苑』は睦庵善卿によって北宋の大観二年（一一〇八）に八巻本として編纂されたものを、一然が新たに三〇巻に編纂し直したものである。また睦庵の『祖庭事苑』は、雪竇の七部集とともに『雲門広録』などを主な訓詁の対象としているので、雪竇をはじめとする雲門宗の思想的傾向が多く反映されている。つまり睦庵の『祖庭事苑』には、十二世紀以後の公案批評とかかわる内容がなく、高麗禅宗界での新たな潮流と相容れなかったため、一然が新たに三〇巻本として著述したと考えられる。(49)

これまで述べたように、十三世紀末までの高麗禅宗は、まだ文字禅についての関心が高い段階であった。よって従来の、知訥の禅思想に対する分析を通して導き出された、修禅社段階において看話禅が一般化したという学説は再考しなければならない。因みに、これら公案集の編纂は北宋禅宗界との持続的な交流を通じて厖大な禅籍を導入した結果であり、しかも高麗禅宗界が単に宋代禅の一方的な影響を受けていただけでなく、独自の動きをしていたことを物語る。

さて、高麗禅宗界の公案禅の受け入れと理解過程は、高麗の対外関係という現実的な難関とも関係している。すなわち高麗の禅宗は、宋代禅を直接経験できない現実的な困難に直面していた。高麗は遼、金、モンゴルなど、北方民族の王朝と相次いで外交関係を樹立したが、一方で宋との関係は切断されて、直接的な交流をおこなうことが出来なくなっていた。さらに、庚寅の乱以後には政治的社会的混乱が続いていたので、高麗の禅僧たちが入宋して直接交流することはほとんど不可能だったのである。

このような状況において、宋の商人たちは高麗と宋の仏教界を繋ぐ役割を担っており、高麗禅宗は彼らを通じて宋の禅籍を購入していた(50)。さらに宋商は、宋の仏教界の情報を高麗に伝えており、宋と高麗の間で禅師たちの間接的な交流の媒介役割も担っていた。例えば上述した、十二世紀の坦然と介諶との交流は、宋商方景仁を通しておこなわれていた。しかし、かかる現実的困難のせいで、高麗禅宗は禅の理解と実践において基本的に必要な面授が出来なくなり、それにともなう限界に直面していた。禅の修行や悟りの過程において必要な禅師と弟子との問答や印可が欠けることは、高麗禅宗にとって大きな足かせとなったのである(51)。

おわりに

本稿は、九世紀から十三世紀まで韓国仏教史の流れについて華厳から禅へという観点から、そして唐代・宋代禅の受容や理解について、特に禅籍の受け入れと思想的社会的影響を通して述べたものである。宋代仏教史の展開と軌を一にするように、高麗仏教も禅と浄土信仰を中心とする展開になるが、両国では時期的差異があり、高麗では華厳学の位相も低くないようにみえる。なお、宋代禅の影響は従来ほとんど言及されてこなかったが、公案集や公案注釈書の流行を通してこの時代の文字禅の様相が明らかになった。また日本仏教史と比べると、密教の影響が比較的高くないことや、南宋末から元代までの禅の動向も違うところがみられる。かかる問題の解明は、これからの課題だと思われる。

さて十四世紀になると、モンゴル帝国の開放的な雰囲気とかかわって、高麗の知識人や僧侶たちが数多く入元し、新たな文化交流が盛んにおこなわれた。この当時の入元僧は、ほとんど禅僧たちであった。彼らは入元を通して元代の禅僧たちと交流しながら、新たな禅籍を受け入れていった。『蒙山法語』や『禅要』などはその代表的な文献である。(52)『蒙山法語』は、南宋末から元初期にわたって活動した臨済宗の禅僧である蒙山徳異（一二三一～一三〇八）の法語を集めたものであり、非常に簡略な禅籍である。『蒙山法語』を通じて蒙山は、看話禅の修行体系についてほとんど「無字」話頭だけを強調している。この点は、『禅要』が看話禅を大衆に広めることができる禅籍であることを示していよう。ともかく、これら文献の受け入れは、高麗禅宗が看話禅絶対化へと進んでいったことを物語る。

さて十四世紀後半になると、入元していた知識人を通して士大夫を中心に朱子学が受け入れられ、高麗社会がもつ諸矛盾を改革しようとする動きが提起されて、高麗王朝から朝鮮王朝への易性革命が起こった。このような政治的変革とともに、古代から約千年間維持されていた仏教中心の社会が、儒教中心の社会へと大きく転換していく。このような大きな変化のなかで、朱子学の挑戦に対応する新たな思想を持たなかった仏教は、没落する道を歩んでいったのである。(53)

註

（1）趙明済「近代仏教の志向と屈折——梵魚寺の場合を中心として」（『仏教学研究』一三、二〇〇六年）。韓国近代仏教の展開は十九世紀末の社会的変化、近代日本仏教の影響とそれに対する対応と深くかかわる。朝鮮総督府の植民地支配の一環として韓国仏教遺産の整理がおこなわれ、高橋亨、忽滑谷快天、江田俊雄らの近代仏教学による韓国仏教の研究がおこなわれていた。それに対応して李能和の韓国仏教史資料の整理や権相老、崔南鮮、金映遂らの韓国仏教史に関する研究成果が提示された。

（2）このような問題点は最近の研究で指摘されている。代表的な研究として石井公成「仏教東漸史観の再検討」（『日本の仏教』二所収、法藏館、一九九五年）を参照。「インド→中国→日本」という図式は鎌倉時代の凝然の仏教史観からはじまり、近代民族主義の高まりによって拡散されたが、アジア諸国の多様な特色をもった諸国、諸地域の複雑な相互交流と相互影響などを無視する問題点がある。

（3）入矢義高「馬祖禅の核心」（『馬祖の語録』所収、禅文化研究所、一九八四年）、金泰完『祖師禅の実践と思想』（蔵経閣、二〇〇一年）、小川隆『語録のことば——唐代の禅——』（禅文化研究所、二〇〇七年）を参照。

（4）崔柄憲「新羅下代における禅宗九山派の成立」（『韓国史研究』七、一九七二年）、鄭性本『新羅禅宗の研究』（三円社、一九九四年）、金杜珍「朗慧とかれの禅思想」（『歴史学報』五七、一九七三年）。

（5）蔡尚植「浄土寺址法鏡大師碑の陰記の分析——高麗初の地方社会と禅門の構造と関連して」（『韓国史研究』三六、一九八二年）。ただ、この論文では禅門の構造について、三綱を強調しているが、それは北宋の禅院清規でみられる細分化された禅院の組織なので、新羅末の禅院でどの程度禅門組織ができたのかについては、具体的な根拠や分析がない。まだ受け入れ段階の禅宗において、地方に禅院組織が存在したのかについてはさまざまな疑問がある。

（6）高翊晋「新羅下代の禅伝来」（『韓国禅思想研究』所収、東国大出版部、一九八四年）、崔源植「新羅下代の海印寺と華厳宗」（『韓国史研究』四九、一九八五年）、曺庚時「新羅下代における華厳宗の構造と傾向」（『釜大史学』一三、一九八九年）。

（7）金杜珍「朗慧と彼の禅思想」（『歴史学報』五七、一九七三年）、同「了悟禅師順之の相論」（『韓国史論』五、一九七五年）。

（8）曹凡煥『新羅禅宗研究』（一潮閣、二〇〇一年、六九～七六頁）。

（9）孫紹撰「有唐高麗国武州故桐裏山大安寺教諡広慈大師碑銘並序」（許興植編『韓国金石全文』中世上所収、亜世亜文化社、一九八四年、三五一～三五七頁）。

（10）崔彦撝撰「有唐高麗国海州須彌山広照寺故教諡真澈（欠落）」（前掲註9書、二八〇～二八六頁）。

（11）崔彦撝撰「高麗国彌智山菩提寺故教諡大鏡大師玄機之塔碑銘並序」（前掲註9書、二九一～二九五頁）。

（12）崔彦撝撰「有唐新羅国師子山興寧寺（欠落）教諡澄暁大師宝印之塔碑銘並序」（前掲註9書、三三七～三四六頁）。

（13）李夢遊撰「高麗国尚州鳳巌寺王師贈諡静真大師円悟之塔碑銘並序」（前掲註9書、三七七～三九〇頁）。

（14）金杜珍『高麗前期教宗と禅宗の交渉思想史研究』（一潮閣、二〇〇六年、一六〇～二〇二頁）。

（15）小川隆「石頭系の禅」（『語録の思想史』所収、岩波書店、二〇一一年）。

（16）金杜珍『均如華厳思想研究』（一潮閣、一九八三年）。

（17）「知覚禅師延寿」（『景徳伝灯録』巻二六）。

（18）崔沖撰「高麗国原州賢渓山居頓寺故王士贈諡円空国師塔碑銘並序」（前掲註9書、四六一～四六八頁）。

（19）金杜珍「玄暉と坦文の仏教思想」（『高柄翊先生華甲紀念史学論叢』所収、ハンウル、一九八四年）。

（20）許興植「開京寺院の機能と所属宗派」（『高麗仏教史研究』所収、一潮閣、一九八六年）。

（21）許興植「高麗前期の仏教界と天台宗の形成過程」（『韓国学報』一一、一志社、一九七八年）。

（22）趙明済「高麗中期における居士禅の思想的傾向と看話禅受容の基盤」（『歴史と境界』四四、二〇〇二年）。

（23）鄭修芽「慧照国師曇真と〝浄因髄〟」（『李基白先生古希記念韓国史学論叢』所収、一九九四年）。

（24）義天は入宋遊学した時に慧林宗本の説法を聞いたし、仏印了元、大覚懐璉などを訪ねて説法を聞いたことがあるので、当時の北宋代の禅に関する動向を把握していた。

（25）「嘗写所作四威儀頌・上堂語句、附商船、寄大宋四明阿育王山広利寺禅師介諶印可。諶乃復書、極加歎美。僅四百余言、文繁不載。又有道膺・膺寿・行密・戒環・慈仰、時大禅伯也。乃致書通好、約為道友。自非有徳者、豈能使人、郷慕如此哉。」（李之茂撰「高麗国曹渓宗崛山下断俗寺大鑑国師之碑銘幷序」（許興植編『韓国金石全文』中世下所収、亜世亜文化社、一九八四年、八二二頁）。

(26) 「是年、主盟選席時、学者盛談二種自己。師曰、自己一而已、安有二哉、従今已往、宜禁止之。（欠落）久致疑於其間者衆、及恵洪僧宝伝至、判古師三失、以分自己、為一失。学者見此然後断惑。」（尹彦頤撰「雲門寺円応国師碑」、前掲註9書、六六二頁）。

(27) 『楞厳経』には宋代以後、さまざまな注釈書が出現し、思想界全般に深い影響をもたらした。李資玄が『楞厳経』に注目したのち、当時の禅宗界や李奎報（一一六八〜一二四一）らの居士たちにも、『楞厳経』が流行していった。趙明済「高麗後期における『戒環解楞厳経』の盛行と思想史的意義——麗末性理学の受容基盤と関連して——」（『釜大史学』一二、一九八八年）。

(28) 趙明済「高麗中期における居士禅の思想的傾向と看話禅受容の基盤」（前掲註22論文）。

(29) 「読恵弘冷斎夜話、十七八皆其作也、清婉有出塵之想、恨不得見本集。近有以筠渓集示之者、大率多贈答篇。玩味之、皆不及前詩遠甚。恵弘雖奇才、亦未免瓦注也。」（『破閑集』巻上）。

(30) 椎名宏雄「解題」（『禅学典籍叢刊』第五巻『冷斎夜話』所収、臨川書店、二〇〇〇年）。

(31) 椎名宏雄「換骨奪胎法」（『禅学典籍叢刊』第五巻『冷斎夜話』所収、前掲註30書）。

(32) 権奇悰「慧諶の禅思想研究」（『仏教学報』一九、一九八二年）、秦星圭『高麗後期の真覚国師慧諶研究』（中央大学博士学位論文、一九八六年）、李東埈「高麗慧諶の看話禅研究」（東国大学博士学位論文、一九九二年）、権奇悰「慧諶の看話禅思想研究」（『普照思想』七、一九九三年）。

(33) 朴栄済「元干渉期初期における仏教界の変化」（『一四世紀高麗の政治と社会』所収、民音社、一九九四年）。

(34) ただし、現存する『拈頌集』は一四六三則なので、増補された則数一四七二則とは数が合わない。また増補された内容も分からないが、全体の体裁や構成は同じだと考えられる。

(35) 以上の内容については、小川隆『続・語録のことば——碧巌録と宋代の禅——』（禅文化研究所、二〇一〇年）、及び『語録の思想史』（岩波書店、二〇一一年）を参照されたい。

(36) 椎名宏雄「『禅門拈頌集』の資料価値」（『印度学仏教学研究』五一—一、二〇〇二年）。

(37) 『統要』に関する代表的な成果としては、石井修道「『宗門統要集』について（下）」（『駒沢大学仏教学部論集』五、一九七四年）、椎名宏雄「『宗門統要集』の書誌的研究」（『駒沢大学仏教学部論集』一八、一九九三年）などがある。

(38) 趙明済「『禅門拈頌集』の編纂と『宗門統要集』」(『普照思想』三四、二〇一〇年)。
(39) 趙明済「『禅門拈頌集』の編纂と『禅宗頌古聯珠集』」(『仏教学報』六二、二〇一二年)。
(40) 趙明済「修禅社の『禅門拈頌集』の編纂と雪竇七部集」(『韓国思想史学』四二、二〇一二年)。
(41) 趙明済「修禅社の『禅門拈頌集』の編纂と雲門宗の語録」(『歴史と境界』九〇、二〇一四年)。
(42) 趙明済「修禅社の『禅門拈頌集』の編纂と『宏智録』」(『仏教学報』六三、二〇一二年)。
(43) 趙明済「修禅社の『禅門拈頌集』の編纂と臨済宗黄竜派の語録」(『仏教学報』六八、二〇一四年)。
(44) 趙明済「修禅社の『禅門拈頌集』の編纂と臨済宗楊岐派の語録」(『歴史と境界』九四、二〇一五年)。
(45) 趙明済「修禅社の『禅門拈頌集』の編纂と圜悟克勤の著作」(『韓国仏教学』七三、二〇一五年)。
(46) 趙明済「修禅社の『禅門拈頌集』の編纂と大慧宗杲の著作」(『歴史と境界』九二、二〇一四年)。
(47) 趙明済「慧諶の公案禅の理解と『禅門拈頌集』」(『普照思想』四二、二〇一四年)。
(48) 趙明済「修禅社の公案禅の理解と『禅門三家拈頌集』」(『韓国禅学』四一、二〇一五年)。
(49) 趙明済『禅門拈頌集研究――一二～一三世紀における高麗の公案禅と宋の禅籍――』(キョンチン出版社、二〇一五年、三三二～三三三頁)。
(50) 趙明済『禅門拈頌集研究――一二～一三世紀における高麗の公案禅と宋の禅籍――』(前掲註49書、三二八～三二九頁)。顕宗三年(一〇一二)から忠烈王四年(一二七八)までの約二六〇年間に、宋商は高麗に約一二〇回来航し、その総人員数は少なくとも五〇〇〇人を数えた。宋商は高麗と宋の間で経済的・文化的交流をおこなっていたのである。金庠基『高麗時代史』(東国文化社、一九六一年)。
(51) 日本の禅宗は、十二世紀以来多くの入宋僧、入元僧が遊学しており、また南宋や元から日本にきた渡来僧が多かった。榎本渉編『南宋・元代日中渡航僧伝記集成』(勉誠出版、二〇一三年)。
(52) 趙明済「高麗後期における『蒙山法語』の受容と看話禅の展開」(『普照思想』一二、一九九九年)、同「高麗後期における『禅要』の受容と看話禅の展開」(『韓国中世史研究』七、一九九九年)。日本の禅宗界においては『無門関』が流行したので、『禅要』の重視は高麗禅宗の特徴だといえる。
(53) 趙明済『高麗後期看話禅研究』(慧眼、二〇〇四年、二六一～二六三頁)。

◉特別寄稿◉

入唐僧と旅行記

礪波　護

はじめに

ただ今ご紹介にあずかりました、礪波護でございます。レジュメといいますか、参考文献資料を掲げておりますので、それに沿ってお話をはじめさせていただきます。

題を「入唐僧と旅行記」といたしましたのは、今回のシンポジウムの主催が入唐求法巡礼行記研究会であるということを意識したからです。まず、『世界の旅行記101』という本をご紹介したいと思います〔樺山　一九九九〕。本郷にあります新書館という出版社が刊行した、樺山紘一さんの編集による書籍でございます。この出版社は、これまでいろいろなかたちで「101」というのを取り上げておりまして、『中国史重要人物101』、これは井波律子さんの編集です〔井波　一九九六〕。あるいは『日本史重要人物101』、これは五味文彦さんの編集のものです〔五味　一九九六〕。そのシリーズとして『世界の旅行記101』というのが編纂されたわけでございます。

このなかに、いろいろ分類がなされているわけですけれども、〈宗教と旅〉というのが四番目の分類として出ておりまして、そこには九つの旅行記が取り上げられています。まず中国からインドへ仏典を求めて旅をした法顕の『仏国記』。これは『法顕伝』ともいいます。それから玄奘の『大唐西域記』、そして義浄の『南海寄帰内法伝』、この三つが中国からインドへ求法の旅をされた方の旅行記でございます。つぎが、日本から中国へ旅行した記録、それは二つだけでございまして、一つはまさにこの研究会のテーマである円仁の『入唐求法巡礼行記』。これは非常に有名ですけれども、もう一つ一般的にはあまり知られていない円珍の『行歴抄』が取り上げられています。あとの四つは、キリスト教を日本に伝導するについてのイエズス会士の記録とかそういう書物であって、アレシャンドロ・ヴァリニャーノの『日本巡察記（日本諸事要録）』、ドゥアルテ・デ・サンデの『天正遣欧使節記』、ルイス・フロイスの『日本史』と、そしてルイス・デ・グスマンの『東方伝道史』です。

九つ選ばれた世界の〈宗教と旅〉の旅行記のなかで、日本から中国への旅のものが二つ、そのうち一つは誰がいっても『入唐求法巡礼行記』であることは問題ないわけですけども、もう一つ、普通であれば成尋の『参天台五臺山記』あたりを取り上げるのかと思いますが、この本ではそこで『行歴抄』を取り上げたというのは一つの見識だと考えます。本書で私は、義浄の『南海寄帰内法伝』と同時に、『入唐求法巡礼行記』、それから円珍の『行歴抄』とを解説いたしました。

本の読み方は難しいですね。「旅行」の読みは「りょこう」、それを「りょぎょう」と読んだら、皆おかしいと思われるでしょう。『入唐求法巡礼行記』、これは旅行の「こうき」ですね。しかし、『行歴抄』は「こうれきしょう」と読めばいいと思うのに、慣用的に「ぎょうれきしょう」と読んでいるのです。

それはさておき、『入唐求法巡礼行記』の場合には、四巻本というまとまった形で現存しており、ご存じのように、新しい研究、また翻訳が出来上がっています。それに対して、一般的にはあまり知られていない『行歴抄』というのはどういう本かというと、円仁の弟子の円珍について考えようとする際に、私達が熱心に調べたりしていますのは、彼が持ち帰った過所とか公験という旅行証明書の分析などであって、旅行記そのものについてはほとんどの方はご存じないだろうと思います。この『行歴抄』は円珍の旅行記の抜き書きであって、だから「抄」という言葉が付いてるわけです。この『行歴記』は――元の本の名前はどうであったのかはわからないわけですけれども――、元は三巻本であったとも、五巻本であったともいわれています。それが今、抜き書きだけが残されており、それの複製が作られたりしているわけでございます。

なお、入唐僧という場合、遣唐使と一緒に遣わされた遣唐僧ということもあるわけです。それは日本の朝廷から派遣された遣唐使らの一員として中国に渡ったということです。それに対して入唐僧というのは、もう少し広くですね、商人の船に乗って出向いたり、あるいは向こうで長期滞在した、在留求法僧といいましょうか、そういう方も含めて入唐僧という言葉でくることが多いようでございます。幅広いという意味で今回「入唐僧と旅行記」という題をつけた次第でございます。

一、「遊方伝叢書」第一～第四（『大日本仏教全書』第一一三～第一一六冊）

入唐僧の研究がどういうかたちで進められてきたかということになりますと、遣隋使の時の旅行記は残っていないわけですけれども、遣唐使に関しましては概ね関西地方の寺院に残されておるということがいえるかと思います。そういうものをまとめて一般の方々に届くように提供されたのは、「遊方伝叢書」という本でございまして、これは大正年間に高楠順次郎、望月信亨氏などが編修されて作られた叢書です。普通こういう仏教のシリーズといえば、『大正新脩大蔵経』は非常に有名ですけれども、この「遊方伝叢書」を収める『大日本仏教全書』というのは、取り上げられることは少ないと思います。それぞれの宗派の日本における解釈とか注釈とか、そういうものが収まっているから、その道の人にとっては非常にありがたい本ですけれども、一般の人にはあまり知られてはいないであろうと思います。この「遊方伝叢書」では、日本から中国へ渡ったお坊さん方の旅行記を、歴代を通じていろんなものを全部まとめて、それを活字におこして句読点をつけることがなされているわけですね。

一九一五年、大正の初年に出されたものなのですが、私がここに持って参りましたこういう書物なんですね(図1)。旅行記に関して四冊出ており、二段組でびっしりと詰まっている叢書でございます。そのなかには唐代から明代に至るまでのお坊さん方が中国へ行かれた記録がほとんど網羅されています。そして、これは個人的な楽しみなんですけれども、私がここに持って参りました書物には、ロベール・デ・ロトゥールというサインがございまして、この箱の方にも逆さまですけれども、その同じサインが入ってるわけですね。つまり蔵書家で知られたフランスの唐代史家デ・ロトゥールの旧蔵書なのです。

さて、この「遊方伝叢書」に、どういうものが収まっているかという例をあげますと、第一には『入唐求法巡礼行記』、また『行歴抄』だけではなく『入唐五家伝』などの書物。第二には『入唐記』心覚撰というのが入っておりますし、第三には先ほど名前をあげました成尋の『参天台五臺山記』などが入っているわけです。それだけではなくて、それについての新しい研究、高楠順次郎自身が編修した『成尋所記入宋師伝考』のようなもの

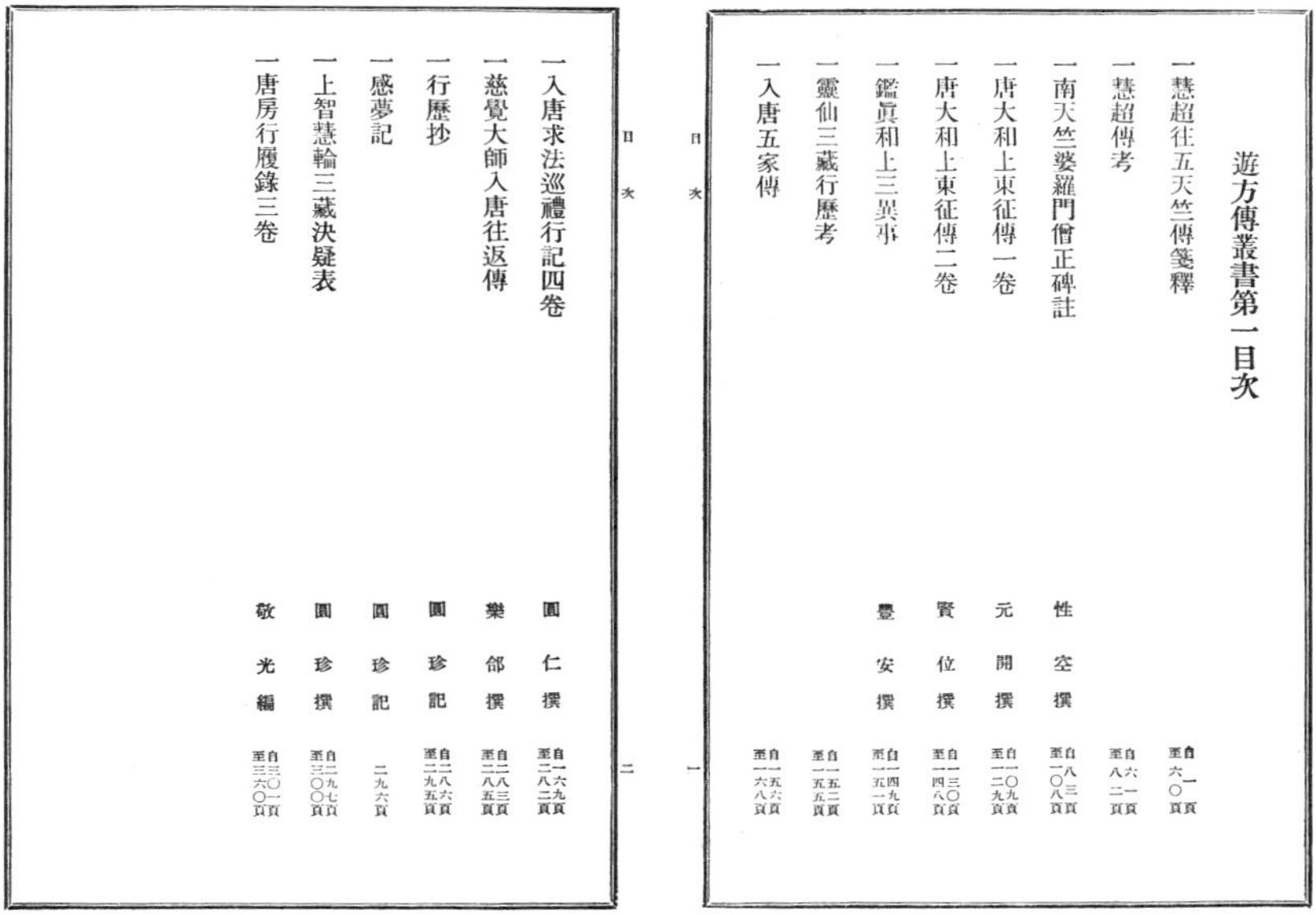

遊方傳叢書第一目次

図1　「遊方伝叢書」

も収められており、この「遊方伝叢書」というものは非常に貴重で、こういう研究をするものにとってはまず参照すべき書物なのです。だから、何度かリプリント版が出ており、現在ではそちらの方が買いやすいということもあるかと思います。なお、『大日本仏教全書』全一〇〇巻というかたちで、鈴木学術財団の刊行、発売が講談社という書物があります。これは鈴木大拙が中心となった財団ですが、そこで出版された場合には同じ名前ではありますが、『大日本仏教全書』全一〇〇巻と、元の『大日本仏教全書』全一六〇冊とでは内容が少し減って、編成替えもなされています。「遊方伝叢書」という名前では入っていないのですね。

私が個人的に持っておりますのは、『大日本仏教全書』のなかでは「遊方伝叢書」四冊と、「僧伝排韻」二冊という、お坊さんの伝記についての索引ですね。「僧伝排韻」は同じかたちのままで再版されましたけれども、この「遊方伝叢書」はそうではなくて、二冊のところにばらばらに抜かれているのでございます。

この「遊方伝叢書」が出版されて研究が進むにつれて、これまでの常識を覆すようなかたちで出された論文が、ここに掲げました宮崎市定（一九〇一～一九九五）の――私の先師でございますが――円載を主題とした「留唐外史」という文章でして、一九四三年、戦争中ですね、『日出づる国と日暮るる処』という書物の巻頭に冠するかたちで出されたものです［宮崎　一九四三］。円載は円仁と一緒に中国へ遣唐使として行きながら、そのまま長期滞在し、途中で会昌の廃仏に遭って、還俗させられたりしたんですけども、都合四〇年中国に滞在して、数千巻にわたる経典を持ち帰ってこようとして、李延孝という唐商人の船に乗り、台風にあって沈没してしまうのです。この論文では、円載が中国で四〇年過ごし、そして日本の他のお坊さん方がなし得なかったようなかたちで、唐の文人たちとも親交を重ねた方である、と論じたのです。しかし、今残されている『行歴抄』によりますと、円載の悪口ばっかり書かれているんですね。ですから、元の『行歴記』――『行歴記』と一応呼んでおきます――、これが残されておったらまた別かもしれないですけれども、今残されている『行歴抄』は、これはもう不届きな円載の悪行を暴露するというかたちの書物になっているわけです。それに対して、むしろ弁護する立場に立ったのが、宮崎市定の「留唐外史」なんですね。

この書物を戦後に神田の古本屋さんで見つけられた佐伯有清氏（一九二五～二〇〇五）が、これを読んで感激されたのですね。佐伯有清氏の一連の円仁・円珍研究というものの出発点は、この「留唐外史」からはじまったといえるわけでございます。それだけではなくて、実はＮＨＫの――今はＥテレといいましょうか――教育テレビが取り上げて、『はるかなり比叡山』という名前の番組を放送して、日本へ外国からやって来られる方にも焦点を合わせながら、円載の伝記をテレビで放映したんですね［日本放送出版協会　一九八七］。これを書籍化したものの参考文献の最初に、佐伯有清氏の『最後の遣唐使』〔佐伯　一九七八〕という書物が載っています。最後の遣唐使、つまり円仁と円載とが同時に渡海し、目的をなかなか果たせられずに、不法滞在のかたちで中国に留まった。円仁自身は天台宗なわけですから、天台山に行くのが目的だったのに、天台山まで行けずに五臺山へ行かれたのです。円載の方はちゃんと天台山にも行き、その当時日本の天台宗で問題になっていた疑問点を解決するという、唐で決するといわれる、〈唐決〉というんですが、三十条の疑問点を直接中国で教えてもらって、最初の五年間は滞在費も唐政府が持つというかたちでいたんです。その辺のところは、真相はどこまでかわかりませんが、唐朝は円仁などの長安への旅行を阻止したんですね。都の長安へ行けないだけじゃなくて、近くの天台山にも行けない。むしろ真言宗の円行という方だけに入京の許可が出ました。その辺のいきさつは今一つわかりません。

このＮＨＫの『はるかなり比叡山』という番組は、「遣唐留学僧円載の漂泊」と、さすらいですね、そういう題として放映されました。これがそのＮＨＫの「歴史ドキュメント」という本で、このシリーズに収められた段階では、いろいろな方の論文や注釈が入っています。その最初に「悲劇の遣唐留学僧円載　無言の弁明」という題で文章を書いているのが、先日亡くなられた陳舜臣さんでありまして、九〇歳で老衰で亡くなりましたが、この時にはそういう論文も書いておられます。ここにも「あらぬ容疑」と書いてあるのですが、今残っている『行歴抄』がむしろ円載の悪口の部分を抜き書きしたんではないか、陳舜臣さんの研究はそのように見ています。ですから同じようなかたちで入唐僧としてありましても、今も、留学生が外国へ行くとき、国立大学の場合には短期と長期とがあって、二年間長期で行くのは若い方で、定年間際の方が短期で行ってくるというのが、ずっとかたちを変えながら続いているわけです。そういうのが遣唐使のころにも二種類ありまして、短期で長老の方が「慰労」の意味を込めた旅行を、一方、若い方は何年間か長期留学して勉強するのです。皆さんご存じの天台宗をはじめられた最澄は年配ですから、すぐに帰ってくる短期留学僧ですね。空海の場合は長期留学僧です。結果的には長くおりますと、最新の向こうの仏教界、仏教の伝統を学んで天皇に伝えられる、そういうことが今まで続いてきているわけなのです。

私が皆さんにお薦めする「遊方伝叢書」をまずご覧になってください。唐への最後の遣唐使、或いは最澄のお弟子さんの円仁と弟弟子の円珍、そして円載、三人三様ですね。完全な記録を残したのが円仁であって、今となっては、ある時期まではあったんでしょうが、今は抜き書きしか残っていない円珍、そして何千巻かの、それこそ日本にまだ伝わっていなかったお経が全部船ともども沈んでしまった円載、そういう典型的な三つのパターンがあるということです。ご承知おき願いたいと思います。

特に『入唐求法巡礼行記』は、非常に運のいいといいますか、円仁という方は几帳面な方で、旅行中に出された書類なんかも全部書き写すかたちで持ち帰ってきて、それが今に至るまでちゃんとした写本のかたちで残されているわけです。私が学生のころには、駐日アメリカ大使のエドウィン・ライシャワーが本書を英訳し、その本文のみならず、論文そのものがそれについての研究書となっていて、二冊本からなる博士論文となりました。この論文は日本語でも出版されました。それからもいろんなかたちで出版されているので、ご存じの方が多いかと思います。

なお、遣唐使についてですけれども、田島公さんが、日本における『中国・朝鮮対外交流史年表（稿）』の増補改訂版を三年前に私家版として出版しています［田島　二〇一二］。これは元々は、橿原考古学研究所から出された『貿易陶磁』という豪華本に載せられていたもので［橿考研　一九九三］、臨川書店の出版です。それ自身も非常に役だっておりますけれども、この私家版の方はどれくらい配られているのかわかりません。ともかく、これは非常に便利といいますか、山上憶良にしろですね、そういういろいろな方を調べようと思うと、この年表が非常に役にたつわけです。私家版をいただいた時の田島さんからの添え書きによれば、近いうちにもう一度改訂して汲古書院から出版する予定であるということのようですから、そのうちにそれが出回ることになるかもしれません。いずれにしましても最初の臨川書店の方は刊行時で四万五〇〇〇円、なかなか個人では買えないような書物だったんです。

二、入唐僧関連展覧会の図録

つぎに、入唐僧関連展覧会の図録ですが、私はかつて講談社の『中国の歴史』シリーズを編纂した時に、「日本にとって中国とは何か」という文章を書きました〔礪波　二〇〇五〕。その時には、日本でこれだけたくさんの中国に関する展覧会が行われるのは珍しかったということもあり、それを参考文献でできるだけ参照するようにしたのです。このごろ、博物館で開かれる展覧会等はもの凄く分厚い図録が出て、持ち重みして大変だというところがあるわけですね。それに対してここに持って参りましたのは、入唐僧に関する最初の展覧会かもしれないですが、「天台三祖、つまり最澄と円仁・円珍に関する史料を集めたものです。「天台三祖入唐資料展」〔滋賀県立産業文化館　一九五七〕で、これは私が東洋史の世界に入る一九五八年の前年に、滋賀県で開かれました。後になって藤枝晃先生からその小さなカタログをいただいたのですが、書き込みがあって有益なのです。

また、何といっても入唐僧の展覧会の図録で画期的だったのは、「大陸伝来仏教美術展」という展覧会が奈良の国立博物館で開かれた際のものです。今と違って白黒でごく薄いものですけれども、非常に便利なものなんですね。しかもこれは、翌年に講談社から奈良国立博物館編『請来美術』という題で豪華な本が出まして〔奈良国立博物館　一九六七〕、今も多分五、六万円出せば古本で買えると思います。この図録はこういう薄いものなんですが、この仕事をされたのが小野勝年さんだったのです。私が東洋史に入りました昭和三十三年（一九五八）のころは、「社会経済史にあらずんば歴史に非ず」というような風潮の時期だったんですが、たまたま私が三回生・四回生の二年間、非常勤講師として唐代の文化史を講義されたのが、奈良国立博物館の学芸員だった小野勝年さん（一九〇五～一九八八）で、京都大学に出講されたのはその時だけだと思いますから、私はごく小人数の受講生の一人だったというわけでございます。

それ以降、いろいろなかたちの展覧会がありましたが、なかでも「波濤をこえて――古代中世の東アジア交流――」というのが石川県立歴史博物館で行われました〔石川県立歴史博物館　一九九六〕。この展覧会のなかに《海を渡った高僧たち》というコーナーがありまして、その副題が〈入唐求法僧と入宋巡礼僧〉となっています。なかなかうまい題を付けられたものと思うんです。唐代に日本のお坊さんが中国に行かれる場合には、本来の仏教はいかなるものだったか知りたいということがあったのですが、唐の後半からは『入唐求法巡礼行記』もそうですけども、「求法」と「巡礼」の二つなんですね。求法するためには中国からインドへ行き、日本から中国へ行きと。そういうことだったわけですが、宋代になりますと、むしろ有名な聖地を巡礼するという巡礼僧が中心になってくるというので、そういう副題が付けられた展覧会の図録でございます。

また、私がなかでも感心しましたのは、「慈覚大師円仁とその名宝」という展覧会であって、その展覧会は実に円仁についての美術関係のものを集めたものなんですね〔ＮＨＫプロモーション　二〇〇七〕。これは三箇所で巡回展をされまして、出生地の栃木県でまず最初に開き、それから東北に行き、最後に比叡山南麓の滋賀県大津で開催されたわけです。これは円仁に関する展覧会としては抜群のものだと思います。

三、小野勝年と佐伯有清

小野勝年さんが非常に細かい『入唐求法巡礼行記』の研究をなさり、まず最初には線装本ですが、『三千院本慈覚大師伝』〔小野　一九六七〕を出版されています。小野さんは定年退官ののち、龍谷大学の教授となり、つぎつぎと綿密な業績を発表されます。有名なのが『入唐求法巡礼行記の研究』全四巻で〔小野　一九六四―六九〕、先ほど申し上げました鈴木学術財団で、足かけ六年にわたって出版されました。それから『入唐求法行歴の研究』が円珍についての研究なんですけれども、これはその『行歴抄』を中心とし、また過所や公験などの史料を全部持ち込んで、二冊本として法藏館から出ました〔小野　一九八二・八三〕。今でも最も信用すべき注釈書です。それだけにとどまらず、中国で出版された『入唐求法巡礼行記校注』〔白化文ほか　一九九二〕と、『行歴抄校注』〔白化文ほか　二〇〇四〕という書物が有益です。二つとも北京大学の教授であった白化文夫妻が訳されたものです。しかし、これがおかしいんですけれども、背表紙などには白化文と奥さんの名前が書いてありますが、小野勝年先生の本であることには触れていないんですね。ところが開きますと、釈円仁の原著、日本の小野勝年の校注を、もう一度中国語に翻訳したものだということになっているわけです（図2）。さらに中国版『行歴抄』については、こういう本（図3）が出ているわけですけれども、どちらも河北省の省都、石家荘市の出版社から出された本で、日本人で中国に入って法を求められたお坊さんたちの旅行記の、そういう叢刊の二だと書いてあるんですね。一のことを一と書いてないんです。二が出版されるか分からなかったのでしょう。

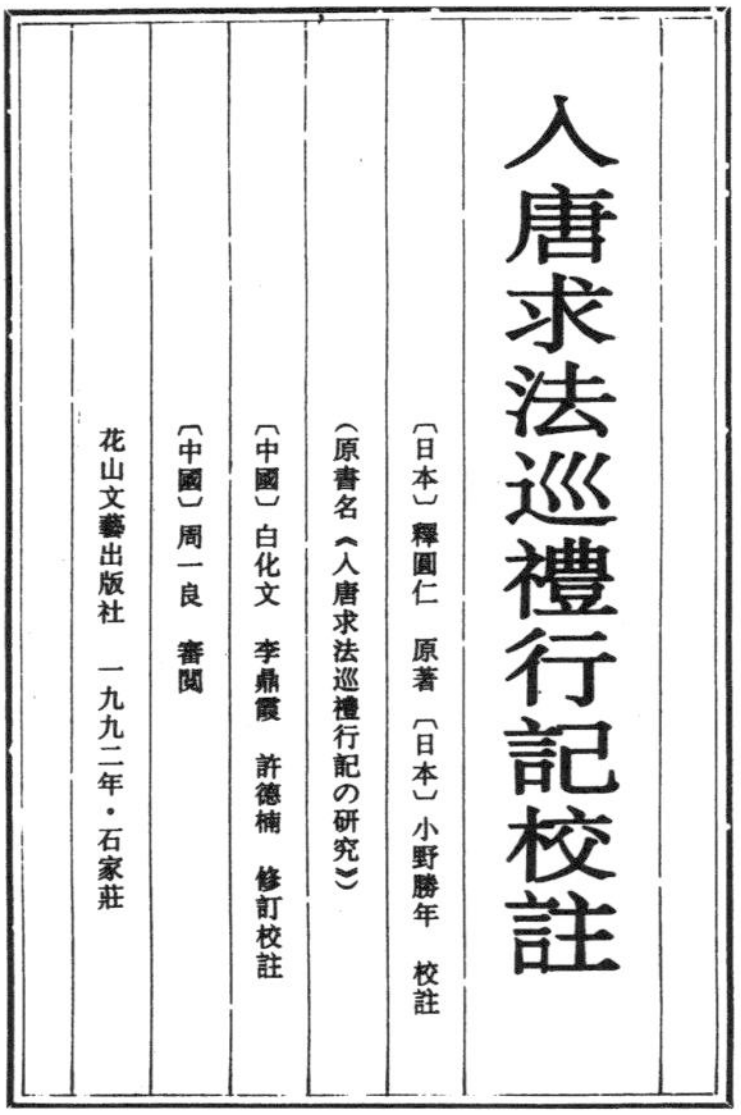
入唐求法巡禮行記校註
〔日本〕釋圓仁 原著 〔日本〕小野勝年 校註
〔原書名《入唐求法巡禮行記の研究》〕
〔中國〕白化文 李鼎霞 許德楠 修訂校註
〔中國〕周一良 審閲
花山文藝出版社 一九九二年・石家莊

図2 『入唐求法巡礼行記校註』

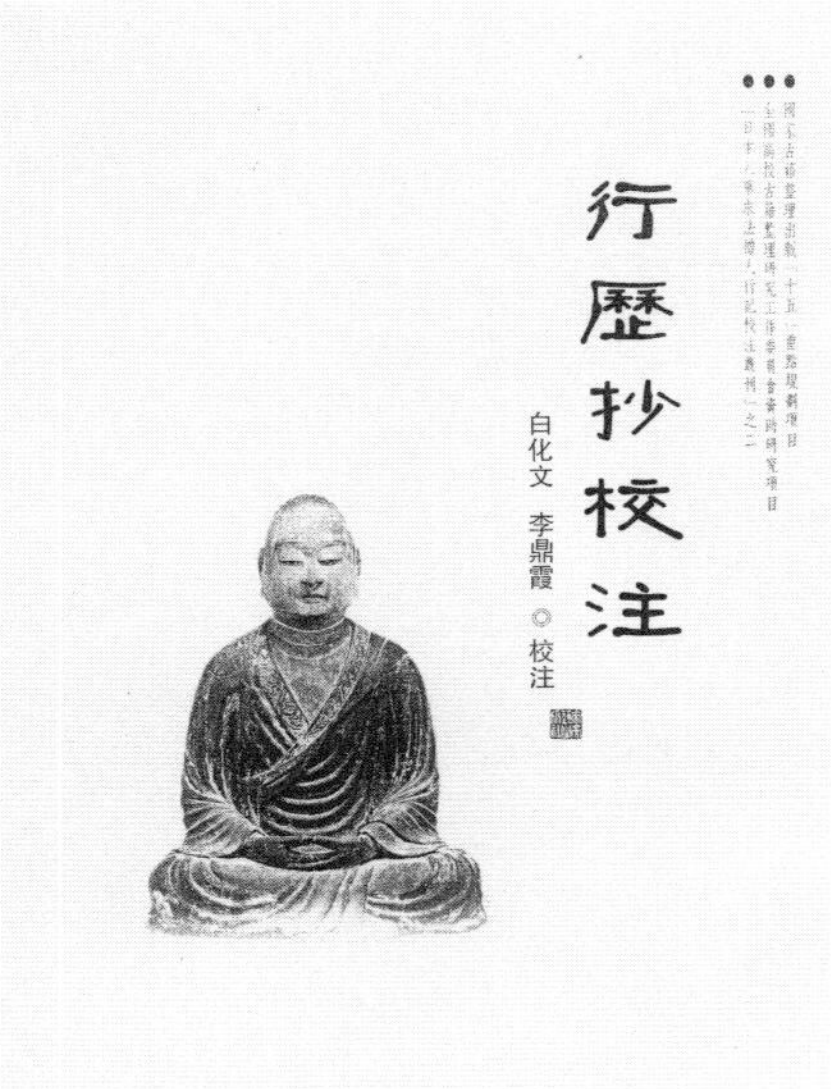

図3 『行歴抄校注』

先ほど申しましたように、佐伯有清さんは宮崎市定の「留唐外史」（『日出づる国と日暮るる処』）を読んで、それから非常に関心を持たれたらしくて、〈人物叢書〉の『円仁』も『円珍』も、そして最後には『悲運の遣唐僧 円載の数奇な生涯』という単行本も書かれております［佐伯 一九九九］。この書の〈あとがき〉には、宮崎市定さんの思い出や中公文庫本の巻末に付した私の解説文なども引用されております。

おわりに

「入唐僧と旅行記」といっても、ちゃんとしたかたちで残る場合と、本来の姿とだいぶ姿を変えて部分的に残るもの、それから消えてしまったものもあるかと思います。東野治之さんの『遣唐使船 東アジアのなかで』［東野 一九九九］などは、非常に簡便な本で、かつ有益でしょう。私自身は『興亡の世界史』というものの月報に、円仁について書いたわけですけれども［礪波　二〇〇七］、関西におりますと、「大師」といえば弘法大師のことだと皆思ってしまうんですが、関東ではそうではなく、円仁を指すことが多い。それというのも、大師号を最初に朝廷からもらったのは円仁で、亡くなって二年後の貞観八年（八六六）に、その四四年前に亡くなっていた最澄と同時に大師号を贈られており、空海が弘法大師がもらったのは、円仁が亡くなってから五八年後の延喜二十一年（九二一）のことだったということを書いたわけです。

一番最後にあげましたのは、四〇年来の学友であります大谷大学名誉教授の河内昭圓さんの「『釈迦舎利蔵誌』騒動の顚末」です。京都の文栄堂という書店から、ご自身の喜寿を祝う論文集『江南遊記』［河内　二〇一四］が刊行されましたが、この中に収まっています。円仁の石刻「釈迦舎利蔵誌」、関西ではあまり関心がもたれませんでしたが、こちらの方では大いに話題にされたようですね。本書には朝日新聞が画期的な発見だと報道し、読売新聞が本物ではないという意見を出し、朝日新聞と読売新聞との対決だとか、そのような次第が詳しく書かれてあります。論題から分かるように河内昭圓さんは本物説ではなく、私も河内説に左袒しています。

少し時間が過ぎましたけれども、私の講演を終わります。ご清聴ありがとうございました。

参考文献

NHKプロモーション編　二〇〇七年『慈覚大師円仁とその名宝』（NHKプロモーション）
石川県立歴史博物館編　一九九六年『波濤をこえて――古代・中世の東アジア交流――』（石川県立歴史博物館）
井波律子編　一九九六年『中国史重要人物101』（新書館）
小野勝年編訳　一九六七年『三千院本慈覚大師伝』五典叢書　第一冊（五典書院）

小野勝年　一九六四―六九年『入唐求法巡礼行記の研究』第一―四巻（鈴木学術財団）
小野勝年　一九八二・八三年『入唐求法行歴の研究――智証大師円珍篇――』上・下（法蔵館）
樺山紘一編　一九九九年『世界の旅行記101』（新書館）
河内昭圓　二〇一四年「「釈迦舎利蔵誌」騒動の顚末」（『江南游記』文栄堂）
五味文彦編　一九九六年『日本史重要人物101』（新書館）
佐伯有清　一九七八年『講談社現代新書　最後の遣唐使』（講談社）
佐伯有清　一九九九年『悲運の遣唐僧――円載の数奇な生涯――』歴史文化ライブラリー63（吉川弘文館）
滋賀県立産業文化館編　一九五七年『天台三祖入唐資料展』（滋賀県立産業文化館）
田島　公　二〇一二年『日本、中国・朝鮮対外交流史年表（稿）――大宝元年～文治元年――〔増補改訂版〕』（私家版）
東野治之　一九九九年『遣唐使船――東アジアのなかで――』朝日選書634（朝日新聞社）
礪波　護　二〇〇五年「日本にとって中国とは何か」（『中国の歴史』12、講談社）
礪波　護　二〇〇七年「円仁」（『興亡の世界史』第二巻　月報七号、講談社）
奈良県立橿原考古学研究所附属博物館編　一九九三年『貿易陶磁――奈良・平安の中国陶磁――』（臨川書店）
奈良国立博物館編　一九六七年『請来美術』（講談社）
日本放送出版協会　一九八七年「はるかなり比叡山」（『NHK歴史ドキュメント6』）
白化文・李鼎霞・許徳楠校註　一九九二年『入唐求法巡禮行記校註』（花山文藝出版社）
白化文・李鼎霞校註　二〇〇四年『行歴抄校注』日本入華求法僧人行記校注叢刊之二（花山文藝出版社）
宮崎市定　一九四三年「留唐外史」（『日出づる国と日暮るる処』星野書店）

第二部　東アジアのなかの日本仏教

平安期仏教の展開と転形

上川通夫

はじめに

平安期仏教史像の通説は安定的ではないと思う。その理由の一つは、奈良時代と鎌倉時代をつなぐ時代を、独自の歴史的特質をもつ段階として一括りにできないからではなかろうか。日本史上の古代から中世への転換を含む時代であって、歴史学としては、仏教史のみをそこから分離させて議論することはできない。つまり、古代仏教から中世仏教への転換過程が、その条件と契機にそくして説明されなければならない。

先学たちの知的営みは、新旧入り混じる仏教史の動態を、時代社会の歴史的特質と関係づけて把握しようとされたものであり、まさに諸説がある。それは、古代から中世への転換過程の捉え方に諸説あることと同根の、学術的議論の軌跡である。律令制の再建と解体、王朝国家と地方政治、領主制の形成と武家政権、荘園制と百姓身分、中世国家と民族文化など、それらを単純につなぎ合わせられない学説がある。そのことが、密教史の重点をどこに置くか（平安初期か院政期か）、主流仏教は何か（浄土教か密教か）、体制仏教をどう理解するか（国家仏教論や顕密仏教論）、民衆仏教の始発はいつか（公民と百姓の仏教受容実態）など、仏教史の諸説対立と錯綜気味に結びついている。

本稿では、以上のことを想起しつつも、自らの仮説枠組みと、わずかな具体事例を提示して、平安期仏教史研究についての課題抽出を試みたいと思う。

一、古代から中世へ

平安末期までを古代と見る説もあるが、その場合でも、鎌倉時代以前に中世への胎動を認めているであろう。その代表的見解として、摂関期の浄土教の系譜に鎌倉新仏教を位置づける、いわば古代から中世への展開を辿る説がある。逆に、共同体呪術からの解放と鎮魂呪術意識の獲得を、中世百姓の小経営自立の淵源に遡って捉える説がある。古代史研究者と中世史研究者の視点の違いともいえるが(1)、ここでは、可能な限り古代と中世の双方に目配りし、古代仏教と中世仏教の質的相違を理解しつつ、その転換過程を含む平安期仏教の位置について探りたい。

古代仏教から中世仏教への転換は、今日、古代国家仏教から中世国家仏教への転換を認めている。前者については、世俗権力との結合を表現する傾向が強い。「国家仏教」は、古代以外でも使用可能な用語だが、研究史上は古代仏教の特質として思い浮かべられる。中世国家仏教については、顕密体制、中世顕密仏教として、思想傾向を用いた命名がある。この説に対しては当然ながら賛否あるが、中世国家と癒着した中世正統仏教が存在したことについて、ほぼ共通理解になった。

一方、被支配者と仏教の結びつきについては、古代に民衆仏教の実在を見出す説と、中世（院政期）にその第一段階を認める説と、理解の開きはかなり大きい。どう考えるかは、民衆の日常生活に即した必要水準において仏教受容が説明できるかどうか、ということにあろう。(2)

平安時代は、古代の国家仏教から中世の国家仏教への転換を含むとともに、被支配民衆の仏教選択または再選択という画期を含む。私見では、古代国家が必要とした仏教から、中世国家が必要としまた民衆が受容・導入した仏教へ、という歴史の筋道で理解している。その場合、東アジアの政治世界と、日本列島の生活世界という、いわば広狭の歴史的世界における条件と契機を重視したいと考えている。そのような見方から、文字通りの仮説、私見だが、古代における汎東アジア的漢訳大乗戒主義仏教から、中世における擬似汎東アジア的顕密主義仏教へ、という概念化を試みた。(3)時代転換の画期については、東アジア政治世界が再編された十世紀後半の摂関期仏教には、新展開の可能性をはらみつつもなお古代仏教の属性をみ、東アジア政治世界の再々編と地域社会の根本変動に規定された院政期仏教に、中世仏教の性質をみている。

そして、百姓身分の家と地縁社会の砦となる中世村落とが十二世紀に成立したこととの関係で必要とされ、意志的に導入された仏教の時代こそ、仏教民衆化の第一段階だと考えている。(4)中国化されたインド仏教を導入した古代にではなく、日本独自の教義・行法が創造された点と、(5)民衆が意志的に必要と感じて導入した点とによって、十二世紀にこそ「日本仏教」の成立を見出す考えである。(6)この点は、かつての民族論、特に封建制形成期を舞台としたフォルク論に、近い考えをもつ。(7)しかし、フォルク論は、「国風文化」論を古代から中世への転換動態に即して再検討する重要性をもったものの、仏教史研究を欠く場合が多く、同時に対外関係への視点が充分に考慮されない憾みがあった。今日、新たな研究動向が進むが、(8)やはり「国風文化」時代の仏教史は、東アジア世界論のなかの取り残されてきた部分、いわば一国史観最後の牙城であると感じる。

平安期仏教の研究動向には、東アジア世界論、対外史研究の視点と方法の導入以外に、目立った新傾向がある。

それは、考古学が先導する山寺研究である。古代仏教の段階から、平地の大寺院と関連して、修養の場としての山寺が機能していたことは、文献史学による指摘もあるが、瓦の同范関係や、国境・郡境に近い立地などから、官寺や氏寺と一対の山寺や、地方統治の拠点としての山寺について、遺物と遺構による説得的推定が提示されている。今や山寺は、人里離れた脱世俗の修行空間としての理想視ばかりはできない研究段階である。そのことは、比叡山・高野山・金峯山など日本国内の山寺だけの問題ではない。五臺山・天台山・普陀山など中国の山寺は数多い。唐や宋の皇帝の五臺山重視などは、国家と仏教の基本構造に関係するであろうし、対外政策の重要拠点として機能したことも明らかである。しかも山寺は、天竺の霊鷲山や、仏教世界の中心に聳える須弥山とも関係し、仏教にとっては不可欠の本質的存在であるらしい。平安期仏教の史的特質を考える場合、今後充分に解明すべき課題であると思う。(9)

以下、古代仏教が平安時代に中世仏教へと変化する実態を、仏書の扱われ方と、教義・行法の継承過程とに焦点を当てて、具体例に則して述べてみたい。

二、写経・訓読・校合

西大寺に伝えられる天平神護二年（七六六）書写の『大毗盧遮那成仏神変加持経』七巻は、吉備命婦由利願経として知られる一切経の一部分であり、西大寺四王堂に納められた。(10)『奈良六大寺大観』第一四巻・西大寺・全（岩波書店、一九七三年）や『書の日本史』第一巻・奈良時代（平凡社、一九七五年）に同経第一巻の巻首・巻末の写真が掲載されるなど、よく知られた写経史料である。(11)ここではまず、巻末の尾題から識語・奥書に注目してみたい（【図1】参照）。

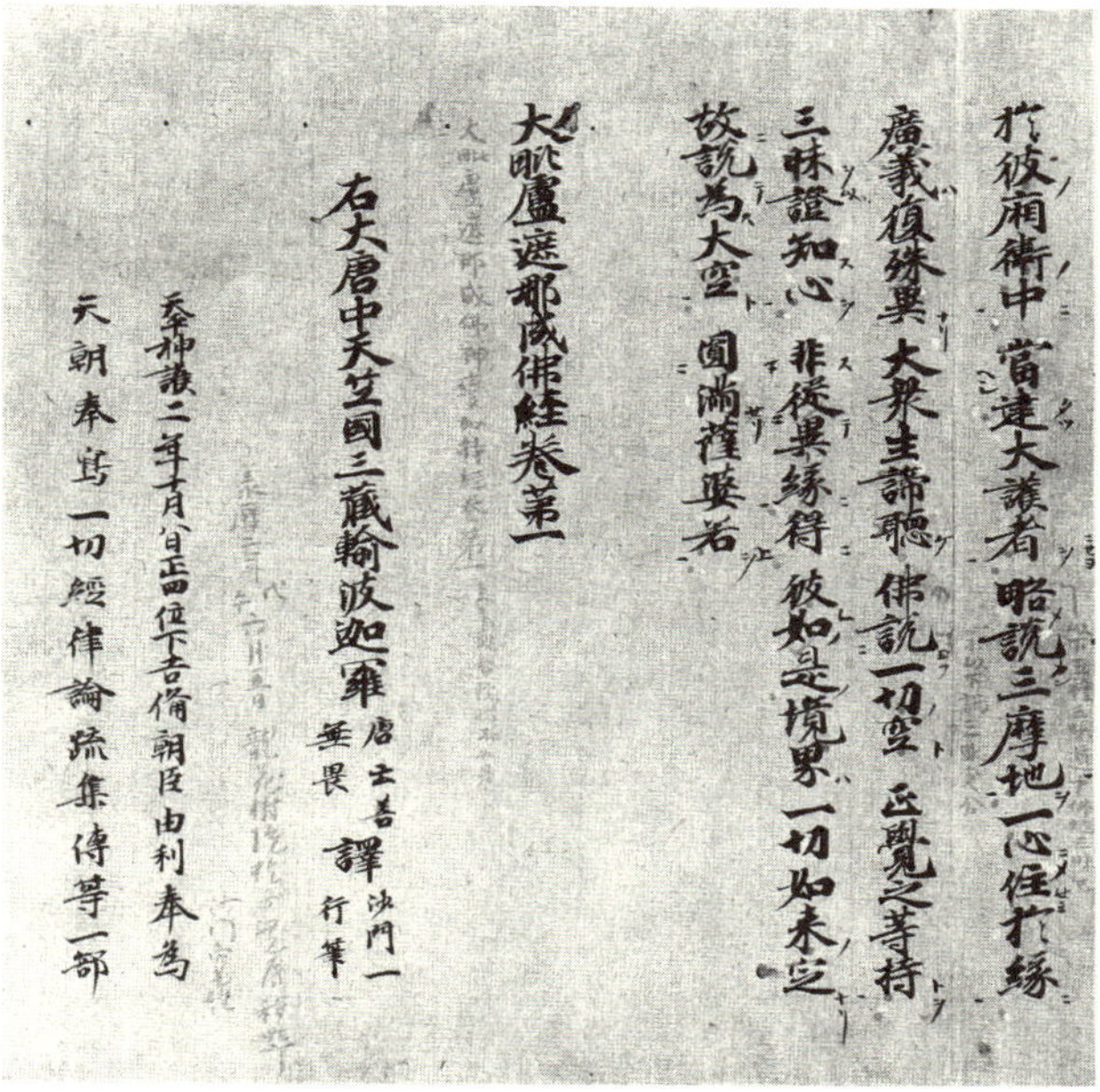
於彼廂術中　當建大護者　略說三摩地　一心住於緣
廣義復殊異　大衆生諦聽　佛說一切空　正覺之等持
三昧證知心　非從異緣得　彼如是境界　一切如來定
故說爲大空　圓滿薩婆若

大毗盧遮那成佛經卷第一

右大唐中天竺國三藏輸波迦羅（唐云善無畏）譯　沙門一行筆受

天平神護二年十月八日正四位下吉備朝臣由利奉爲
天朝奉寫一切經律論疏集傳等一部

図1　西大寺本『大毗盧遮那成仏加持経』巻第一巻末
（『奈良六大寺大観　第十四巻　西大寺・全』岩波書店、1973年）

大毗盧遮那成佛加持経巻第一

（異筆③）（朱書）「大毗盧遮那成佛神変加持経巻第一東寺観智院摺本如是」

右大唐中天竺國三蔵輸波迦羅唐土善無畏譯沙門一行筆

（異筆②）（朱書）「承暦二年戊午六月五日　龍花樹院於正覚房移點了、

沙門寛経」

（異筆①）「天平神護二年十月八日正四位下吉備朝臣由利奉為

天朝奉写一切経律論疏集傳等一部」

（異筆④）「文明十一年己亥九月二日、於香呂山井関坊一交畢、東寺観智院之

摺本ニテ校合之、生年、卌七」

（異筆⑤）「又高野之摺本ニテ校合之、」

天平神護二年の写経は、国家事業としての一切経書写の一部である。書写担当者名を記さないのは、官人が業務として没個性的に遂行するためである。その基本方針は、唐仏教の全面導入に沿う模倣的筆写である。右の写経もその一部である。『大毗盧遮那成仏神変加持経』（『大日経』）は七世紀にインドで成立した密教経典で、唐の開元四年（七一六）に中天竺国の僧輸波迦羅（善無畏）が翻訳し、一行が筆受したという。このことを示す訳場列位が簡略な識語として記されている。すでに奈良仏教に密教が含まれたことを如実に示している。ともあれこの写経は、インド仏教が中国の書記形式に変換された姿を忠実に再現すべく書写されたもので、日本古代仏教の歴史的特質、つまり唐仏教を国家事業として模倣再現した姿の実例である。

吉備由利願経は、天長五年（八二八）二月十三日に法隆寺へ移動されるなど（『日本紀略』）、平安時代にはもとの一括性が解体されて、他の一切経に分割・吸収されていったらしい。その追跡は、平安期仏教の推移を示すであろうが、ここではこの一巻のみから、奥書の異筆に注目したい。

異筆①は、写経生による本文書写の後、吉備由利の願意を同一日付で一切経すべてに付したものであろう。本文とそれほど時を隔てないにしても、それぞれ別の写経生である可能性が高い。

次に、異筆②が古い。しかしそれより以前、奥書には示されていないものの、①と②の間の時期に、本文に訓点が施されている。『奈良六大寺大観』の解説（山本信吉氏執筆）によると、銀（雲母）による訓点・傍訓・送仮名などである。平安時代前期に南都諸寺で用いられた、仁都波迦点と呼ばれる訓点で、僚巻の第七巻には「長保二年（一〇〇〇）五月二日朝坐已了」という銀書奥書が加点時期を示している。この訓点は、国家事業を官人が担う没宗教的世俗業務ではなく、漢文訓読による仏教理解への知的営みが、平安前期から進行した証である。

朱書の異筆②には、承暦二年（一〇七八）に興福寺龍花樹院の正覚房で訓点を施した旨、注記している。僧寛経が、許されて師の所持本から送り仮名、返り点、ヲコト点などを写し取ったのであろう。実際、本文には、書き入れられた朱の訓点を確認することができる。師から弟子への伝授についての一形式であり、場合によっては師から音読の手ほどきを受けた可能性がある。ここには、専門僧による宗教行為そのものが刻まれている。しかもそれは、興福寺（寺家）を構成する院家における教義伝授であって、中世寺院の自立的活動の一端である。

異筆③も朱書である。『奈良六大寺大観』の解説によると、本文内には二種の朱書が施されており、諸本との校異や返り点、真言傍注など、②より新しい朱書は、鎌倉時代後期のものだという。これに関係するのが、尾題の左に正式経典名を記した異筆③なのかもしれない。ここには、東寺観智院にある摺本と対照した旨、わざわざ書かれている。そうであれば観智院が建立された延文四年（一三五九）ごろ以後のものである。その摺本は、請来の刊本一切経の一部であって、南宋版を指す可能性があろう。鎌倉時代ないし南北朝時代の営為であるが、奝然による北宋版一切経の請来（九八六年）の後、宋版を参照した写経や校訂が取り入れられ、平安末期の十二世紀からは輸入南宋版を用いることも増える。異筆③は、そのような平安時代後期ないし末期の形式を継承している。つまり書写や校合の中世的形式である。その特質は、刊本の作成ではなく、請来刊本を下敷きにするという点にある。奈良朝写経の権威を墨守するのではなく、訓読して和文に変換し尽くすのでもなく、新時代・新式の輸入刊本の正統権威を摂取しつつ手書きの原初形態を維持することに、日本式を見出したかのごとくである。ここに平安後期に成立した中世仏教の一特質がある。

異筆④⑤は、異筆③と同質である。④の「香呂山井関坊」は石清水八幡宮にあった。

三、系譜の拡がりと拠点――ある印信から

金沢文庫保管の称名寺聖教に、嘉元二年（一三〇四）三月十七日の『忍空授釼阿状』一巻（架蔵番号二五六函二四号）がある。真言密教僧にして称名寺第二世の釼阿が、智証大師円珍感得の金色不動明王に関する血脈を、大和国室生寺の忍空から相承したことを証明する印信である。平安・鎌倉時代にわたる一五人の相承系譜が具体的に記され、入唐僧らを含んでいることからも、仏教史展開の重要な断面を語る重要史料であろう。納富常天氏は、称名寺釼阿研究の視点から注目され、受者釼阿の自筆と認定し、全文の翻刻紹介とともに、系譜にみえる僧について考証を加えられた。また、横内裕人氏は、南都多武峰が宋仏教摂取の一拠点であったことを論証する素材と

して、この印信にみえる数人の僧を検討された。[12] 両氏の驥尾に付して、平安期仏教の史的特質を探る視点から考えてみたい。

この印信の冒頭には、智証大師円珍が入唐以前の承和七年（八四〇）に不動明王から直接「不動立印儀軌真言」を与えられ、ついで灌頂を授けられたことなどを記す。『智証大師年譜』承和七年条に対応記事があることを、納富氏が指摘されている。同書には、円珍が康済法師に付法したと書かれている。印信の方には、円珍からの直接伝授については述べていない。そして約二〇〇年後、園城寺系の文慶が、「一門長者」として「適見二此正文一」てその重要さに驚いたという。これを成尋に授けたという部分までは、文慶の文章であろう。文慶（九六六―一〇四六）は、藤原佐理の子で、岩倉大雲寺の別当となり、長和三年（一〇一四）から園城寺長吏を三度つとめている。『不動尊五箇秘印記』に「文慶阿闍梨以来師資相承」[13] とあるのを、この印信血脈と関係すると推測する納富説は、妥当であろう。いわば、円珍による感得を、文慶が感得した、ということである。十一世紀段階の平安期仏教が、派閥集団の形成と独自教学の主張で競い合う傾向にあることを、文慶の活動にもみることができる。

文慶から始まる相承系譜の記述を整理すると、次のようになる。

①年未詳　法印大和尚位**文慶**↓阿闍梨伝灯大法師**成尋**　※延久四年（一〇七二）成尋入宋以前。
②年未詳　闍梨入唐得大師号即善恵大師（成尋）↓入唐賜紫**厳円**　※入宋中。
③大宋元豊七年（一〇八四）正月二十四日　**厳円**↓新入唐巡礼沙門賜紫**永暹**（於天台山国清寺日本唐院善恵廟也）　※入宋中。
④応徳三年（一〇八六）九月八日　**永暹**（帰朝之後）↓多武峯住僧**済厳**[14]
⑤寛治元年（一〇八七）七月十九日　**済厳**↓同門僧**暹宴**

⑥保延六年（一一四〇）三月八日　**暹宴**↓伯耆国大山住僧**基好**（於〈多武峰〉平等院）
⑦嘉応二年（一一七〇）三月二十日　**基好**↓雲州櫻山僧**厳朗**（於雲州清水寺）
⑧安元二年（一一七六）正月九日　**厳朗**↓三州船形山住僧**覚智**（於長楽寺）
⑨治承五年（一一八一）正月十八日　**覚智**↓伊州走湯山住僧**源延**（於走湯山東明寺）
⑩安貞二年（一二二八）七月二十日　**源延**↓駿州智満寺住僧**堯真**（於伊州走湯山来迎院）
⑪延応二年（一二四〇）三月二十二日　**堯真**↓智満寺住僧**堯豪**（於智満寺）
⑫建長五年（一二五三）九月朔日　**堯豪**↓**真尊**（於智満寺）
⑬永仁三年（一二九五）十月二十四日　**真尊**↓**忍空**（於四天王寺勝鬘院）
⑭嘉元二年（一三〇四）三月十七日　**忍空**↓武州金沢称名寺住僧**劔阿**（於大和州室生寺）

このうち②成尋、③厳円、④永暹は、入宋僧である。⑤済厳は、横内裕人氏によって、寛治七年（一〇九三）に宋福州商人から経典「読音」を伝授された例が示されている。済厳の住む多武峰が、北宋仏教を受容する一拠点であったことが、見出されたのである。また横内氏は、⑦の大山住僧基好について、多武峰で授法した宋仏教を、渡航しようとする栄西に授けたことについて、解明されている。このようにみると、印信に現れる不動立印儀軌真言の継承者は、平安期に限っていえば、円珍系の台密を保持したというだけではなく、新傾向の宋仏教を摂取する一脈と位置づけることが可能かもしれない。それは結果的に形成された特徴ではないだろう。受者は授法僧の居所に参じて獲得しているのであり、求める意思こそ前提であろう。

以上は、納富氏や横内氏の研究に導かれての再整理にすぎない。ただここで、授法の場が、山寺を多く含むことに、あらためて注目してみたい。③厳円は天台山国清寺で、④永暹、⑤済厳、⑥暹宴は大和国多武峰で、⑦基好は出雲国清水寺（島根県安来市）で、⑧厳朗（出雲国櫻山僧）は出雲国長楽寺（島根県安来市）で、⑨覚智（三河国船形山僧、愛知県豊橋市普門寺）は伊豆国走湯山（静岡県熱海市）で、⑩源延も伊豆国走湯山で、⑪⑫堯真・堯豪は駿河国智満寺（静岡県島田市）で、⑬真尊は摂津国四天王寺（大阪市）で、⑭忍空は大和国室生寺（奈良県宇陀市）で、それぞれ授けた。⑬四天王寺を除いて、広域にある山寺が連なっている（【図2】参照）。

また④永暹の場合、『後拾遺往生伝』巻中に出雲国鰐淵寺僧としてみえ、四天王寺や善峰寺（京都市西京区）で如法経供養をおこない、四天王寺西門で念仏を唱えたこともある。複数の山寺で活動した僧がいたことや、四天王寺のように平地の聖地もそれらと密接に関連していたことがわかる。⑦基好も、『元亨釈書』「栄西」によれば、伯耆国大山の住僧である。

このようにみると、台密の印信に記された伝授系譜に、平安期仏教の歴史的な特質を知ることができる。九世紀の入唐僧円珍は、唐仏教の完全移入という国家事業を前線で担った天台僧でる。ただし十世紀末ないし十一世紀からの本格的な摂関期には、入唐したかどうかは問題でなく、唐僧からの伝受よりも不動明王からの直接的な「感得」を主張する発想が重視された。仏菩薩などからの直接的継承とは、唐仏教の相対視と同根の、自国仏教に価値を置く考えである。

ところが、それは、「国風文化」のごとき平板な性質ではなかった。宋仏教の継続的な導入が重視されており、入唐僧の系譜に重ねて入宋僧や宋海商、それらがもたらす仏書等の文物によって、平安後期仏教には新風が導入されていた。その宗教内容に即した特質について、この節で用いた事例からは、外来密教であることを知るのみである。ただ新時代をうかがわせるのは、その受容裾野が拡大していることである。平安京をとりまく大寺院へ

図2　相承系譜と拠点寺院

A多武峰
B善峰寺
C大山
D清水寺
E櫻山
F長楽寺
G鰐淵寺
H船形山
I走湯山
J智満寺
K四天王寺
L室生寺
M称名寺

の独占集中ではなく、地方の山寺の存在意義が浮上している。

この印信の例では、山寺は宋仏教を導入・蓄積・継承する拠点として機能している。その住僧たちは、伝授僧のもとに赴いて受法しており、子弟の系譜と山寺の連絡が十一世紀以後には形成されている。山寺は、人里離れた脱俗の修行空間ではなく、東アジア世界の一部たる列島世界における活動網の拠点というべきである。この山寺間ネットワークの形成事情については、僧侶の自立的修行活動の成果だとは言い切れず、朝廷の山寺重視の方針との間接的な関係も想定される。ただそれは、荘園制や本末関係とは別の原理によって、緩やかかつ独自の秩序が生みだされる新動向であり、山寺やその地元基盤の自立性の胎動を背景とするのではなかろうか。

一例についてのみ、少し具体的に探っておきたい。⑧の安元二年（一一七六）に厳朗から伝授された覚智は、三河国船形山住僧とある。船形山とは、観音菩薩を本尊とする古代寺院として出発し、十二世紀中葉に再生した山寺で、船形山普門寺のことである。もとは天台系だったようだが、十二世紀中葉の再生期には真言密教に重点を移したらしい。二六〇メートルほどの船形山の南斜面一帯に、多くの房舎を営んだ山寺だったことが、発掘調査で明らかになっている。また、久寿三年（一一五六）銘の銅鋳製経筒二基や、平治二年（一一六〇）銘の梵鐘、永暦二年（一一六一）の起請木札などが、再生動向を伝えている。

印信によって知りうるのは、住僧覚智が、安元二年（一一七六）に伯耆国の大山や出雲国の清水寺に近い長楽寺において厳朗から受法し、治承五年（一一八一）に伊豆国走湯山で源延に授法していることである。活動範囲の広さには、現実の理由があったのであろう。横内氏の研究を参考にすると、出雲国での授法は、大陸仏教の吸収という目的があったように推測される。この時代の山寺について、たとえば『梁塵秘抄』には、「四方の霊験所は、伊豆の走井、信濃の戸穏、駿河の富士の山、伯耆の大山、丹後の成相とか、土佐の室生と讃岐の志度の道場とこそ聞け」とみえている。三河の船形山も、同時代に興隆した霊山の一翼を担っていたのであろう。

一方、伊豆国走湯山での伝授は、走湯山興隆への加担として注目される。走湯山は、伊豆配流中の源頼朝が源氏再興を祈願したところといわれ、安元元年（一一七五）に伊東祐親の三女八重姫と通じて祐親から追われた頼朝が身をひそめた場所だという。また頼朝は、治承四年（一一八〇）の挙兵前に走湯山僧覚淵を呼んで相談したという（『吾妻鏡』治承四年七月五日条）。また覚淵は走湯山内の東明寺に密厳院を建設している。してみれば、船形山住僧覚智が走湯山東明寺に赴いて源延に伝授したというのは、覚智が走湯山に有縁の人間、もしかすると走湯山僧覚淵と法脈を同じくする者であるということかもしれない。

天文三年（一五三四）の『普門寺縁起』（『船形山普門寺梧桐岡院闓闢之縁起由来之記録』、『豊橋市史第五巻』所収、一九七四年）には、源頼朝の叔父にあたる僧化積が、頼朝の帰依を得て普門寺興隆をなしたと伝える。このことについて、仁治三年（一二四二）の普門寺四至注文写（正中二年＝一三二五年写、下部欠失）の前書き部分に「化積」「頼朝」などの文字が確認され、全くの無根拠ではないらしい。印信に記された相承系譜は、船形山住僧覚智が、内乱期に源頼朝有縁の走湯山興隆に関与したらしい事情を伝えている。逆に、船形山普門寺が源頼朝の支援を受けて興隆した、という説との関係も想像される。平安期仏教と鎌倉期仏教をつなぐ一場面である。

むすび

平安期仏教の中世的展開が、日本仏教というべき内実をもつにいたると判断されるには、民衆生活との接触、それも他律的、教導的、思想誘導的ではない、必要水準が満ちての意志的導入として確認される必要がある。この点を実証できる史料は乏しいが、痕跡に手がかりを求めなければならない。その場合、印信にも登場するような山寺が、地元の人里といかに関係しているかについて、個別に実証していく必要がある。この肝心の課題について、本稿ではほとんど触れることができない。

ただ、別稿で繰り返して述べた事例だが、三河国の船形山普門寺の例は、先にも挙げた十二世紀の史料があって、今後他の山寺を研究する手がかりにもなろう。普門寺の再生をめぐる動きは、船形山膝下の住民上層らが、地縁の地域社会を形成するにあたって、住民出身の寺僧らに経営させた里山の寺を拠点に、没派閥的な結束を実現しようとした地域公共事業であった。(15) それは、中世国家の正統仏教が体制的に成立して以後の営為であり、職業的聖職者による知的営為とは区別される生活者の意思によっている。東アジア世界や列島社会の広域動向とともに、社会の深部における変動に関係した民衆仏教を捉えてこそ、平安期仏教の歴史的達成を評価できるように思う。

註

（1）井上光貞『日本古代の国家と仏教』（岩波書店、一九七一年）、黒田俊雄『日本中世の国家と宗教』（岩波書店、一九七五年）。

（2）上川通夫『日本中世仏教形成史論』（校倉書房、二〇〇七年）。

（3）上川通夫「なぜ仏教か、どういう仏教か」（『日本史研究』六一五、二〇一三年）。

（4）大山喬平『日本中世農村史の研究』（岩波書店、一九七八年）。

（5）上川通夫『日本中世仏教史料論』（吉川弘文館、二〇〇八年）。

（6）上川通夫『日本中世仏教と東アジア世界』（塙書房、二〇一二年）、同「十二世紀仏教の歴史的位置」（『歴史評論』七四六、二〇一二年）。

（7）河音能平『中世封建制成立史論』（東京大学出版会、一九七一年）。

（8）木村茂光『「国風文化」の時代』（青木書店、一九九七年）。

（9）「特集・山岳寺院の考古学的調査　西日本編」（『佛教藝術』二五六、二〇〇二年）、「特集・山岳寺院の考古学的調査　東日本編」（『佛教藝術』三一五、二〇一一年）、「特集・山寺の考古学」（『季刊考古学』一二一、二〇一二年）、久保智康編『日本の古代山寺』（高志書院、二〇一六年）など参照。中国の山寺を視野に含めた古代史研究には、中林隆之「東アジア〈政治―宗教〉世界の形成と日本古代国家」（『歴史学研究』八八五、二〇一一年）がある。

（10）宝亀十一年（七八〇）『西大寺資財流記帳』（『寧楽遺文』中巻）に、「一部、吉備命婦由利在四王堂進納」として

「惣大小乗経律論疏章集伝出経録外経等一千廿三部五千二百八十二巻五百十六帙」とある。

(11)　大矢透編『假名遣及假名字體沿革史料』（勉誠社、一九六九年、初出は一九〇六年。）に巻第七の解説、大屋徳城『寧楽古経選　上巻』（改装版、稀書刊行会）に巻第一巻首と巻第七巻末の写真、奈良国立博物館編『奈良朝写経』（東京美術、一九八三年）に巻第七巻末の写真・解説、『日本の写経』（京都書院、一九八七年）に巻第三巻首・巻末の写真と解説、奈良国立博物館編『西大寺展』（一九九〇年）に巻第一巻首と巻第七巻末の写真・解説、奈良国立博物館編『古密教――日本仏教の胎動――』（二〇〇五年）に巻第一の巻首・巻末の写真・解説、『平安遺文　題跋篇』には巻一と巻七の奥書を載せる。

(12)　納富常天「室生寺と称名寺劔阿」（同『金沢文庫資料の研究』所収、法藏館、一九八二年）。横内裕人「大和多武峰と宋仏教――達磨宗の受容をめぐって――」（『アジア遊学一四二　古代中世日本の内なる「禅」』勉誠出版、二〇一一年）。また、聖教の書写奥書等を駆使しつつ、天台僧の地方寺院往来による宗教活動に着目された岡野浩二氏の研究は、本稿で触れる僧侶以外にも広く事例を見出しており、山寺研究からも注目される。岡野浩二「平安末期における天台僧の修行巡礼――青蓮院門跡吉水蔵聖教にみえる備前・因幡・伯耆――」（『倉敷の歴史』一九、二〇〇九年）、「平安末期における天台僧の東国往来と聖教書写――忠済・源延と尾張・信濃・伊豆・相模・上総――」（『史聚』四九、二〇一六年）。

(13)　渋谷亮泰『昭和現存天台書籍綜合目録』（明文社）七五〇頁。

(14)　納富氏の指摘にあるように、『大乗瑜伽金剛性海曼殊室利千臂千鉢儀軌』の奥書に、「大宋元豊六年正月廿五日於二天台山国清寺一、日本巡礼沙門賜紫永暹写功了、帰朝之後、以二日本応徳年中一以二此法一、授二多峯妙楽寺僧済厳一了、其後清水寺僧定深写レ之一」とある。成尋の本奥書によると、入宋中に天台山へ向かう途上に入手・抄出し、熙寧六年（一〇七三）に本国へ送ったもので、かつて円珍が求めて得られなかった本だという。『日本仏教全書　遊方伝叢書第四』「入唐諸家伝考第八　善恵大師成尋伝考」。

(15)　上川通夫『日本中世仏教と東アジア世界』（前掲）、同「国境の中世寺院――三河国普門寺――」（愛知県立大学日本文化学部歴史文化学科編『国境の歴史文化』所収、清文堂、二〇一二年）、同「永暦二年（一一六一）永意起請木札をめぐって」（『木簡研究』三六、二〇一四年）。また、山寺に限らないが、上川通夫「経塚・造仏・写経と民衆仏教」（近刊）で一部考察した。

日本古代における密教の受容過程

佐藤長門

はじめに

古代の日本は、密教をどのような経緯から受容したのだろうか。ここでいう密教とは、八世紀までのいわゆる雑密ではなく、天台宗（台密）や真言宗（東密）という、平安初期に請来された体系化した密教を指す。この点について、平安仏教出現の契機を論じた薗田香融は、①奈良仏教には高度な思弁性を有しながら、実践面では低俗な現世的欲求に答えるだけの原始的呪術仏教（雑密）にとどまるという基本的矛盾、すなわち「学解と実践との乖離」が生じていたので、両側面を統一的に媒介する教学が求められていた。②奈良仏教は律令国家の保護に甘んじ、教団としての主体性を喪失していたため、その回復をめざした教団改革を必要としており、必然的帰結として教団内部における師資相承関係（宗派関係）が重視され、宗派仏教が成立した。③奈良仏教の主流は、皇室・

貴族・豪族のために奉仕する貴族仏教で、「五姓各別」(1)を説く法相宗学が正統学説の地位を占めていたが、「一切皆成」(2)を説く一乗主義にもとづく仏教が必要とされていたなどと述べている。(3)

かかる見解に対しては、基本的に継承すべき視角ではあるものの、もっぱら宗教的側面から考察したもので、学業の評価を宗派性や宗教的実践にのみ重点をおいており、政治的視点が不足しているとの批判が提示されている。(4)平安仏教を考えるうえで、政治的側面からの追究が必要であることについては、最澄・空海の新宗派が斬新な「新宗教」にみえた要因は、その仏教の内実よりは天智系新王朝との関係にあり、奈良仏教から平安仏教への変化の本質は政治の領域に存在していたとする見解(5)をみても、首肯できるものと考える。本稿では、日本古代における密教受容の過程およびその理由について、天台・真言両宗を請来した最澄・空海の入唐事情と密教授学の経緯について改めて確認し、彼らの帰国後の布教活動を当時の政治状況ともかかわらせて検討していく。

一、最澄の入唐と密教授学の経緯

奈良末から平安初期にかけての日本仏教については、南都六宗の再編に着手した桓武王権にとって、法性宗の解体とそこからの法相宗の分化の過程で取り残された、天台教学（経典）と密教教学（経典）の処理が大きな課題として残されていたとする論考がある。(6)当時の為政者たちが、宗教上の課題をそこまで正確に理解していたとは考えにくいものの、粛宗・代宗期（七五六〜七七九）以降の唐における密教の隆盛は日本にも聞こえていたであろうから、延暦の遣唐使派遣に際して最澄が天台を学ぶ還学僧として、空海が密教を学ぶ留学僧として同行を命じられたことは想像に難くないとの見解も提示されている。(7)しかし一方、最澄が密教を授けられたのは偶然ともいえるような帰国間際の出来事であり、最澄が入唐前にどの程度密教に興味を持っていたかは問題であるが、最澄が入唐した最大の目的は天台の相承にあったわけで、密教の受法は当初の目的というよりは時運のなせるわざであった可能性は高いとする見方も根強いものがある(8)。

はたして古代日本への密教請来は、意図的・計画的な既定方針であったのか、あるいは偶発的な予期せぬ出来事だったのだろうか。本節では、古代日本に天台密教を請来してきた最澄の入唐事情と密教授学の経緯について、改めて検証してみることとする。

史料1『叡山大師伝(9)』（抄出）

同年（延暦二十一年）九月七日、……沙門最澄言はく、「最澄早く玄門に預かりて、幸ひに昌運に遇ひ、聞を至道に希《こひねが》ひて、心を法莚に遊ばしむ。毎《つね》に恨むらくは法華の深旨、尚未だ詳釈せず。幸ひに天台の妙記を求め得て、披閲すること数年、字謬り行脱けて、未だ細《くは》しき趣きを顕《あらは》さず。若し師伝を受けずば、伝はると雖も信ぜられず。誠に願はくは留学生・還学生各一人を差《つか》はして、此の円宗を学ばしめば、師々相継いで、伝燈絶ゆることなからむ。此の国に現に伝はる、三論と法相との二家は、論を以て宗となし、経を宗となさざるなり。（中略）天台独り論宗を斥《しりぞ》けて、特に経宗を立つ。論は此れ経の末、経は此れ論の本なり。本を捨てて末に随ふは、上に背きて下に向かふが猶《ごと》し。経を捨てて論に随ふは、根を捨てて葉を取るが如し。伏して願はくは我が聖皇の御代に、円宗の妙義を唐朝に学ばしめ、法華の宝車を此の間に運らしめむ。然れば則ち聖上法施の基は、更に往日よりも厚く、釈氏法財の用は、亦永代に富まむ。望む所は法華円宗、日月と明りを斉《ひと》しくし、天台の妙記、乾坤と固きことを等しくして、庶《ねが》はくは百代の下、歌詠窮まりなく、千載の外、瞻迎《せんげい》絶ゆることなからむ。慺々の至りに任《た》へず。謹みて表を奉り以て聞す」と。即ち上表に依りて、天台法華宗留学生円基・妙澄らを允許す。また同月十二日、臣弘世に詔すらく、「夫《そ》れ髻中《けいちゅう》の明珠は、勇なくしては賜ふことなく、妙高の衆宝は、信なくしては取ることなし。是を以て南岳の高跡、天台の遺旨は、薄徳寡福にして、豈《あに》敢へて得むや。今最澄闍梨、久しく東山に居り、宿縁相追ふて、此の典を披覧し、既に妙旨を探れり。久修行の所得にあらざるよりは、誰か敢へて此の心を体せむや」と。少納言近衛将監従五位下大朝臣入鹿に勅して、入唐請益天台法華宗還学生に差はす。

右に掲げた史料1によると、天台宗からの留学僧・還学僧選任は、「幸ひに天台の妙記を求め得て、披閲すること数年なれども、字謬り行脱けて、未だ細しき趣きを顕さず。若し師伝を受けずば、伝はると雖も信ぜられず」との理由から、三論・法相に代表される論宗ではなく、法華経典にもとづく経宗の修学を求めて、延暦二十一年（八〇二）九月七日に最澄が「誠に願はくは留学生・還学生各一人を差はして、此の円宗を学ばしめば、師々相継いで、伝燈絶ゆることなからむ」と上表したことにはじまる。その結果、まず留学生（僧）として円基・妙澄の二名が允許され、次いで最澄自身が「久しく東山に居り、宿縁相追ふて、此の典を披覧し、既に妙旨を探れり。久修行の所得にあらざるよりは、誰か敢へて此の心を体せむや」との理由から、同月十二日に桓武天皇から特に還学生（僧）に任命されたのである。

こうして唐への留学が決まった最澄であったが、その立場は短期留学の還学生であったため、十月二十日に「伏してこの度の求法を計るに、往還限りあり。求むる所の法門は、巻数百を逾《こ》ゆ。仍りて須く諸州を歴問して、その人に遇ふことを得べきも、最澄未だ漢音を習はず。亦訳語に闇《くら》し。忽《たちま》ち異俗に対《む》かへども、意緒を述べ難し。

四船の通事は、使に随ひて経営す。相別れて道を訪《と》ふに、遂に得べからず」[10]とふたたび上表し、漢音・唐語を習得して経論にも明るい義真を、訳語（通訳）として帯同させることを求めて許可されている。[11]

最澄が実際に入唐したのは延暦二十三年（八〇四）七月のことで、遣唐第二船に乗船して台州近境の明州鄮《ぼう》県に着岸した。[12]九月二十六日に台州に到着した最澄は、天台山国清寺の衆僧から慰労を受けたのち、台州刺史陸《りく》淳《じゅん》の招きによって台州龍興寺で摩訶止観を講筵していた天台山修善寺の座主僧道邃《どうすい》と遭遇する。[13]また十月十四日には仏隴寺（禅林寺）の行満《ぎょうまん》座主から法華疏、涅槃疏など八二巻の仏典が授与され、[14]十一月五日には龍興寺にもどって翌年二月まで天台法門を書写し、[15]三月二日には道邃から菩薩円教仏乗戒を授与されている。[16]

ここまでの最澄の行動は、当初の目的通り天台宗の修学にあったが、日本への帰国直前になって、それ以降の最澄の後半生に大きな影響をおよぼすこととなる、密教との出会いが待っていた。すなわち、天台経典の書写と道邃からの受戒を終えた最澄は、貞元二十一年（八〇五）三月二十五日に明州館にもどったが、[17]四月上旬には越州龍興寺に赴き、[18]同月十八日に峯山頂道場において霊巌寺の順暁から五部灌頂を伝受されたのである。[19]

史料2『叡山大師伝』（抄出）

また大唐の貞元廿一年四月上旬、船所に来到し、更に真言を求めむがために、越府の龍興寺に向き、幸ひに泰岳霊巌山寺鎮国道場大徳内供奉沙門順暁に値遇することを得たり。順暁信心の願を感じて、灌頂伝受せり。三部三昧耶の図様・契印・法文・道具等、目録は別の如し

史料3「大唐明州向二越府一牒一首」[20]

明州牒

日本国求法僧最澄の状に準ずるに偁はく、「今巡礼して法を求め越州龍興寺幷せて法華寺等に往かむと欲す。求法僧最澄　義真　行者丹福成　経生真立人牒す」と。日本国求法僧最澄の状を得るに偁はく、「台州に往きて求むる所の目録の外、欠く所の一百七十余巻の経幷せて疏等、その本今見るに具足して越州の龍興寺幷せて法華寺に在り。最澄ら、自ら諸寺に往きて写し取ることを得むと欲す。伏して公験処分を乞ふ」と。てへれば、使君判付司住去牒知す。仍りて状を具して牒上す。使者準判者謹みて牒す。

　貞元二十一年四月六日　史孫階、司戸参軍孫万宝に牒す

密教との邂逅が最澄の意図によるものだったか否かについて、史料2では「船所」に来到した最澄が「更に真言を求めむがため、越府龍興寺に向」かったと記している。しかし、最澄の越州行きははじめから計画された行動だったのではなく、いったん四月上旬に遣唐使船が回航されていた明州に到着したものの、五月十九日に出帆するまでしばらく時間があったこと[21]、史料3にあるように、越州行きの目的は未書写の天台法門を写し取るためであり、しかも『顕戒論』巻上の開雲顕月篇第一[22]には「また明州刺史鄭審則、更に越州に遂《すす》みて、灌頂を受けしむ」とあり、越州行きが鄭審則の勧めであったと思われること[23]、そもそも最澄の入唐計画には密教授学は含まれていなかったことなどから、最澄と密教との出会いは多分に偶然であった可能性が高いと考えられる。

二、空海の入唐と密教授学の経緯

それでは、最澄とともに平安仏教の牽引者となる空海の入唐事情と密教授学の経緯は、いかなるものであったのだろうか。空海の入唐事情を考察するうえで、解決しておかなければならない問題に、彼がどのような経緯で留学僧に選任されたのかということがある。この点については従来、空海が得度・受戒した時期とかかわらせて議論がなされてきた。

史料4「延暦二十四年九月十一日付太政官符案」(24)

太政官符　治部省

留学僧空海　俗名讃岐国多度郡方田郷戸主正六位上佐伯直道長戸口同姓真魚

右去延暦廿二年四月七日出家入□（唐）。□（省）

□（宜）ニ承知、□（依）レ例度レ之。符到奉行。

□（従）五位下守左少弁藤原朝臣貞副　　左大史正六位上武生宿禰真象

延暦廿四年九月十一日

まず高木訷元は、空海の入唐留学は延暦二十二年（八〇三）四月の初度の進発時における海難(25)による入唐僧の闕をおぎなったもので、その受戒の時期は「贈大僧正空海和上伝記」(26)や「請賜諡号表」(27)に延暦二十三年（八〇四）四月九日に東大寺戒壇院において三一歳で受戒したとあることにしたがうとする。そして出家の時期は、年分度者の場合は受戒の二年前、臨時度者の場合は三年前となるが、[28]『続日本後紀』承和二年（八三五）三月庚午（二十五日）条の空海略伝に「年卅一得度。延暦廿三年入唐留学」とあること、右に掲げた史料4に「延暦廿二年四月七日出家入唐」とあり、『高野大師御広伝』上にも[30]「去廿三年四月七日出家入唐」とあること、[31]年分度試に及第したものの得度は正月斎会の終了日におこなわれたことなどから、[32]延暦二十三年正月と推定している。[33]

次に佐伯有清は、空海が出家得度したのは延暦二十三年四月七日、東大寺戒壇院において具足戒を受けたのは二日後の四月九日で、遣唐留学僧として大使藤原葛野麻呂の乗る第一船に乗って難波津を出帆したのが五月十二日のことであり、空海が出家得度し、具足戒を受けてからわずか一ヵ月にしかならない慌ただしさであったとする。[34]

また武内孝善は、空海の留学僧選任は二度目の進発時である延暦二十三年の直前ではなく、初度の進発時である延暦二十二年四月の直前とみなすことができ、『続日本後紀』空海卒伝にみえる化去年を誤写とする高木説にはしたがえず、史料4の「延暦廿二年」も「延暦廿三年」の誤写ではないとする。そのうえで、そもそも史料4は何より信憑性の高い独立した史料であり、それが諸史料の改竄に利用された痕跡はなく、史料4が書写された平安末期には、空海は承和二年に六二歳で化去したことはほぼ定説となっていたのであるから、空海略伝にいう「年卅一にして得度」した年次が延暦二十三年になるのは自明であったにもかかわらず、「延暦廿二年四月七日出家入唐」と記すのは作為性がない。よって、空海の出家得度は延暦二十二年四月七日であり、受戒は真福寺大須文庫蔵『弘法大師伝』や延暦二十二年四月九日付空海戒牒、兼意撰『弘法大師御伝』巻上、[35]勝賢撰『弘法大師行化記』上に[36]収録されている日付から、その日に受戒したとしている。[37]

これらに対して近年では、空海の伝記史料には①二〇歳得度・二二歳受戒説、②二五歳得度・三一歳受戒説、

③三一歳得度説などがあるが、①は初期の伝記にみられるもので、何らかの史料的根拠にもとづく記述と考えられ、加えて延暦十四年四月九日の日付をもつ「大師御戒牒文」が存在することなどから、空海の出家・受戒時期を①とみる見解が提起されている。[38] この説では、③の根拠となってきた史料4が空海の入唐中に発給されている理由を、長安入京を認められなかった空海の身分証明書であったとしている。[39] しかし、仮にそうだったとしても、それならなぜ史料4には「延暦廿二年四月七日出家入唐」と記されているのかという疑問は依然として残るといえよう。

私見では、単なる海難だけで入唐僧の交替が命じられたわけではないとの武内の主張[40]は首肯でき、空海は当初から延暦の遣唐使の留学僧に選任されていたと考える。となると、国家が正式な留学僧に私度僧を任命したとは考えにくいことから、空海は留学僧選任にともなって延暦二十二年四月に急遽得度し、授戒したととらえるべきか。あるいは史料4などにしたがえば、授戒は翌年に持ち越されたことになる。ともあれ、それまでほとんど無名の優婆塞にすぎなかった空海が、留学僧に選任されるのは異例であり、あるいは高木が推測するように、母方の舅阿刀大足が侍講をつとめた伊予親王の働きかけがあったのかもしれないが、[41] その得度・授戒が遣唐使の派遣と関連していた蓋然性は高く、[42] しかも空海が長期間の在唐が予定されていた留学僧に選任されたことは、そこに解決すべき特定の宗教的命題が存在していたとは考えにくい。

史料5「御請来目録」[43]（抄出）

空海去る延暦廿三年季夏の月、入唐大使藤原朝臣に随ひ、同じく第一船に上《の》りて咸陽に発赴す。その年の八月、福州に到り著岸す。十二月下旬、長安城の宣陽坊の官宅に到り安置す。廿四年の仲春十一日、大使ら軔(44)を本朝に旋《めぐ》らす。唯《た》だ空海孑然《けつぜん》として、勅に准じて西明寺永忠和尚の故院に留住す。是に於いて城中を歴て名徳を訪《と》ふに、偶然にして青龍寺東塔院の和尚法諱恵果阿闍梨に遇ひ奉る。その大徳は則ち大興善寺大広智不空三蔵阿闍梨の付法の弟子なり。徳は惟《こ》れ時に尊び、道は則ち帝の師なり。三朝これを尊びて灌頂を受け、四衆これを仰ぎて密蔵を学ぶ。空海、西明寺の志明・談勝法師ら五六人と同じく往きて和尚に見《まみ》ゆ。和尚乍《たちま》ちに見て笑みを含み、喜歎して告げて曰はく、「我先に汝が来ることを知り、相待つこと久し。今日相見えるは大《はなは》だ好《よ》し大だ好し。報命竭《つ》きなむと欲すれど、付法に人なし。必ず須く速やかに香花を弁じて灌頂壇に入るべし」と。

右の史料5にみえるように、入唐した空海は長安で帰国する遣唐使一行と別れると、西明寺に住していた日本留学僧永忠の宿坊を勅によって譲られ、おそらくその紹介によって志明・談勝らと知り合い、彼らの導きも奏効して青龍寺の恵果と出会うことができた(45)。かかるエピソードからすると、空海と密教との出会いはまったくのフロックだったわけではなく、さまざまなコネクションを活用してたぐり寄せたものであったといえる(46)。ただし、史料5の「城中を歴て名徳を訪ふに、偶然にして青龍寺東塔院の和尚法諱恵果阿闍梨に遇ひ奉る」という表現や、同目録冒頭の「爰に則ち諸寺を周遊して、師依を訪択するに、幸ひに青龍寺灌頂阿闍梨法号恵果和尚に遇ひて、師主となす」という表現は、明州から越州に向かった最澄を「越州の域に歴遊し、龍興の寺に向かふ」と表記する『天台法華宗伝法偈』(47)や、承和の遣唐使に同行して入唐したものの、唐から長安行きを断られて揚州に留まっていた常暁が「郡内を周遊して師依を訪択するに、幸ひに栖霊寺灌頂阿闍梨法号文璨和尚、并せて華林寺三教講論大徳元照座主に遇ふ」と記す「常暁和尚請来目録(48)」などとも通ずるものがあり、恵果からの授学が決して事前に計画されていたものではなかったことを示している。

「御請来目録」には、「空海、闕期の罪死して余りありと雖も、竊かに喜ぶ、得難き法生きて請来せることを」という表現がある。ここでいう「闕期の罪」とは、留学生（僧）の任期を全うせずに帰国することをいい、実際に空海は入唐二年後の大同元年（八〇六）八月に帰国し、[49] 十月廿二日には「御請来目録」を遣唐判官大宰大監高階遠成に附して上表している。[50] しかし、空海の『性霊集』[51] に「時に人の乏しきに逢ふて、留学の末に簉《つら》なれり。限るに廿年を以てし、尋ぬるに一乗を以てす」とあり、「常暁和尚請来目録」に「時に人の乏しきに逢ふて、留学の員に簉なれり。限るに三十年を以てし、尋ぬるに一乗を以てす」とあるように、空海や常暁を含む当時の留学生（僧）は二〇～三〇年の留学を覚悟していたのである。[52] それが「闕期の罪」を犯してまで帰国を急いだのは、空海が偶然に恵果と会い、得がたい両部大法を短期間で習得できたので、それを一刻も早く日本に持ち帰るためであったのだが、[53] かかる偶然に恵まれなかったら、空海は当初の予定どおり、長期の留学をおこなっていたにちがいない。よってこの点からしても、空海の留学目的ははじめから密教授学を念頭においたものではなく、広く中国仏教を学ぼうとするものであった可能性は高いと考えられる。

三、王権による密教受容

入唐中、偶然にも密教と邂逅してしまった最澄と空海であったが、帰国後の彼らを当時の王権はどのように遇しようとしたのだろうか。本節ではその点について、検証していくこととする。

1、帰国後の最澄

史料6『叡山大師伝』（抄出）

延暦廿四年八月廿七日上表して云はく、「沙門最澄言す、（中略）表を奉りて戦慄し謹みて言す」と。復命以後、国子祭酒和気朝臣弘世に勅すらく、「今大唐請益受法供奉大徳最澄闍梨将来する所の、天台法文を、方に天下に流布して、釈衆に習学せしめむと欲す。宜しく七大寺のために七通を書写すべし」と。即ち禁中の上紙を給ひ、図書寮に仰せて、書写せしむること既に訖はりぬ。道証・守尊・修円・勤操・慈蘊・慈完等の法師に詔して、野寺の天台院に於いて新写の天台法文を受学し披閲せしむ。また弘世勅を奉らく、「真言の秘教等、未だ此の土《くに》に伝はるを得ず。然るに最澄闍梨、幸ひに此の道を得。良《まこと》に国師たり。宜しく諸寺の智行兼備の者を抜きて、灌頂三昧耶を受けしむべし」と。茲に因りて高雄山寺に於いて、始めて法壇を建立し、法会を設備す。（中略）是の時勅を奉りて、簡定する所の諸寺の大徳は、道証・修円・勤操・正能・正秀・広円等なり。忽ち内侍の宣を被り、各師を尊ぶ法を竭《つ》くして、金剛の宝戒を受け、灌頂の真位に登る。（中略）また九月上旬、臣弘世勅を奉らく、「最澄闍梨をして、朕がために重ねて灌頂の秘法を修行せしめよ」と。即ち勅旨に依りて、城西の郊に於いて、好地を択び求め、壇場を建て創む。（中略）先より灌頂を受けし弟子は、八大徳の外に、更に豊安・霊福・泰命らの大徳を加へて、灌頂既に訖はりぬ。

遣唐大使藤原葛野麻呂を船頭とする第一船に乗り、貞元二十一年（延暦二十四、八〇五）五月十八日に明州鄮県を出帆した最澄は、六月五日に対馬嶋下県郡阿礼村に到着し、[54]長門国を経て七月一日ごろ上京した。[55]その後、最澄は七月十五日に[56]「進官録上表」[57]を提出したが、それを受けた桓武天皇は史料6にみえるように、天台法文の書写と七大寺への頒布、道証や守尊ら法師への野寺天台院[58]における新写天台法文の受学、道証や修円ら諸寺大徳に対して高雄山寺で「灌頂の真位に登る」[59]ことを命じ、九月上旬にも城西の郊に壇場を建て、八大徳や豊安らに命じて「朕がため」に灌頂秘法を修行させている。[60]

このような王権の反応について木内尭央は、最澄帰国後の二度の灌頂を含む密教修法は、どれも桓武天皇の不予という事態に対して、その平癒を期しておこなわれたもので、大徳らに公験が与えられたのは「城西郊」の灌頂が終わったあとであるから、二度目の灌頂の時期は九月十五日までの間となり、一〇日間にも満たない期間に二度の灌頂がおこなわれたことは、桓武天皇とその側近が最澄所伝の灌頂に期待し、その呪術的な力で病気を治療せしめようとしたことを示すとしている。[61] また曾根正人は、最澄は天台法門の正式な相承・受戒を受けるとともに、越州順暁から受けた本格的密教をはじめて日本にもたらしたが、前者については勤操ら南都学匠に授学させたのみで、最澄の主張にもかかわらず、既存の教学と同列のものとしかとらえられなかったのに対し、灌頂や物々しい修法といった、みるからに神秘的な要素を帯する新来密教は、新しい呪法として直接護国に役立つものと注目されたとする。[62]

史料7「大日本国初建㆓灌頂道場㆒定㆓受法弟子㆒内侍宣一首」[63]

内侍宣すらく、「夫の大明の石より出でて、深緑藍より生じ、涓《けん》集りて海と成り、塵積もりて岳となるが若く、その道求むべし。その人を択ばず、その才取るべし。その形を論ぜず。故に帝釈尊を屈して、法を坑狐に受け、雪子軀を捐《す》てて、道を羅刹に訪《と》ふ。皆是れ生を軽くし道を重くし、広く自他を利する所以《ゆえん》なり。此の間の風俗、我慢の執猶深くして、師を尊ぶの志未だ厚からず。昔天竺の上人、自ら降臨すと雖も、勤めて訪受せず、徒に蹔舟を遷す。遂に真言の妙法をして、絶えて伝はることなからしむ。深く歎息すべし、深く歎息すべし。方に今最澄闍梨、遠く溟波を渉りて、(64)不空の貽訓を受け、(65)近く無常を畏れて、此の法の伝あらむことを冀《こひねが》ふ。然るに石川・檉生《むろふ》の二禅師は、宿《つと》に芳縁ありて、(66)朕が躬《み》を守護せり。此の二賢に憑《よ》りて、仏法を昌《さか》んにせむと欲す。宜しく朕が躬に相代はりて、尊を屈し軀を捐て、弟子等を率ゐて、経教を尋検し、此の法を受伝して、以て国家を守護し、衆生を利楽すべし。世間の誹謗を憚《はばか》るべからず。自余の諸衆、唯その進むを取りて、その退く者を遮《さへぎ》ること勿れ」と。乞ふ此の趣を照察し、進退二衆の歴名(67)を簡び定めて、その署を加へしめよ。(68)使に附して進上し謹みて勒す。造宮少進阿保広成敬和南。

延暦二十四年八月二十七日　宣を奉る式部少輔和気広世

史料7で「守護朕躬」と「守護国家」が対句になっているように、当時の認識では天皇の身体を守ることは国家を守護することと同義であり、最澄が請来してきた密教は天皇を護持し国家を鎮護する呪法として、桓武王権に受け入れられていく。このように、最澄が請来しようとした止観業（天台止観）ではなく、たまたま持ち帰っただけの遮那業（密教）にのみ需要が集まる状況は、必ずしも最澄が意図したものではなかっただろう。しかし最澄は、かかる意に反する状況すらも利用して、天台宗の公認・確立をめざしていく。

史料8「延暦二十五年正月二十六日付太政官符」(69)

太政官符す

応に年料度者の数幷せて学業を分かち定むべき事

華厳業二人　並びに五教指帰綱目を読ましむ
天台業二人　一人は大毘盧遮那経を読ましむ
　　　　　　一人は摩訶止観を読ましむ
律業二人　並びに梵網経若しくは瑜伽声聞地を読ましむ
三論業三人　二人は三論を読ましむ
　　　　　　一人は成実論を読ましむ
法相業三人　二人は唯識論を読ましむ
　　　　　　一人は倶舎論を読ましむ

右、右大臣の宣を被るに偁はく、「勅を奉るに、災ひを攘《はら》ひ福を殖《ふ》やすは、仏教尤も勝《すぐ》れ、善に誘ひ生を利するは、斯《こ》の道に如《し》くはなし。但し夫れ諸仏の世に出現する所以は、一切衆生をして一如の理を悟らしめむと欲す。然るに衆生の機、或いは利或いは鈍。故に如来の説、頓あり漸あり。件等の経論、趣《おもむ》く所同じからず。門を開くこと異なると雖も、遂に菩提を期す。[70]譬へば猶大医の病に随ひて薬を与ふるに、方を設くること万殊なれども、共に命を済ふに在るがごとし。今仏法を興隆し、群生を利益せむと欲するに、凡そ此の諸業、一を廃するも可《よ》からじ。宜しく十二律[71]に准じて、度者の数を定め、業を分かちて勧催し、共に競学せしむべし。（中略）」と。今より以後、永く恒例となさむ。[72]

延暦廿五年正月廿六日

すなわち最澄は、延暦二十五年（八〇六）正月三日付で、「天台法華宗」の年分度者二名の認可を求める上表をおこなう[73]。すると桓武天皇は、その内容を少僧都伝燈大法師位勝虞、同常騰、律師伝燈大法師位如宝、同修哲、大唐留学伝燈大法師位永忠らに示して賛同を得さしめると[74]、史料8の延暦二十五年正月二十六日付太政官符において「天台業二人」（一人には大毘盧遮那経を読ませ、一人には摩訶止観を読ませる）の年分度者が正式に認められ、ここに従来の六宗のほかに、「天台法華宗」が国家によって正式に公認されたのである。

2、帰国後の空海

一方、帰国後の空海の布教は、どのような経緯をたどったのだろうか。空海が帰国の途に就いたのは、兼意撰『弘法大師御伝』巻上や[75]『高野大師御広伝』上など[76]の伝記によれば、大同元年（八〇六）八月のことであった。その後、前述したように、空海は遣唐判官大宰大監高階遠成を介して十月二十二日付で「御請来目録」を上表するが、天皇から上京の許可が出たのは、平城から嵯峨への譲位がなされたあと[77]の、大同四年（八〇九）七月のことであった。[78]

上京した空海ではあったが、当時の王権・国家が彼に期待したものは、新来の密教ではなかったようである。この点について武内は、このころの空海に請われたのは、大同四年十月四日に屏風両帖に『世説』を写して献上したこと、[79]弘仁二年（八一一）六月二十七日に『劉希夷集』四巻を書写して献納したこと、[80]同年八月に『徳宗皇帝真跡』『欧陽詢真跡』ら雑書籍一〇種を奉献したこと、[81]同三年（八一二）六月七日に狸毛の筆四管を奉献したこと、[82]同年七月二十九日に『急就章』『王昌齢集』などの雑文一〇種を献じたこと、[83]ふたたび『劉廷芝集』四巻を書して奉献したこと、[84]同五年（八一四）閏七月二十八日に『梵字悉曇字母幷釈義』や『古今文字讃』などの雑文六種を献じたことなどであり、[85]この時期の空海は正統な密教を伝えた法匠としてよりも、すぐれた書・詩文の才能を評価されていたと評している。[86]

それに対して西本は、空海が平城上皇の変後の弘仁元年（八一〇）十月二十七日に「奉㆓為国家㆒請㆓修法㆒表一首」[87]を提出すると、嵯峨天皇は翌年十月に空海を乙訓寺に居住させて修造を命じ、[88]同七年（八一六）七月には高野山に修禅道場を建立することを許可し、(89) 同十一年（八二〇）十月二十日には大法師位の宸筆位記を授け、(90) 同十四年（八二三）正月十九日には東寺を永く預ける勅を出すなど、(91) すぐれた書家・文人としてだけ空海を遇したのではなく、桓武末年に密教や灌頂を伝えた最澄の存在に留意しながらも、本格的な真言密教を将来した空海にも注目し、折にふれて修法や供養をおこなわせ、密教修行の道場を建設させていたとしている。(92) しかし、その一方で西本は別稿において、「平城朝における空海請来経に対する国家の支援は酷薄なものであり、それは、嵯峨天皇の時代に入ってもなお顕著なものとはならなかった」とか、「奉㆓為国家㆒請㆓修法㆒表一首」の提出後も「空海請来の密教経典に対し、朝廷が全面的な保護を加え、大規模な書写事業が展開されたという形跡はない」と述べ、「空海請来の新訳仁王経に脚光があたるのは天長元年（八二四）のことであった」とも記しており、(93) 見解が一貫していない。

史料9「灌頂暦名」(94)（抄出）

弘仁三年十一月十五日、高雄山寺に於いて金剛界の灌頂を受くる人々の暦名

釈最澄因　播磨大掾和気真綱金宝　大学大允和気仲世喜　美濃種人宝

弘仁三年十二月十四日、高雄山寺に於いて胎蔵灌頂を受くる人々の暦名

都合一百卌五人（の中太僧廿二人　沙弥卅七人　近事卌一人　童子卅五人）

太僧衆数廿二人

僧最澄興福寺 宝幢　僧賢永元興寺 大白明　泰法般若　忠栄不空成就　泰範元興寺 般若　長栄蓮華 観音　証得西大寺 宝幢

（中略）

弘仁四年
灌頂衆　金剛界三月六日高雄山寺
　　合
僧五
泰範師護　円澄師愛　長栄師牙　光定師宝波　康教師艹埵
（後略）

右の史料9にあるように、弘仁三年（八一二）十一月から翌年三月にかけて、最澄やその弟子僧たちが空海から金剛界・胎蔵界の結縁灌頂を受けるが、これら三度の灌頂と規模の大きさ、最澄の受法などによって、ようやく空海の密教は朝野に注目されるようになったと考えるべきだろう。(95) 西本があげた嵯峨天皇との密教的交流のうち、弘仁二年十月の乙訓寺居住を除く高野山修験道場の建立（同七年七月）、宸筆位記の授与（同十一年十月）、東寺の給預（同十四年正月）は、すべて最澄の灌頂受法以後にかかる出来事であり、そのほか同十三年（八二二）二月に官符を下して東大寺に灌頂道場を建立し、国家のために息災増益法を修させたの(96)も、弘仁三年以後のことであった。

史料10『高野大師御広伝』(97)上（抄出）
今年（弘仁十三年）平城太上天皇、大師を以て師主となし、三昧耶の禁を受け、幷せて入壇して灌頂を受く。
十四年正月十九日、東寺を以て永く大師に給はる。（中略）その後天皇、大師を以て師主となし、灌頂を受く。
本朝の天子・上皇の入壇受法は、平城・嵯峨より始まる。大師を尊重するに依りてなり。

史料11「託㆓真済真然入唐㆒報㆓大師示寂於青龍寺和尚墓前㆒兼示㆓諸同法侶㆒書」[98]（抄出）

日本国真言道場付法の弟子実恵ら白《まう》す。先師諱は空海和尚、受職して遍照金剛と号す。先年唐に入りて法を求め青龍寺内供奉諱は恵果大和尚に遇ひ奉りて、胎蔵金剛両部の秘教を受学す。並びに道具付属等の物を齎持して本朝に帰る。道は余宗より高く教へは常習に異なる。此の間の法匠各矛盾をなし、肯へて服膺せず。十余年間建立を得ることなし。法水漸く浸し人機芽を吐き、諸宗の法侶良家の子弟、灌頂して法を受くる者その数稍く夥《おびただ》し。厥《そ》の後密教の旨相尋ねて上聞す。中使往還し詔問絶えず。天長皇帝譲りを受けて践祚するに及び、禁闈を灑掃《さいさう》して壇場を建立し、始めて秘教の甘露を嘗《な》め、稍く興隆の御心を発す。帝城の東寺を以て真言寺となし、我が和尚を以て大僧統となす。固辞すれども免れず。先太上天皇宮を挙げて灌頂し、即ちその第三の皇子卓《（ママ）》岳出家入道す。天縦精粋三密洞融す。既にして聖天后地瓊枝《けいし》玉葉、公家大夫道俗男女、尊卑を論ぜず灌頂に預かる者、蓋し万を以て数ふ。（後略）

ここで、天皇・太上天皇の灌頂について確認しておく。まず平城太上天皇の受灌について西本は、史料10などの伝記のほか、「大和尚奉為平安城太上天皇灌頂文」（いわゆる「平城天皇灌頂文」）[99]が残存しており、また承和三年（八三六）五月の実恵が唐青龍寺の義明に宛てた書状（史料11）に、平城太上天皇の受灌や高岳親王の出家のことが記されているので、歴史的事実であったと認めざるを得ないとしている。[100]また阿部龍一も、嵯峨天皇の政権の安定は、太上天皇が在位のまま剃髪入道するという平城の私的処世のありように多くを依存していたので、冷え切っていた平城との関係改善と名誉回復のため灌頂儀礼を盛大に実施したが、それは太上天皇位の返還を引き出すための伏線として用意されたものであったと、平城の灌頂を前提とした見解を述べている。[101]

これらのうち阿部の理解に対しては、出家後も政治に関与し続けた称徳女帝の政治姿勢や仏教政策を否定することから出発した光仁・桓武王権[102]につらなる平城・嵯峨にとって、「剃髪入道」とは俗世間との関係断絶を意味していたと思われ、大同五年の政変後に剃髪入道した平城[103]は、だからこそ潜在的な政治的権能を有しながらも断罪されずにすんだのであり、それを「私的処世」と評価するのには違和感を覚える。また灌頂と太上天皇位の返還との連関も判然としない。政治権力を放棄した九世紀的な太上天皇[104]は、譲位後の天皇の謂称として儀制令[105]に規定されていた太上天皇号とは異なり、令制上の太上天皇号を辞退した前天皇に対して、新天皇が改めて太上天皇号を宣下することで完結したの[106]であり、宣下される以前の太上天皇号辞退を拒否された平城太上天皇[107]は、いわば八世紀的な太上天皇のままだったのであって、返還（辞退）ができない身位の返還（辞退）を前提に平城の灌頂を議論しても、あまり意味がないように思われる。

次に嵯峨天皇の受灌についても、西本は以下のように論じている。すなわち、兼意撰『弘法大師御伝』巻下[108]などの伝記類に、嵯峨天皇が空海から灌頂を受けたことが記されていること、前掲史料11に「聖天后地瓊枝玉葉、公家大夫道俗男女、尊卑を論ぜず灌頂に預かる者、蓋し万を以て数ふ」とあって、空海から多数の人物が灌頂に預かったことが記されているが、そのなかに嵯峨天皇が含まれていた可能性は高いこと、承和八年にかかる「奉為嵯峨太上大后灌頂文[109]」が存在するが、存命中の嵯峨が受灌していないのに、嘉智子のみ受灌するとは考えにくいこと、東山御文庫本『一代要記』に書かれている平城・嵯峨・橘嘉智子の灌頂記事は『扶桑略記』の現存しない巻からの引用と思われることなどから、嵯峨は最初の天皇灌頂として空海から受灌したと述べている[110]。

この点について阿部は、史料11の「天長皇帝譲りを受けて践祚するに及び、禁闈を灑掃して壇場を建立し、始めて秘教の甘露を嘗め、稍く興隆の御心を発す」という文章は、淳和天皇が即位すると宮中を清浄にして灌頂道場を設置し、在位中の天皇としてはじめて灌頂を受け、それを機縁として次第に密教を興隆する気持ちを起こさせたと理解できるが、それに続いて太上天皇として灌頂を受けた平城帝と高岳親王のことが記されているのは、嵯峨天皇とその皇子の仁明天皇が灌頂を受けなかったためであると、嵯峨の受灌を否定している。(111) かかる見解のうち、史料11の「天長皇帝」云々から、淳和が灌頂を受けた事実を導き出すことはできないものの、そこに嵯峨の受灌が明記されていないことは、弘法大師の伝記類にみえる嵯峨の灌頂記事の信憑性を疑わせるものである。また橘嘉智子の灌頂文のみあって、嵯峨の灌頂文が残存していないことも、その傍証になるかもしれない。

弘仁十四年（八二三）四月に即位した淳和天皇は、(112) 同年十月に東寺を真言宗徒専住の寺となし、(113) 天長元年（八二四）三月二十五日には空海を少僧都とし、(114) 天長七年（八三〇）ごろに天皇の勅によって各宗派の宗義を奉答せしめた、いわゆる「天長六本宗書」(115) にも、空海は『秘密曼荼羅十住心論』を著して答申している。これらの点からすると、宗教家としての空海が王権・国家から正当に評価されるのは、淳和天皇の即位後のことであったとみるべきだろう。

史料12「承和二年正月二十三日付太政官符(116)」

太政官符す

応に真言宗年分者三人を度すべき事

一金剛頂業一人

応に十八道一尊儀軌及び守護国界主陀羅尼経一部十巻を学ぶべし。

一胎蔵業一人

応に十八道一尊儀軌及び六波羅密経一部十巻を学ぶべし。

右二業の人は、応に卅七尊礼懺経一巻、金剛頂発菩提心論一巻、釈「尊」摩訶衍論一部十巻を兼学すべし。

一声明業一人

応に梵字真言大仏頂及び随求等の陀羅尼を書誦すべし。

右一業の人は、応に大孔雀明王経一部三巻を兼学すべし。

以前、大僧都伝燈大法師位空海の表に偁はく、「花厳天台律三論法相等七宗の教へは、皆是れ先代の聖帝賢臣十三大寺を建立し、十二人の年分度者を賜ひ、広く田園利稲を入れて、経論を講説するの料に充て、各業を分けて習学せしむ。是の故に昔より今に迄《いた》るまで人法鬱《さかり》に興り、師資絶えず。今真言一宗、人法新たに起きて、流伝年浅く、猶天恩に漏れて後学憑《たの》みなし。謹みて太政官去る弘仁十四年十月十日の符を案ずるに偁はく、『右大臣宣す、勅を奉ずるに、真言僧五十人、今より以後、東寺に住せしむ』てへり。伏して望むらくは、彼の七宗の例に准じて年分を蒙り賜はらむ」てへり。従二位行大納言兼皇太子傅藤原朝臣三守宣す、勅を奉ずるに、如来の教へは一を廃すること可からじ。宜しく三密の法門に准じて、年毎に三人を度すべし。

承和二年正月廿三日

そしてその後、右の史料12にあるように、真言宗の年分度者を求める空海の上表を受けるかたちで、仁明天皇の承和二年（八三五）に、ようやく従来の七宗に加えて真言宗にも年分度者三人が認められ、ここに「真言宗」が正式に公認されたのである。

むすびにかえて

以上、平安初期における密教の受容過程について、残存する史料に即しながら検討してきた。本稿で述べてきたことは、すでに知られていることがほとんどで、屋上屋を架したにすぎないきらいもあるが、考察結果をまとめると以下のようになる。

i．最澄は延暦の遣唐使派遣に際し、天台法華宗の留学生・還学生各一人を同行させることを請い、留学生二人の派遣が允許されたが、のち桓武天皇から特に最澄自身を還学生とする命が下された。入唐後の最澄は天台山に向かうが、台州龍興寺で道邃と出会い、仏隴寺の行満から法華疏などを授与され、道邃から菩薩戒を受けた。その帰路、明州に移動した最澄は、未書写の天台法門を写し取る目的で越州を「歴遊」したが、そこで偶然に越州龍興寺の順暁と出会い、灌頂を受けた。

ii．空海は延暦の遣唐使派遣に際して留学僧に選任され、急遽得度・授戒を済ませて渡海した。入唐後、空海は長安に入り、西明寺に所在した日本僧永忠の宿坊を拠点に長安城中を「歴訪」していたところ、偶然に青龍寺の恵果と遇い、密教を授学した。当初の空海は二〇年の在唐を覚悟しており、はじめから密教授学のみを目的として入唐したわけではなかった。

iii．帰国後の最澄は「進官録上表」を奉呈したが、最澄の意図とは異なり、桓武天皇が関心を示したのは新たな呪法としての密教のほうで、最澄がおこなった二度の灌頂は桓武天皇の不予にともない、病気平癒を目的としたものであった。一方の天台法門は既存の教学とあまり変わらないものと認識され、延暦二十五年（八

〇六）正月の天台宗の公認（年分度者の認可）の際には、南都の一部からの後押しもあったほどだった。(117)

iv. 帰国後の空海はしばらく入京を許されず、嵯峨天皇の即位後にようやく許されたが、それでも嵯峨と空海との関係は書や詩文など文芸面での交流がメインであった。かかる傾向は弘仁元年（八一〇）十月の「奉二為国家一請二修法一表」の奉呈以後も変わらなかったが、同三年十一月から翌年三月にかけて、最澄とその弟子僧たちが空海から金剛界・胎蔵界の結縁灌頂を受けたあたりから空海に対する評価が変わりはじめ、同十三年（八二二）には平城太上天皇の灌頂儀礼もおこなわれた。なお、嵯峨・淳和も灌頂を受けたとする見解もあるが、実恵の青龍寺義明宛て書簡（史料11）に明記されていないことなどから、その判断はしばらく留保しておきたい。空海が宗教家として本格的に評価されるのは淳和期に入ってからで、天長七年（八三〇）の「天長六本宗書」にも『秘密曼荼羅十住心論』を答申しており、承和二年（八三五）にはようやく真言宗にも年分度者が認められた。

それでは、その後の天台・真言二宗は、どのような経過をたどっていくのだろうか。その点についての概略を述べることで、本稿のむすびにかえたいと思う。

まず天台宗であるが、空海の帰国によって、遮那業（密教）の不完全さが露呈した最澄は、空海からの受学で対処しようとしたが、それは天台業全体に対する不信となってあらわれ、遮那業修行者たちが授戒のため下山した折に、法相宗によって「相奪」されるケースが続いてしまう。(118) 最澄による大乗戒壇設立運動は、かかる状況を打開するための方策でもあったが、それは南都との対立をもたらすものであった。一方、止観業（天台教学）と遮那業との一致を説く最澄の法華一乗は、日本天台宗に特有の考えであり、中国天台宗とも、ましてや空海の真言一乗とも異なる教学体系であった。よって最澄没後の天台宗徒は、その答えを求めて中国へと渡り、円仁や円珍によってようやく大成されることになるのである。

一方、空海が持ち帰った真言密教は、それだけで完成された宗義であった。しかし「闕期の罪」を犯してまで帰国を急いだ空海であったが、その教学体系が理解されるには相応の時間が必要であった。空海は自身の才能を縦横に駆使して権力に近づき、南都諸宗の懐にも入って徐々に勢力を広げていく。さらに真言宗もまた、天台宗と同じく承和の遣唐使に留学僧真然・請益僧真済の二人を派遣するはずであったが、両者が乗った第三船が最初の渡海の際に難破・漂流し、乗船していたものたちが二人をのぞいてすべて餓死してしまったため、(119)その後の乗船が許されなかった。実恵は真済の代わりに円行を(120)派遣したものの、真言宗の展開を促進するような、新たな教義がもたらされることはなかったのである。

註

（1）五姓とは、菩薩定姓・独覚定姓・声聞定姓・三乗不定姓・無性有情姓の五つをいい、それら人間の機根によって成仏の可否を説く学説。

（2）すべての人間は、素質や能力にかかわりなく成仏できると説く学説。

（3）薗田香融『平安仏教の研究』序（法藏館、一九八一年）。

（4）堀裕「智の政治史的考察――奈良平安前期の国家・寺院・学僧――」（『南都仏教』八〇、二〇〇一年）。

（5）曾根正人「奈良仏教の展開」（『新アジア仏教史11　日本仏教の礎』所収、佼成出版社、二〇一〇年）。

（6）中林隆之「聖武から、嵯峨――空海、そして顕密体制へ」（『日本古代国家の仏教編成』所収、塙書房、二〇〇七年）。

(7) 西本昌弘「空海請来不空・般若新訳経の書写と公認――一代一度仁王会の成立とも関係して――」(『日本古代中世の仏教と東アジア』所収、関西大学出版部、二〇一四年)。
(8) 大久保良峻「日本天台の密教」(『シリーズ密教4　日本密教』所収、春秋社、二〇〇〇年)。
(9) 佐伯有清「叡山大師伝の校訂と注解」(『伝教大師伝の研究』第4章、吉川弘文館、一九九二年)。以下、『叡山大師伝』の引用は同書による。また引用史料の旧字体や異体字などについては、慣用表現や固有名詞などを除き、常用字体に改めた。
(10) 『顕戒論縁起』巻上(『伝教大師全集』巻一所収、世界聖典刊行協会、一九八九年復刊)および『叡山大師伝』(前掲註9書)。
(11) 拙稿「入唐僧の情報ネットワーク――日本古代における文化受容の一様相――」(『円仁と石刻の史料学』所収、高志書院、二〇一一年)。
(12) 『叡山大師伝』(前掲註9書)、『続日本後紀』承和九年(八四二)十月丁丑(十七日)条など。以下に記す入唐後の最澄の行動については、特記しないかぎり『叡山大師伝』による。
(13) 『天台法華宗伝法偈』(『伝教大師全集』巻五所収、世界聖典刊行協会、一九八九年復刊)。
(14) 『天台法華宗伝法偈』(前掲註13書)。なお最澄が授与された経典について、『天台法華宗伝法偈』には「持する所の教迹、合はせて八十余巻」とあり、『叡山大師伝』(前掲註9書)には「法華疏、涅槃疏、釈籤、止観、幷せて記など八十二巻」とある。
(15) 『天台法華宗伝法偈』(前掲註13書)。
(16) 『天台法華宗学生式問答』巻第五(『伝教大師全集』巻一所収、前掲註10書)。なお『叡山大師伝』(前掲註9書)では、最澄が授与されたのは「菩薩三聚大戒」とある。
(17) 『天台法華宗伝法偈』(前掲註13書)。
(18) 『叡山大師伝』(前掲註9書)。なお『天台法華宗伝法偈』(前掲註13書)によれば、最澄が越州龍興寺に向かったのは四月十一日であるとする。
(19) 『顕戒論縁起』巻上所収「大唐泰嶽霊巌寺順暁阿闍梨付法文一首」(『伝教大師全集』巻一所収、前掲註10書)および『叡山大師伝』(前掲註9書)、『天台法華宗伝法偈』(前掲註13書)。

（20）『顕戒論縁起』巻上所収（『伝教大師全集』巻一所収、前掲註10書）。
（21）『天台法華宗伝法偈』（前掲註13書）に、「五月十九日、改めて第一船に乗る」とある。
（22）『伝教大師全集』巻一所収（前掲註10書）。
（23）木内尭央「入唐求法と密教」（『天台密教の形成――日本天台思想史研究――』所収、渓水社、一九八四年）。
（24）大和文華館所蔵。武内孝善「空海の出家と入唐」（『弘法大師空海の研究』所収、吉川弘文館、二〇〇六年、日本語初出は二〇〇五年）所載写真（二三二頁）、『中村直勝博士蒐集古文書』（中村直勝博士古稀記念会、一九六〇年）所載図版（二五九頁）参照。
（25）『日本紀略』延暦二十二年（八〇三）四月癸卯（二十三日）条。
（26）『弘法大師伝全集』第一巻所収（ピタカ、一九七七年復刊）。「贈大僧正空海和上伝記」は、寛平七年（八九五）に貞観寺座主（聖宝僧正ヵ）が撰したものであるが、誤字脱文が少なくないとされ、空海の受戒日も「延暦二十三年四月八日」としている。
（27）『弘法大師伝全集』第一巻所収（前掲註26書）。「請賜諡号表」は延喜十八年（九一八）に宇多法皇が撰したものである。
（28）「貞観七年（八六五）三月廿五日付太政官符」（『類聚三代格』巻二、年分度者事所収）。
（29）高木訷元「空海の「出家入唐」」（高木訷元著作集4『空海思想の書誌的研究』所収、法藏館、一九九〇年、初出は一九八五年）は、史料4が「延暦廿二年」とするのは『続日本後紀』の「年卅一得度」に符合させたためで、現『続日本後紀』は空海化去の年を六三としているが、『弘法大師御入定勘決記』上（『弘法大師伝全集』第一巻所収、前掲註26書）では『続日本後紀』巻四を引用して「入定之時、年六十二」としていることから、現『続日本後紀』が誤写している可能性を指摘し、空海の「中寿感興詩幷序」および最澄の「久隔帖」の記述から、弘仁四年（八一三）が空海の四〇歳にあたることは確実で、空海没年の承和二年（八三五）が六二歳に相当することも動かせないため、史料4の「延暦廿二年」は「延暦廿三年」の誤りと推定している。
（30）『高野大師御広伝』上（『弘法大師伝全集』第一巻所収、前掲註26書）。
（31）高木訷元「空海の「出家入唐」」（前掲註29論文）は、『高野大師御広伝』上には「去廿三年四月七日出家入唐」とあると記しているが、正確には「去廿三年四月出家入唐」としか記されていない（前掲註30書二四二頁）。

(32)『延喜式』玄蕃寮、年分度者条(『訳注日本史料　延喜式』中、集英社、二〇〇七年、七〇一頁)。
(33) 高木訷元「空海の「出家入唐」」(前掲註29論文)。なお同論文の註(22)では、前掲註25の『日本紀略』延暦二十二年四月癸卯条を、延暦二十三年と誤記している。
(34) 佐伯有清「空海の入唐留学僧選任をめぐって」(『密教文化』一九九・二〇〇、一九九八年)。
(35) 兼意撰『弘法大師御伝』巻上(『弘法大師伝全集』第一巻所収、前掲註26書)。
(36) 勝賢撰『弘法大師行化記』上(『弘法大師伝全集』第二巻所収、ピタカ、一九七七年復刊)。なお、兼意撰『弘法大師御伝』巻上と勝賢撰『弘法大師行化記』上に収載されている空海戒牒は、延暦十四年四月九日に東大寺戒壇院において具足戒を受けたとする条文のあとに掲げられていて、しかもその日付は「延暦廿二年四月九日」となっており、右に「十四歟」と傍書されている。真福寺大須文庫蔵『弘法大師伝』は確認していない。
(37) 武内孝善「空海の出家と入唐」(『弘法大師空海の研究』所収、吉川弘文館、二〇〇六年、日本語初出は二〇〇五年)および「成稿一覧」(同上書)。なお武内氏は掲げていないが、延暦二十二年の日付を持つ空海戒牒は、撰者不詳の『弘法大師行化記』(『弘法大師伝全集』第二巻所収、前掲註36書)にも収載されている。
(38) 櫻木潤「空海の得度・受戒年次をめぐって――三十一歳説の再検討――」(『続日本紀研究』三六七、二〇〇七年)。
(39) 櫻木潤「平安時代初期の得度・受戒制度――空海の「出家入唐」をめぐる二種の太政官符を中心に――」(『ヒストリア』二〇八、二〇〇八年)。
(40) 武内孝善「空海の出家と入唐」(前掲註37論文)。
(41) 高木訷元「空海の「出家入唐」」(前掲註29論文)、同「入唐求法と唐における足どり」(前掲註29書所収、初出は一九九八年)。
(42) 空海の得度・授戒が入唐留学僧としての特例であったことについては、木内尭央「ふたりの出会い」(前掲註23書所収)などにも指摘がある。
(43)『御請来目録』(『大日本仏教全書』巻九六目録部二所収〈講談社、一九七二年〉、および『定本弘法大師全集』第一巻所収〈高野山大学密教文化研究所、一九九一年〉)。以下、同史料の引用は両書によるが、文意にしたがって句読点を改めた。なお『大日本仏教全書』では、引用箇所の最後を「必須速弁香花入灌頂、速弁香花入灌頂壇」に作る。

(44) 軔は「とめ木」の謂で、清寿撰『弘法大師伝』（『弘法大師伝全集』第一巻所収、前掲註26書）などには「軸」とあり、撰者不詳『弘法大師御伝』（『弘法大師伝全集』第二巻所収、前掲註36書）では「軸」につくる。

(45) 堀池春峰「弘法大師空海と東大寺」（『南都仏教の研究』上　東大寺編所収、法藏館、一九八〇年、初出は一九七三年）、同「入唐留学僧と長安西明寺」（『南都仏教史の研究』下　諸寺編所収、法藏館、一九八二年、初出は一九七六年）。

(46) 拙稿「入唐僧の情報ネットワーク——日本古代における文化受容の一様相——」（前掲註11論文）。

(47)『天台法華宗伝法偈』（前掲註13書）。

(48)「常暁和尚請来目録」（『大日本仏教全書』巻九六目録部二所収、前掲註43書）。なお常暁の仏教授学の経緯については、拙稿「太元帥法の請来とその展開——入唐根本大師常暁と第二阿闍梨寵寿——」（『遣唐使と入唐僧の研究』所収、高志書院、二〇一五年、初出は一九九一年）を参照されたい。

(49) 清寿撰『弘法大師伝』（前掲註44書）など。

(50)「御請来目録」（前掲註43書）および清寿撰『弘法大師伝』（前掲註44書）など。

(51)『性霊集』巻第五「与二福州観察使一入京啓」（日本古典文学大系『三教指帰　性霊集』所収、岩波書店、一九六五年）。

(52) 佐伯有清「空海の入唐留学僧選任をめぐって」（前掲註34論文）は、「常暁和尚請来目録」の「三十年」を「廿年」の誤りではないかとする。確かにその可能性は捨てきれないが、本稿ではしばらく現存史料にしたがって「三十年」と解釈しておく。

(53) 拙稿「円仁と遣唐使・留学生」（『円仁とその時代』所収、高志書院、二〇〇九年）。

(54)『日本後紀』延暦二十四年（八〇五）六月乙巳（八日）条。

(55)『日本後紀』延暦二十四年（八〇五）七月戊辰朔条に、藤原葛野麻呂が節刀を上ったとある。

(56) 史料6は「八月廿七日」につくるが、「伝教大師将来目録」所収「進官録上表」（『大日本仏教全書』巻九六目録部二所収〈前掲註43書〉、および『伝教大師全集』巻四所収〈世界聖典刊行協会、一九八九年復刊〉）や『顕戒論縁起』巻上所収「進二経疏等一表一首」（『伝教大師伝全集』巻一所収、前掲註10書）には「七月十五日」とある。

なお史料6が「八月廿七日」につくるのは、佐伯有清「叡山大師伝の校訂と注解」（『伝教大師伝の研究』第4章、前掲註9書）が指摘しているように、『顕戒論縁起』巻上所収の延暦二十四年八月二十七日付「大日本国初建二灌頂道場一定二受法弟子一内侍宣一首」の日付と混同したためである。

(57)「伝教大師将来目録」所収（『大日本仏教全書』巻九六目録部二所収〈前掲註43書〉、および『伝教大師全集』巻四所収〈前掲註56書〉）。

(58) 円珍撰『比叡山延暦寺元初祖師行業記』（『伝教大師全集』巻五所収、前掲註13書）では、常住寺とする。

(59)『顕戒論縁起』巻上所収「伝二三部三昧耶公験一一首」（前掲註10書所収）によれば、その日付は延暦二十四年九月七日で、「灌頂に預かる者、摠て八人あり」とみえる。

(60) このほか、『日本紀略』延暦二十四年九月壬午（十七日）条には、最澄に殿上で毘盧遮那法をおこなわせたとある。

(61) 木内尭央「天台密教の端緒」（『天台密教の形成――日本天台思想史研究――』所収、前掲註23書）。

(62) 曾根正人「平安京の仏教」（『古代仏教界と王朝社会』所収、吉川弘文館、二〇〇〇年、初出は一九九一年）。

(63)『顕戒論縁起』巻上所収（前掲註10書）。

(64)『顕戒論縁起』巻上所収（前掲註10書）は、「遠」字なし。『叡山大師伝』（前掲註9書）にしたがう。

(65)『叡山大師伝』（前掲註9書）は、「不空」を「無畏」に作る。

(66)『叡山大師伝』（前掲註9書）は、「有」を「結」に作る。

(67)『顕戒論縁起』巻上所収（前掲註10書）は、「歴」を「暦」に作る。『叡山大師伝』（前掲註9書）にしたがう。

(68)『叡山大師伝』（前掲註9書）は、「各令加其署」に作る。

(69)『類聚三代格』巻二、年分度者事所収、および『顕戒論縁起』巻上（前掲註10書）。

(70)『顕戒論縁起』巻上（前掲註10書）は、「譬」字なし。

(71)『顕戒論縁起』巻上（前掲註10書）は、「十二律呂」に作る。

(72)『顕戒論縁起』巻上（前掲註10書）は、続けて「符到奉行　参議正四位下行左大弁菅野朝臣直道　左少史賀茂県主立長」の字あり。

(73)『顕戒論縁起』巻上所収（前掲註10書）および『叡山大師伝』（前掲註9書）。

(74)『顕戒論縁起』巻上（前掲註10書）所収、「加二年分度者一定二十二人一僧統表一首」。

(75)『弘法大師伝全集』第一巻所収（前掲註26書）。

(76)『弘法大師伝全集』第一巻所収（前掲註26書）。

(77)『日本後紀』大同四年（八〇九）四月丙子朔条。

(78)「大同四年七月十六日付太政官符」（『高野大師御広伝』上所収、前掲註30書）。なお同じ官符は、藤原敦光撰・撰者不詳・行遍撰・勝賢撰の四種の『弘法大師行化記』（ともに前掲註36書所収）にもみえる。

(79)「勅賜世説屏風書了献表一首」（『性霊集』巻四所収〈前掲註51書〉、『高野大師御広伝』上〈前掲註30書〉）。

(80)「書二劉希夷集一献納表一首」（『性霊集』巻四所収〈前掲註51書〉、『高野雑筆集』巻上〈『定本弘法大師全集』第八巻所収、高野山大学密教文化研究所、一九九六年〉、『高野大師御広伝』上〈前掲註30書〉）。なお同じ上表は、『弘法大師行化記』（四種、ともに前掲註36書所収）にもみえる。

(81)「奉二献雑書迹一状一首」（『性霊集』巻四所収〈前掲註51書〉、『高野大師御広伝』上〈前掲註30書〉）。

(82)「奉二献筆一表一首」（『性霊集』巻四所収〈前掲註51書〉、『高野雑筆集』巻上〈前掲註80書〉、『高野大師御広伝』上〈前掲註30書〉）。なお同じ上表は、『弘法大師行化記』（四種、ともに前掲註36書所収）にもみえる。

(83)「献二雑文一表一首」（『性霊集』巻四所収〈前掲註51書〉、『高野大師御広伝』上〈前掲註30書〉）。なお同じ上表は、『弘法大師行化記』（四種、ともに前掲註36書所収）にもみえる。

(84)「書二劉庭芝集一奉献表一首」（『性霊集』巻四所収、前掲註51書）。庭芝（廷芝）は劉希夷の字である。なお武内孝善「高野山の開創とその意義」（『弘法大師空海の研究』所収、前掲註37書、初出は一九八八年）はこの奉献を弘仁二年のこととしているが、『性霊集』巻四の配列から考えれば弘仁三年にかけるべきか。

(85)「献二梵字幷雑文一表一首」（『性霊集』巻四所収〈前掲註51書〉、『高野大師御広伝』上〈前掲註30書〉）。なお同じ上表は、『弘法大師行化記』（四種、ともに前掲註36書所収）にもみえる。

(86)武内孝善「高野山の開創とその意義」（前掲註84論文）。

(87)「奉二為国家一請二修法一表一首」（『性霊集』巻四所収〈前掲註51書〉、『高野大師御広伝』上〈前掲註30書〉）。なお同じ上表は、『弘法大師行化記』（四種、ともに前掲註36書所収）にもみえる。

(88)「弘仁二年十一月九日付太政官符」（『高野大師御広伝』上所収、前掲註30書）。

(89)「弘仁七年七月八日付太政官符」（『高野大師御広伝』上所収、前掲註30書）、「於二紀伊国伊都郡高野峯一被請二乞入定処一表一首」（『続性霊集補闕抄』巻九所収、前掲註51書）。

(90)『高野大師御広伝』上（前掲註30書）。なお同様の記事は、『弘法大師行化記』（四種、ともに前掲註36書所収）にもみえる。

(91)『高野大師御広伝』上（前掲註30書）。なお同様の記事は、『弘法大師行化記』（四種、ともに前掲註36書所収）にもみえる。

(92) 西本昌弘「嵯峨天皇の灌頂と空海」（『関西大学文学論集』五六―三、二〇〇七年）。西本はこのほかに、「奉二為国家一請二修法一表一首」が提出されると、空海がかつて平城上皇に進献した経巻・仏像などを返還したうえで、宣して真言の伝授を許可したとして、『性霊集』巻四と『高野雑筆集』巻上をあげているが、『性霊集』巻四には該当する記事はなく、『高野雑筆集』巻上収載の藤中納言宛て書簡にも「今上、暦を馭して恩卉木に普く、勅ありて進るところの経仏等を返し賜ひ、兼ねて宣するに、真言を伝授せよといふことを以てす」とあるものの、時期を明示する表記はない。また『高野雑筆集』巻下を引用して、弘仁十年（八一九）七月には勅命により中務省に住して修法をおこなわせたとも述べているが、『増補再版弘法大師伝記集覧』（密教文化研究所、一九七〇年）では『発揮拾遺編』を引用している。

(93) 西本昌弘「空海請来不空・般若新訳経の書写と公認――一代一度仁王会の成立とも関係して――」（前掲註7論文）。

(94)『拾遺雑筆』（『定本弘法大師全集』第八巻所収、前掲註80書）。

(95) 武内孝善「高野山の開創とその意義」（前掲註84論文）。

(96)「承和三年（八三六）五月九日付太政官符」（『類聚三代格』巻二、修法灌頂事所収、および『高野大師御広伝』上〈前掲註30書〉）。

(97)『高野大師御広伝』上（前掲註30書）。

(98)『弘法大師諸弟子全集』巻上所収（大学堂書店、一九七四年復刊）、および藤原敦光撰・行遍撰・勝賢撰『弘法大師行化記』下（前掲註36書所収）。

(99)『弘法大師空海全集』第四巻（筑摩書房、一九八四年）、『定本弘法大師全集』第五巻（高野山大学密教文化研究所、一九九三年）などに所収。

(100) 西本昌弘「平城上皇の灌頂と空海」（『古文書研究』六四、二〇〇七年）。なお西本は「平城天皇灌頂文」の「平安城太上天皇」という表記について、「平安城御宇太上天皇」の略で、平安京で天下を統治した天皇の譲位後の謂称であるとしているが、西本も指摘しているように、諡号や追号で個々の天皇や太上天皇を呼称しない場合は「〇〇宮御宇天皇」あるいは「△△宮御宇太上天皇」と表記するのが通例で、「××城（御宇）太上天皇」と表記された例は寡聞にして知らない。あるいは空海が唐風に書き換えた可能性もなくはないが、平城還都を意図して実弟の嵯峨天皇と対立した平城太上天皇に対して「平安宮（城）」の称号を使用するとは、皮肉以外の何ものでもないと思われる。よってこの表記の「安」は従来通り、衍字ととらえるのがよいのではなかろうか。

(101) 阿部龍一「平安初期天皇の政権交替と灌頂儀礼」（『奈良・南都仏教の伝統と革新』所収、勉誠出版、二〇一〇年）。

(102) 薗田香融「平安仏教の成立」（『日本仏教史』Ⅰ所収、法藏館、一九六七年）など。

(103) 『日本後紀』大同五年（八一〇）九月己酉（十二日）条。

(104) 春名宏昭「平安期太上天皇の公と私」（『史学雑誌』一〇〇―三、一九九一年）。

(105) 儀制令1天子条。

(106) 筧敏生「太上天皇尊号宣下制の成立」（『古代王権と律令国家』所収、校倉書房、二〇〇二年、初出は一九九四年）。

(107) 『類聚国史』巻二五、帝王部五、太上天皇（平城天皇）所収、弘仁十四年（八二三）五月甲子（十一日）条、および同月壬申（十九日）条。

(108) 『弘法大師伝全集』第一巻所収（前掲註26書）。

(109) 『弘法大師諸弟子全集』巻上（前掲註98書）、『増補改訂日本大蔵経』第八四巻（鈴木学術財団、一九七六年）など。

(110) 西本昌弘「嵯峨天皇の灌頂と空海」（前掲註92論文）。

(111) 阿部龍一「平安初期天皇の政権交替と灌頂儀礼」（前掲註101論文）。

(112) 『日本紀略』弘仁十四年（八二三）四月庚子（十六日）条。

(113)「弘仁十四年十月十日付太政官符」(『類聚三代格』巻二、経論幷法会請僧事所収)。
(114)藤原敦光撰・撰者不詳・行遍撰・勝賢撰『弘法大師行化記』(前掲註36書所収)。
(115)曾根正人「平安初期南都仏教と護国体制」(『古代仏教界と王朝社会』所収、吉川弘文館、二〇〇〇年、初出は一九八四年)。
(116)『類聚三代格』巻二、年分度者事所収、および藤原敦光撰・撰者不詳・行遍撰・勝賢撰『弘法大師行化記』(前掲註36書所収)。
(117)曾根正人「平安初期南都仏教と護国体制」(前掲註115論文)。
(118)木内尭央「天台開宗と密教」(『天台密教の形成——日本天台思想史研究——』所収、前掲註23書)。
(119)『続日本後紀』承和三年(八三六)八月丁巳(二十日)条、『日本三代実録』貞観二年(八六〇)二月廿五日丙午条。
(120)拙稿「入唐僧円行に関する基礎的考察」(『遣唐使と入唐僧の研究』所収、前掲註48書、初出は一九九四年)。

『入唐五家伝』の編纂とその意義

柳田　甫

はじめに

『入唐五家伝』は、平安時代前期の入唐僧である恵運・宗叡・常暁・真如・円行の五人について、その家伝をまとめた僧伝史料である。『入唐五家伝』には六国史や他史料にはみえない独自の記載が散見され、九世紀の仏教情勢や対外関係を論ずるうえで欠かすことのできない史料となっている。しかしながら、『入唐五家伝』が持つ史料的性格については、十分な分析がなされているとはいいがたい。すでに森哲也氏によって、その書誌的事項や写本系統が明らかにされてはいるが、(1)成立時期や編者、編纂の史的背景等については、なお詳らかでない部分も多い。

本稿では、『入唐五家伝』の成立時期や編纂に至る過程を検討するとともに、本史料がどのような目的のもとに成立したのかを明らかにしたい。

一、『入唐五家伝』の構成

1、『入唐五家伝』の写本系統

『入唐五家伝』の写本は東寺観智院所蔵本をはじめ、宮内庁書陵部所蔵の続群書類従原写本（中山信名書写）、静嘉堂文庫所蔵本（内藤広前書写）、東京大学史料編纂所所蔵本および同機関所蔵の謄写本、国立公文書館所蔵本、国立国会図書館所蔵本、九州大学附属図書館所蔵本が確認されている。これらに加え、宮内庁書陵部所蔵の「真如親王入唐略記」も写本の一つに数えられる。

森氏はこれらを網羅的に検討・整理し、現存するすべての写本が東寺観智院本を祖本としていることを明らかにした。また明言はしていないものの、森氏は東寺観智院本を東寺僧・賢宝の自筆本とみているようだが、(2)後述する奥書の存在や、現在も東寺観智院金剛蔵聖教として所蔵されていること等からみても、かかる推測は妥当といえよう。第二節で詳述するように、筆者は『入唐五家伝』の編者を賢宝に求めるが、東寺観智院本が賢宝の自筆になるならば、同本こそ『入唐五家伝』の原本といえる。以上のことから、本稿における『入唐五家伝』の成立とは、東寺観智院本の成立と同義であることを、最初に確認しておく。

2、『入唐五家伝』の構成と原史料

『入唐五家伝』が、五人の入唐僧の家伝からなる複合史料であることは先に述べた。これらの家伝はそれぞれの書式が不統一で集録的であるだけでなく[(3)]、家伝そのものもまた複数の史料から構成されるという、重層的な構造を有している。したがって、『入唐五家伝』の成立過程を論じるにあたっては、これら諸家伝を構成する原史料についても個別に検討を加える必要がある。本節では、五つの僧伝がいかなる史料をもとに撰述されているのかを検討する[(4)]。

①安祥寺恵運伝

「安祥寺恵運伝」（以下、「恵運伝」）については、『安祥寺資財帳』と同内容の記事が大半を占めることから、同史料をもとに撰述されたと考えられる[(5)]。より正確には、「恵運伝」は『安祥寺資財帳』をもとに撰述された恵運家伝（「故少僧都法眼和尚家伝」）を書写したものというべきであり、それは次に掲げた「恵運伝」末尾の記載からも明らかである。

右件家伝、注顕進上如」件。

延喜元年十一月廿七日　都維那師伝灯住位僧

寺主伝灯大法師　　　上座々々々々

検校々々々々々　　　検校々々々々々

右の記述により、「恵運伝」原史料（恵運家伝）は中央への提出を目的として、延喜元年（九〇一）に安祥寺内で作成されたことがわかる。(6)これに関連して、延喜二年（九〇二）に撰述された『天台宗延暦寺座主円珍伝』(7)の奥書に、「以前の家伝、綱所の牒により、清書一本を国史所に奉ること已に訖んぬ。仍りて記す」とあることが留意される。近い時期に、国史所への提出、すなわち『新国史』への収載を企図して『円珍伝』が編纂された事実から、恵運家伝も同様に国史所へ進上するため撰述された可能性を想定できよう。ただし、恵運の没年は貞観十一年であり、(8)この時期は『日本三代実録』の収録範囲にあたる。しかし、『日本三代実録』の完成は、恵運家伝の成立より早い延喜元年八月であり、この時点で恵運の家伝を国史所へ提出しても、恵運の卒伝が『新国史』へ盛り込まれることはあり得ない。「恵運伝」の成立背景についてはなお検討を要するが、本稿では深く立ち入ることはせず、「恵運伝」の原史料が延喜元年に成立していたことを確認するに留めておく。

②禅林寺僧正伝

「禅林寺僧正伝」（以下、「宗叡伝」）は、『日本三代実録』元慶八年（八八四）三月二十六日丁亥条に載せられている宗叡卒伝とほぼ同内容の記事であり、両者は引用関係にあることが想定される。この点については、川尻秋生氏による指摘(9)が正鵠を射ていよう。すなわち「宗叡伝」は、「元慶八年二月廿六日丁亥。(三)殞霜。僧正法印大和尚位宗叡卒す」の文言より始まるが、月を「二月」とする以外は『日本三代実録』宗叡卒伝とほぼ同文である。川尻氏は、この文の「殞霜」に注目する。「殞霜」とは霜が降りたことを意味し、元慶八年三月二十六日の天候を記したもので、宗叡の死とは関係がない。つまり、「宗叡伝」撰述に際して『日本三代実録』を引用するにあたり、不注意にも本文と無関係な「殞霜」までも書き写してしまったというのである。従うべき見解といえよう。

③小栗栖律師伝

「小栗栖律師伝」（以下、「常暁伝」）の構成は、『続日本後紀』巻五・八・九の常暁関連条文を引用する前段と、「入唐根本大師記小栗栖寺」と題する常暁家伝の中段、常暁よりはじまる太元法阿闍梨の系譜を書き連ねた後段、そして三つの裏書からなる。

前段の『続日本後紀』引用文は、それぞれ『類聚国史』巻一八五・仏道一二僧位・承和三年（八三六）閏五月丙申（二十八日）条（『続日本後紀』逸文）、『続日本後紀』承和六年（八三九）九月辛丑（二十三日）条、『続日本後紀』承和七年（八四〇）六月丁未（三日）条を原史料としたことが確認でき、巻数・年月日・記事内容とも異同はみられない。

続く中段の「入唐根本大師記小栗栖寺」と後段の太元法阿闍梨系譜は、原史料の段階で接合していた可能性が高い。なぜならば、この二種の史料を合わせたものが、「太元法阿闍梨次第記亦云入唐根本大師記」なる史料のなかに、『入唐五家伝』と同じく「入唐根本大師記小栗栖寺」の名で収められているからである。(10)「太元法阿闍梨次第記亦云入唐根本大師記」に撰者・成立年次等の記載はないが、本文中に、

太元・大道持来以来、経レ朝及二今上十五代一。従二承和六年庚申一至二于長元元年戊辰一、廾一百九十年。唯当寺建立以後、従二丁巳年一至二于長元二年一、合三百七十三年。

とあることから、この史料がおよそ後一条天皇の長元二年（一〇二九）に作成されたこと、したがって太元法阿闍梨の系譜は、成立当初は第十六代信源（在任：寛弘七年〔一〇一〇〕～長暦二年〔一〇三八〕）までが記載されており、

以降の系譜は後代の追記であることがわかる。(11)

「入唐根本大師記小栗栖寺」には、およそ二系統の写本が存在する。一つは栂尾高山寺法鼓台文庫が所蔵する、

建久十年正月二日於二東寺仮屋一書写了一交了
賢覚法眼本云々

という奥書を持つ「賢覚法眼本」の系統であり、(12)いま一つは醍醐寺三宝院が所蔵する「入唐根本大師記」(13)である。このうち前者の高山寺所蔵本は、現存する写本のなかで最も古く、記事内容も太元法阿闍梨系譜の第二三代までは「常暁伝」とほぼ同文である。ただし、「常暁伝」の太元法阿闍梨系譜は、第三二代までで筆を止めるのに対し、高山寺所蔵本は第三五代までを記述していること(14)や、「常暁伝」は第三二代太元法阿闍梨を覚耀とするのに対し、高山寺所蔵本ではこれに賢覚を充てるなど、太元法阿闍梨系譜の後半部に異同箇所が散見される（表1）。一方の三宝院所蔵本は、第三二代太元法阿闍梨を覚耀とする点で「常暁伝」の記述と一致するが、成立時期は未詳であり、かつ第二四代宣慶以降は僧名を列記するのみで、補任年月日・師弟関係等を詳述する「常暁伝」とは対照的である。

「常暁伝」と「入唐根本大師記小栗栖寺」諸写本の異同は、主に太元法阿闍梨系譜に集中している

表1　諸史料にみえる太元法阿闍梨系譜の異同

太元法阿闍梨	入唐五家伝「常暁伝」	高山寺本	三宝院本	法琳寺別当補任
30代	賢覚	賢覚	賢覚	賢覚
31代	真助	真助	真助	真助
32代	覚耀	賢覚	覚耀	覚耀
33代		寛宗	賢覚	賢覚
34代		宗綾	寛宗	寛宗
35代		（僧名なし）		宗範

が、この系譜は他にも『法琳寺別当補任』[15]や、後述する「常暁伝」裏書(1)など、複数の異本が存在したと考えられる。これらのことから、一つの可能性として、「常暁伝」所載「入唐根本大師記小栗栖寺」の撰述は高山寺所蔵本など「賢覚法眼本」系の写本を参照しつつ、太元法阿闍梨系譜の後半部については異本によって補筆・修正されたことが考えられる。

最後に裏書だが、その記載内容の概略は以下の通りである。

(1)太元法阿闍梨系譜の真助より兼恵までを略述し、その上から大きく「×」を書く

(2)「故右大臣入道殿日記云」よりはじまる、大治五年（一一三〇）正月八日、第二九代太元法阿闍梨・琳覚が姉の喪により軽服で出来したことに関する記事

(3)康和六年（一一〇四）正月五日、興福寺宣覚が第二四代太元法阿闍梨に補任された経緯を記す記事と、嘉承三年（一一〇八）正月八日、良雅の第二五代太元法阿闍梨就任について、前代の宣覚が不満を漏らした記事

右のうち、(1)は表から続く太元法阿闍梨の系譜であるが、『法琳寺別当補任』が第四五代長海までを記すのに対し、この裏書は長海に続く成厳―寛海―兼恵までを列記している。また、第三四代寛宗[16]に続き、琳助の名を挙げるが、この人物が太元法阿闍梨に就いたとする記事は管見の限り認められず、いかなる史料にもとづくのか不明である。(2)(3)については、藤原宗忠が著した『中右記』の引用であることが、森氏によって明らかにされている。

④真如親王入唐略記

「真如親王入唐略記」（以下、「真如伝」）の記述は、「伝云」ではじまる真如の来歴を略述した冒頭部、真如の入唐求法を詳述した「頭陀親王入唐略記」、そして在唐僧好真の牒一点と、それに関する大宰府宛の太政官符二点からなる。さらに、「頭陀親王入唐略記」には裏書一九字が付されている。

冒頭部は、記事内容からみて『扶桑略記』元慶五年（八八一）十月十三日戊子条を抄出したものと推測される。続く「大同四年四月十三〔四カ〕日、立為二太子一」は『日本紀略』大同四年（八〇九）四月己丑（十四日）条、「弘仁元年九月十三日、廃二太子一」は『日本後紀』の同日条、「元慶五年十月三《十イ》日、自レ唐申二遷化由一。致二流沙一、於二羅越国一亡云々」は『日本三代実録』元慶五年十月十三日戊子条の真如薨伝を、それぞれ引用・抄出したものと考えられる。

次の「頭陀親王入唐略記」は、文中に「記註申二伊勢興房一」とあるように、真如の外祖父でともに入唐した伊勢興房が書き記した入唐記録である。本史料がいかなる過程を経て『入唐五家伝』に収載されたのかは不明だが、後述する「真如伝」奥書により、十四世紀中ごろには随心院に伝存していたことがわかる。

次に載せられた景福二年（八九三）閏五月十五日の「在唐僧好真牒」は、日本僧好真が唐僧弘挙の日本への招聘に成功したことを報告し、弘挙による日本での弘法を申請した文書である。これに対して朝廷は、寛平五年（八九三）八月十六日付太政官符「応レ給二衣粮大弘挙一事」で好真の申請を認めるとともに、弘挙らを篤く慰労するよう大宰府に命じた。続く年月日不明の太政官符「応大唐商人周汾等六十人事」は、おそらく右の好真・弘挙を載せて来日した唐商人・周汾に関してのものであろう。そうであるならば、この官符は、直前に載せられた寛平五年八月十六日太政官符と前後して発せられたものと考えられる。これら三点の牒・官符は、一連のものであった可能性が高い。

右の好真・弘挙に関する文書は、真如とまったく関係ないはずだが、なぜそれが「真如伝」に収められているのだろうか。ここで留意されるのは、真如遷化の風聞をもたらしたのが好真と同じく在唐僧の中瓘なる僧であったという点である。[17]『菅家文草』巻九・寛平六年（八九四）九月十四日付「請㆑令㆘㆓諸公卿㆒議㆗定遣唐使進止㆖状」には、「在唐僧中瓘、去る年の三月、商客王訥等に附して到る所の記録」がみえており、「真如伝」所載の「在唐僧好真牒」も、あるいはこの王訥に付託されて日本に届いた可能性がある。[18]好真と中瓘の関係については不詳とするほかないが、単なる混入ではなく、何らかの意図があって収載されたと考えるべきであろう。

最後に裏書であるが、これは「頭陀親王入唐略記」中の「本国留学円載法師」と記す箇所の裏に、「留学宣旨者可㆑住㆓唐土㆒也／請益宣旨者可㆓帰朝㆒也」と記したものである。この一文に対応する引用元の史料は想定しがたく、本文にみえる「留学」の語を説明するため、『入唐五家伝』編纂段階で添えられたものと考えられる。

⑤霊巌寺和尚伝

「霊巌寺和尚伝」（以下、「円行伝」）は、前段に円行の事蹟を記し、後段には付法弟子や「或血脈」「或記」「私云」の附載記事を載せる。

右のうち、前段の「円行伝」本文については、栄海（一二七八〜一三四七）撰『真言伝』巻三の円行条[19]の記事内容と非常に近似しており、細かい表現の差異を除けばほぼ同文といってよい。説話研究会編『真言伝　対校』[20]の頭注では、『真言伝』円行条の根本史料を『入唐五家伝』所収の「円行伝」に求めているが、次節で詳述する『入唐五家伝』の成立時期から考えれば、ここは逆に『真言伝』の記事を『入唐五家伝』が引いているとみるべきであろう。ただし、『真言伝』の原史料と考えられる「胎蔵大次第巻上幷序」(21)を引用しているとおぼしい記述も部分的に認められることから、(22)全体的な構成は『真言伝』を下敷きとしつつ、細かな表記や字句については、その原典（「胎蔵大次第巻上幷序」）にまであたって撰述されたものと推察される。『真言伝』にみえない文言のうち、「決二疑両部之大旨一、開二悟諸尊之密法一」という箇所は、円行の入唐請来目録である『霊巌寺和尚請来法門道具等目録』(23)に同文を確認できる。また「円行伝」前段にみえる「入唐求法次第、具如二請来録一」という記述は、明らかに『霊巌寺和尚請来法門道具等目録』を指していよう。以上より、「円行伝」の前段は『真言伝』巻三円行条を原史料とし、部分的に「胎蔵大次第巻上幷序」や『霊巌寺和尚請来法門道具等目録』の記載を引用・挿入したものと推察される。

続いて後段の附載記事であるが、最初に掲げられた「付法弟子」延最・三澄・泰澄・教日・貞隆の五人のうち、貞隆を除く四人については『血脈類聚記』二の円行条にその名がみえる。(24)しかし貞隆については種々の血脈に杲隣の付法弟子、すなわち円行の兄弟弟子として記載されるのみで、貞隆を円行の付法弟子とする史料は確認できない。(25)

次の「円行伝」後段にみえる「或血脈」については、それぞれ原史料とおぼしき記事を確認できる。

①或血脈云、付法弟子二人、教日・真頂云々。

②或血脈云、蓮台寺寛空僧正、初受二神日律師一、又習二円行和尚一云々。③南忠大師、初受二円行一、後受二慈覚一。

まず傍線部①にみえる「真頂」は、おそらく先に述べた貞隆の弟子・貞頂であろう。(26)そうだとすれば、心覚

（一一一七〜八二）撰『入唐記』の第三霊巌寺円行阿闍梨条にみえる、「師記云、円行付法二人。教日・貞頂」という記述と合致する。また傍線部②は、蓮台寺開山である寛空（八八四〜九七二）の法統を述べたもので、はじめ神日（八五一〜九一六）に就き、また円行にも師事したとする。元慶八年（八八四）生まれの寛空が、仁寿二年（八五二）に没した円行の弟子であるはずはないが、同様の記述は『東寺長者補任』巻一[27]の天禄二年（九七一）条にもみえており、そこでは「小野僧正記云」としてこの説を掲げている。小野僧正、すなわち真言宗小野流の祖・仁海（九五一〜一〇四六）の記述という点に誤りがなければ、傍線部②の説は、早くも十世紀後半から十一世紀前半には成立していたことになる。管見の限りでは、「小野僧正記」に該当する史料を見出せていないが、これに類する史料をもとに傍線部②が書き入れられたものと考えられる。傍線部③の南忠は、円仁の『入唐求法巡礼行記』巻四、承和十四年（八四七）十二月十四日条において、唐より帰朝した円仁を出迎えるために大宰府へ下向したことがみえ、円仁の弟子であったことが知られる。[28]南忠がもと円行の弟子であったことは、ほぼ同時代を生きた安然の『胎蔵界大法対受記』[29]に、「此の忠《（南忠）》大徳は、初め円行和上に従ひ経に依りて之を受け、後に慈覚大師に従ひて全和上の両巻儀軌を受く」とあることからも確かめられよう。記述も近似していることから、傍線部③は『胎蔵界大法対受記』を参照して書かれた可能性が高い。

　その次に載せられている「或記」には、実恵の命を受けた円行が空海の師恵果の墓前（長安青龍寺）に種々の信物を献じ、返礼として青龍寺義真らから大唐の方物を贈られた由緒が記されている。続く「私記」は、義真からの返礼品のうち、恵果受持の法具三点については義真の意向を汲んで空海の影前、すなわち高野山奥院に安置されていることを述べている。右の記述に関しては、鎌倉時代の真言僧である尚祚（?〜一二四五）が撰述した『奥院興廃記』[30]の「奥院御拝殿道具安置事」にほぼ同文が載せられており、これを原史料として撰述した可能性が高い。この「奥院御拝殿道具安置事」は、円行が入唐する際に実恵らから託された青龍寺宛ての書状（承和四年四月六日付「実恵等書状」）、円行の帰国に際して青龍寺円鏡らが実恵らに宛てた返書（開成四年閏正月三日付「青龍寺還状」）、それに付された返礼品の目録（「青龍寺義真等信物目録」）の三点を抄出したものと考えられる。[31] ただし、「円行伝」或記にある「遥申二孫弟之礼一」という語句は「奥院御拝殿道具安置事」にはみえず、原史料である「実恵等書状」に同文が確認できる。このことから、「円行伝」或記の撰述に際しては、「奥院御拝殿道具安置事」を参照しつつ、その原史料をも部分的に引用したことが推測される。

3、『入唐五家伝』生成の場

以上、甚だ煩雑な検討となったが、『入唐五家伝』がいかに多様な史料群から構成されているのかが明らかとなった。改めて『入唐五家伝』の原史料をまとめると、表2のようになる。

左表を一見して明らかなことは、『入唐五家伝』の原史料は六国史や私撰史書を除き、ほとんどが真言僧の手になる編纂物・写本に求めることができる点であろう。特に「円行伝」はその傾向が顕著である。唯一、『胎蔵界大法対受記』のみは天台僧安然の著作であるが、これとて東寺観智院金剛蔵聖教に天養元年（一一四四）の写本が伝えられており、東寺の蔵書として確認できるのである。

『入唐五家伝』の編纂は、このように多様な真言宗関連の史料を渉猟・集成できる環境においておこなわれたと考えられるが、果たして『入唐五家伝』が生成された場とはどこであったのだろうか。結論を先に述べれば、それは現在も『入唐五家伝』が所蔵されている東寺観智院が最もふさわしい。そしてこの東寺観智院、および同院の金剛蔵聖教の形成に関わった人物こそ、本節冒頭で『入唐五家伝』の編者とみなした東寺三宝の一人・賢宝であった。それでは、『入唐五家伝』はいかにして編纂されたのだろうか。続いては、『入唐五家伝』がいつ頃、どのようにして成立したのかを検討していく。

表2　『入唐五家伝』原史料一覧

家伝	項目	原史料
恵運伝		恵運家伝（延喜元年十一月二十七日撰）
宗叡伝		『日本三代実録』元慶八年三月二十六日丁亥条
常暁伝	冒頭部	『類聚国史』仏道十二承和三年閏五月丙申条 『続日本後紀』承和六年九月辛丑条 『続日本後紀』承和七年六月丁未条
	入唐根本大師記 小栗栖寺	「賢覚法眼本」系写本＋異本（？）
真如伝	冒頭部	『扶桑略記』元慶五年十月十三日戊子条 『日本紀略』大同四年四月己丑条 『日本後紀』弘仁元年九月十三日条 『日本三代実録』元慶五年十月十三日戊子条
	頭陀親王入唐略記	「随心院御本」
	在唐僧好真関連牒・官符	？
円行伝	本文	栄海『真言伝』円行条 「胎蔵大次第巻上幷序」（『小野六帖』所引） 『霊巌寺和尚請来法門道具等目録』
	或血脈①	「師記」（心覚『入唐記』所引）
	或血脈②	「小野僧正記」（『東寺長者補任』所引）
	或血脈③	安然『胎蔵界大法対受記』
	或記	尚祚『奥院興廃記』 承和四年四月六日付「実恵等書状」

二、『入唐五家伝』の成立

1、先行研究の問題点

本節では、『入唐五家伝』の成立時期とその背景について分析を加える。本史料の成立については、明確な年次の記載がなく、断定は困難といわざるを得ない。その年次比定については、管見の限り次の二説が提示されている。すなわち、『入唐五家伝』中に記載された年次のうち、「常暁伝」にみえる久安年間（一一四五～五〇）が最も新しいことから、平安時代末ごろの成立とみる梅沢伊勢三氏の説[32]と、「真如伝」の奥書に、

延文二年丁酉四月廿二日、於二東寺西院僧房一以二随心院御本一書写了。文字誤多。遂可二削直一レ之。
大法師賢宝生廿五
同廿六日、校合了。

とあることから、東寺三宝と称された賢宝によって延文二年（一三五七）ごろに編纂されたとする石井正敏氏[33]や小野勝年氏[34]の説である。

右の見解のうち梅沢説については、「常暁伝」の成立時期を判断する指標にはなり得るが、それが『入唐五家伝』全体の成立時期になるとは限らない。加えて、この説では「真如伝」奥書にみえる「延文二年」の説明がつかず、俄には従いがたい。

それでは、その「延文二年」ごろを成立時期とみる石井・小野両説はどうであろう。両説が「延文二年」を

『入唐五家伝』の成立年次とみなしたのは、遡れば『続群書類従』の識語に「右入唐五家伝、東寺観智院所蔵延文古本也」とあることに由来すると考えられる。『続群書類従』を編纂した塙保己一は、「真如伝」奥書にある「延文二年」の記載を『入唐五家伝』そのものの書写年次ととらえたのである。しかし、「延文二年」の奥書が『入唐五家伝』の末尾にあたる「円行伝」の後に記されていないことをふまえれば、この「延文二年」とは「真如伝」（あるいは「恵運伝」から「真如伝」まで）の書写年次を示すものと考えた方が穏当であろう。この点、森氏が東寺観智院蔵『入唐五家伝』における「円行伝」の料紙の状況から、いったん「真如伝」までの書写が完成して「延文二年」の奥書が記された後に、「円行伝」が追加された可能性を提示していることも留意される。

以上より、従来論じられてきた『入唐五家伝』の成立年次の比定については、改めて検討を加える必要があるだろう。次項では、延文二年ごろを成立時期とする石井・小野両説に対して検討を加えていく。

2、延文二年成立説に対する検討

石井・小野両氏は「真如伝」奥書を根拠に、『入唐五家伝』の成立を延文二年ごろ、東寺僧賢宝によって編纂されたとする。先述したように、この奥書は「真如伝」（もしくは「恵運伝」から「真如伝」まで）を書写した経緯を述べたものと考えられるが、『入唐五家伝』成立の背景を具体的に語っており、重要な記載である。そこで問題となるのは、なぜ延文二年に賢宝によって入唐僧の家伝が書写されたのかという点である。この点について、先行研究ではまったく言及がない。そこでこの疑問を解消するため、『入唐五家伝』編者と目される賢宝の来歴と、彼が延文二年ごろに置かれていた状況について検討していく。

賢宝は正慶二年（元弘三年・一三三三）に生まれた。十一歳の時、江州犬上郡草崎（現彦根市内）の寺において、老僧融賢から「恵果碑文」の暗誦を教授されており、[35]このころにはすでに仏門に入っていたものと考えられる。やがて延文四年（一三五九）五月、東寺の杲宝に従って伝法灌頂を受け、そして杲宝没後の貞治元年（康安二年・一三六二）に東寺供僧職、永和四年（一三七八）に東寺学衆となり、康応元年（一三八九）九月に法印権大僧都に任じられ、その直後に伝法会学頭となり、杲宝に継ぐ東寺教学の達者となっている。そして応永五年（一三九八）六月三十日に六十六歳で他界する。[36]

東寺観智院に現存する『入唐五家伝』は、東寺観智院金剛蔵聖教として伝わる膨大な聖教・文書群のなかの一点である。東寺観智院金剛蔵聖教は計三五八箱、一六〇五二件、三三一〇二点に及ぶとされるが、その大半は杲宝・賢宝師弟が書写・撰述・収集したものである。[37]東寺観智院金剛蔵聖教のうち、杲宝・賢宝の奥書を有する聖教を整理・検討した西弥生氏によれば、師弟による聖教書写・撰述は元亨四年（一三二四）から応永五年（一三九八）までの約七〇年にわたって続けられ、一四〇〇点以上にものぼるという。[38]留意されるのは、その点数もさることながら、一つひとつの聖教の書写・撰述期間が短く、極めて迅速に進められていることである。延文二年を例にとれば、賢宝は四月十八日に『円珍和尚伝』を、同月二十二日に「真如伝」[39]を、さらに同月二十八日には『延命院前大僧都遺訓』を、いずれも東寺西院僧房で書写している。これはこの年に限ったことではなく、晩年に至るまで精力的な聖教書写・撰述を続けている。

先に、延文二年に『入唐五家伝』の「真如伝」までが書写されたのち、「円行伝」が後から追補されたとする森氏の推測を紹介した。「真如伝」の書写は四月二十二日であるが、同月二十六日には校合を加えており、その旨を奥書に記しているから、この時点ではまだ「円行伝」の追補はなかったことになる。そして間を置くことなく、すぐに次の書写に取りかかっている。

以上のことから、延文二年ごろの賢宝は、あくまで書写すべき聖教類の一つとして「真如伝」に触れたのであり、この時点で『入唐五家伝』を編纂しようという意識はなかったのではあるまいか。そう考えてよいのなら、延文二年という年次は『入唐五家伝』の原史料（の一部）が書写された時期ではあっても、『入唐五家伝』の成立時期とするのは難しいことになる。

3、「恵運伝」の朱筆と『安祥寺資財帳』

前項での指摘は史料的裏づけを持つものではないが、現存する東寺観智院所蔵『入唐五家伝』の「恵運伝」を検討することで、この推論を補強してみたい。

「恵運伝」の末尾には、

右比二校安祥寺資財帳一、不レ審字直レ之了。賢宝記レ之

という朱筆が認められる。これに対応するように、「恵運伝」本文中には賢宝のものと考えられる朱筆の注記が散見する。(40) 右の朱筆にみえる「安祥寺資財帳」とは、東寺観智院旧蔵『安祥寺資財帳』（現京都大学所蔵）のことを指すと考えられるが、その識語には次のような記述がある。(41)

本批云、

本書安二置勧修寺宝蔵之梁上一、数十年来人不レ知之間湿損、雨露多失二文字一。適二所見及一、以二散位広兼朝臣一

令レ書二写之一。

保延二年十月　日　前少僧都寛信

至徳二年七月日、以二勧修寺法務御持本一、命二宗海阿闍梨一令二書写一了。　権大僧都賢宝

書様散々也。重可レ書二改之一。

これによると観智院旧蔵『安祥寺資財帳』は、もともと勧修寺の宝蔵に安置されていたものを、保延二年（一一三六）に勧修寺法務の寛信（一〇八五～一一五三）が筆写させた。その寛信書写本を、至徳二年（一三八五）に賢宝が弟子の宗海に命じて書写させたのだという。この宗海書写本をもとに、右の「恵運伝」末文がいう「比校」がおこなわれたのだとすれば、そこにみえる朱筆は宗海が『安祥寺資財帳』を書写して以降、すなわち至徳二年以降に書き入れられた可能性が高い。換言すれば、『入唐五家伝』が今日伝わる形態となったのは、至徳二年をそれほど下らないころといえるのではないだろうか。

もっとも、「恵運伝」末文にみえる「安祥寺資財帳」が、寛信書写本そのものを指している可能性もある。その場合、「恵運伝」への朱筆書き入れの時期は至徳二年以前ということになり、延文二年成立説への確たる反証にはなり得ない。しかし、賢宝が『安祥寺資財帳』を書写し、また「恵運伝」と『安祥寺資財帳』を比校したことは個別の事象ではなく、関連した一連の事柄であったと考えるべきである。その点を明らかにするため、次に安祥寺五大虚空蔵菩薩像の移転事業を取り上げる。

4、安祥寺旧蔵五大虚空蔵菩薩像の移転

至徳二年、賢宝が宗海に命じて『安祥寺資財帳』を書写させたことには理由があった。それは、それ以前に賢宝が安祥寺を訪れていたことに由来する。

現在、東寺観智院の本尊として祀られている五大虚空蔵菩薩像は、もとは安祥寺金堂に安置されていたもので、安祥寺開基である恵運が唐より請来したものとされている。五体の虚空蔵菩薩像のうち、法界虚空蔵菩薩像の台座框中段の銘文(42)は、その由緒を次のように記している。

当レ安二置五大虚空蔵一縁記事

先師賢宝法印記云、安祥寺金堂、先年大風之時顚倒、本尊以下砕而混二合塵土一。予参詣之処、哀涙傷嗟銘肝。五大虚空蔵（根本上安祥寺安置唐尊体也。）本尊纔以相残、御光・持物等寒（零）落年尚、御□（鳥）獣等如二形相残一。永和二年二月申二請勧修寺先門主親王寛ー（胤）一奉レ遷二渡彼霊像於東寺観智院一、漸々所レ奉レ加二修複（復）一也。請二来大師恵運一、三修等早廻二慈眼一速令レ成二心願一給。

権少僧都賢宝（生年四十四）

右記大概注レ之。又嘉慶二年二月十二日、安二置当堂一云々。恵運僧都入唐、承和十四年請来以後五百四十二年也。

永和修復以来、尊体・持物朽散之間、旦暮拝二見之一傷嗟之処。不レ図依レ有二檀越崇敬一、俄悉以修複（復）畢。是併本尊恵運等廻二慈眼一給者也。

于レ時永享七年七月　日

法印権大僧都宗賢（生□五十八）記レ之。

檀那　禅定尼正貞

本尊奉二修理一之外、仏檀（壇）造修之功有レ之。

（後略）

右によれば、先年の大風によって安祥寺金堂が顚倒し、本尊である五大虚空蔵菩薩像も損壊してしまった。賢宝は安祥寺を訪れた折にその有様をみて哀傷し、永和二年（一三七六）二月、当時安祥寺を管轄していた勧修寺長吏の寛胤法親王に五大虚空蔵菩薩像を観智院へ移転して修復することを請うたという。修理・移転にはかなりの歳月を要したらしく、右の史料によれば申請から十年以上を経た嘉慶二年（一三八八）二月十二日、ようやく観智院に安置された。

『安祥寺資財帳』が書写された至徳二年は、五大虚空蔵菩薩像が観智院に移転される三年前にあたる。両者の年次が接近しているのは偶然ではなく、五大虚空蔵菩薩像の修理にある程度の目処がつき、観智院への移転を控えた時期に、改めて尊像の来歴を確認しようとしたのではないだろうか。

『安祥寺資財帳』が記す五大虚空蔵菩薩像については、

法界虚空蔵仏像壱軀
金剛虚空蔵仏像壱軀
摩尼虚空蔵仏像壱軀
蓮花虚空蔵仏像壱軀

業用虚空蔵　脱落乎。可レ見レ正耳。

右五仏、綵色、各騎二鳥獣一。並大唐

と簡略ながら、その由来を示す根本史料と認識されたようである。時代は下るが、『安祥寺資財帳』がまだ観智院に蔵されていた江戸期の修理奥書には、

右依レ令二蠹損遂修補一了。此巻、当院本尊五大虚空蔵之事被レ載レ之。彼此秘蔵之本也。後資曬軸勿レ怠々々。

元文四己未年七月十六日

時　東寺三ヶ院供僧幷学衆　勧修寺浄土院幷勧流安祥寺　小嶋流兼士　権僧正賢賀

とみえ、『安祥寺資財帳』が五大虚空蔵菩薩像の由緒書としての機能を与えられていたことがわかる。

ここまでみてきたことをふまえ、改めて「恵運伝」末文朱筆に目を向ければ、賢宝がなぜ「恵運伝」と『安祥寺資財帳』を対校し、朱筆を書き入れたのかという疑問も解消する。つまり賢宝は、もともと安祥寺金堂に安置されていた五大虚空蔵菩薩像を修理して観智院へ移転するにあたり、尊像の由来や請来者恵運の来歴を調べるうち、勧修寺に蔵された『安祥寺資財帳』の存在と、自らが延文二年に書写した「真如伝」をはじめとする入唐僧の家伝に思い到った。ここに至り、賢宝は五つの家伝を集成して、『入唐五家伝』を編纂したのではないだろうか。

右の推論を是とするならば、『入唐五家伝』の成立は延文二年に「真如伝」までを書写した第一段階と、至徳二年ごろに「恵運伝」に朱筆が書き入れられた第二段階を経て、現在の形態に落ち着いたということになる。(43)

三、『入唐五家伝』成立の背景とその意義

前節では、『入唐五家伝』成立の前提に、杲宝・賢宝師弟による聖教類の書写・撰述活動があったことを述べた。それではなぜ彼らは、膨大な数にのぼる聖教類の書写・撰述をおこなったのであろうか。その背景には、中世における東寺の衰退と再興事業があったと考えられる。

元来、真言密教では教相（教理的側面）と事相（祈禱・修法等の実践的側面）の双方を修することが求められ、両者は車の両輪のように不可分一体のものとされてきた。しかし院政期以来、現世利益に直結する事相への社会的関心と期待が集中する一方で、難解な教相に対する社会的需要は少なかった。そのため、事相の二大法流である小野・広沢両流の拠点となった醍醐寺や仁和寺は、世俗権力との関係を強めながら発展を遂げていったのに対し、鎌倉時代以降の東寺は劣勢とならざるを得なかった。[44] このような状況のもと、後宇多法皇は徳治三年（一三〇八）、六ヵ条におよぶ「東寺興隆条々事書」[45]を記して東寺再興の理念を示した。東寺観智院金剛蔵聖教を構成する膨大な聖教類の書写・撰述も、後宇多法皇の立願にもとづく東寺再興事業の一環だったのである。[46]

また、右の後宇多法皇の立願を受けて、東寺の独自性や優位性を改めて強調しようとする動きが東寺内に生まれた。その中心となったのが、東寺住僧の杲宝・賢宝である。杲宝は著書『我慢抄』[47]において、「夫れ仁和・醍醐の両寺は、東寺の左右に在り。大師の遺法を住持し、共に朝廷の護持を法《はか》り、同じく万国の利安を祈る。喩《たと》へば車の両輪の如く、亦《また》鳥の二翼に似たり」と記し、醍醐寺・仁和寺が東寺を左右から支えて朝廷の護持にあたってきたという認識を示している。前述した中世における東寺・醍醐寺・仁和寺の関係性をふまえれば、杲宝の認識は事実とはいいがたい。しかしその認識の背景に、真言宗の密教（東密）が東寺一寺のみならず、弘法大師の

法流を継承する諸寺院から構成されていたこと、それら諸寺院を総称して「東寺一門」と称した事実があったことには留意するべきであろう。(48) すなわち杲宝は、「東寺一門」からなる真言宗の存在意義や、その中核である東寺の権威性を主張しようとしたのである。(49)

以上のような前史をふまえ、改めて東密あるいは「東寺一門」における『入唐五家伝』の意義を考えたとき、「東寺五家」との関連が想起される。「東寺五家」とは、東密に属する平安時代前期の入唐僧五人を指す語で、管見では十三世紀ごろより確認できる。(50) この「五家」という概念が、安然の『諸阿闍梨真言密教部類総録』(51)（『八家秘録』）にみえる「入唐八家」に由来していることは、次に掲げる「醍醐寺重陳状案」(52) の一文からも明らかであろう。

又真言請来之家有二八家一。東寺之弘法・宗叡・恵運・円行・常暁、天台之伝教・慈覚・智証也。所謂世間名目云、東寺五家・山門三家云々。

この記載から、「東寺五家」とは安然が『八家秘録』に挙げた平安時代前期の入唐僧八人のうち、真言宗に連なる五人を指す語であったことがわかる。そして「東寺五家」のうち、空海を除く四人の僧伝が『入唐五家伝』に収められているのである。『入唐五家伝』の構成が入唐八家を下敷きにしていることは、早くより指摘されてきた。(53) それではなぜ、賢宝は東密の入唐僧伝を編纂したのであろうか。この問題を検討するにあたっては、前述した東寺の独自性・優位性を喧伝しようとした杲宝・賢宝の活動を考慮すべきである。

「東寺五家」の筆頭である空海が『入唐五家伝』から除かれている理由は、彼を別格として独立した僧伝を編纂する意図があったためであろう。東寺に所蔵されている『弘法大師行状絵』(54) は、空海の行状を絵と詞書であらわしたもので、複数ある弘法大師伝絵巻のなかで最も詳細かつ教学的な絵巻とされる。この『弘法大師行状絵』の制作には、賢宝が深く関わっており、その背景として東寺興隆や教学復興の動きがあったことが明らかにされている。[55]東寺所蔵『弘法大師行状絵』の特徴は、空海の行跡とは直接関わりがないはずの事柄や、空海が入滅してからかなり後の記事が散見される点にある。具体的には、東寺長者を歴任した小野・広沢両流の僧侶、とりわけ醍醐寺僧・仁和寺僧の事相面における功績が、先行する弘法大師伝絵巻の諸本よりも多く盛り込まれているのである。このような叙述は、空海の行状という枠を越えて、「東寺一門」の歴史を辿った絵巻を制作しようという賢宝の意図を反映しており、先述した杲宝の「東寺」観が弟子の賢宝へと継承されていたことがわかる。[56]したがって、賢宝はまず「東寺五家」の筆頭である空海の行状を介して、「東寺一門」を構成する諸寺院の意識共有と関係強化を図ったのである。

それでは「東寺五家」のうち、残る四人と真如の僧伝が撰述され、『入唐五家伝』としてまとめられた目的は何だったのであろうか。実のところ、同じ「東寺五家」といっても、筆頭をなす空海とほかの四人では、その扱いに大きな差があった。空海の事蹟は、前述した『弘法大師行状絵』などによって盛んに喧伝されたが、一方でほかの真言入唐僧はその影に隠れてしまい、十分な評価がなされてこなかったのである。そのようななかで、空海以外の真言入唐僧を積極的に評価しようとしたのが、賢宝の師である杲宝であった。先に掲げた『我慢抄』は、比叡山僧徒らが朝廷へ送った申状（「山門申状」）に対して、杲宝が反論・批判を加えた書である。この「山門申状」では、空海が最澄の孫弟子であるなど、種々の事柄を取り上げて天台宗の優位を主張しており、その一つに「熾盛光法非㆓正流相承㆒事」がある。そこでは東寺を差し置き、円仁が建立した延暦寺惣持院こそを鎮護国家の霊場と位置づけるとともに、嘉祥三年（八五〇）に円仁が創始し、同所で修されるようになった熾盛光法を「何ぞ況むや、熾盛光法は吾が山《（延暦寺）》独り之を伝へ、他家の知らざる所なり」と言い切っている。これに対して杲宝は、東寺が「教王護国寺」の額を頂き、鎮護国家の祈禱を一手に担ってきたことを述べたうえで、熾盛光法について、

私云、（中略）次熾盛光法者、東寺五家之中恵運・宗叡、専伝レ之。熾盛光仏頂威徳光明真言儀軌一巻。恵運、請二来之一。慈覚、同持二来之一。但訳者不レ詳。次大聖妙吉祥菩薩説除災教令法輪一巻、亦名熾盛光仏頂。戒賢三蔵訳。宗叡、請二来之一。大妙金剛大甘露軍荼利焔鬘熾盛仏頂経一巻。達磨栖那訳。恵運・宗叡、共請二来之一。従レ尓以来、東寺又雖レ習二伝之一、強以不レ為二規摸一。慈覚大師、唯請二来初一本一不レ得二後二部一。恐可レ謂二受学未一レ尽。此外、熾盛光念誦儀軌一巻、亦名熾盛光要法。不レ入二諸家之録一。記者・請来共以不二分明一。然則、此法非二金智・不空等正嫡所伝一、師資相承、其源如何。但山門有二熾盛光経一巻一、号二不空訳一。彼経奥書云、件経是延喜七年従二大唐一来商人随身将来、進二上左丞相一之本也。即従二大殿一而賜レ之瀉得也。同年九月廿七日、清涼坊記云云。如二奥書一者髣髴無極不レ足二指南一。当知高祖所レ得者従二大日法身一以来嫡嫡相承不レ交二異伝一。山門賞二此法一者傍流之所レ致。雑得之令レ然之故也。

と論じている。右によれば、熾盛光法の典拠となる経典には四種あり、東寺五家の恵運・宗叡が計三種を請来したのに対し、円仁が請来したのは訳者不明の一種のみであった。また残る一種は、比叡山に不空訳と称すものが伝存するが、その奥書によれば、延喜七年（九〇七）に唐商人から左大臣藤原時平に贈られた本を書写したものだという。以上のことから杲宝は、熾盛光法を始修した円仁は、修法に対する習学が未熟であった可能性を指摘し、その円仁が伝えた法門についても、「雑得」したもので「傍流」に過ぎないと断じている。

延暦寺側の批判を逆手にとり、山門四箇大法の第一として崇重された熾盛光法の弱点をあぶり出す論調は、東寺三宝と称された杲宝の面目躍如といえようが、その論拠として恵運・宗叡ら「東寺五家」の請来経典を挙げていることは注目に値する。(57)

「東寺五家」を天台宗の入唐僧「山門三家」と対置する姿勢は、前掲した「醍醐寺重陳状案」のほか、根来寺の頼瑜（一二二六～一三〇四）や高野山の宥快（一三四五～一四一六）の著作にも認められる。(58)杲宝・頼瑜・宥快は、いずれも中世東密における屈指の学匠であり、後世には「南山宥快は空海の皮を得、頼瑜は空海の肉を得、杲宝は空海の骨を得る」(59)と並び称された。この三者に共通することとして、いずれも台密批判をおこなっている点が注目される。(60)「東寺五家」が再評価されるようになった背景を台密批判のみに求めることは早急に過ぎようが、東台両密の相違点や優劣が議論されるなかで、東密形成に影響を与えた初期真言入唐僧の業績にも関心が持たれるようになったと考えることは、あながち的外れな指摘ではないだろう。

以上のように、空海以外の「東寺五家」の活動が再評価され、家伝が『入唐五家伝』に収載されたのであれば、そこに真如の家伝が加えられたのはなぜであろうか。真如の場合、入唐求法という枠に留まらず、西天竺への渡航を志した点で、ほかの入唐諸家とも異なる存在であった。虎関師錬が元亨二年（一三二二）に撰した『元亨釈書』巻十六・力遊九・釈真如条には、

賛曰、(中略)自㆓推古㆒至㆑今七百歳、学者之事㆓西遊㆒也、以㆓千百数㆒。而跋㆓印度㆒者、只如(真如)一人而已。吾以㆑如為㆓求法之魁㆒者是也。

とみえる。平安時代中後期以降、日本僧の中国渡航は増加していくが、入竺求法を果たした者は真如をおいてほかにない。(61)『元亨釈書』の撰述は『入唐五家伝』が成立する数十年前になるが、右に挙げた虎関師錬の賛辞は十四世紀当時の一般的な認識をある程度反映したものとみてもよいのではあるまいか。本朝唯一の入竺求法者である真如の事蹟を顕彰することは、その延長線上にある東密・「東寺一門」の存在意義や権威性を強調することにもつながる。そのような意図のもと、賢宝は『入唐五家伝』に真如伝を加えたのではないかと考えたい。

以上を要するに、『入唐五家伝』が編纂された背景には、後宇多法皇による東寺復興事業と、それにともなって東寺の独自性・優位性を強調しようとする動きがあり、その中核をなしたのが杲宝・賢宝師弟であった。杲宝は、自らの著作において東寺を中心とする真言宗像を提示したが、それは弟子である賢宝に受け継がれた。真言宗内における東寺の優位性を主張するため、賢宝はそれまであまり注目されてこなかった空海以外の「東寺五家」や、唯一の入竺求法僧である真如に着目したのである。これら初期真言宗を支えた入唐僧の家伝をまとめることによって、真言宗内における東寺の独自性・優位性を主張することこそ、賢宝が『入唐五家伝』を編纂した目的であったと考えられる。

おわりに

以上、『入唐五家伝』の成立過程と編纂意図について検討してきた。最後に、本稿における検討によって得られた結論をまとめておく。

第一節では、『入唐五家伝』を構成する原史料を析出した。これにより、『入唐五家伝』が重層的な構造を持つこと、原史料の多くが真言宗関連の史料であることを確認した。

第二節では、『入唐五家伝』の成立時期について、従来の延文二年説に再検討を加えた。その結果、延文二年は『入唐五家伝』の原史料が書写された時期にあたり、『入唐五家伝』が今日に伝わるかたちとなったのは、「恵運伝」への朱筆が書き込まれた至徳二年以降の可能性が高いことを指摘した。

第三節では、『入唐五家伝』成立の背景として、後宇多法皇による東寺興隆の立願を受け、杲宝・賢宝の師弟による聖教類の書写・撰述事業があったことを述べた。また同時期の東寺内部において、東寺の独自性・優位性を喧伝しようとする動きが興り、真言宗内における東寺の存在意義や権威性を主張するために『入唐五家伝』が編纂された可能性を指摘した。

従来『入唐五家伝』は、平安時代前期の僧伝や対外関係史料としてしか評価されてこなかったが、本稿での検討により、中世仏教史料としての性格をも有していることが明らかになったように思われる。かかる考察によって、同史料に関する研究が一層進展することを期待したい。残された課題は、右の分析結果をふまえたうえで、個々の僧伝をいかに読み解くかという点になるだろう。これについては今後の課題とし、稿を改めて検討することとしたい。

註

（1）森哲也「『入唐五家伝』の基礎的考察」（『市史研究　ふくおか』三、二〇〇八年）。以下、本稿における森氏の論説はすべて同論文による。なお、森哲也「『入唐五家伝』の基礎的考察・補考」（『市史研究　ふくおか』一二、二〇一七年）も参照。

(2) 森哲也「『入唐五家伝』の基礎的考察」（前掲註1論文）三八・三九頁、四七頁注6。
(3) 梅沢伊勢三「入唐五家伝」（続群書類従完成会編『群書解題』二、続群書類従完成会、一九六一年）。
(4) 本稿では紙幅の都合により、『入唐五家伝』および対応する原史料の本文については省略せざるを得なかった。『入唐五家伝』の本文は、佐藤長門編『遣唐使と入唐僧の研究　附 校訂『入唐五家伝』』（高志書院、二〇一五年）附載の「校訂『入唐五家伝』」を、各僧伝の原史料については、個々に示した典拠を参照されたい。
(5) 梅沢伊勢三「入唐五家伝」（前掲註3解説）。
(6) 安祥寺三綱の署名欄が空白であることから、「恵運伝」の原史料は寺内に保管された案文であったと考えられる。
(7) 三善清行撰。鈴木学術財団編『大日本仏教全書七二　史伝部一一』（鈴木学術財団、一九七二年所収）。
(8) 『元亨釈書』『明匠略伝』は貞観十三年（八七一）とする。
(9) 川尻秋生「入唐僧宗叡と請来典籍の行方」（『早稲田大学會津八一記念博物館　研究紀要』一三、二〇一二年）。
(10) 『弘法大師諸弟子全集』下（六大新報社、一九四二年）。
(11) 『弘法大師諸弟子全集』下（前掲註10書）一四五頁が載せる、編者の長谷宝秀氏による注釈。
(12) 『弘法大師諸弟子全集』下（前掲註10書）所収「太元法阿闍梨次第記亦云入唐根本大師記」の底本。享保九年（一七二四）書写の仁和寺御室本は、高山寺所蔵本を書写したものである。
(13) 東京大学史料編纂所データベースの「日本古文書ユニオンカタログ」で画像を確認した。
(14) 僧名の記載があるのは第三四代までで、続く第三五代は「第卅五」とのみ記す。
(15) 『続群書類従四下　補任部』（訂正三版、続群書類従完成会、一九七八年）。「常暁伝」と『法琳寺別当補任』の記事内容には異同が多く、『法琳寺別当補任』が「常暁伝」の太元法阿闍梨系譜の原史料である可能性は低い。
(16) 『法琳寺別当補任』による。なお、「太元法阿闍梨次第記亦云入唐根本大師記」は第三代とする。
(17) 『日本三代実録』元慶五年十月十三日戊子条。
(18) 森公章「九世紀の入唐僧——遣唐僧と入宋僧をつなぐもの——」（『成尋と参天台五臺山記の研究』所収、吉川弘文館、二〇一三年、初出は二〇一二年）。
(19) 鈴木学術財団編『大日本仏教全書六八　史伝部七』（鈴木学術財団、一九七二年所収）。
(20) 説話研究会編『真言伝　対校』（勉誠社、一九八八年）。

(21)　円行の弟子である教日の撰述になり、仁海撰『小野六帖』巻五に所載されている。なお『小野六帖』にはいくつかの写本が存在するが、『真言伝』の原史料となったのは、栄海自身が校合を加え、東寺観智院に伝存する本（観智院金剛蔵聖教　特八箱第二九号一～六）であろう。

(22)　例えば、「円行伝」で「年廿五就二高野贈僧正一」とある箇所について、『真言伝』では「年二十五及弘法大師随」とあるのに対して、「胎蔵大次第巻上幷序」には「年二十五就二高野贈僧正一」とみえ、「胎蔵大次第巻上幷序」の方が「円行伝」に近い記述がみられる点など。

(23)　鈴木学術財団編『大日本仏教全書九六　目録部二』（鈴木学術財団、一九七二年所収）。こちらは「決疑両部之大法」とする。

(24)　『真言宗全書』三九（続真言宗全書刊行会、一九七七年）。ただし、泰澄は「泰演《澄イ》」とされる。

(25)　貞隆が円行の弟弟子であるならば、師僧杲隣の没後に兄弟子である円行に師事した可能性はある。

(26)　貞頂がもともと貞隆の弟子であったことは、『野沢血脈集』巻一高《（杲）》隣条（『真言宗全書』三九、続真言宗全書刊行会、一九七七年）により確認できる。

(27)　国書刊行会編『続々群書類従二　史伝部1』（続群書類従完成会、一九六九年）。

(28)　小野勝年『入唐求法巡礼行記の研究』四（鈴木学術財団、一九六九年）。

(29)　鈴木学術財団編『日本大蔵経八一　宗典部　天台宗密教章疏三』（鈴木学術財団編、一九七六年）。

(30)　嘉禄元年（一二二五）成立。鈴木学術財団編『大日本仏教全書八七　寺誌部五』（鈴木学術財団、一九七二年所収）。

(31)　三点とも『弘法大師伝全集』（六大新報社、一九三四年）に所収。なお、これら三史料については、佐藤長門「入唐僧円行に関する基礎的考察」（『遣唐使と入唐僧の研究　附校訂『入唐五家伝』』所収、前掲註4書、初出は一九九四年）を参照。

(32)　梅沢伊勢三「入唐五家伝」（前掲註3解説）。

(33)　国史大辞典編集委員会編『国史大辞典』一一（吉川弘文館、一九九〇年）の「入唐五家伝」項。

(34)　古代学協会・古代学研究所編『平安時代史事典』（角川書店、一九九四年）の「入唐五家伝」項。

(35)　観智院金剛蔵聖教「恵果碑文」（七五箱一三号）の奥書。

(36)　橋本初子「杲宝と賢宝――中世寺院における師弟関係の一考察――」（中世寺院史研究会編『中世寺院史の研

究』下、法藏館、一九八八年）。
(37) 築島裕「聖教類の概要㈣聖教（論疏・儀軌・抄物）」（京都府立総合資料館編『東寺観智院金剛蔵聖教の概要』京都府教育委員会、一九八六年）。
(38) 西弥生「観智院杲宝・賢宝の教相修学と「大日経疏」」（『寺院史研究』一四、二〇一三年）。
(39) 西弥生「観智院杲宝・賢宝の教相修学と「大日経疏」」（前掲註38論文）では「入唐五家伝」とするが、本稿の分析に従って「真如伝」、または「恵運伝」から「真如伝」と理解する。
(40) 東寺観智院所蔵本についてはモノクロの影印しか参照できていないが、「恵運伝」末文が朱筆であることは森氏が明記している。また「恵運伝」末文を含め、東寺観智院所蔵本で朱筆と思われる箇所を宮内庁書陵部所蔵の続群書類従原写本と比較し、いずれも朱筆であることを確認した。
(41) 釈文は、中町美香子「釈文」（京都大学文学部日本史研究室編『京都大学史料叢書一七　安祥寺資財帳』思文閣出版、二〇一〇年）によった。
(42) 「東寺観智院法界虚空蔵像台座框銘文」（『大日本史料』第六編第四六冊、一八九～一九一頁）。
(43) 「円行伝」の追補は、第一段階と第二段階の間か、第二段階の後におこなわれたことになる。これらの前後関係を明らかにすることは難しいが、追補の意図は『入唐五家伝』の編纂であろうから、それを賢宝が意識するようになる至徳二年（第二段階）に近い時期におこなわれたと考えるべきであろう。
(44) 永村眞「中世寺院の秩序意識」（『日本宗教文化史研究』一〇―一、二〇〇六年）。
(45) 『東宝記』巻七（国書刊行会編『続々群書類従一二　宗教部2』所収、続群書類従完成会、一九七〇年）所引。
(46) 西弥生「観智院杲宝・賢宝の教相修学と「大日経疏」」（前掲註38論文）。
(47) 延文三年（一三五八）成立。『真言宗全書』二一（続真言宗全書刊行会、一九七七年）所収。
(48) 西弥生「中世寺院社会における「東寺」意識」（『史学』八一―一・二、二〇一二年）。
(49) 西弥生「東寺蔵「弘法大師行状絵」の詞書――観智院賢宝の編纂意図――」（『仏教史学研究』五七―二、二〇一五年）。
(50) 管見における「東寺五家」の最も古い事例は、日蓮著『神国王御書』（弘安元年〔一二七八〕）の「総じて日本国には真言宗に又八家あり、東寺に五家、弘法大師を本とす。天台に三家、慈覚大師を本とす」である。
(51) 鈴木学術財団編『大日本仏教全書九五　目録部一』（鈴木学術財団、一九七二年）。

(52) 国文学研究資料館編『真福寺善本叢刊　第二期第十巻　東大寺本末相論史料』（臨川書店、二〇〇八年）。

(53) 梅沢伊勢三「入唐五家伝」（前掲註3解説）。

(54) 東寺記念出版委員会編『弘法大師行状絵巻　東寺本　重文』（八宝堂、一九七三年）、小松茂美編『続日本絵巻大成五・六　弘法大師行状絵詞上・下』（中央公論社、一九八二・一九八三年）、同編『日本の絵巻　続十・十一　弘法大師行状絵詞上・下』（中央公論社、一九九〇年）など。

(55) 新見康子「東寺所蔵『弘法大師行状絵』の制作過程——詞書の編纂を中心に——」（中野玄三・加須屋誠・上川通夫編『方法としての仏教文化史——ヒト・モノ・イメージの歴史学——』所収、勉誠出版、二〇一〇年）。

(56) 西弥生「東寺蔵「弘法大師行状絵」の詞書——観智院賢宝の編纂意図——」（前掲註49論文）。

(57) 杲宝は『我慢抄』以外にも、『宝冊抄』『大日経疏演奥抄』『理趣釈秘要抄』等の著作でたびたび「東寺五家」の事蹟に言及している。

(58) 頼瑜撰『薄草子口決』には「御口云、円行者八家中其一也。八家者、東寺五家・天台三家也。東寺五家者、大師・円行・恵運・常暁・宗叡也。天台三家者、伝教・慈覚・智証也」とみえ、宥快撰『宝鏡鈔』には「入唐求法伝受真言及八家矣。東寺在二五家一。弘法大師・宗叡僧正・恵運僧都・円行和尚・常暁和尚是也。他門有二三伝一。伝教大師・慈覚大師・智証大師是也。他宗未㆑聞二如㆑此事一」とみえる。

(59) 「杲宝僧都事実」（『続群書類従九上　伝部』訂正三版、続群書類従完成会、一九七七年）。

(60) 東台両密の教判論諍については、福田尭穎「台東両密に於ける教判の論諍」（『天台学概論　続』所収、福田老師遺徳顕彰会、一九六六年）、大鹿眞央「中世東密教学における教判論の展開」（『現代密教』二五、二〇一四年）等を参照した。

(61) 里道徳雄「真如親王渡天にみる光と影」（『東洋学論叢』二〇、一九九五年）。なおあまり知られていないが、唐の段成式撰『酉陽雑俎』には、倭僧金剛三昧なる人物の入竺が記されており、真如以外にも僅かながら日本僧の入竺求法者がいたことがわかる（高楠順次郎「入竺日本僧金剛三昧伝考」（『大日本仏教全書一一四　遊方伝叢書二』鈴木学術財団、一九一七年））。渡海した日本僧については、佐藤長門「入唐僧の情報ネットワーク——日本古代における文化受容の一様相——」（鈴木靖民編『円仁と石刻の史料学——法王寺釈迦舎利蔵誌——』所収、高志書院、二〇一一年）に一覧表が収録されている。

「宗長者」呼称の成立と三十帖策子事件
――勧修寺法務寛信編纂史料の検討から

柿島綾子

はじめに

「宗長者」とは、真言宗教団の貫首に対して用いられる呼称であり、「東寺別当の筆頭」或いは「東寺一長者」と同一のものとして論じられることが多い。近年、それらの呼称が真言宗創設以来のものではなく、古代から中世へ仏教界が変化を遂げるなかで成立・定着していったことが明らかにされつつある。ただし、それらがいつ登場・定着したのか、どのような職掌を獲得していったのか等といった具体的様相についての研究状況は、いまだ十分とはいい難い。「宗長者」ないし「東寺一長者」は、新たな真言宗教団の頂点として「院権力の分身」(1)の役割を課され創出された仁和寺御室法親王の登場以後も、引き続き教団の統括者としての立場を保持し続けており、古代・中世移行期の仏教界を論じるうえで欠くことのできない研究素材と目されている。しかしながらその専論は少なく、また従来の研究は中世における「宗長者」「東寺一長者」に主軸を置いて論じる傾向にあったことから、古代から中世にかけての真言宗教団、さらには仏教界全体の構造の変化をより具体的に明らかにするためにも、「宗長者」呼称の成立期から、その変容過程を明らかにしていく作業が必要と考える。

以下、「宗長者」「東寺長者」および「東寺別当」という三つの立場の関係性について触れた主な先行研究を概観していく。まず早い段階のものとして、竹内理三氏が「東寺長者」と「東寺別当」の関係について言及している。同氏は「東寺長者」を「東寺行政の最高機関」で、「真言宗の最長上の意」であると説明し、その起点を承和三年（八三六）に空海から東寺を継承した実恵に求めた。そして「東寺長者」の職掌の全体像を描き出したうえで、「別当と長者とは別ものである」とし、「東寺一長者」が備え持つ性格のうちに、法務・東寺政所別当・伝法供家の検校等の要素を位置づけた。(2) 竹内氏によって、「東寺長者」に関わる基本的な枠組みは提示されたものの、同氏の論は後世成立の『二十五箇条御遺告』（以下、『御遺告』と表記）や杲宝（一三〇六～一三六二）の撰による『東寺長者補任』等によった部分が多く、九世紀前半段階まで遡ってあてはめることができるのかという疑問を残すものであった。

次いで富田正弘氏が中世東寺文書を扱うなかで、古代以来の東寺の寺院組織についても触れ、「東寺長者」の補任や寺院組織内における位置づけについて言及した。同氏は、東寺別当に僧綱別当と凡僧別当がおり、僧綱別当は僧綱所の所職を兼帯する別当で、東寺ではこれを長者と呼ぶこと、最初一人であったがのちに四人に増え、すべて天皇、すなわち太政官によって任命されたこと、鎌倉中期までは太政官符・太政官牒をもって補任されたこと、一長者が実際的な寺務を掌握して「寺務」と称され、代々の東寺寺務が法務を兼ねるようになり、法務が東寺寺務の別称のようになったこと等の重要な指摘をおこなっている。(3)

また、中世真言宗寺院組織の解明という視点から本問題に触れた研究として、牛山佳幸・真木隆幸両氏の論考がある。牛山氏は寺院別当制を扱ったなかで、東寺においては十一世紀初頭までに寺内で「（東寺）長者」の呼称が定着したとし、「長者」の原義は「宗長者」に因むもので、呼称登場の背景に東寺別当が金剛峯寺などの勢力をおさえて真言宗内の統制を固めたことがあったと説明する。(4) さらに真木氏は真言宗教団の構造について扱ったなかで、真言宗の貫首呼称として「長者」の語が定着するのは十世紀初頭であり、その定着は東寺中心主義のもとに果たされた真言宗僧団の再編と連動していた可能性が高いと指摘した。(5) 両氏の研究により、「宗長者」「東寺長者」の呼称が九世紀前半の実恵にまで遡り得ないことが明らかとなり、また両呼称の成立・定着に真言宗教団の統制に関わる十世紀初頭と十一世紀初頭の二つの段階が提示されたことの意義は大きい。

このように「東寺長者」の解明は、まず中世東寺を論じるなかで進展していった。またそれ故に、古代東寺の寺院組織を扱うにあたり、上記の成果をあてはめようとすると、細かな部分においては不鮮明な点が残るといった問題を抱えたまま、初期真言宗教団のなかで「宗長者」「東寺長者」を検証する作業は長らく等閑視されてきた。そうした状況下で近年、清水明澄・武内孝善・鶴浩一の各氏によって、「東寺長者」を主として扱う論考が次々と発表されることとなった。

清水氏は、「東寺長者」の成立について、真然（?～八九一）の没後であり、『御遺告』作成の時点においても「未だ一宗を統制する者の称が定まっていなかった」とし、真然より遡って「長者」称を付される対象は、僧綱見任者で且つ東寺別当に任じられた人物であるとして、僧綱の序列に従って「一長者」から「四長者」までの呼称があてられたと述べている。(6) 次に武内氏は、九世紀段階における真言宗一門の統括者は伝法阿闍梨、また東寺の統括者は造東寺別当の系譜を引く東寺別当（寺家別当）であり、延喜十九年（九一九）に決着をみた「三十帖策子事件」より前に、伝法阿闍梨の系譜を引く「宗長者」「真言長者」が「職」として確立し、『御遺告』が成立する十世紀中ごろに至って「宗長者」と東寺別当とが統合されて「東寺長者」という呼称および職掌が成立したという見解を提示した。(7)そして鶴氏は、『僧綱補任』や「古記録」上にみえる長者補任者の表記を抽出し、寛信撰『東寺長者次第』と対比して一覧化し、十世紀初頭段階で「宗長者」呼称を積極的に用いた人物として観賢（八五四〜九二五）の存在を重視すべきことを指摘している。(8)

これらはいずれも「宗長者」「東寺長者」呼称の成立期に主軸を据えたもので、九・十世紀段階における「宗長者」「東寺長者」「東寺別当」の相互関係が徐々に解明されつつあるが、三氏の間には見解を異にする部分も少なくない。また「宗長者」成立の背景としてあげられる、東寺が真言宗諸寺の中心的地位を獲得した時期を十世紀初頭とみなす見解は、辻善之助氏(9)以来通説化しているが、東寺を軸とする統合がどのように進められたのかという問題については、なお検討の余地が残されている。(10)そこで本稿では、先学の研究の繰り返しになる部分も多いが、古代・中世移行期の「宗長者」に関わる諸問題に着手する前提作業として、寛信撰『東寺長者次第』、および同撰『東寺要集』に収載されている「三十帖策子事件」関連史料を主な検討対象とし、「宗長者」呼称の成立段階について考察する。(11)

一、寛信撰『東寺長者次第』と東寺僧綱別当

まず真言宗の「長者」を論ずるうえで、基礎史料となる寛信撰『東寺長者次第』（以下、『長者次第』と表記）(12)の検討からはじめたい。同史料は、勧修寺流藤原氏である為房息の寛信（一〇八四〜一一五三）によって撰述されたも

ので、現存する「東寺長者」の補任記録のうち、内容的にも書写年代においても最も古いものとして位置づけられる。高野山宝寿院蔵『東寺長者次第』（上下二巻、鎌倉時代写）と仁和寺蔵『東寺長者次第』（上巻のみ現存、平安時代末期写）とが伝わっている。

『長者次第』をみていくうえで注目したいのは、同書中にしばしば引用される「仁海僧正自筆長者次第」という史料名である。遡って小野僧正仁海（九五四〜一〇四六）もまた、「長者」の補任記録を作成していたことが窺われる。「仁海僧正自筆長者次第」の名をもつ史料は管見の限り見当たらないが、仁海の著作である『弘法大師求法建立真言宗灌頂御願記』(13)（以下、『灌頂御願記』と表記）中に設けられた「僧綱別当」の項が、多少なりとも関係している可能性がある。すなわち表紙裏に記された目録に、

弘法大師求法建立記　　太政官符
灌頂流次第等　長者次第
真言院図　　東寺末寺等

とあり、この目録上で「長者次第」と名づけられているものが、本文の配列から判断すると、「僧綱別当」の項にあたる。

『灌頂御願記』は、灌頂授受の唐よりの流れ、宮中真言院、東寺末寺等について説明するものである。その成立年は土谷恵氏によって、長暦三年（一〇三九）十月から同四年十月までの間であったことが明らかにされている。(14)表紙裏の目録がいつ記されたのか明らかではないが、後世加えられたものと推察される。以下、この仁海の

『灌頂御願記』の「僧綱別当」項と寛信の『長者次第』とを比較し、また東寺僧綱別当補任歴の有無を示す記録として興福寺本『僧綱補任』(15)を併せ用いながら、「長者」呼称と東寺僧綱別当の関係について考えていきたい。

1、『東寺長者次第』の撰述意識と「長者」の序列

『長者次第』と『灌頂御願記』の比較をおこなう前に、寛信の『長者次第』撰述上の意識を確認しておく。すでに武内孝善・高橋敏子両氏が注目しているところであるが、(16)『長者次第』表紙見返し部分に、

古次第等皆以二疏簡一、不レ分二一二長者一、纔只注二任日一、予聊考二文籍一、粗出二徳行一、是□〔顕〕二先賢之名一□〔徳、為レ貽二末〕学之仰崇一也、但年臈・官位多雖レ依二古記一、所レ不レ見□〔唯載二補任一、々々〕諸本失錯尤甚者□〔歟、抑此記〕相始廿余年空閣二函底一、天養二年初秋、適畢二其功一、依レ多二枚数一分為二二巻一、愚老之所レ謬、後見削二刋之一、

老比丘寛信

とあって、寛信が同史料を撰述した経緯を知ることができる。すなわち、「古次第等」はすべて粗雑であって、一・二の長者を分けておらず、わずかに任日を記すのみであるとし、自身で文籍を勘案し、粗々徳行を書き出したとする。また年臈・官位については多く「古記」によったものの、それが見当たらない場合にはただ長者の補任があったことのみを記したとし、諸本は失錯が甚だしいと述べる。そして撰述をはじめてから長く月日を過ごしたが、天養二年（一一四五）初秋に至って功を終え、紙数が多くなったために一・二巻に分けたこと、後にみる者は誤りを正して欲しい旨が書き添えられる。「東寺長者」の補任記録全体を類型化した高橋氏は、寛信の撰

述動機に、門流の確かな確立のために真言宗を統括する「長者」職への希求があったとし、「長者」の事績を収集、確定して記録することで「長者」に対する周辺・後続よりの尊崇を促し、正統的権威を永く獲得することが図られたと分析している。(17)

寛信が典拠とした補任記録、すなわち十二世紀半ば以前成立の補任記録は、補任者の名および任日という最低限の情報を記すのみであり、また「一長者」「二長者」の区別が記されていなかったという点、「古記」に補任日が認められない場合は「長者」に補任されていたことを記すに留めたという点に改めて注目したい。寛信は「諸本の失錯尤も甚しきものか」と評しているが、果たしてそうであろうか。「一・二の長者を分かたず」との文言から、寛信の段階においては、序列ある「東寺長者」の記録こそが求められていたことは確実であろうが、それ以前の段階においてはそうした意識はなく、寛信以前の補任記録作成者と寛信との間には、撰述に際しての意識・目的の違いがあったと解釈すべきであろう。

『灌頂御願記』には「宗長老阿闍梨」（承和十年十一月十六日付太政官符の抄出(18)）や、「東寺真言長者」「一長者」「真言長者」という真言宗僧の筆頭者を指す文言が確認できる一方、「二長者」「三長者」といった序列を明示する呼称をみることはできない。序列に関する語の登場は、藤原宗忠の『中右記』嘉保元年（一〇九四）正月十四日条に、

又東寺第四長者権少僧都経範、勤二加持香水之役一、

と「東寺第四長者」とあるのが早い例で、十一世紀末を待たなければならない。少なくとも『灌頂御願記』が成

立した十一世紀前半においては、「一長者」以下、長者の序列を明示する呼称は存在しておらず、それ故に寛信が参照した過去の補任記録には「一、二の長者」を分けて記すことがなかったのである。(19)

2、「東寺長者」と東寺僧綱別当——『東寺長者次第』とその典拠

前節で述べた点をさらに検証するため、『長者次第』と『灌頂御願記』「僧綱別当」項の比較をおこないたい。まず『灌頂御願記』「僧綱別当」項の体裁を示すため、冒頭部分を左にあげておく。

僧綱別当
弘法大師　　一人任
大僧都実恵
僧正真済　大僧都真紹　　二人同任
（後略）

『灌頂御願記』「僧綱別当」項の全文を、『長者次第』の記載に対応させたものが表1である。なお仁海は、その冒頭の文言に示されるとおり、「東寺長者」ではなく、あくまで東寺の「僧綱別当」を列挙するという目的で右を記している。そこで、表1中に東寺僧綱別当補任の実否を傍証するものとして、興福寺本『僧綱補任』のなかで、各補任者の名前下に「東寺別当」の註記が付される年を加えた。さらに、表2として『僧綱補任』の「東寺別当」註記付記者の記載のみを一覧化したものを示した。

表1より、『長者次第』のいう「東寺長者」の補任の大半が『灌頂御願記』に記す「僧綱別当」の補任と一致し、また若干の例外もあることが確認できる。表1から看取されることを、まず東寺僧綱別当の補任歴が確認できるか否か、次いで「東寺長者」と東寺僧綱別当の補任日が一致するか否かという二点で整理すると、以下のようになる。

『灌頂御願記』に記載のある実恵以下二九名は、すべて『長者次第』でも確認できる。しかし、真雅・真然・貞誉・壱定・延鑑の五名については『長者次第』に記載があるものの、『灌頂御願記』にはその名を確認できない。このうち、真然・延鑑の両者は『僧綱補任』に東寺別当に補されたという記事があり、特に真然については、仁和四年（八八八）五月二十四日付東寺解由状案に[20]「別当権大僧都法眼和尚位真然」として署名が確認でき、東寺別当の補任歴があったとみてよい。この二例から、『灌頂御願記』には書き落としがあった可能性を考えなければならず、また『僧綱補任』も「東寺別当」の註記をくまなく付けているわけではないため、真雅・貞誉・壱定においても東寺僧綱別当の補任歴がなかったといい切ることはできない。この真雅以下三者については、のちに詳しくみることとする。

次に補任日についてみていきたい。表1中で『僧綱補任』に「任東寺別当」ないしは「補東寺別当」という註を付す年月日と、『長者次第』が長者の任日として記す年月日を比べてみると、やはり一致の多いことに気がつく（表1下線部）。僧綱別当任日と長者任日が日付まで一致しているのは、観宿・済高・貞崇・泰舜・寛空[21]・延鑑[22]・救世・寛朝・雅慶・成典・延尋の一一名であり、一致しないのは真然・聖宝・会理の三名である。

以上、真雅・貞誉・壱定・真然・聖宝・会理の六名の補任記録からは、「東寺長者」が東寺僧綱別当であるという判断を直ちに下すことができない。しかしそれ以外については「東寺長者」と東寺僧綱別当の補任が一致す

仁海『灌頂御願記』「僧綱別当」項	（参考）興福寺本『僧綱補任』「東寺別当」の註
弘法大師	
大僧都実恵（一人任）	実恵：承和3（836）
僧正真済・大僧都真紹（二人同任）	真紹：承和14（847）
僧正宗叡（一人任）	宗叡：貞観15（873、「月日補東寺別当」）・同18、元慶元（877）・同4〜5 真然：貞観17（875、「東寺別当任」）・同18、元慶元（877）・同4・同8
大僧都源仁（一人任）	源仁：元慶8（884）
僧正聖宝・僧正益信・少僧都峯斅（三人任）	益信：寛平6（894）・同8、昌泰元（898）・同3、延喜3（903）・同6〜7 聖宝：寛平8〜9（896-97、「法務并東寺別当補了」）、昌泰元（898）、延喜3（903）・同6 峯斅：昌泰元（898）、延喜3〜8（903-08）
僧正観賢（一人任）	観賢：延喜6〜9（906-09、「任東寺別当、益信替」）・同11〜22、延長元〜2（923-24）
大僧都観宿・少僧都延敒（二人任）	観宿：延長3〜7（925-29、「八月十日任東寺別当」 延敒：延長5〜7（927-29）
大僧都済高・少僧都会理（二人任） 少僧都貞崇・律師蓮舟（二人任）	済高：延長6〜天慶4（928-41、「十二月廿七日兼任東寺別当」） 会理：延長7〜承平4（929-34、「任東寺別当」）
	貞崇：承平3〜天慶7（933-44、「十月廿日兼東寺別当」）
	泰舜：天慶4〜天暦3（941-49、「十二月廿八日補東寺別当」）
	寛空：天暦2〜4（948-50、「十二月四日兼東寺別当」）、天徳2〜4（958-60）、応和2〜康保2（962-65）、天禄3（972）、貞元2（977） 延鑑：天暦4（950、「三月十日補東寺別当」）、康保元〜2（964-65）
僧正寛静・権少僧都救世（二人任）	救世：康保2（965、「十二月廿四日補東寺別当」） 寛静：天元元（978）

表１　『東寺長者次第』・『灌頂御願記』「僧綱別当」項対応表（附『僧綱補任』註）

寛信『東寺長者次第』				
	一長者	二長者	三長者	四長者
第1	弘法大師			
第2	律師実恵〔承和3（836）5・10〜同13（846）〕	権律師真済〔承和10（843）11・9〜〕※1		
第3	律師真済〔承和14（847）11〜貞観元（859）〕	権律師真紹〔承和14（847）11〜〕		
第4	大僧都真雅〔貞観2（860）〜〕※2	権少僧都宗叡〔貞観18（876）〜〕※3		
第5	権少僧都宗叡〔元慶3（879）正〜同7（883）〕	権少僧都真然〔元慶7（883）〜〕		
第6	権少僧都真然〔元慶8（884）2〜寛平3（891）〕	少僧都源仁〔仁和元（885）10・22〜同3（887）11・22没〕→権律師益信〔仁和4（888）3・30〜〕		
第7	律師益信〔寛平3（891）9〜延喜5（905）〕	権律師聖宝〔寛平7（895）12・29〜〕	権律師峯斅〔寛平7（895）12・29〜〕	
第8	権僧正聖宝〔延喜6（906）3〜同8（908）〕	少僧都峯斅〔延喜6（906）〜同8（908）没〕→律師観賢〔延喜8（908）〜〕	律師観賢〔延喜6（906）10・7〜延喜8（908）〕	
第9	律師観賢〔延喜9（909）7〜延長2（924）〕	権律師延敒〔延長3（925）6・17〜同6（928）没〕		
第10	律師観宿〔延長3（925）8・10〜〕			
第11	権律師済高〔延長6（928）12・27〜天慶4（941）、「官符」〕	権律師会理〔延長6（928）12・27〜承平5（935）没、「官符」〕※4→律師貞崇〔承平5（935）〜〕	権律師蓮舟〔承平3（933）2・23〜同年没〕→権律師貞崇〔承平3（933）10・20〜〕→権律師泰舜〔天慶4（941）12・28〜〕	
第12	権少僧都貞崇〔天慶5（942）11〜同6（943）〕	権律師貞誉〔天慶5（942）〜〕※5→権律師泰舜〔天慶5（942）〜〕	権律師貞誉〔天慶5（942）〜〕	
第13	律師泰舜〔天慶7（944）7〜天暦2（948）〕	権律師壱定〔天暦元（947）〕※6→権律師寛空〔天暦2（948）12・4〜〕		
第14	権律師寛空〔天暦3（949）12〜天禄2（971）〕	権律師延鑑〔天暦4（950）3・11〜康保2（965）没〕→律師救世〔康保2（965）12・27〜〕	権律師定昭〔康保4（967）正・25〜安和2（969）〕→権少僧都寛忠〔安和2（969）閏5・10〜〕	律師定昭〔安和2（969）〜〕
第15	少僧都救世〔天禄2（971）2〜同3〕	権少僧都寛忠	律師定昭	権少僧都寛静〔天禄2（971）11・28〜〕

大僧都定昭・少僧都寛忠・少僧都千攀（三人任）	定昭：貞元2（977） 寛朝：貞元2（977、「十一月廿八日補東寺兼西寺別当」） 千攀：天元3（980）
大僧都寛朝・大僧都元杲（二人任）	雅慶：永祚元（989、「六月十四日任東寺別当」）、長保2（1000） 済信：寛弘8（1011、「法務并東寺別当等辞」）、治安3（1023）
大僧正雅慶・大僧都済信・権少僧都盛算（三人任）	
前大僧正深覚・僧正仁海・権僧正成典・権大僧都延尋（四人任）	深覚：治安3（1023）～万寿元（1023-24） 仁海：長元2（1029、「六月廿六日補東寺別当」）、長暦2（1038） 成典：治安3（1023、「同日（○12・29）補東寺別当」） 延尋：万寿4（1027、「八月四日補東寺別当、但先例依上臈挙任之、而以自解被任、是希有例也」）

第16	権少僧都寛静〔天延元(973)～〕	権少僧都寛忠	権少僧都定昭	権律師千攀〔天延元(973)12・28 ～〕
第17	権少僧都定昭〔貞元2(977)10～天元4(981)8・14辞〕※7	権律師千攀→権少僧都大僧都寛朝〔貞元2(977)11・27～〕	権律師千攀〔～天元3(980)正・4没〕	
第18	権大僧都寛朝〔天元4(981)8～〕	権律師元杲〔天元6(983)正・16～永延2(988)辞〕→律師雅慶〔永延3(989)6・14～〕		
第19	権少僧都雅慶〔長徳4(998)6～長和元(1012)10・25 没〕	権律師済信〔長徳4(998)12・21～寛弘8(1011)4・27辞〕	権少僧都深覚〔長保5(1003)8・7～長和2(1013)辞〕※8	
第20	権僧正済信〔長和2(1013)正～治安3(1023)〕	権律師盛算〔長和2(1013)4・5 ～〕		
第21	大僧正深覚〔治安3(1023)12・29復～長久4(1043)9・25没〕※9	権少僧都仁海〔治安3(1023)12・29～〕※10	権律師成典〔治安3(1023)12・29～〕※11	権律師延尋〔万寿4(1027)8・14 ～〕

※『東寺長者次第』欄の各「長者」名には、便宜、その補任年の綱位を『僧綱補任』に拠って加えている。

※1)『東寺長者次第』(以下同)「真済」項：「或説不経二長者、今年（承和 14）初補長者云々」((　) 内は筆者註)

※2)「真雅」項：「無官符、任日不分明、仁海僧正自筆長者次第不入之、但真済与宗叡之中間真雅執行分明也、或云、蒙口宣被行歟、将被押行歟云々」

※3)「宗叡」項：「二長者、或本（貞観）十五年補、或本元慶三年（879）直補一長者云々、可決之」

※4)「会理」項：「与済高同日補、両人載一紙官符、延僘替、二長者、律師」

※5)「貞誉」項：「寺家依無官符、不注任日、但寺成文他別当相並加署、貞崇・貞誉・泰舜三人同時也、二長者」

※6)「壱定」項：「諸本年月不詳、或本列貞誉之下、寛空之上、又常本無此人、任長者之後、無程卒去、仍不載常本歟、可決之」

※7)「第十七大僧都定昭」項・天元 4年8月14日付辞状「謹辞、興福寺・東寺・金剛峯寺別当職事」

※8)「深覚」項：「長和元年十月廿五日、一長者雅慶入滅、済信辞長者、此間自彼十月廿六日、至于同二年正月七日、深覚至一長者寺務執行歟、可尋決之」

※9)「前長者僧正深覚」項：「長和二年月日、辞退長者譲与盛算云々、而同四年後七日修僧交名〈仁海僧正自筆〉云、大僧都深覚者、二年辞退僻事也、其後辞歟、年紀可尋決之」

※10)「仁海」項：「与深覚複任同日」

※11)「成典」項：「与仁海同日」

表2　興福寺本『僧綱補任』における「東寺別当」の註付記者（承和3年～長暦2年条）

和暦	西暦	補任者				備考
承和3	836	律師実恵				
承和14	847	権律師真紹				11/13実恵没
貞観15	873	権律師宗叡（「月日補東寺別当」）				7/7真紹没
貞観17	875	律師真然（「東寺別当任」）				
貞観18	876	権少僧都宗叡	律師真然			
元慶元	877	権少僧都宗叡	律師真然			
元慶4	880	僧正宗叡	律師真然			
元慶5	881	僧正宗叡				
元慶8	884	権少僧都真然	律師源仁			3/22宗叡没
寛平6	894	少僧都益信				
寛平8	896	権大僧都益信	権律師聖宝（「法務幷東寺別当補了」）			
寛平9	897	権律師聖宝				
昌泰元	898	権大僧都益信	少僧都聖宝	権律師峯斅		
昌泰3	900	権大僧都益信				
延喜3	903	僧正益信	権僧正聖宝	律師峯斅		
延喜4	904	律師峯斅				
延喜5	905	律師峯斅				
延喜6	906	僧正益信	権僧正聖宝	少僧都峯斅	律師観賢（任東寺別当、益信替」）	3/7益信没
延喜7	907	僧正聖宝	少僧都峯斅	律師観賢		
延喜8	908	律師観賢				4/29峰斅没 7/6聖宝没
延喜11	911	少僧都観賢				
延喜12	912	少僧都観賢				
延喜13	913	少僧都観賢				
延喜14	914	少僧都観賢				
延喜15	915	少僧都観賢				
延喜16	916	少僧都観賢				
延喜17	917	権大僧都観賢				
延喜18	918	権大僧都観賢				
延喜19	919	権大僧都観賢				
延喜20	920	権大僧都観賢				
延喜21	921	権大僧都観賢				
延喜22	922	権大僧都観賢				
延長元	923	権大僧都観賢				
延長2	924	大僧都観賢				
延長3	925	権律師観宿（「八月十日任東寺別当」）				6/10観賢没
延長4	926	律師観宿				
延長5	927	律師観宿	権律師延僘			
延長6	928	権少僧都観宿	権律師延僘	権律師済高（「十二月廿七日兼任東寺別当」）		
延長7	929	大僧都観宿	権少僧都延僘	権律師済高	権律師会理（「任東寺別当」）	10/20観宿没、 12/13延僘没
延長8	930	権律師済高	権律師会理			
承平元	931	権律師済高	権律師会理			
承平2	932	律師済高	律師会理			
承平3	933	律師済高	律師会理	権律師貞崇（「十月廿日兼東寺別当」）		

承平4	934	律師済高	律師会理	権律師貞崇		
承平5	935	律師済高	権律師貞崇			12/27会理没
承平6	936	少僧都済高	律師貞崇			
承平7	937	少僧都済高	律師貞崇			
天慶元	938	少僧都済高	律師貞崇			
天慶2	939	少僧都済高	権少僧都貞崇			
天慶3	940	少僧都済高	権少僧都貞崇			
天慶4	941	大僧都済高	権少僧都貞崇	権律師泰舜（「十二月廿八日補東寺別当」）		
天慶5	942	権少僧都貞崇	権律師泰舜			11/22済高没
天慶6	943	権少僧都貞崇	権律師泰舜			
天慶7	944	権少僧都貞崇	権律師泰舜			7/23貞崇没
天慶8	945	権律師泰舜				
天慶9	946	権律師泰舜				
天暦元	947	権律師泰舜				
天暦2	948	権律師泰舜	権律師寛空（「十二月四日兼東寺別当」）			
天暦3	949	権律師泰舜	権律師寛空			11/3泰舜没
天暦4	950	権少僧都寛空	権律師延鑑（「三月十日補東寺別当」）			
天徳2	958	少僧都寛空				
天徳3	959	大僧都寛空				
天徳4	960	大僧都寛空				
応和2	962	権僧正寛空				
応和3	963	権僧正寛空				
康保元	964	権僧正寛空	少僧都延鑑			
康保2	965	僧正寛空	権大僧都延鑑	律師救世（「十二月廿四日補東寺別当」）		
安和3	970	僧正寛空				
貞元2	977	僧正寛空	権少僧都定昭	権律師寛朝（「十一月廿八日補東寺兼西寺別当」）		2/9寛空没
天元元	978	僧正寛静				
天元3	980	少僧都千攀				正/4千攀没
永祚元	989	律師雅慶（「六月十四日任東寺別当」）				
長保2	1000	権少僧都雅慶				
寛弘8	1011	大僧都済信（「（4/27）法務幷東寺別当等辞」）				
治安3	1023	大僧正済信	僧正深覚	権律師成典（「同日（12/29）補東寺別当」）		11/15済信辞
万寿元	1024	大僧正深覚				
万寿4	1027	権律師延尋（「八月四日補東寺別当」）				
長元2	1029	少僧都仁海（「六月廿六日補東寺別当」）				
長暦2	1038	法印大僧都仁海				

ることから、清水明澄・武内孝善・鶴浩一各氏の指摘[23]どおり、寛信の時代に東寺僧綱別当を「東寺長者」に読み替えていることは確実とみてよい。この点について蛇足の感はあるが、もう少し詳しくみておきたい。

寛信が参照した「古次第等」や「古記」のうち、内容の明らかなものとしては「仁海僧正自筆長者次第」のほかに「官符」がある。すなわち『長者次第』には「両人、一紙の官符に載す」（済高・会理）とか「官符なし」（真雅・貞誉）といったように、「長者補任」を証する官符の有無に触れた文言が散見する。[24]この「官符」についてはすでに清水氏が注目しているところであるが、[25]長保二年（一〇〇〇）十一月二十六日付「東寺宝蔵焼亡日記案」[26]に、

一、北宝蔵納置消失物等、

（中略）

寺家官符等、

別当官符、

定額僧官符、

所司官符、

（後略）

とあり、「寺家官符等」の筆頭に「別当官符」をみることができる。右の史料は同年十一月二十五日夜におきた東寺宝蔵の火災時に作成された記録の写しであり、[27]別当権大僧都雅慶以下の連署が加えられている。寛信が「官符」と称す文書は、「寺家官符」という括りで保管されていた文書のうち、ほぼこの「別当官符」であっただろ

うと考えられる。この「別当官符」が『長者次第』の典拠の一つとして利用された可能性が想定され、史料の少なさから確言はできないものの、寛信は東寺別当補任の官符をもって「東寺長者」の補任記録を作成したことが推定される。

また先に、『僧綱補任』にみえる「東寺別当」の註について触れたが、この註が登場する上限は承和三年（八三六）条の実恵であり、[28]下限は天喜三年（一〇五五）条の権大僧都覚源である。また、延久三年（一〇七一）条の権律師成伝（尊）には「三月廿日補東寺権別当」の註が付され、同史料中で唯一「東寺権別当」の文言が確認される。そして既に牛山佳幸氏の指摘するところだが、[29]承保二年（一〇七五）条の法印大僧都信覚の名の下に「東寺長者」の註がはじめて登場し、それ以降、「東寺別当」の註がみえなくなる代わりに「東寺長者」の註が付されるようになる。このことは、寛信の活躍した十二世紀前半段階で、制度上においても「東寺長者」の称が定着していたのに対し、それ以前の「古次第等」が作成された時代においては、制度的な裏づけが得られていなかったことを傍証するものといってよい。寛信は「東寺長者」の序列を付した補任記録がないことから自ら執筆にとりかかったが、それは「東寺長者」と東寺僧綱別当がイコールであるという図式が完全に定着し、しかも「東寺長者」の称が制度的確立をみてからすでに幾ばくか経って、前代の状況が忘れられた時代であったが故におこった意識である。『長者次第』の成立に際し、東寺僧綱別当補任記録の「東寺長者」補任への読み替えがなされているのは確かであり、先学の指摘は首肯すべきものと考える。

しかしながら上述のとおり、表1には「東寺長者」が東寺僧綱別当であるとの図式が直ちにあてはまらない事例も若干存在している。そこで次節では、この例外となる事例について具体的に検証していく。

3、東寺僧綱別当以外の「東寺長者」

表1のなかで、「東寺長者」補任者とされながら、東寺僧綱別当の補任歴が見出せないものに真雅・貞誉・壱定がおり、「東寺長者」補任日と東寺僧綱別当補任日が一致しないものに真然・聖宝・会理がいる。以下ではそれらについて、個別に検討を加えていきたい。

（一）真雅（八〇一～八七九）

まず、空海実弟の真雅について『長者次第』の記載をみてみると、「第四僧正真雅」の項に、

貞観二年寺務執行、大僧都、大師舎弟弁御弟子也、無二官符一、任日不二分明一、仁海僧正自筆長者次第不レ入レ之、但真済与二宗叡一之中間真雅執行分明也、或云、蒙二口宣一被レ行歟、将被二押行一歟云々、

とあり、真雅の長者補任については「官符」がなく、「仁海僧正自筆長者次第」にも名を確認できないものの、真雅が真済と宗叡の補任期間の間に寺務を執行したことは明らかであると記されている。すなわち寛信は、「仁海自筆長者次第」および「官符」以外の資料を用いて真雅を「東寺長者」補任者の一人に数えたことになる。では何をもって、寛信は真雅を「東寺長者」補任者と判断したのか。

当該期の東寺僧綱別当の補任状況をみてみると、承和十四年（八四七）に真雅より六歳年長の、実恵の弟子真紹が東寺僧綱別当に補されている。(30)また真紹が入滅する貞観十五年（八七三）にはその弟子の宗叡が東寺僧綱別当に任ぜられており、宗叡が真紹の替として補された可能性が想定できる。史料の少なさから確たることはいえないが、真雅を東寺僧綱別当とみなす積極的根拠は見当たらず、東寺僧綱別当は真紹から宗叡へと引き継がれた

のであって、真雅が補されたことはなかったと解釈するのが自然であろう。(31)『長者次第』が真雅を「長者」とみなしているのは、貞観二年（八六〇）からその入寂年である元慶三年（八七九）までの期間である。『僧綱補任』によれば、貞観二年二月二十五日に権大僧都真済が寂して以来、元慶三年正月三日に自身が入滅するまでの間、大僧都真雅（同六年二月十六日より僧正）は真言宗僧綱補任者の筆頭の立場にあった。(32)寛信が真雅の寺務執行の初年とみなす「貞観二年」は真済入寂の年、すなわち真雅が真言宗僧綱の筆頭に立った年をあてたものである。

また真雅は、これより先の承和二年（八三五）に弘福寺別当に任じられており、(33)貞観十四年（八七二）三月十四日には法務に任じられたとある。(34)加えて、次節で触れる「般若寺僧正勘文」(35)のなかに、真雅が弟子の恵宿をもって経蔵預に任じたという記述があることから、真雅は当時、東寺大経蔵の管理を任されていたであろうことが推察される。このうち、弘福寺の管理・運営は『御遺告』において「東寺長者」の職掌にあげられており、東寺大経蔵の管理・運営と僧綱への補任もまた『御遺告』が重視するところであって、(36)寛信の時代においては真雅を「東寺長者」とみなすに足る条件が揃っていた。したがって、これらの諸条件を勘案した結果、寛信は真雅を「東寺長者」に数え入れたものと解釈される。

（二）貞誉（八七三〜九四四）

貞誉についても、『長者次第』「第十二権少僧都貞崇」の項に、

権律師貞誉

天慶五年、補二長者一、年七十、寺家依レ無二官符一不レ注二任日一、但寺成文他別当相並加着（署カ）、貞崇・貞誉・泰俊（舜）三人同時也、二長者、俗姓大田氏、美濃国人、承俊僧都入室、

として寺家に補任の官符がなかったとするが、「寺の成文」に「他の別当」とともに署名を加えているため、「二長者」とみなしたと註記している。「他の別当と相並びて加署す」ることが根拠として示されており、寛信によって東寺別当を「東寺長者」と読み替える操作がおこなわれたことは疑いない。貞誉の「東寺長者」補任年を天慶五年（九四二）と記すのは、真言宗僧綱補任者の筆頭であった済高が、同年十一月二十五日に入滅したことをうけての判断であろう。

（三）壱定（八八四〜九四七）

壱定は『長者次第』「第十三律師泰舜」の項に、

権律師壱定

天暦元年、任二長者一、諸本年月不レ詳、或本、列二貞誉之下・寛空之上一、又常本無二此人一、任二長者一之後、無レ程卒去、仍不レ載二常本一歟、可レ決レ之、

とみえる。「諸本年月詳らかならず。或本、貞誉の下・寛空の上に列す」という記述は、寛信が「東寺長者」の補任記録とみなした「諸本」のなかに、壱定の補任歴が認められるものの、補任の年月までは記されておらず、そのうちの「或本」では貞誉以後・寛空以前に同人を位置づけているという文意と解釈される。先の真雅とは異なり、「諸本」が年月を記さないながらも、壱定の名を数えていることは、壱定においても東寺僧綱別当

の補任歴があった可能性を示唆するものである。寛信が「年月詳らかならず」としながらも、補任年を天暦元年（九四七）とするのは、「常本」において壱定が補任者として扱われていない理由を「長者に任ずる後、程なく卒去」したことによるかとの仮説を立てることで解消し、「東寺長者」補任の下限として没年を採用したのではないかとも考えられるが、史料の少なさから断定することはできない。(37)

次に、「東寺長者」補任年月日と「東寺別当」補任年月日とが異なる事例をみていきたい。

（四）真然（?〜八九一）

真然は、『長者次第』「第五僧正宗叡」の項に、元慶七年（八八三）に「二長者」に補されたとあり、一方で『僧綱補任』には貞観十七年（八七五）条に「東寺別当任」と記されていて、両者の間に八年の開きが存在している。『長者次第』を詳しくみていくと、真然は「一長者」宗叡の補任期間中に「二長者」に補されたとあるのだが、その補任年である元慶七年は宗叡がその任を退いたと記される年でもある。また「一長者」真然在任中の仁和元年（八八五）十月（十一月の誤りか）二十二日には、「二長者」として源仁（宗叡の弟子）が補されたことが記されているが、この日は源仁が少僧都に任じられた日と同日で、真然と源仁の両者がともに少僧都として並び立った日でもあるのである。

ここで一旦視点を切り替えて、『僧綱補任』の「東寺別当」註記から当該期の状況を確認すると、真紹の入滅年である貞観十五年（八七三）に宗叡が東寺別当に補され、追って二年後の同十七年に真然が東寺別当に任じられたとある。さらに宗叡の入滅年である元慶八年（八八四）に、源仁に対してはじめて「東寺別当」の註が付される。よって『僧綱補任』からは、まず宗叡と真然の二人が東寺別当として並存し、次いで宗叡の入滅によって真然と源仁の二人が東寺別当に就任したという状況が窺われる。対する『長者次第』では、宗叡の退任を待って真然が「長者」となり、源仁が少僧都に任じられたことで真然・源仁の二名体制に移行したという形で記述を進めている。『僧綱補任』を信用するならば、寛信は真然の項を記述するにあたり、東寺僧綱別当が「東寺長者」であるとの論理を用いなかったことになる。寛信が宗叡・真然並立の時代を設定しなかった理由としては、宗叡と真然の関係性、すなわち両者が東寺方と金剛峯寺方に分かれ、特に不和であったことが(38)影響した可能性が考えられるが、源仁の補任を遅らせる理由については説明できず、その事情は判然としない。

（五）聖宝（八三二〜九〇九）

聖宝は、『長者次第』「第七僧正益信」の項に「寛平七年十二月廿九日補二長者一、年六十四、二長者、律師・法務、」とあるが、一方で『僧綱補任』には寛平八年（八九六）条に「聖宝法務并東寺別当補了、」とみえる。なお『長者次第』同項には、峯斅が聖宝と同日に「三長者」に任ぜられたともみえる。峯斅は寛平七年十一月十六日に権律師に任ぜられた人物である。仮に、峯斅が聖宝に先んじて寛平七年中に東寺僧綱別当に補されたとみなすならば、『僧綱補任』が一年書き誤ったか、寛信が峯斅の上臈である聖宝の「長者」への補任が峯斅より遅れるのは不自然と考えて、「同日補任」という形で整合性を図った可能性を想定できる。ただ『長者次第』において両者の補任は月日まで明示されているため、寛信は何らかのよるべき文書等を得ていたと考えられるのだが、実際どのような状況があったものか判然としない。聖宝については、これ以上のことを明らかにすることができないので、関連する情報の提示に留めざるを得ない。

（六）会理（八五二〜九三五）

会理は、『長者次第』「第十一大僧都済高」の項に、「延長六年十二月廿七日補二長者一、年、与二済高一同日補、両人載二一紙官符一、延僘替、二長者、律師、」とみえるが、『僧綱補任』には延長七年（九二九）条に「会理任東寺別当、」とある。なお『僧綱補任』延長七年条には、『日本紀略』に延長六年入滅とある大僧都観宿（十二月十九日滅）と権少僧都延僘（十二月十三日滅）の二名を引き続き載せていて、年紀の混乱が認められる。(39) 寛信が当記述を「官符」によったとしていること、また東寺僧綱別当であった観宿・延僘の替として、済高・会理が補されたことを勘案すると、『長者次第』の記述の方が蓋然性は高く、『僧綱補任』が書き誤った可能性が想定できるだろう。

以上、真雅・貞誉・壱定・真然・聖宝・会理の事例をみてきたが、そのうち真雅については、寛信は東寺僧綱別当の補任歴を探し出せず、諸本を参照した結果「東寺長者」であったという判断を下したものと推測される。また真然については、東寺僧綱別当の補任歴をそのまま「東寺長者」の補任歴とみなさずに「長者」補任の時期を設定している可能性が所在する。すなわち『長者次第』は、概ね東寺僧綱別当の補任記事をもって「東寺長者」の補任と読み替えたが、寛信が諸史料を参照することによって、東寺僧綱別当補任と直接関連づけずに「東寺長者」の補任を記述した事例も含まれていた。本稿の目的から外れるため、『長者次第』については全体の記述の前半部のみを考察するに留めるが、少なくとも九・十世紀の東寺および真言宗教団の解明に際して、『長者次第』の補任記録をそのまま東寺僧綱別当と理解して検討を進めることには注意が必要であり、個別検証していく作業が求められると考える。

二、「長者」呼称の成立

前節では、十二世紀の寛信は『長者次第』を作成するにあたり、東寺僧綱別当の補任記録を主な参照としたこと、十一世紀後半を境として『僧綱補任』のなかの「東寺別当」の註記が消え、「東寺長者」の註記がはじまること、十一世紀末に至ってようやく古記録上に序列を含む「東寺長者」の呼称が表れはじめることを再確認した。ここで改めて、「長者」呼称の登場時期を考えたい。

史料上にみえる「長者」呼称について、十一世紀末ごろまでを一応の区切りとし、管見の限り抽出したものが表3である。

これによれば、十世紀前半から中葉にかけて「宗長者」「東寺長者」の呼称が登場している。延喜十九年（九一九）十一月二日付官宣旨から判断して、十世紀前半に「宗長者」呼称が用いられたことは確かであろう。しかし、この時期には同時に「宗之長」「真言長者」等といった文言もみられ、呼称が安定していない。

次いで十世紀後半から十一世紀前半にかけて、まず「宗長者」呼称が定着し、そののち「東寺長者」呼称も定着してくる。永観二年（九八四）の太政官牒、正暦五年（九九四）の奏状は、ともに承和十年（八四三）十一月十六日付太政官符に引用される実恵の奏状を引いたものだが、実恵が「宗長老大阿闍梨」とした部分を「宗長者大阿闍梨」と書き換えていることからしても、「長老」ではなく「長者」の語が定着したことが確認できる。[40] またこの時期は、清水・武内両氏が指摘するとおり、[41] 長保二年（一〇〇〇）十二月二十九日付「造東寺年終帳」に歳末節料として「長者二口、僧別当一口並三口」と記されており、複数名に対して「長者」の呼称が適用されるようになっている。そして十一世紀末に至ると、ようやく「一」「第四」といった序列を示す語を付した「長者」呼称が登場してくるのである。

以下では、「宗長者」呼称がまだ安定していなかった十世紀前半段階、具体的にいえば延喜十九年（九一九）の「三十帖策子事件」の決着に関わる一連の文書を検討することで、同呼称成立の時期とその事情を考えていく。

1、「三十帖策子事件」関連史料

いわゆる「三十帖策子事件」とは、貞観十八年（八七六）六月六日に、真然が東寺に納められていた『三十帖策子』（空海が入唐中、橘逸勢らの助けを借りて書写請来した真言密教の経論・儀軌等）を借り受けて高野山に持ち帰り、留め置いたことを直接の契機とする。延喜十六年（九一六）に師真然より山外不出と固く戒められていた無空（真然寂後、寿長に次いで金剛峯寺座主となる）が入滅したのち、醍醐天皇の命を請けて時の「宗長者」であった観賢が策子を東寺に戻すよう無空の遺弟らに要求したが、遺弟らはこの要求に応じず、観賢は宇多法皇に奏聞して助力を請い、改めて策子の返還を高野山に求め、同十八年二月末にようやく掌中に収めるに至った。そして翌十九年十一月に官宣旨を得て東寺経蔵へ安置し、「宗長者」を管理者とすることが永代にわたって保障されたことで、事件は決着をみたといわれている。[42]

この事件の決着に関わる史料が、「宗長者」呼称の初見史料となる。具体的には『醍醐天皇宸記』延喜十八年（九一八）三月一日条・同十九年十一月二日条、同十九年十一月九日付「般若寺僧正勘文」の三つの史料である。いずれも『長者次第』の編者でもある寛信によって編纂された『東寺要集』に収載される形で伝来している。

『東寺要集』は真言宗の要文を編纂したもので、第一・第二・下巻の三巻からなる。『群書解題』はその成立

類似表現	収載史料等	備考
「宗長老阿闍梨」	『類聚三代格』	阿闍梨職・結縁灌頂の設置
「阿闍梨耶首者」	『東寺要集』	阿闍梨職の推挙
	『東寺要集』、『東寺卅帖策子事』、『東宝記』、『三十帖策子由来』	
	同上	
「宗僧綱」「宗之長」	同上	
「東寺一阿闍梨」「座主」「座主官長」「東寺座主大阿闍梨耶」「東寺大別当」「東寺代々大阿闍梨耶」		
「代々大阿闍梨」	『東寺要集』	阿闍梨職の推挙(熙拯)
	『東寺要集』	阿闍梨職増設の申請(雅守・延寿・親代・朝寿)
「代々大阿闍梨」「東寺別当大阿闍梨」	『東寺要集』	阿闍梨職の挙(安救)
「東寺別当大阿闍梨」	『東寺要集』	
	「東寺百合文書」の	
	「東寺文書」甲	
		後七日御修法に関わる記事
	『東寺長者次第』	後七日御修法に関わる記事
	『東寺要集』	阿闍梨職の推挙(性信)
	『東寺要集』	阿闍梨職増設(真言院)の申請
	『東寺要集』、『三十帖策子々細』、『東寺卅帖策子事』、『東宝記』、『三十帖策子由来』	
	『東寺要集』	阿闍梨職の推挙(永照)
	『東寺要集』	阿闍梨職の推挙(覚源)
	『東寺長者次第』	後七日御修法に関わる記事
	「三千院文書」	
	「東大寺文書」4-54	
	「東寺百合文書」ウ	
	「東寺百合文書」ユ	
	「東寺百合文書」イ	
	「東寺文書」射	
	「東寺百合文書」京	
	「白河本東寺文書」168	※『御遺告』引用文言の内
	「東寺観智院文書」	
		東寺結縁灌頂に関わる記事
		僧事に関わる記事
		後七日御修法に関わる記事
		孔雀経法に関わる記事
		孔雀経法に関わる記事
		後七日御修法に関わる記事
		後七日御修法に関わる記事
		孔雀経法に関わる記事
		後七日御修法に関わる記事
		後七日御修法に関わる記事

表3　「長者」呼称登場史料（10世紀初頭～11世紀末）

和暦	西暦	月	日	史料名	「長者」を含む文言
承和10	843	11	16	太政官符	
〃	〃	12	9	太政官牒	
延喜19	919	11	2	官宣旨	「宗長者」
〃	〃	11	2	醍醐天皇宸記	「真言長者阿闍梨」
〃	〃	11	9	般若寺僧正勘文	「宗長者」「門徒僧綱宗之長者」「宗之長者」
年未詳（成立下限：安和2年〈969〉7月5日）				御遺告	「依師長者」「長者」「宗徒長者大阿闍梨」「東寺長者」「長者東寺座主大阿闍梨耶」
永観2	984	8	24	太政官牒	「宗長者大阿闍梨」
正暦5	994	8	14	寛朝申状	「代々宗長者」
（正暦5）	（994）			（寛朝）申状	「宗長者大阿闍梨」「代々大阿闍梨」
長徳元	995	6		寛朝申状	「大阿闍梨宗長者」「宗長者」
長保2	1000	11	26	東寺宝蔵焼亡日記	「長者」
〃	〃	12	29	造東寺年終帳	「長者」
長和2	1013	正	7	御堂関白記	「長者」「大長者」
〃	〃	正	14	左経記（経頼弁記）	「宗長者」
治安2	1022	2	22	済信申状	「長者阿闍梨」「代々宗長者」
〃	〃	5	28	済信申状	「東寺長者」
〃	〃	11	16	去延喜十八年勘定目録以紛失日記	「宗長者」
万寿元	1024	12		済信申状	「宗長者大阿闍梨」「代々宗長者」
長元3	1030	10	11	深覚申状	「宗長者」
長暦元	1037	2	10	左経記（経頼弁記）	「東寺長者」
長久3	1042	7	2	僧聖命田地施入状	「門徒長者」
長久3～4	1042～3			灌頂御願記	「東寺真言長者」
康平2	1059	2	5	東寺庁頭清原安延等解	「長者」
康平3	1060	11	11	真言付法編要抄	「東寺長者」
延久4	1072	10	28	讃岐国善通寺所司等解案	「東寺長者」
〃	〃	〃	〃	讃岐国曼荼羅寺住僧善範解案	「東寺長者」
承保2	1075	4	3	珍皇寺所司大衆等解案	「東寺長者」
〃	〃	5	12	官宣旨案	「長者」
承保3	1076	11	23	伊勢国大国庄司解案	「長者」
承暦元	1077	11	3	大和弘福寺縁起注進状	「長者」
承暦2	1078	7	10	範俊解案	「東寺准長者」
寛治4	1090	12	19	中右記	「一長者」
寛治6	1092	12	19	中右記	「東寺長者」
寛治7	1093	1	14	中右記	「東寺長者」
〃	〃	8	22	中右記	「宗長者」
〃	〃	9	14	中右記	「長者」
嘉保元	1094	正	14	中右記	「東寺第四長者」
〃	〃	3	9	中右記	「東寺長者」（四人）
嘉保2	1095	正	14	中右記	「東寺長者」
永長元	1096	5	26	中右記	「長者」
承徳元	1097	正	14	中右記	「東寺長者」
承徳2	1098	正	14	中右記	「東寺第四長者」

時期について、収載文書の下限から推測し、恐らく永久元年（一一一三）をあまりへだたぬころ、寛信が少壮のころに集められたものであろうとする。『続群書類従』二六輯下に翻刻があり、東寺執行栄増(43)による写本（三巻を一冊に合綴したもの）が日本大学図書館所蔵黒川文庫に伝来している。(44)蔵書印より、同書は、松平定信（一七五九～一八二九）の蔵書となって松平家に伝わり、のちに黒川真頼（一八二九～一九〇六）の蔵書となって黒川家に伝来し、一度市場に流通したのち日本大学図書館に納められたものと推測される。(45)また各巻の奥書から、明徳五年（一三九四）に法印権大僧都賢宝（一三三三～一三九八）が寛信自筆本をもって書写したものを、さらに栄増が文安三年（一四四六）六月に伝写したものであることがわかる。(46)

『東寺要集』下巻には、朱筆で「東寺卅帖冊子沙汰」と首書が付され、「三十帖策子事件」をめぐる一連の史料がまとめられている。そのうち、「長者」の文言を含む「延喜御記」（以下、『醍醐天皇宸記』と表記）・官宣旨・「般若寺僧正勘文」(47)の三点を、以下で検討していく。

（一）『醍醐天皇宸記』・官宣旨

まず、朝廷側で作成された史料を確認する。

『醍醐天皇宸記』延喜十八年三月一日条(48)（以下、いずれも『東寺要集』所収）

延喜十八年三月一日、午刻、大僧都観賢、令レ持二故大僧正空｜《海》自レ唐賷来真言法文策子卅帖一参入訖、返付仰下令レ蔵二東寺一永々不〔代〕中紛失上、此策子、是空｜入唐自所二受伝一之法文義〔儀〕軌等也、其文即空｜及橘逸勢書也、其上首弟子等相次受伝、至二于僧正真然一、随身蔵二置高野寺一、其後律師無空為二彼寺座主一時、持二此法文一出二於他所一、無空没後、其弟子等不二返納一、所々分散、右大臣忠平奏事之次、語二此事一間、惜三根本法文空欲二散失一、去年十二月語二観賢一（令脱カ）尋求、昨日令レ申二求得由一、故召見レ之、

『醍醐天皇宸記』延喜十九年十一月二日条

同十九年十一月二日、令レ仰二右大臣忠平一事一、又令レ仰下故大僧正空—自レ唐持来真言法（文脱カ）策子令レ蔵二東寺一不レ出二他所一、幷真言長者阿闍梨一人永代可二守護一之由、可レ被レ仰二彼寺一事上、此法文事由、具二去年三月一日々記一、権大僧都観賢、請蒙二公家宣旨一、厳二重此物一、又新造物、此策子料筥、以二今日一可レ送二遣彼寺一、仍令レ仰二此事一令下蔵人所藤原幾緜送中付可レ納二真言法文一筥一合於権大僧都観賢許上、

延喜十九年十一月二日官宣旨

左弁官下　東寺

応三真言根本阿闍梨贈大僧正空—入戸〔唐〕唐〔求〕得法文冊子参拾帖安二置経蔵一事

右、々大臣宣、奉二国字勅（本ノマヽ）一、件法文、宜下全収二経蔵一、不レ出二闔外一、令中宗長者永代守護上者、寺宜承知、依レ宣行レ之、不レ得二疎略一、

延喜十九年十一月二日　大史菅野朝臣清方

大弁橘朝臣澄清

『醍醐天皇宸記』延喜十八年三月一日条から、前年の十二月に醍醐天皇が観賢に対して所々に分散した策子の収集を命じており、この前日にようやく全て集め終わったという報告があったため、観賢を召して策子の叡覧をおこなった

ことがわかる。また翌十九年十一月二日条には、醍醐天皇が策子の東寺経蔵安置および「真言長者阿闍梨一人」による永代守護を東寺に命じるよう、右大臣藤原忠平に仰したことが記される。同日下された官宣旨は、東寺に対して策子の同寺経蔵安置と「宗長者」による永代守護を命じたものである。

『醍醐天皇宸記』延喜十九年十一月二日条の日付・内容は、同日付の官宣旨と一致するものであり、『日本紀略』同日条の記述とも一致している。(49) また官宣旨によれば、このときの東寺俗別当は検校藤原忠平、弁官別当橘澄清、史別当菅野清方の三者であったことがわかり、(50) 橘澄清・菅野清方はともに忠平の家に出入りしていることが『貞信公記抄』『九条殿記』から確認できるため、(51) 朝廷側の対応者という点でも矛盾がないといってよく、よって『東寺要集』に収載された以上の二つの史料は、成立時のまま引き写されたものと判断してよいだろう。また続けて収載されている「般若寺僧正勘文」についても、同様に信憑性は高いものとみなして検討を続けたい。

(二)「般若寺僧正勘文」

煩雑となるが、全文をあげておく。

(朱筆)「般若寺僧正勘文」(便宜的に傍線および番号を付した)

勘申真言根本阿闍梨入唐求得法文冊子卅帖、如レ本可下納二本寺経蔵一令中宗長者代々相承上之事

①右、就二真言一宗一、伏検二旧跡一、根本阿闍梨贈大僧正法印大和上空―、去延暦末銜レ詔入唐、大同元年帰二我本朝一、弘仁十一年十月廿日、皇帝御書賜二大法師位一、任二内供奉十禅師一、天長元年祈雨有レ感、超任二少僧都一、以二同年六月六日一仕(任)二造東寺別当一、且行二造寺之事一、且興二真言之教一、即表請三東寺為二真言寺一、入唐将

来仏舎利・法文・道具及唐阿闍梨付属物等、収二置東寺経蔵一、伝法供家宛如二私室一、以二同七年一転二任大僧都和尚一、能知二終期一、東寺之事、一向委二付弟子律師実恵一、以二去承和元々〔年〕一追二終焉之地一帰二高野山一、同二年三月廿一日、厭二世間味一、楽二寂滅理一、朝露永尽、夜松独遺、惟時件策子法文等更不二随身一、②厥後律師実恵為二宗僧綱一(守脱カ)光(先欤)師迹、次転二任少僧都一、具〔且〕建二行宗事一、次同弟子僧正真済、為二宗之長一、進二止宗事一、此両代間、堅収二東寺一、都不二移動一、③次根本阿闍梨舎弟子貞観寺真雅僧正、以二恵宿大法師一為二経蔵預一、請度披見、僧正以二去貞観十八年六月六日一、令三(権脱カ)律師真然請二収件法文一之日、如レ本可レ返二納東寺一之由具仰了、④遂至二元慶三年正月三日一、奄然入滅、須下件法文如二僧正教一返中納東寺上、而真然僧正為二少僧都一、与二宗叡僧正一共行二□(宗欤)〔宗〕事一、両人不レ和、件策子法文不レ返二納東寺一、称二是先師随身法文一、随身持二去高野一、住山二三年、此間転二任大僧都一、至二延〔元〕慶八年一、在京僧正永入二寂滅一、住山僧都転二任僧正一、独出(寺脱カ)守レ道無レ傍領レ宗、僧正余年晩暮、寛平之初、遂帰二本山一、爰請申云、公家初置二山座主寿長大法師一、是其元也、以二同三年九月一、黄葉易レ散、泉流難レ停也、寿長堅閉レ山、持二件法文一、⑤次座主権律師無空、毎常随身往二還山城一、無空去延喜十(八カ)六年於二円提寺一卒去之後、観賢件冊子早可レ返二納東寺一之由、告二知彼弟子僧等一、而左右遁申都不二進納一、⑥爰具注二事由一　奏二聞　川原院一、即召二彼弟子僧等一、殊下二勘責一、取出所レ給也、若非二法皇御徳一、於二凡僧等中一殆令二紛失一、此即以二根本重物一置二枝葉軽処一之所レ致也、⑦観賢去貞観十年生年十五、就二貞観寺真雅僧正一為レ師承仕、同十四年受二具足戒一、然則十年以往之事、依二文書一見、以二伝言一聞、至二以後事一、住二貞観寺一所二見聞一也、今或人申云、件法文元来在二高野一者、此後生人只見二元慶以来近事一、不レ知二貞観以往旧事一、任レ心偏申也、⑧又如二円仁座主法文一収二彼私室一、不レ収二延暦寺一者、此亦不レ例、何者、円仁是後出之座主、吾師是在二初闍梨一、彼山以二最初座主伝教大師入唐求得天台法文一収二延暦寺一、代々座主相承伝レ寺、此宗亦爾、以二根本阿闍梨入唐請来真言法文一収二東寺一、代々宗長者相伝護来、至二後々人々所持法文一、皆収二私室一、此尤可レ然、何以二他家末《〔宗〕》人一例二自宗本師一乎、⑨寔以根本一師之後、枝葉繁茂、別居之寺雖レ有二其員一、東寺是根本、自余皆枝葉、今以三件法文置二根本一所一、枝葉諸寺自然帰仰、設令先師以二件法文随身一、雖レ云レ留レ山、今至二末世一護持人乏、門徒僧綱宗之長者、取出護持、更有二何妨一、況元来収二東寺一、今亦置二本所一代々宗之長者相承者、此尤可レ叶二先師本意一也、観賢以二愚昧之質一、□《忝歟》為二宗長者一、就二先師遺迹一、盍レ尋二其本意一乎、⑩以前依二仰旨一、勘申如レ件、

延喜十九年十一月九日　権大僧都法眼和尚位観賢

勘文には、策子伝来の経過と、東寺経蔵に安置して「宗長者」が永代守護すべきことの根拠が述べられている。内容は大まかに分けると、①空海の段階、②実恵・真済の段階、③真雅の段階、④宗叡・真然の段階、⑤無空・観賢の段階、⑥奏事の目的、⑦勘申内容の情報源、⑧円仁の事例を策子に適用することの否定、⑨東寺において「宗之長者」が相承することの正統性、⑩結び＋日付・署名という要素で構成されている。「宗長者」呼称に関わる検討は次節でおこなうこととして、先に本勘文の作成目的、情報源、勘文に含まれる観賢の主張という三つの点を確認しておきたい。

勘文は、官宣旨発給から七日後の延喜十九年（九一九）十一月九日の日付を有す。先にみたとおり、『醍醐天皇宸記』および官宣旨には不審な点は見当たらず、その提出先が醍醐天皇でなく宇多法皇である点、また「今或人申して云はく、『件の法文は元来高野に在り』てへり」（⑦）とある点から、官宣旨が下ったのちも不満の声は消えず、別途改めて事情説明を求める宇多法皇の諮問に応ずる形で作成されたこと、つまり官宣旨が発給されて

もなお、真言宗教団内の対立が収束をみていなかった状況が看取できる。

それでは策子が東寺経蔵に納められ、「宗長者」によって代々相承されてきた経過を、観賢は何によって記したのであろうか。観賢は勘文のなかで、貞観十年（八六八）に一五歳であった時より貞観寺真雅僧正に仕え、同十四年に具足戒を受けたとし、貞観十年より以前のことは文書をみたり、或いは人から伝え聞いたりし、以後のことは自身が貞観寺に住して見聞したことであるとする（⑦）。勘文に登場する真言宗僧のうち、貞観十年段階では真雅・宗叡・真然・寿長はなお存命しており、真雅が経蔵預を任じて策子を取り出してみたこと、そして貞観十八年に真然が策子を借り請けたこと（③）以降の出来事は、観賢みずから見聞したことであることがわかる。すなわち、少なくとも真雅以降の真言宗教団の動勢については、観賢が同時代人の視点で書き出したということになる。また勘文の提出先である宇多法皇も、昌泰二年（八九九）に三三歳であった時に益信を戒師として落飾し、延喜元年（九〇一）に三五歳であった時に同じく益信を戒師として伝法灌頂を受け、同八年にはみずからが戒師となって入道真寂親王・寛蓮・会理・延僘・貞慶・玄照等に灌頂を授けており、[52]少なからず真言宗教団内の事情に通じていたであろうことが推測される。このような宇多法皇に提出する前提で記された過去の教団の動勢は、ある程度実態どおりであったとみなしてよいだろう。

それでもなお、観賢が作文するにあたって、ある程度操作を加えただろうことは、看過してはならない。具体的には、東寺が根本で、自余は枝葉であるという主張が折り込まれている点に、特に注意を払う必要があろう（⑨）。勘文には、空海入定後に真言宗寺院が多く建立されたが、それらは全て「枝葉」であって、東寺こそが「根本」であること、[53]策子を護持できるような人は末世の高野山には乏しく（＝僧綱不在）、「門徒僧綱宗之長者」（＝在京）が護持・相承すべきことが述べられる。この論理を述べた部分で注意したいのは、東寺こそが「根本」と述べた直後に、策子を収めれば「枝葉の諸寺は自然帰仰す」と、相矛盾するかのような記載がある点である。そこには東寺が「根本」であると主張する一方、なお「枝葉諸寺」の「帰仰」を得られていないことが窺われ、観賢が空海請来策子の東寺と「宗長者」による管理権の保障によって、東寺を「根本」寺院とする構造を確立しようとしている状況を看取することができる。(54) 通説的な理解では、官宣旨の発給より一ヵ月半ほど遡る延喜十九年九月十七日に「東寺長者」観賢が醍醐寺座主に補任され、(55) 同月十九日には金剛峯寺座主にも補され、(56) さらに官宣旨によって策子の東寺経蔵への永代安置および「宗長者」の永代管理が保障されたことで、東寺が真言宗教団の中心寺院としての地位を確立するに至ったと考えられている。しかし、官宣旨発給ののちも依然として諸寺の帰仰が得られていないらしいこと、「宗長者」呼称がこの時期に至ってもなお安定しておらず、史料上における定着が十世紀後半を待たねばならないことを鑑みれば、十世紀初頭に東寺を中心とする体制が確立したといい切ることはできない。そこで次節では、「般若寺僧正勘文」の内容を読み直し、観賢以前の真言宗教団の状況と、観賢の主張を再度検証することで、「宗長者」呼称成立の問題を考えていく。

2、観賢による「般若寺僧正勘文」の作成——勘文にみる「宗長者」観

すでに武内氏が指摘しているが、(57) 観賢は勘文のなかで幾度も「宗」に関わる文言を使用している（傍線部）。策子伝来の経緯を述べる①〜⑤と、策子所持の正当性を述べる⑧⑨を「宗」の使用という観点から読み直すと、第一に、「宗長者」に類似する表現が登場する点、第二に宗叡と真然が「ともに宗事をおこな」った、つまり両者が並立して「宗事」を執ったと解釈できる記述がみられる点、第三に「宗長者」呼称の直接的な使用は作者である観賢ただ一人になされる点が注意を引く。以下、この三点を順に検討していきたい。

まず一点目として、「宗長者」の類似表現の使用からみていく。観賢は策子伝来の経緯を述べた部分、すなわち自身より先行して「建行宗事」「進止宗事」「行宗事」「領宗」した者に対して、「宗僧綱」「宗之長」といった呼称を付している。具体的には、実恵に対しては「宗僧綱」、真済に対しては「宗之長」の表現を採っており、「宗（之）長者」という表現は用いていない。『僧綱補任』によれば、空海が入定した承和二年（八三五）以後、真済が同十年に権律師に補されるまで、実恵はただ一人、真言宗僧の僧綱補任者（少僧都）であった。このことから、実恵に対しては「宗僧綱」という表現が採られたものと考えられる。承和十四年に実恵が寂したのち、真言宗僧の僧綱補任者として律師の真済・道雄がおり、また権律師として真紹がいたため、真済に対しては「宗僧綱」の表現を用いず、「宗之長」という表現を採ったのだろう。こうした類似表現の使用は文章表現上の工夫とみることもできるが、敢えて「宗長者」の表現を避けたという可能性も一考する余地があるのではなかろうか。

実恵と真済が活躍した時代は観賢が生まれる前のことであり、みずからの見聞ではなく、「文書によりて見、伝言を以て聞」いたことを文章化した部分である。一方、みずから見聞したことをもとに記述したであろう真雅・宗叡・真然に対しては、観賢は「宗」の最上首を意味する呼称を直接的に付していない。勘文後半の、策子を東寺経蔵に安置して「宗長者」が護持することを述べた段⑧で、観賢は「根本阿闍梨入唐請来の真言法文を以て東寺に収め、代々の宗長者相伝し護り来たる」と記し、策子を護持してきた人物を遡って「宗長者」と呼んでいるが、そうした状況を保持し得たのは実恵・真済の二者と、真然に借用を許可するまでの真雅のみであり[58]、宗叡・真然についてはこの条件に当てはまらない。より厳密にいえば、かかる条件をクリアしているのは「宗事を建行」した「宗僧綱」実恵と、「宗事を進止」した「宗之長」真済の二人にすぎない。この点に、観賢の作文上の操作をみてとる必要があると思われる。

二点目として、「宗事」を執る者が併存しているという記述を考えたい。実恵の法脈に連なる宗叡と真雅の弟子の真然とは、「ともに宗事をおこな」うと表現されている。『僧綱補任』によれば、宗叡は貞観十一年に、真然は同十六年に僧綱に補されており、それは観賢が真雅に入室した貞観十年よりあとのことである。したがって両者が並立して「宗事」をおこなう状況にあったことは、観賢みずからが見聞きした事実とみてよい。勘文では、真然が「件の策子法文を東寺に返納せず」④と記されており、宗叡は策子を「返納」される立場、つまり管理権者として描かれている。宗叡入滅ののち、「独り出でて道を守り、傍らになくして宗を領」④めたとある真然が、東寺僧綱別当として東寺の寺務を執ったことは『僧綱補任』でも窺うことができる（表2・3参照）。しかし勘文の論理では、「宗長者」とは真言法文を〝東寺〟で相伝した人物を指すので、真然が「宗事」を執り、しかも東寺僧綱別当の任にあたっていたとしても、高野山に安置していた点において、観賢が考える「宗長者」の条件を満たしていなかった。よって真然のせいで策子を相伝できなかった宗叡と、策子を高野山で保持していた真然に、ともに「宗長者」の呼称が付与されていないのは当然のことなのであるが、さらに想像をたくましくすれば、「宗事」を執る者が並立している状況も、観賢にとって「宗長者」の先例とするには不都合であったのかもしれない。

最後に三点目として、観賢がみずからを「宗長者」と称した点を取り上げたい。武内氏は、勘文における「代々の宗長者」という表現、および観賢がみずからをもって「宗長者たり」としていることから、勘文が成立する以前の、比較的早い段階から長者の制度があったと解釈している。[59] しかし、勘文中の「宗」の上首に対する呼称の不安定さと、加えて勘文の基底にある観賢の主張を考慮すると、「代々の宗長者」の表現と自身を「宗長者」と称すことが、そのまま実態を表しているとは考えにくい。

勘文において、後世みられるような「宗（之）長者」という表現が個人に適用されているのは観賢一人のみであり、先述のとおりそれ以前にかかる呼称が付されている例はない。ここから、真言宗諸寺の分立を背景に、官宣旨を得てもなお東寺への「帰仰」がなされていない状況下において、自身が想定する「宗長者」像を宇多法皇へ正しく伝達することを企図して、観賢が自身以前には敢えて「宗長者」呼称を用いなかった可能性が想定できるのではなかろうか。観賢は策子の東寺経蔵安置、および「宗長者」による護持・相承の朝廷による永代保障をもって、東寺への「諸寺自然帰仰」をもくろんでいた。その保障が認められたあとも、策子の高野山安置こそが正しいとする勢力があったなかで、重ねてみずからの主張の正統性を訴える役割を担ったのがこの勘文であった。観賢が承和十年（八四三）の官符で、実恵が使用した「宗長老阿闍梨」ではなく、「宗長者」という表現を用いたのも、「阿闍梨耶首者」というだけでなく、真言宗宗務・東寺寺務をも含む「宗事」を執る者として教団の統括者像を構築する目的で「宗長者」像を具体化し、呼称の定着をはかるという意識が働いたものと考える。観賢は真言宗僧綱補任者の最上位に昇り、東寺別当・醍醐寺座主・金剛峯寺座主という真言宗主要寺院の長官を兼帯する自身を「宗長者」と称することで「宗長者」という立場を創出し、真言宗教団の統合を目指したのではないだろうか。

3、十世紀初頭の真言宗教団と観賢

ここで改めて、当該期の真言宗教団内における観賢の立場を考えたい。『長者次第』では、観賢が「一長者」に至って以後、その卒去までの間、ほかに「長者」の補任者を記していない。すなわち「一長者」聖宝、「二長者」峯斅のもとで、延喜六年（九〇六）十月七日に「三長者」に補された観賢（時に五四歳・律師）[60]は、同八年四月に峯斅卒去の替として「二長者」に至り、同九年七月に聖宝卒去の替として「一長者」に昇ったと記されている。この間の事情を『僧綱補任』で確認すると、延喜六年条では僧正益信（三月七日卒）・権僧正聖宝・少僧都峯斅に対して「東寺別当」の註が付され、律師観賢に対しては「東寺別当に任ず、益信の替」と記されている（前掲表2参照）。つまり『長者次第』のいう観賢の「三長者」補任は、東寺僧綱別当の補任であったと読み替えることができる。その後、延喜八年の峯斅卒去で、東寺僧綱別当は聖宝・観賢の二人体制となり、さらに同九年の聖宝卒去で、観賢一人のみとなる。以後、延長三年（九二五）六月十日に観賢が卒去するまで、東寺僧綱別当が増員された様子はない。

観賢の卒去後の状況を、先にみておきたい。『長者次第』には「第九権僧正観賢」項内に、観賢と同じく聖宝の弟子である延敒の長者補任が記されているが、その補任日は観賢の卒去より七日後の延長三年六月十七日であり、二長者としての補任ではない。すなわち、

一長者般若僧正六月十一日卒、延敒歴二七箇日一任二長者一、其時無二他長者一、加之、古次第云、観賢卒去替云々、仍為二一長者一、而同八月十日、観宿律師為二上臈一、超二補長者延敒一、六・七両月僅為二一臈一歟、（間脱）其寺務執行之条、実否難レ知、況或本、観宿之後任レ之云々、随又一長者古次第除レ之、仍暫存二此説一已、迷二可否一後賢評定耳、

と記されており、参照した「古次第」では観賢卒去の替として任じられたとするものの、「或本」では観宿の後に任じられたとあり、寛信は延敒を「一長者」に数え入れず、両説を提示してその判断を後賢に任せている。また『長者次第』の観賢の次には「一長者」として同じく聖宝の弟子「大僧都観宿」が立項されて「延長三年八月十日長者に補す」とあり、『灌頂御願記』には「大僧都観宿・少僧都延敒　二人任」と記されている。『僧綱補

任』によってその間の事情をみると、延僘はその東寺僧綱別当補任日が明らかでなく、延長五年より延長七年十二月十三日に卒去するまで「東寺別当」と記されている。一方、観宿は延長三年条に「八月十日東寺別当に任ず」とあって、以降、『僧綱補任』が卒去の年と記す延長七年まで「東寺別当」の註が付されている。東寺僧綱別当の補任を記録した『灌頂御願記』および『僧綱補任』からは、延僘と観宿の補任日の先後関係は明らかにできないが、(61) 観宿が観賢の卒去後に東寺僧綱別当に補されたこと、観賢の一人体制から観宿・延僘の二人体制へ別当の定員がふたたび増員されたことだけは知ることができる。

観賢が一人で東寺僧綱別当だった間、ほかに誰か僧綱別当に補されるような人材がいなかったかといえば、そうではない。『僧綱補任』をみると、延喜九年七月に観賢の一人体制がはじまった時点で、観賢以外に真言宗僧の僧綱補任者は不在であった。しかし翌年には、宗叡の弟子の禅安と益信の弟子の神日が権律師に補されており、延喜十六年には道雄の弟子の智愷と真然の弟子の無空が、同十八年には観賢と同じく聖宝を師とする延僘と観宿が権律師に補されている。以上あげた人物の法脈からみた関係性は、次に掲げる図のとおりである。

真言宗僧の僧綱補任者がほかに存在していたにもかかわらず、『僧綱補任』『灌頂御願記』『長者次第』のいずれの史料も観賢がただ一人東寺僧綱別当であったことを示しており、そうした状態が長期にわたっていたことは確かとみてよいのだろう。宗叡と真然とがともに東寺僧綱別当に補されて以来、別当が一人のみという状態はなかったわけではないが（前掲表1・2参照）、観賢ほど長期にわたって一人体制を保持した例はなく、自然に発生した状況というよりも、真言宗教団側と朝廷側、どちらのどのような要請によるかは判然としないものの、意図的に創り上げられた状況とみる方が自然である。また少なくとも、そうした状況が観賢の真言宗教団統合という希求の実現に、有利に作用しただろうことは容易に想像がつく。

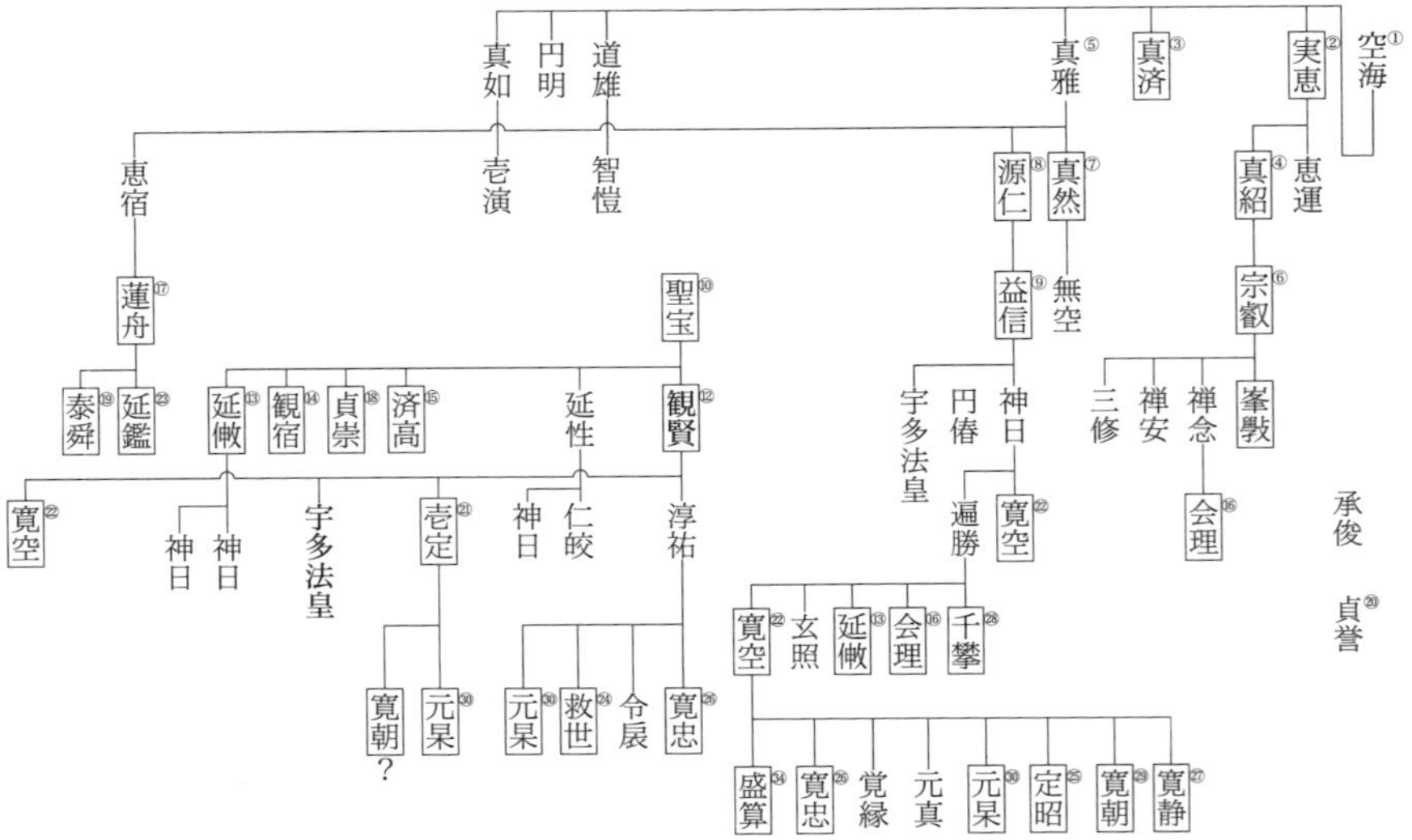

※僧綱位に昇ったと目される人物を中心に抽出した。
※醍醐寺蔵本「伝法灌頂師資相承血脈」(築島裕翻刻『醍醐寺文化財研究所研究紀要』一号所収)・東寺観智院金剛蔵本『真言付法血脉〈仁和寺〉』(武内孝善翻刻(『高野山大学密教文化研究所紀要』六号所収)に拠った。
※『灌頂御願記』『僧綱補任』によって「東寺僧綱別当」補任歴が認められるものは四角で囲い、『長者次第』に「長者」として加任された順序に従って番号を付した。

図1　法脈略図

翻って、観賢が目にしてきた真言宗教団内の状況、すなわち真雅以降の状況をみていくと、まず東寺僧綱別当補任者が実恵の弟子と真雅の弟子、それぞれの法脈より輩出されていることがわかる(図⑤〜⑪、前掲表2参照)。実恵の法脈に連なる宗叡と、真雅の弟子である真然とが並立し、宗叡没後は同じく真雅の弟子であった源仁が真然と同時期に別当に在任しており、在京・住山の違いはあるが、一旦は真雅の灌頂弟子が別当を占めている。次いで源仁の弟子である益信と聖宝、宗叡の弟子である峯斅の三者が補され、ふたたび実恵の法脈が別当補任者に加わることとなった。そうした状況のなか、新たに別当に加え補されたのが観賢だったのである。

観賢以前に東寺僧綱別当に任じられた

人物は、実恵系と真雅系の双方から輩出されていた。真木隆行氏は九世紀の真言宗僧団について、「東寺や高野山を直接の拠点とした一部の宗僧を除けば、他は、それら僧団中枢寺院とは別に、各々の拠点寺院を確保して、すでに分立しつつあった」とし、宗派全体の年分度者枠とは別に年分度者枠を獲得し、「寺僧を独自養成して確保することも可能」であったと説明し、「長者」呼称の出現について「僧団の再編と連動していた可能性は高い」と指摘する。(62)「般若寺僧正勘文」中における「宗」に関わる文言の不統一性や、ただ一人である点を考慮すれば、後世との連続性をもつ「宗長者」の呼称および概念の創出は、観賢、或いは観賢を中心とした勢力によって、東寺が真言宗教団の「根本」である地位を獲得する過程でなされていった可能性が高いだろう。すなわち僧団中枢寺院・各拠点寺院分立の状況下にあって、空海請来の三十帖策子の所在も定まらなかった当時、「宗長者」という呼称を強いて使用することで、教団内における中心の在り処として自身と東寺の立場を朝廷に印象づけ、さらに観賢が「宗長者」として自身の立場を長期間保持することにより、「宗長者」と東寺の地位を固めて「枝葉諸寺自然帰仰」を目指したものと考える。

おわりに

以上、「宗長者」研究の基礎資料となる『東寺長者次第』および『東寺要集』所収の「三十帖策子事件」の関連史料の見直しをおこなった。そこではまず『長者次第』について、「東寺長者」の補任に関わる記述が東寺僧綱別当補任を示さない事例も含まれることを確認し、また「宗長者」呼称の初見史料である「三十帖策子事件」関連史料を検討して、十世紀初頭段階を「宗長者」の呼称および性格の形成期とみなし、その創出者を「般若寺僧正勘文」の筆記者である観賢、或いは観賢を中心とする東寺方の勢力ではなかったかとの推察を提示した。それは東寺（及びその関係者）が、真言宗の「宗事」を一手に集中させ、策子の管理に代表される具体的な職掌を付帯させた「宗長者」という呼称を積極的に用い、かつその地位を長期間保持することで、祖師空海以来の高野山との拮抗関係を解消し、その他光孝・宇多両天皇の御願寺たる仁和寺や、醍醐天皇の御願寺たる醍醐寺等といった有力諸寺院との差異を明確にすることを目指したものであったと考える。

本稿では、十世紀初頭の東寺方による真言宗教団の統合が、観賢入滅後にどのような展開を辿ったのか、また東寺僧綱別当の任限や定員、伝法灌頂授与の大阿闍梨との関係性や、「宗長者」の職掌の内実等、論及できなかった課題を多く残す。また誤解や誤謬も多いことと思われるが、ひとまず擱筆することにする。大方のご叱正、ご教示を賜れれば幸いである。

註

（1）横内裕人「仁和寺御室考――中世前期における院権力と真言密教――」（『日本中世の仏教と東アジア』所収、塙書房、二〇〇八年。初出は一九九六年）。

（2）竹内理三「平安朝に於ける東寺の経済的研究（上）（中）（下）」（『歴史地理』四三三・四三四・四三六、一九三六年）。

（3）富田正弘「中世東寺の寺院組織と文書授受の構造　付寺僧一覧・諸職補任・索引」（『資料館紀要』八、京都府立総合資料館、一九八〇年）。

（4）牛山佳幸「諸寺別当制をめぐる諸問題」（雄山閣出版編『古代史研究の最前線』第二巻〈政治・経済編下〉所収、雄山閣出版、一九八六年）。

（5）真木隆行「中世東寺長者の成立――真言宗僧団の構造転換――」（『ヒストリア』一七四、二〇〇一年）。

（6）清水明澄「『御遺告』に見る東寺長者の称について」（『密教学会報』四五、二〇〇八年）。

（7）武内孝善「東寺長者攷――九・十世紀を中心として――」（『空海伝の研究――後半生の軌跡と思想――』所収、吉川弘文館、二〇一五年。初出は二〇〇八年）。

（8）鶴浩一「古記録等の「東寺長者」称号について」（『密教学会報』五〇、二〇一二年）。

（9）辻善之助『日本仏教史　上世篇』（岩波書店、一九四四年）。

（10）なお「宗長者」呼称について触れたものではないが、東寺を中心とする意識の形成過程を論じた研究として西弥生「中世寺院社会における「東寺」意識」（『史学』八一―一・二、二〇一二年）、同「東寺一門像の形成過程――「東要記」を中心に――」（『日本歴史』八三三、二〇一七年）がある。西氏は東寺住僧以外が用いる「東寺沙門」という自称表現に注目し、十世紀以前の段階では、まず実恵によって東寺を核とする真言宗の興隆が企図され、真雅・聖宝・益信・観賢による「東寺長者」と法務の兼帯事例の蓄積が契機となって醍醐寺・仁和寺等の周辺諸寺が東寺を「制度的」中核として掲げるようになったとの重要な指摘をおこなっている。本稿では筆者の力不足から「長者」補任者を検討することのみに終始してしまい、醍醐寺・仁和寺と東寺の関係性の実態については見解を提示することができなかった。本問題については今後の課題としたい。

（11）「長者」称は、「氏長者」や「遊女長者」等、僧俗・階層を限らず広く使用される呼称であるが、本稿において「長者」と表記する場合は、真言宗僧に付されたものに限る。以下、史料を引用するにあたって、解釈に従い、句読点を加え、あるいは修正し、正字・異体字等は常用字体に改めた。また、必要に応じて傍線を付し、返り点・校注を加えた。

（12）和多昭夫「寛信撰　東寺長者次第」（『高野山大学論叢』二、一九六六年）に、高野山宝寿院蔵本を底本とし、仁和寺本・続々群書類従本（内閣文庫本）によって校合を加えた翻刻を載せる。なお、同史料の引用にあたり、和多氏の付した校注について、仁和寺本をもって一部修正を加えた。

（13）『大日本仏教全書』に高野山金剛三昧院蔵本の翻刻が収載されている。

（14）土谷恵「小野僧正仁海像の再検討――摂関期の宮中真言院と醍醐寺を中心に――」（青木和夫先生還暦記念会編『日本古代の政治と文化』所収、吉川弘文館、一九八七年）。土谷氏によれば、現存する『灌頂御願記』の諸本には高野山金剛三昧院蔵本（後欠本と、奥書の無い完本の二種。『大日本仏教全書』底本）、宝菩提院蔵本、高野山三宝院蔵本、内閣文庫蔵本があるという。高野山金剛三昧院蔵後欠本は、奥書によれば、文永七年（一二七〇）に「松橋御本」をもって書写したものを、明徳五年（一三九四）に至って更に伝写したものである。なお内閣文庫本は、その奥書から応安五年（一三七二）に信瑜（一三三三～一三八二）が東南院経蔵に納められた仁済（?～一二〇四）自筆本をもって書写・校合したものであることがわかるが、この内閣文庫蔵本に目録部分はない。

(15) すでに武内孝善氏（前掲註7論文）・鶴浩一氏（前掲註8論文）によって注目されているが、興福寺本『僧綱補任』には各補任者の名前の下に「東寺別当」という註記がみられる。なお『僧綱補任』の利用にあたっては、『大日本仏教全書』に収載される翻刻のほか、湊敏郎氏による校訂（「『僧綱補任』巻第一の校訂」以下〈『続日本紀研究』二九三・三〇三・三二〇・三三九・三四九・三六二、一九九五・一九九六・一九九九・二〇〇二・二〇〇四・二〇〇六年〉、「『僧綱補任』裏書の校訂」〈『神戸女学院大学論集』八八、一九八三年〉）、および平林盛得・小池一行編『五十音引僧綱補任　僧歴綜覧　推古卅二年～元暦二年　増訂版』（笠間書院、二〇〇八年）を参照した。以下、特に注記がなければ興福寺本による。

(16) 武内孝善「東寺長者攷――九・十世紀を中心として――」（前掲註7論文）、高橋敏子「「東寺長者補任」の類型とその性格」（東寺文書研究会編『東寺文書と中世の諸相』所収、思文閣出版、二〇一一年）。

(17) 高橋敏子「「東寺長者補任」の類型とその性格」（前掲註16論文）。

(18) 『類聚三代格』巻二「修法灌頂事」所収。『灌頂御願記』は全文を引用しておらず、官符の後半に若干の省略箇所が見受けられる。

(19) 高橋敏子「「東寺長者補任」の類型とその性格」（前掲註16論文）は、「仁海自筆長者次第」においても「東寺長者の役割を重視し、先例を尋ね、その流れに自身を位置づける意図」があったと指摘する。しかし後述のとおり、寛信は東寺僧綱別当の補任記録を「東寺長者」の補任記録として読み替えており、寛信の用いた「仁海自筆長者次第」が『灌頂御願記』の「僧綱別当」項に類する記録であった可能性も存在するため、典拠名よりその内容を判断してよいものか、なお検討を要すると考える。

(20) 東寺文書礼一二（上島有編著『東寺文書聚英』〈同朋舎出版、一九八五年〉の図版三二）。なお同文書には「伝灯大法師位峯斅」の署名もみえ、峯斅はこのとき凡僧別当であったと推測される。

（21）『日本紀略』は天暦二年（九四八）九月二十五日条に「此日、寛空を東寺別当に補す」と記す。
（22）ただし延鑑については、補任日に一日のズレが生じている。
（23）清水明澄「『御遺告』に見る東寺長者の称について」（前掲註6論文）、武内孝善「東寺長者攷――九・十世紀を中心として――」（前掲註7論文）、鶴浩一「古記録等の「東寺長者」称号について」（前掲註8論文）。
（24）「第四僧正真雅」項・「第十一大僧都済高」項・「第十二権少僧都貞崇」項。
（25）清水明澄「『御遺告』に見る東寺長者の称について」（前掲註6論文）。
（26）東寺百合文書の函―一。
（27）文治三年（一一八七）十一月十七日に正文をもって書写した旨の奥書を有す。
（28）『大日本仏教全書』は承和三年（八三六）の律師実恵の註記を「東大寺別当」と書きおこすが、「東寺別当」の誤りである。
（29）牛山佳幸「諸寺別当制をめぐる諸問題」（前掲註4論文）。
（30）『僧綱補任』承和十四年（八四七）条に「東寺別当」の註がみられる。同年は真紹が権律師に補された年であり、また実恵が入滅した年（十一月十三日）でもあって、それ以前より東寺凡僧別当に任ぜられていたものが、僧綱に昇ることで東寺僧綱別当となったものか、実恵入滅を受けて新たに東寺僧綱別当に補されたものかは判然としない。
（31）『長者次第』「第四僧正真雅」項は宗叡の二長者補任の年を貞観十八年（八七六）とし、「或本十五年補す、或本元慶三年直ちに一長者に補すと云々、之を決すべし」と註記する。貞観十八年は、同十五年に次いで『僧綱補任』の宗叡の名の下に「東寺別当」の註が付記される年であるが、それ以外のことは判然とせず、何によったものか不明である。ただ「或本」が挙げる貞観十五年というのは、宗叡が東寺僧綱別当に補された年（『僧綱補任』貞観十五年条）を、元慶三年（八七九）というのは真雅の入寂年を採用したものであろうと解釈される。
（32）以下、僧綱に任ぜられた真言宗僧については、武内孝善「東寺長者攷――九・十世紀を中心として――」（前掲註7論文）収載の「表7　東寺長者一覧」を参照のこと。なお真雅は、仁寿三年（八五三）十月二十五日、真紹を越えて少僧都に補されている（『文徳天皇実録』同日条、『僧綱補任』同年条）。
（33）『故僧正法印和尚位真雅伝記』（『弘法大師伝全集』所収）に「承和二年、勅有りて弘福寺別当に任ず」とみえる。同史料は、寛平五年（八九三）六月に弟子等によって記されたものという。真雅の弘福寺別当補任については武内孝善「弘福寺別当攷」（前掲注7書所収、初出は一九九八年）に詳しい。

(34)『僧綱補任』貞観十四年条。なお同史料が法務補任の初見記事となる（牛山佳幸「僧綱制の変質と惣在庁・公文制の成立」〈『古代中世寺院組織の研究』所収、吉川弘文館、一九九〇年。初出は一九八二年〉）。

(35)『東寺要集』所収。

(36)『御遺告』（成立の下限は、金剛寺蔵本の奥書より安和二年〈九六九〉七月五日と推定される〈武内孝善「東寺長者攷――九・十世紀を中心として――」前掲註7論文〉）の「二、弘福寺を以て真雅法師に属すべき縁起第三」には「長者たる者は弘福寺を加へ掌るべし」とみえる。また、同じく『御遺告』の「一、実恵大徳を以て吾が滅度の後、諸弟子の依師長者と為すべき縁起第二」には「仍ち大経蔵の事、一向此の大徳に預く。但し若し実恵大徳不幸の後は真雅法師を以て処分し、封納・開合せよ」とみえ、「一、東寺に長者を立つるべき縁起第十」にも「夫れ以るに、吾が弟子たる者の末世後生の弟子のうち、僧綱に成り立つ者、上下の臈次を求めるに非ず、最初に成り出づるを以て東寺長者と為すべし」とある。なお、竹内理三「平安朝に於ける東寺の経済的研究（上）（中）（下）」（前掲註2論文）、武内孝善「東寺長者攷――九・十世紀を中心として――」（前掲註7論文）を参照のこと。

(37)　壱定の「東寺長者」補任年とする天暦元年（九四七）について、『僧綱補任』を確認すると、真言宗僧として権律師泰舜・同寛空・同壱定の三名がみえ、寛空は壱定より上位に記されている。両者は同年齢で、これより先の天慶八年（九四五）十二月三十日に揃って権律師に補された。臈次の上下については不明ながら、東寺入寺に補された年は壱定の方が早い。すなわち『長者次第』「第十三律師泰舜」項に、壱定の東寺入寺補任年は延長元（二イ）の傍書あり）年（九二三）十二月二十四日、寛空の同補任年は延長八年四月九日とあり、月日まで明示していることから、確かな典拠に基づいて記された可能性が高いと考える。なお寛空は、これより先の延喜十八年（九一八）八月十八日に宇多法皇から灌頂を授けられている（『仁和寺御伝』心蓮院本・真光院本・顕証書写本「寛空僧正」項〈奈良国立文化財研究所編『仁和寺史料　寺誌編二』所収、吉川弘文館、二〇一三年〉）。

(38)『東寺要集』所収「般若寺僧正勘文」。

(39)『日本紀略』は延長六年十二月十三日条に「権少僧都延僘卒」、同月十九日条に「大僧都観宿卒」と載せ、醍醐寺蔵本『伝法灌頂師資相承血脈』（十四世紀前半ごろの成立。『醍醐寺文化財研究所研究紀要』一号〈醍醐寺文化

財研究所、一九七八年〉に築島裕氏による翻刻あり）も延僘に「延長六ー十二ー十三ー入ー（七十五）」、観宿に「延長六ー十二ー十九日入ー（八十五）」と註記している。

（40）永観二年の太上官牒、正暦五年の申状ともに、寛朝による阿闍梨職の推挙に関わって作成された史料である。『東寺要集』には寛朝による阿闍梨職の推挙状が三通収載されるが、そのすべてに実恵の承和十年の奏状が引用されている。

（41）清水明澄「『御遺告』に見る東寺長者の称について」（前掲註6論文）、武内孝善「東寺長者攷——九・十世紀を中心として——」（前掲註7論文）。

（42）辻善之助『日本仏教史　上世篇』（前掲註9書）、高木訷元「三十帖策子の経緯に関する一試論」（『密教文化』一一六、一九七六年）、同「三十帖策子研究備忘（一）」（『高野山大学論叢』一二、一九七七年）、永村眞「法流と聖教——真言宗教団発展の足跡——」（『密教学』三六、二〇〇〇年）等。

（43）『東寺要集』巻第二奥書に「権律師栄増」、巻第三奥書に「東寺執行栄増」と記す。栄増の名は東寺百合文書に散見しており、成立年の明らかなものとしては「東寺凡僧別当記」（観応元年〈一三五〇〉、追加之部一）に「東寺執行　権少僧都栄増、年四十七、」とみえるのが早い例である。

（44）請求記号**K85/Ka59**。国文学研究資料館の日本古典籍総合目録データベースによれば、唯一の写本ということになる。黒川文庫については、柴田光彦「黒川文庫の変遷について」（『日本書誌学大系86-2黒川文庫目録　索引編』所収、青裳堂書店、二〇〇一年）に詳しい。該本は縦二三・八糎×横一六・五糎で、表紙、本文九〇丁、遊紙から成り、表紙には「東寺要集　上中下」と外題が墨書された題簽（縦一八・〇糎×横三・八糎）が貼付される。表紙・裏表紙には見返紙がなく、紙背に僧形の面が刷られており、三方折込になっている。

（45）一丁裏に「一誠堂購入／昭和31．4．13／**C-K.85**／**N-Ka59**／**V-**　／日本大学図書館」、二丁表に「白河」「桑名」「日本大学図書館蔵書」「黒川真道蔵書」「楽亭文庫」「黒川真頼蔵書」「黒川真前蔵書」、三丁表に「黒川真頼」、九〇丁表に「日本大学図書館」の蔵書印が確認できる。

（46）巻第二の賢宝の奥書に「此巻最少巻也、此外猶可レ有レ之歟、批記可レ続二加要集第二一云々、可レ尋二書之一也」とあり、賢宝が書写した段階で寛信自筆本が原初の形態をすでに失っていた可能性がある。

（47）「三十帖策子事件」関連資料は、『東寺要集』に収載されたものが管見の限り最も古い。『東寺要集』以降では、杲宝撰・賢宝加筆『東宝記』（文和元年〈一三五二〉成立）巻第六法宝下「安置聖教」所収「三十帖策子」項、『東寺三十帖冊子事』（応永三十三年〈一四二六〉、宗源写、国立国会図書館蔵）、尊賢撰『卅帖策子由来』（文政二年〈一八一九〉六月朔成立、国立国会図書館蔵）等に収載されて伝来している。なお『卅帖策子由来』は、参照した典拠の一つに「行宴法橋記」をあげる（『東宝記』中にも行宴の記録は「三十帖策子」項ではないが、「行宴法眼記」として一箇所確認できる〈巻第一・仏法上〉。「行宴法橋記（本）」と同一のものか不詳）。「行宴法橋記」について、尊賢は「此記奥書曰、承安四年九月廿一日、於石山寺以阿闍梨御坊本書之、行宴、按阿闍梨御坊者、石山寺文泉房朗澄律師、即行宴法橋受法之師也、此書原本題号無之、顕証阿闍梨書写之、曰三十帖子細也」と記しており、石山寺の学僧朗澄（一一三一～一二〇八）蔵本を行宴（一一三〇～一二〇〇）が写したものであるとしている。朗澄は醍醐寺蔵本『伝法灌頂師資相承血脈』（前掲註39）に、行宴は東寺観智院金剛蔵本『真言付法血脈〈仁和寺〉』（武内孝善氏のよる翻刻あり〈『高野山大学密教文化研究所紀要』六号所収、一九九三年〉）にその名が確認できる。また杲宝撰『東寺長者補任』及び『東寺三十帖冊子事』中に、文治二年（一一八六）十月に御室守覚が三十帖策子を仁和寺大教院に移した際、行宴が御使として奉仕したことがみえる。

(48)　以下、『東寺要集』の引用に際しては日本大学図書館所蔵黒川文庫本をもって底本とする。また同本の誤脱等については該字の右側に（　）（　）を付し、『東宝記』・『東寺卅帖冊子事』・『卅帖策子由来』をもって補った。

(49)　『日本紀略』同日条に「詔、以真言根本阿闍梨贈大僧正空海入唐求法（法）カ諸文冊子卅帖安置経蔵」とある。

(50)　岡野浩二「天台・真言・南都寺院の監督」（『平安時代の国家と寺院』所収、塙書房、二〇〇九年。初出は一九九四年）によれば、東寺俗別当は筆頭公卿と弁官と史の三者によって構成されており、藤原忠平は延喜二十年前後に東寺の「検校」（公卿別当）であったという。

(51)　橘澄清は『貞信公記抄』延喜十八年正月二十八日条・同二十年閏六月二十八日条・八月六日条・十一月一日条・『貞信公記逸文』（前田家本『西宮記』）延長元年二月四日条に、菅野清方は『貞信公記抄』承平元年二月一日条・『九条殿記』承平五年十二月二十五日条・『貞信公記逸文』（前田家本『西宮記』）同年十二月三十日条・『貞信公記抄』天慶元年二月二十六日条に名がみえる。

(52)　『日本紀略』昌泰二年十月二十四日条、東寺所蔵『真言宗伝法灌頂師資相承』（『宇多天皇実録』延喜元年十二月十三日条所収）・仁和寺所蔵『真言宗伝法灌頂師資相承』（『同前』延喜八年五月三日条所収）等。

(53) 東寺を「根本」とし、それ以外を「枝葉」とする論理は観賢においてはじめてみられるものではなく、遡って既に益信の奏上（『東宝記』巻八所収寛平九年〈八九七〉六月二十六日付太政官符）中にみられることが西氏によって指摘されている（西弥生「中世寺院社会における「東寺」意識」、前掲註10論文）。

(54) なお『醍醐天皇宸記』においては、策子収集の段階（延喜十八年三月一日条）で「根本法文空しく散失せんとするを惜しむ」とあって、散失を防ぐためという目的しか窺われないが、官宣旨を下す段階に至っては、東寺に安置して「真言長者阿闍梨」一人が永代守護することで「彼の寺を仰がるべき事」と記されており（同十九年十一月二日条）、観賢の勘文と全く同じ策子安置寺院＝根本という論理が述べられている。

(55) 『東寺長者次第』、『東寺長者補任』、『醍醐寺新要録』「座主次第篇」、『醍醐寺縁起』等。

(56) 『東寺長者次第』、『東寺長者補任』。なお「高野山検校帳」および異本「高野山検校帳」（ともに『又続宝簡集』所収、『大日本古文書』家わけ第一「高野山文書」一六六一・一六六二）は延喜二十一年に峯禅の替として金剛峯寺座主に補されたと記す。

(57) 武内孝善「東寺長者攷――九・十世紀を中心として――」（前掲註7論文）。

(58) 延喜十八年六月六日付請状（『東寺要集』所収）。

(59) 武内孝善「東寺長者攷――九・十世紀を中心として――」（前掲註7論文）。

(60) なおこれ以前、『長者次第』によれば、観賢は、昌泰三年（九〇〇）に仁和寺別当、「昌泰年中」（八九八～九〇一）に東寺凡僧別当、翌延喜二年（九〇二）に権律師に補されている。

(61) 観賢卒去後の延僘と観宿の僧官補任については、『貞信公記抄』に記事が残る。すなわち延長三年七月二十七日条には「有二奏・中文等一、延僘為二醍醐座主一宣旨、仰二右大弁一」とあり、八月九日条には「以二増命・延僘一為二法務一、僧綱観宿為二東寺別当一」とみえる。延僘は醍醐寺座主と法務の職に任ぜられたが、東寺別当の観賢の闕を埋めたのは観宿であって、延僘が直ちに補されることはなかったのではないだろうか。

(62) 真木隆行「中世東寺長者の成立――真言宗僧団の構造転換――」（前掲註5論文）。

（付記）本稿は、院政期仏教研究会（二〇一〇年三月）および歴史学研究会日本古代史部会例会（二〇一一年二月）等で報告した内容をもとにしている。ご助言いただいた諸氏に、心より謝意を表したい。

律令期の祭祀・儀礼と官衙・寺院・集落

――信仰関連遺物からみた祓の再検討と信仰の地域ネットワーク

笹生　衛

はじめに

古代の祭祀、特に八世紀の『神祇令』が定めた国家的な祭祀を、井上光貞は「律令的祭祀」とした。(1) また、金子裕之は、平城宮・京など古代宮都で出土する、人形、馬形（土馬・絵馬）、斎串、人面墨書土器といった遺物を、「律令的祭祀」の祭祀用具（祭具）として位置づけた。(2) なかでも人形は大祓の祭具、人面墨書土器は罪穢を除去する祓具としての性格を考えた。その後の研究で、人面墨書土器の性格には饗応・供饌の機能が加わるが、(3) 人形＝祓具という認識は、現在ほぼ定説化している。

しかし、井上・金子両氏の論文発表から三〇年以上が経過し、その間、全国各地で祭祀関係の考古資料の蓄積が進み、井上・金子論文が執筆されたころと状況は大きく変化している。これを受けて、「律令的祭祀」と律令期（八・九世紀）の祭具は、いかに関係していたのか、さらに、律令的祭祀を含む、八・九世紀の祭祀・儀礼の歴史的な意味とは何か、改めて検討しなければならない段階を迎えているといってよいだろう。そして、現時点で八・九世紀の祭祀・儀礼を再検討する場合、従来なかった次の二つの視点が必要と考える。

第一の視点は、祭祀・儀礼は、どのようにおこなわれたのかを、具体的に考えることである。祭祀・儀礼には、目的に対応した一定の構造＝儀礼体系がある。祭祀の場合は、これを「祭式」とよぶ。従来、儀礼構造（祭式）よりも、主に文献史料が記す祭具と考古資料との対応関係、類似性を主な手がかりとして祭祀の推定をおこなってきた。金子論文などが示す「人形＝祓具」という理解も、祓の儀礼構成と祭具との関係から導き出されてはいない。人形は本来どのような性格を持っていたのか、儀礼構造の面から厳密に検証しなければならないのである。

第二の視点は、祭祀・儀礼を空間的な広がりのなかで考えることである。宮都で出土する人形・人面墨書土器などの祭具（祭祀・儀礼で使用した用具）は、一九九〇年代以降、各地で発掘調査がおこなわれた結果、国府、郡家（郡衙）、国分寺、地方の初期寺院、さらに集落から出土するようになった。宮都の出土例は、祭具の分布の中心ではあるものの、全体からみれば、その一部を示しているに過ぎないことになる。宮都から地方へ、いかに律令期の祭具がもたらされ定着したのか。現在、その経路と背景を地域のなかで分析できる環境が整ってきている。一方で、律令期の信仰は、国分寺が象徴するように、仏教が多分に影響を与えていた。律令期の祭具を考えるには、列島内の神祇信仰だけでなく、中国仏教、それと密接に結びついた道教信仰を視野に入れ、東アジアのレベルで歴史的な背景を考えなければならないのである。

本稿では以上の二つの視点にもとづき、八・九世紀の祭祀・儀礼と祭具、特に、祓・人形・人面墨書土器に焦点をあて、その信仰と歴史的な背景について再検討してみたい。

一、祓の諸相と祭具

人形や人面墨書土器といった八・九世紀の祭具は、どのように使用されていたのか。従来、これを明らかにするには、古代祭祀の豊富な情報を記す『延喜式』を参考に解釈をおこなってきた。しかし、ここで注意しなければならないのは、『延喜式』が十紀前半に編纂されたという事実である。『延喜式』の内容は、九世紀の『弘仁式』・『貞観式』、『儀式』を受けて構成されたものである。したがって、これを参考に八世紀代の祭具の機能・性格を推定し、祭祀・儀礼を復元するのは正しい方法ではない。そもそも金子が人形・人面墨書土器との密接な関係を指摘した「祓」そのものが、九世紀の『弘仁式』から十世紀の『延喜式』にかけて大きく変化していった。そこで、この祓の変化と人形の性格についてみてみよう。

1、「祓」の本質

祓とは何か。その性格・内容は、七世紀から九世紀まででも少なからず変化した。本来「祓」とは、自らが犯した罪について、物品を供出し贖うという性格のものである。七世紀末期の天武朝には中核部分が成立していたと考えられる大祓詞（『延喜式』祝詞、大祓条）(4)。そこにあげる「天津罪」は、『記紀』のスサノヲノミコトの伝承に対応し、スサノヲノミコトに課した「千位の置戸を負せ」（『古事記』）、「祓具」「千座置戸の解除」（『日本書紀』）は、犯した罪への贖いを意味する。さらに、『日本書紀』雄略天皇十三年三月、歯田根命が「馬八匹・大刀八口を以て、罪過を祓除ふ」との記述、同じく大化二年（六四六）三月の「旧俗改廃の詔」にある「祓除」(5)も同様に考えて、矛盾はない。これら史料の年代である七世紀後半から八世紀前半には、このように「祓・解除」は理解されていたといってよい。

『記紀』の編纂がはじまる天武天皇の時代、『日本書紀』天武天皇五年（六七六）八月辛亥（十六日）条には諸国大解除（大祓）の初見記事がある。ここで祓柱（祓物）となった馬・大刀・鎌・钁・矢・鹿皮・麻は、八世紀前半の「神祇令」諸国大祓条の祓物とほぼ重なる。(6) 八・九世紀の大祓の直接の起源は、七世紀末期、天武天皇五年の「大解除」にあるといってよいだろう。

では、「神祇令」が定めた八世紀前半の大祓は、いかなる構造＝祭式だったのか、改めて確認しておこう。

凡そ六月十二月の晦の日の大祓には、中臣、御祓麻上れ。東西の文部、祓の刀上りて、祓詞読め。訖りなば百官の男女祓の所に聚り集れ。中臣、祓詞宣べ。卜部、解へ除くこと為よ。(7)

この内容から、神祇令の大祓は、内裏での天皇に対する祓と、祓所における百官への祓の二重構造であることが判明する。同時に、天皇への祓は、中臣・卜部と東西文部による二重構造であることもわかる。

2、中臣・卜部の祓

中臣の祓は、まず内裏で天皇に御祓麻を奉り、その麻を受けた後、祓の所（『儀式』では、朱雀門前）で百官男女を対象に、中臣が祓詞、つまり「大祓詞」を読み上げ、卜部が解除＝祓をおこなった。この流れを『儀式』でみてみよう。(8) まず、六・十二月の晦日、午四刻以前に、祓所の朱雀門前に祓物を「六処に分け置」く。六処の表現から、祓物は『延喜式』四時祭上、大祓条の祭具の「烏装横刀六口、弓六張、（中略）鍬六口、（中略）鹿皮六張、（中略）馬六疋」に対応する。(9)ここには「篦二百株」の記載もあり、弓には一定量の矢が伴ったと考えられる。「六」という数は、一年、十二ヶ月の半分の月数であり、祓物は六月・十二月間の月単位で用意されていたのである。

その後、官人の座や祝詞座の設定など、祓所の設定をおこない、未一刻、官人・刀禰が集合し、神祇官人が切麻を官人に配布する。史が参議以上、史生が五位以上、神部が女官と諸司に配る。続いて、中臣が祝詞座（朱雀門前、南西の朱雀大路の上）に就き、大祓詞を読みあげる。最後の「聞食（きこしめせ）」に対して、刀禰は「称唯」で応える。これが終わると大麻をおこない、五位以上の官人の切麻を回収して終了する。ここでは、大麻・切麻を使った祓がおこなわれていることがわかる。

麻を使う祓とは、いかなるものだったのか。これについては、延暦二十三年（八〇四）の『皇太神宮儀式帳』で、神宮の三節祭に先立っておこなわれた大祓が手がかりとなる。祭祀に奉仕する「禰宜・内人・物忌等」を五十鈴川の川原に集め、「奴佐の麻を持たしめ」、人毎に「穢の雑事」を申し明らかにする。それから御巫内人に麻一條を分け授け、穢れの事を伝える。御巫内人は麻を取り集め、西方の川下に向かい、穢れとともに流し解除（祓）をおこなった。(10)『延喜式』祝詞、大祓条（「大祓詞」）の末尾に「四国の卜部等、大川道に持ち退り出でて祓へ却れ」(11)とあり、川へ祓え流す卜部と御巫内人の作法が対応関係となる。

朱雀門前に並べる祓物に、祓で使う麻を加えると、その品目は天武天皇五年八月の大解除の祓柱とほぼ一致し、中臣・卜部の祓は、この系譜を受け継ぐと考えてよい。その性格は、馬、大刀、弓矢、鍬など幣帛とも共通する貴重な品々を、罪を贖う祓物として供出し、麻で罪・穢を取り除くところにある。大祓で中臣が読み上げる大祓詞の「天つ罪」は、『記紀』でスサノヲノミコトが高天原で犯した罪と重なる。そして、大祓詞の「天つ金木を本うち切り末うち断ちて、千座に置き足はして」の文言はスサノヲノミコトに負わせた「千位の置戸・千座置戸」に、「天つ菅麻を本苅り断ち末苅切りて、八針に取り辟きて」の所作は、祓麻・切麻に相当する。すでに触れたとおり大祓詞の中核部分は、七世紀末期、天武天皇の時代には成立していた可能性が指摘されており、この時点で編纂をはじめていた神話の内容と大祓の儀礼構成との整合・対応がはかられたのだろう。また、中臣・卜部が行う大祓で祓物となった馬、武器（大刀・弓矢）、農具（鍬）は、五・六世紀以来の神への供献品と共通するものである。(12)中臣・卜部の祓は、古墳時代以来の伝統的な性格を持ち、それを律令国家の形成期、七世紀末期に神話とも対応させながら再編成したのが、大祓の中臣・卜部の祓だったと考えられる。

3、東西文部の祓

これとは対照的な性格を持つのが、内裏で東西文部が天皇に対しておこなう祓（解除）である。東西文部（東文忌寸部・西文忌寸部）は、阿知使主・王仁を祖とする渡来系氏族で、彼らが読み上げる祓詞「東・西文忌寸の横刀を獻る時の呪」（以下、東西文部の呪）は、次の内容を漢音で読む、祝詞とは異なる形式である。

謹請、皇天上帝、三極大君、日月星辰、八方諸神、司命司籍、左は東王父、右は西王母、五方の五帝、四時の四氣、捧ぐるに祿（銀）人をもちてし、禍災を除かむことを請ふ。捧ぐるに金刀をもちてし、帝祚を延べむことを請ふ。呪に曰はく、東は扶桑に至り、西は虞淵に至り、南は炎光に至り、北は弱水に至る。千の城百の闕、精治萬歲、萬歲萬歲。

この呪では、使用する祭具に金刀と禄人があり、『延喜式』四時祭上、大祓条の祭具で「東西文部の預かる所」

とする「金装横刀二口。金銀塗人像各二枚」が、これにあたる。ここから、呪の「禄（銀）人」は金・銀を塗った人形であったことが判明する。この呪の内容と人形の使用については、中国の六朝末期に成立したと考えられる『赤松子章暦』との関係が、すでに指摘されている(13)。

改めて『赤松子章暦』の「章」で東西文部の呪と共通する神格をあげると、次のとおりである。

◎卻三災章↓「上請皇天上帝、日月華蓋」
◎扶衰度厄保護章↓「又請皇天上帝、日月五星、五帝王相」
◎驛馬章↓「謹請皇天上帝（中略）以詣五方五帝」
◎解五墓章↓「司命・司録」
◎保嬰童章↓「東王父・西王母」

また、『赤松子章暦』で使用する金・銀・錫の金属製人形と各章との対応関係は次のとおりである。

◎金人↓驛馬章、疾病破棺章、久病大厄金紫代形章。
◎銀人↓病死不絶銀人代形章。
◎錫人↓青絲抜命章、解五墓章。

ここで確認できる神格と金属製人形の使用に加えて、「謹請」の文言も東西文部の呪と共通する。このため、東西文部の呪と祓は、道教経典『赤松子章暦』の内容を再構成し、神格・祭具を継承したと考えてよいだろう。

この『赤松子章暦』の「章」からは、祭祀の性格、祈願内容がうかがえる。例えば、「下治某腹中百病」（卻三災章）、「百脈通利、百病消蕩」（保嬰童章）の文言は病気治療・除病を願い、「為某解除三災九厄」（扶衰度厄保護章）、「解除身中災厄」（解五墓章）の表現は除災を祈願する。さらに「抜命除死厄」（驛馬章）、「卻死籍、移名青録長生之簿」（解五墓章）の語句からは、延命も願ったことが明らかである。この除病・除災、延命の要素は、東西文部の呪の「禍災を除かむこと」と「帝祚を延べむこと」に相当する。

これら「章」の文言に含まれる「某」の文字は、その信仰の性格を考えるうえで極めて重要である。実際に「章」を奏する場合、「某」に特定の個人名を入れて読み上げ、その個人の除病・除災、延命が祈られた。つまり、個人の除病・除災、延命を祈るところに『赤松子章暦』の信仰的な特徴があるといってよい。これと神格、祭具、祈願内容が共通する東西文部の呪と祓は、個人の除病・除災、延命を祈るという性格を継承していたと考えられる。したがって、その目的は、律令国家の中核たる天皇個人の除病・除災と延命を、大陸渡来の先進的な道教呪術によって実現するところにあった。『記紀』神話と対応関係にある、伝統的な中臣・卜部の祓とは対照的な存在といえる。だから、『続日本紀』大宝二年（七〇二）十二月三十日条で、持統太上天皇崩御による諒闇のため中臣・卜部の大祓は中止となるが、東西文部の解除（祓）は通常通り実施されたのである。そこで使用した人形は、道教呪術にもとづき除病・除災、延命を実現させる個人信仰の祭具という性格を持つといってよいだろう。(14)

考古資料としては、奈良県石神遺跡や飛鳥池遺跡、藤原京跡で出土した、七世紀末期から八世紀初頭の銅製人形が、この種の人形に当たる可能性が高いと考えられる。(15) 東西文部の祓が導入された時期と出現時期がほぼ一致し、出土遺跡が宮都とそれに関係する場所だからである。

4、生産と祓

祓で使用する人形は、道教呪術に由来するもののみかというと、実はそうとはいい切れない。伝統的な祓と関係する人形も存在していた。それを示すのが、福岡県福岡市の元岡・桑原遺跡群で出土した「解除」木簡である。これは、谷内の流路跡の最下層から出土した。細かな年代は特定できないが、出土層位と周辺の製鉄遺構との関係から、年代は七世紀末期から八世紀前半、もしくは八世紀後半のいずれかと推定されている[16]。木簡は折敷の底板に墨書したもので、図1のとおり冒頭の書き出しから前半の一部が残存する。

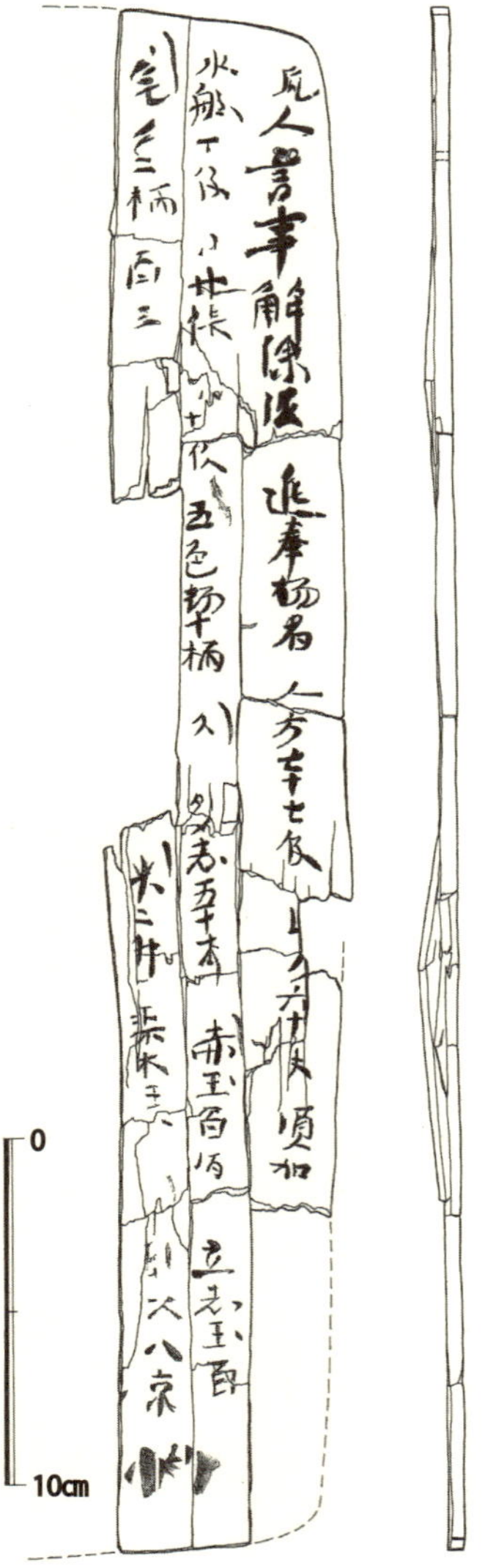

凡人言事解除法　進奉物者　人方七十七隻　馬方六十隻　須加×
水船四隻　弓廿張　矢卌隻　ヽ五色物十柄　ヽ□□多志五十本　ヽ赤玉百□　立志玉百□
ヽ□□二柄　酒三×　　ヽ米二升　粟木二□　ヽ□木八束

図1　元岡・桑原遺跡群　「解除」木簡（註16報告書による）

内容は、解除（祓）で使う品目を書きあげたものである。その品々には、人方・馬方の形代を筆頭に、水船（水盤）、弓と矢、赤玉・立志玉といった玉類、酒と米など食材がある。五色物、赤玉、米などに合点を加えており、実際に祓をおこなうために準備した品々との照合・確認をおこなったうえで、木簡は廃棄したのだろう。したがって祓は、出土地点の周辺でおこなわれたと推測できる。

そうすると、なぜ出土地点の周辺で祓をおこなったのかが問題となる。木簡の年代を特定できないため、発掘調査報告書では慎重にA案・B案の二つの可能性を考えている。A案は発掘調査地点の近くにある大原川や湧水点と関連させ、出土地点の近くに祓戸の存在を推定する。また、木簡の出土地点に隣接して、八世紀後半には製鉄炉が操業しており、B案はその創業や製鉄に関連する祓とする。出土地点は丘陵内の狭隘な谷地形であり、水辺に近いとはいえ、大規模な祓をおこなうには不自然である。このため、隣接しておこなわれた製鉄と関係する祓という推定が妥当だろう。物作り・生産に伴い祓がおこなわれていたことになる。これと関連するのが、『万葉集』巻十七に収める大伴家持の造酒歌（四〇一三）である。(17)

酒を造る歌一首

中臣の　太祝詞言　言ひ祓へ　贖ふ命も誰がため汝

ここでは、酒の醸造に際して「中臣の太祝詞言」をとなえ、祓をおこなっている。この「中臣の太祝詞言」は、『延喜式』大祓詞の「大中臣、（中略）天つ祝詞の太祝詞事を宣れ」にあたる。また、「贖ふ」の文字からは貴重な品々を供出し、罪を贖うとの意図が読み取れる。この歌を家持が詠んだのは、天平二十年（七四八）の春である。

元岡・桑原遺跡群の木簡とほぼ同時期の八世紀中ごろ、造酒に際して中臣が司るような伝統的な祓がおこなわれていたのである。この伝統は、『延喜式』四時祭上の春日祭・大原野祭・平岡祭の「神酒を醸す解除料」へとつながっている。

また、『皇太神宮儀式帳』では、禰宜・内人・物忌が祭祀に臨む時だけではなく、祭祀で供え使用する物品・器財を製作する内人たちについても「後家の雑々の罪事は祓ひ清め齋り慎み供へ奉る」とあり、物品・器財の製作に先立って祓がおこなわれていた。それは、神宮で鉄器製作を担当した忌鍛冶内人「忌鍛冶部正月麻呂」も例外ではない。

祭料など特別な物品や食材を、製作・醸造・調理するには伝統的な祓がおこなわれており、元岡・桑原遺跡群で出土した木簡の解除（祓）も、この範疇で考えてよいだろう。

5、供え奉る人形

ここで、元岡・桑原遺跡群の祓の木簡が記す品目をみてみよう。冒頭に「進奉る物は」と書き、筆頭に七七隻の人方、六〇隻の馬方をあげる。これらは人形・馬形で、形代を指す。続いて確認できるのは弓矢と五色物で、さらに多量の玉類を列挙する。五色物は『延喜式』祝詞、広瀬大忌祭条などで幣帛に含まれる、五色の絹を指す。また弓矢は『延喜式』祝詞、春日祭・平野祭条で幣帛に含まれ、同祝詞「祟神を遷し却る」条は弓矢と玉を神への捧げ物とする。同「出雲の國の造の神賀詞」条でも玉は捧げ物である。幣帛と同じくこれらの品々と、冒頭の「進奉」の文字を併せて考えると、筆頭の人形・馬形は神への幣帛と同じ捧げ物と考えるべきだろう。

神へと捧げる人形と馬形の例は、八世紀前半の『肥前国風土記』佐嘉郡条にみえる、佐嘉川上の荒ぶる神へと捧げた土製の人形・馬形がこれに相当する。そして馬形は、天武天皇五年に諸国大祓で供出した祓柱の馬の形代と考えられる。人形については、『日本書紀』天武天皇十年七月三十日の諸国大祓で祓柱として供出された「奴婢」に対応する形代と考えてよいだろう。古代祭祀では、すでに五世紀前半の段階で土製の人形が使用されればじめており、『皇太神宮儀式帳』の「正殿心柱造奉木本祭」などで三〇枚から四〇枚と多量に使われる鉄人形は、この系譜上に位置づけられる。元岡・桑原遺跡群の木簡が記す祓の人形も、馬形や五色の物など貴重な品々とともに供出し、罪を贖うという伝統的な祓柱の一つとしてよいだろう(18)。

平城宮・京や各地の官衙遺跡等で金属製や多量の木製人形が出土している。そこには、中国道教に由来する除病・除災、延命の呪具とともに、罪を贖う伝統的な人形が含まれていたと考える必要がある。五世紀以来の伝統と、大陸由来の最新の知識・技術、この両者を融合させ、天皇・国家の安寧と平安を祈る。ここに、七世紀後半、律令国家へと脱皮しつつあった大和王権が、大祓と東西文部の祓に込めた意図を読み取るべきだろう。

6、祓の変質

この後、九世紀になると、大祓の内容に大きな変化が現れる。六月・十二月の二季御贖の成立である。その祭式は『弘仁式』神祇で確認でき、九世紀初頭、嵯峨天皇の弘仁年間には成立し、九世紀後半の『儀式』に受けつがれた。六月・十二月の大祓で天皇を対象に「中臣の麻の祓」と「東西文部の横刀・人形の祓」がおこなわれたが、この二つの儀礼を一体化させたのが御贖である。『儀式』の祭式では、天皇の「御衣」や、各一六枚の金銀塗人像、二四枚の木偶人と多数の人形の使用が確認でき、天皇を対象とした大規模な祓の儀礼となっている。ここを舞台として伝統的な麻と、道教由来の人形を同時に使い、個人の除病・除災・延命を祈る祓の形が成立する。

それは、十世紀以降、陰陽道祓へと受け継がれた。陰陽道祓の形は、十一世紀から十二世紀代に宣下体の大祓詞を奏上体へと変えて、個人の祈願に対応させた「中臣祓」とともに、貴族層から一般の人々の間にまで広く浸透したのである。(19)ここに、中世以降の祓の形が成立する。古代、八世紀代の大祓とは異なった形である点は、注意しなければならない。陰陽道祓の形で、八世紀代の大祓や祓を復元・推定することはできないのである。

二、信仰の地域ネットワーク

1、個人信仰の浸透

八世紀、伝統的な祓とは別系統で、中国道教に由来する祓が存在した。それは、除病・除災、延命を目的とするので個人信仰にもとづく。この個人信仰は、八世紀後半以降、宮都のみでなく、地方官衙から集落内へと広く一般化していった。

平城宮・京から出土する、八世紀代の木製人形の墨書には、「重病受死」（壬生門前、二条大路北側々溝SD一一二五〇出土）、「右目病依」（宮SD二七〇〇出土）のように病気・除病と直結する内容がある。(20)地方官衙では、遠江国敷知郡家と関係する静岡県浜松市伊場遺跡から、「若倭部小刀自女病有依〔符籙〕」と記した八世紀代の木簡が出土している。個人が除病を願った内容である。(21)八世紀には郡家（郡衙）などの地方官衙まで、個人単位の信仰が浸透していたのである。個人信仰の痕跡は、八世紀後半から九世紀にかけて集落遺跡でも確認できるようになる。それが、個人名を記した人面墨書土器と供献用の墨書土器である。では、このような信仰がいかなる経路をたどり集落内へ浸透していったのか、次にこの点を明らかにしてみたい。

2、郡家と寺院・祭祀の場

列島内の多くの郡家は、七世紀末期から八世紀初頭にかけて、政庁などの施設を一斉に整備していく。これと並行して、郡家に隣接して初期寺院「郡衙周辺寺院」(22)が建立されていく。さらに、祭祀・儀礼の場を設定し、郡家、寺院、祭祀・儀礼の場が至近距離で並ぶ景観が成立する。その具体的な事例としては、以下の例をあげることができる。(23)

◎遠江国敷智郡衙—静岡県浜松市伊場遺跡群城山遺跡（郡家）、九反田遺跡（寺院）、伊場遺跡（祭祀・儀礼の場）

◎美濃国武義郡衙—岐阜県関市弥勒寺東遺跡（郡家）、弥勒寺跡（寺院）、弥勒寺西遺跡（祭祀・儀礼の場）

◎相模国高座郡衙—神奈川県茅ヶ崎市西方遺跡（郡家）、下寺尾七堂伽藍跡（寺院）、大曲五反田遺跡・下寺尾七堂伽藍跡北B区（祭祀・儀礼の場）

◎武蔵国幡羅郡衙—埼玉県深谷市幡羅遺跡（郡家）、熊谷市西別府廃寺（寺院）、西別府遺跡（祭祀・儀礼の場）

◎陸奥国磐城郡衙—福島県いわき市根岸遺跡（郡家）、夏井廃寺（寺院）、荒田目条里遺跡（祭祀・儀礼の場）

ここにあげた祭祀・儀礼の場は、いずれも流路跡から祭祀関係の遺物が出土する形で確認されている。そこは、天武天皇五年八月の大解除（大祓）と仏教儀礼の「放生」に由来する、国家の安寧・鎮護を願う祭祀・儀礼の場として機能する一方で、除病・除災、延命を祈る個人信仰の場ともなっていた。(24)そこで、除病・除災、延命を祈るために使用した祭具が木製の人形であり、人面墨書土器と供献用墨書土器だったのである。(25)

3、国分寺と祭祀・儀礼の場

近年、このような景観が国府・国分寺レベルで確認できる例が明らかとなった。千葉県市川市の北下遺跡である。(26)下総国分僧寺の東側の支谷内に位置し、隣接する台地斜面では下総国分寺の梵鐘鋳造遺構と瓦窯が発見されている。(27)

北下遺跡の発掘調査では、八世紀から十世紀頃の流路跡を確認し、そこから多数の祭祀関係の遺物が出土した。祭祀関係の遺物は、木製品では人形七点、斎串三四点のほか、白木弓、八足案の天板がある（図2）。土器類では人面墨書土器が一六点（土師器甕三点、土師器杯一三点）と多い。このほか、土師器杯に仏の顔を複数描く仏面墨書土器一点がある。また、個人名を記した供献用墨書土器も出土している（図3・図4・図5）。

これらのなかで、白木弓には「神門朝臣　奉」の刻字がある。「神門朝臣」については、貞観二年（八六〇）二月十四日に下総介となった神門臣氏成である可能性が指摘され、この白木弓は国府と関連する祭祀で国司が捧げたものと推定されている。(28)国分寺に隣接する北下遺跡の祭祀・儀礼の場と、下総国府との直接的な関連性を示す資料である。

人面墨書土器は、杯のほとんどが八世紀後半から九世紀代、甕は八世紀後半ごろの年代を推定できる。ところが一点ではあるが、非ロクロ成形で丸底の土師器杯に二面の人面を墨書したものがある。これは、土器型式から八世紀中ごろの年代を推定でき、東国の人面墨書土器では、ごく古い段階の例である。また供献用墨書土器は、九世紀前半のロクロ土師器杯に「阿豆古刀自女身替」と墨書している。阿豆古刀自女という女性が、自らの身に替えるため食物を杯に入れて供献し、延命を願ったと考えられる。(29)荒田目条里遺跡から出土した供献用墨書土器の「多臣永野麻呂身代」と基本的に同じ構成となっており、(30)個人名を明記した個人信仰の存在を表す資料であ

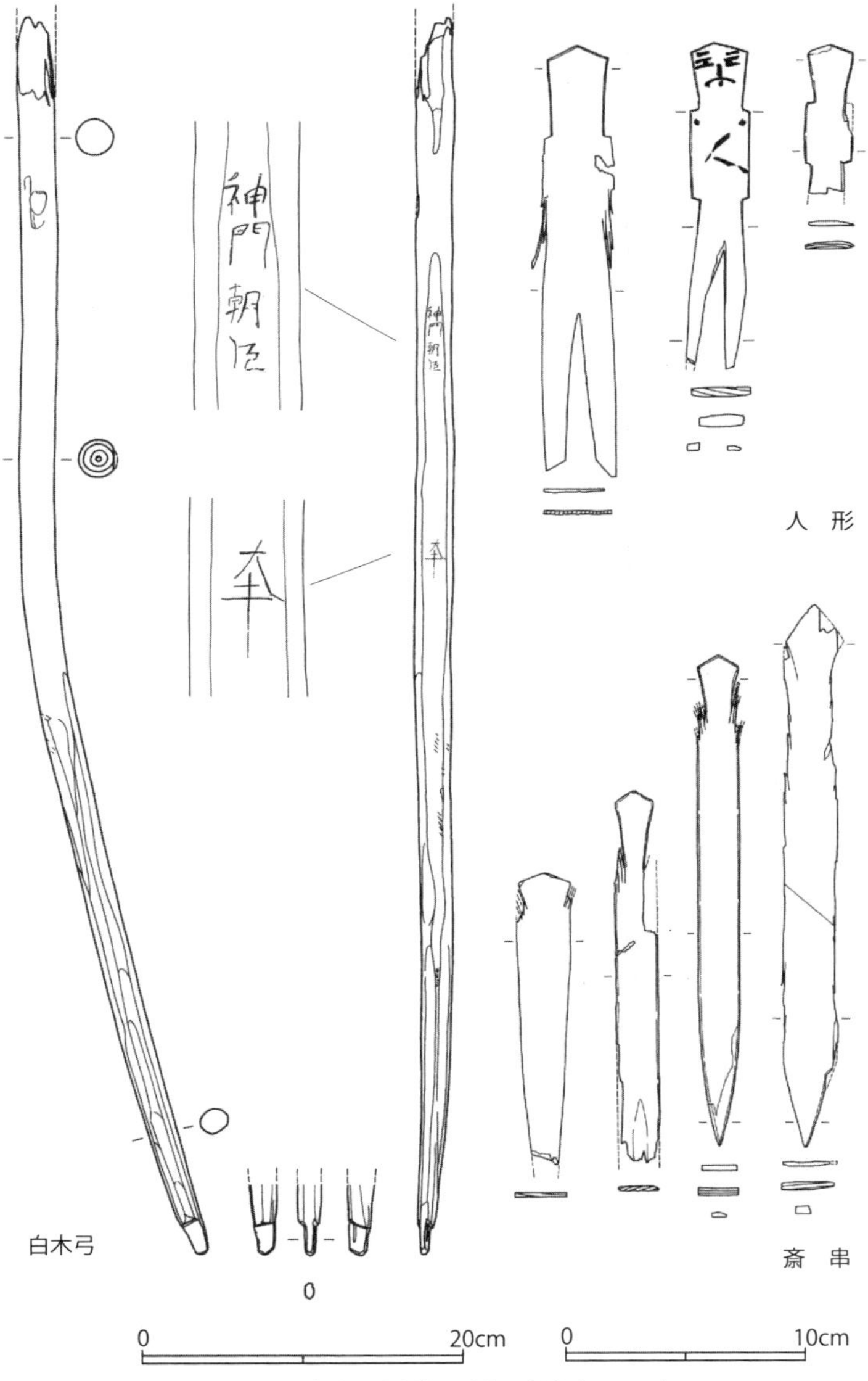

図2　北下遺跡　木製祭具（註26報告書による）

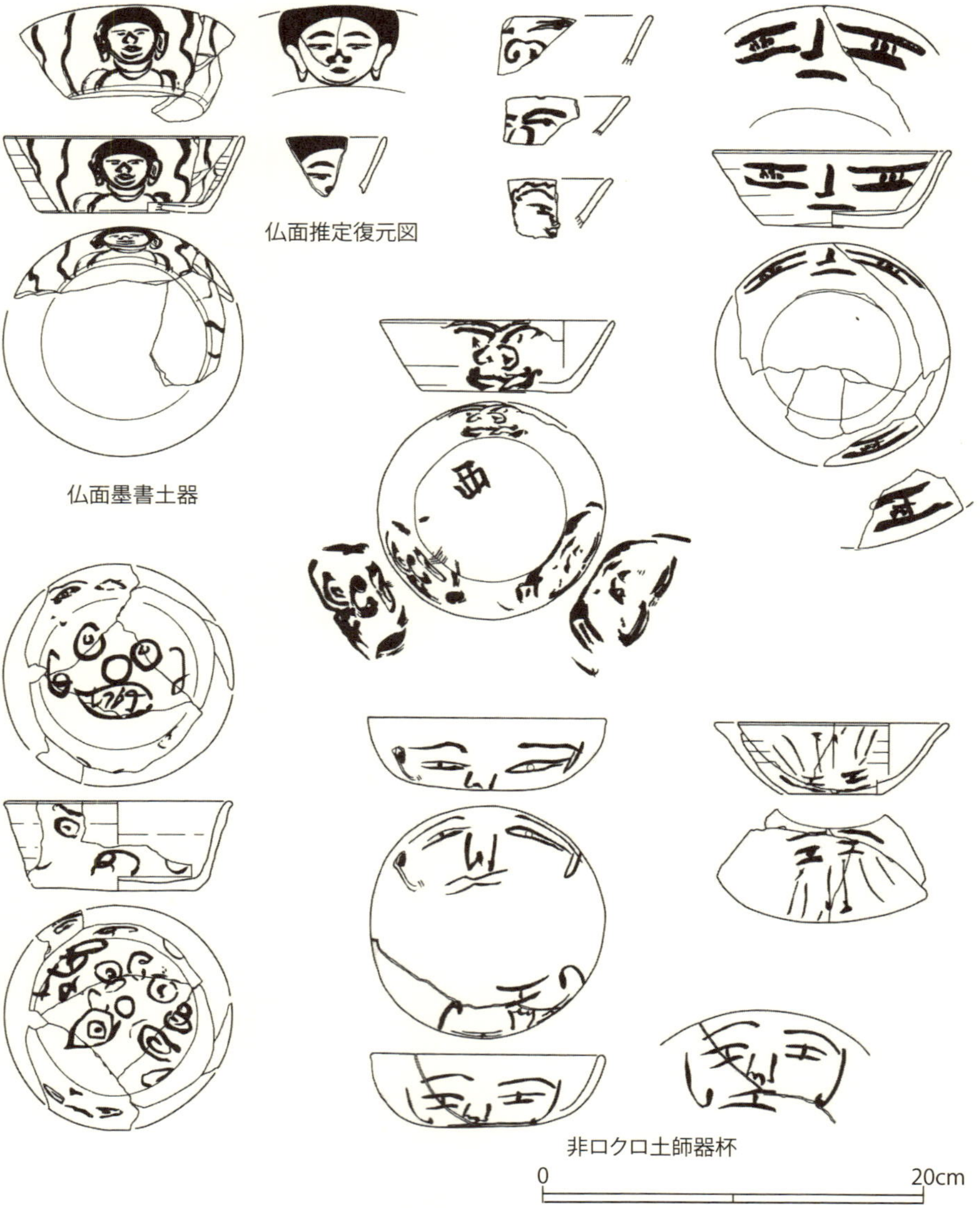

図3　北下遺跡　仏面墨書・人面墨書土器（註26報告書による）

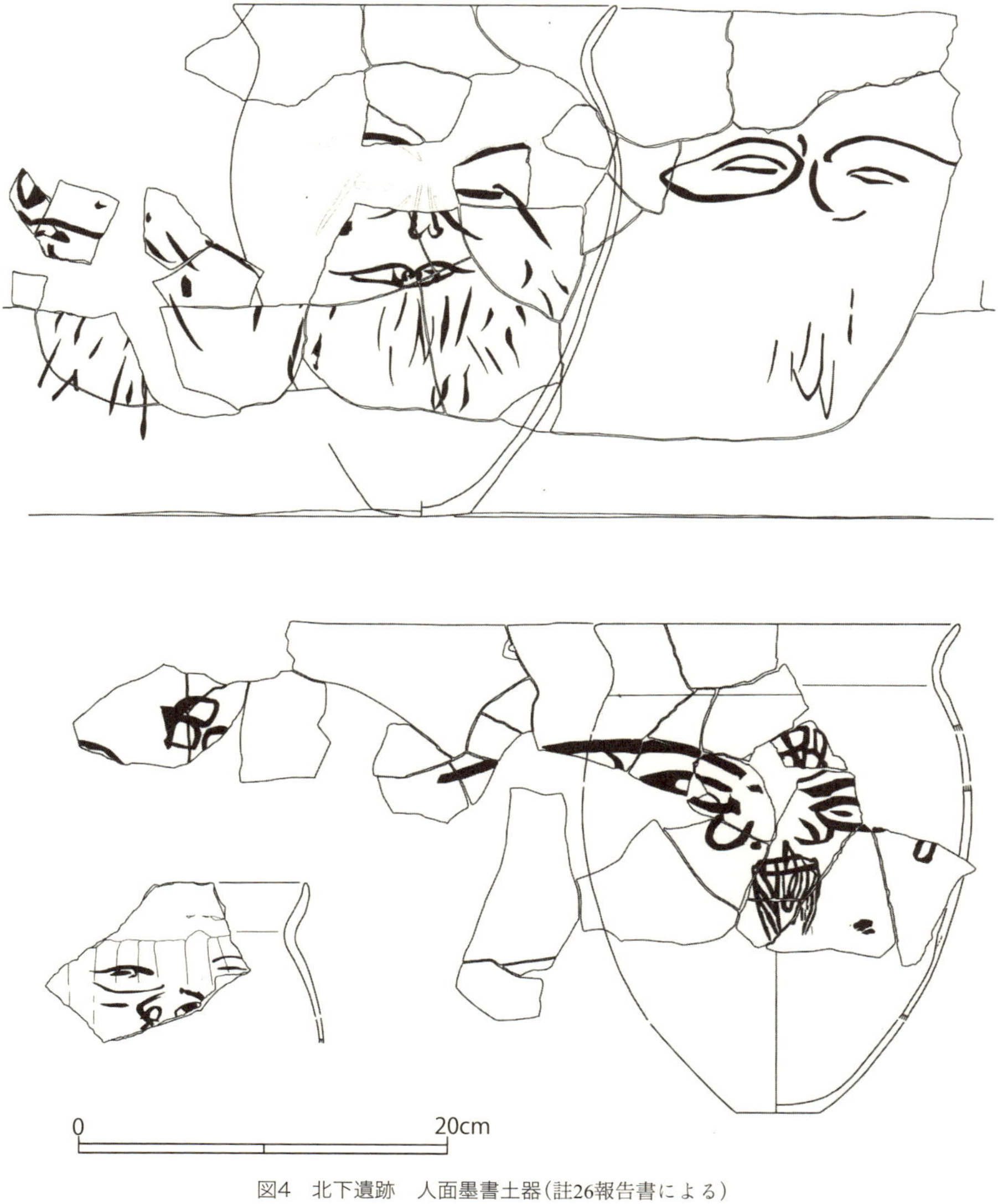

図4　北下遺跡　人面墨書土器（註26報告書による）

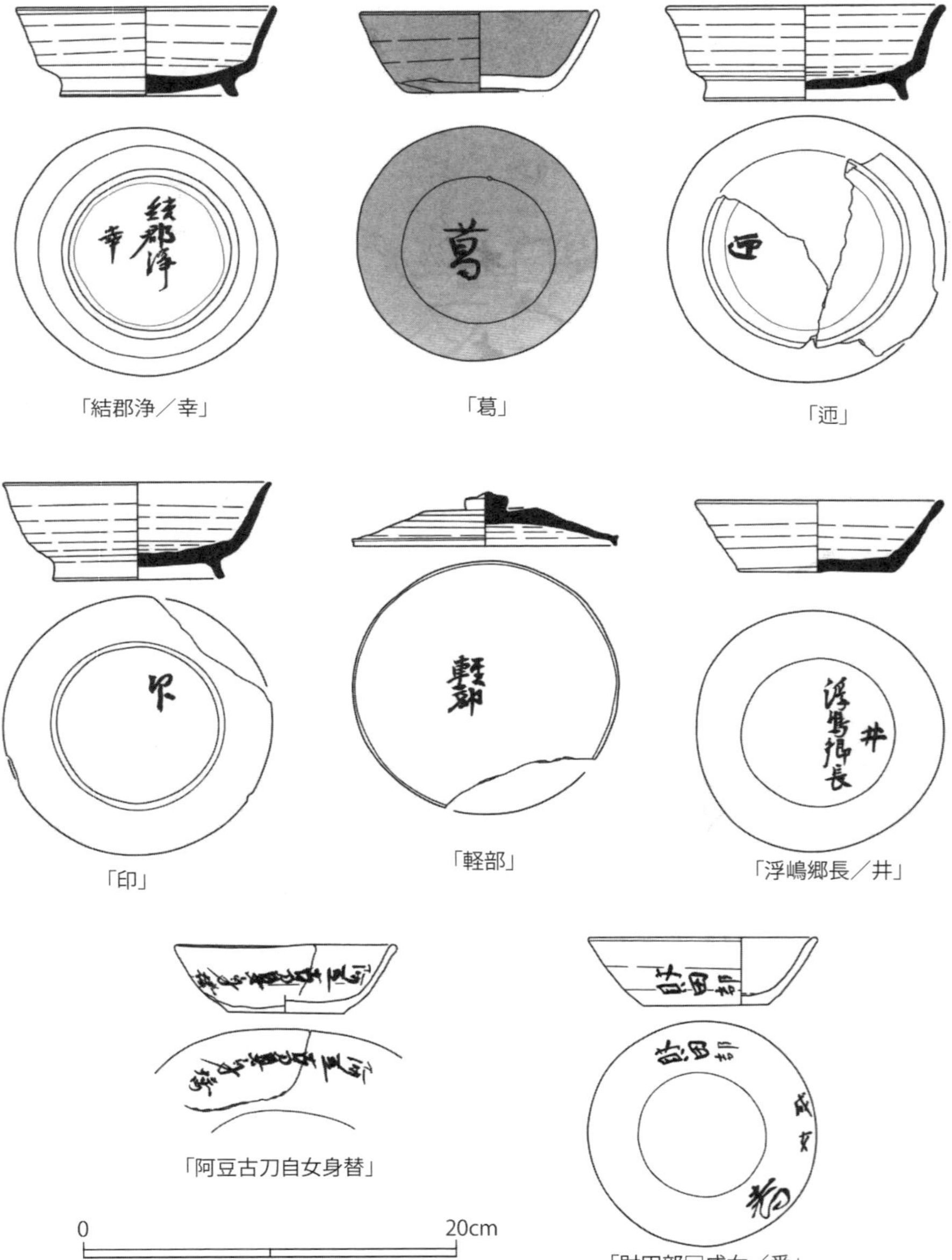

「結郡浄／幸」　「葛」　「迊」

「印」　「軽部」　「浮嶋郷長／井」

「阿豆古刀自女身替」　「財田部□成女／番」

図5　北下遺跡　地名および供献用墨書土器（註26報告書による）

る。なお北下遺跡では、先の供献用墨書土器とは別に、土師器杯の墨書土器「財田部□成女／番」が出土しており、これも個人名を記した供献用墨書になる可能性がある。

人形・斎串など木製祭具、人面と仏面の墨書土器、さらに供献用墨書土器が加わるという祭具の組み合わせは、静岡県三島市の箱根田遺跡で確認でき、北下遺跡と同様に流路跡から出土している。[31] この遺跡は、伊豆国府推定地（三嶋大社周辺）や国分寺跡の南東約四キロメートルで、東国の国府・国分寺の近隣には類似した祭祀・儀礼の場が存在していたようである。また古代の下総国、特に印旛郡では集落内からも人面墨書土器と供献用墨書土器が多数出土しており、これらと下総国分寺や北下遺跡との関連も考えなくてはならない。

4、下総国分寺から印旛郡・埴生郡へ

実は、下総国分寺と下総国印旛郡内との信仰的な結びつきは、考古資料から確認できる。下総国分寺の宝相華文軒丸瓦、均整唐草文と宝相華文の軒平瓦は、八世紀末期頃に印旛郡内に持ちこまれ、小規模な寺院に使用されていた。その遺跡が、千葉県印西市の大塚前遺跡である。[32] ここは印旛沼水系と手賀沼水系の分水界に位置し、東西方向で直線的に走る古代の道路（溝状遺構）に面して、下総国分寺の軒丸・軒平瓦を甍棟に使う四面庇の掘立柱建物（身舎は三間×三間）が東西棟で建つ。これに二間×二間の付属棟と長方形の特殊な竪穴住居が伴っていた。中心の建物が仏堂と同じ四面庇構造、下総国分寺の軒丸・軒平瓦を使うことから、大塚前遺跡については下総国分寺と直接結びついた別院的な小規模寺院という性格を推定できる。ここを分岐点として、東側と南側に仏教信仰と関連する遺構・遺物が点在する（図６）。

まず、東側をたどってみよう。大塚前遺跡から台地を下り手賀沼水系の亀成川沿いに東へ進むと、大塚前遺跡

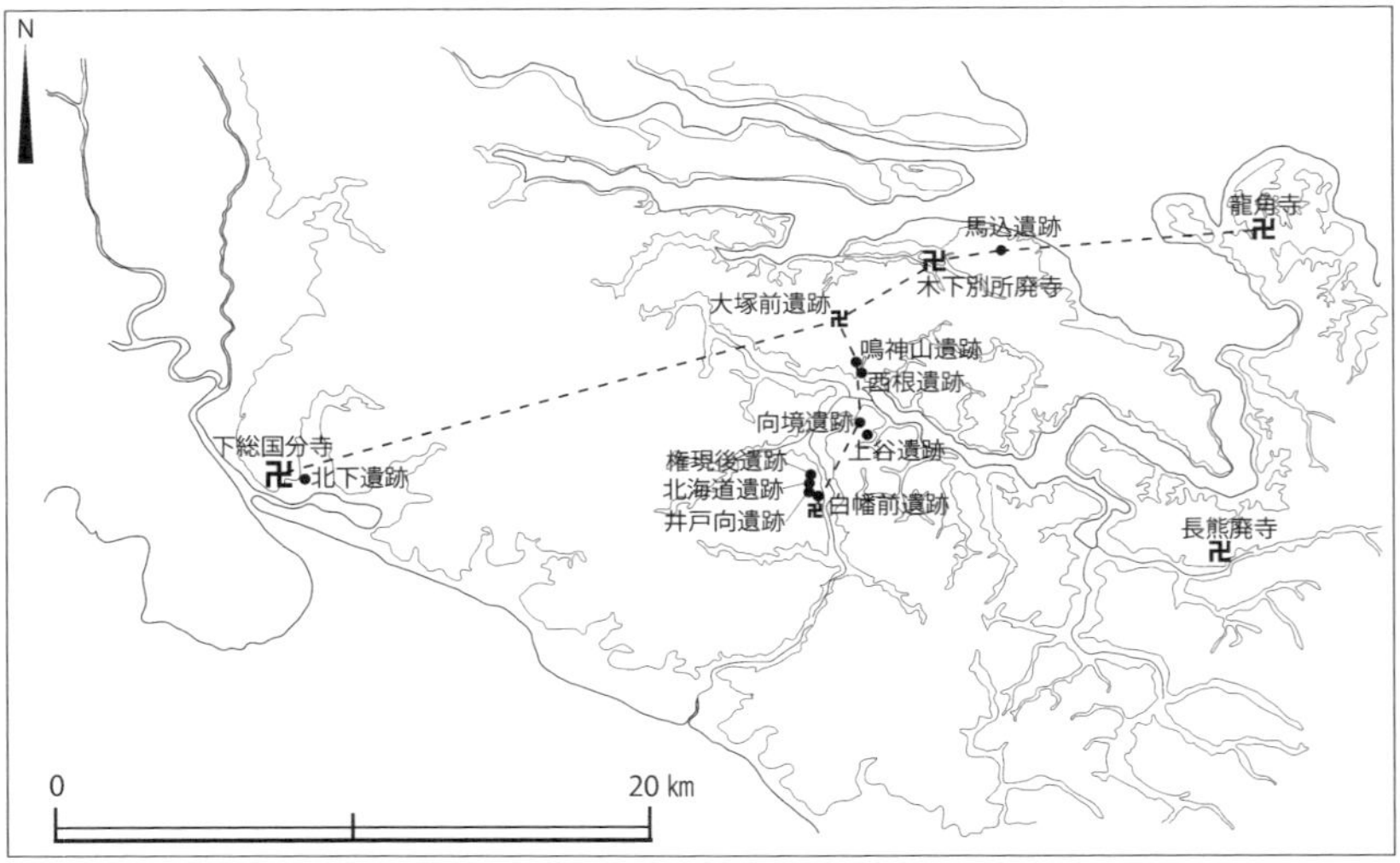

図6　下総国分寺と印旛郡・埴生郡内関係遺跡位置図

から三・五キロメートルの地点、亀成川右岸の台地上に印西市木下別所廃寺がある。(33)この寺院は七世紀後半、埴生郡龍角寺の系譜を引く三重圏文縁単弁八葉軒丸瓦と三重弧文軒平瓦を使用し創建されたと考えられる。印旛郡の東、埴生郡の郡衙周辺寺院、龍角寺の影響下に成立した初期寺院である。発掘調査では三基の基壇を中心に、周囲に竪穴住居を配置する状態を確認している。三基の基壇の配置は、北側に東西方向の二号基壇（一八・六メートル×一三・五メートル）、その南側、東西に一号基壇（西側、一三メートル×一〇メートル）と三号基壇（東側、八メートル×八メートル）が並んでいる。最も小規模で正方形の三号基壇の周辺からは、八世紀末期から九世紀初頭頃の瓦塔片が出土しており、ここに瓦塔を安置し塔として機能させていた可能性が考えられる。そうすると、北側の二号基壇は講堂、一号基壇は金堂に相当する。周辺の竪穴住居から出土した土器の年代から、九世紀までは存続していたようである。

　木下別所廃寺から台地上を東に二・五キロメートル進

む と、印西市馬込遺跡がある。発掘調査で八世紀代から九世紀初頭にかけての竪穴住居七軒、掘立柱建物六棟を確認している。ここからは、僧侶の持物の瓦鉢とともに、七層に復元できる瓦塔が二基出土した。(34) 瓦鉢と瓦塔からは、僧侶が立ち寄る小規模な堂のような仏教施設を推定でき、七層の瓦塔は、七層塔があった国分寺との関連が考えられる。ここから東側へ印旛沼を渡れば、埴生郡の龍角寺にいたることができる。龍角寺は、先にも触れたとおり埴生郡の郡衙周辺寺院で、七世紀後半に建立された、白鳳仏の薬師如来坐像を本尊とする初期寺院である。(35)

5、印旛郡舟穂郷・村神郷

一方、大塚前遺跡から南へ進むと、印旛沼の周辺から新川沿いに信仰関係の遺物が出土する古代の集落遺跡が点在する。まず大塚前遺跡から南へ約一・六キロメートルの至近距離に、印西市鳴神山遺跡がある。(36) 印旛郡船穂郷の有力集落の一つである。鳴神山遺跡の東に接する谷のなかに、印西市西根遺跡がある。谷内を流れる小河川跡からは、木製祭具と供献用の墨書土器がまとまって出土した。(37)

ここから印旛沼を南に渡ると、印旛郡村神郷に入る。印旛沼と、そこへ南から流れ込む新川、この合流点を見下ろす台地上には八千代市の上谷遺跡と向境遺跡がある。(38) 村神郷の北端近く、香取海（印旛沼）と河川の接続点に立地する大規模な集落である。鳴神山遺跡・西根遺跡からは、直線距離で三キロメートルほどの地点である。さらに新川を南へ遡ると、向境遺跡から約四キロメートルで八千代市萱田遺跡群がある。新川西岸の台地上に立地し、白幡前遺跡を中心に、井戸向遺跡、北海道遺跡、権現後遺跡で構成され、村神郷の主要な集落と考えられる。(39)

木製祭具	仏教関連墨書土器	仏教関連遺物	信仰関係遺物の年代幅
人形7、斎串34、白木弓「神門朝臣　奉（線刻）」1、八足案1	土杯仏面墨書土器1		8世紀中頃～9世紀代
	土杯「波田寺」、土杯「幡寺」	瓦塔1、土瓦鉢「佛」、土瓦鉢1	8世紀末期～9世紀中頃
人形1、馬形1	土杯「佛・佛」		8世紀後半～9世紀中頃
			8世紀末期～9世紀中頃
	土杯「寺」7、土杯「三寶」	須瓦鉢1・托1、三採火舎1	8世紀後半～9世紀中頃
	須蓋「佛」、土杯「佛」、土杯「寺／奉」土杯「大寺」	瓦塔2個体以上、瓦堂1個体、土瓦鉢「佛」、土瓦鉢1、須浄瓶1、須水瓶1	8世紀後半～9世紀中頃
	土杯「寺／寺杯」	青銅製菩薩形座像、土杯灯明皿「佛」	8世紀末期～9世紀前半
	土杯「勝光寺」、土杯「尼」2		9世紀前半
			9世紀前半～中頃

表1は、これら印旛郡船穂・村神郷の集落で出土した主要な信仰関係遺物と、下総国分寺に隣接する北下遺跡の同種の出土遺物をまとめたものである。人面墨書土器と供献用墨書土器は、北下遺跡と船穂・村神郷内の遺跡でともに出土しており、特に小河川に立地する船穂郷の西根遺跡は、木製人形、供献用墨書土器、仏教関連の遺物（墨書土器「佛」）が出土し、北下遺跡との共通点は多い。また西根遺跡は、出土した供献用墨書土器「舟穂郷生部直弟刀自女奉」から船穂郷内の祭祀・儀礼の場として機能していたと推定でき、西根遺跡と隣接する鳴神山遺跡の出土遺物は印旛郡西部の船穂郷における祭祀・儀礼の内容を反映していると考えられる（図7・8）。その状況は、共通する遺物が出土する村神郷内にも当てはまると考えられる。印旛郡西部の集落と北下遺跡とは、基本的には共通した信仰基盤に立っていたといってよいだろう。

表1　北下遺跡と印幡郡船穂・村神郷集落遺跡の信仰関連遺物一覧

	人面墨書土器	供献用墨書土器
北下遺跡	土甕 3、土杯 13	土杯「阿豆古刀自女身替」、土杯「財田部□成女」
鳴神山遺跡		土甕「國玉神上奉丈部鳥万呂」、土杯「大國玉罪」、土杯「同□…（丈部）刀自女召代進上」、土杯「丈尼／丈尼／丈部山城方代奉」、土杯「弘仁九年九月（廿）」
西根遺跡		須杯「大生部直子猪形代」、土杯「丈部春女罪代立奉大神」、土杯「市・舟穂郷生部直弟刀自女奉」、土杯「神奉・工」、土杯「神奉」、土杯「罪官」
上谷遺跡	土杯（人面をヘラ書き）1、土甕「（人面）／下総國印播郡村神郷丈部廣刀自咩召代進上／延暦十年十月廿二日」、土杯「廣友進召代　弘仁十二年二月／（人面）」、土甕「下総／村神／□□／（人面？）」	土杯「丈部千総石／□」、土杯「物部真依□／延暦十年十一月七」、土杯「丈部稲依身召代二月十五日」、土杯「丈部真里刀自女身召代／二月十五日」、土杯「丈部阿（公）身召代二月十五日／西」土杯「丈部麻□女身召代二月□（日）／西」、土杯「野家立馬子／召代進／承和二年十八日進」
向境遺跡		
白幡前遺跡	土小甕「（人面）／丈部人足召代」	
井戸向遺跡		
北海道遺跡	土杯「（人面）／承和五年二月十」	土杯「丈部乙刀自女形代」
権現後遺跡	土杯「（人面）／村神郷丈部國依甘魚」	土杯「神/神」

（須は須恵器、土は土師器を示す。遺物名につけた算用数字は、同一種類の出土点数を示す）

一方で相違点もある。特に顕著なのは、人面墨書土器のあり方である。北下遺跡では、その出土数が合計で一六点と極端に多い。また人面墨書土器に個人名や「形代・召代」の文字を記し、供献用墨書土器の機能を兼ねる例は一点も確認できない。これに対し、村神郷内の上谷・白幡前・北海道・権現後の各遺跡で出土した人面墨書土器には供献用の長文が書かれており（図9・10）、北下遺跡で多数を占める人面墨書土器とは様相を異にしている。年代的な傾向では、北下遺跡の人面墨書土器には、土師器丸底杯で明らかに八世紀中ごろ、国分寺創建期に遡るものが存在する。これ対し、村神郷内のものは、紀年のある例では延暦十年（七九一）から承和五年（八三八）までの年代幅で、ほかの人面墨書土器も、土器型式や共伴土器からほぼ同じ年代が推定できる。

この状況から、人面墨書土器と個人信仰を示

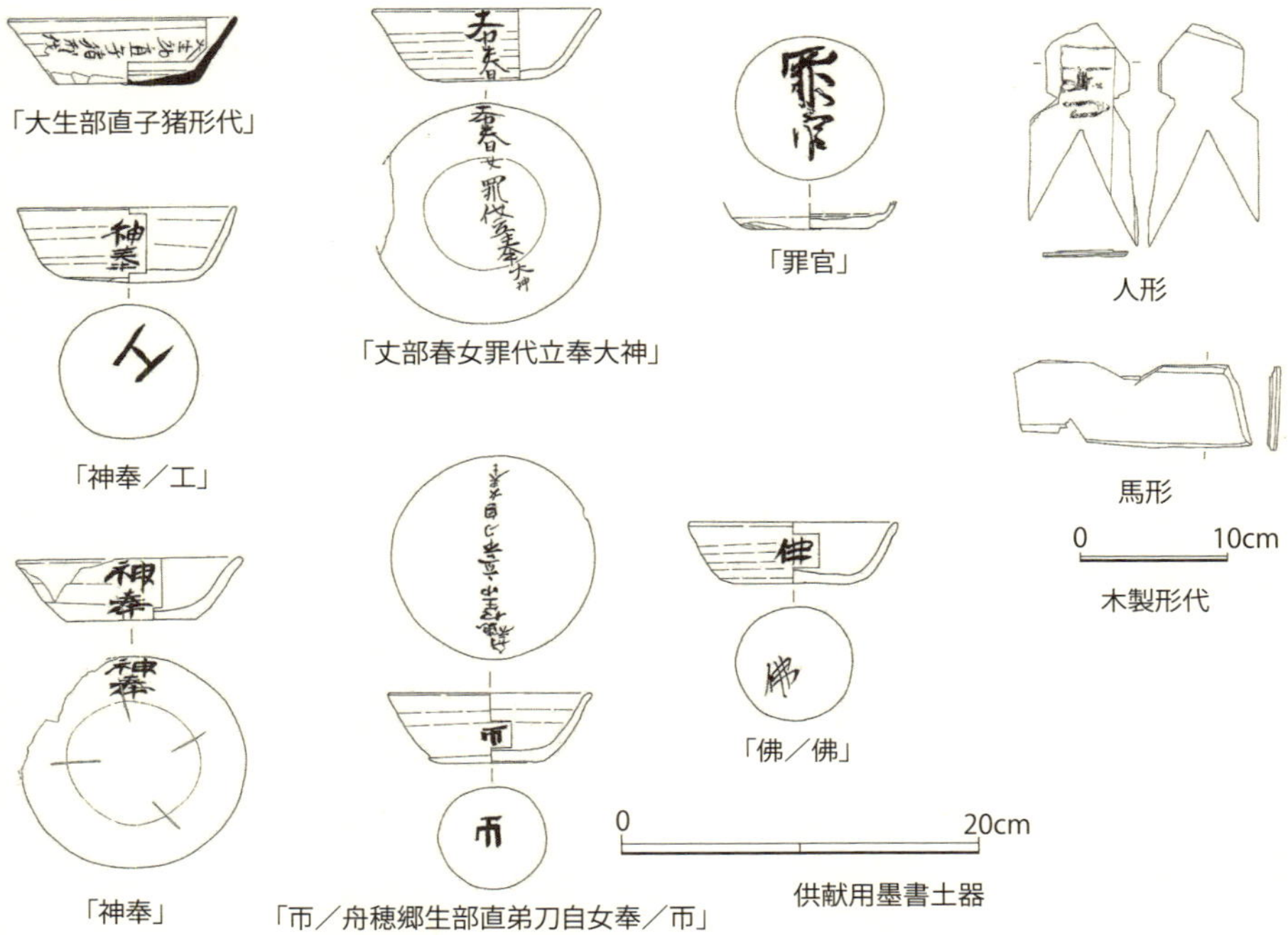

図7　西根遺跡　祭具(註37報告書による)

す供献用墨書土器は、国分寺周辺から地方の集落内へと持ち込まれ、そこで両者の一体化が進んだと考えられる。

6、信仰の地域ネットワーク

これまでみてきたところを総合すると、大塚前遺跡を分岐点とする二つの信仰のルートの存在を推測できる。一つは東にたどり、七世紀末期建立の木下別所廃寺、七層瓦塔を安置する仏教施設があった馬込遺跡を経由し、埴生郡の郡衙周辺寺院、龍角寺にいたるルートである。

もう一つは南へ、船穂郷から村神郷へと向かうルートである。このルート上、船穂郷の鳴神山遺跡からは墨書土器「波田寺」「播田寺」、瓦塔、瓦鉢が出土、村神郷の向境遺跡では「寺」墨書土器が集中し、瓦鉢、三彩火舎が出土している。いずれも、「堂」

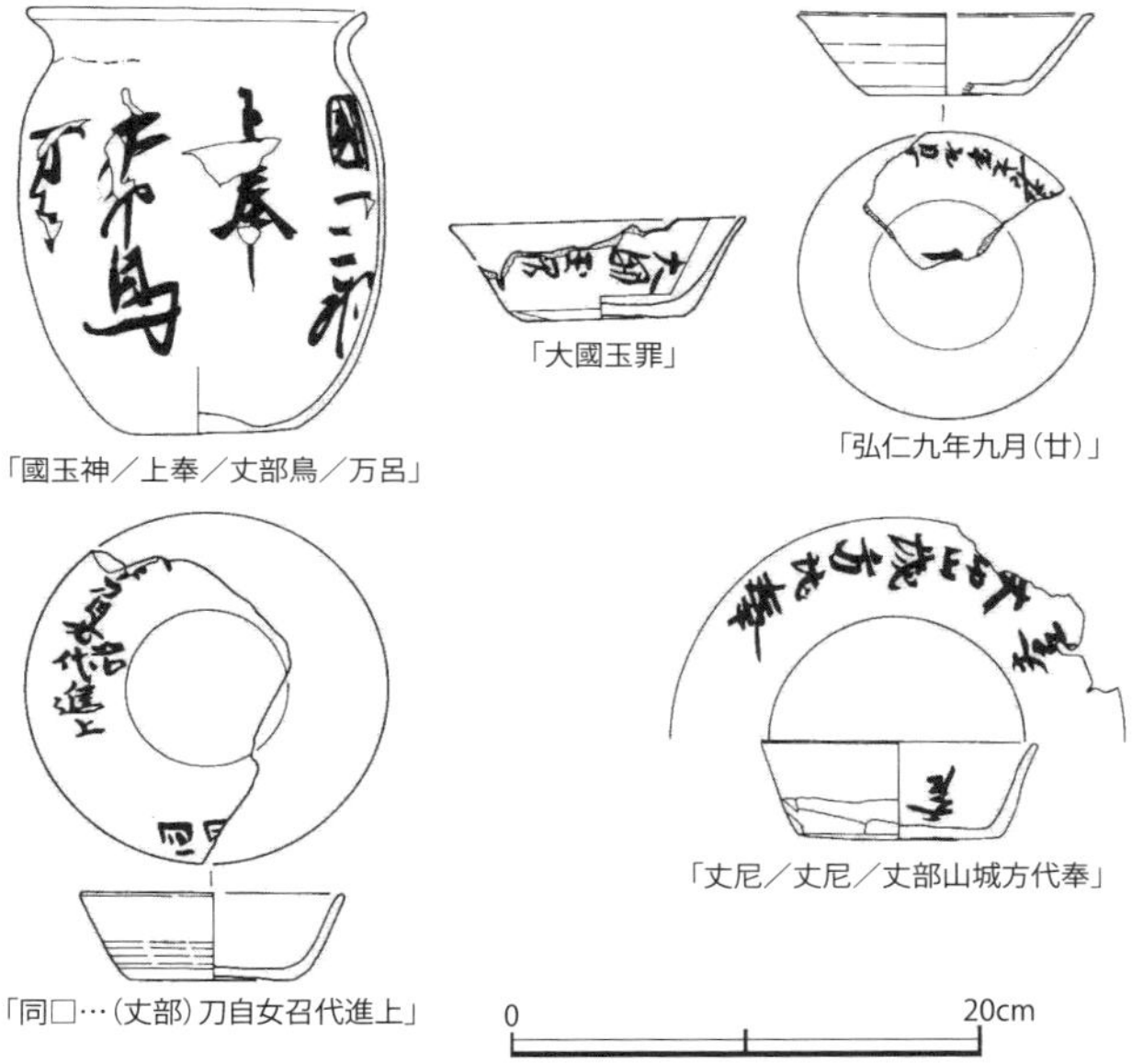

図8　鳴神山遺跡　供献用墨書土器（註36報告書による）

と呼べる程度の小規模な仏教施設があったと考えられる。そして印旛沼に流れ込む新川を遡った白幡前遺跡には、三間四面の四面庇建物を中心に複数の側柱建物・竪穴住居を配置し、周囲を溝で区画した場所がある。ここからは瓦塔・瓦堂のほか、浄瓶・水瓶、瓦鉢といった仏具類が集中して出土した。四面庇建物を中心仏堂とすれば、そこでは多人数が参加する法会の執行が可能である。大塚前遺跡の四面庇建物と同様、小規模な寺院とも呼べる、村神郷内の仏教信仰の重要拠点であったと考えられる。

　また鳴神山、向境、白幡前の各遺跡では、当時としては貴重な奈良三彩が出土している。おそらく、下総国分寺から大塚前遺跡を通り、これら仏教施設を結ぶ形で船穂郷から印旛沼を渡り村神郷へ至るルートが存在したと推測できる。このルートを通じてもたらされたものの一つが奈良三彩であり、人面墨書土器や個人単位の新たな信仰も、

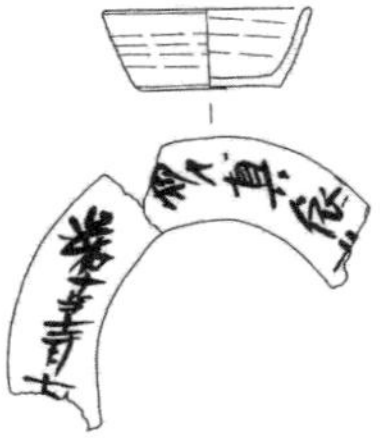

「物部真依□／延暦十年十一月七」

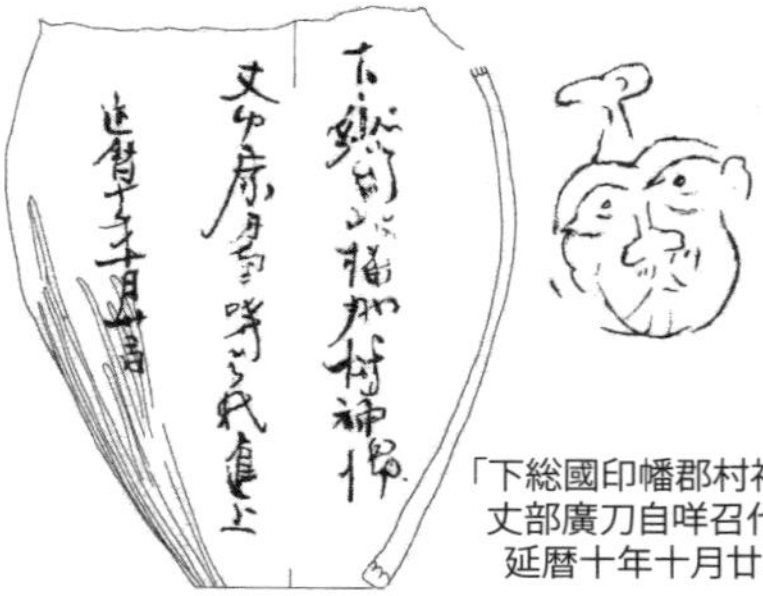

「下総國印幡郡村神郷
丈部廣刀自咩召代進上
延暦十年十月廿二日」

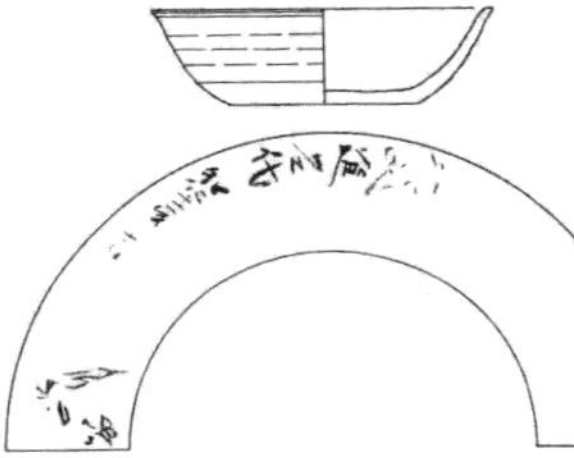

「廣友進召代　弘仁十二年二月」

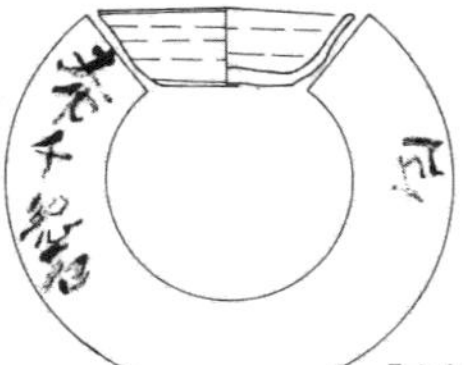

「丈部総石／□」

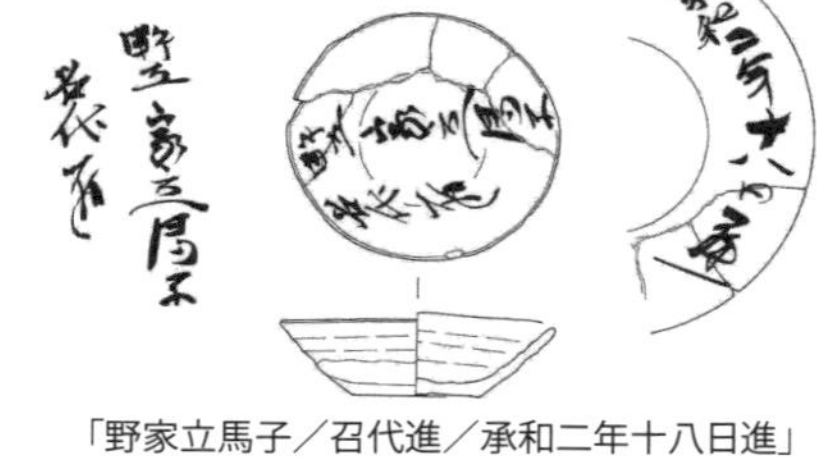

「野家立馬子／召代進／承和二年十八日進」

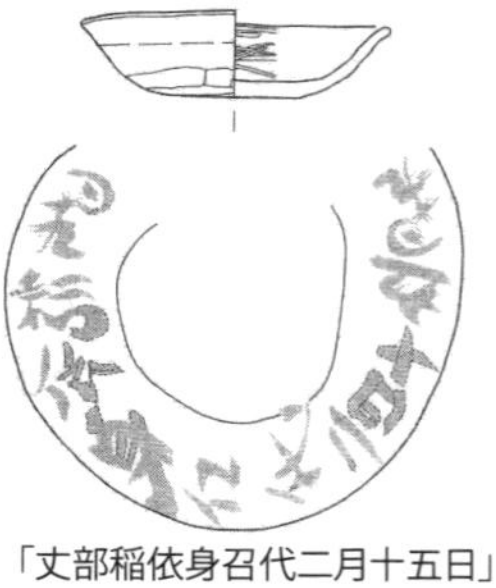

「丈部稲依身召代二月十五日」

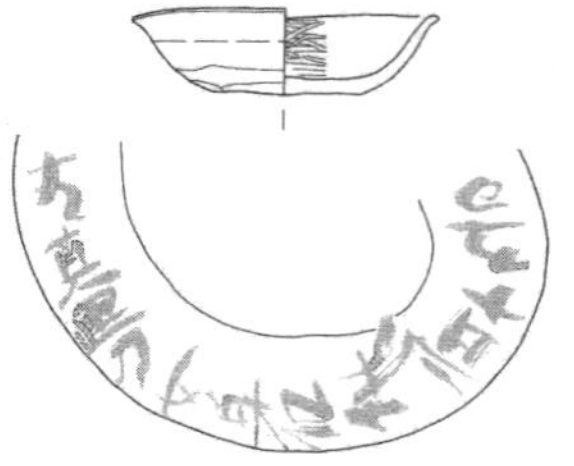

「丈部真里刀女身召代　二月十五日」

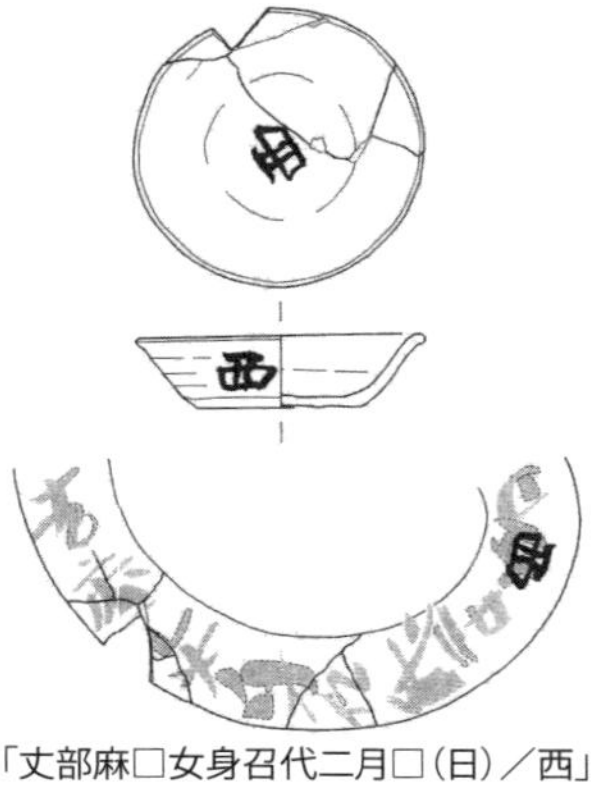

「丈部麻□女身召代二月□（日）／西」

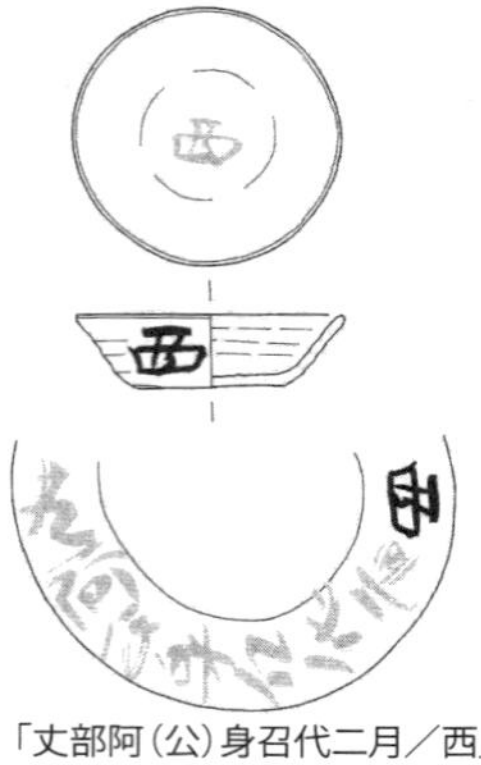

「丈部阿（公）身召代二月／西」

図9　上谷遺跡　人面墨書・供献用墨書土器（註38報告書による）

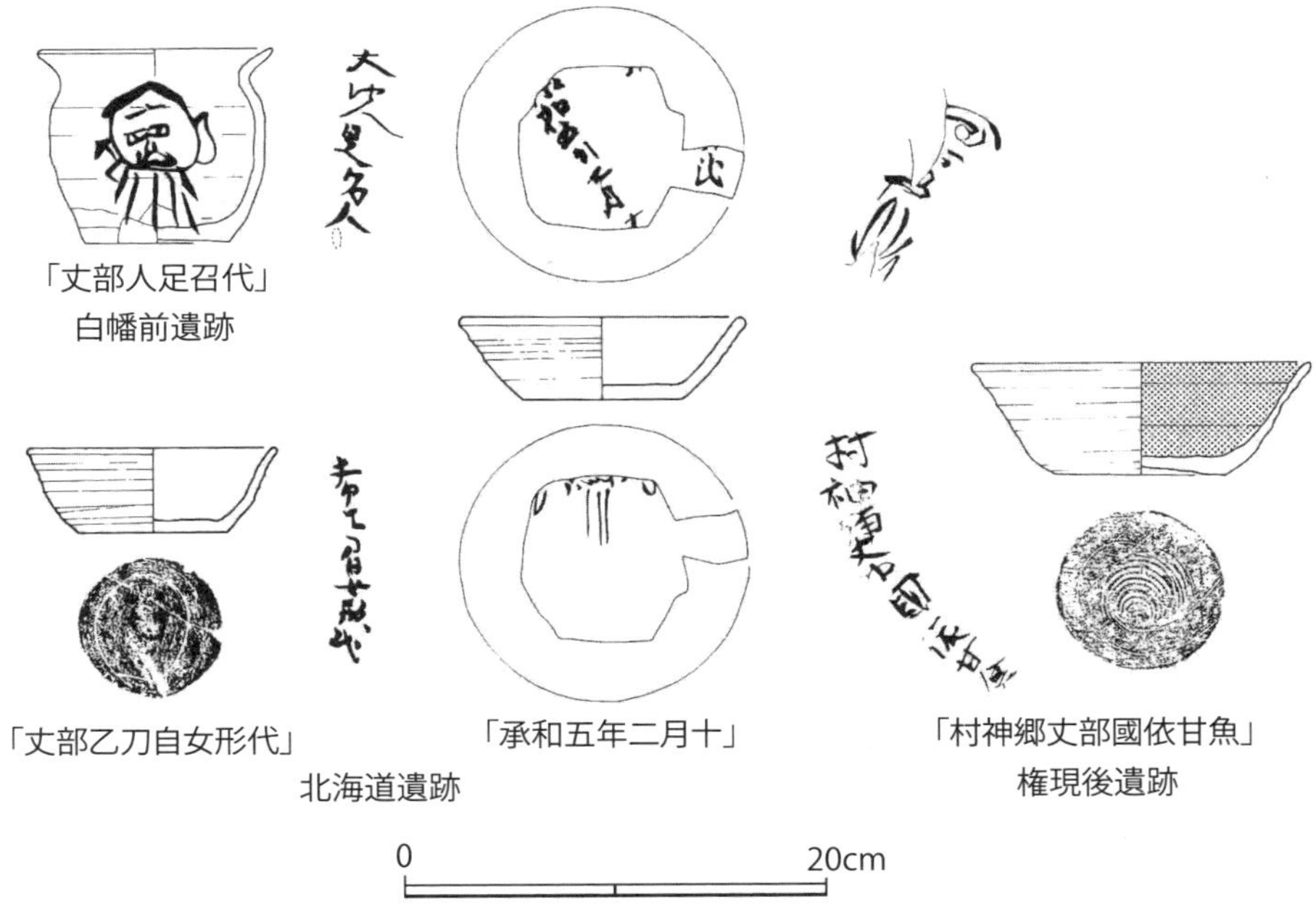

図10　萱田遺跡　人面墨書・供献用墨書土器（註39報告書による）

同じルートを通り国府・国分寺周辺から集落内へと浸透していったと考えられる。

これを裏づけるように、北下遺跡からは、次のような下総国内の郡郷との関係を示す、八世紀後半代の墨書土器が複数出土している（図5）。

◎須恵器杯「結郡浄／幸」↓結城郡
◎土師器杯「葛」↓葛飾郡
◎須恵器杯「迊」↓匝瑳郡
◎須恵器杯「印」↓印幡郡
◎須恵器杯蓋「軽部」↓海上郡軽部郷
◎土師器杯「香取／自／小川」↓香取郡香取郷・小川郷
◎須恵器杯「浮島郷長／井」↓『延喜式』兵部省式にある、下総国駅馬「浮島（中略）各五疋」や下総国牛馬牧「浮島牛牧」と関係するか以上の墨書土器は、下総国分寺に隣接する祭祀・儀礼の場と、下総国内の郡・郷とを結ぶ人間の往来があったことを物語る。ここにみられる各郡・郷においても、下総国分寺と埴生郡の龍角寺、印旛郡の船穂・村神郷とを結んだようなルートが、下総国分寺との間に存在したのだろう。

このような環境のなかで、伝統的な「罪を贖う」信仰と、仏教経典に由来する「滅罪」の思想とが並存する状況が生み出された。それが西根遺跡から出土した、土師器杯の墨書土器「丈部春女罪代立奉大神」と「罪官」である。一つは丈部春女が、杯に入れた品物（食べ物か）を「大神」（在地の神か）に捧げて、自らが犯した罪を贖おうとする内容である。これに対し「罪官」は「つみのつかさ」と読め、『薬師琉璃光如来本願功徳経』（『薬師経』）にある琰魔法王に近い性格を推定できる。(40) 埴生郡の郡衙周辺寺院である龍角寺では、白鳳仏の銅造薬師如来座像があるため、国分寺よりも古い八世紀前半には『薬師経』の信仰がもたらされていたはずである。七世紀末期、持統朝の郡衙周辺寺院の建立・整備にともなうものだったのだろう。そして八世紀後半、国分寺と郡衙周辺寺院を結ぶルートが形成されると、これを通じて龍角寺の薬師経の信仰は印旛郡の集落内へと浸透していった可能性は高い。琰魔法王に類似する「罪官」の信仰が広まる背景は、このように考えられないだろうか。

八世紀中ごろ、国分寺が創建されると、八世紀末期までには国分寺を核として、国内の郡衙周辺寺院や仏教施設を結ぶルート＝「信仰の地域ネットワーク」が形成された。それを使って、新たな祭具の人面墨書土器や個人単位の信仰は、毛細血管を流れる血液のように、きめ細かく集落内まで浸みこんでいった。これを運ぶ役割を果たしたのが、ルート上を往き来した僧・尼、国府・郡家の官人、さらに北下遺跡の墨書土器にある「郷長」のような人々だったのだろう。

7、史的背景

下総国分寺と印旛郡の船穂・村神郷を結ぶルート上には、それが主に機能した年代を示す資料が存在する。両郷から出土する人面墨書土器と供献用墨書土器にある以下の年月日の記載である。

◎北海道遺跡→「承和五年二月十」
◎上谷遺跡→「延暦十年十月廿二日」「延暦十年十一月七」「弘仁十二年二月」「承和二年十八日」
◎鳴神山遺跡→「弘仁九年九月（廿）」

年代は延暦十年以降、弘仁・承和年間に集中する。下総国分寺と船穂・村神郷を結ぶ信仰の地域ネットワークは、八世紀末期から九世紀前半にかけて主に機能していたと考えてよいだろう。

この時代はまさに、『日本霊異記』と「東大寺諷誦文」がまとめられた時代である。この二つの文献は、当時の僧侶の布教テキストとしての性格を持つ。特に『日本霊異記』には、官大寺の僧侶が地域の寺で法会を営み布教する姿を描き、一方で郡司や地方初期寺院との関係を示す説話も多くのせている。このような『日本霊異記』の説話のなかで、武蔵国や信濃国といった東国を舞台とするものは、その成立に国分寺僧が関与していたことが指摘されている。[41] 今回確認した下総国分寺と埴生郡の龍角寺、印旛郡の仏教施設とを結ぶルートは、『日本霊異記』が語る僧侶の活動を具体的に示しているといってよいだろう。八世紀末期から九世紀前半、国分寺や郡衙周辺寺院と関係する僧侶・尼僧は、法会や布教にともなう布施など、地域における権益を求めて活発に活動していたのである。ここに信仰の地域ネットワークが形成され、『日本霊異記』などの布教テキストがまとめられた背

景があったと考えられる。(42)

この影響は、仏教の問題に留まらない。今までみてきたように、道教系の個人信仰、さらにこれと結びついた雑密系の「滅罪」信仰が集落レベルまで浸透し、伝統的な在地の神信仰と融合していった。そのうえで、信仰の地域ネットワークは極めて大きな役割を果たした。九・十世紀以降、密教や陰陽道が個人信仰の受け皿となったが、(43)その初期の形が八世紀代には形作られ、九世紀にかけて国分寺を核とする信仰の地域ネットワークで地方の集落レベルまで広がっていたのである。日本の宗教史上で果たしたその役割を、改めて評価する必要があるだろう。

まとめ

本稿では、主に人形、人面墨書土器、供献用墨書土器を取り上げ、古代の祓について再検討し、また国府・国分寺から郡家・郡衙周辺寺院、さらに集落へと広がる信仰のネットワークについて具体的に検証をおこなってきた。その結果をまとめておこう。

まず祓は八世紀代、貴重な品々を祓物として供出し罪を贖うという伝統的な形を残しながらも、中国の道教に由来する除病・除災、延命を願う個人信仰が持ち込まれていた。この二つの系譜が九世紀に一体化し、十世紀以降には中世へと連続する陰陽道祓が形成されたことを確認した。金子は夙に、七瀬祓の起源を平城京・長岡京にもとめ、そこから出土する人形、斎串、人面墨書土器などとの関係を推定している。(44)しかし、七瀬祓は十世紀に成立した陰陽道祓であり、八世紀代の祓や信仰関係の遺物と直接結びつけるのは難しい。単純に陰陽道祓における人形の性格を、そのまま八世紀代の人形に当てはめることはできないのである。今後、八世紀代の人形については、伝統的な祓と新たな個人信仰という二つの系譜を同時に視野に入れて分析をおこなう必要があるだろう。

その個人信仰は、八世紀末期から九世紀前半、国分寺を核とした地域の信仰ネットワークを介して東国の集落内まで広まった。筆者は、すでに下総国分寺と印幡郡とをつなぐ布教ネットワークの存在を指摘している。(45) その後、下総国分寺に隣接する祭祀・儀礼の場、北下遺跡が発見された。これを受けて、本稿ではこのネットワークの検証・確認を改めておこなった次第である。国家・地域の平安と生産の安定、それと個人の除病・除災、延命。この二つの命題は、現代においても日本の信仰における主な祈願内容である。その萌芽は、すでに律令国家の成立期、七世紀後半から八世紀にあり、信仰的な背景には中国の仏教・道教との密接な関係があった。古代東国の集落内の信仰も、確実に東アジアの信仰世界とつながっていたのである。

註

（1）井上光貞『日本古代の王権と祭祀』（東京大学出版会、一九八四年）。

（2）金子裕之「平城京と祭場」（『国立歴史民俗博物館研究報告　古代の祭祀と信仰』第七集所収、国立歴史民俗博物館、一九八五年）。

（3）平川南「〝古代人の死〟と墨書土器」（『墨書土器の研究』所収、吉川弘文館、二〇〇〇年）。

（4）青木紀元『祝詞古伝承の研究』（国書刊行会、一九八五年）。

（5）『日本書紀』大化二年三月甲申（二十二日）条に、「夫を失へる婦有りて、若し十年、二十年を経て、人に適ぎて婦と為り、幷せて、未だ嫁がざる女、始めて人に適ぐ時に、斯の夫婦を妬みて、祓除せしむ。（中略）復、役はるる辺畔の民有り、事了りて郷に還る日に、忽然に得疾して、路頭に臥死ぬ。是に、路頭の家、乃ち謂りて曰はく、〈何の故か人をして余路に死なしむる〉といひて、因りて死にたる者の友伴を留めて、強ちに祓除せしむ。（以下略）」とある。坂本太郎他校注『日本古典文学大系　日本書紀　下』（岩波書店、一九六三年）。

（6）「神祇令」諸国大祓条に、「凡そ諸国に大祓すべくは、郡毎に刀一口、皮一張、鍬一口、及び雑の物等出せ。戸別に麻一条。其れ国造は馬一疋出せ」とある。井上光貞他校注『日本思想体系　律令』（岩波書店、一九七六年）。

（7）「神祇令」諸国条。

（8）渡邊直彦校注『神道大系　朝儀祭祀編一　儀式・内裏式』（神道大系編纂会、一九八〇年）。

（9）虎尾俊哉編『延喜式』上（集英社、二〇〇〇年）。『延喜式』祭料は、基本的にこの文献による。

（10）胡麻鶴醇之他校注『神道大系　神宮編一　皇太神宮儀式帳・止由氣儀式帳・太神宮諸雑事記』（神道大系編纂会、一九七九年）。『皇太神宮儀式帳』は、基本的にこの文献による。

（11）『延喜式』祝詞は、虎尾俊哉編『延喜式』上（前掲註9書）と、倉野憲司校注『日本古典文学大系　古事記祝詞』（岩波書店、一九五八年）による。

（12）笹生衛「古墳時代における祭具の再検討――千束台遺跡祭祀遺構の分析と鉄製品の評価を中心に――」（『日本古代の祭祀考古学』所収、吉川弘文館、二〇一二年）。

（13）泉武「人形祭祀の基礎的考察」（『日本考古學論集』三〈呪法と祭祀・信仰〉所収、吉川弘文館、一九八六年〈一九八二年初出〉）。福永光司「道教における「醮」と「章」――『延喜式』の「祭祀」と「祝詞」に寄せて――」（『道教と東アジア――中国・朝鮮・日本』所収、人文書院、一九八九年）。増尾伸一郎「古代〈人形〉呪儀とその所依経典――呪媚経の受容をめぐって――」（『延喜式研究』一三号所収、延喜式研究会、一九九七年）。なお、本稿の『赤松子章暦』は、『道蔵』第十一冊（文物出版社・上海書店・天津古籍出版社、一九八八年）によった。

（14）笹生衛「祓う人形・捧げる人形――人形の源流と信仰――」（『人形玩具研究　かたち・あそび』第二四号所収、日本人形玩具学会、二〇一四年）。

（15）笹生衛「祓う人形・捧げる人形――人形の源流と信仰――」（前掲註14論文）。

（16）福岡市教育委員会編『元岡・桑原遺跡群4　第一二、一五、二四次調査の報告』（福岡市教育委員会、二〇〇五年）。

(17) 斉藤充博「大伴家持の造酒歌」（『藝文研究』七七所収、慶應義塾大学藝文学会、一九九九年）。
(18) 笹生衛「人形と祓物――土製人形の系譜と祓の性格を中心に――」（『國學院雑誌』第一一三巻第一一号所収、國學院大學、二〇一二年）。
(19) 笹生衛「祓う人形・捧げる人形――人形の源流と信仰――」（前掲註14論文）。
(20) 奈良国立文化財研究所編『木器集成図録　近畿古代編』（奈良国立文化財研究所、一九八四年）。
(21) 伊場木簡から古代を考える会編『伊場木簡と日本古代史』（六一書房、二〇一〇年）。
(22) 山中敏史は「郡衙周辺寺院」を「評衙・郡衙遺跡から二キロメートル以内の地域に位置し、評衙・郡衙と併存していた寺院」と定義している。山中敏史「地方官衙と周辺寺院をめぐる諸問題――氏寺論の再検討――」（『地方官衙と寺院――郡衙周辺寺院を中心として――』所収、独立行政法人文化財研究所奈良文化財研究所、二〇〇五年）。
(23) 笹生衛「郡衙周辺の景観とその信仰的背景――放生、大祓と郡衙、寺院、祭祀・儀礼の景観を手がかりに――」（須田勉編『日本古代考古学論集』所収、同成社、二〇一六年）。
(24) 笹生衛「郡衙周辺の景観とその信仰的背景――放生、大祓と郡衙、寺院、祭祀・儀礼の景観を手がかりに――」（前掲註23論文）。
(25) 笹生衛「古代東国の「罪」の信仰とその系譜――「罪」の墨書土器の解釈を中心に――」（史館同人編『房総の考古学』所収、六一書房、二〇一〇年）。
(26) 公益財団法人千葉県教育振興財団文化財センター編『東京外かく環状道路埋蔵文化財調査報告書6――市川市北下遺跡（9）～（12）――』（公益財団法人千葉県教育振興財団・東日本高速道路株式会社、二〇一四年）。
(27) 公益財団法人千葉県教育振興財団文化財センター編『東京外かく環状道路埋蔵文化財調査報告書3――市川市北下遺跡（1）～（8）――』（公益財団法人千葉県教育振興財団・東日本高速道路株式会社、二〇一一年）。
(28) 平川南「付章　1　千葉県市川市北下遺跡出土刻字白木弓」（『東京外かく環状道路埋蔵文化財調査報告書6――市川市北下遺跡（9）～（12）――』所収、前掲註26書）。
(29) 平川南「〝古代人の死〟と墨書土器」（前掲註3論文）。
(30) 財団法人いわき市教育文化事業団編『荒田目条里遺跡――古代河川跡の調査――』（いわき市教育委員会、二〇〇一年)。
(31) 三島市教育委員会編『静岡県三島市　箱根田遺跡』(三島市教育委員会、二〇〇三年)。
(32) 今泉潔「「瓦と建物の相克」試論――大塚前遺跡出土瓦の分析――」(『研究紀要』一二所収、財団法人千葉県文化財センター、一九九〇年)。今泉潔「大塚前廃寺」(財団法人千葉県史料研究財団編『千葉県の歴史　資料編　考古3(奈良・平安時代)』所収、千葉県、一九九八年)。
(33) 辻史郎「木下別所廃寺」(財団法人千葉県史料研究財団編『千葉県の歴史　資料編　考古3(奈良・平安時代)』所収、千葉県、一九九八年)。
(34) 財団法人千葉県文化財センター編『(仮称)平岡自然公園埋蔵文化財調査報告書　印西市馬込遺跡』(財団法人千葉県文化財センター・印西地区環境整備事業組合、二〇〇四年)。
(35) 多宇邦雄「龍角寺跡」(『千葉県の歴史　資料編　考古3(奈良・平安時代)』所収、前掲註33書)。
(36) 財団法人千葉県文化財センター編『千葉県北部地区新市街地造成整備事業関連埋蔵文化財調査報告書Ⅱ――印西市鳴神山遺跡・白井谷奥遺跡――』(財団法人千葉県文化財センター・千葉県企業庁、一九九九年)。財団法人千葉県文化財センター編『千葉ニュータウン埋蔵文化財調査報告書ⅩⅣ――印西市鳴神山遺跡Ⅲ・白井谷奥遺跡――』(財団法人千葉県文化財センター・都市基盤整備公団千葉地域支社、二〇〇〇年)。
(37) 財団法人千葉県文化財センター編『印西市西根遺跡』(財団法人千葉県文化財センター・独立行政法人都市再生機構千葉支社、二〇〇五年)。
(38) 八千代市遺跡調査会編『千葉県八千代市　上谷遺跡　(仮称)八千代市カルチャータウン開発事業関連埋蔵文化財調査報告書Ⅱ――第1・2・4・5分冊――』(八千代市遺跡調査会・大成建設、二〇〇一・二〇〇三・二〇〇四・二〇〇五年)。八千代市遺跡調査会編『千葉県八千代市　向境遺跡　(仮称)八千代市カルチャータウン開発事業関連埋蔵文化財調査報告書Ⅲ』(八千代市遺跡調査会・大成建設、二〇〇四年)。
(39) 財団法人千葉県文化財センター編『八千代市白幡前遺跡――萱田地区埋蔵文化財調査報告書Ⅴ――』(財団法人千葉県文化財センター、住宅・都市整備公団、一九九一年)。財団法人千葉県文化財センター編『八千代市井戸向遺跡――萱田地区埋蔵文化財調査報告書Ⅳ――』(財団法人千葉県文化財センター、住宅・都市整備公団、一九八七年)。財団法人千葉県文化財センター編『八千代市北海道遺跡――萱田地区埋蔵文化財調査報告書Ⅱ

──』（財団法人千葉県文化財センター、住宅・都市整備公団、一九八五年）。財団法人千葉県文化財センター編『八千代市権現後遺跡──萱田地区埋蔵文化財調査報告書Ⅰ──』（財団法人千葉県文化財センター、住宅・都市整備公団、一九八四年）。

(40) 笹生衛「古代東国の「罪」の信仰とその系譜──「罪」の墨書土器の解釈を中心に──」（前掲註25論文）。

(41) 三船隆之『『日本霊異記』説話の地域史的研究』（法藏館、二〇一六年）。

(42) 笹生衛「考古学から見た『日本霊異記』──東国の仏教関連遺跡の動向から──」（『日本古代の祭祀考古学』所収、前掲註12書）。

(43) 岡田莊司「陰陽道祭祀の成立と展開」（『平安時代の国家と祭祀』所収、続群書類従完成会、一九九四年）。

(44) 金子裕之「平城京と祭場」（前掲註2論文）。

(45) 笹生衛「考古学から見た『日本霊異記』──東国の仏教関連遺跡の動向から──」（前掲註42論文）。

あとがき——國學院大學入唐求法巡礼行記研究会の歩み

本書が、國學院大學における国際シンポジウムを土台にしていることは「序言」に記した通りであるが、それは科学研究費補助金基盤研究（B）「日本古代の仏教受容と東アジアの仏教交流」（二〇一二～二〇一四年度）の調査・研究にもとづいており、さらに淵源をたどれば、鈴木靖民國學院大學名誉教授が大学院の授業で円仁の『入唐求法巡礼行記』（以下、『巡礼行記』と表記する）をテキストにしたことにまでいきつく。鈴木先生が最初に大学院を担当したのは一九八八年のことで、翌年には『入唐記』および『入唐五家伝』を輪読し、『巡礼行記』をテキストにしたのは一九九〇年からであった。一九八八年は奇しくも編者が大学院博士課程前期に、一九九〇年は同じく博士課程後期に入学した年だったのでよく記憶している。それまで仏教史や対外関係史とは縁遠かった編者は、ゼミ幹事として『巡礼行記』の解題をおこなわなければならなかったため、急いで写本や刊本、研究史をまとめる作業に取りかかった。『遣唐使と入唐僧の研究　附校訂『入唐五家伝』』（高志書院、二〇一五年）の巻末に収めた「『入唐求法巡礼行記』関係文献目録（稿）」はそのとき作成したものに、代々のゼミ幹事が新たな論文等を書き加えてきたものである。

編者はその後、大学院の修了や就職によって『巡礼行記』から離れたが、二〇〇一年に鈴木先生を研究代表者とする科学研究費補助金基盤研究（C）「『入唐求法巡礼行記』に関する文献校定および基礎的研究」（二〇〇一年度〜二〇〇四年度）が採択されて「國學院大學入唐求法巡礼行記研究会」が組織されたことで、ふたたび円仁や天台宗などにかかわることになった。この研究会では『巡礼行記』の本文校訂をおこなうとともに、円仁一行が旅した行程を踏査して確定するという目的もあったため、遣唐使と別れた円仁がしばらく滞在した赤山法華院が所在する山東半島栄成市赤山浦周辺から蓬萊市までを二〇〇三年十二月に現地調査した。実はこれ以前に、鈴木先生は國學院大學に留学して学位を取得した中国社会科学院歴史研究所副研究員の故馬一虹氏と前年三月に同地を訪れ、編者も同年十二月に二十一世紀COEプログラムの調査で同所を踏査していたので、編者にとっては二度目の赤山浦調査であった。

幸い、科学研究費補助金にはその後も続けて採択されたので（基盤研究（B）『入唐求法巡礼行記』に関する文献校訂及び古代東アジア諸国間交流の総合的研究」、二〇〇五〜二〇〇八年度）、二〇〇五年二〜三月には山東省青州市から河北省南宮市までを、二〇〇六年八月には河北省石家荘市から五臺山を経て、山西省太原市までを、二〇〇七年十二月には江蘇省如皐市から揚州市、連雲港市までの海岸線を、そして二〇〇八年十二月には陝西省西安市周辺を連続して踏査した。科学研究費補助金にはその後も申請したが、さすがに同じテーマで三回目というのはむずかしいらしく、なかなか採択されなかった。その間は國學院大學特別推進研究助成金を受けて二〇〇九年八月にふたたび五臺山の周辺を、二〇一〇年十二月には円仁の名が刻まれた「釈迦舎利蔵誌」が発見された鄭州市南東の法王寺周辺を、そして國學院大學学長特別推進研究助成金によって二〇一一年十二月に山西省太原市から臨汾市洪洞県までを、継続して調査することができた。

法王寺「釈迦舎利蔵誌」に関しては、國學院大學でプレス・リリースをおこなったが、スクープした朝日新聞に対抗するためだろうか、某新聞の記者が調査内容をまともに吟味することなしに、最初から贋作と決めつける電話をデスクと交わしている場に遭遇するという、何とも腹立たしい経験をしたことがあった。「釈迦舎利蔵誌」の四辺をめぐる紋様などから、これが唐代にさかのぼるものでないことは明らかである。しかし中国では、碑面が風化した際に内容をそのまま復刻して後世に残す修復が古くからおこなわれていた。つまり建物と同じく石刻も〝重修〟されるのであるが、それをもって発見された石刻を贋作とか捏造と断言できないのはいうまでもなく、しかもそのことと碑文内容の虚実とはまったく別次元の問題である。そもそも、現代中国ではほとんど無名に近い円仁の名を刻んだ碑文を捏造したところで、それがどのような利益を生むというのだろう。新出資料の真偽については、純粋かつ慎重な学術調査のみによって判断すべきで、新聞の発行部数競争やくだらないメンツ等から歪曲してよいものではない。

新たな科学研究費補助金の申請にあたっては、調査対象に韓国を加えることで研究課題を軌道修正し、円仁の巡礼行程調査の継続をはかるとともに、「序言」に記した疑問を解決するための端緒を得ようと考えた。そのため採択後の二〇一二年十二月には韓国の九山禅門のうち半島南部の五山を調査して見識を広げ、二〇一三年十二月には円仁行程の踏査に戻って山西省臨汾市から鉄牛で有名な永済市蒲津渡までを、二〇一四年十二月には前年調査地点の黄河対岸にあたる陝西省渭南市大茘県から西安市臨潼区までを踏査し、おおむね円仁の長安城までの往路を調査し終えることができた。ただし、会昌の廃仏に直面した円仁がたどった帰路については、二〇〇七年度調査以外ほとんど手つかずの状態であるため継続調査の申請をおこなったが、採用されることはなかった。現在でも復路調査の必要性については痛感しているものの、研究会メンバーが本務校の校務であまり時間がとれないことや、何より『巡礼行記』の授業を履修した大学院生がいなくなったことなどから、その後は申請そのものを見合わせている。また一時、ホームページで公開していた本文校訂についても、多くの誤りがみつかったため、現在では公開を中断している。

本書の刊行が遅れたのは、ひとえに編者の判断ミスによるところが大きい。というのも、寄稿を依頼していた外国人研究者のひとりが病気にかかってしまったので回復を待っていたところ、次第に連絡そのものがつかなくなってしまったのである。またその間に、別の外国人執筆者からも自著に収録したいので、論文を引きあげたいとの申し出があった。これらの責任はすべて編者にあるので、早くから入稿していただいていた執筆者の方々にはこの場をかりてお詫びを申し上げたい。しかし本書には、かかる編者の瑕疵を補ってあまりある、秀逸でかつ独創的な論考がそろったのではないかと思う。本書ができるだけ多くの読者の目に触れ、そして課題設定に賛同してくれる研究者が増えることを願ってやまない。

なお、勉誠出版の吉田祐輔氏には本書の出版をこころよく引き受けてくださったばかりでなく、構成や編集にもさまざまなご助言をいただいた。厚く御礼を申し上げる。また調査継続のための資金を助成してくれた國學院大學や、本書の元になった国際シンポジウムを手伝ってくれたすべての大学院生に対しても、感謝の意を表したい。

二〇一八年五月

佐藤長門

執筆者一覧

編者

佐藤長門（さとう・ながと）

一九五九年生まれ。國學院大學文学部教授。

専門は日本古代史（古代王権論、権力構造論、渡海僧の研究）。

主な著書に『日本古代王権の構造と展開』（単著、吉川弘文館、二〇〇九年）、『遣唐使と入唐僧の研究　附校訂『入唐五家伝』』（編著、高志書院、二〇一五年）、『蘇我大臣家』（単著、山川出版社、二〇一六年）、論文に「天孫降臨神話の改作と八世紀前後の王位継承」（『國學院雑誌』一一四巻一号、二〇一三年）、「入唐僧円珍――日本天台宗寺門派之祖」（『浙江大学学報』人文社会科学版四五巻第三期、二〇一五年）、「長屋王の変と光明立后」（『史聚』五〇号、二〇一七年）などがある。

執筆者

張　全民（チャン・チュエンミン）

一九六五年生まれ。西安市文物保護考古研究院研究一室副主任、研究館員、中国考古学会三国至隋唐専業委員会委員。

専門は漢唐考古と歴史。

主な著書に『西安南郊秦墓』（共著、陝西人民出版社、二〇〇四年）、『隋唐長安城』（単著、西安出版社、二〇一六年）、『西安新穫墓誌集萃』（共著、文物出版社、二〇一六年）などがある。

王　海燕（ワン・ハイイェン）

一九六三年生まれ。浙江大学人文学院歴史系教授。

専門は日本古代史。

主な著書に『東方文化集成　日本古代史』（崑崙出版社、二〇一二年）、『日本平安時代的社会與信仰』（浙江大学出版社、二〇一二年）などがある。

岡野浩二（おかの・こうじ）
一九六一年生まれ。國學院大學兼任講師。
専門は日本仏教史。
主な著書に『平安時代の国家と寺院』（塙書房、二〇〇九年）、論文に「平安時代の山岳修行者」（『国史学』二二一号、二〇一七年）、「天台座主円珍の教団経営」（『日本仏教綜合研究』一五号、二〇一七年）などがある。

田中史生（たなか・ふみお）
一九六七年生まれ。早稲田大学文学学術院教授。
専門は日本古代史。
主な著書に『日本古代国家の民族支配と渡来人』（校倉書房、一九九七年）、『国際交易と古代日本』（吉川弘文館、二〇一二年）などがある。

山﨑雅稔（やまさき・まさとし）
一九七三年生まれ。國學院大學文学部准教授。
専門は古代日朝関係史。
主な論文に「後百済・高麗と日本をめぐる交流」（鈴木靖民・金子修一・田中史生・李成市編『日本古代交流史入門』勉誠出版、二〇一七年）、「九世紀の海外交通――円仁を中心に」（木村茂光・湯浅治久編『旅と移動――人流と物流の諸相』（生活と文化の歴史学10、竹林舎、二〇一八年）などがある。

趙　明済（ジョ・ミョンゼ）
一九六三年生まれ。新羅大学教授。
専門は韓国思想史。
主な著書に『高麗後期看話禅研究』（慧眼出版社、二〇〇四年）、『禅門拈頌集研究』（キョンチン出版、二〇一五年）などがある。

礪波　護（となみ・まもる）
一九三七年生まれ。京都大学名誉教授。
専門は東洋史学。
主な著書に『隋唐の仏教と国家』（中央公論新社、一九九九年）、『隋唐仏教文物史論考』（法藏館、二〇一六年）、『敦煌から奈良・京都へ』（法藏館、二〇一六年）などがある。

上川通夫（かみかわ・みちお）
一九六〇年生まれ。愛知県立大学日本文学部教授。
専門は日本中世史。
主な著書に『日本中世仏教形成私論』（校倉書房、二〇〇

七年）、『日本中世仏教と東アジア世界』（塙書房、二〇一二年）、『平安京と中世仏教』（吉川弘文館、二〇一五年）などがある。

柳田　甫（やなぎた・はじめ）

一九八九年生まれ。國學院大學大学院特別研究生。

専門は日本古代史。地方行政史および地方財政史。

主な論文に「大鳥太神宮并神鳳寺の翻刻とその史料的考察」（『國學院大學大学院紀要　文学研究科』四五輯、二〇一四年）、「八・九世紀における国府運営の特質——「便郡」の検討から」（『國學院雑誌』一一七巻七号、二〇一六年）などがある。

柿島綾子（かきしま・あやこ）

一九八三年生まれ。三島市郷土資料館学芸員。

専門は平安時代仏教史。

主な論文に「白河院の高野山参詣について——寛治二年（一〇八八）御幸の検討」（『國學院大學大学院紀要　文学研究科』四〇輯、二〇〇九年）、「十二世紀における仁和寺法親王——守覚法親王登場の前史」（小原仁編『『玉葉』を読む——九条兼実とその時代』所収、勉誠出版、二〇一三年）などがある。

笹生　衛（さそう・まもる）

一九六一年生まれ。國學院大學神道文化学部教授、國學院大學博物館長。

専門は日本宗教史・日本考古学。

主な著書に『日本古代の祭祀考古学』（吉川弘文館、二〇一二年）、『神と死者の考古学　古代のまつりと信仰』（吉川弘文館、二〇一六年）、論文に「神の籬と神の宮——考古学からみた古代の神籬の実態」（『神道宗教』第二三八号、神道宗教学会、二〇一五年）などがある。

翻訳者

金子修一（かねこ・しゅういち）

一九四九年生まれ。國學院大學文学部教授。

専門は中国古代史。

主な著書に『隋唐の国際秩序と東アジア』（名著刊行会、二〇〇一年）、『古代中国と皇帝祭祀』（汲古書院、二〇〇一年）、『中国古代皇帝祭祀の研究』（岩波書店、二〇〇六年）などがある。

編者略歴

佐藤長門（さとう・ながと）

1959年生まれ。國學院大學文学部教授。

専門は日本古代史（古代王権論、権力構造論、渡海僧の研究）。

主な著書に『日本古代王権の構造と展開』（単著、吉川弘文館、2009年）、『遣唐使と入唐僧の研究　附校訂『入唐五家伝』』（編著、高志書院、2015年）、『蘇我大臣家』（単著、山川出版社、2016年）、論文に「天孫降臨神話の改作と八世紀前後の王位継承」（『國學院雑誌』114巻1号、2013年）、「入唐僧円珍―日本天台宗寺門派之祖」（『浙江大学学報』人文社会科学版45巻第3期、2015年）、「長屋王の変と光明立后」（『史聚』50号、2017年）などがある。

古《こ》代《だい》東《ひがし》アジアの仏《ぶっ》教《きょう》交《こう》流《りゅう》

編者　佐藤長門

発行者　池嶋洋次

発行所　勉誠出版㈱

〒101-0051 東京都千代田区神田神保町三―一〇―二

電話　〇三―五二一五―九〇二一㈹

二〇一八年六月十二日　初版発行

印刷 製本　太平印刷社

ISBN978-4-585-21047-4　C3015

日本古代交流史入門

古代国家形成から中世への転換期までを対象に、第一線の研究者が、関係史の視点から当時の人びとの営みを描き出す。日本古代史を捉えるための新たなスタンダード！

鈴木靖民・金子修一
田中史生・李成市 編・本体三八〇〇円（＋税）

古代日本の東アジア交流史

弥生時代後期から中世成立期に及ぶ異文化交流の実態を浮かび上がらせ、東アジア、それを取り巻く地域へと重層的につながりあう国家・社会の様相をダイナミックに捉える。

鈴木靖民 著・本体八〇〇〇円（＋税）

梁職貢図と東部ユーラシア世界

六世紀の梁を中心とした国際秩序・文化的状況を伝える貴重資料「梁職貢図」。その史料的位置付けを明らかにし、東部ユーラシアの世界構造を立体的に描き出す。

鈴木靖民・金子修一 編・本体八五〇〇円（＋税）

古代東アジアの仏教と王権
王興寺から飛鳥寺へ

諸学の視点から、舎利信仰と王権の関わりや造寺、造仏の技術・文化伝習など、東アジア世界において仏教の果たした文化的・政治的重大性を明らかにする。

鈴木靖民 編・本体八〇〇〇円（＋税）

上代写経識語注釈

飛鳥・奈良時代に書き写された日本古写経の識語をほぼ網羅する七十一編を翻刻・訓読・現代語訳し、詳細な注釈を加え、写経識語の意義を捉えた四本の論考と索引を収載。

上代文献を読む会 編・本体一三〇〇〇円（＋税）

入唐僧恵蕚と東アジア
附 恵蕚関連史料集

日中に分散していた恵蕚に関する史料三十六種を集成。また、恵蕚と恵蕚を取り巻く唐・新羅の人々を追うことで多元的な歴史世界を描き出す論考三本を収載。

田中史生 編・本体五〇〇〇円（＋税）

渡航僧成尋、雨を祈る
『僧伝』が語る異文化の交錯

平安後期中国へ渡った天台僧「成尋」。成尋の書き残した渡航日記『参天台五臺山記』と中国側史料を精査。文化・歴史とは何かを再考する新たな歴史学。

水口幹記 著・本体三五〇〇円（＋税）

九世紀の来航新羅人と日本列島

九世紀に顕著となった新羅人の来航現象が、列島社会をどう変化させ、日本はどう対応したのか。対新羅政策における対外意識の変化を支配層、諸階層の人々から考察する。

鄭淳一 著・本体一〇〇〇〇円（＋税）

「もの」と交易の古代北方史
奈良・平安日本と北海道・アイヌ

七世紀〜十一世紀の古代の北海道と日本列島、大陸を往還した多彩な「北の財」。その実態と歴史的・文化的意義を最新の古代史・考古学研究の成果から実証的に検討する。

蓑島栄紀 編・本体七〇〇〇円（＋税）

仏教文明の転回と表現
文字・言語・造形と思想

仏教という異文明との遭遇は、世界の構築にどのような影響をもたらしたのか。「仏教」という参照軸から、世界の形成と構築のメカニズムを考える百科全書的論集。

新川登亀男 編・本体九八〇〇円（＋税）

仏教文明と世俗秩序
国家・社会・聖地の形成

仏教が浸透していくことで生じた世俗秩序や諸宗教・民俗儀礼などとの交差や融合をとらえ、仏教による世界の共生と差異化のメカニズムを描き出す。

新川登亀男 編・本体九八〇〇円（＋税）

日本古代史の方法と意義

日本古代史を読み解く方法論、そしてそこに横たわる歴史研究の意義を提起し、多面的に存在する歴史との対話とその記述の可能性を示す。

新川登亀男 編・本体一四〇〇〇円（＋税）

正木 晃
Masaki Akira

「空」論

空から読み解く仏教

春秋社

はじめに

本書の目的は、大きく分けて、二つあります。

一つは、「空《くう》」とは何か、を考えることです。

もう一つは、「空」から、仏教全体の歴史を読み解くことです。

もちろん、この二つの目的は相互に深くかかわり合っています。なぜなら、「空」を考えると、否応なく、無我／非我、あるいは縁起といった仏教にとって最重要の概念や思想を相手にせざるをえないからです。

その際、あらかじめ知っておかなければならない事実があります。それは、今あげたような仏教にとって最重要の概念や思想が、時代や地域、もしくは学派や宗派によって、さまざまな理解や解釈を生み出してきたことです。いいかえれば、これが無我／非我だとか、これが縁起だというぐあいに、唯一の決定的な答えはないということです。

「空」も同じです。というより、もっとずっと多様な理解や解釈を生み出してきました。その変容ぶりは、インド仏教の歴史において最初に登場したころの「空」と、日本仏教の歴史において認識されてきた「空」とでは、理解や解釈がほとんど百八十度、逆転していることからもわかります。

さらに面倒なことに、最初の理解や解釈が正しく、後になればなるほど理解や解釈が正しくない方向へ向かったとは言い切れません。仏教もまた社会との関わりなしには成り立たず、社会の変化に対応できなければ、滅び去るしかないゆえです。仏教にとって（正確には大乗仏教にとって）、「空」は他に比べられるものがないほど重要な位置づけにありましたから、文字どおりありとあらゆる手段を駆使して、生き延びさせる必要があったのです。その結果が、「空」に多様どころではすまない理解や解釈をもたらしました。

ようするに、これこそ唯一絶対の「空」だ！　とはとてもいえません。この点を読みとっていただけるのであれば、本書を出版した意味は十分にあります。

いま述べた目的をかなえるために、本書では仏教の開祖ブッダから、現代日本で「空」の哲学を展開した西谷啓治氏に至る長い歴史を、考察の対象としています。もう少し具体的にいうと、第一章から第四章までがインド仏教、第五章がチベット仏教、第六章が中国仏教、第七章が日本仏教という構成です。

ご存じの方も多いと思いますが、日本仏教では、ブッダが「空」を説いたことになっています。しかし、客観的な事実としては、ブッダは「空」を説いてはいませんでした。そもそも「空」が仏教という舞台に、主演俳優として登場し、脚光を浴びるようになったのは、大乗仏教が誕生してからです。とりわけ、ナーガールジュナ（龍樹）という天才があらわれて、「空」を仏教の中核に据え、高度な宗教哲学をきずきあげてからのことです。

極論するなら、大乗仏教の歴史は、ナーガールジュナの理論をどう論証するか、その結論を修行によってどう体得するか、というところに集約されていたとも考えられます。それを思えば、ナーガールジュナが「第二のブッダ」とも「八宗（南都六宗＋天台宗・真言宗）の祖」と称されてきたのもおかしくありません。ちなみに、ナーガールジュナは主著の『中論』の第一八章に、どのような意図かはわかりませんが、「たとえ、諸仏や諸仏から教えを授かった弟子（声聞）がいなくても、独覚はあらわれる」と書いています。まるで龍樹自身のことをあらわしているような表現です。

「空」を仏教の歴史全般から読み解こうという試みは、すでに立川武蔵『空の思想史』（講談社学術文庫　二〇〇三）という名著によって果たされています。現時点で「空」をここまで広くかつ深く論じた著作は、他に見当たりません。

わたし自身、立川先生とは長きにわたる親交があり、師とも同士ともいうべき関係にあります。わけても『空の思想史』が出版されてからは、読んでみて、どうしても理解できない箇所や疑問点が出てくるたびに、立川先生に尋ね、教えを乞うてきました。

正直言って、『空の思想史』は難解です。大学などの講座で何回もテキストとして使ってきましたが、受講生からよくわからないと指摘されました。そこで、もう少しわかりやすい「空」論があったらよいと思い、立川先生に相談したところ、「だったら、あなたが書けばよい」とさとされたのです。これが本書を手掛ける発端でした。

わかりやすくといいながら、本書は、基礎的な文献や先学の業績からの引用がかなり多くなっています。文献の引用は、読みづらさにつながりかねませんが、わたしの記述が独断や偏見によるものではないことをわかっていただくためでもありますので、ご容赦ください。

本書の企画から始まって、執筆をへて、編集作業に至るまで、編集部の豊嶋悠吾さんにはお世話になりつづけでした。優秀な編集者の存在はじつにありがたいものです。お世辞でも何でもなく、豊嶋さんの協力がなければ、本書はとうてい出版できませんでした。

春秋社の神田明社長をはじめ、ご協力いただいた皆さまがたに感謝申しあげます。

二〇一九年八月吉日

正木　晃

「空」論——空から読み解く仏教　目次

第七章　日本の空思想……321

「空」論——空から読み解く仏教

第一章　原始仏教と空

▼ブッダは空を説いたか

最初に申し上げておきます。空《くう》という概念は、文脈によって、「空（スーニヤ／シューニヤ）」と表記される場合と「空性《くうしょう》（スンニャター／シューニャター）＝空であること」と表記される場合があります。どちらも、意味は同じです。

二四〇〇年以上にもおよぶ仏教の歴史を相手に、空とは何か、を考えるとき、とても厄介な問題があります。

空（もしくは空性）という言葉に込められた意味や内容が、一つとは限らないのです。というより、これから見ていくとおり、時代と地域によって、空の意味や内容はすこぶる多岐にわたります。

なかには、空という言葉を使わずに、空が語られている場合もあります。現に、『金剛般若《こんごうはんにゃ》経《きょう》』は、空という言葉をまったく使わずに、空を語っています。

しかし、そういう例はごく少ないので、まずは仏典の中から、空もしくは空性という言葉を見つけ出すことから始めましょう。

▼『スッタニパータ』の空

最初は、現存する最古の仏典と考えられている『スッタニパータ』です。この仏典は、「歴史的人物としてのゴータマ・ブッダに最も近いものであり、文献としてはこれ以上遡ることができない」（中村元『ブッダのことば』岩波書店、四三八頁）とされます。いわゆる原始仏典を代表する、とても有名な仏典です。

その『スッタニパータ』の「第五　彼岸《ひがん》に至る道の章」におさめられている第一一一九偈《げ》（詩句）に、こう説かれています。

つねによく気をつけ、自我に固執する見解をうち破って、世界を空なりと観ぜよ。そうすれば死を乗り超えることができるであろう。このように世界を観ずる人を、〈死の王〉は見ることがない。

（『ブッダのことば』岩波書店、二三六頁）

「世界を空なりと観ぜよ」とは、いったいどういう意味なのでしょうか。文脈から考えると、

「自我に固執する見解をうち破」ることと、深い関係があるようです。そして、「世界が空なり」と見抜くことができれば、その人は「死を乗り超えることができる」と説かれています。

じつは、この偈によく似ているのが、『ダンマパダ』の第一七〇偈です。


世の中は泡沫《うたかた》のごとしと見よ。世の中はかげろうのごとしと見よ。世の中をこのように観ずる人は、死王もかれを見ることがない。

（中村元『真理のことば・感興のことば』岩波書店、三四頁）


『ダンマパダ』は、『スッタニパータ』に比べると、「かなり古いものであろうが、歴史的人物としての釈尊の時からはかなり隔たっていたのであろう」（同上、三七七頁）時期に成立したとみなされています。ですから、『スッタニパータ』よりは教義の整備が進んでいたと思われます。

この二つの偈を並べてみると、『スッタニパータ』の第一一一九偈の「世界を空なりと観」ずることは、「世の中は泡沫のごとしと見」ることであり、「世の中はかげろうのごとしと見」ることなのではないか、と考えられます。わかりやすい日本語にすれば、「世界を空《むな》しいと見抜く人は、死をも超えることができる」というくらいの意味です。

つまり、そんなに難しい話ではありません。空という言葉に、深い哲学的な意味が込められているわけではないようです。

この点は、訳者の中村元氏も、「そこには後代のような煩瑣な教理は少しも述べられていない。ブッダ（釈尊）はこのような単純ですなおな形で、人として歩むべき道を説いたのである」と指摘しています。

『スッタニパータ』にはこれ以外に、空という言葉は見当たりません。たとえ一箇所でもあれば、ブッダが空を説いたことになるのかもしれませんが、一箇所しかないということは、ブッダにとって、空という概念はさして重要ではなかったとも言えます。

ただし、中村元氏は、自我に対する執着を離れること＝空を観じることという認識が、やがて大乗仏教の空観に至る道の端緒となった、とも指摘しています。その意味では、とても重要な文言と言えます。

▼『ダンマパダ』の空

ところで、『ダンマパダ』第七章「真人《しんじん》」（「しんにん」ともいう）の第九二偈には、空についての記述が見られます。

> 財を蓄えることなく、食物についてその本性を知り、その人々の解脱《げだつ》の境地は空にして無相であるならば、かれらの行く路（足跡）は知り難い。――空飛ぶ鳥の迹《あと》の知り難いように。
>
> （中村元『真理のことば・感興のことば』、二三頁）

念のために申し上げると、「空にして無相」の「空」と「空飛ぶ鳥」の「空」は、漢字では同じ「空」と表記されていますが、原語の単語は別々の言葉です。

この偈には、解説の部分で、「空と無相と解脱の境地は……」に、以下の訳註が付けられています。なお、このなかに登場するパーリ文註解とは、パーリ語で書かれた三蔵（経・律・論）を検討して、仏説と非仏説を峻別して聖典を定め、上座部仏教の基本的な思想を確立したスリランカの学僧、ブッダゴーサ（紀元後五世紀前半）が、パーリ語の聖典に付した註釈で、上座部仏教ではひじょうに権威があります。

空――「情欲（raga）、怒り（dosa）、迷妄（mada）が存在しないから空なのである」（パーリ文註解）

無相――animitta. その境地においては情欲（raga）などの相（nimitta）が存在しないから無相なのである。

解脱の境地は……無相であるならば――「空と無相と無願解脱（appanihita-vimokkha）とはニルヴァーナの三つの名である。」（同上、九一頁）

ブッダゴーサのパーリ語訳註によれば、空とは「情欲と怒りと迷妄が存在しない」状態を意味します。「情欲と怒りと迷妄」は、日本仏教で使われてきた伝統的な表現では、「貪瞋痴《とんじんち》」に相当するはずです。「貪瞋痴」は三毒とも呼ばれ、人間がかかえる三つの根本的な煩悩を指しています。

したがって、『ダンマパダ』第七章「真人」の第九二偈に説かれている空は、貪瞋痴が無い状態にほかなりません。あるいは、貪瞋痴を克服した状態にほかなりません。ということは、『スッタニパータ』の「第五　彼岸に至る道の章」におさめられている第一一一九偈の空とは、意味が違っていることになります。

ちなみに、この訳註によると、空は、無相ならびに無願とならんで、ニルヴァーナ（涅槃《ねはん》）を意味しています。この三つは三解脱とも呼ばれ、空では森羅万象が空であることを悟り、無相では仏もまた空であることを悟り、無願ではそうした認知の主体にほかならない自身の心さえも空であると悟ることを意味します。認知の主体にほかならない自身の心さえも空であると悟ることが、なぜ、無願と呼ばれるのか。その理由は、自他ともに空であることがわかれば、もはや執着が生じる余地がなく、したがって願うこともなくなるからです。

▼『小さな空の経』の空

現存する原始仏典のなかには、編纂された時代はやや下がる可能性は高いものの、ここまで考察してきた仏典に比べれば、空について、もっとずっと詳しく説かれている仏典があります。それは『小さな空の経（小空経）』と『大きな空の経（大空経）』です。ともに中部経典、文字どおり長さが中くらいの経典を集めたなかに入っています。

ここでは、『小さな空の経』から、空について説かれている部分を引用します。

アーナンダよ、わたしは以前もいまもよく空の状態にいる。

たとえば、このミガーラの母の講堂は、象・牛・雄馬・牝馬については空で、金銀については空で、女や男の集まりについては空で、ただ次の「空でない状態」がある。すなわち、比丘僧伽《びくそうぎゃ》ただひとつに起因するものである。

ちょうどそのように、アーナンダよ、比丘は村の観念に心を向けるのではなく、人間の観念に心を向けるのではなく、森林の観念ただひとつに心を向ける。かれの心は森林の観念に跳びこみ、満足し、落ち着き、集中する。かれは「村の観念に起因するような煩いはここになく、人間の観念に起因するような煩いはここになく、ただ次の煩いだけがある。すなわち、森林の観念ただひとつに起因するものである」と知る。かれは「ここに観念としてあるものは村の観念については空である」と知り、「ここに観念としてあるものは人間の観念については空である」と知り、「ただ次の〈空でない状態〉がある。すなわち、森林の観念ただひとつに起因するものである」と〔知る〕。このように、Xにないものについては X は空であると理解し、一方、Xに残っている、あり続けているものを「これがある」と知る。このようにして、アーナンダよ、かれには「空である状態」が現実に、紛れもなく、完璧なかたちで生起する。

……

（『原始仏典　第七巻　中部経典Ⅳ』春秋社、二一一―二一二頁）

以下、同じかたちで、「大地の観念」→「空間が無限である境地（空無辺処《くうむへんしょ》）」→「意識が無限である境地（識無辺処《しきむへんしょ》）」→「なにもない境地（無所有処《むしょうしょ》）」→「観念があるのでも観念がないのでもない境地（非想非非想処《ひそうひひそうじょ》）」というぐあいに、心を向ける対象が変わっていき、最後に「特徴を超えた精神集中（無相心三昧《むそうしんざんまい》）」に到達すると説かれています。

かれは「この〈特徴を超えた精神集中〉は形成されたものであり、考え出されたものである。なんであれ形成され、考え出されたものは、無常であり、消滅する定めにある」と知る。かれがこのように知り、このように理解していると、感覚的欲望という煩悩から心が解脱する。生存欲という煩悩からも心が解脱する。無知という煩悩からも心が解脱する。解脱したとき、解脱したという智がおこる。［さらなる］誕生は滅ぼし尽くした。禁欲修行は全うした。なすべきことは果たした。〔煩悩のない〕この状態にいたるために、これ以上〔すべきこと〕はない」と知る。

（同上、二一五―二一六頁）

引用した部分は、低次元の瞑想から高次元の瞑想へと移行していく七つの過程を説明しています。ようするに、ブッダは「空である状態」とは、いったいどういうことなのか、を説いてるのです。

ちなみに、「空」は、パーリ語では「スーニヤ」です。それに対し、「空である状態」は、パーリ語では「スンニャター」なので、通常は「空性」と訳されます。

文脈全体を読み解くのはとても難しいのですが、じつはここで、空について、二つの用法が提示されています。

①YがXを欠く＝YにおいてXが存在しない。　＊Yは、事物や場を意味します。
②Xそのものが存在しない。

①の用法は、たとえば、「ミガーラの母の講堂は、象・牛・雄馬・牝馬については空で、金銀については空で、女や男の集まりについては空で」という記述に見られます。この場合、このミガーラの母の講堂はYであり、象・牛・雄馬・牝馬／金銀／女や男の集まりがXです。そして、ミガーラの母の講堂には象・牛・雄馬・牝馬／金銀／女や男の集まりが存在しないので、YにXが存在しないというわけです。

②の用法は、「このように、Xにないものについては X は空であると理解し、一方、Xに残っている、あり続けているものを『これがある』と知る」という記述に見られます。

立川武蔵氏によれば、「このような空の二つの意味は、原始仏教のみではなく後世の大乗仏教においても存続していく」(『空の思想史』、九一頁)といいます。その意味では、『小さな空の経』の記述は、ひじょうに重要です。

また、『小さな空の経』は、その末尾の部分に、けっして見逃せない記述があることが指摘されています。それは、以下の記述です。


かれは「感覚的欲望という煩悩に起因するような煩いはここにはない。生存欲という煩悩に起因するような煩いはここにはない。無知という煩悩に起因するような煩いはここにはない。ただ次の煩いだけがある。すなわち、生命のあるかぎり六つの感覚器官をもつこの身体に起因するものである」と知る。

(『原始仏典　第七巻　中部経典Ⅳ』、二一六頁)


すなわち、無相心三昧によって最終的に解脱し、すべての煩悩がなくなっても、生命があるかぎり、六つの感覚器官(眼耳鼻舌身意)をもつこの身体にまつわる煩いだけは残る、という結論です。研究者のなかには、このような見解は正しくないので、「無相なる心三昧に基くただ一つの空でないものがあると修正して読むべきだ」(藤田宏達「原始仏教における空」『仏教思想7　空(下)』平楽寺書店、四五四—四五六頁)と主張する例も見られますが、原文に変更をせまるのは、文献学の基本にそむく行為です。

むしろ、「数多くの段階を踏んで進んできた後、最後に身体というものがまだ残っていると現在残っているパーリ・テキストがいう内容は、上座部仏教の人たちの正直な感想であったろう。長く厳しい修行を行ってきても、結局、身体的存在は残っている。本来、身体的存在は最初に否定されるべきものであろうが、最後に残っているではないかと、彼らは感じたのであろう。今日まで数百年の間パーリの文献に残っていること自体が、空性を追い求めながら常に起点にいる自分を見つけることになったという生々しい歴史を垣間見せてくれるように思う」（立川武蔵『空の思想史』、九五―九六頁）という見解のほうが、的を射ています。

そもそも、歴史上に実在したブッダ自身が、食中毒ないし赤痢《せきり》にかかって、苦しみながら、涅槃を迎えています。この事実は、たとえブッダといえども、身体的存在が最後の最後まで残っていたことを、如実に物語っています。

▼ブッダは無我を説いたか

空を考えるとき、必須の課題ともいうべき対象があります。「我（アッタン／アートマン）」です。仏教は無我説であり、わけても原始仏教は無我説にほかならないとよくいわれます。

その背景には、一九三〇年前後に、当事の仏教学を主導する立場にあった東京大学印度哲学科の宇井伯寿《ういはくじゅ》（一八八二～一九六三）が、「無我説」とは「我がない」という意味であり、「我」は霊魂を意味しているので、「無我説」はすなわち霊魂の否定であると主張したのです（『印度思潮』一九二八／『根本仏教概観』一九三二）。

なにしろ、当時における仏教学の最高権威がそう主張したのですから、その影響は絶大でした。以来、日本の仏教学では「ブッダは霊魂の存在を否定した」という学説が主流になりました。

ところが、原始仏教研究の第一人者として知られる中村元氏は、宇井伯寿氏が指導教官でしたが、次に引用するとおり、原始仏教の思想を論じる著書に、「無我説は説かれていない」という項を立てて、初期仏教ではアートマンの存在は否認されていなかったと述べています。

初期仏教における我に関する見解は以上のごとくであった。したがってわれわれはこれを無我説と呼ぶことを躊躇する。「無我」という語は誤解をひき起こし易い。初期の仏教においては決して「アートマンが存在しない」とは説いていない。むしろウパニシャッドなどの思想と多分に密接した連関を有するのである。

……

このように、初期仏教においては、アートマンを否認していないのみならず、アートマンを積極的に承認している。まず道徳的な意味における行為の主体としての自己（アートマン）を行為の問題に関する前提として想定している。例えば、『自己の義務を果たす者』(attano kiccakari) であるべきことを教え、自己（アートマン）が善悪の行為の主体であると考えている。さればこそ修行者は己れを策励して (pahitatta) 修行に努める人なのである。そうして『自己をあるがままではなくて、異なって誇示する人』は貶斥されるのである。

さらにまたアートマンならざるものをアートマンと解することが排斥されているのであるから、アートマンをアートマンと見なすことは、正しいことなのではなかろうか。聖典自身は明らかにこの立場を承認している。原始仏教においては自己（アートマン）を自己（アートマン）として追求することが正しい実践的目標として説示されている。すなわち真実の自己を求むべきことを勧めている。律蔵（散文の部分）の記述を見ると、釈尊は遊楽に耽っている青年たちに向かって、「婦女を尋ね求めること」よりも『自己（アートマン）を尋ね求めること』(attanam gaveseti) を勧め、そうしてかれらを出家せしめたという。

（『原始仏教の思想　上』：『中村元選集』第一三巻所収、春秋社、一六五―一六八頁）

最初期の仏教においては、客体的に把握し得るありとあらゆるものが、アートマンならざるもの、すなわち非我である、ということを強調したのである。決してアートマンが存在しない、とは言わなかった。そうして倫理的行為の主体としてのアートマンを認めていたが、それの形而上学的性格については、完全に沈黙を守っている。このような形而上学的問題に触れることを避けていたのである。

（同上、二一〇頁）

ようするに、ブッダの教えは以下のとおりです。

①アートマンを否認していない。

②ウパニシャッドなどの思想と多分に密接した連関をもっている。
③真実の自己としてもアートマンを求めるべきであると説いた。
④非我（我ではない）を説いたのであって、無我（我がない）を説いてはいない。
⑤アートマンを形而上学的に説くことを避けた。

▼ブッダの言うアートマンとは何か

問題は、ブッダの言うアートマンとは、いったい何だったのか、です。

ブッダが登場する以前、インドの宗教界における正統派を自認するバラモン教は、アートマンとは「常住不変の自我」であり、生きとし生けるもののなかに、実体として、存在するとみなしてきました。

たとえば、『アタルヴァ・ヴェーダ』の「スカンパ（支柱）の歌」に、こう述べられています。

唯一物（最高原理＝ブラフマン）は毛よりも細く、唯一物は目に見えざるごとし。しかもわが愛するこの神格は、万有より広闊《こうかつ》なり。

この美しくして不老・不死なる〔神格〕（個人のアートマン）は、人間の家（肉体）に住む。そのためにこの〔神格が〕創られたる者（人間）は、〔すでに死し〕横たわる。そを創りし者（創造神）はすでに老いたり。

九門（人体の孔穴）を有せる蓮華（心臓）は、三柱（三種のグナ＝善性・動性・暗性？）に覆われたり。その中にある神的顕現（yaksma アートマン）は、ブラフマンを知る者ぞ知れ。

欲望なく、賢明にして不死、みずから生じ、活力に満ち、欠陥なきもの、すなわち賢明にして老いざる常若のアートマンを知る者は、死を恐れず。

（辻直四郎訳『アタルヴァ・ヴェーダ讃歌』岩波書店、二一五―二一七頁）

『アタルヴァ・ヴェーダ』は、最古の部分は紀元前一五〇〇年ころに成立し、その後も書き加えられて、紀元前五〇〇年ころには聖典として権威を認められていたと考えられています。

また、ヴェーダ文献に後続するウパニシャッド文献には、アートマンについて、こう説かれています。以下に引用するのは、ウパニシャッド文献のなかでも古層に属し、紀元前六世紀ころまでには成立していたとみなされている『ブリハッド・アーラヌヤカ・ウパニシャッド』の第四章第三節です。この部分は、哲学をきわめたヤージニャヴァルキヤという人物が、紀元前七世紀ころに、現在のビハール州北部にあったヴィデーハ国の王ジャナカとかわした対論のかたちをとっています。

ちなみに、文中に「神人（プルシャ）」と訳されていることばについては、訳註に「原意は、身体を『満たす』pur ものとしての『霊魂』と想定され、精神、精気、人間を意味する語として用いられる。ここでは人間として表象される精神をあらわすものとして、『神人』という訳語を用いた」と記されています。

王：太陽も沈み、月も沈み、火も消え、ことばも絶えたときには、ヤージニャヴァルキヤ殿、この世の人間は何を光りとしているのか。

ヤ：アートマンこそ彼の光りであります。アートマンをこそ光りとして、人間は、すわり、歩きまわり、仕事をし、帰って参ります。

王：アートマンとはどのようなものか。

ヤ：認識から成り、諸機能のうちに、（また）心臓に存在する内部の光りであるこの神人《プルシャ》であります。彼は（この世界にも、かなたのブラフマンの世界にも）共通ですから、両世界を往来します。（彼方の世界においては）沈思するかのようであり、（この世界においては）動きまわるかのようであります。彼は夢となって、この世界――、死のさまざまな形をこえ出て行くのです。

実に、この神人は、（この世に）生まれて身体を得ると、さまざまな罪と結びつけられ、彼が（身体から）出て行って（この世の生から）決別するとき、罪を捨て去るのであります。

（服部正明訳「ウパニシャッド」『世界の名著1　バラモン教典』中央公論社、九〇—九一頁）

また、第四節には、ヤージニャヴァルキヤの発言として、次の詩句と記述もあります。


無知の、（アートマンに）目ざめぬ者たちは、死後にそこにおもむくのである。

人がもし「わたしはこれである」と、アートマンをはっきり認識するとき、彼は何を望み、何のために、肉体に即して苦しみのであろうか。

この身体内の洞窟に潜む、アートマンを見出し、確認した人は、万物の創始者。——彼はいっさいをつくり出すから。

世界は彼のものである。否、彼は世界そのものである。

まさしく現世にありながら、しかもわれわれはそれを知る。

仮にそうでないとすれば、無知と大きな破滅があろう。

それを知る人は不死となり、他の者はまさしく苦に至る。

……

それは汚れなく、虚空を超越し、不生、偉大、不変のアートマンである。

……

まことに、この偉大な不生のアートマンは、認識から成り、諸機能に（その内部の光りとして）存在し、心臓の内部にある空処に休らっております。それはいっさいの統御者、いっさいの主宰者、いっさいの君主であります。それは善行によって増大することもなく、悪行によって減少することもまったくありません。それはいっさいの主であり、それは万物の君主であり、それは万物の守護者であります。それはこれらの諸世界を、（混ざり合って）ともに潰滅してしまわないように、相隔てている堰《せき》であります。（同上、一〇〇―一〇一頁）

ブッダの時代にはすでに、ここに記されているようなアートマン論があったということです。中村元氏は「初期の仏教においては決して「アートマンが存在しない」とは説いていない。むしろウパニシャッドなどの思想と多分に密接した連関を有する」と述べています。とすれば、「アートマンをアートマンと見なすことは、正しいことなのではなかろうか。聖典自身は明らかにこの立場を承認している。原始仏教においては自己（アートマン）を自己（アートマン）として追求することが正しい実践的目標として説示されている。すなわち真実の自己を求むべきことを勧めている」というときのアートマンは、たったいま、引用したウパニシャッドに説かれる本質ないし性格をもっていることになります。

反論もあります。論拠は、ブッダ自身は、ヴェーダに関する専門的な知識を持ち合わせていなかったようであり、ウパニシャッドに関する知識も、ごく一般的な次元にとどまっていたと推測される点に求められます。「インドで古典といえば第一には『ヴェーダ』や『ウパニシャッド』

ですが、これを学ぶのはバラモンの特権ですから、太子のような武士階級には関係のないことです」（渡辺照宏『新釋尊伝』大法輪閣、一九六六、六七頁）というように、クシャトリア階級出身のブッダがよく知らないのも無理はありません。

さらに、ブッダとその教団は、バラモン教との接触を、できるだけ避けていたようです。その証拠に「後代の仏伝によると、釈尊は、東はヴァンガ国、西はコーサンビー、マトゥラーからガンダーラに至るまで教化したということになっている。しかしそれは疑わしい。かれの活動範囲は大体ガヤーや王舎城からパトナ、クシーナガラ、カピラヴァットゥに至る線を中心としたものであり、西方に向かってはベナレスから昔のシュラーヴァスティー、アッラーハーバードの東のコーサンビーに至る範囲であったらしい」（中村元『ゴータマ・ブッダ　釈尊の生涯』：『中村元選集』第一一巻所収、春秋社、三九八頁）というように、ブッダがバラモン教が支配的な地域で布教活動をした形跡はありません。おそらく無用な軋轢《あつれき》を生むことを危惧していたのでしょう。

したがって、説教のなかでアートマンという言葉を使ったとしても、それが即、いま引用したような意味で使われていたかどうか、疑問の余地があるということです。また、ブッダはアートマンを形而上学的に説くことを避けた、と中村元氏は述べていますが、ブッダは意図的にそうしたのではなく、そもそもヴェーダやウパニシャッドに説かれるアートマンについて十分な知識もないうえに、アートマンを形而上学的に説いたところで、なんの役にも立たないと思っていたからかもしれません。

いずれにしても、ブッダが弟子たちに向かって、今流に表現すれば、「自分自身をしっかり持て！」と指導していたことは確かです。それは、「犀の角のようにただ独り歩め」（『スッタニパータ』第一章第三「犀の角」）という言葉からも明らかです。

そして、この場合の「自分自身」は、『アタルヴァ・ヴェーダ』に説かれる「欲望なく、賢明にして不死、みずから生じ、活力に満ち、欠陥なきもの、すなわち賢明にして老いざる常若のアートマン」ではなかったと考えられます。やや堅い表現を使うなら、倫理的な主体としての自己こそ、ブッダの意図するアートマンだったと考えておくのが、妥当でしょう。

▼非我説から無我説へ

非我／無我の原語は、パーリ語では「アナッタン」、サンスクリットでは「アナートマン」です。じつは、アナッタン／アナートマンは、「アートマンではない＝非我」とも「アートマンを持たない＝無我」とも、解釈が可能だそうです（桂紹隆「無と有との対論」『シリーズ大乗仏教』第一巻、春秋社、二七七頁）。

そんな事情もあって、原始仏教の段階でも、非我説が無我説へと展開していく可能性があったことは、中村元氏も認めています。それを物語る文献が『無我相経』です。

「修行僧らよ、汝らはどのように考えるか。物質的なかたちは常住であるか、あるいは無常であるか。」

「〔物質的なかたちは〕無常であります。尊い方よ。」

「では無常なるものは苦しいか、あるいは楽しいか。」

「苦しいのであります。尊い方よ。」

「では、無常であり苦しみであって壊滅する本性のあるものを、どうして『これはわがものである。』『これはわれである。』『これはわが我（アートマン）である。』と見なしてよいだろうか。」

「よくはありません。尊い方よ。」

……

「それゆえに、修行僧らよ、『ありとあらゆる物質的なかたち、すなわち過去・現在・未来の、内であろうと、外であろうと、粗大であろうと微細であろうと、下劣であろうと美妙であろうと、遠くにあろうと近くにあろうと、すべての物質的なかたちは――『これはわがものではない。これはわれではない。これはわが我（アートマン）ではない。』と、このように、これを如実に正しい叡智によって観察すべきである。」

……

「修行僧らよ、物質的なかたちは我（アートマン）ならざるものである。もしもこの物質的なかたちが我であるならば、この物質的なかたちは病いにかかることはないであろう。また、物質的なかたちについて『わが物質的なかたちはこのようであれ。』『わが物質的なかたちはこうあることがないように』と為し得るであろう。しかるに、物質的なかたちは我ならざるものであるが故に、物質的なかたちは病いにかかり、また、物質的なかたちについて『わが物質的なかたちはこのようであれ。わが物質的なかたちはこうあることがないように』と為すことができないのである。」

（『原始仏教の思想　上』、二三〇―二三一頁）

引用文に登場する「物質的なかたち」は通常、「色《しき》」と訳されています。そして、この文献では、物質的なかたち＝色につづいて、感受作用＝受《じゅ》・表象作用＝想《そう》・形成作用＝行《ぎょう》・識別作用＝識《しき》が、同じ論法で語られます。

こうして、わたし自身を含む世界を構成する五つの要素、伝統的な仏教用語でいうなら「五蘊《うん》」のどれにも我がない、すなわち五蘊は非我であるという結論にみちびかれます。

もし仮に、五蘊がみな非我であるとすれば、五蘊以外にわたし自身を含む世界を構成する要素は存在しないのですから、我はどこにもないとも言えます。したがって、無我説が成り立つことになります。この点は、立川武蔵氏も指摘しています（『空の思想史』、九九―一〇〇頁）。

▼無でもなく有でもなく

我をめぐる見解は、これで終わりません。まだ続きがあります。それは、『サンユッタ・ニカーヤ』に説かれているブッダの見解です。『サンユッタ・ニカーヤ』は、『スッタニパータ』の次くらいに成立が古いと考えられている原始仏典です。

あるとき、遍歴行者ヴァッチャゴッタは世尊のところに近づいた。近づいて世尊と挨拶をした。快い、喜ばしい話を交わし、一方にすわった。一方にすわった遍歴行者ヴァッチャゴッタは世尊に次のようにいった。

「友、ゴータマよ、我はあるだろうか」。

このようにいわれて世尊は沈黙していた。

「友、ゴータマよ、我はないのだろうか」。

また世尊は沈黙していた。そこで遍歴行者ヴァッチャゴッタは座を立ち出発した。そのとき、尊者アーナンダは遍歴行者ヴァッチャゴッタが去って間もなくして世尊にこのようにいった。

「どうして尊師、世尊は遍歴行者ヴァッチャゴッタが質問しても答えなかったのですか」。

「アーナンダよ、遍歴行者ヴァッチャゴッタに『我があるのだろうか』と問われて、もし、わたしが『我が存在する』と答えるならば、アーナンダよ、常住論を唱える修行者・バラモンたちと同じになってしまう。アーナンダよ、遍歴行者ヴァッチャゴッタに『我はないのだろうか』と問われて、もし、わたしが『我は存在しない』と答えるならば、アーナンダよ、断滅論を唱える修行者・バラモンたちと同じになってしまう。アーナンダよ、遍歴行者ヴァッチャゴッタに『我はあるのだろうか』と問われて、もし、わたしが『我は存在する』と答えるならば、アーナンダよ、わたしは『すべてのものは無我である』という智恵の生起に随順していることになるだろうか」。

「いいえ、尊師よ」。

「アーナンダよ、遍歴行者ヴァッチャゴッタに『我はないのだろうか』と問われて、もし、わたしが『我は存在しない』と答えるならば、アーナンダよ、迷っているヴァッチャゴッタがさらに混乱するだろう。『以前にはわたしに我はあると〔いっていたのに〕今はその〔我〕がないと〔いっている〕』と」。

(『原始仏典II　相応部経典』第四巻、春秋社、八四三―八四四頁)

この記述では、ブッダは、我(アートマン)が有るとも無いとも答えなかったと書かれています。このように、ブッダが沈黙を守って、質問に答えなかったのは、伝統的な用語では「無記《むき》」とも「捨置《しゃち》」とも表現されてきました。

ブッダのこの種の対応が、やがて両極論を離れた見解、すなわち「中道《ちゅうどう》」という理解につながっていったのであり、もっとも正しいのではないか、という説(桂紹隆、前掲書、二八〇―二八一頁)が現時点では、賛同者が多いようです。たしかに、無難な説とは言えます。

▼死後に何か残るのか

しかし、同じ『サンユッタ・ニカーヤ』には、ブッダが死後におけるなんらかの存在を認めていたとしか思えない記述が、少なくとも二つあります。それを、以下にご紹介します。

一つは、第三集第一篇第二部第四章第五節におさめられている「ヴァッカリ」の物語にも見られます。以下に引用しますが、かなり長い話なので、あらかじめあらすじを記しておきます。なお、文中に登場する身体・感受・知覚・自己形成力・認識という言葉は、伝統的な用語では色・受・想・行・識、すなわち五蘊と表現されてきました。

ブッダの弟子だったヴァッカリという人物が、重い病におかされ、余命いくばくもなくなります。そのとき、ブッダはヴァッカリの病床を訪れ、対話します。まずブッダはヴァッカリに「病気に耐えられるか、生きていく活力があるか、苦痛は減退しているか増進していくか」と尋ね、ヴァッカリは病気に耐えられず、生きていく活力はもはやなく、苦痛がこの先どうなるかわかりませんと答えます。

そのあと、ブッダはヴァッカリに、身体は常住か無常か、もし無常であるならば、それは苦しみか楽しみか、と尋ねます。さらに、感受、知覚、自己形成力、認識について、同じ問いを発し、そのたびにヴァッカリは、無常です、苦しみです、と答えます。

それをうけて、ブッダはヴァッカリに、「身体も感受も知覚も自己形成力も認識も、ことごとくわたしのものではない、わたしはこれではない、わたしの我ではない。身体も感受も知覚も自己形成力も認識も、すべて厭い、かつ厭いつつ染まらなければ、解脱すると説き、〔生まれは尽きた。清らかな修行は完成した。なされるべきことはなされた〕。この〔現世の〕状態のほかにさらなる〔生存〕はないと知る」と教えて、ヴァッカリのもとを辞します。

この言葉をうけて、ヴァッカリは、部下たちに、自分をイシギリの山腹の黒岩まで、担架に乗せて運ぶように命じます。それを聞いて、ブッダはヴァッカリのもとに修行僧たちをつかわし、「恐れるな、ヴァッカリよ。恐れてはならない、ヴァッカリよ。あなたの死は悪いものとはならないであろう。命終は悪いものではないであろう」と伝えさせます。

修行僧たちからブッダの言葉を伝えられたヴァッカリは、刀を手にとり、自殺します。ブッダが自殺を容認したというのは、すこぶる衝撃的ですが、ここではこの件については論じません。注目すべきは、このあとの展開です。

そこで、世尊は修行僧たちに語りかけた。

「わたしたちは行こう。修行僧たちよ、イシギリの山腹の黒岩に行こう。そこでヴァッカリによって、家の息子によって刀が〔手に〕とられたのだ」。

「かしこまりました、尊い方よ」。

かれら修行僧たちは世尊に応諾した。

そして、世尊は大勢の修行僧たちとともにイシギリの山腹の黒岩におもむいた。世尊はもう遠くから尊者ヴァッカリが臥床の上で肩をまわして横臥しているのを見た。しかしそのとき、煙を出すようなものが、暗闇のようなものが、東方に行き、西方に行き、北方に行き、南方に行き、上方に行き、下方に行き、ありとあらゆる方向に行っていた。

そこで、世尊は修行僧たちに語りかけた。

「修行僧たちよ、あなたたちは見るかね。この煙を出すようなものが、暗闇のようなものが、東方に行き、〔西方に行き、北方に行き、南方に行き、上方に行き、下方に行き、〕ありとあらゆる方向に行くのを」。

「はい、尊い方よ〔、見ます〕」。

「修行僧たちよ、いいかね、これはパーピマント（魔）である。ヴァッカリの、家の息子の識を探し求めているのだ。どこにヴァッカリの、家の息子の識はしっかりとどまったのか、と。

しかし、修行僧たちよ、識が〔どこにも〕しっかりとどまることもなく、ヴァッカリは、家の息子はパリニッバーナ（般涅槃《はつねはん》）したのだよ」。

（『原始仏典II　相応部経典』第三巻、春秋社、二一七―二二六頁）

ようするに、ヴァッカリは涅槃したので、もはやヴァッカリの「識」はどこにもないのに、魔はどこかにあるはずだと思い込んで、探し回っているという話です。

ここで「識」と訳されている言葉の原語は、パーリ語の「ヴィンニャーナ」です。巻末に付されている注には、「認識体、意識体、たましいのこと」と記されています。

第一集第四篇第三章第三節におさめられている「ゴーディカ」という物語も、よく似ています。ブッダの弟子だったゴーディカは、修行を積んで、心の解脱に達したものの、この境地をたもつことができません。六回も心の解脱に達したものの、そのたびにその境地から退いてしまいました。そこで七回目の心の解脱に達したときに、ゴーディカは刀を手にとって自殺してしまいました。

ゴーディカが自殺したことを知ったブッダは、弟子たちを引きつれて、ゴーディカの遺体を見舞いに出かけたのです。そのあとの展開も結論も、ヴァッカリの物語とまったく同じです。

ヴァッカリやゴーディカの場合は、ブッダにさとされて、身体も感受も知覚も自己形成力も認識も、ことごとくわたしのものではない、わたしはこれではない、わたしの我ではないと体得し、身体も感受も知覚も自己形成力も認識も、すべて厭い、かつ厭いつつ染まらない境地に到達できたので、解脱でき、涅槃できました。その結果、「認識体、意識体、たましい」は残らなかったと説かれています。

とすれば、もし、非我もしくは無我に目覚めず、涅槃できなかった場合は、死後に「認識体、意識体、たましい」が残り、再生するとブッダが認めていたことになります。

最古の仏典とされる『スッタニパータ』のなかでも成立がもっとも早いとされる第四章や第五章において、ブッダはたびたび前世や来世に言及しています。とすれば、涅槃できなかった場合は、やはり死後に「認識体、意識体、たましい」が残り、ふたたび生まれ変わるとブッダが認めていたとみなしていいはずです。

とすれば、その「認識体、意識体、たましい」は、生きているときには、どこかにあったはずです。いったい、どこにあったのでしょうか。いわゆる五蘊の中なのか。それとも、五蘊の外なのか。どちらにしても、非我説や無我説と矛盾する気がしますが、どうでしょうか。

▼この世は亡者だらけ

『サンユッタ・ニカーヤ』の第二集「因縁についての集成」第八篇「ラッカナの集成」には、この世は亡者だらけという話が説かれています。主人公は、ブッダの二大弟子の一人とされるモッガーラーナ（目犍連《もっけんれん》／目連《もくれん》）です。かれは抜群の神通力の持ち主として有名だったようですが、わけても特筆すべき能力の一つが、亡者のすがたをありありと見る能力でした。

最初の話はこうです。かなり長くなりますが、全容を把握していただくために、省略せずに、引用します。

わたしはこのように聞いた。あるとき、世尊はラージャガハのヴェールヴァナ（竹林精舎）のなかのカランダカニヴァーバ園（リスに餌を給する園）に滞在していた。

またそのとき尊者ラッカナと尊者マハーモッガーラーナとはギッジャクータ山に滞在していた。

さて尊者マハーモッガーラーナは早朝に衣を着け、鉢と衣とを持って、尊者ラッカナのもとへ行った。

行って、尊者ラッカナにこのようにいった。「友ラッカナよ、わたしたちは行きましょう。乞食のためにラージャガハの都城に入りましょう」と。

「友よ、そのようにしましょう」と、尊者ラッカナは尊者マハーモッガーラーナに答えた。

こうして尊者マハーモッガーラーナはギッジャクータ山から下りていったが、ある場所で微笑した。

そこで尊者ラッカナは尊者マハーモッガーラーナに尋ねた。「友モッガーラーナよ、どのような因があって、どのような縁があって、微笑したのですか」と。

「友ラッカナよ、この質問は今はふさわしくありません。世尊の面前でわたしにその質問を尋ねてください」。

尊者ラッカナと尊者マハーモッガーラーナとはラージャガハで行乞し、食後、鉢をかたづけ、世尊のもとへ行った。行って、世尊に挨拶をし、かたわらにすわった。

かたわらにすわった尊者ラッカナは尊者マハーモッガーラーナにいった。「ここで尊者マハーモッガーラーナはギッジャクータ山から下りる途中で、ある場所で微笑しました。どのような因があって、どのような縁があって、微笑したのですか」と。

「友ラッカナよ、ここでわたしはギッジャクータ山から下りる途中で、骨の鎖が空を飛んでいくのを見ました。それを鷲《わし》も烏《からす》も鳶《とび》も次々と追いかけ、肋骨の間を咬み裂き、引き裂いて、そ［の骨の鎖］は苦痛の声をあげていました。

友よ、わたしはそれについてこのように考えました。『実に希有のことである。実に未だかつてなかったことである。生けるものはこのようになるのであろう。［ヤッカ（夜叉《やしゃ》）は］このようになるのであろう。」身体を得た者はこのようになるのであろう』と」。

そのとき世尊は比丘たちに話しかけた。「比丘たちよ、真実［を見る］眼を持った弟子がいる。真実を［を知る］智恵を持った弟子がいる。なぜなら弟子はこのように知り、見て、体現するからである。

比丘たちよ、わたしは以前にその生ける者を見た。しかしわたしは説かなかった。もしわたしが説いても、他の人たちはわたしを信じなかったであろう。わたしを信じない人たちには、長い時間にわたって不利益と苦とがあるであろう。

（『原始仏典II　相応部経典』第二巻、春秋社、五三七―五三八頁）

このあともモッガーラーナは、自分が眼にした異様な者たちを列挙していきます。

空を飛ぶ肉片、空を飛ぶ皮膚のない人、体中いたるところを刀に刺されながら空を飛ぶ人、体中いたるところを矢に刺されながら空を飛ぶ人、体中いたるところを太い針に刺されながら空を飛ぶ人、巨大な睾丸を鳥たちにつつかれながら空を飛ぶ人、肥だめの中で糞を食う人、皮膚をはがれ鳥たちにつつかれながら空を飛ぶ女、悪臭を放ち鳥たちにつつかれながら空を飛ぶ女、火にあぶられながら空を飛ぶ女、頭を切断され胸に目と口が着いた胴体、体中を火に包まれたまま空を飛ぶ比丘《びく》、体中を火に包まれたまま空を飛ぶ見習い尼僧、体中を火に包まれたまま空を飛ぶ見習い僧……。

注目すべきは、これらの者たちを、モッガーラーナのみならず、ブッダも見ていたと経典がつづっている点です。ブッダはこれらの者たちを「生ける者」と語っていますから、死者ではありません。ただし、これらの者たちは、ブッダやモッガーラーナのような、真実を見る目を持った人にしか見えません。

ですから、「生ける者」といっても、ふつうの意味で「生きている」とはいえません。日本の伝統的な用語でいうなら、おそらく亡者にあたる存在ではないでしょうか。ブッダとモッガーラーナは、そんな存在を、現世のいたるところに見ていたのです。

そして、ブッダによれば、これらの者たちはいずれも生前、邪悪な者たちでした。その悪業《あくごう》ゆえに、地獄で長きにわたり責められ、なおかつその業がまだ残っているために現世でこのような姿をしているというわけです。

原始仏典というと、合理的ですっきりしていると思われがちです。しかし、ここに引用したような不気味で、非我とも無我とも関係なさそうで、まして空とは縁がまったくなさそうな記述があることもまた、否定できないのです。さらに、こんな話が二〇〇〇年以上にもわたって、連綿と伝承されてきた事実は無視できません。

▼答えは一つとは限らない

ここまで見てきたとおり、原始仏教あるいは初期仏教といっても、その内容はきわめて複雑で、すこぶる多岐にわたります。これがブッダがほんとうに伝えたかったことだ、と断言するのは、とても無理です。

なぜ、そんな事態が生じたのでしょうか。理由はいろいろ考えられます。ブッダは対機説法、つまり相手の資質や境遇などを考えて、できるだけわかりやすいように説法する達人でしたので、主張そのものは同じでも、相手次第で表現を変えたせいなのか。文字化されるまでには三〇〇年ともいわれるくらい、長い歳月がかかったので、その間に、ブッダの後継者たちが、ブッダの教えを、それぞれ解釈した結果、いろいろな見解が生まれたのか。そもそも、ブッダが説かなかった教えが、外部から混入したのか。研究者のなかには、ジャイナ教の思想が混入していると主張する例もあります。

もっとも、それを詮索したところで、さして意味はないかもしれません。かつては、神秘的な伝承は、ブッダを神格化するために、あとになって付加されたのだから、それを剥ぎ取っていけば、真実のブッダが復元できると主張する研究者もいましたが、そういう発想そのものが現代人の勝手な解釈、あるいは偏見にすぎないのではないか、と批判されています。

また、常識的な発想では、成立が古い文献ほど、ブッダの教えを忠実に伝えていると思いますが、日本の仏教学では、それは必ずしも通用しないようです。正直言って、その当否はともあれ、自分の好きな見解を選びとるとか、属している宗派の祖師の主張に近い見解を選びとるとか、かなり恣意的で、あまり学問的とも思えない行動も見られます。

考えようによっては、幸か不幸か、原始仏教あるいは初期仏教が、きわめて複雑で、多岐にわたったことが、その後の仏教を、混乱させると同時に、豊かにしたともいえます。

第二章　ナーガールジュナ（龍樹）と空

▼部派仏教の時代

ブッダが涅槃《ねはん》に入ったのち、かれが創設した教団は変革の時代を迎えます。紀元前二六八〜二三二年に在位していたアショーカ王の時代に、根本分裂とよばれる分裂が起こり、大衆部《だいしゅぶ》と上座部の二大部派に分かれました。それ以後も、ブッダの教えや戒律にまつわる見解の相違によって、分裂はさらにつづき、最終的には二〇もしくは一八の部派に分かれました。こうして、部派仏教の時代が到来したのです。

原始仏教と部派仏教の違いは、こうです。原始仏教は、経蔵と戒蔵の二つの部門に説かれる仏教です。それに対し、ブッダの教えに関する研究や解釈が発達して、経蔵と戒蔵にくわえ、論蔵と呼ばれる部門をそなえるにいたった段階の仏教が、部派仏教です。

このころになると、ブッダの真意はともかく、仏教が無我説であるという認識は、インドの宗教界に定着していきます。仏教徒自身がそう認識するにとどまらず、仏教以外の宗教を信仰する人々からも、仏教は無我説であると認識されたのです。

ところが、ここにひじょうな難問が生じました。部派仏教の時代、仏教は業《ごう》や輪廻《りんね》を、他のインド宗教と同じように、絶対の前提として導入していました。しかし、アートマンの存在を認めない無我説で、業を保持し輪廻する主体を説明するのは、文字どおり無理難題のきわみです。その後の仏教は、とりわけ哲学や理論をになう部門は、無我説と業・輪廻をどう調和させるか、に苦心惨憺《さんたん》することになりました。

もちろん、この点は、ヒンドゥー教をはじめ、他の宗教から厳しく批判されました。しかし、仏教は、最初期の仏典である『スッタニパータ』の中で、ブッダが「偏見に固執して論争し、「これのみが真実である」と言う人がいるならば、あなたはかれらに言え、――「論争が起こっても、あなたと対論する者はここにいない」」(中村元訳)と述べているとおり、他の宗教との論争を避ける傾向があったので、論争はむしろ仏教の内部で熾烈になった感があります。ちなみに、仏教がヒンドゥー教と論争を始めたのは、六世紀に在世したバーヴァヴィヴェーカ(清弁、四九〇頃~五七〇頃)以降であり、本格的な論争になると八世紀に在世したシャーンタラクシタ(?~七八七頃)の登場まで待たなければなりません。

部派仏教は、ながらく小乗仏教と呼ばれてきました。この、小乗仏教という呼称は、後発の大乗仏教が、先行する部派仏教をさげすんで使った表現ですから、部派仏教が自分たちを小乗仏教と称したことはありません。正確を期すと、サンスクリットの原語では「ヒーナ・ヤーナ」、すなわち「劣った（悟りへの）乗り物」を意味しますから、「劣乗」と訳したほうがよいはずです。

重要なのは、大乗仏教から小乗仏教とさげすまれた部派仏教は、インドの仏教界ではけっして劣勢ではなかった事実です。最近の研究によれば、インドの大乗仏教は、少なくともある段階までは、これまで考えられていたほど優勢ではなく、部派仏教こそ、インド仏教の主流だった可能性が高いようです。

七世紀に中国からインドへ留学した玄奘《げんじょう》の『大唐西域記《だいとうさいいきき》』や義浄《ぎじょう》の『大唐南海寄帰内法伝《だいとうなんかいききないほうでん》』などの紀行文を読んでも、それはあきらかです。たとえば、『大唐西域記』によれば、学派あるいは部派の名のある九九箇所の教団のうち、小乗仏教（部派仏教）の教団が六〇、大乗仏教と上座部仏教を学ぶ教団が五、大乗仏教のみ学ぶ教団が二四、小乗仏教と大乗仏教の両方を学ぶ教団が一五と記されています。複数を学ぶ兼学の教団をのぞくと、小乗仏教（部派仏教）の教団と大乗仏教の教団の比率は六〇対二四ですから、差は歴然としています。

七世紀といえば、大乗仏教も後期に入り、密教が台頭していた時期です。その時期でも、あいかわらず部派仏教のほうが、大乗仏教よりもずっと優勢だったのです。そのため、欧米の研究者たちは、小乗仏教どころか、main-stream、つまり主流派と呼んでいます。

▼属性（ダルマ）と基体（ダルミン）

インドの精神世界における存在とは何か、実体とは何か、を考える際に、ぜひとも知っておかなければならないことがあります。それは、属性（ダルマ）と基体（ダルミン）の関係です。この関係は、第二章の主題であるナーガールジュナの『中論《ちゅうろん》』を読み解くときも、重要な手掛かりになります。

立川武蔵氏は、インドでは古来、世界の構造について考える場合、属性とその基体という対概念によって考察する傾向がつよいと指摘しています。つまり、実体などの基体の上に、大きさなどの属性がのっているというように考えるのというのです。

以下は、立川武蔵氏の解説です（『空の思想史』、三七—四四頁）。

ある基体（Y）にあるもの（X）が存在すると考えられる場合、Xをダルマ（法《ほう》）と呼び、その基体Yをダルミン（有法《うほう》）と呼びます。たとえば、白い紙を考えるとき、この紙には、無色透明で目には見えない基体（ダルミン＝有法）という場があって、その場に、白いという属性がのっていて、さらには大きさとか形とか重さとか匂いというような属性ものっていると考えるのです。

問題は次の点です。もし、これらの属性をすべて取り去ってしまうことができたとき、その後に何か残るのか、何も残らないのか、どちらでしょうか。

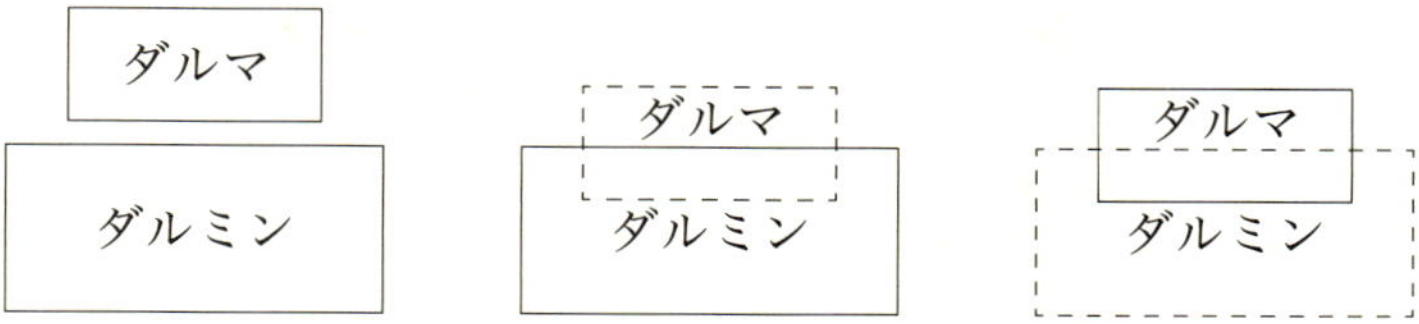

バラモン正統派　実体論　　ヒンドゥー教的　唯名論　　仏教的　唯名論

何か残ると考えるのは、バラモン教からはじまって、ヒンドゥー哲学につながる正統派の見解です。何も残らないと考えるのが、仏教の見解です。空の思想では、基体のみならず、属性すらも認めません。

正統派によれば、残っている場＝基体（ダルミン）こそ、世界の根本にほかならないブラフマンなのです。ブラフマンは、一神教が想定してきた神とはちがい、世界創造はしません。ブラフマンは、そこから世界が展開し、顕現する根本物質となり、しばしばそれが世界そのものとなるのです。仏教は基体（ダルミン）としてのブラフマンの存在を認めませんから、その意味では無神論と言えます。

話がややこしくなって申しわけありませんが、属性（ダルマ）とダルミン（基体）のあいだには、もう一つ別の関係が考えられてきました。それは、属性（ダルマ）とダルミン（基体）のあいだに、明確な区別があるかないか、です。明確な区別があるという見解は、インド型の実在論と呼ばれます。明確な区別がないという見解は、インド型の唯名論と呼ばれます。

そして、唯名論はさらに二つの見解に分かれます。基体（ダルミン）があるという立場と基体（ダルミン）がないという立場です。前者はヒンドゥー哲学を代表するヴェーダーンタ学派などであり、後者の代表が仏教です。

▼アビダルマの仏教

部派仏教の部派仏教たるゆえんは、ブッダの教えを研究し、注釈書のかたちで、膨大な数の論書を作成した点にあります。これらの論書は「アビダルマ」と呼ばれたので、部派仏教はアビダルマ仏教とも呼ばれました。アビダルマという言葉そのものがもつ意味は、「アビ＝…に関する」＋「ダルマ＝ブッダの説いた教え＝経典」ですから、全体では「ブッダの教えに関する研究」を意味しています。

この段階になると、仏教は三つもしくは四つの思想を根本としているとみなされるようになりました。それは、以下の思想です。なお、これらの思想は、後世になると「三法印《さんぼういん》」もしくは「四法印」と称されることになりますが、アビダルマ仏教の段階では、「法印（仏教を他の宗教と分かつ標識）」という表現はまだ使われていなかったようです。

①諸行無常《しょぎょうむじょう》
②諸法無我《しょほうむが》
③涅槃寂静《ねはんじゃくじょう》
④一切皆苦《いっさいかいく》

このなかで、空と特に深くかかわるのは、いうまでもなく、無常と無我です。ヒンドゥー教など、仏教以外の宗教は、我も世界も、見掛けはともかく、本質的には常住にして不変というかたちで実在論の立場をとりましたから、まったく対照的です。

最大で二〇もあった部派にも、優劣はありました。そのなかで重要な部派は、上座部・大衆《だいしゅ》部《ぶ》・犢子部《とくしぶ》・化地部《けじぶ》・法蔵部・説一切有部《せついっさいうぶ》・経量部《きょうりょうぶ》などです。このうち、厳格な無我説の立場をとる説一切有部と、理論を構築するにあたり経典のみを根拠とみなす経量部は、大乗仏教の中《ちゅう》観《がん》派や唯識《ゆいしき》派とならんで、インド仏教の四大学派と呼ばれることもあります。また、現存する文献の量からすると、上座部と説一切有部のものがほとんどで、他の部派はずっと少ないのが実情です。

大乗仏教における空の理論を確立したナーガールジュナ（龍樹《りゅうじゅ》）が批判の対象としたのは、主に説一切有部でしたが、説一切有部から分かれた犢子部も、批判の対象になっています。

▼説一切有部

部派仏教のなかでも、もっとも厳格な無我説を主張し、後世に絶大な影響をあたえた部派が、説一切有部です。大乗仏教の学僧たちから、もっとも熾烈な批判を受けたのが説一切有部だったという事実からも、この部派の影響力がうかがわれます。

説一切有部という呼称は、「一切が実有であると説く部派」に由来します。この場合の「一切」とは、人間と世界を構成している七五の要素を指していて、それらが「実物として、過去・現在・未来を通じてある」と主張したので、説一切有部と呼ばれました。

もう少し説明すると、人間と世界は「五位七十五法」と呼ばれるカテゴリーに分類されます。五位とは、①物質的な存在（色《しき》）・②心・③心の活動（心所《しんじょ》）・④心にともなわないもの（心不相応行《しんふそうおうぎょう》）・⑤制約されないもの（無為《むい》）です。

そのうえで、まずは存在を、以下の二つに分けます。

①制約されたもの＝原因によってつくられた無常なもの（有為《うい》）

②制約されないもの＝原因の作用を離れて生滅しないもの（無為）に分けます。

このうち、制約されないものとは、以下の三つです。

①一つ目の涅槃＝人の思慮による存在の消滅＝智恵と修行によって無知と煩悩をはじめとする煩悩が消滅した状態

②二つ目の涅槃＝人の思慮によらない自然的な存在の消滅＝薪が燃え尽きて火が消えるような自然的な消滅

③空間（虚空《こくう》）

なお、①と②の涅槃では、消滅という状態、すなわち無存在が、一種の「有」とみなされています。

次に、制約されたものとは、以下の四つです。

①物質的な存在（色）

②心
③心の活動（心所）
④心にともなわないもの（心不相応行）
さらに、物質的な存在（色）は、一一種類に分類されます。

心は一種類しかありません。

心の活動（心所）は、四六種類に分類されます。

心にともなわないもの（心不相応行）は、一四種類に分類されます。

以上を全部、合計すると、七五の実在する要素（法＝ダルマ）から人間と世界は構成されていることになります。これが「五位七十五法」です。


このように、考察の対象をカテゴリーに分けて理解する方法は「分別論者」と呼ばれ、上座部から始まり、説一切有部にいたって頂点に達しました。

七五の実在が、実在とされるゆえんは、一つ一つの実在が、それ自体に固有の、いいかえれば他のものとは共通しない本体と作用をもっていることに求められます。そして、実在するものは、二つ以上の本体と作用をもつことはありえないとみなされました。なぜなら、もし二つ以上の本体と作用をもつならば、個々の実在を区別する意味がなくなってしまい、結果的にカテゴリーが成り立たなくなってしまうからです。

では、なぜ、説一切有部はこんな面倒なカテゴリーの作成に全力をあげたのでしょうか。それは無我説を証明する、いいかえれば自我の存在を否定するためでした。自我の存在が人間と世界を構成するカテゴリーのどこにも見出せないのであれば、自我の存在を否定できるのではないか、と説一切有部は考えたのです。そして、存在の要素をきわめつくしたと思われる「五位七十五法」のどこにも、自我は見出せない。見出せないということは、そもそも自我が存在しないからにちがいない。したがって、無我説を証明できたはずだ、と説一切有部は主張したのです。

ちなみに、説一切有部は自然世界は「極微《ごくみ》」、つまり原子から構成されているとみなしていたといわれます。

▼犢子部のプドガラ説

犢子部は、サンスクリットではヴァーチープトリーヤと称されました。部派のなかでもきわめて有力な学派だったらしく、その影響力は甚大でした。

犢子部は後世になるとさらに分派して、正量《しょうりょう》部という学派を形成します。この正量部は、七世紀にインドに留学した三蔵法師こと玄奘の『大唐西域記』に、部派仏教に属す出家僧の半数を擁して、最大の勢力を誇っていたと書かれています。

この犢子部が、輪廻の主体として設定したのが「プドガラ」です。「プドガラ」はサンスクリットで、パーリ語では「プッガラ」といいます。漢字では音訳されて、「補特伽羅」と表記されます。

意味は宗教によって、複数ありました。初期ジャイナ教では、分子の最小単位、つまりギリシア哲学の「原子」を意味していました。しかし、初期仏教では「ひと」という意味でつかわれていました。やがて、「プドガラ＝ひと」を輪廻の主体と考える学派があらわれたのです。その学派が犢子部にほかなりません。

玄奘が、犢子部の流れを引く正量部こそ、部派仏教最大の学派だったと記しているということは、プドガラこそ輪廻の主体という、犢子部や正量部の学説は、インドの仏教界において、すこぶる有力だったことになります。それは、プドガラを輪廻の主体とみなす説にたいし、部派仏教と大乗仏教とを問わず、熾烈な批判が長い期間にわたりくりかえされたことからも、よくわかります。

ようするに、厳格な無我説では輪廻を説明しがたいと考える人々が少なからずいたのです。また、無我を強調すると、では悟りを求めて修行しているのは、いったい誰なのか、という根源的な疑問が出てきます。そして、その「我」もないと断じられると、困ってしまいます。やはり、なんらかの人格的な主体を想定せざるをえないのではないでしょうか。

なにもかも否定してしまう態度にたいしては、他の宗教から、仏教は虚無論だ、ニヒリズムだ、という非難もされていたようです。インドにかぎらず、世界中の宗教において、虚無論やニヒリズムは、最悪の態度として、目のかたきにされるのがつねでした。

そういう疑問や非難を背景に登場したのが、プドガラだったとおもわれます。では、「プドガラ＝ひと」の正体は何だったのでしょうか。世親《せしん》（ヴァスバンドゥ）は著書の『倶舎論《くしゃろん》』第九章の「破我論」において、プドガラ説を批判するにあたり、プドガラの正体を「幼児から成長し、知識や技術を身につけ、何らかの職業に就き、やがて老いて、死んでいくものであり、『この人がこうなったのだ』と同定できる根拠」と定義しています。

この定義によれば、プドガラは変化しつつ、なおかつ同一性をたもっています。また、認識の主体かどうかは判然としませんが、記憶の担い手であることはたしかなようです。記憶の担い手であり、同一性をたもつ点ではアートマンと同じですが、変化する点ではまったく異なります。

さらに犢子部にいわせれば、プドガラは、因果関係とは無縁で永遠に存在する事象（無為法）でもなければ、因果関係によって生み出され一時的に存在する事象（有為法）でもありません。また、色受想行識から構成される五蘊と不即不離の関係にあります。すなわち、五蘊がなければ、プドガラもないのです。しかも、五蘊とプドガラは、同じであるとも、異なるとも、いえないと主張します。この、いわばどっちつかずの論法は、ブッダ以来、仏教ではしきりにつかわれますが、正直言って詭弁めいていて、なかなか理解できません。

そこでつかわれたのが「火と薪」のたとえです。この場合、薪が五蘊で、火がプドガラです。薪がなければ、火はつきませんし、燃えつづけることはできません。同じように、五蘊がなければ、プドガラは生じませんし、存続できません。

さらに、五蘊という薪があるからこそ、プドガラという火は燃えつづけ、薪である五蘊がなくなれば、火であるプドガラも消え去る。同じように、五蘊が尽きれば、プドガラも尽きて、涅槃に至るという論法です。

このたとえはたしかによくできています。アートマンのような永遠不滅の実体を否定しつつ、いま起こっている現象の主体をじょうずに説明していて、かなりの説得力があります。ですから、プドガラ説を主張する犢子部や正量部が大きな勢力をたもてた理由も、わからなくはありません。

プドガラ説にたいする批判は、いくつかの方向からおこなわれました。たとえば、プドガラはつまるところ、アートマンにほかならないではないか、アートマンを認めるなら、それは仏教ではない、という批判です。また、無為法でもなく有為法でもないというのであれば、プドガラはつまるところ単なる観念、すなわち頭のなかで構想された抽象的な存在であって、リアリティが全然ない、という批判もされました。

もちろん、犢子部や正量部からは、批判にたいする反論がおこなわれました。この論争は、インド仏教思想史における最初の本格的な教義論争となったのでした。結局、プドガラ説は正統な教義という地位をえられませんでしたが、にもかかわらずプドガラ説はインド仏教が滅亡するまで、しぶとく命脈をたもちつづけました。それほど、この説はインド仏教に大きな影響をあたえたのです。

▼大乗仏教の誕生

西暦の紀元前後といいますから、ブッダが入滅して三〇〇～四〇〇年ほど後のことです。大乗仏教が誕生しました。

大乗仏教とは、大乗仏典をブッダの真説とみなすタイプの仏教です。いいかえれば、大乗仏典が成立してこなければ、大乗仏教は誕生しなかったのです。

なぜ、この時期に、大乗仏典が続々と成立し、大乗仏教が誕生したのか。その背景には、さまざまな事情が指摘されています。

この時期は、激動期でした。古代インドにおける最初の統一王朝とされるマウリヤ王朝が衰退し、群雄割拠の状況が生まれていたのです。とりわけ、北インドを支配したクシャーナ王朝と南インドを支配したサータヴァーハナ王朝は、東西交易や異文化との交流に熱心でした。この二つの王朝が、大乗仏教を庇護したことは重要です。

一方では古い伝統を誇るバラモン教が復興し、他方ではバラモン教と土着の信仰が融合するかたちでヒンドゥー教が成立しました。こののち、ヒンドゥー教は信者の数を飛躍的に拡大し、教理や教学も整備して、仏教にとって最強の競合者に成長していきます。

このような状況をうけて、大乗仏教とは、一面において、教理上の復興運動であり、経典と論書を中心とし、ブッダと菩薩《ぼさつ》に焦点をあてた仏説の再解釈、再評価、あるいはまた再表現の運動

（斎藤明「大乗仏教の成立」『シリーズ大乗仏教2　大乗仏教の誕生』春秋社、五頁）だったといえます。

また、大乗仏教の特徴、すなわち大乗仏教以前の仏教にはなかった要素としては、以下があげられます。

①出家者のみならず、在家者も、さらには衆生すべてが救済の対象となる。
②慈悲が強調され、自己の救済にとどまらず、他者の救済が強調される。
③ブッダが極限まで神格化され、世界創造をおこなわないことを除けば、もはや神に近い存在として、信仰対象となる。師もしくは先達から救済神へと変容を遂げるともいえる。
④仏あるいは如来と呼ばれる至高の存在が、ブッダ以外にも、たとえば阿弥陀《あみだ》如来や毘盧遮《びるしゃ》那《な》仏のように、あまた登場する。
⑤菩薩も生身の修行者から神格化され、如来や仏に次ぐ信仰対象となる。
⑥結果的に、信仰対象が飛躍的に増える。
⑦死後の世界に対する関心が高まり、浄土というかたちで、死後におもむくべき世界が想定される。

しかし、大乗仏教が、どこから、どのようないきさつをへて成立したのか、はまだあきらかになっていません。正確には、論争のさなかというべきかもしれません。

最近の傾向としては、西方からの影響、わけてもイラン（ペルシア）の宗教からの影響が無視できないのではないか、ともいわれます。たしかに、仏像彫刻がギリシア彫刻の影響抜きには考えられないことを思えば、宗教の領域でも西方からの影響がまったくなかったとは、断言できません。

▼八千頌般若経

最初の大乗仏典とされるのは、『八千頌般若経《はっせんじゅはんにゃきょう》』です。インドでは三二音節を「一頌（シュローカ）」とみなし、その文献全体では「〇〇頌」あるというかたちで、規模をしめす伝統がありました。したがって、「八千頌」とは、三二音節が八千あるという意味ですから、中規模の経典といっていいでしょう。成立は紀元一世紀ころと推定されています。

厳密にいうと、『八千頌般若経』が成立する前に、研究者のあいだでは「般若経原型経典」と呼ばれるグループの経典が存在したようです。これらの経典の成立地は、南東インドのアーンドラ地方と考えられています。

とすれば、大乗仏教は南インドで誕生したことになります。ただし、『八千頌般若経』が成立した地域は、南東インドからは遠く離れた西北インドのガンダーラ地方と推定されています（勝崎裕彦・小峰彌彦「般若経の成立と発展」『般若経大全』春秋社、三一―三二頁）。

しかし、遠く離れていながら、南東インドのアーンドラ地方と西北インドのガンダーラ地方には、共通点がありました。ともに、西方のローマ帝国との交易で繁栄していたのです。この事実は、初期に属す般若経典の成立、ひいては大乗仏教の誕生と、無縁とは思えません。この両地方には、いわば進取の気性があって、それが仏教の新たな動向に結びついたのではないでしょうか。『八千頌般若経』には、個性的な人物があまた登場します。なかでも、第三〇～三一章に登場するダルモードガタ菩薩（法上菩薩《ほうじょう》）は際立っています。かれはガンダヴァティーという壮麗な都市にある大邸宅に住んでいます。巨万の富を所有し、六万八千人にもおよぶ婦人たちと快楽を満喫しながら、日に三回、「知恵の完成」を講義すると書かれています（『八千頌般若経Ⅱ』中央公論社、三一七―三二一頁）。

このようなダルモードガタ菩薩の生きざまは、仏教信仰をもちつつ、ローマ帝国との交易で繁栄を謳歌する商人のすがたを彷彿とさせます。スダッタ（須達多）という富豪が、仏教にとって最初の寺院を寄贈しようとしたという祇園精舎《ぎおんしょうじゃ》の物語からわかるとおり、仏教はその出発点から商人たちに支えられてきましたが、とりわけ大乗仏教ではそれが一段と顕著になった感がありました。のちほどふれるとおり、おそらくは西北インドで、『八千頌般若経』にやや遅れて成立した『法華経《ほけきょう》』には、ダルモードガタ菩薩によく似たタイプの商人がたくさん出てきます。

『八千頌般若経』は紀元一世紀ころに成立したのち、拡大化し、『一万八千頌般若経』→『二万五千頌般若経』→『十万頌般若経』と発展しました。

大乗仏教の空にまつわる理論を打ち立てたナーガールジュナは、初期の般若経、たとえば『八千頌般若経』の古い形を読んだ、あるいは初期の般若経から影響を受けたと考えられています

（立川武蔵『空の思想史』講談社、六六頁／同『中論の思想』法蔵館、六〇頁）。

▼空性の章

『八千頌般若経』は全編にわたって空もしくは空性《くうしょう》を説きますが、特に第一八章は空性を説くことで、よく知られています。たとえば、スブーティから「知恵の完成と相応した、意味深いうえにも意味深い境位をお示しください」と依頼されたブッダが、以下のようにこたえています。

意味深いということ、スブーティよ、それは空性の呼び名である。意味深いというこれは、スブーティよ、特徴のないこと（無相）、願望を離れること（無願）、作為のないこと（無作《むさ》）、起こらないこと、生じないこと、愛着をもたないこと、止滅、涅槃、離れ去ることの呼び名である。

（『八千頌般若経Ⅱ』、一二九頁）

さらに、さまざまなかたちで、空や空性を説いていています。以下に、主な例をあげてみましょう。

・知恵の完成への道を追求する菩薩大士にとっては、いまや、その福徳をつくり集めることは空なるものであると明らかにされ、実なきものと明らかにされ、意義なきものと明らかにされ、核なきものと明らかにされるのである。

・無量ということは空性の呼び名である。
・すべてのものは空である。
・およそ空であるものは、また無尽である。空性ということ、それは無量なることでもある。真実としては、これら諸事物には区別も種別も認められないのである。これらはことば（にすぎないもの）として、如来によって語られ、表現されているのである。
・すべてのものも、ことばでは表現できないのだ。それはなぜか。というのは、すべてのものの空性なるもの、それはことばでは表現できないからである。
・完成への道というものに増大することは何もないし、減少することも何もない。
・この無上にして完全なさとりとは、ものの真相（真如《しんにょ》）である。しかも、真相は増大もしないし、減少もしない。
・ことばで表現できないものは、増大することも減少することもない。
・すべての事物にも増大も減少もない。
・菩薩大士はこれらの、このような留意をもって暮らしながら、無上にして完全なさとりに近づくのである。
（『八千頌般若経Ⅱ』、一三五―一四三頁）

やがて二～三世紀ころにナーガールジュナが登場して、空や空性を本格的に論じ始めます。以来、空や空性にまつわる論議が、飽くことなく続けられていきますが、その原点は、ここにあると断言してよいくらいです。

▼ナーガールジュナ

すでに何回も述べてきたとおり、空や空性を仏教の根幹に据えたのはナーガールジュナという人物です。その存在や影響力は、大乗仏教においては余人の追随を許しません。まさに第二のブッダと呼んでもよいくらいです。

ただし、ナーガールジュナの生涯については、バラモン出身の大乗仏教の僧侶であり、紀元後一五〇〜二五〇年ころに南インドで活動したという程度しか、確実なことは判明していません。その代わりといってはおかしいのですが、後世のチベットや中国、そして日本のような大乗仏教圏では、仏教史上最大の論師《ろんじ》（宗教哲学者）として、あるいは超人的な能力をもつ英雄として、語られてきた歴史があります。

『法華経』をはじめ、たくさんの仏典を漢訳したことで名高い鳩摩《くま》羅什《らじゅう》（クマラジーヴァ、三四四〜四一三／三五〇〜四〇九）が、ナーガールジュナの没後一〇〇年くらいに書いた『龍樹菩薩伝』によれば、ナーガールジュナは以下のような人物でした。

・南インドのバラモン出身であり、バラモンたちが尊崇するヴェーダ聖典はもとより、ありとあらゆる知識の持ち主であった。

・若いころは、友人たちと隠身薬をつかって、王に仕える女性たちが住む後宮に忍び込み、片っ端から犯して快楽にふけったが、それが判明してあやうく殺されそうになった。

・初期型の仏教で出家し、やがて大乗仏典を学んだが、意に満たなかった。また、慢心することもあった。その後、龍宮を訪れて、初めて大乗仏典の真意に目覚め、高い菩薩の境地に達した。

・呪術にすぐれ、バラモンとの呪術競争に勝利し、王を神通力で教化することもあった。

・『中論』など、多くの著作を残し、大乗仏教の哲学理論を確立した。

・最期はこうだった。バラモンと論争に呪術を駆使して勝利した後、ナーガールジュナをねたむ初期型仏教の僧侶にむかって、「おまえはわたしが長生きするのは嬉しくないだろう」と尋ねたところ、相手は「そのとおりだ」と答えた。それを聞いて、静かな部屋に入り、二度と出てこなかった。弟子が部屋に入ると、ナーガールジュナは蝉の抜け殻のようにいなくなっていた。

このように、神秘的で真偽不詳の話が多く、どこまで信じてよいか、迷います。これほどまで神秘的な話が多いということは、ナーガールジュナが常人ではなかったと言いたいのかもしれません。ともあれ、大乗仏教の歴史では、他に比較の対象が見当たらないほど、尊敬されてきたことは事実です。

現に、日本の仏教界では、ナーガールジュナは「八宗の祖」と称えられてきました。「八宗」とは南都六宗（三論《さんろん》宗・法相《ほっそう》宗・華厳《けごん》宗・倶舎《くしゃ》宗・成実《じょうじつ》宗・律《りつ》宗）と天台宗と真言宗を指していますから、いわゆる旧仏教共通の祖師という位置づけです。とりわけ、真言宗では、大日如来から空海にいたる密教の正統な流れをしめす「付法の八祖」の第三祖に、ナーガールジュナを位置づけています。ちなみに、ナーガールジュナというサンスクリット名は、漢訳する場合、龍樹《りゅうじゅ》（竜樹）とも龍猛《りゅうみょう》（竜猛）とも訳せます。日本の真言宗では、龍猛のほうがよく使われてきました。

鎌倉新仏教でも、浄土真宗の宗祖である親鸞《しんらん》は、ナーガールジュナを阿弥陀如来に対する信仰を確立した七高僧の一人に選んでいます。そのほか、道元《どうげん》や日蓮《にちれん》も、みずからの宗派にとってひじょうに大切な人物として、ナーガールジュナの名をあげています。

また、チベット仏教界では、大乗仏教にとって最大の論師にとどまらず、大乗仏教の最終形態といってもいい密教の、さらにその最終形態といってもいい後期密教の祖師としても、尊敬されつづけてきました。たとえば、ダライ・ラマを最高指導者に擁して、最大の勢力を誇ってきたゲルク派がそうです。

ゲルク派は、「世尊は一切如来の身語心の心髄である諸々の金剛妃の女陰に住しておられた（女性と性的なヨーガに入っておられた）」という衝撃的な文言から始まる『秘密集会《ひみつしゅえ》タントラ』を最高の仏典とみなしますが、この仏典にもとづく修行法である「聖者流《しょうじゃりゅう》」は、ナーガールジュナが開発したと信じられてきました。『秘密集会タントラ』が成立したのは八世紀ですから、二～三世紀ころに活動していたナーガールジュナが関与していたはずはありません。

インドでは同名異人の例が少なからずあります。空や空性にまつわる宗教哲学をきずきあげたナーガールジュナと、後期密教のナーガールジュナは、まったく別の人物としか考えられませんが、ナーガールジュナという名がもつ名声が、同一視を生んだ可能性はありえます。

▼『中論』の論法

ナーガールジュナの代表作が『中論《ちゅうろん》』です。この著作は、空や空性にまつわる宗教哲学をきずきあげただけでなく、大乗仏教の方向性を決定したといっていいくらい、後世に影響をあたえました。

『中論』は『中論頌』あるいは『根本中頌』とも呼ばれるように、約四五〇の偈頌（詩句）から成り立っています。もう少し詳しく説明すると、一偈は二行四句で、全部で三二音節です。

まず冒頭に帰敬偈《ききょうげ》があり、そのあとに本頌が二七章あります。大きく分けて二部構成になっています。伝統的な用語でいえば、破邪《はじゃ》と顕正《けんしょう》です。

第一部　破邪　第一章〜第一七章　実在論に対する批判

第二部　顕正　第一八章〜第二七章　論拠としての空性の説明

全体の構造は、一見しただけでは一つのテーマを追求しているようには思えませんが、じつは綿密な構想のもとに、テーマも論述の方法においても首尾一貫していると考えられています（立川武蔵『中論の思想』、一七頁）。ただし、最小限の言葉で、しかも韻律をふまえた詩句で語られていることもあって、真意をさぐるのがきわめて難しいことも事実です。

『中論』を執筆するにあたり、ナーガールジュナは独特の方法をもちいています。少なくとも、わたしたちが日常的に眼にする論法や論理とは、かなり異なっています。一度読んだだけではなかなか理解できないとか、違和感をつよく感じるわけは、そこにあります。そもそも、インドの論理学者たちのあいだでも、ナーガールジュナがもちいた論理は、異質とみなされていましたから、無理もありません。

ナーガールジュナは、大きく分けると、二つの論法を駆使しています。

①枚挙法をつかって、想定可能なすべての命題を列挙したうえで、それらを帰謬《きびゅう》法で否定して、「すべては空である」という結論にみちびきます。なお、枚挙法は、その形式から、二種の否定（二句否定／二句分別）、三時の不成立（三句分別）、四種の否定（四句否定／四句分別）、五種の分析（五支作法）に分類できます。

②二つのものの関係を、二つの対立する概念の相互依存関係に還元し、おのおのの概念には自立的な存在性がないことを立証して、「すべてのものは自性を持たず、空である」という結論にみちびきます。

▼帰謬論証

帰謬論証は、定言的論証とも呼ばれる自立論証の対極にある論証法です。定言的論証の典型例は、いわゆる三段論法で、大前提・小前提・結論の三段階から構成されます。古来、もっとも有名な例は、以下です。

大前提：全ての人間は死すべきものである。

小前提：ソクラテスは人間である。

結論：ゆえにソクラテスは死すべきものである。

それに対し、帰謬論証は、背理法とも呼ばれます。その名がしめすとおり、ある命題Aが真であることを証明するとき、まずAが偽であること、つまり非Aを仮定します。そして、この仮定から出発すると、あきらかに偽であることがわかったり、自己矛盾におちいってしまうような、不合理な結論を演繹《えんえき》法、すなわち誰もが知っている知識や情報に照らし合わせて、その命題が真か偽か判断する論法をつかって、みちびきだします。偽であるという結論が、非Aという仮定から論証されるとすれば、この非Aという仮定は偽だったはずです。非Aが偽ならば、Aは真であるはずです。こうして、Aは真であることが決定されるのです。

自立論証が一定の推理規則と形式にもとづいて、いわば積極的に論証していく方法論です。しかし、帰謬論証は、想定できるかぎりの命題を、文字どおり枚挙し、それを一つ一つ否定していきます。いわば間接的な論証ですから、積極的な論証とはとても言えませんが、論争相手の弱点を、これでもかこれでもかといわんばかりに攻撃していくので、攻撃される側からすれば、ひじょうにしつこくて、厄介な方法であることはまちがいありません。ナーガールジュナが用意した帰謬論証という土俵の上に乗っている限り、ナーガールジュナの主張を論破するのは至難のわざです。

そもそも、ナーガールジュナにすれば、自分には積極的に論証したい命題は何もなく、もっぱら相手の命題を否定すればよいので、その意味では帰謬論証は理にかなっています。ただし、この帰謬論証が正当な推理形式か否かをめぐっては、古代インドでも見解が分かれていました。否定的な理由は、前提として一般には偽であるような仮定をもちいていながら、全体としては真であるような論証をおこなうことができるからです。ですから、正当な推理形式ではないという見解のほうが、むしろ多数派だったようですが、ナーガールジュナがよくつかっていたことは、争えない事実です。

ナーガールジュナ以後、かれの衣鉢を継ぐ中観派では、帰謬論証を採用する学派と、帰謬論証を否定して、定言的論証の別名である自立論証を採用する学派に分かれ、激しい論争をくりひろげました。

▼二種の否定と四種の否定

紙幅に限りがあるので、ここでは、『中論』においてもっとも大きな役割を演じている否定の論理にしぼって、説明したいと思います。

二句否定あるいは二句分別とも呼ばれる「二種の否定」は、原因と結果の関係を論じるときによくつかわれます。考察するにあたり、選択肢を二つ想定し、選択肢を以下の二つにしぼって、そのいずれをも否定することで、ナーガールジュナが正しいと考える結論にみちびきます。わたしたちがよく知っている言葉でいうなら、ジレンマです。

①原因と結果は同一

②原因と結果は別異

否定の理由を、ナーガールジュナは第二〇章では、こう説明しています。

原因と結果が同一であることは、けっしてありえない。また、原因と結果が別異であることもけっしてありえない。

原因と結果が同一であるときは、生じさせるものと生じさせられるものとが同じになってしまう。しかし、原因と結果が別異であるならば、原因は原因でないものと同じになってしまう。

ここで重要なことは、ナーガールジュナは、因果関係という主題を考えるにあたり、わたしたちの日常的な経験にもとづいているのではなく、本質的な立場で考えているという点です。ですから、述べられていることがらは、わたしたちが日常的に経験することがらとは、必ずしも一致しません。というより、むしろ迂遠ですらあります。

原因と結果を、本体としての存在と仮定すると、それは単一・独立・恒常的な本性をもつことになります。逆にいえば、単一でない（合成されている）、独立していない、恒常的でない本性は絶対にもっていないはずです。

とすれば、原因と結果の関係は、同一であるか、別異であるか、という二つの選択肢しかありません。本質が、同一であり別異であるというような、合成体であるとか、また本質の一部は別であるというような、第三の選択肢はないのです。数学の集合論にたとえれば、二つの選択肢は補集合的な関係にあります。

こうした前提に立って、ナーガールジュナは、原因にしろ、結果にしろ、もしそれが本体をもつならば、原因としても、結果としても、成り立たず、この二つのあいだに因果関係も成り立たないと主張するのです。原因と結果が成立するためには、その本体は空でなければならないし、他方を前提とせざるをえない、いわば相互依存関係にあるとナーガールジュナは論じます。ようするに、原因も結果も、自立しては存在しえないことになります。つまり、自性をもたず、空であると言えるのです。

この論理を、ナーガールジュナはありとあらゆる主題に適応します。たしかに、この論理は、およそそれが関係であるかぎり、ほぼ万能の論理として、敵対者を文字どおりジレンマに追い込むことが可能ですから、ナーガールジュナにすれば、すこぶる使い勝手がよかったはずです。

四句否定あるいは四句分別とも呼ばれる「四種の否定」も、よく使われています。もちろん、原因と結果の関係を論じるときにも、使われています。

結果にとって、原因が自己と同一なものか、それとも別異なものか、を考察するとき、選択肢を四つに増やして、そのいずれをも否定すれば、「四種の否定」になります。四つの選択肢とは、以下の四つです。

①原因は、結果そのもの
②原因は、結果とは別のもの
③原因は、結果そのものであり、結果とは別のもの
④原因は、結果そのものではなく、結果そのものでないものでもない（無因）

この「四種の否定」の典型例は、第一章の第一偈です。

もろもろのものはどのようなものでも、どこにあっても、何時でも、自からも、他からも、自他の二つからも、さらに無因からも、生じたものとして認められない。

「四種の否定」については、古来、論理として困難な面があると指摘されています。その説明はじつに複雑で、理解していただくのはとても難しいので、ここではぶかせていただきます。興味のある方は、梶山雄一氏の著作の当該箇所（『中観と空Ⅰ』、九〇―九六頁）をお読みください。

▼自性（スヴァバーヴァ）

『中論』を読み解くうえで、もっとも重要な言葉の一つが自性《じしょう》（スヴァバーヴァ）です。自性は『中論』のあちこちに登場します。なによりも、第一五章は「自性の考察」にあてられています。自性こそ、空もしくは空性を正しく把握するうえで、絶対に欠かせない要素であるとみなされてきたのです。

自性は普通は「本体」と理解されます。したがって、「無自性（自性がない）」は「本体がない」という意味に解釈されます。

しかし、立川武蔵氏からの教示によれば、自性（スヴァバーヴァ）という言葉を、ナーガールジュナは『中論』において、少なくとも以下の三つの意味で、使っているといいます。

①実体
②それ自体
③自分の本質

ただし、その使い分け方については、まだよくわからないところがあるそうです。

また、自性を考える際、自性と「残りのもの」との関係が、ひじょうに重要になるとも指摘しています。そして、自性と「残りのもの」との関係は、大きく分けて四つあるとも指摘しています。（『空の思想史』、一三九―一四五頁）。

①自性と「残りのもの」が、ともに実在する場合。
②自性と「残りのもの」が、ともに実在しない、あるいは非実体的である場合。
③自性は実在しないが、「残りのもの」は世間的に有効な作用をもつという意味で存在する場合。
④自性は実在するが、「残りのもの」は実在しない、あるいは非実体的である場合。

ナーガールジュナ以降の大乗仏教では、この四つのうち、どれが空もしくは空性の正しい理解なのか、をめぐって、飽くことなく論争が繰り広げられてきました。

自性にまつわる四つの解釈は、仏教の歴史と不可分の関係にあります。ごくごく単純化すると、以下のような関係になります。

①↓部派仏教のアビダルマ
②↓原始仏教
③↓ナーガールジュナ
④↓如来蔵《にょらいぞう》・密教

もう少し詳しい説明は、第三章以降でしますので、ここでは同じ自性という言葉あるいは概念は、歴史の移り変わりとともに、移り変わっていったと考えていていただければ、けっこうです。

▼帰敬偈

帰敬偈とは、著作の冒頭に置かれる詩句であり、著作の目的や趣旨を簡潔に述べるとともに、ブッダやその教えに対する帰依が語られます。著作を始めるにあたり、最初に結論にあたる文言を出してしまっているともいえます。特に、『中論』の帰敬偈には、その性格が顕著です。

滅することなく、生ずることなく、
断絶することなく、常住することなく、
一つのものなく（あるいは、一つのものでなく）、
種々なるものなく（あるいは、種々なるものでなく）、
来ることなく、去ることなく、
言語的展開の止滅した、吉祥なる縁起を
説いた正覚者、説法者中最も勝れた
かの仏に、わたしは礼拝する。

（立川武蔵『中論の思想』、七七―七八頁）

この詩句について、立川武蔵氏はこう説明しています。

『中論』冒頭の帰敬偈に龍樹は次のように述べているが、ここで「吉祥なる縁起」と呼ばれているものこそ、彼の目ざす「最高真理」である。

……

長い否定の行程を経て有と非有（無）の分裂に運命づけられている言語的展開が止滅したと説き、人が至ることのできる最高真理は、『中論』のはじめにこのように示されている。最高真理はこの偈においては「縁起」と呼ばれ、「吉祥なる」という修飾語によって限定されている。縁起の関係にあるものの存在を否定しつくす龍樹であるが、その果てにゆきつく最高真理もまた「縁起」と呼ばれる。この縁起は疑いもなく肯定的な何ものかである。冷徹な言語分析の過程の末に至るのは、あらゆる思惟形式が滅せられたという意味の「思惟の墓場」ではなく、縁起つまり「縁りて生ずること」あるいは「縁りて生ずるもの」がそのまま「聖なるもの」であるといった地点である。

最高真理そのものの「肯定的な」構造については、しかし、『中論』は多くを語っていない。この書が最高真理そのものに触れている箇所は二、三あるが、その内容は前に掲げた帰敬偈の内容に尽くされていると言ってよい。

このことは、最高真理が世俗とは別に、独立の構造を有して存在しているわけではないことを意味している。

（立川武蔵『中論の思想』、七七―七八頁）

「縁起の関係にあるものの存在を否定しつくす龍樹であるが、その果てにゆきつく最高真理もまた「縁起」と呼ばれる。この縁起は疑いもなく肯定的な何ものかである。冷徹な言語分析の過程の末に至るのは、あらゆる思惟形式が滅せられたという意味の「思惟の墓場」ではなく、縁起つまり「縁りて生ずること」あるいは「縁りて生ずるもの」がそのまま「聖なるもの」であるといった地点である」という部分は、立川武蔵氏独特の見解かもしれませんが、帰敬偈の解釈としては、全体的に妥当だと思われます。

▼『中論』の概要

二七章の概要は、以下のとおりです。

第一章　原因と条件の考察

（説一切）有部が主張する四つの生じ方、つまり自より・他より・自他両方より・無因よりは成立しない。なぜなら、もろもろのものに自性は、どこにも認められないからである。自性がなければ、他のものの自性、つまり他性もない。説一切有部などは、もし原因と結果の関係が成立するならば、それは四縁《しえん》、つまり原因と条件がある場合（因縁《いんねん》）、認識の対象が原因になる場合（所縁縁《しょえんねん》）、一瞬前の存在の認識が次の瞬間の存在の認識の原因となる場合（次第縁《しだいえん》）、存在の生成を妨げなかったために原因となる場合（増上縁《ぞうじょうえん》）の、いずれかであると主張するが、これらの縁はどれも成り立たない。したがって、もろもろのものは、生じることも滅することもない。

第二章　すでに歩かれたところといまだに歩かれていないところの考察

行くとか来るという運動は、認識から独立して実在するというヴァイシェーシカ学派などの主張は、まちがっている。なぜなら、運動は過去・現在・未来のすべての時点で、またすべての空間で、成立しない。つまり、すでに歩かれた地点がいま歩かれることはなく、まだ歩かれていない地点がいま歩かれることはなく、すでに歩かれた地点とまだ歩かれていない地点と異なる、いま歩かれている地点がいま歩かれていることもないからである。また、歩くという行為と歩く者とは一体であることはなく、歩くという行為と歩く者とは別体であることもない。これは空間においても時間においても、あてはまる。したがって、歩くという行為も、歩く者も、歩かれる対象も、すべて存在しない。もろもろのものは、行くことも来ることもない。

第三章　感覚器官の考察

十二処（六根《ろっこん》＝眼・耳・鼻・舌・皮膚・意識＋六境《ろっきょう》＝色・音・香・味・触覚・思考）は存在しない。なぜなら、たとえば眼は自分自身を見ることがない。自分自身を見ることがないものが、他のものを見ることはない。すなわち、眼は見ることがない。眼でないものが見ることもない。眼があろうとなかろうと、見るものは存在しない。見るものが存在しないならば、見られる対象も存在しない。したがって、十二処は存在しない。ひいては、生や老死なども存在しない。

第四章　心身の構成要素の考察

生きとし生けるものの心身を構成する五蘊《ごうん》（色・受・想・行・識）は存在せず、因果関係も想定できない。なぜなら、たとえば色（物質的存在）は、地・水・火・風という原因とのあいだで、因果関係を想定できないからであり、これは受・想・行・識すべてにあてはまるからである。また、空性にもとづいて論議されたり、空性にもとづいて説明されたりするとき、非難は非難として成り立たない。

第五章　世界の構成要素の考察

世界を構成する要素にほかならない六界（地・水・火・風・虚空・識）は、存在でもなければ、非存在でもない。なぜなら、たとえば虚空は、特徴づけられるもの（所相）としても、特徴づけるもの（能相）としても、それ以外のものとしても、存在しないからである。虚空と同じように、地も水も火も風も識も、特徴づけられるもの（所相）としても、特徴づけるもの（能相）としても、それ以外のものとしても、存在しないから、存在でもなければ、非存在でもない。

第六章　欲望と欲望におかされた者の考察

欲望と欲望を持つ者は、どちらかが先行して成立することも、同時に成立することも、ありえない。なぜなら、両者がまったく同じである場合、まったく同じものがまったく同じものとのあいだに共存する関係は成立しないので、両者が同時に成立することも、順次に成立することもないからである。両者がまったく別である場合、まったく別のものがまったく別のものとのあいだに共存する関係は成立しないので、両者が同時に成立することも、順次に成立することもないからである。この例と同じように、ありとあらゆる存在（一切法）は、どちらかが先行して成立することも、同時に成立することも、ありえない。

第七章　因果関係に制約される存在の考察

因果関係に制約される存在（有為法）は、生成と持続と消滅という三つに特徴（相）があるという（説一切）有部の主張は、まちがっている。なぜなら、生成も持続も消滅も成立しないので、因果関係に制約される存在（有為法）は存在しないからである。たとえば、生成についていうなら、第二章で述べたとおり、すでに生じたものも、現に生じたものも、まだ生じていないものも、決して生じることはない。持続と消滅についても、まったく同じである。このように、因果関係に制約される存在（有為法）が成立しないので、因果関係に制約されない存在（無為法）も成立しない。生成も持続も消滅も、夢か幻か蜃気楼《しんきろう》のようなものにすぎない。

第八章　行為と行為者の考察

過去・現在・未来のすべての時点で、行為者は行為対象をつくらない。なぜなら、行為者と行為対象は相互に依存し合う関係にあり、独立した存在ではないからである。これは、過去・現在・未来の行為者と過去・現在・未来の行為対象とのあいだの関係において、すべてあてはまる。行為対象を条件（縁）として、初めて行為者という概念もしくは名称が生じ、その行為者を条件（縁）として、初めて行為対象という概念もしくは名称が生じる。このような相互依存の関係以外に、行為者と行為対象が成立する根拠はない。このような行為者と行為対象が否定される理由は、主体と客体にまつわるすべての関係にあてはまる。

第九章　プトガラ（ひと）の考察

行為はもとより、感覚器官や感覚器官によって生じる心の活動（心作用）が所属する主体、つまりプトガラ（ひと）が存在するという犢子部《とくしぶ》の主張は、まちがっている。なぜなら、感覚器官や感覚器官によって生じる心の活動（心作用）などが存在する以前に、プトガラ（ひと）の存在を設定する根拠はないからである。感覚器官や感覚器官によって生じる心の活動（心作用）などが存在する以前に、プトガラ（ひと）が存在しなければ、個々の認識主体も存在せず、感覚器官や感覚器官によって生じる心の活動（心作用）なども存在しない。これは、同時でも以後でもあてはまる。したがって、感覚器官や感覚器官によって生じる心の活動（心作用）などが存在する以前にも、同時にも、以後にも、プトガラ（ひと）が存在するか否かの判断はできない。

第一〇章　火と薪の考察

行為主体と行為対象が存在するし、プトガラ（ひと）が存在するという犢子部の主張は、まちがっている。なぜなら、火と燃料が同じならば、行為の主体と行為の対象とが一つになってしまうという矛盾におちり、火と燃料が異なるならば、燃料がなくても火があることになり、やはり矛盾におちいるからである。また、火と燃料は、相互に依存する関係になく、相互に依存しない関係にあるのでもない。火は燃料以外のものから生じることはないが、火は燃料の中には存在しない。このような火と燃料の関係は、行為主体と五蘊との関係にあてはまる。したがって、プトガラ（ひと）と五蘊とは同じであるとか別であるという主張は、まちがっている。

第一一章　生死の始まりの考察

ブッダが輪廻には始まりもなければ終わりもないと説かれたのだから、輪廻は存在し、輪廻の主体であるプトガラ（ひと）も存在するという犢子部の主張は、まちがっている。なぜなら、輪廻にも、そして生と老死にも、先・後・同時という順序の関係はないからである。たとえば、生と老死が同時であるならば、生まれつつある者が死ぬことになってしまう。また、順序の関係が成立しないので、生と老死を実体と見ることはできない。結果と原因、特徴と特徴づけられるもの、感受する者と感受される対象をはじめ、ありとあらゆることがら、すべてのものについて、究極の始まりを知ることはできない。

第一二章　苦の考察

苦が存在するから、苦が所属するプトガラ（ひと）も存在するという犢子部の主張はまちがっている。なぜなら、苦は、自身によってつくられず、他者によってつくられず、自他両方によってつくられず、無因によってつくられるものではないからである。つまり、苦は、なにものによってても、つくられないのだから、苦は存在しない。苦が存在しないのだから、苦が所属するプトガラ（ひと）も存在しない。これは、苦に限らず、すべての外界の事物にあてはまる。

第一三章　因果関係に制約されるものの考察

ブッダは、「欺く性質をもつものは虚妄《こもう》である。因果関係に制約されるもの（諸行）は、すべて欺く性質をもっている。したがって、因果関係に制約されるもの（諸行）は、虚妄である」とお説きになった。因果関係に制約されるもの（諸行）は、自性をもたないから、空であり、いかなる手段でも生じることはない。因果関係に制約されるもの（諸行）が変化するのは、自性をもたないからである。すなわち、空性なるがゆえに、因果関係に制約されるもの（諸行）の変化が可能になる。空でないものは存在しないので、空であるものも存在しない。空性によってこそ、すべてのあやまった見解を排除できるが、空性にとらわれる者は救いがたい。

第一四章　結合の考察

感覚器官・対象・認識は結合しているとブッダが説いているから、ものには必ず自性があるという（説一切）有部の主張は、まちがっている。なぜなら、結合は互いに異なるもののあいだでのみ起こるが、行為・行為対象・行為者のあいだには、別異性がないからである。別異性がなければ、同一性もない。したがって、結合も、現に結合されつつあるものも、すでに結合されたものも、結合する者も、存在しない。

第一五章　自性の考察

ものには自性があるという（説一切）有部の主張はまちがっている。なぜなら、自性はつくられるものでもなく、他に依存するものでもないから、存在しない。自性がなければ、他性（自性以外の性質）もない。自性も他性もなければ、存在するもの（有）は成立しない。存在するもの（有）がなければ、存在しないもの（無）も成立しない。存在するとみなせば、常住論になる。存在しないとみなせば、断滅論になる。ブッダは常住論も断滅論も否定された。したがって、賢者は存在にも非存在にもよりどころを求めてはならない。

第一六章　束縛と解放の考察

輪廻も輪廻の主体としてのプトガラ（ひと）も存在するという犢子部の主張は、まちがっている。なぜなら、因果関係に制約されたもの（諸行）が輪廻することはなく、プトガラ（ひと）が輪廻することもないからである。因果関係に制約されたもの（諸行）も、また生きとし生けるもの（衆生）も、涅槃することはない。因果関係に制約されたもの（諸行）も、また生きとし生けるもの（衆生）も、煩悩に束縛されることもなければ、束縛から解放されることもない。執着を離れれば涅槃する、あるいは涅槃はわたしのものになるとこだわる人々には、輪廻と涅槃に対する強烈なこだわりがある。涅槃を実体視せず、輪廻を否定しない者にとっては、輪廻も涅槃もありえない。

第一七章　行為と結果の考察

行為（業《ごう》）も行為の結果（業果《ごうか》）も存在するという（説一切）有部の主張はまちがっている。なぜなら、もし業が熟すまで存在するならば、それは無常ではないからである。もし行為（業）が滅するならば、滅しているのに行為の結果（業果）を生じさせるはずがないからである。同じく、経量部の主張も、正量部の主張も、すべてまちがっている。そもそも、煩悩が存在しないのだから、煩悩そのものである行為（業）は、ほんとうは存在しない。行為（業）ともろもろの煩悩こそ、もろもろの身体の成立条件なのだから、行為（業）と煩悩が空であるならば、もろもろの身体も空以外のなにものでもない。行為（業）が存在しないから、行為する者も行為の果報もそれを享受する者も存在しない。

第一八章　自己の考察

自己（アートマン）は存在しない。自己が存在しないので、自己の所有物は存在しない。自己も自己の所有物も存在しないとわかれば、自己という意識も所有という意識もなくなるから、執着がなくなる。行為（業）と煩悩が滅すれば、解脱《げだつ》する。行為（業）と煩悩は、概念的な思考から生じる。概念的な思考は、言語がもつ多元性（戯論《けろん》）から生じる。言語がもつ多元性（戯論）は、空性において滅する。言語がもつ多元性（戯論）が滅するとき、言語の対象も認識の対象も止滅する。すると、心の活動領域も死滅する。なぜなら、もろもろのものの本質は、涅槃のように、不生不滅だからである。

たとえ諸仏や諸仏から教えを授かった弟子（声聞《しょうもん》）がいなくても、独覚《どっかく》（師なしに独りで悟る者）はあらわれる。

第一九章　時間の考察

ものには自性があり、自性を存在の根拠とするので、過去・現在・未来の三つの時は実在するという主張は、まちがっている。もし、過去時に依存して現在時と未来時があるならば、現在時と未来時はすでに過去時に存在したことになる。しかし、過去時に依存しないで現在時と未来時が成立することはありえない。このことは、過去時・現在時・未来時の順番を入れ替えても、同じである。存在するものを条件（縁）として、時間があるならば、存在するものがないならば、時間は存在しないはずである。すでに論証されたとおり、いかなるものも存在しないのだから、時間が存在するわけがない。

第二〇章　原因と結果を結びつけるものの考察

時間が存在してこそ結果が生じるのだから、時間は存在するという主張は、まちがっている。なぜなら、因果関係は成立しないからである。すべてのものに実体を認め、実体と実体とのあいだに因果関係が成り立つという主張はまちがっている。なぜなら、因果関係は、すべてのものが空であるときにだけ、成り立つからである。

第二一章　生成と消滅の考察

もろもろのものは時間のなかで生じたり滅したりするのだから、時間は生成と消滅の条件であり、もろもろのものが生じたり滅したりする限り、時間は自性をもっていて、必ず存在するという主張は、まちがっている。なにものも、生じることなく、滅することはない。滅することなく、生じることもない。生成と消滅が同時であることはない。したがって、生成と消滅は、同時にも、別々にも、存在しない。生成と消滅は、無知ゆえに、経験されるにすぎない。前生の最後の生存（死有）と今生の最初の生存（生有）は、同時にも、別時にも、成立しない。したがって、生存の連続は、過去・現在・未来の三つの時のいずれにおいても、成立しない。すなわち、輪廻は存在しない。

第二二章　如来の考察

如来は輪廻から人々を救済しようとしておられるのだから、輪廻は存在するという犢子部の主張は、まちがっている。なぜなら、如来もまた自性をもたず、実体として存在しているわけではないからである。如来は、常住であるかないか、有限であるか有限でないか、涅槃に入った後も如来は存在するのか存在しないのか、などについて考えることは、そもそも如来は自性をもたないのだから、意味がない。言語がもつ多元性（戯論《けろん》）を超越し、不滅である如来を、言語によってあたかも実体としてあるかのように認識している者は、言語がもつ多元性（戯論）に惑わされているので、如来を見ることはできない。如来の自性は、この世界の自性にほかならないが、如来は自性をもたないのだから、この世界も自性をもたない。

第二三章　あやまちの考察

輪廻の根本原因は煩悩だから、煩悩が存在する以上は、輪廻も存在するという伝統的な主張は、まちがっている。なぜなら、煩悩が自性をもつものとして実在することはないからである。煩悩は、自己の存在を、所属先（基体）としている。ところが、自己は、存在するとも、存在しないとも、立証できない。所属先（基体）が、存在するとも、存在しないとも、立証できないのだから、煩悩は、あるともないとも、立証できない。無常を常、苦を楽、無我を我、不浄を浄と信じて疑わない四つのあやまち（四顛倒《てんとう》）を滅することができれば、無明《むみょう》（根源的な無知）は滅する。無明が滅するとき、十二縁起（十二因縁／十二支分）の残りもすべて滅する。そして、輪廻から解放される。ようするに、煩悩は自性をもたず、空なのだから、捨て去る必要はない。

第二四章　四つの真理の考察

諸仏は、二つの異なる次元の真理を想定して、教えを説かれた。一つは、言葉や文字や記号によって説かれた、世間一般の人々が一致して認める真理（世俗諦）である。もう一つは、言葉や文字や記号によらず、心の活動にもよらない、究極の真理（勝義諦）である。ただし、究極の真理も、言語活動によらずして、しめすことはできない。この二つの真理の区別を知らない者は、仏の深遠なる教えを理解できない。空性は誤解をまねきやすいうえに、愚かな者には理解しがたいと考えて、ブッダは空性を説くことをためらわれた。どのようなものであれ、なにかを原因や条件（縁）として生起すること（縁起）を、わたしたちは空性と呼ぶ。それ（空性）は、悟った者による言葉をもちいた究極の真理の表現（仮説《けせつ》）であり、それはまた悟った者が言葉をもちいて他者を悟りへと導く場面（中道《ちゅうどう》）である。すなわち、縁起＝空性を見る者が、四聖諦《ししょうたい》を見る者である。

第二五章　涅槃の考察

輪廻を涅槃から区別できるものは、何もない。涅槃を輪廻から区別できるものは、何もない。涅槃の極みは輪廻の極みであり、その極みにはほんのわずかな隙間もない。如来と世界にまつわる命題は、すべてのものが空であるとき、問うにあたいしない。このように、空性においては、輪廻もなく、涅槃もなく、輪廻からの解放を説く者もなく、輪廻から解放される者もない。したがって、言語のもつ多元性（戯論）が滅し、ありとあらゆる認識も滅した吉祥なる涅槃に、とどまらないというかたちでとどまっておられるブッダは、どこにおいても、誰に対しても、いかなる法もお説きになることはない。

第二六章　十二の原因と条件の考察

ブッダは十二支縁起（十二因縁）をお説きになった。愚かな者は、輪廻の根本原因にほかならない身体活動・言語活動・精神活動（行）にはしる。賢者は、真理を見る者だから、身体活動・言語活動・精神活動（行）にはしらない。根源的な無知（無明）を滅しさえすれば、身体活動・言語活動・精神活動（行）は生じない。根源的な無知（無明）を滅するためには、縁起をよく知らなければならない。

第二七章　正しい見解と悪しき見解の考察

常住なるものが存在しないならば、無常なるものも存在しない。常住かつ無常なるものも存在しない。そのいずれでもないものも存在しない。世界が有限であろうと無限であろうと、あの世は存在しない。すべてのものは空なのだから、世界は常住であるというような、悪しき見解は決して生じない。生きとし生けるものものに対する憐憫の情ゆえに、ありとあらゆる悪しき見解を断絶するため、縁起という正法《しょうぼう》をお説きになったガウタマ（ブッダ）に、わたしは帰依いたします。

▼一般の理解（世俗諦）の世界と最高の真実（勝義諦）の世界

梶山雄一氏は、さきほどご紹介した「四種の否定」を論じた考察で、ひじょうに興味深いことを述べておられるので、以下に引用しておきます。

四句の一々の見解はそれをもつ人の特定の理論的立場、特定の論議領域においてのみなりたつ。いずれの命題も一定の条件の下でのみ肯定されたり否定されたりするのであって、無条件に、絶対的に真であることはできない。このように、四句のいずれをも絶対的なものとしては否定するのが四句否定の意味であり、中観の真理である、ということになる。「いかなるものも真理でなく、いかなるものも非実でない」という第四句は、最高の真実として中観の宗教的真理を示しているから、その限りにおいては否定されるべきものではない。けれどもその真理は第一句のなりたっている論議領域、あるいは第二、第三句と同一の領域において成立しているわけではない。いい換えれば、第四句も第一ないし第三句のなりたつ諸領域においては否定されるべき性質のものである。

中観の真理も世間の立場、一般的な論理の領域において真であるとはかぎらない、というところに、仏教者の無執着の精神を見ることができる。『般若経』では、空に執着するものに対しては、空をも空する必要のあることが強調されている。神秘的直感としての空を世間的な有の世界においてそのまま妥当すると考えることは危険である。そこに一般の理解（世俗）の世界と最高の真実（勝義）の世界とを弁別し、二つの領域を一応異なったものと自覚する必要が生じてくる。中観者が二つの世界の弁別を説くのはそのためである。もしそうとすれば、世間的な事物の処理に当たっては、ただ宗教的直感を誇示しても意味がなくて、方便として世間的な論理と知識を活用することの必然性も理解されてくる。すべてのものの空を悟った聖者がいま一度常識的な有の世界、一般の論理の世界を回復する、ということも、上述のような四句否定の精神から出てくるものである。

（梶山雄一『中観と空Ｉ』、九六—九七頁）

そういえば、第一三章「因果関係に制約されるものの考察」には、「空性によってこそ、すべてのあやまった見解を排除できるが、空性にとらわれる者は救いがたい」と書かれています。

▼縁起と空

ここで、『中論』において、ナーガールジュナが主張したことを、簡潔にまとめておきます。結論から先にいってしまえば、徹底的な否定と縁起の肯定です。

立川武蔵氏によれば、『中論』における否定は、以下の二種類あります（『空の思想史』、一三〇—一三二頁）。

①名辞の否定→命題の中の名辞を否定することによって、否定されない領域を肯定すること＝定立否定

②命題の否定→命題の中の述語動詞を否定することによって、命題を否定すること＝非定立否定

ナーガールジュナは、「名辞の否定」を二三〇回以上、「命題の否定」を五〇〇回以上、それぞれ使い分けることによって、自己と世界のすべてを否定していきます。すべてと言ってしまうと、あまりに抽象的なので、もう少し具体的な例をあげると、

①自己（アートマン）・②属性（ダルマ）と基体（ダルミン）の関係・③本体・④原因と結果・

⑤運動と変化・⑥主体とその作用・⑦主体と客体の関係・⑧ことばと対象の関係などになります。
このように、否定を徹底することによって、ナーガールジュナは空あるいは空性を、『中論』の主題にうかびあがらせます。

一方、肯定されたのは①縁起のみです。

縁起という思想そのものは、ブッダの時代からありました。Xを原因としてYが存在し、Yを原因としてZが存在するというようなかたちで、因果の連鎖から、ものの存在を説明する思想です。

ただし、原始仏教では、十二縁起に典型例を見るとおり、XからYへ、YからZへというように、方向が定められていて、その逆は説かれていませんでした。

ところが、ナーガールジュナは縁起をもっと広い意味に解釈し、XからYへ、YからXへというぐあいに、双方向に拡大したのです。

そのうえで、ナーガールジュナは、否定的な空あるいは空性と、肯定的な縁起という、まったく逆方向の思想を、一つに統合しようと試みたのです。この点について、立川武蔵氏は、こう述べています。


竜樹における空の実践、つまり空を体得しようとする行為の構造は、(宗教学者のミルチャ・エリアーデが提唱した)「聖なるもの」と「俗なるもの」という一対の概念によって指し示すことができる。迷いの世界という現状から修行という手段を経て空性を体得するに至り、そしてその空性の働きによって迷いの世界が浄化されるというのが空性を求める行為の全体像である。この際、迷いの世界は俗なるものであり、空性は聖なるものであり、修行は俗なるものから空性へと至る力になるとともに、聖なるものから俗なるものに与えられる力の源泉の一つとなる。

……

空の思想は基本的には、俗なるものとしての煩悩などが否定されて聖なるものとしての空性に至るヴェクトル（方向を有する量）に焦点が合っており、縁起説とは基本的には、聖なるものから俗なるものへ至るヴェクトル、つまり聖なるものが力を与えて俗なるものを許すというポジティブなヴェクトルに焦点が合っている。つまり空に至った後よみがってきた世界は縁起の世界である。ここでは言葉あるいは世界はその存在が許されている。一方、俗なるものから聖なるものへ至るヴェクトルは、ネガティブなヴェクトル、つまり否定していくプロセスであり、ここでは言葉あるいは世界は否定される。このように縁起と空という二つの異なったものをひとつの行為の中の二面として竜樹は捉えたのである。そのような視点、視野の中で空性という智恵あるいは境地が体得される時間、ヴェクトルが方向を変える時間がうかびあがったのである。

竜樹の偉大さは、このような肯定的な側面と否定的な側面を統一したところにある。この考え方は後世、チベット、中国、日本と受け継がれていった。

（『空の思想史』、一〇九―一一〇頁）

この見解は、前節で引用した梶山氏の「世間的な事物の処理に当たっては、ただ宗教的直感を誇示しても意味がなくて、方便として世間的な論理と知識を活用することの必然性も理解されてくる。すべてのものの空を悟った聖者がいま一度常識的な有の世界、一般の論理の世界を回復する」という指摘と、相通じると言えます。

空思想というと、とかく否定的な面ばかりが強調される傾向がありますが、ナーガールジュナがめざした方向は、けっしてそうではなかったのです。

▼『ラトナーヴァリー（宝行王正論）』の現実重視

事実、ナーガールジュナには極めつきのリアリストとしての面がありました。それを語る著作が『ラトナーヴァリー（宝行王正論《ほうぎょうおうしょうろん》）』です。

この著作は、紀元前三世紀あるいは紀元前一世紀から紀元後三世紀の初頭ころに、南インドにあったサータヴァーハナ王朝の王に、ナーガールジュナが仏教の立場から政治の要諦を説いたものと考えられています。この王朝が、北インドを支配したクシャーナ王朝とならんで東西交易や異文化との交流に熱心であり、大乗仏教を庇護した事実は、この章の冒頭ですでに述べたとおりです。

文体は韻文の書翰体で、一部を欠くサンスクリット本のほか、漢訳本とチベット訳本が残されています。

内容は、いかにもナーガールジュナらしく、空や空性を説いて、自己も世界も実在しないことを語る部分と、それとはまったく裏腹に、自己も世界も実在しないと主張する人物が書いたとは、とうてい思えないほど、現実的な考察や教訓にあふれる部分とが、入り混じっています。

以下に、その例をならべてみます。出典は中央公論社『大乗仏典14　龍樹論集』所収の瓜生津隆真氏による翻訳です。

第一章　繁栄と至福の教え

この輪廻の輪は、火の輪のように、始め・中間・終わりがなく、交互に因となって、(我意識・業・生存の)三つの道をめぐり歩きます。(三六)

自・他・共によっても、過去・未来・現在の三時によっても、それ(我意識)は得られないから、我意識は滅します。それから業が、さらに(苦の)生存が滅します。(三七)

因と果による生起と、その消滅とをこのように見る人は、真実には、この世界は無である

とも有であるとも、主張しません。(三八)

涅槃にあってはそのすべては存在しない、と説かれるとき、あなたはおそれはありません。この世においてすべては存在しない、と説かれて、あなたはどうしておそれを起こすのでしょうか。(四一)

原因が結果よりも先にあるとしても、また同時にあるとしても、究極の真理からみると、いずれも原因とはなりえません。世間のことばからしても、また真実からしても、生起は理解されないからです。(四七)

また、「滅」はことばの虚構から生じる、と如実に知るとき、有を立てることもありません。それゆえに、両者(有と無)のいずれにも依拠しない人は解脱します。(五一)

この世界は滅し去るのでもなく、あらわれてくるのでもなく、刹那《せつな》も持続するのでもありません。三時を超えているこの世界が、どうして真実でありえましょうか。(六三)

真実においては、この世界と涅槃との両者には、ともに過去も未来も現在も存在しません。それゆえに、いかなる区別が真実にありえましょうか。(六四)

人間存在は、地でもなく、水でもなく、火でもなく、風でもなく、虚空でもなく、識でもありません。これらすべてのものでないならば、それ以外のいかなるものが人間存在でありましょうか。（八〇）

人間存在は、これら（地・水・火・風・空・識）の六要素（六界）の集合ですから、実在ではないように、それぞれの要素（界）もまた集合ですから、実在ではありません。（八一）

第三章　菩提の資糧を積む

老人、幼少者、病人をはじめとする生きとし生けるものの苦を除くために、地方に医者、理髪師など（を置き）、田地の報酬を定めなさい。（四一）

すべての町に、家屋・僧院・宿舎（をつくり）、水の乏しい道路すべてに、（飲物を支給する）小亭をつくってください。（四三）

病人、孤児、苦に悩む者、賤しい者、貧しい者などを、慈愛をもってつねに救済し、彼らを養護するように心を用いてください。（四四）

災厄、凶作、災害、流行病などで荒廃した国にあっては、世の人びとを救済するのに寛大であってください。(五二)

田地を失った人びとに対しては、種子や食物をもって救済し、努めて租税を免じ、または少しでも租税を免じてください。(五三)

最後に、ナーガールジュナという人物の、器の大きさというか、得体の知れなさというか、とにかく尋常な仏教者ではなかったことを物語る詩句をあげておきます。出典は、前記本の第三章です。

ある人には、もし毒が役だつのであるならば、たとえ毒であっても、それを施してください。たとえ最高の食物であっても、役だたないならば、その人にその食物を施してはなりません。(六四)

毒蛇に噛まれたときには、(その人の)指を切断して利益をなす、といわれるように、尊き師(仏陀)は、利益のためにはたとえ不善であっても行なわねばならない、と説かれてい

ます。（六五）

この（六四）と（六五）の詩句に対しては、梶山雄一氏がさらにこう説明しています。

持戒のことを考えてみても、ただ戒律を守るということではない。ナーガールジュナは、菩薩は本当の意味で他人を、また社会を救うためには恐れず悪をも行え、と彼が韻文で書いた『ラトナーヴァリー』という書物で言っている。だからただの持戒ではない。戒律を守るということは実は悪をも恐れず、場合によっては善を投げ捨てて悪を行う、そこまでいかなければいけないということなのである。ちょうど毒が薬になることがあるのと同じように、悪を転じて善にする知恵をもつことが菩薩にとっての持戒ということになるわけである。

（『中観と空I』、二八一頁）

インドの宗教界では、ナーガールジュナやその後継者たちは、ともすると「虚無主義者」と非難されましたが、少なくともナーガールジュナ自身は決してそうではなかったことが、『中論』の真意にくわえ、この『ラトナーヴァリー』の言説からわかる気がします。

第三章　空思想の展開——中観と唯識

▼中観派

ナーガールジュナ（龍樹《りゅうじゅ》、一五〇～二五〇頃）を祖として生まれた学派は、中観《ちゅうがん》派と呼ばれました。正確を期すと、中観派という呼称は中国で生まれたものであり、インドでは「中派」と呼ばれ、「観」はついていませんでした。チベットでも、インドの呼称をそのまま受け継いで「ウマ（中）パ（派）」と呼ばれてきました。

中観派は、時代や論証法などのちがいから、初期中観派・中期中観派・後期中観派の三派に分けられます。

ナーガールジュナの思想は、直弟子のアーリヤデーヴァ（聖提婆《しょうだいば》／聖天《しょうてん》、一七〇～二七〇頃）に継承されました。アーリヤデーヴァは、師のナーガールジュナにも増して敵対する者を激しく批判したことで知られています。言説にとどまらず、ヒンドゥー教の神殿にあった神像の眼をくりぬくなど、激烈な行為にもおよび、ついには異教徒の恨みを買って、殺されたと伝えられます。どういうわけか、中観派に属す人々にはよく似た傾向があり、悲劇的な死を遂げた例がたびたびあらわれています。

その後も、アーリヤデーヴァの弟子だったと伝えられるラーフラバドラ（二〇〇〜三〇〇頃）、パーオ、ナーガボーディ（龍智）をはじめ、『中論』の注釈書を書いたとされるピンガラ（青目《しょうもく》）などによって、受け継がれていったようです。これらの人々は、おおむね二〜四世紀ころに活動していたと推測されていて、初期中観派と呼ばれています。

中期中観派は、論証法のちがいから、帰謬論証派と自立論証派の二つの派が生まれ、中観派が二つに分裂した時代です。その背景には、宗教哲学の領域で、仏教と仏教以外の宗教とを問わず、認識論と論理学が飛躍的に発展した事実が指摘されています。この方面でもっとも偉大な功績をあげたのは、ディグナーガ（陳那《じんな》、四八〇〜五四〇）とダルマキールティ（法称《ほうしょう》、六〇〇〜六六〇）です。

ちなみに、帰謬論証派と自立論証派という呼称は、インド仏教界にはありませんでした。この命名は、かなり後になってから、チベット仏教界でなされたものです。理由はよくわかっていませんが、チベット仏教の学僧たちは、見解の違いを学派というかたちで記述するのが得意だったらしく、インド仏教界ではあまり気にされなかった細かい違いに着目して、学派を系統づけることにすこぶる熱心な傾向が見られます。

また、中期中観派の時代は、『中論』に注釈をくわえる人物がつぎつぎに登場した時代でもあります。その名をあげれば、ブッダパーリタ（仏護、四七〇〜五四〇頃）、チャンドラキールティ（月称、六〇〇〜六五〇）、デーヴァシャルマン（五〜六世紀）、グナシュリー（五〜六世紀）、スティラマティ（安慧《あんね》、五一〇〜五七〇）、バヴィヤ（バーヴァヴィヴェーカ／清弁《しょうべん》、五〇〇〜五七〇）です。

なぜ、このように、『中論』に注釈をくわえる人物がつぎつぎに登場したのか、というと、この時代においては、『中論』に注釈をくわえることこそが、自分の見解を表現する基本的な方法だったからです。そして、帰謬論証派のブッダパーリタが書いた注釈書を、自立論証派のバヴィヤが激しく批判したことをきっかけに、中観派は帰謬論証派と自立論証派に分裂しました。

中観派にやや遅れてあらわれ、中観派とはまったく異なる見解を主張して、大乗仏教の二大学派をかたちづくった唯識《ゆいしき》派（瑜伽行唯識派）に対し、強烈な対抗意識をもっていたことも、中期中観派の特徴と言えます。

後期中観派は、中期中観派の中の自立論証派からあらわれたジュニャーナガルバ（八世紀）、その弟子のシャーンタラクシタ（寂護、七二五〜七八四頃）、そのまた弟子のカマラシーラ（蓮華戒、七四〇〜七九七頃）、あるいはハリバドラ（八〇〇頃）などが代表的な人物です。この時期になると、帰謬論証派の活動は目立たなくなり、おおむね自立論証派の活動ばかりが注目されることになります。のちほどやや詳しく説明しますが、帰謬論証派は論理学そのものに否定的だったことから、発展や展開の余地にすこぶる乏しかったのです。

▼形式論理学

論理学とは、正しい判断にみちびく推論を探求する学問です。ひとくちに論理学といっても、さまざまですが、その中核は形式論理学でした。形式論理学は、その名のとおり、正しい論理の形式的構造を研究する学問です。いいかえると、思考の内容とはかかわりなく、ただ抽象的な推論形式だけで論じられる論法です。

古代文明において、論理学が生まれたのは、ギリシアとインドだけでした。中国でも、いわゆる戦国時代に、墨翟《ぼくてき》（墨子、紀元前四七〇～三九〇頃）を祖として博愛主義を説いたとされる墨家や墨家から分かれた名家が、推論や証明の形式的な方法を論じたものの、いずれもごく初期的な段階か詭弁にとどまり、論理学と呼べるほどの次元には達しませんでした。この事実は、ギリシアとインドの文明がきわだって優れていたことを示唆しています。その背景には、言語構造のちがいが関わっていた可能性があります。

ただし、ギリシアで生まれた形式論理学とインドで生まれた形式論理学は、内容的にも歴史的にも大きく異なっていました。

ギリシアの形式論理学を代表するのが、アリストテレス（紀元前三八四～三二二）が確立した三段論法です。

三段論法は、大前提・小前提・結論という三つの命題を立て、これをもちいて導き出された結論が真であるためには、前提が真であること、および論理の法則が守られることが必要とされます。

論理の法則とは、以下の四つです。

①同一律＝個はつねに同一性を保っていること。

②無矛盾律＝同じ観点でかつ同時に、それを肯定しつつ否定することはできない。

③排中律＝任意の命題Aに対して、AであるかAでないか、どちらかしか成り立たない。すなわち、第三の可能性は排除される。

④充足理由律＝いかなる事実Fについて、なぜFであるか、の説明が必要とされる。

三段論法の典型例は、すでに第二章でご紹介しましたが、念のため、もう一度、述べておきます。

大前提：全ての人間は死すべきものである。

小前提：ソクラテスは人間である。

結論：ゆえにソクラテスは死すべきものである。

この場合、たしかに大前提も小前提も真です。しかも、同一律・無矛盾律・排中律・充足理由律は守られています。したがって、結論は真といえます。

▼インドの論理学

一方、インドで生まれた論理学は、アリストテレスの三段論法などとは同列には論じられません。そもそも、インドで生まれた論理学は、推理の研究を主な内容とするとはいえ、インド正統派思想に属する一つの哲学大系として成立したものであり、自我の真実を知って、解脱《げだつ》に至ることを究極の目的としていました。ですから、目的論的であり、神学的な性格を濃厚にもっていたため、他律的であり、心理的であり、そしてその結果として、形式論理学とは異質な論証学になった、と指摘されています（梶山雄一『認識論と論理学』、四五一―四五二頁）。

ちなみに、インド正統派思想とは、『ヴェーダ』や『ウパニシャッド』などの聖典を絶対視する思想であり、ミーマーンサー学派・ヴェーダーンタ学派・サーンキヤ学派・ヨーガ学派・ニヤーヤ学派・ヴァイシェーシカ学派という、六つの学派を指します。このうち、論理学をあつかっていたのは、ニヤーヤ学派とヴァイシェーシカ学派の二つで、この二つの学派は親しい関係にありました。

正理学派とも呼ばれたニヤーヤ学派は、仏教者が対象は観念の構築物であると考えたのに対し、認識や言語は実在世界に即対応し、それをありのままに指示していると考えました。そして、主張・理由・喩例・総合・結論から構成される五支（五段）の論証式にこだわり、五支以外では議論が成り立たないと主張しました。

五支の例は、以下のとおりです。

①主張：声は無常である。

②理由：それは作られたものであるから。

③喩例：作られたものは無常である、たとえば瓶のように。

④総合：このように、声は作られたものである。

⑤結論：したがって、声は無常である。

それに対し、仏教やジャイナ教は、命題のかたちであらわされた喩例と理由の二支だけあれば、十分な論証式が成り立つと主張しました。ニヤーヤ学派が五支にこだわったのは、論式が単なる推理にとどまらず、他者を説得するための実践的な議論の方法であることを重視し、論証における心理的な機能が欠かせないとみなしていたからです。

▼喩例

「喩例」は、読んで字のごとく、「たとえば、○○のように」と表現され、インドの論理学に独特の要素です。喩例が必須とされた理由は、インドの論理学が推理の根拠を知覚、とりわけ直感に求めたからです。この点は、アリストテレス以来の西洋の論理学が、直感を排除し、あるいは直感の過ちを修正し、もっぱら理性にもとづいて構築されたのとは、大きく異なります。

また、直感を重視するインドの論理学では、推論式の大前提が、抽象的な命題としてではなく、具体的に経験できる喩例によって表示されなければならないと考えられていました。しかし、具体的に経験できる喩例の数には限界がありますから、その命題が真理であるか否かを決定するには至らないかもしれません。

したがって、純粋な演繹法では満足な答えを得られず、論証の過程で帰納法的な要素が入り込んでしまう余地が残りました。この点も、西洋の論理学が、抽象的な前提から帰結を形式的にみちびき出す演繹法が中心となったのとは、大きく異なります。

▼ディグナーガの三段論法

インドにおいて、形式論理学と呼んでもよい演繹推理の理論を完成したのは、中期中観派のディグナーガでした。まず、その典型例を見てみましょう。

主張……………あの山には火がある。
理由……………煙があるから。
肯定的必然関係と同類例……煙のあるところには火がある。たとえば、台所のように。
否定的必然関係と異類例……火のないところに煙はない。湖水の表面におけるように。

この例では、「火」が「目印（リンガ）」となって、推論がおこなわれています。目印は、通常の論理学では出てきませんが、インドの形式論理学では絶対に欠かせない要素と断言してかまいません。

肯定的必然関係とは、目印があるところには、必ず証明されるものがある、という関係です。このように、あるところ（場）に存在するものを目印として、その同じ場における他のものの存在を証明するのです。

ここで、注意すべきことがあります。それは、問題にされているのが、一つの目印が占める領域でもなければ、一つの証明されるものが占める領域でもなく、目印や証明されるものが存在する領域だという点です。目印や証明されるものが存在する領域は、基体（ダルミン）にほかなりません。この例では山および台所が基体（ダルミン）にあたり、目印とされる煙および証明されるものである火は属性（ダルマ）にあたります。つまり、論証式に登場している命題は、属性（ダルマ）と基体（ダルミン）の関係にもとづいているのです。

▼目印の三条件

ディグナーガは、推理の根拠（原因）となる「目印（因）」は、以下の三つの条件（三相）を絶対にそなえていなければならないと主張しましたが、この三つの条件は、ディグナーガが初めて定めたものではありません。唯識派の祖の一人とされるアサンガ（無著《むじゃく》　三一〇〜三九〇頃）の時代には、すでに成立していたようで、ディグナーガもその伝統に従ったと考えられています。

①目印は、場に存在しなければならない。
②目印は、証明されるものが存在するという意味で、場と類似しているが、場以外のもの（類似場）のすべてもしくはいくつかに存在しなければならない。
③目印は、証明されるものが存在しないという意味で、場とは類似していないもの（非類似場）に存在してはならない。

ちなみに、さきほどあげた典型例は、アリストテレスの三段論法であれば、以上の論法は、もっと簡単に、以下のように書き換えることができます。

①大前提：煙を有するものは火を有するものである。
②小前提：かの山は煙を有するものである。
③ゆえに、かの山は火を有するものである。

アリストテレスの三段論法では、結論の「火を有するもの」という述語は大名辞、結論の「かの山」という主語は小名辞と呼ばれます。この二つの前提には登場するものの、結論には登場しない残りの「煙を有するもの」名辞は、中名辞と呼ばれます。

ところが、アリストテレスの三段論法における中名辞とちがって、ディグナーガをはじめ、インドの三段論法で使われる中名辞は、目印そのものではなく、目印を有するものなのです。同じように、大名辞も、アリストテレスの三段論法では「証明されるもの」であるのに対し、「証明されるものを有するもの」です。

すなわち、ここでもまた、属性（ダルマ）と基体（ダルミン）の関係が見出せるのです（立川武蔵『空の思想史』、一六〇―一六七頁）。

▼バヴィヤ（バーヴァヴィヴェーカ）の論証式

ディグナーガから一世代ほど後にあらわれたバヴィヤ（バーヴァヴィヴェーカ／清弁）は、ディグナーガが確立した論証式を駆使して、ナーガールジュナの主張を証明しようと試みました。バヴィヤは、ナーガールジュナ自身の論証の中に、明白に、あるいは含意的に、インド論理学の常道ともいえる定言的論証式の構成要素があるので、ナーガールジュナの議論は確実な定言的論証式として理解できると信じたのです（梶山雄一『中観と空I』、一八六頁）。

ここから、自立論証派の活動がはじまり、それは同時に、中期中観派の時代の到来を告げることにもなりました。

たとえば、バヴィヤは、『中論』第二章の「すでに歩かれたところといまだに歩かれていないところの考察」の第八偈の第一句「歩く者が、歩くことはない」が正しいことの証明を、ディグナーガの論証式にもとづいて、次のように展開しています。

主張：最高真理においては、歩く者は歩かない。
理由：歩く者は、動作と結びつくから。

喩例：止まる者のように。

この場合、目印や場などは、以下のとおりです。

場……………………歩く者
目印…………………動作との結びつき
証明されるもの………歩かないこと
類似場（同類例）……歩くことのない者
非類似場（異類例）…歩くことを有する者

では、この論証式において、目印は絶対にそなえていなければならない三つの条件を満たしているでしょうか。

第一条件の「目印は、場に存在しなければならない」は、目印である「動作との結びつき」は、場である「歩く者」に存在するので、満たされています。

第二条件の「目印は、証明されるものが存在するという意味で、場と類似しているが、場以外のもの（類似場）のすべてもしくはいくつかに存在しなければならない」は、目印である「動作との結びつき」が、類似場である「歩くことのない者」の一例に入る「止まる者」、すなわち

「止まるという動作を有する者」に存在するので、満たされています。

第三条件の「目印は、証明されるものが存在しないという意味で、場とは類似していないもの（非類似場）に存在してはならない」は、ディグナーガが確立した体系では、非類似場そのものが存在しないときは、そこに目印があるはずがないので、第三条件は満たしているとみなされます。この事例では、非類似場にあたる「歩くことを有する者」は存在していないので、第三条件は満たしているとみなされます。

こうして、バヴィヤはこの論証式は正しいと主張します。

ただし、この論証式は正しい、と判断されるためには、二つのからくり、もしくは一種のトリックが必要です。一つは、「止まる者」が「止まる」という運動と結びついていることです。もう一つは、場である「歩く者」は、類似場である「歩くことのない者」にも非類似場である「歩くことを有する者」にも含まれていないことです。

逆にいえば、この二つのからくりやトリックがないと、ディグナーガが確立した論証式は成り立たないのです。この例のように、とりあげる命題によって、さまざまな操作を加えないと、論証式が正しいと主張できません。これは、ひじょうに大きな欠陥といわざるをえません。

▼最高真理と言葉

また、バヴィヤは、主張において、その冒頭に「最高真理においては」と述べています。最高真理（究極の真理＝勝義諦）については、『中論』の第二四章において、「諸仏は、二つの異なる次元の真理を想定して、教えを説かれた。一つは、言葉や文字や記号によって説かれた、世間一般の人々が一致して認める真理（世俗諦）である。もう一つは、言葉や文字や記号によらず、心の活動にもよらない、究極の真理（勝義諦）である。ただし、究極の真理も、言語活動によらずして、しめすことはできない。この二つの真理の区別を知らない者は、仏の深遠なる教えを理解できない」と述べられています。

この文言にもとづけば、「歩く者は歩かない」はあくまで「最高真理においては」のみ、成り立つのであって、「言葉や文字や記号によって説かれた、世間一般の人々が一致して認める真理（世俗諦）」においては、「歩く者は歩く」ことを、バヴィヤも認めていたことを意味します。同じ論理で、バヴィヤは、世間一般の人々が一致して認める真理としては、外界の対象が実在することを認めていたといわれます。

考えてみれば、『中論』に述べられているとおり、最高真理は「言葉や文字や記号によらず、心の活動にもよらない」のですから、「最高真理においては……」という論証式を立てること自体が、不可能なはずです。この矛盾をバヴィヤは、「究極の真理も、言語活動によらずして、しめすことはできない」という『中論』の文言を根拠にして乗り超えられるし、空あるいは空性を言葉によって論証できる、と考えたようです。

どう考えても、最高真理と世俗的な真理のあいだには、けっして超えられないギャップがありれます。これはブッダ以来の大原則でもあります。バヴィヤもそれは十二分に理解していたといわれます。

にもかかわらず、バヴィヤ以降に登場した、いわゆる自立論証派の人々は、飽くことなく、言葉によって空あるいは空性を論証しようと、涙ぐましいまでの努力を続けました。事実、後期中観派は自立論証派の独壇場となっています。かれらの努力をあえてたとえれば、こういえるのではないでしょうか。

真理を円弧とすれば、その円弧に内接する多角形を描き続ける行為です。多角形の角の数を増やせば増やすほど、円弧に近くなります。しかし、けっして円弧そのものにはなりえません。それを知りつつ、なおかつ多角形を描き続けようと試みたのが、自立論証派だったのではないか、と思うのです。

そして、バヴィヤがわざわざ「最高真理においては」という文言を添えなければならなかったところに、人々の心の中に占める現実の世界の重みが、ナーガールジュナの生きていた時代に比べると、はるかに増したことを感じます。

ナーガールジュナの生きていた時代は、現実の世界が宗教におよぼす影響はまださほど大きくなく、宗教は現実の世界をある程度まで無視できたのでしょう。ところが、バヴィヤが生きていた時代になると、そうはいきませんでした。偉大なナーガールジュナの権威をもってしても、「歩く者は歩かない」という文言だけでは、もはや説得力をもちえなかったのです。そこに、「最高真理においては」という文言が添えられなければならない理由があったと思われます。

ようするに、空も空性も、時代の変化とまったく無縁ではありえなかったということです。この点は、こののちさらに拡大していきました。

▼チャンドラキールティの批判

自立論証派の歴史に画期をもたらした人物がバヴィヤとすれば、帰謬論証派の立場からバヴィヤを厳しく批判した人物がチャンドラキールティ（月称、六〇〇～六五〇）でした。チャンドラキールティという人物が、仏教の歴史に果たした役割は絶大でした。とりわけ、チベット仏教の主流派となったゲルク派の開祖として知られるツォンカパ（一三五七～一四一九）は、インド歴代の論師（宗教哲学者）のうちで、チャンドラキールティをもっとも高く評価し、みずからの思想的な基盤としました。

そもそも、いまに伝わるナーガールジュナの『中論』のサンスクリット本は、チャンドラキールティの著作である『プラサンナパダー（明らかなことば）』から抽出されたものなのです。この一事を見ても、チャンドラキールティ抜きに、『中論』はもとより、空も空性も論じられないことがわかります。

チャンドラキールティがバヴィヤを批判したのは、チャンドラキールティと同じく帰謬論証派の属していたブッダパーリタ（仏護、四七〇～五四〇頃）を、バヴィヤが自立論証派の立場から批判したからです。ブッダパーリタは『中論』に注釈をくわえるにあたり、ナーガールジュナが『中論』で多用している「二種の否定（二句否定／二句分別）」と「四種の否定（四句否定／四句分別）」を、二つあるいは四つの帰謬式に書き換えました。

このブッダパーリタの対応は、ナーガールジュナの議論は確実な定言的論証式として理解できると信じたバヴィヤにすれば、とうてい許しがたいものでした。ブッダパーリタは、バヴィヤが獲得した論理学の大系を知りませんでしたから、一方的に批判されました。こうしたいきさつをへて、チャンドラキールティのバヴィヤ批判があったのです。

じつは、バヴィヤをチャンドラキールティが批判する前に、唯識派のスティラマティ（安慧、五一〇～五七〇）が厳しく批判していました。批判の論点は、きわめて明解です。「バヴィヤは、同じ論証式において、一つの名辞を二つの意味で用いている。これはそれ自体があやまちであり、ディグナーガの定めた規則にも違反する」というのです。たしかに、これは致命的な欠陥です。

あらためて指摘するまでもなく、論理学そのものを否定したナーガールジュナの宗教哲学を継承しながら、バヴィヤが中観派なりの論理学の構築をめざすこと自体が、矛盾していたといえます（梶山雄一『中観と空Ⅱ』、二三六頁）。

チャンドラキールティもバヴィヤに対して同様の批判をしましたが、チャンドラキールティが後世に大きな影響をあたえた理由は、別にもありました。それは、帰謬という言葉を、「論理の超越」という意味でもちいたのです。つまり、空あるいは空性の論理的な証明そのものを放棄し、空あるいは空性の非論理性や超論理性を主張することで、中観派の思想をきわだたせようと試みたのです。

さらに、チャンドラキールティは、言葉によって究極の真理は表現できないと主張しながらも、言葉もしくは言葉の対象としての世界を軽視せず、むしろバヴィヤよりもはるかに熱心に、現象世界の構造を語り、現象世界の重要性を認めていました。そして、少なくとも現象世界を対象とするかぎりにおいて、言葉とその論理的整合性も重視しました（立川武蔵『空の思想史』、七〇頁）。このことも、チャンドラキールティが後世に大きな影響をあたえた理由の一つに数えられます。

さきほどふれたように、ツォンカパがチャンドラキールティをひじょうに高く評価していたわけは、このあたりにも見出せます。

▼後期中観派

チャンドラキールティに厳しく批判され、その批判が当を得たものであったにもかかわらず、空あるいは空性を論理学によって証明しようとする自立論証派の活動は衰えませんでした。その背景には、インドの宗教哲学界では、定言的論証によらないかぎり、正統な論証とはみなされないという了解があったのです。その結果、後期中観派が、おおむね自立論証派によって占められ、帰謬論証派はほとんど姿を消したことは、すでに何回も述べました。

後期中観派の特徴の一つは、中期中観派の時代にあれほど対抗意識を燃やした唯識派を、仏教にとって有益な学説の保持者と評価して、中観派の中に吸収しようとする動向をしめした点です。そのため、後期中観派は瑜伽行《ゆがぎょう》中観派とも呼ばれるように、総合学派に変身を遂げたのです。

さらに、瑜伽行中観派は形象真実派と形象虚偽派に分かれて論争し、形象虚偽派がまた有垢論派と無垢論派に分かれて論争しました。これらを一つ一つとりあげていると、いくら紙数があっても足りないので、空や空性を考えるうえで重要と思われる形象真実派と形象虚偽派についてだけ、ごくごく簡単に説明しておきます。両派ともに「瑜伽行」という言葉が冠せられていることからわかるように、もとはといえば、唯識派から始まった論争です。

形象真実派は有相唯識派とも呼ばれ、認識は対象のイメージ（形象／形相）を有していると主張しました。形象真実派にいわせれば、イメージと認識そのものはけっして切り離せません。そして、イメージそのものは真実なのにもかかわらず、わたしたちの思惟がイメージをあやまって解釈するので、妄想された世界が出現してしまうのです。

形象虚偽派は無相唯識派とも呼ばれ、認識自体は対象のイメージを有していないと主張しました。形象虚偽派にいわせれば、イメージこそ妄想されたものであり、認識そのものは真実です。

イメージをめぐって、二つに分かれるほどの論争になった理由は、ここに悟りに到達するための主要な課題があるとみなされたからです。たとえば、形象真実派は、こう考えます。人が迷いに陥るのは、その人がイメージを見ているからではなく、そのイメージをわたしたちの思惟によって解釈するからである。したがって、その思惟の解釈から解放されれば、人は認識のイメージを見ながら、迷いから解脱できるはずです……。

後期中観派が登場したころになると、インド仏教はいちじるしく衰退し、存続そのものが危うくなっていました。そして、この状況はその後も変わらず、インド仏教そのものが、一三世紀の初頭にほとんど滅び去りました。

滅亡の直接的な原因は、イスラム勢力による暴力でした。しかし、そのかなり前から、仏教という宗教が、人々の信仰を得られなくなっていたようです。それにくわえて、宗教哲学上の領域でも、すぐれた人材があらわれなくなっていました。

その結果、ニヤーヤ学派とヴァイシェーシカ学派を総合したうえで、人格をもたない創造主としてのみ、神の存在を認め、万人がいかなる方法を選ぼうといつかは解脱できると主張したウダヤナ（九八〇頃）に、完膚無きまで論破されるなど、ヒンドゥー教正統派の攻勢に圧倒され、劣勢に立たされていたのです。

▼シャーンタラクシタと『中観荘厳論』

後期中観派を代表する人物が、シャーンタラクシタ（寂護、七二五〜七八四頃）です。かれは、インド仏教界における最高の研究機関として有名なナーランダー僧院にいた学僧であり、ダルマキールティの影響をつよく受けているといわれます。中観派と唯識派を、理論面でも実践面でも統合し、瑜伽行中観派に発展させたのも、この人物でした。これらの業績から、弟子のカマラシーラ（蓮華戒、七四〇〜七九七頃）、あるいはやや遅れて登場したハリバドラ（八〇〇頃）とともに、中観派にとどまらず、インド大乗仏教が生んだ最後の巨匠と評価されてきました。

シャーンタラクシタの主要な著作は、『真理綱要』と『中観荘厳論《ちゅうがんしょうごんろん》』です。

このうち、『真理綱要』は、仏教やヒンドゥー教のさまざまな学派の説を紹介しながら、それらをすべて批判したうえで、みずからの哲学的な見解を述べています。特に力を注いでいるのは、自我に関する仏教以外の宗教の理論、ヴァイシェーシカ学派の範疇論と認識論と論理学、説一切《せついっさい》有部《うぶ》の三世実有《さんぜじつう》論などの紹介と批判です。ただし、哲学概論という性格が濃く、中観派の真理観を述べているわけではありません。

『中観荘厳論』は、その書名が語るとおり、中観派の思想を体系的に記述しています。この著作には二つの意味があると指摘されています。一つは、ヒンドゥー教の諸学派・説一切有部・経《きょう》量部《りょうぶ》・唯識派・中観派の認識論ないし哲学を、低い次元のものから高い次元のものへと導く哲学の階梯として理解していること。もう一つは、インド仏教が生んだ最高の教相判釈、すなわち諸学派の思想や哲学を、批判的かつ体系的に配列して、自派の説がもっともすぐれていることを明らかにする書になっていることです（梶山雄一『中観と空Ⅱ』、三三六頁）。

まず、第一偈において、シャーンタラクシタはこう述べています。ヒンドゥー教の諸学派はもとより、仏教の諸学派の中にも、実在とみなして高く評価するもろもろの実体は、じつはなんらの本質ももたず、映像のようなものにすぎない。なぜなら、それらは単一でもなく多様でもないが、一と多のほかに、第三の存在形式はありえないからである。そして、本質を欠くものは存在しない、と。

ついで、諸学派が実在すると主張するアートマン・プトガラ（ひと）・原子などを、単一でもなく、多様でもないという理由で、存在しないとしりぞけます。また、シャーンタラクシタに影響をあたえたダルマキールティが、存在するか存在しないかの基準は因果的効果性、つまりそれが存在することによって、なんらかの効果があるか否か、にあると定めたことにもとづいて、アートマンのように、常住かつ不変なるものは活動することができないから、なにも効果を生まず、したがって存在しないと主張します。

以上のような論法をはじめ、まさに多種多様な論法を縦横無尽に駆使して、シャーンタラクシタは中観派の空性の理論以外を、すべて批判していきます。その結果は、仏教の諸学派について、以下の五段階としてしめされます（同前、三五四頁）。

①外界の実在も心的実在も認める説一切有部の段階
②心の中のイメージが認識の対象とされ、外界は認識の知覚できない原因に格下げされる経量部の段階
③外界を心の中のイメージとして置き換え、心の中のイメージが、心がイメージを照らし出す作用（照出性）と同じく、実在であると説く表象真実論の瑜伽行派の哲学
④心がイメージを照らし出す作用の実在のみを認め、イメージは虚偽であるとして斥ける表

象虚偽論の瑜伽行派の認識論
⑤心がイメージを照らし出す作用の存在さえも否定する中観の空性の理論

じつは、ハリバドラもほぼ同じ見解でした。かれは、修習の階梯を、以下のように説いています（梶山雄一『中観と空I』、二四六頁）。

①自我に執着する外教の立場の超越
②外界の対象に執着する説一切有部や経量部の立場の超越
③形象真実論の瑜伽行派の立場の超越
④形象虚偽論の瑜伽行派の立場の超越
⑤形象虚偽論の瑜伽行派が主張する主客の二分を離れた無二知、つまり自己認識をも、縁起のゆえに、空とする中観の最高の真実

以上が、中観派の最終的な見解とみなしてよいと思われます。

▼インドからチベットへ

シャーンタラクシタとカマラシーラはチベットへ招かれ、旅立ちました。この二人が、あえて未開の地であったチベットへおもむいた理由の一つは、ヒンドゥー教やイスラム教に圧倒されるばかりのインド仏教の未来に、明るい希望をもてなくなっていたことにあったようです。

シャーンタラクシタとカマラシーラの行動は、大きな足跡を残しました。なぜなら、こののち、

ナーランダー僧院とともに、インド仏教界最高の研究機関であったヴィクラマシーラ僧院の筆頭僧となったアティーシャ（九八二～一〇五四）、同じ僧院の最後の僧院長をつとめたシャーキャシュリーバドラ（一一二七～一二二五）など、超一流の人材がチベット布教におもむく最初の事例となり、その結果、チベット仏教がひじょうに高い次元に達する端緒をつくったからです。

ちなみに、中国へもインドからかなり多くの僧侶がおとずれて、さまざまなタイプの仏教を伝えましたが、かれらの中に、インド仏教界で名を馳せた人物は見当たりません。少なくとも、インドからおとずれた人材の優秀さという点では、チベット仏教のほうがずっと上だったと言えます。

シャーンタラクシタは、チベット在来の宗教だったポン教の抵抗に苦労しながら、仏教の導入につくしました。カマラシーラは、チベットの仏教を、インド型にするか中国型にするか、を争ったサムイェー論争に勝利して、チベットがインド型の仏教を受けいれるうえで、決定的な貢献を果たしました。

ただし、二人とも、チベット滞在中に、尋常ではない死に方をしています。どうやら、敵対する者たちの怨みを買い、暗殺された疑いが濃厚です。シャーンタラクシタは乗っていた馬が突如として暴走し、振り落とされたのが原因で、死に至ったと伝えられますが、この事件は排仏派の陰謀といわれます。カマラシーラは、反対派の刺客に襲われ、内蔵をえぐり出されて殺されたと伝えられます。

こうした悲劇はありましたが、シャーンタラクシタやカマラシーラの行動は十分にむくわれ、チベット仏教はインド大乗仏教のもっともすぐれた後継者となりました。空や空性をめぐる探求も、チベット仏教に引き継がれることになりました。

▼唯識派

中観派にやや遅れて成立した唯識派は、部派仏教の説一切有部・経量部、大乗仏教の中観派とならんで、四大学派の数えられるくらい、大きな影響力をもつ学派でした。とりわけ、大乗仏教の宗教哲学は、中観派と唯識派の論争の歴史といっていいくらいです。

ご存じの方も多いと思いますが、日本の法相宗《ほっそう》は唯識派の宗派です。薬師寺《やくしじ》と興福寺《こうふくじ》がその代表的な寺院です。日本の法相宗は中国の唐時代に活躍した玄奘三蔵《げんじょう》を祖としています。その玄奘は、唯識派の思想をきわめるために、わざわざインドまで留学したのです。

唯識とは「すべてこの世界はただ心象のみにすぎない」という意味です。すなわち、この世界のすべての存在は、認識された姿としてのみ、顕現しているのであり、実体的に存在する何かが、認識された姿の背後にあると予想してはならないというのです（沖和史「唯識」『岩波講座　東洋思想　仏教I』、二八八頁）。

唯識派は瑜伽行唯識派とも呼ばれますが、「瑜伽」を冠した呼称のほうが、この学派の性格を端的に物語ることはたしかです。なぜなら、「瑜伽」とは、サンスクリットの「ヨーガ」、つまり呼吸制御を典型例とする身体技法をともなう瞑想法を意味し、理論面にとどまらず、この「瑜伽」の実践を必須とすることこそ、この学派の特徴の一つだったからです。

唯識派の祖はマイトレーヤ（弥勒《みろく》、二七〇頃〜三五〇頃）と伝えられます。そして、唯識派の教理体系を整えたのは、マイトレーヤの弟子とも伝えられるアサンガ（無著）とヴァスバンドゥ（世親）です。

アサンガとヴァスバンドゥは実の兄弟でした。現在のパキスタン西部のペシャワールで生まれ、師と真理の法を求めてインド各地をめぐり、最終的にはインド中部のアヨーディヤー（現在のアウド）を拠点としていたようです。

ヴァスバンドゥは、いうまでもなく大乗仏教の学僧ですが、説一切有部の教理概論書である『倶舎論《くしゃろん》』の著者でもあります。大乗仏教の学僧でありながら、なぜ説一切有部の教理概論書を書いたのか。この疑問に対して過去には、唯識派のヴァスバンドゥと『倶舎論』の著者のヴァスバンドゥは、同名異人ではないか、という説もありました。しかし、現在で同一人物説が有力です。インドでは、必要とあれば、学派や見解の違いを超えて、書物をまとめるのは珍しいことではなく、ヴァスバンドゥと『倶舎論』の関係も、それに該当する可能性が高いようです。

アサンガとヴァスバンドゥの師とされるマイトレーヤは後世、その名ゆえに、未来仏として信仰された弥勒如来／弥勒菩薩と同一視されました。現に、奈良の興福寺の北円堂には、弥勒如来像の左右に、運慶《うんけい》作の無著と世親のすこぶるリアルな表現の立像が、脇侍《わきじ》のかたちで安置されています。

マイトレーヤの著作としては、『中辺分別論《ちゅうへんふんべつろん》（中正と両極端の弁別）』や『大乗荘厳経論』などが残されています。ちなみに、『中辺分別論』はヴァスバンドゥの注釈をともなう『釈論』がよくもちいられてきましたが、その冒頭に置かれた帰敬偈《ききょうげ》には、天上界にあるマイトレーヤ菩薩から、アサンガが親しく教えを授かり、人間の言葉にしたと書かれています。この偈を信じるならば、『中辺分別論』の真の著者はアサンガであり、マイトレーヤは神話的な存在の可能性があります。

▼『中辺分別論』

『中辺分別論』そのものは約一一〇の偈（詩句）から構成されていて、その内容はきわめて簡潔です。しかし、唯識派の重要な思想が説かれていることも、事実です。たとえば、第一章の相《そう》（特徴）を論じる箇所には、こう書かれています。

一　虚妄なる分別

そのうち、（空性の）相（特徴）について説く。

虚妄なる分別はある。そこに二つのものは存在しない。しかし、そこに空性が存在し、その（空性の）中にまた、かれ（すなわち虚妄なる分別）が存在する。

それゆえに、すべてのものは空でもなく、空でないものでもないと言われる。有であるから、無であるから、また有であるからである。そしてそれが中道である。

識が生起するとき、それは対境（外界）として、有情（生命あるもの）として、自我として、表識として顕現する。しかし、その（識が顕現する場合の四つの）対象は実在するものではない。それが実在しないから、かれ（すなわち識）もまた存在しない。

それゆえに、それ（すなわち識）が虚妄なる分別であることが成立した。なんとなれば、（識は）そのままにあるのでもなく、またあらゆる点で無なのでもないからである。

それ（すなわち識）が滅尽することによって、解脱のあることが認められるからである。

妄想されたもの（遍計《へんげ》所執性《しょしゅうしょう》）、他によるもの（依他起性《えたきしょう》）、完全に成就されたもの（円《えん》成実性《じょうじつしょう》）（という三種の自性）が説かれたのは、（順次に）対象であるから、虚妄なる分別であるから、また二つのものが存在しないからである。

「虚妄なる分別はある。そこに二つのものは存在しない。しかし、そこに空性が存在し、その（空性の）中にまた、かれ（すなわち虚妄なる分別）が存在する」に、ヴァスバンドゥは、こう注釈を加えています。

ここで「虚妄なる分別」というのは、知られるもの（所取）と知るもの（能取）と（の二者の対立）を分別することである。「二つのもの」とは、知られるものと知るものとである。（それらは究極的には実在しない。したがって）「空性」とは、この虚妄なる分別が、知られるものと知るものとの両者を離脱し（両者が否定され）ている状態である。

……

このようにして、「或るものが或る場所にないとき、後者（すなわち或る場所）は、前者（すなわち或るもの）について空である、というように如実に観察する。他方また、（右のように空であると否定されたのちにも）なお（否定されえないで）なんらかあまったものがここにあるならば、それこそはいまや実在なのであると如実に知る」という（ように述べられている）空性の正しい相が（この詩頌によって）明らかに述べられた。

（長尾雅人訳『中辺分別論』『大乗仏典　世親論集』中央公論社、二一九―二二四頁）

ヴァスバンドゥによれば、いいかえれば唯識派によれば、「空性とは、この虚妄なる分別が、知られるものと知るものとの両者を離脱し（両者が否定され）ている状態」にほかなりません。長くなるので、ここでは引用しませんでしたが、中道について、ヴァスバンドゥは「すべてのものが一方的に空なのでもなく、一方的に空でないのでもないこと」と述べています。

興味深いのは、「或るものが或る場所にないとき、後者（すなわち或る場所）は、前者（すなわち或るもの）について空である」という文言です。これは、第一章でご紹介した『小空経』の

「ミガーラの母の講堂は、象・牛・雄馬・牝馬については空で、金銀については空で、女や男の集まりについては空で」という文言と共通しています。

さらに、『中辺分別論』本文に登場する「妄想されたもの（遍計所執性）、他によるもの（依他起性）、完成されたもの（円成実性）（という三種の自性）」も、唯識派の思想を理解するうえで、ひじょうに大切です。

「妄想されたもの」は「遍計所執性」という伝統的な漢訳語のほうが、原義をより正確に伝えています。「遍計所執性」は、「遍く《あまね》（言葉によって）考えて、執着されたありよう」という意味です。「遍く」というのですから、執着の対象は、空間や時間などをすべて超えているということになります。しかも、唯識派の発想では、空間的なものも時間的なものも、ことごとく識（心）の中にあるにもかかわらず、それらを識の外にある、と言葉によって考えてしまうことこそ、大問題なのです。

「他によるもの（依他起性）」は、識の中で生じるすべては、自分以外の「他の力」によって生じることを意味します。漢訳語の「依他起」は、縁起の言い換えと考えていただいて、けっこうです。つまり、識の中は、「他の力」によって生じた有象無象で混乱を極めていると言いたいのです。

「完成されたもの（円成実性）」は、「修行によって完璧に清められた心のありよう」です。別名を「真如《しんにょ》」ともいい、唯識派が想定する最高真理であり、もはや言葉が通用しない真理の世界です。いうまでもなく、唯識派がめざす究極の境地にほかなりません。

▼『唯識三十頌』

アサンガには『摂大乗論《しょうだいじょうろん》』という著作があります。この著作は唯識派の思想を体系的に述べたもので、とても重要です。ただし、かなり大部なものなので、ここでご紹介するのはためらわれます。

その点、ヴァスバンドゥ最後の著作ともいわれる『唯識三十頌《ゆいしきさんじゅうじゅ》』は、わずか三〇の簡潔な詩頌で述べられているにもかかわらず、完成度がとても高いことで定評のある教理綱要です。ですから、質的にも量的にも、唯識派の思想を理解するのに、これほど適した文献は他に見当たりません。

『唯識三十頌』は全部で一二の章から構成されています。以下に、その構成をあげておきます。なお、引用はすべて、広澤隆之『唯識三十頌を読む』（大正大学出版会）からです。

第一章　帰敬偈
第二章　総論（第一偈）
第三章　初能変—阿頼耶識の変容（第二偈〜第四偈）
第四章　第二能変—末那識の変容（第五偈〜第七偈）
第五章　第三能変—感覚・知覚の変容（第八偈〜第一六偈）

第六章　正辨唯識―唯識ということ（第一七偈）
第七章　心法生起―心の働きの起こり（第一八偈）
第八章　有情相続―生死と心のつながり（第一九偈）
第九章　三性―心に見える三種の存在形態（第二〇偈～第二二偈）
第一〇章　三無性―空性である三種の存在形態（第二三偈～第二五偈）
第一一章　唯識位―修行の階梯と仏陀の境界（第二六偈～第三〇偈）
第一二章　廻向文

いましめした章の構成、とりわけ第二章に第一偈があるという事実からわかると思いますが、第一章の帰敬偈は、原著にはなかったものです。おそらく、中国の法相宗で作成されたと推測されています。

訳者の広澤隆之氏は、サンスクリット本・玄奘による漢訳本・チベット本からそれぞれ訳出して対照させているだけでなく、もっとも尊重すべきサンスクリット本からの訳出では、（a）玄奘訳の術語を基本とした訳と（b）哲学的概念を考慮した意訳という、二つの訳を並べています。正直申し上げて、伝統的な術語は理解がひじょうに難しいと考えます。この点を考慮して、またできるだけわかりやすくという本書の趣旨から、引用にあたっては、サンスクリット本（b）を選んでいます。

▼自己も世界も虚構

『唯識三十頌』の第一偈には、こう説かれています。

まさに自己という実体としての存在（我）と、その存在の軌範（法）に関しての言語によるさまざまな虚構が行われるが、それらは識が変容する場合においてであり、しかも識の変容は三種である。

ヴァスバンドゥによれば、自己は虚構です。その虚構を生み出しているのは、言語です。広澤隆之氏はこの部分を解説して、デカルトは「我思う、ゆえに我あり」と主張したが、このようなデカルトの「考える自分」は、はたして真に「考える自分」であるのだろうか、と疑問を呈しています。つまり、「考える自分」は疑いもなく確実に存在すると主張するとき、その「考える自分」はすでに「考えられている自分」になっているはずで、少なくとも、『唯識三十頌』にもとづくならばデカルトが疑いようもないと考えた「考える自分」も確実な自分ではないことになる、と述べています。

つぎに、自己だけでなく、世界そのものも虚構だとヴァスバンドゥは主張します。その論拠は、「存在の軌範（法）」もまた、言語によって生み出されているからです。広澤隆之氏は「存在の法

（ダルマ）」を「存在の軌範」と訳していますが、本書がこれまでつかってきた用語に変換すれば、「存在の要素」になります。

すると、存在は七五の法、つまり七五の要素から構成されていて、常に変化して止まないものの、存在を構成している個々の要素は永遠不滅という、説一切有部の思想が批判の対象になっていることがわかります。ようするに、ヴァスバンドゥは、世界を構成している個々の要素は、みな言語によって生み出された虚構にすぎないのだから、虚構にすぎない個々の要素によって構成されている世界も虚構にすぎない、と述べているのです。この結論は、ナーガールジュナの『中論』と同じです。

最後に、ヴァスバンドゥは「識」を考察の対象としています。「識」はサンスクリットのヴィジュニャーナの訳語です。ヴィジュニャーナは、「智恵」を意味するジュニャーナに、「分離」を意味する接頭語のヴィが冠せられています。こうすると、区別することや識別することを意味します。つまり、ヴィジュニャーナとは、個別の対象ごとにそのイメージを浮かび上がらせる心の働きを意味しているのです。そして、そのような識の働きが複雑かつ相互に働きあって、わたしたちの迷いの世界をつくりだしているというわけです（広澤隆之『唯識三十頌を読む』、四〇頁）。

注目すべきは、言語による虚構は、「識が変容する場合において（行われる）」と説かれている点です。「識の変容は三種である」とも説かれています。

▼アーラヤ識

第二偈には、こう説かれています。

〈三種の心の変容とは〉〈過去世の業が〉成熟した果報と、〈自己認知をする〉思考と称されるものと、〈対象を顕現させる〉表象とである。そのうちで、成熟した果報とはアーラヤ識といわれる識であり、すべての〈錯綜した認識の〉可能態（種子）を含みもつ。

三種の心の変容は、伝統的な用語では、「異熟《いじゅく》」と「思量《しりょう》」と「了別《りょうべつ》」と呼ばれてきました。ここでは、そのうちの〈過去世の業が〉成熟した果報＝異熟について、説明されています。そして、ここに登場する「アーラヤ識」こそ、唯識派の思想をあらわす最重要の概念にほかなりません。

「アーラヤ識」という言葉そのものは、「アーラヤ」と「識」という単語の合成です。「アーラヤ」は、何かを蓄える場所、すなわち蔵とか貯蔵庫を意味します。

じつは、「アーラヤ」という言葉は、案外、身近で使われています。チベット高原の南端にそびえる世界最高峰の山脈が、「ヒマラヤ」と呼ばれていることは、ご存じでしょう。その「ヒマラヤ」は、「ヒマ（雪）」と「アーラヤ（蔵）」の合成語で、「雪蔵」を意味しています。一年を通して雪におおわれているので、雪が無尽蔵に蓄えられている場所だ、雪の蔵だ、雪の貯蔵庫だ、と考えられてきたのです。

この例と同じように、「アーラヤ識」とは「蔵である識」もしくは「貯蔵庫である識」という意味になります。伝統的な漢訳では「蔵識」です。もっとわかりやすくいうなら、アーラヤ識とは「蓄える心」です。

では、いったい何が、心の中に蓄えられるのでしょうか。それが大問題です。

その答えは、「汚れ」です。わたしたちの心の中には、「汚れ」が蓄えられているのです。大乗仏教の段階になると、輪廻《りんね》転生《てんしょう》が前提になっていますから、わたしたちは永遠の過去からずっと生と死をくりかえしてきたと信じられていました。その間になされた行為や活動、すなわち「業《ごう》」は、もはや無限といえます。そして、行為や活動はなんらかの影響を、心にあたえてきたと考えられたのです。

そうした影響が蓄えられた場所、それがアーラヤ識なのです。

興味深いのは、行為や活動がアーラヤ識に影響をあたえることを、「薫習《くんじゅう》」と名付けてきた点です。「薫習」は、香りや匂いの強いものがあると、その香りや匂いがいつの間にか周囲のものに染み込むことに、よくたとえられます。それと同じように、行為や活動の影響は、知らず知らずのうちに、アーラヤ識に蓄えられていくというわけです。

唯識派の学説では、アーラヤ識に蓄えられた影響は「種子《しゅうじ》」と呼ばれます。意味は、植物の種子と同じです。植物の種子が、水分と適温という条件、つまり縁によって芽吹くように、アーラヤ識に蓄えられた影響も、縁がそなわると、日常世界の中に現れてくるのです。

このように、アーラヤ識に蓄えられていた影響が日常世界の中に現れてくることは、「現行《げんぎょう》」と呼ばれます。また、アーラヤ識は、種子を蓄える識なので、「種子識」とも呼ばれます。

以上の行為や活動とアーラヤ識との関係は、以下のように三つにまとめられます。

①現行薫種子：いま現れている行為や活動（現行）が薫習して、アーラヤ識に種子を形成する。

②種子生現行：アーラヤ識に蓄えられている種子が、新たな行為や活動（現行）を生み出す。

③種子生種子：アーラヤ識に新たな種子が蓄えられると、新たなアーラヤ識が生み出される。

そして、この三つの関係は瞬時に成立し、その結果、瞬間ごとに行為や活動は変化し、種子は蓄えられ、アーラヤ識は変容し続けます。この、いわばメカニズムは永遠の過去から、ずっと繰り返されてきたし、これからもずっと繰り返されていくと唯識派は考えました。

このメカニズムを、伝統的な用語では「阿頼耶識縁起《あらやしきえんぎ》」といいます。ブッダが説いた縁起は、唯識派によって、このように再解釈されたのです。

▼八つの識

第五偈・第一五偈・第一六偈・第一七偈には、こう説かれています。

アルハット（阿羅漢《あらかん》）という〔最高の聖者の位〕において、それ〔アーラヤ識〕の断滅がある。それ〔アーラヤ識〕を根拠として、またそれ〔アーラヤ識〕を対象化して、〔自己認知をする〕思考を本質とする末那識《まなしき》（意と名づけられる識）が現象する。

五〔種の認識作用＝識〕は根本の識（＝アーラヤ識）に〔もとづいて〕縁のあったとおりに生じる。〔それぞれの五つの〕認識作用（＝識）は同時の場合もあればそうでない場合もある。あたかも波浪が水に〔にもとづいて生じる〕ように。

常に意識は生起している。〔ただし〕無想果《むそうか》（一切の観念をなくした禅定の境地）と二つの瞑想（無想定《むそうじょう》と滅尽定《めつじんじょう》）と、さらに無心である朦朧とした状態と卒倒した状態を除外する。

この認識作用（＝識）の変容とは、認識判断（＝分別《ふんべつ》）なのである。その〔認識作用の変容〕によって認識判断される（所分別）いかなるものも存在しない。そうであるから、このすべてはただ表象のみにすぎない。

第五偈に説かれる「末那識」は、引用部分にあるとおり、「思考を本質とする識」です。ただし、ふつうの意味の思考ではありません。末那識はもっぱらアーラヤ識だけを対象と働いているのです。このとき、対象とされるアーラヤ識は、つねに変化して止まないので、末那識はアーラヤ識を、一瞬おくれて対象とすることを繰り返しています。

そして、もともと「思考を本質とする識」ですから、一瞬前のアーラヤ識を、自己として把握するのです。それを繰り返しているので、結果的に、アーラヤ識の流れ（相続）を、一つの実体と誤認して、つまり常住不変の存在と誤認して、それを「自己（我／アートマン）」だと思い込んでしまうのです。

このようにして、末那識は誤認を繰り返し、さらに誤認の産物にほかならない自己に執着します。そこから、識の深層に、さまざまな汚れが生まれます。そこで、末那識は「染汚意《ぜんまい》」とも呼ばれてきました。

第一五偈に説かれる「五〈種の認識作用＝識〉」とは、眼識・耳識・鼻識・舌識・身識を指しています。この五つの識については、五感と総称される感覚の領域をつかさどる識であることはご存じでしょうから、いまさら説明するまでもないと思います。ただし、この五つの識は、現れたり消えたりしているので、アーラヤ識や末那識のような連続性はありません。

もう一つ重要なのは、この五つの識もまた、アーラヤ識を根拠にして生まれてくるとみなされている点です。この偈で、アーラヤ識が「根本の識」と呼ばれている理由は、ここにあります。

次は、第一六偈です。ここで説かれているのは、いわゆる「意識」です。六番目の識なので

「第六識」とも呼ばれます。

この意識は、偈に説かれているように、特殊な状態を除けば、「常に生起して」います。意識が「常に生起して」いるのは当たり前だろう、なにをわざわざ念を押すのかと言われてしまうかもしれません。

「常に生起して」と説かれているのには、もちろん理由があります。仏教では、意識は迷いの産物とみなされるからです。さきほど、デカルトの「我思う、ゆえに我あり」を例にあげて、この文言には、仏教の立場からすると、根本的な疑問があると述べました。それとよく似た論理で、意識が「常に生起して」いることは、仏教がめざす真理へと至る道にとって、よくない可能性があるのです。そこで、「無想果（一切の観念をなくした禅定の境地）と二つの瞑想（無想定と滅尽定）」という文言が添えられているというわけです。

最後は、第一七偈です。この偈については、参考までに、漢訳とその読み下しをあげておきます。

是諸識転変　分別所分別　由此彼皆無　故一切唯識

これの諸識は転変して分別となり所分別となる。

此に由りて彼は皆無なり。故に一切は唯識なり。

この第一七偈は、『唯識三十頌』の第一偈から第一六偈までの結論にあたります。ようするに、わたしたちが日常的に体験している世界は、実在せず、八つの識（心）が生み出している虚構にすぎない、とヴァスバンドゥは主張するのです。ゆえに、「一切は唯識」なのです。

▼唯識派とサーンキヤ学派

アーラヤ識については、インド正統派思想に属すサーンキヤ学派の理論との類似が指摘されています。ちなみに、ヴァスバンドゥの伝記を読むと、ヴァスバンドゥの先輩であったブッダミトラという学僧が、サーンキヤ学派の学者と論争して敗れたと書かれています。

この学派は、二元論の立場をとっていました。すなわち、原物質（根本原質＝プラクリティ）と霊我（純粋精神＝プルシャ）です。ともに、実在しています。

ただし、サーンキヤ学派は、正統派の学派には珍しく、属性（ダルマ）と基体（ダルミン）の区別がかなり曖昧です。したがって、第二章でふれたとおり、唯名論に入ります。この点は、仏教に近いといえます。

原物質は唯一ですが、霊我は個々人に対応して多数あるとみなされます。原物質は現実の世界、あるいは現象するありとあらゆるものが生まれいづる根源です。いいかえれば、世界は原物質が展開したものにほかなりません。霊我は純粋に精神的な存在なので、それ自身はいかなる働きも運動ももっていません。ただし、霊我が原物質を見守るだけで、それをきっかけとして、原物質は世界創造を開始すると考えられました。

このような霊我とアーラヤ識が、サーンキヤ学派と唯識派の教理体系に占める位置がよく似ているというのです。もちろん、まったく同じではありません。たとえば、原物質と霊我は、原則として、それぞれ別個の存在です。しかし、アーラヤ識は他の識とまったく別個ではありません。

似ている点は、他にもあります。ついさきほど、サーンキヤ学派によれば、世界は原物質が展開したものにほかなりませんと述べましたが、「展開」という言葉の原語は「パリナーマ（転変）」です。唯識派でも、もろもろの認識作用がはたらいた結果、この現象世界が認識として成立することを、「パリナーマ」と呼んでいるのです。

仏教では、唯識が登場する前に、「パリナーマ」という言葉が使われたことはありません。しかも、サーンキヤ学派の「パリナーマ」に関する理論構築は、唯識派の誕生に先行しています。とすれば、唯識派の「パリナーマ」の理論が、サーンキヤ学派の影響を受けていた可能性は高いと考えられます。

さきほど述べたように、サーンキヤ学派の学者たちは、唯識派の学僧と論争を繰り返していました。ということは、唯識派からすれば、サーンキヤ学派の理論にふれる機会は多々あったはずです。論争しているうちに、論争相手の理論から影響を受けるという事態はよくあります。それを思えば、唯識派がサーンキヤ学派から影響を受けたとしても、不思議ではありません。

▼唯識派の悟り

アサンガ〔無著〕の著作と伝えられる『摂大乗論』の中でも、もっとも重要な章の一つ〔長尾雅人『摂大乗論　和訳と註解』下、講談社、四六二頁〕とされる第三章に、ひじょうに意味深い文言があります。

このただ表象のみなることへの悟入に冠しては、四種の三昧があり、それが依り所になって四種の洞察へ導くものがあるのであるが、そのことを如何様に考えるべきなのか。――かの〔前述の〕四種の考察によって、外界の物が存在しないことを、微弱ではあるが認識し得たとき、〝光明を得た〟という三昧に入るのであり、それが洞察に導くものとしての〔第一の〕〝暖か味を帯びた〟という位への依り所となる。その〔同じ〕認識がより高度のものとなったとき、〝光明の増大した〟という三昧に入るのであって、それが〔洞察に導くものの第二の〕〝頂き〟という位の依り所である。また、〔前述の〕四種のあるがままの遍き智において、ただ表象のみなることに悟入して外界の無なることに決定づけられたときは、〝真実義の一部分に悟入した〟という三昧に入るのであり、これが〔同じく第三の〕真理に背かない〝忍〟の位の依り所である。それを過ぎて、ただ表象のみという想念すらも伏滅されるならば、これが〝間をおかない〟という三昧であり、〔同じく第四である〕〝世間的なものの中の最高〟という位の依り所として見られる。これらの三昧は真理直観（現観）〔すなわち見道〕に隣接したものと見るべきである。（長尾雅人『摂大乗論　和訳と註解』下、六九頁）

引用した部分には、「ただ表象のみなること」という洞察に至るには、四種類の三昧《さんまい》、つまり瞑想が必要であり、その瞑想によって、四種類の洞察あるいは境地へとみちびかれる、と説かれています。

四種類の境地のうち、最高位とされる第四の境地でも、〝世間的なものの中の最高〟という表現からわかるとおり、まだ凡夫《ぼんぷ》の次元にとどまっています。この先には、菩薩の境地が設定されています。

とはいえ、〝世間的なものの中の最高〟という境地をもたらすとされる〝間をおかない〟という三昧は、真理直観（現観《げんかん》）〔すなわち見道《けんどう》〕に隣接したものとみなされるのですから、ひじょうに高度な瞑想です。

なお、「真理直観」は、訳文中にもあるとおり、「現観（アビサマヤ）」とも「見道」とも呼ばれ、まのあたりに透徹した明瞭な智が得られることを意味しています。

注目すべきは、〝世間的なものの中の最高〟という境地に到達するためには、〝間をおかない〟という三昧（瞑想）が不可欠であり、この三昧に入るためには、「ただ表象のみという想念すらも伏滅される」必要があると説かれているところです。

「ただ表象のみという想念」は、唯識派にとって金科玉条にほかなりません。しかし、それすらも否定されなければ、〝世間的なものの中の最高〟という境地に到達できず、まして「ただ表象のみなること」という洞察に至ることはできないというわけです。

ようするに、外界が非存在なることによって世界はただ表象のみ（唯識）なることに達し、しかも外界が無ならばそれを認識する識もありえず、したがってただ表象のみなることも捨て去るべきことが説かれているのです。そして、この前段階を過ぎて、世界が根底的に転換し展開するとき、初めて「見道」という真の悟り（現観）を得て、世間を離脱した出世間の世界に入り、そこから以後はすべて「修道《しゅどう》」と呼ばれる段階になっていくのです（同前、四六三頁）。

このプロセスは、『中論』の第一三章にある「空性によってこそ、すべてのあやまった見解を排除できるが、空性にとらわれる者は救いがたい」という文言に、一脈通じるものがあります。

▼ラトナーカラシャーンティと「清く光り輝く心」

唯識派最後の巨人といって人物に、ラトナーカラシャーンティ（一〇世紀後半〜一一世紀初頭）がいます。彼は、インド仏教にとって最後の拠点となったヴィクラマシーラ僧院に居住していた唯識派の大学僧であり、チベットに顕密両方の仏教を伝えて、チベット仏教の大恩人とたたえられるアティーシャ（九八二〜一〇五四）の師の一人でもありました。

唯識派といっても、唯識派と中観派の理論を一致させることに心血をそそぎ、その意味では、中観派の出身でありながら、唯識派との統合をめざしたシャーンタラクシタやカマラシーラよりも、もっと完全な中観瑜伽派とみなされています。

ラトナーカラシャーンティは、『般若波羅蜜多論《はんにゃはらみたろん》』という著作において、唯識派と中観派を、次のように批判しています。

まず、唯識派に対しては、形象と思惟を同一視して、ともに虚構であるとし、それを離れた照明そのものを、認識の本質とみなすべきだと批判しました。もう少し詳しく説明すると、認識の対象、つまりその客観的契機が存在しないことを理由として否定されるものは、認識の主観的契機にすぎず、その主観と客観との二つの契機を離れた照明そのものは、認識の本質として実在するというわけです。

ついで、中観派に対しては、たとえ、認識の形象は虚偽であるとしても、照明そのもの、つまり本質的な知としての最高の真実を存在しないと考えるべきではないと批判しました。

このように、ラトナーカラシャーンティは、心の本質を照明そのものとして、そこに唯識派と中観派の一致した真理を見たのです。

以上の主張は、ヨーガ修習のプロセスにも反映されています。四段階が設定されている点はシャーンタラクシタやカマラシーラと同じです。しかし、最終段階が異なります。

シャーンタラクシタやカマラシーラは、物質的な対象は心の顕現にほかならず、その心も究極的な実在ではないと否定して、最高の真実としての空性にまで昇っていくと考えていました。ところが、ラトナーカラシャーンティは、形象を離れた照明そのものとしての心が、最高の段階を占めていて、それを越えた段階は設定していません。そして、照明そのものを対象とすることを越えて、照明そのものと一体となることを、究極の境地とみなしています。

つまり、照明そのもののほかに、それより高い境地が空である、とはみなしていません。ラトナーカラシャーンティによれば、照明そのものと一体となった境地こそ、唯識派の真理としての実在であり、中観派の真理としての空性の知なのです。

この点について、梶山雄一氏は、こう述べています。

最高の真実に対する消極的な表現と積極的な表現との二つは、インド仏教の最後に至るまで対立的に残存したのである。

はっきりしていることは、中観の空が、有に対する無、知に対する無知ではないことである。その点を強調して『般若経』は「清く輝く心」といい、ラトナーカラ（シャーンティ）は「光り輝く心」という。一方、ナーガールジュナやシャーンタラクシタは、その同じものがあくまで人間の言語と思惟、つまり表現一般を越えるものである点を強調して空といい、無顕現というのである。

表現は異なっていても、最高の真実が、人がヨーガにおいて到達する究極の境涯であることに変わりはない。それは直観そのものとしては有無の表現を越えているが、反省の立場で空といわれ、光り輝く心といわれるだけである。それは言葉の相違であって、真実の相違ではない。

(梶山雄一『中観と空』、一五六―一六二頁)

第四章　空と仏――如来蔵思想と密教

▼『法華経』が説く永遠不滅のブッダ

第三章まで、空《くう》や空性《くうしょう》、あるいは無我を論じてきました。しかし、仏教がつねに空や空性、あるいは無我を説いてきたわけではありません。ブッダ自身や初期型の仏教はさておき、大乗仏典のなかには、むしろ有我や永遠不滅のブッダを説く例も少なくないのが実情です。

その典型例の一つが、『法華経《ほけきょう》』です。日本では古代から現代に至るまで、他を圧倒するような、絶大な人気を誇ってきた経典です。

成立した時期は、西暦一～二世紀ころとみなされています。大乗仏典としては、かなり古いほうですが、最初期の成立とはいえません。成立した順番からすると、『八千頌般若経《はっせんじゅはんにゃきょう》』がいちばん最初で、つぎに『阿弥陀経《あみだきょう》』とつづき、『法華経』はさらにそのあとになります。

『法華経』は全部で二八章から構成されていますが、第一六章にあたる「如来寿量品《にょらいじゅりょうほん》」は、古来、特に人気の高い章です。そして、メインテーマは、その名がしめすとおり、釈迦牟尼《しゃかむに》如来の寿命です。

歴史に実在したブッダ、俗名ガウタマ・シッダールタは、八〇歳で入滅しました。以後、この世に如来はあらわれていません。次にあらわれるとすれば、それは五六億七千万年後の弥勒《みろく》を待たなければなりません。この間は「無仏」の時代と呼ばれます。古代の「億」は、いまより一桁小さく、千万を意味していたので、五六億七千万年後はほんとうは五億六千七百万年後という説もありますが、どちらにしても、人間の尺度からすれば、あまりに長すぎます。

釈迦牟尼如来がこの世からいなくなったあとの時点で、弟子たちをはじめ、のこされた人々が味わわざるをえなかった絶望感、空虚感は想像にかたくありません。『法華経』でもしきりに強調されるように、釈迦牟尼如来みたいな偉大な人物に出会える機会は、じつに稀、というより限りなくゼロに近いのですから、「もうお会いできない。もうお話を聞けない」という無念の思いは、わたしたちが想像もできないくらい強かったにちがいありません。

そんなとき、たしかに釈迦牟尼如来の肉体は失われてしまったが、その働きや姿は、まだどこかにありつづけているのではないか。釈迦牟尼如来が説かれた真理は永遠のものだったのだから、釈迦牟尼如来もまた永遠の存在なのではないのか。そう、考える人がいたとしても、不思議ではありません。

「如来寿量品」は、以上のような疑問にたいする『法華経』の答えです。釈迦牟尼如来は無限の寿命をもつのです。『法華経』にいわせれば、釈迦牟尼如来は「五百塵点劫《じんてんごう》」、すなわちほとんど無限の過去世において、すでに悟って、如来になっていました。いまから二四〇〇年＋αほど前に誕生して、出家し、修行して、三五歳くらいで悟って、如来になったわけではないのです。八〇歳で亡くなったというのも、まさに方便《ほうべん》です。ほんとうは永遠の寿命の持ち主なのですが、それをあきらかにしてしまうと、多くの者たちは「釈迦牟尼如来はこの世にいつまでもいらっしゃるのだから、いつでも指導していただける。いますぐに修行することはない。そのうち、気が向いたら、すればいい」というぐあいに、緊張感をなくし、だれてしまう可能性がすこぶる高い。そこで、八〇歳という年限をくぎって、いったんこの世からすがたを消したというのです。下世話な表現をおゆるしいただけば、「いつまでもあると思うな、親と金」です。

▼自我偈

「如来寿量品」の末尾にある偈文は、「自我得仏来《じがとくぶつらい》（わたしが仏になってから現在にいたるまで）」という一節で始まるので、「自我偈《じがげ》」と呼ばれ、とりわけ尊ばれてきましたが、そこには、こう説かれています。

> わたしが仏になってから現在にいたるまで、経過した時間は数えきれず、百×千×万×億×千億×一〇の五六乗劫にもなります。

その間、つねに真実の法を説きつづけ、数限りないものたちを教化して、最高の悟りにみちびきました。

わたしが仏になってから現在にいたるまで、経過した時間は数えきれません。

生きとし生けるものすべてを救うために、方便を駆使して、涅槃に入ったように見せかけてきました。

しかし、ほんとうは死んでいないのです。

つねに、ここにいて、真実の法を説きつづけているのです。

つねに、ここにいるのに、さまざまな神通力をつかって、あやまった見解にとらわれている者たちには、ほんとうはすぐ近くにいるのに、あたかもいないかのように、見せかけているのです。

人々はわたしが死んでしまったとおもいこんで、遺骨を一生懸命に供養し、みなそろって恋い慕って、なにがなんでもわたしに会いたいという心が生まれるのです。

生きとし生けるものすべてが、信仰心にみちあふれ、正直になり、すなおになり、心優しくなって、ひたすら仏にお会いしたいと願って、自分の生命も惜しまなくなるのです。

そのとき、わたしは、多くの弟子たちとともに、霊鷲山にすがたをあらわすのです。

そして、わたしは、つねに、ここにいて、けっして死にはしないと教えさとすのです。

方便の力を駆使して、何度でも、死んでは再びよみがえるように、見せかけるのです。

（正木晃『現代日本語訳　法華経』春秋社、二〇九―二一〇頁）

▼『法華経』と空

もっとも、『法華経』が空を説いていないわけではありません。日本の法華経信仰では、空はまったくといっていいほど、論じられてこなかったのですが、よく読んでみると、思いのほか多く、空にまつわる文言が登場してきます。いくつか引用します。なお、漢文の部分は鳩摩羅什《くまらじゅう》（三四四～四一三）訳の『妙法蓮華経《みょうほうれんげきょう》』から、また現代語訳の部分は前掲の拙訳書から、それぞれ引用しています。

世にも尊きお方はわたしの胸中をお察しになり、あやまった見解をとりのぞき、涅槃をお説きになってくださいました。おかげで、わたしはあやまった見解をことごとくとりのぞき、この世の森羅万象はみな空である、と悟りました。

（世尊知我心　抜邪説涅槃　我悉除邪見　於空法得証「譬諭品《ひゆほん》」）

如来の教えが同じ味がするということを正しく認識しているのは、如来であるわたししかいません。すなわち、その味とは、生死の苦しみからの離脱という味、貪欲からの解放という味、完璧な悟りという味、究極の涅槃という味、自分がつねに悟りの境地にあるという味であり、最終的には空に帰るものです。（如来知是一相一味之法。所謂解脱相離相滅相。究竟涅槃常寂滅相。終帰於空。仏知是已。「薬草《やくそう》喩品《ゆほん》」）

如来の部屋とは、この世の生きとし生けるもののなかにある大いなる慈悲の心のことです。如来の衣とは、温厚で、なにごとも堪え忍ぶ心のことです。如来の座とは、この世のありとしあるものがことごとく空、すなわち実体をもたないという真理のことです。（如来室者。一切衆生中大慈悲心是。如来衣者。柔和忍辱心是。如来座者。一切法空是。安住是中。「法師品《ほっしほん》」）

つぎに、菩薩たる者は、この世の森羅万象はことごとく空である、つまり実体をもたないと見抜かなければなりません。いいかえれば、この世の森羅万象はことごとく、あるがままに真実の相をしめしているのであり、なんらの倒錯もなければ、動きもせず、退きもせず、逆転せず、いかなる意味においてもなにかが実在している状態でない点は虚空とまったく同じです。それは、言葉では表現できず、生じもしなければ、出現することもなく、起動することもないのです。名もなければ、こうこうだという特徴もなく、実在していないのです。無限大であり、際限がなく、自在であり、障りもないのです。ただし、さまざまな因縁からなんらかのものが実在している、とわたしたちは思いがちですが、それはあやまった見解のなせるわざなのです。

（復次菩薩摩訶薩観一切法空。如実相。不顚倒不動不退不転。如虚空無所有性。一切語言道断。不生不出不起。無名無相実無所有。無量無辺無礙無障。但以因縁有。従顚倒生故。「安楽行品《あんらくぎょうほん》」）

このほかにも、空を論じる箇所はかなりあり、『法華経』も空を重視していたことが、よくわかります。

▼空だけでは……

しかし、『法華経』では、空の体得に必ずしも最高の価値が認められていません。空を体得しただけでは、如来には成れないと説かれているのです。

わたしたちは出家僧たちの最上位に位置し、いたずらに年齢を重ねてまいりました。自分たちはすでに涅槃に到達したと思い込んでいたために、いまさら厳しい修行に励むことはないと考え、このうえなく正しい悟りを求めようとしてきませんでした。

世にも尊きお方（釈迦牟尼如来）が説法を始められてから、すでに長い時間が過ぎ去りました。その間、わたしたちはずっと坐ってお聞きしていましたが、身体は疲れ果て、くたびれ果ててしまいました。この世の森羅万象は実在していないという「空」とか、わたしたちの五感がとらえている形や姿は実在していないという「無相」とか、実在していないのだから執着の対象にならないという「無願」については、よく理解できました。しかし、菩薩が真理にもとづいて自由自在に活動し、仏国土を清め、生きとし生けるものすべてを悟りにみちびくということについては、興味も関心もありませんでした。

なぜか、と申しますと、世にも尊きお方がわたしたちを、苦しみに満ちた三界から連れ出してくださり、涅槃のあかしを獲得させてくださったからです。おまけに、わたしたちは年老いてしまい、世にも尊きお方が菩薩たちを教化してみちびこうとされている、このうえなく正しい悟りに対し、まったく興味も関心も生じなかったのです。

わたしたちは、いままさに世にも尊きお方の前で、声聞であっても、このうえなく正しい悟りを得られると予言されたのを聞いて、心は躍るばかりに喜びに満ち、かつてない思いにひたっています。

（我等居僧之首。年並朽邁。自謂已得涅槃無所堪任。不復進求阿耨多羅三藐三菩提。世尊。往昔説法既久。我時在座身体疲懈。但念空無相無作。於菩薩法遊戯神通浄仏国土成就衆生心不喜楽。所以者何。世尊。令我等出於三界得涅槃証。又今我等年已朽邁於仏教化菩薩阿耨多羅三藐三菩提。不生一念好楽之心。我等今於仏前聞授声聞阿耨多羅三藐三菩提記。心甚歓喜得未曾有。「信解品《しんげほん》」）

また、空の体得は、真実の法である『法華経』が説かれるための前提にすぎないと解釈できる文言もあります。

出家僧たちよ。もしも、如来がみずから完全な涅槃に入るべきときを見定め、そこにつどうもろもろの者たちが心身ともに清らかで、信仰が堅固であり、この世の森羅万象は実在していないという空の真理をよく理解し、深遠な瞑想に習熟しているとおわかりになったならば、あまたの菩薩や声聞たちをあつめて、かれらのためにこの経典をお説きになるでしょう。

（諸比丘。若如来自知涅槃時到。衆又清浄信解堅固。了達空法深入禅定。便集諸菩薩及声聞衆。為説是経。「化城喩品《けじょうゆほん》」）

研究者の中には、般若経に説かれる空の思想が、『法華経』に絶大な影響をあたえていると主張する方もありますが、影響を受けていたことは事実としても、その影響が絶大とまでは言えないと思います。少なくとも、空は『法華経』のメインテーマにはなっていません。

『法華経』のメインテーマは、やはり永遠不滅のブッダ、伝統的な用語でいうなら、「久遠実成《くおんじつじょう》の本仏《ほんぶつ》」にほかなりません。「久遠実成の本仏」は、ただ単に永遠不滅なのではありません。十方世界に、それこそ無数に存在する諸仏は、ことごとく「久遠実成の本仏」の分身とされます。この原則は、空間にとどまらず、時間にもおよびます。燃燈仏《ねんとうぶつ》という最古の仏ですら、「久遠実成の本仏」の化身《けしん》にほかならないと主張されているのです。別の表現をするなら、「久遠実成の本仏」こそ、ありとあらゆる仏の本体というわけです。

話が飛躍しすぎるかもしれませんが、「久遠実成の本仏」の、ありとあらゆる仏の本体という性格は、インド大乗仏教の最終走者ともいうべき密教の、さらに最終的な段階にあたる後期密教が想定した、森羅万象の根源とされるブッダ、すなわち「本初仏（アーディ・ブッダ）」を思わせます。

しかし、歴史上に実在したブッダは、それが何であれ、永遠不滅の存在を否定したはずです。もし仮に、永遠不滅の存在があるとすれば、それは「神」と呼ぶしかありません。とすれば、『法華経』はブッダがしめした根本原則を真っ向から否定したことになります。

▼大乗仏教の仏とは何か

永遠不滅の存在、あるいは「神」と呼ぶしかない存在は、『法華経』だけが設定したわけではありません。大乗仏教が設定した如来もしくは仏と呼ばれる存在は、みな永遠不滅の存在です。阿弥陀如来、薬師《やくし》如来、阿閦《あしゅく》如来、毘盧遮那《びるしゃな》如来、大日如来などは、すべて無限の寿命の持ち主とされています。

もともと、歴史上に実在したブッダは、生身の人間であり、先師あるいは先達という役割でした。初期型の仏教では、徐々に神格化が進み、いわば超人的な存在に上昇したとはいえ、「神」

とはまだ呼べませんでした。

ところが、大乗仏教になると、事情は激変しました。『法華経』が説くような、ブッダの神格化に極みに登場した久遠実成の本仏としての釈迦如来をふくめ、如来もしくは仏と呼ばれる存在は、わたしたちが帰依することによって、救いの手をさしのべてくれるという意味で、もはや救済神とみなしたほうが、正しいと思います。

ただし、救済神とはいっても、セム型一神教（ユダヤ教・キリスト教・イスラム教）が設定してきた神のように、世界創造も最後の審判もおこないません。また、現実の世界に介入してくることもありません。

また、初期型の仏教では、同一の世界に、同一の時間に、一人の仏しか現れないと考えられていました。いいかえると、同一に世界であっても、時間的にずれていれば、複数の仏が現れてもよいということです。この発想から生まれたのが、過去仏であり、未来仏です。過去仏は、過去七仏からはじまって、九九仏にまで増大していきました。

未来仏は当初、弥勒如来ただ一人しか設定されてきませんでしたが、こちらも次第の数が増えていき、わたしたちが今いる賢劫《けんごう》と呼ばれる時間の中だけでも、これから九九六仏が出現すると考えられるようになっていきました。ちなみに、真言密教の金剛界曼荼羅《こんごうかいまんだら》の中心に位置する成《じょう》身会《しんえ》には、未来に出現する九九六仏に、これまでに出現したクラクッチャンダ仏（拘留孫仏）とカナカムニ仏（拘那含牟尼仏）とカーシュヤパ仏（迦葉仏）とシャーキャムニ仏（釈迦牟尼仏）の計四仏を加えた、総計一〇〇〇仏が描かれています。

さらに、大乗仏教では、時間的にだけではなく、空間的にも、仏の存在が想定されるようになりました。仏教では、原則として、三千大千世界を一世界に数えます。そして、三千大千世界は無数にあると想定されていました。

したがって、わたしたちが今いる世界（三千大千世界）には、シャーキャムニ仏が涅槃《ねはん》に入ってしまって以来、遠い未来に弥勒如来が出現するまで、仏は一人もいなくても、十方に無数にある三千大千世界の一つ一つに、それぞれ仏がおられるはずだ、と考えられたのです。実例をあげれば、阿弥陀如来は西方極楽浄土《ごくらくじょうど》に、薬師如来は東方瑠璃光《るりこう》世界に、阿閦如来は東方妙喜《みょうき》世界に、というぐあいにです。

▼『無量寿経』と空

阿弥陀如来に対する信仰を説く経典の代表に、康僧鎧《こうそうがい》（三世紀）の訳と伝えられる『無量寿経《むりょうじゅきょう》』があります。成立は紀元後一四〇年前後と推定されているので、『法華経』よりも少し先行します。その証拠に、『法華経』の「薬王菩薩本事品《やくおうぼさつほんじほん》」には、「もし、釈迦如来が完全な涅槃に入ってから五〇〇年ののち、女性がこの法華経を聞いて、説かれているとおりに修行するならば、この世の寿命が尽きたのち、極楽浄土の阿弥陀如来が菩薩たちといっしょにおられる場所のすぐ近く、蓮の花にしつらえられた宝座のうえに生まれ変わるでしょう」と説かれています。

厳密にいうと、「無量寿経」は七つの経典から構成されるグループであり、「初期無量寿経」と呼ばれるグループと「後期無量寿経」と呼ばれるグループに、分けられます。「初期無量寿経」と呼ばれるグループに属すのは『大阿弥陀経《だいあみだきょう》』と『平等覚経《びょうどうかくきょう》』であり、この二つ以外は「後期無量寿経」に属します。

じつは、「後期無量寿経」に属す、康僧鎧の訳と伝えられる『無量寿経』に、空が説かれています。『無量寿経』をはじめ、阿弥陀如来に対する信仰を説く経典によれば、阿弥陀如来は、はるかな昔、ダルマーカラ（法蔵《ほうぞう》）比丘《びく》という人物でした。そして、ダルマーカラが、この世のすべての衆生を救済しようと誓いを立て、その誓いが成就した結果、阿弥陀如来という名の仏になり、今も西方の極楽浄土で衆生の救済につとめているといわれます。付言すれば、真宗大谷派（東本願寺派）の近代教学構築に貢献した曽我量深《そがりょうじん》（一八七五〜一九七一）氏は、ダルマーカラ（法蔵）比丘は、唯識派が主張したアーラヤ識である（『曽我量深全集』第二巻、一〇六頁）と述べています。

最初の引用は、ダルマーカラが自分の立てた誓願を実践していることを語る箇所です。

（ダルマーカラは）空・無相・無願・無作・無生に住していて、高慢を離れ、また、ことばをよく守った人であった。

（『浄土三部経　上』岩波書店、五四頁）

さらに、極楽浄土の様相を語る部分には、こう説かれています。

また、アーナンダよ、〔諸河川の〕その水から流れ出るこの響きは、その限りでは快く微妙であり、あまねく、かの仏国土に知られるのだ。

また、〈河岸に立つ生ける者どものうちで〉どのような声でも聞きたいと願う者は、だれでも、同じような快い微妙な声を聞く。——すなわち、目ざめた人の声や、法の声や、集いの声や、完成した〈境地の〉声や、修行の階梯の声や、……、空と無相と無願と無作と不生と無起と非有と滅との声や、寂静と遠い寂静と近い寂静の声や、大慈と大悲と大喜と大捨すなわち〔四無量心〕の声や、〈諸々の事物には自体というものがなく、生ずることもないと容認すること〉〈無生法忍〉の声や、灌頂の境地を得たことの声を聞くのだ。（同前、七〇頁）

他にも、空にまつわる説明はいくつか見出せます。

「後期無量寿経」に空が説かれているという点について、この領域の第一人者、藤田宏達氏が、こう述べています。

とくに重要なことは、浄土思想が他の大乗諸思想といかなる関係をもって展開したかという問題を明らかにすることである。……

〈無量寿経〉や〈阿弥陀経〉の原初形態にはこれらの諸思想との関係を示す文証が、あらわに説かれてはいなかった。これが明瞭に表面化してくるのは、この両経の発達形態、なかんずく「後期無量寿経」においてである。試みに「後期無量寿経」の諸本を検討してみると、以下のように初期大乗仏教における主要な思想潮流の影響が認められるのである。

まず、〈般若経〉に示されるような空思想の影響を受けたと思われる文が処々に認められる。

（藤田宏達『原始浄土思想の研究』岩波書店、六二三―六二四頁）

そして、その実例として、さきほど引用した部分をあげています。また、譬喩表現の点でも、般若経の影響を指摘しています。

▼阿弥陀如来と空

阿弥陀如来に対する信仰を説く経典と空の関係は、『法華経』よりも複雑です。空の占めている位置が、『法華経』よりも大きいのです。

ちなみに、阿弥陀如来の寿命は、『無量寿経』には無限大であると書かれていますが、初期の『大阿弥陀経』では、以下の引用のとおり、阿弥陀如来もやがて涅槃に入ってしまい、もう活動しません。つまり、寿命に限りがあります。そして、阿弥陀如来が涅槃に入った後は、観音《かんのん》菩薩が仏になって、衆生救済の役割をにない、成仏を遂げた観音菩薩もいつかは涅槃に入るので、その後は勢至《せいし》菩薩が仏になって……というぐあいに、役割を引き継いでいくのです。

釈迦牟尼仏は、こう言われました。阿弥陀仏は、しかるべき時に至れば、涅槃に入るので、蓋楼亘菩薩（観音菩薩）が仏となり、仏道修行の指導者をつとめ、全宇宙のありとあらゆるところにおいて、苦を超えようとする神々や人間はもとより、うごめきまわる虫たちまでも教化の対象として、みな仏の涅槃への道を得させます。その善なる福徳は、かつて師としてお仕えした阿弥陀仏となんら変わりません。この仏の活動する時間は長大な上にも長大で、計り知れませんが、やがて阿弥陀仏と同じく、涅槃に入ります。その次には、摩訶那鉢菩薩（勢至菩薩）がまた仏となって、仏の智慧をすべてつかさどります。仏道修行の指導者をつとめ、生きとし生けるものを苦から救うという福徳において、偉大な師であった阿弥陀仏となんら変わりません。活動する時間が長大な上にも長大になっても、まだ涅槃に入りません。阿弥陀仏の教えを確かに継承したことが誰の目にもあきらかになり、その仏国土は善の極みとなります。阿弥陀仏の教えは、このようにして、いつまでも絶えることはないのです。

（仏の言く、阿弥陀仏、其の然る後に至りて般泥洹《はつねはん》したまへば、其の蓋楼亘菩薩（観音菩薩）、便ち当に作仏して、道智典主を総領し、世間及び八方上下に過度せんとする所の諸天・人民・蜎飛《けんぴ》・蠕動《ぜんどう》の類を教授し、皆な仏泥洹の道を得しむ。其の善福徳、当に復た大師阿弥陀仏の如くなるべし。住止すること無央数劫の無央数劫、不可復計劫なり。大師に准法して、爾して乃ち般泥洹す。其の次に摩訶那鉢《まかなはつ》菩薩（勢至菩薩）、当に復た作仏し智慧を典主し、教授を総領し、過度する所の福徳も、当に復た大師阿弥陀仏の如くなるべし。止住すること無央数劫にして、尚お復た般泥洹せず。展転相承して経道を受くること、甚だ明らかにして国土極善なり。其の法是くの如くして、終に断絶有ること無し。『大正新修大蔵経』第一二巻、三五七頁）

問題は、『大阿弥陀経』の寿命限界説が、『無量寿経』の寿命無限説に転換されたのは、なぜか、という点です。結論から先にいえば、空の思想をとりいれることで、阿弥陀如来の寿命が無限大に延ばされたようです。

その、いわば仲介役となった経典があります。支婁迦讖《しるかせん》（二世紀）が漢訳した『般舟三昧経《はんじゅざんまいきょう》』三巻本です。末木文美士氏によれば、『般舟三昧経』三巻本のうち、もっとも古い形態をしめす「行品《ぎょうほん》」は、『大阿弥陀経』の阿弥陀如来に対する信仰を受け継ぎながら、空を説く『八千頌般若経』のもっとも古い漢訳本であり、やはり支婁迦讖が漢訳した『道行般若経《どうぎょうはんにゃきょう》』の前二五品までに説かれる空の思想から、影響を受けています（「般舟三昧経をめぐって」藤田宏達博士還暦記念論集『インド哲学と仏教』平楽寺書店、三三〇頁）。

経典のタイトルの「般舟三昧」とは、「現在《げんざい》（諸《しょ》）仏悉在前立三昧《ぶつしつざいぜんりゅうさんまい》」という意味です。やや詳しく説明するなら、「行者自身は身を動かすことはないが、三昧の中で、諸仏の国に連れていかれて、諸仏の面前に立つ」ことを意味します。

さらに、末木氏は指摘しています。「般舟三昧とが、阿弥陀仏信仰の中で発展した念仏による見仏という行が、般若—空の思想に中に取り込まれ、より一般化したものではないだろうか」。たしかに、『般舟三昧経』三巻本には、こう説かれています。なお、以下の引用は、梶山雄一氏によるものです（『浄土の思想』春秋社、一三四—一三五頁）。

心が仏と作る。心みずから見る。心はこれ仏。心はこれ如来。心はこれわが身。心は仏を見る。心はみずから心を知らない。心みずから心を見ない。

……

心は仏を知らない。心あるも心を見ない。心が表象を起こせばそれは無知である。表象がなければ涅槃に等しい。これら一切のものは堅固でなく、つねに念の中に現れる。空を見ることを解する者は、一切の妄想を断つ。

『般舟三昧経』では、最初に西方の阿弥陀如来が瞑想の対象となり、ついで各方向に一人ずつのブッダが想定され、さらに各方向に無数のブッダが想定され、最後に十方に無数のブッダが想定されたのではないか、と考えられています。ともあれ、もっとも古い成立の「行品」における瞑想の対象は、もっぱら阿弥陀如来でした。

その阿弥陀如来は、空であるからこそ、その姿を瞑想に入った菩薩の前に現す、というわけです。同じ空を説く経典でも、『道行般若経』が空の否定的な側面が強調されているのに対し、空の積極的な側面が強調されているのです。

ずっと後のことになりますが、日本における浄土信仰を大成したとされる親鸞《しんらん》は、その主著である『教行信証《きょうぎょうしんしょう》』の「証巻」と「真仏土《しんぶつど》巻」に、空に言及する経典をたくさん引用しています。そこで、親鸞は、「阿弥陀如来とは、色もなく形もない空の真理を知らせるための媒介者だ」と主張しているのです（梶山雄一『浄土の思想』春秋社、三五一―三五二頁）。

そして、阿弥陀如来が空であるとすれば、寿命に限りがあるはずはありません。そもそも、寿命の長短などは問題になりませんが、あえていえば、阿弥陀如来の寿命は無限大です。こうして、『大阿弥陀経』の寿命限界説が、『無量寿経』の寿命無限説に転換されたのです。

このように、『法華経』に説かれる「久遠実成の本仏」としての釈迦如来と、『無量寿経』に説かれる阿弥陀如来は、ともに無限の寿命をもつとされていますが、その根拠となった思想はずいぶん異なっているようです。

▼仏の二つ／三つの身体

大乗仏教は、ブッダ（仏／如来）に複数の身体があるという思想を生みました。中観《ちゅうがん》派は法身《ほっしん》と変化身《へんげしん》の二つの身体を、唯識《ゆいしき》派は法身と受用身《じゅゆうしん》と変化身の三つの身体を、それぞれ想定しています。

二身説は、中観派の祖、ナーガールジュナが法身と色身《しきしん》（変化身）について、『六十頌如理論《ろくじゅうじゅにょりろん》』という著作の廻向文《えこうもん》で言及していますから、遅くとも紀元後二〇〇年前後には成立していたようです。中観派は、三身説を認めず、最後まで二身説にこだわりつづけました。三身説は、マイトレーヤの著作と伝えられる『大乗荘厳経論《だいじょうしょうごんきょうろん》』第九章の「菩提品《ぼだいほん》」が最初とされます。

法身は自性身《じしょうしん》とも呼ばれ、真理そのものを身体とするブッダという意味です。真理そのものですから、姿形はなく、言葉もなく、活動もありません。したがって、わたしたちの思惟や感性では把握できません。

この法身／自性身を、中観派は空性そのもの、あるいは空性の真理と理解する傾向が強かったようです。それに対し、法身／自性身を、唯識派はブッダの智と理解し、さらにあらゆる事象の根拠とみなしました。そのため、法身は、姿形はなく、言葉もなく、活動もないので、わたしたちの思惟や感性では把握できないにもかかわらず、教化と慈悲の根拠と考えられることになります。

変化身は、色身とも化身とも応身《おうじん》とも呼ばれます。ようするに、具体的な身体をもつブッダのことで、歴史に実在したブッダのことです。実在したのですから、もしわたしたちがその時代に生まれていれば、わたしたちの眼で見ることができましたし、親しくまじわることもできました。

以上の法身と変化身に加え、唯識派は受用身と呼ばれるブッダの身体を設定しました。受用身は報身《ほうじん》とも呼ばれます。日本の仏教界では、むしろこの報身という呼称のほうが普通です。

「受用」とは、菩薩の時代に立てた誓願が成就された結果、その果報を享受（受用）することを意味します。そのため、報身とも呼ばれるのです。その際、みずからだけが受用する（自受用）のではなく、他者にも受用させる（他受用）ことが含まれます。

受用身は、わたしたちがイメージすることは可能です。また、凡夫や声聞《しょうもん》の眼には見えないのに対し、菩薩の眼には見えるとも主張されます。

唯識派が受用身を設定した背景には、さきほど述べたとおり、法身／自性身を唯識派がブッダの智と理解し、さらにあらゆる事象の根拠とみなし、わたしたちの思惟や感性では把握できないにもかかわらず、教化と慈悲の根拠と考えたことがあります。ただ単に、法身と変化身のあいだにある大きなギャップを埋めようとして、第三項を立てたわけではないのです。

ただし、受用身が果報を受用しているのは、わたしたちが今いる現実の世界、すなわち娑婆《しゃば》世界ではありません。阿弥陀如来は西方極楽浄土に、薬師如来は東方瑠璃光世界に、阿閦如来は東方妙喜世界に、というように、他方世界です。唯識派のアサンガが書いた『摂大乗論《しょうだいじょうろん》』によれば、娑婆世界に現れるのは、変化身のみです。

ちなみに、マイトレーヤ（弥勒）の『中辺分別論《ちゅうへんふんべつろん》（中正と両極端の弁別）』に付した注釈で、ヴァスバンドゥは、わたしたちが仏道修行を成就したあかつきに、現実の世界で救済活動にあたるには、変化身になる必要があると書いています。菩薩は十段階に設定された階梯をつぎつぎに昇り、第十地を超えた仏位において法身になりますが、そこで終わりではありません。今度は下に向かっていき、まず受用身になって自他両方を救済し、さらに変化身になって、現実の世界に帰還し、生きとし生けるものすべての教化にあたるのです。

たしかに、現実の世界で活動するには、具体的な身体をもっていなければ、どうしようもありません。そこで、後世になると、理論にとどまらず、実際に修行によって変化身を得ることが課題になりました。たとえば、チベット密教の修行の中でももっとも高度とされる「秘密集会《しゅうえしょう》聖者《じゃ》流の生成次第」では、まず法身を得て、ついで受用身を得た修行者が、受用身から「生を変化身として得るヨーガ」を実践します。このプロセスでは、修行者自身が、瞑想を通じ、衆生救済のために具体的な身体をもつ存在として生まれ変わることが、課題とされているのです（ツルティム・ケサン／正木晃『チベットの死の修行』角川書店、一三九―一四一頁）。

じつは、『無量寿経』や『法華経』が編纂された時点では、二身説も三身説もまだ成立していません。ですから、『無量寿経』に説かれる阿弥陀如来も『法華経』に説かれる「久遠実成の本仏」としての釈迦如来も、二身説や三身説では説明できません。

▼如来蔵思想

インド仏教界では正統な教義という地位をえられなかったものの、後世に大きな影響をあたえた学説に「如来蔵《にょらいぞう》」があります。「如来蔵（タターガタ・ガルバ）」は「仏性《ぶっしょう》（ブッダ・ダートゥ）」ともよばれ、日本仏教では仏性のほうが通りが良いようです。

日本の仏教学界では、一時期、「如来蔵思想は仏教ではない」という主張が注目を浴びました。仏教ではない理由は、如来蔵思想が「基体説（ダートゥ・ヴァーダ）」という点に求められました。「基体説」とは、単一な実在である基体（ダートゥ）が多元的な超基体（ダルマ）を生じる、と主張する説です（松本史朗『縁起と空』大蔵出版、「まえがき」三頁）。

ちなみに、松本史朗氏によれば、「仏教とは無我説であり、縁起（十二支縁起）説である」そうです。それ以外は、仏教ではないそうです。また、同じ空の思想でも、空すなわち縁起とみなした中観派の見解は正しいとされるのに対し、「識（心）」の存在を認めた唯識派は、如来蔵思想とともに、批判の対象にされています（同前、七頁）。

如来蔵思想は、四世紀の後半に成立した『涅槃経《ねはんぎょう》』に典型例が見られます。なお、『涅槃経』は、そのタイトルのとおり、ブッダの涅槃、すなわちブッダが旅先で病んだはてに、死にいたるいきさつを語りますが、二つの系統があります。一つは初期／原始仏典の『大般《だいはつ》涅槃経』で、現代語訳が中村元訳『ブッダ最後の旅――大パリニッバーナ経』（岩波文庫）というタイトルで出版されています。もう一つは大乗仏典の『涅槃経』で、田上太秀訳『ブッダ臨終の説法――完訳大般涅槃経』（大蔵出版）というタイトルで出版されています。今回、とりあげるのは大乗仏典のほうの『涅槃経』で、本格的な研究書としては、下田正弘『涅槃経の研究』（春秋社）という大著があります。

「如来蔵」という言葉は、立川武蔵氏によれば、意味は一つではなく、厄介なことに三つもあります（『ブッダから、ほとけへ』岩波書店、一五七頁）。

①如来の胎児こそ衆生である。いいかえれば、わたしたちはブッダの弟子だという意味です。

②如来を胎児として宿す者こそ衆生である。いいかえれば、わたしたちは、女性がその子宮に胎児をはらむように、将来、如来になるであろう胎児を宿しているという意味です。

③如来を根底として有する者こそ衆生である。この場合、如来はもはや胎児ではなく、すでに如来として完成された存在を意味しています。そして、ガルバはわたしたちをささえる根底もしくは基盤を意味しています。

③の「如来蔵」については、宇井伯寿氏が「衆生は仏性中の一海瀾にすぎずとなすのが真の意味に達しているのである」（『仏教汎論』）と述べています。つまり、「衆生は、仏性＝如来蔵という大海原から飛び散る小さなしぶきにすぎない」というのです。この解釈では、わたしたちは、如来蔵という無限の大きさをもつ根底もしくは基盤から生まれ出て、ごく短い時間だけこの世にあり、すぐまたもとの根底もしくは基盤にもどっていくというイメージになります。

これらのうち、①と②は、仏教の原則に照らして、妥当と考えられます。しかし、③は大問題です。なぜなら、③はアートマン（我）の存在を是認しているからです。

▼如来蔵とアートマン

現に、さきにあげた下田正弘氏の研究書によれば、如来蔵はアートマンとイコールの関係にあり、わたしたちの内部に存在しています。ただし、ふつうは煩悩におおわれているので、認識できません。したがって、修行を積んで、障害となっている煩悩を、伝統的な用語でいうなら「客《かく》塵《じん》煩悩」を、きれいさっぱりぬぐい去れば、如来蔵＝アートマンが輝き出し、悟りの境地にいたるというわけです。

さらに、下田正弘氏の指摘によれば、同じアートマンでも、仏とイコールの関係にあるアートマンと、わたしたちの内部に存在し、如来蔵とイコールの関係にあるアートマンの、二種類があります。

まず、仏とイコールの関係にあるアートマンについて、『涅槃経』の「四倒品《しとうほん》」はこう説いています。

世尊はおっしゃった。「比丘たちよ。……多くの顛倒想にとらわれた愚か者たちは、アートマンである、常住である、楽である、浄である、という思いをなしている。ここでアートマンというのは仏（ブッダ）という意味である。常住であるというのは法身の意味である。楽というのは涅槃の意味である。浄というのは法の同義語である。……有我なのに対して無我と想うのは顛倒である。……汝は楽に対して苦であると修行し、有我を無我と修行し、浄を不浄と修行した。世間にも楽・我・常・浄が存在する。出世間にも楽・我・常・浄が存在する」

（下田正弘『涅槃経の研究』、二一四―二一五頁）

ついで、如来蔵とイコールの関係にあるアートマンについては、「如来性品《にょらいしょうほん》」にこう説かれています。なお、引用文の中に登場する「二十五有《にじゅうごう》」とは、三界《さんがい》（欲界・色界・無色界）に存在する二五種類の生命体を意味しています。

〔迦葉〕「世尊よ。果たして二十五有にアートマンは存在するというのでしょうか。存在しないというのでしょうか」。〔世尊〕「アートマンというのは如来蔵（タターガタ・ガルバ）の意味である。仏性（ブッダ・ダートゥ）は全ての衆生に存在するのだけれど、それはまた諸煩悩に覆われていて、自分自身に存在するにも関わらず、一切衆生が見ることはできない」

（同前、二七四―二七五頁）

二種類のアートマンのうち、前者がわたしたちの輪廻とは関係がないのにたいし、後者は輪廻の主体そのものにほかならない、と『涅槃経』は説いています。

一切衆生には、如来蔵が存在するのだが、諸衆生はそれを知らないで、不善な知識に仕える過失と、貪・瞋・痴に覆われて、諸衆生たちは地獄・畜生・餓鬼・阿修羅・チャンダーラ・バラモン・クシャトリア・バイシャ・シュードラ等の生に生まれるのである。

（同前、二七六頁）

また、こうも説いています。

アートマンは一切に住しているものではないが、金剛宝珠のように輝いて多くの煩悩に覆われているものである。……このように衆生が信じるならば煩悩を尽くしてしまうことが必要になるだけである。その時、金剛のように如来蔵を見ることになるだろう。

（同前、二七六頁）

この文言をうけて、下田正弘氏は「この例からはまさしく『涅槃経』に説かれる「衆生の内に輝いて存在する如来」のイメージがそのまま見てとれる」と指摘しています。また、「如来蔵＝アートマンが寿者（ジーヴァ）として明確に位置づけされ、それは金剛に譬えられるもので、けっして破壊されることがないという。ここまで来ればまさしく、『輪廻中の不壊なる本質』として理解してよいであろう」とも述べています。（同前、二七六―二七七頁）。これは、さきほどあげた如来蔵の三つの意味のうち、③にあたると思われます。

▼さらに多数の解釈が……

如来蔵＝仏性は、さらに二つの解釈が可能という見解があります。なぜなら、仏性の「性（ダートゥ）」という言葉には、「性質」という意味と「性質をもつもの」という意味の、両方があるからです。つまり、こうなります。①あるものに仏性がある。②あるものは仏性である。

よく考えてみると、この二つの解釈のあいだには大きな差があります。ところが、ふしぎなことに、仏教の歴史では、二つの意味や解釈をとりたててあげつらってきませんでした。というより、むしろ意識的に両者の違いをなくそうとしてきたようなのです。

たとえば、四世紀の中頃に成立した『不増不減経《ふぞうふげんぎょう》』には、こういう文言が見出せます。

シャーリプトラよ、この深奥なる意義というのは、すなわち、究極の真理（第一義諦）のことにほかならない。究極の真理というのは、衆生の本質（衆生界）の同義語である。衆生の本質というのは、如来蔵の同義語である。如来蔵というのは、すなわち、（如来の）法身の同義語である。

（『不増不減経』中央公論社、五四頁）

また、六世紀頃に成立し、日本の禅宗にも大きな影響をあたえた『楞伽経《りょうがきょう》』では、以下の引用のように、如来蔵が、唯識派の想定したアーラヤ識と同一視されています。

殊勝を望む菩薩大士たちは、アーラヤ識と名づけられる如来蔵を浄化すべきである。

（『高崎直道著作集　第六巻　如来蔵思想・仏性論Ⅰ』春秋社、二五三頁）

こうして、如来蔵も仏性も、さまざまな意味をになわされる結果となりました。わたしたちがインド仏教の重要な考え方や教義をあきらかにしようとつとめても、なかなかうまくいかない理由の一端は、こういう特殊な事情にもとめられます。

いずれにせよ、『涅槃経』や『不増不減経』など、如来蔵思想を説く経典は、わたしたちの内部に存在する如来蔵／仏性＝アートマンは、真実にして、常住であり、輪廻の主体であると説いているのです。こうなると、ウパニシャッドに説かれるアートマンにそっくりです。

ですから、無我説を主張する学派から、まるでバラモン教ではないか、ときびしく批判されました。この点は如来蔵思想を説く者たちも認識していて、外道《げどう》の説とよく似ているように思われがちだが、じつは違うのだ、と述べている例が、実叉難陀《じっしゃなんだ》（六五二～七一〇）が漢訳した『大乗入楞伽経』の「如来蔵相分《にょらいぞうそうぶん》」にあるので、現代語訳します。

わたしが説いている如来蔵は、外道の説く我とは同じではない。大慧菩薩よ。如来・供養されるにふさわしい者（応供《おうぐ》）・最高の悟りを得た者（正等覚《しょうとうがく》）が、本性は空である、真実の究極である、涅槃である、不生である、無相である、無願であるなどの文言を駆使して、如来蔵を説くのは、愚かな者が無我を恐れないようにするためであり、二元的な対立を超え、対象の顕現がないという境地を、如来蔵という方面からの教えによって説くためである。

（『大正新修大蔵経』第一六巻、五九九頁）

この引用にあるように、すべての衆生に如来となる可能性が宿っているという、如来蔵の考え方は、多くの人々に仏教をひろめていくうえで、きわめて有効です。仏教にまつわる高度な素養をもたない人々にむかって、無我説を正しく、しかもわかりやすく説明することは、すこぶるむずかしく、なかなか理解してもらえないのが実状だからです。

この件については、如来蔵思想研究の第一人者として著名な高崎直道氏は、著書の『如来蔵思想の形成』（春秋社、一九七四）の「はしがき」において、「如来蔵思想は中国と日本の長い伝統の中で、例えば天台宗の本覚法門に集約して示されるように、いわば主流の位置を占めている」と述べています。

また、同書を再録した『高崎直道著作集　第五巻』の冒頭において、こう指摘しています。

〈如来蔵思想〉は『般若経』にはじまる大乗の空思想を前提とし、その批判的継承をもって自認している。そして、……この思想は「一切衆生」に例外なく〈如来蔵〉〈仏性〉のあることを基本的主張としているが、その前提となるものは〈一乗〉の思想である。特に『涅槃経』以下の諸経には、一乗思想の淵源としての『法華経』の直接の影響が観取された。

（四頁）

つまり、大乗仏教の基本形をつくりあげた『般若経』と『法華経』こそ、如来蔵思想の発生源だというわけです。とすれば、如来蔵思想を全面的に否定することは、大乗仏教そのものを否定することになりかねません。

さらに、同巻の「あとがき」において、「如来蔵思想は仏教にあらず」という袴谷憲昭・松本史朗両氏の主張に対し、「私にとっては、所詮、見解の相違として呑むことは出来ない」と述べた上で、「この問題（如来蔵思想）は叡山の仏教に譲らず山を下りたとされる鎌倉仏教の祖師たちの思想との関連で、より真剣に考えるべき課題であろう」（四九一—四九二頁）と指摘しています。

わたしのチベット仏教の師であるツルティム・カンカル・ケサン（白舘戒雲）先生は、ツォンカパ以来、チベット仏教界でもっとも厳格な無我論の立場をとるゲルク派を代表する学者です。そのツルティム先生は、如来蔵思想について、つねづねこう述べています。「如来蔵思想は、もし人々の中に、如来が実体として存在していると解釈するならば、それはまちがっている。もし、人々の中に、如来となる可能性が存在していると解釈するならば、それは正しい。したがって、全否定することはできない」。

▼密教とは何か

密教は、インド大乗仏教の最終走者として、登場しました。インド仏教は、今から二四五〇〜二四〇〇年ほど前に誕生しました。その後、弟子たちの時代をへて初期型仏教が成立し、二〇〇〇年ほど前に大乗仏教が成立。さらに、一五〇〇年ほど前に大乗仏教の中から密教が登場し、一三世紀の初めころにインド仏教が滅亡するまで、活動しました。このいきさつからわかるとおり、密教はインド仏教の集大成あるいは総決算といえます。ですから、理論も修行法も、仏教の最先端に位置しています。

密教が登場した背景には、インド仏教の衰退がありました。一五〇〇年ほど前、つまり五〜六世紀ころになると、仏教はヒンドゥー教に圧倒され、衰え始めていました。

理由はいろいろ指摘されますが、早い話が、従来の仏教では、人々の関心を引けなくなってしまったのです。

たとえば、ブッダは厳しい禁欲を要求しましたが、そういう態度は、物質生活が豊かになるにつれ、拒否されるようになっていったのです。また、大乗仏教は「空」の理論、すなわちこの世のすべては「空っぽ」で、本当は実在していないから執着すべきではないと主張しましたが、この主張も、現実を重視する傾向が強まると、そのままのかたちでは、もはや受けいれられなくなっていきました。そこで、密教はそれまでの禁欲的で現世に否定的な態度をあらため、条件付きで欲望を容認するなど、現世に肯定的な方向へと大きく舵を切ったのです。

それまで仏教にはなかった要素を、ヒンドゥー教から大胆にとりいれたのも、同じ理由からでした。たとえば、毘沙門天《びしゃもんてん》とか吉祥天《きっしょうてん》みたいに、人気のある神々を仏教に改宗させたり、聖なる火を燃やす護摩《ごま》みたいに、人目を引いて、いかにも霊験あらたかそうな儀式を導入したりしました。逆に、ヒンドゥー教に対する優位を確保するために、怒りの形相はげしい明王《みょうおう》という尊格を新たに生み出し、ヒンドゥー教の神々を支配することも試みています。こうした大転換のおかげで、インド仏教の寿命が大きく延びたことは疑えません。

神秘主義的な傾向が強いのも特徴の一つです。神秘主義いう用語にはいろいろな意味があります、究極の教えを自分の心身で直接、獲得できるという思想と考えていただいて、けっこうです。いいかえると、自分自身が、いままさに生きている心身のままで、悟りを得て、仏になれるという思想です。密教の専門用語を使えば、「即身成仏《そくしんじょうぶつ》」です。

密教が象徴（シンボル）を駆使するのも、密教ならではです。その理由は、究極の教えは言葉では伝えられないとブッダが宣言したからです。この宣言ゆえに、密教以前の仏教は、究極の教えをどう把握するか、どう伝えるか、苦心惨憺《さんたん》してきました。密教は、言葉では不可能でも、シンボルでなら究極の教えを把握できるし、伝えられると見抜いて、実行したのです。

真言とか陀羅尼《だらに》とよばれる聖なる呪文、印契《いんげい》とよばれる手指の特殊な組み方、曼荼羅《まんだら》とよばれる聖なる図像などが、密教が駆使する象徴の典型例にあげられます。護摩のような、複雑な儀礼も、いろいろな解釈ができるという点で、象徴的な意味を秘めています。

密教の理論では、いまあげたような象徴を駆使して、仏の身体と言葉と精神（心）を、徹底的に真似していけば、ついに仏そのものになれるとみなされているのです。仏教の修行が、ブッダの悟り体験を、追体験することにほかならないことを思えば、この理論は十分に合理性があります。

密教も段階をふんで、発展を遂げました。五〜六世紀は、呪術的な行為による現世利益が中心でした（前期密教／所作タントラ）。七世紀になると、仏教本来の目的である悟りをめざす『大日経（大毘盧遮那成仏神変加持経《だいびるしゃなじょうぶつじんぺんかじきょう》）』や『金剛頂経（真実摂経《しんじつしょうきょう》）』、あるいは『理趣経』が成立し、本格的な密教の段階に入りました（中期密教）。八世紀以降になると、悟りを求める修行法が極限まで追求され、性行為さえも修行に導入されるようになりました、そうなると戒律との矛盾が問題になり、密教者を悩ませることになったのです（後期密教／無上瑜伽《むじょうゆが》タントラ）。

インド仏教は、密教もふくめ、一三世紀の初めころに壊滅しました。その少し前の段階で、密教はインド周辺の地域に伝えられていたのです。現在は、初期型仏教をわりあい忠実に継承するテーラワーダ（上座仏教）しか信仰されていないミャンマー、イスラム教が圧倒的に優位なインドネシアにまで、密教は広まりましたが、歴史の荒波の中で消滅してしまいました。中国や朝鮮半島にも密教は伝えられ、一時は栄えたものの、現状ではほとんど残っていません。

現時点では、中期密教が日本とネパールに、後期密教がチベットに、それぞれ伝承され、活動しています。モンゴルにはチベット経由で後期密教が伝えられ、今でも影響力をたもっています。

なお、チベットでは、日本密教では中期密教として一括される『大日経』と『金剛頂経』を、「行タントラ」と「瑜伽タントラ」に二分します。この二分法は、確かな根拠があります。『大日経』は、悟りを得るためには自分のことよりも他者の救いを優先しなければならないと主張する、大乗仏教と密教の架け橋にあたる経典なのに対し、『金剛頂経』は自分の悟りを何よりも優先する、完全な密教経典だからです。

▼『大日経』

『大日経』は、正式には『大毘盧遮那《だいびるしゃ》成仏《なじょうぶつ》神変《じんぺん》加持《かじ》経《きょう》』と称し、「偉大な毘盧遮那如来（大日如来）の悟りによって奇跡的にしめされた聖なる力の贈与を語る経典」というほどの意味です。全部で三一章、七巻から構成されています。早ければ六世紀、遅くとも七世紀の中頃までに、東インドのオリッサ地方で成立したという説が有力です。その後、善無畏《ぜんむい》（六三七〜七三五）によって漢訳されたものが奈良時代に日本へもたらされ、空海《くうかい》を祖とする真言密教の聖典となりました。

密教経典は、真理そのものを身体とするブッダ、すなわち法身が説いた教えという設定になっています。ただし、法身は、姿形はなく、言葉もなく、活動もないので、わたしたちの思惟や感性では把握できないとみなされてきました。ところが、密教では、法身の性格が変わり、積極的に活動し、真実の法を説くようになります。この間のいきさつをめぐっては、長きにわたる論争の歴史がありますが、空を主題とする本書ではあまり関係してこないので、はぶかせていただきます。

教主の大日如来から直接、人間界に教えをさずけるというかたちは、さすがに抵抗があったようです。そのため、大日如来と人間界の間に、対告衆《たいごうしゅ》と呼ばれる存在が介在し、いわば通訳に似た役割を演じています。『大日経』の場合、対告衆は、大日如来の筆頭弟子とされる金剛薩埵《こんごうさった》が任じられています。この名から予想されるとおり、菩薩の位にある尊格です。経典の中では、金剛手あるいは秘密主と呼ばれることもよくあります。

思想としてもっとも重要なのは、経典の第一章にあたる「入真言門住心品《にゅうしんごんもんじゅうしんぼん》」です。「入真言」は「真言の部門に入る」、「住心」は「心のありよう」、「品」は「章」を意味していますから、全体では「真言の部門に入るためのさまざまな心のありようを論じる章」といったくらいの意味になります。

このタイトルがしめすとおり、「住心品」では六〇もしくは一六〇種類の心が論じられています。これらの心はみな人間がいだきがちな「妄心《もうじん》」、つまり仏教的な価値観からすれば「良くない心」です。しかし、同時に、「良くない心」を離れて、菩提心《ぼだいしん》（悟りを求める心）はあり得ないとも説かれています。

その中の、古来もっとも重要とされてきた、「三句段」には、こう説かれています。

最高の真実の智恵とは、悟りを求める心を行動の原因とし、大いなる慈悲を根本とし、実践に最高の価値をおくこと（菩提心為因、大悲為根《こん》、方便為究竟《くきょう》）にほかならない。悟りとは何か、といえば、それは自分自身の心をありのままに知ること（如実《にょじつ》知《ち》自心《じしん》）である。

……

悟りの境地も、現象世界のあらゆる事象も、悟りを求める心（菩提心）を離れては、ほんのわずかな断片すら捉えられない。なぜなら、悟りというものは虚空のような姿であって、それを知る者もなければ、知られる者もないからである。なぜなら、悟りは姿をもたない（菩提無相）からである。あらゆる存在は姿をもっていない（諸法無相）。つまり、それは虚空の姿にほかならない。

以上の引用からおわかりのように、悟りとは、「如実知自心（自分自身の心をありのままに知ること）」だと主張しています。しかし、その心は虚空のようなもので、姿がない。伝統的な用語でいえば、「無相《むそう》」です。同じように、この世の森羅万象も「無相」なのだというわけです。このような表現は、まさに空思想の宣言にほかなりません。

その前段に説かれている「菩提心為因、大悲為根、方便為究竟」は、日本の真言密教では「三《さん》句《ぐ》の法門」と称され、空海が社会的な活動を実践した根拠となったことで、有名です。

考えてみれば、ここでひじょうに興味深い事態が起こっています。要点を整理してみます。

①「方便為究竟」＝現実世界における実践活動こそ、最高の真実の智恵

②「如実知自心」＝悟りとは、自分自身の心をありのままに知ること

③「菩提無相」＝悟りは姿をもたない

④「諸法無相」＝この世のあらゆる存在は姿をもたない

ようするに、悟りもこの世のあらゆる存在も、姿をもたないので、捉えようがありません。悟りとは、自分自身の心をありのままに知ることとされますが、これも抽象的すぎて、難題の極みです。

しかし、たった一つだけ、確実なことがあります。それは現実世界における実践活動です。そして、現実世界における実践活動こそ、最高の真実の智恵というのですから、現実世界における実践活動以外に、悟りを求めるすべはなく、現実世界における実践活動によってのみ、最高の真実の智恵に到達できるという論理が見えてきます。空海は、まずまちがいなく、この論理を読みとって、さまざまな社会的な活動を実践したのだ、と思います。

『大日経』全体の構成に注目すると、「三句の法門」は、最初に結論を提示してしまったのではないか、と考えられます。いいかえると、この結論の正しさを証明するために、「三句の法門」から後の記述があるではないか、とすら考えられるのです。

▼心と空

『大日経』「住心品」の「三句段」には、つづいて心はどこにあるのか、という問いとその答えが述べられています。以下に、答えを並べてみます。


心はわたしたちの内部にはない。

心はわたしたちの外部にはない。

心はわたしたちの内部と外部の中間にもない。

心は青・黄・赤・白・紅紫・水晶色・長い・短い・円形・方形・明るい・暗い・男性・女性・男性でも女性でもない者ではない。

心は欲望の渦巻く世界と同じ性質ではない。

心は精神のみの世界と同じ性質ではない。

心は神々・龍・夜叉・人間・人間以上の存在が住む場所と同じ性質のものではない。

心は六種の感覚器官にはない。

心は六種の感覚器官の対象にはない。

心は六種の認識にはない。

心は「不可得」、つまり把握できない。


「心虚空界菩提三種無二」、つまり心と悟りと虚空は、分かつことができない無二の関係にある。

このような否定に徹する表現は、ナーガールジュナの『中論《ちゅうろん》』に見られる論法を思い起こさせます。

『大日経』「住心品」の「三劫段《さんごうだん》」では、空と心の関係について、もう少し詳しく述べられています。

いわゆる空性は、感覚器官（根《こん》）や認識の対象（境《きょう》）を離れ、姿形もなく（無相《むそう》）、認識がおよぶ範囲もなく（無境界《むきょうがい》）、言語がもつ多元性（戯論《けろん》）を超越し、虚空のように果てしない。どのような限定も受けない、ありとあらゆる仏の教えは、この空性から芽生え、育まれる。こうして、現実の世界（有為《うい》）からも、真実の世界（無為《むい》）からも、ともに離れ、なんらの活動もなく、眼・耳・鼻・舌・皮膚・意識から構成される感覚器官からも離れた、究極の自性のない心が生まれる。

さらに、「六無畏段《ろくむいだん》」では、空について、こうも述べられています。

また、世界の構成要素の集合体（蘊《うん》）も、感覚器官とその対象と認識（界処《かいしょ》）も、認識の主体（能執《のうしゅう》）も、認識の客体（所処《しょしょ》）も、自我も、寿命なども、存在そのもの（法）も、その概念的な把握なども、ことごとく空なのであり、それ自体の本性（自性《じしょう》）は固定的な性質をもっていないのである。このような空の智恵が生まれると、その人は、存在するすべての事象が平等であるという、心の安らぎを得ることができる。

以上のとおり、『大日経』は空思想の後継者なのです。しかし、大乗仏教の空思想とは異なるところがあることも確かです。

たとえば、「三句の法門」に示されているように、空をより積極的に解釈して、現実世界における実践活動の根拠としているところです。この変化は、ナーガールジュナの時代に比べると、『大日経』が登場した時代が、仏教にとってははるかに厳しい状況下にあり、なにものも実在しないと達観して、現実世界をただ静かに見守ってだけでは、もはや済まなくなったことを、示唆しています。

▼大日如来・自性・大我

密教と大乗仏教のもっとも大きな相違点の一つは、密教が本尊としてあがめる大日如来の性格です。

大日如来のサンスクリット名は「マハー・ヴァイローチャナ」といい、漢字で表記すれば、大毘盧遮那如来になります。この漢訳名から連想されるとおり、『華厳経』の教主とされる毘盧遮那（ヴァイローチャナ）如来と深い関係があると考えられています。出自については、三〇〇〇年くらい前に、イラン高原からインドの大地に進出してきたアーリア人たちが尊崇していたアスラ（阿修羅）／アフラ・マズダー系の神にまでさかのぼるという説が、有力なようです（頼富本宏『大日如来の世界』春秋社、八頁／森雅秀『インド密教の仏たち』春秋社、七六―八〇頁）。つまり、外来の光明神あるいは太陽神を起源としていた可能性があるのです。

大日如来が法身であることは、すでにふれました。ただし、同じ法身といっても、大乗仏教と密教では、その性格が大きく変わっています。大乗仏教の法身が抽象的な存在だったのに比べ、密教の法身である大日如来は人格化というか仏格化というか、とにかく具体的な存在になっていて、ずっと活動的といえます。

もちろん、密教も仏教である限り、大日如来と歴史上に実在したブッダがまったく無縁でありません。それは、『金剛頂経』を読むと、ブッダの俗名「シッダールタ（一切義成就《いっさいぎじょうじゅ》）」にちなむ名をもつ菩薩が主人公になっていることから、わかります。

しかし、歴史上に実在したブッダを神格化していった果てに、大日如来が登場したとは言い切れません。むしろ、最高真理が仏というかたちをとったと考えたほうが、よいかもしれません。

この視点から、大日如来とは自性（スヴァバーヴァ）が仏格化された存在だ、という指摘があります（宮坂宥勝『インド学密教学論考』法蔵館、二五四頁）。自性の仏格化は、密教事前には考えられないことでした。とんでもない飛躍といってもかまいません。

なぜなら、『中論』を論じた第二章で述べたように、ナーガールジュナは、どこにも「自性がないこと」、すなわち「無自性」を主張したのであって、自性という概念に、よいイメージをけっしてあたえていないからです。

しかし、わざわざ仏格化されるということは、自性によいイメージが認められたことを示唆しています。つまり、密教の段階になると、自性に対する価値判断がもののみごとに逆転したのです。あらためていうまでもありませんが、自性にプラスの価値を認めるということは、現実世界にプラスの価値を認めるということと、ほとんど同義です。密教が現実世界を重視する理由は、このあたりにもあります。

また、空思想が「無我論」を主張した事実も、たびたびふれました。ところが、密教では、我はもともと清浄《しょうじょう》なのだから、むげに否定する必要はない。むしろ、我は「大我《だいが》」として肯定されるべきだ、と主張されるのです。現に、『大日経』の「入秘密漫荼羅位《にゅうひみつまんだらい》」の偈（詩句）の部分に、「自分自身を大いなる我となせ（自身為大我）」（『大正新修大蔵経』第一八巻、五頁下）と説かれています。

さらに、密教の修行法として有名な「入我我入《にゅうがにゅう》」は、マクロコスモスである大日如来とミクロコスモスである我とが、融合し一体化し、大日如来と我が、本質的には同一であると体得することを、目的としています。もし仮に、我が否定されるべき存在とすれば、聖なるものの極みにある大日如来との融合や一体化は、構想されるはずがありません。

ようするに、我は肯定的な存在とみなされているのです。空思想によって否定されたアートマンが復活したともいえます。もしかしたら、「入我我入」は、ウパニシャッド以来の大命題である「梵我一如《ぼんがいちにょ》」、すなわち「我はブラフマンである」「汝はそれ（ブラフマン）である」の、いわば密教版なのかもしれません。

これらの点を総合すると、密教以前の仏教が、基本的に唯名論な立場、つまり属性（ダルマ）と基体（ダルミン）のあいだに、明確な区別がないという立場をとってきたのに対し、密教は、ヒンドゥー教の主流派に似て、はるかに実在論的な立場、つまり属性と基体のあいだに、明確な区別があるという立場をとっているようです（同前、二五四―二五七頁）。

▼『理趣経』の全肯定路線

我はもともと清浄なのだから、むげに否定する必要はない。むしろ、我は肯定されるべきだ、という思想を、もっとも端的に語る密教経典があります。『理趣経《りしゅきょう》』です。『理趣経』は、正式には『大楽《だいらく》金剛《こんごう》不空《ふくう》真実《しんじつ》三摩耶経《さんまやきょう》般若波羅蜜《はんにゃはらみつ》理趣品《りしゅほん》』といいます。「大いなる快楽は、ダイアモンドのごとく永遠不滅で、虚偽ではなく、真実であるというブッダの悟りの智恵を明らかにする教えの章」を意味しています。

タイトルの中にある「般若波羅蜜」は、サンスクリットの「プラジュニャーパーラミター」、すなわち、「（悟りの）智恵の完成」という意味です。このことからわかるように、『理趣経』は般若経典のグループに属しています。ようするに、『理趣経』は、大乗仏典の中でも最古とされる般若経典の、いわば密教版なのです。成立については、七世紀の前半には、少なくとも原型ができあがっていたようです。

『理趣経』は、仏教のみならず、ほとんどの宗教が否定してきた性の快楽を、その本性が清浄だから、という理由で肯定します。肯定しただけでなく、菩薩の尊い境地にほかならないと主張して、悟りへの道の一つとみなすのです。

初段には、こう説かれています。

こうして、大日如来は、この世のありとあらゆる存在も行為は、その本性がことごとく清浄であるという真理を、お説きなったのです。

性の快楽は、その本性が清浄であり、菩薩の尊い境地なのです。

性の快楽を得ようとする欲望は、その本性が清浄であり、菩薩の尊い境地なのです。

男女が抱き合う行為は、その本性が清浄であり、菩薩の尊い境地なのです。

男女が離れがたく思う心は、その本性が清浄であり、菩薩の尊い境地なのです。

思い叶って満足し、自分には何でもできると信じ込む心境は、その本性が清浄であり、菩薩の尊い境地なのです。

欲心を秘め異性を見て歓びを感じる心は、その本性が清浄であり、菩薩の尊い境地なのです。

男女が性行為をして味わう快感は、その本性が清浄であり、菩薩の尊い境地なのです。

……

自然界が光り輝くことは、その本性が清浄であり、菩薩の尊い境地なのです。

自然界からさまざまな歓びを得る行為は、その本性が清浄であり、菩薩の尊い境地なのです。

この世のすべての色形あるものは、その本性が清浄であり、菩薩の尊い境地なのです。

この世のすべての音声は、その本性が清浄であり、菩薩の尊い境地なのです。

この世のすべての香は、その本性が清浄であり、菩薩の尊い境地なのです。

この世のすべての味は、その本性が清浄であり、菩薩の尊い境地なのです。

そもそも、なぜ、この世のすべての感情も行為も存在も、ことごとく清浄なのか。その理由は、この世のすべての感情も行為も存在も、その本性は清浄なのですから、この世のすべてをありのままに見抜く悟りもまた清浄なのです。

（正木晃『現代語訳　理趣経』角川書店、七四―七七頁）

以上のとおり、『理趣経』は、人間の性愛も自然界も、その本性が清浄なのだから、という理由で、肯定します。さらに、色形あるものも、音声も、香も、味も、感情も、行為も、存在も、ことごとくその本性が清浄なのだから、という理由で、肯定します。まさに全肯定です。逆にいえば、この世にありとしあるもので、否定されるものは何もないのです。

▼『理趣経』の空

それでいて、般若経の末裔であることを誇るかのように、『理趣経』は空も説いています。第七段の「字輪《じりん》の法門（字輪の智恵を明らかにする教え）」は、こう説かれています。

この世の現実は、ことごとく空なのです。なぜならば、現象としてあらわれているだけで、実在はしていないからです。

この世の現実は、ことごとく無相、つまり固有の性質をもっていません。なぜならば、固有の性質をもたないということを、固有の性質としているからです。

この世の現実は、ことごとく無願、つまり執着を離れるべき対象であって、けっして願われるべき対象ではないのです。なぜなら、執着に値しないということを、固有の性質としているからです。

この世の現実は、ことごとく光明なのです。なぜなら、最高の智恵をもって観察すれば、この世の現実はその本性が清浄だからです。

（同前、九六―九八頁）

第七段では、大日如来が一切無戯論如来《いっさいむけろんにょらい》に変身し、さらに文殊菩薩《もんじゅ》に変身して、五字輪を転じる秘密の修法《しゅほう》を説法します。五字輪とは、文殊菩薩の真言をア・ラ・パ・チャ・ナの五文字に分解し、右回りに回転させる瞑想を意味します。

このときの瞑想は、①空→②無相→③無願→④光明という順序で進められます。注目すべきは、最後の段階に、光明が設定されている点です。これは、唯識派が最高の真実を、「光明」あるいは「光り輝く心」として表現していることと通じます。

また、第一〇段の「忿怒《ふんぬ》の法門（大いなる怒りの教え）」にも、空が説かれています。

　この世の生きとし生けるものは、まちがいを犯せば、いつかは大いなる慈悲にもとづく大いなる怒りにふれて、討ち破られ、正しい道にみちびきいれられるという宿命にあるのです。したがって、大いなる慈悲にもとづいく大いなる怒りは、この世の生きとし生けるものをことごとく、正しい道にみちびきいれる力をもっているのです。

　この世の生きとし生けるものは、空という本性をもっています。したがって、大いなる慈悲にもとづく大いなる怒りもまた、空という本性をもっているのです。（同前、一〇六頁）

第一〇段は、大日如来が摧一切魔菩薩《さいいっさいま》に変身して、いかなる悪をも降伏させる智恵にまつわる般若の教えを説法します。内外の魔を打ち破って、悟りの世界へみちびく教えは、この段では、五つの領域から説かれています。

①この世の生きとし生けるものすべては平等↓怒りもまた平等に行使すべきである。

②この世の生きとし生けるものすべては平等↓怒る者と怒られる者という対立は存在しない↓あるのは、自他の区別を超える絶対の怒りのみである。

③この世の生きとし生けるものすべては清浄↓怒りもまた清浄である。

④この世の生きとし生けるものすべては仏の三密（身体・言語・精神）をもっている↓怒りもまた仏の三密の活動の一環である。

⑤ゆえに、怒りが存在する理由は、この世の生きとし生けるものすべてに、もともともっている仏としての本性に気づかせて、悟りにみちびくためである。

ここに登場する「平等」・「自他の区別を超える」・「清浄」は、いずれも空から導き出されています。空の属性と言っても良いかもしれません。また、⑤の「もともともっている仏としての本性」は、如来蔵思想に通じます。

『理趣経』は、日本では空海と最澄《さいちょう》が仲違いする原因をつくったことで知られるように、古来、問題視されてきました。しかし、引用した部分を読んだだけでもおわかりのとおり、きれいごとでは済まない人間の現実を、ありのままに見つめたうえで、なんとか仏道へ導き入れようと奮闘していることは、確かです。

その際、空の意味が、ナーガールジュナの主張とは比較にならないくらいにまで拡大され、とても重要な役割を演じています。あえていえば、空は、否定的な性格を弱め、肯定的な性格へと大きく変わっているのです。

▼『秘密集会タントラ』

インド仏教の最終走者として登場した密教は、八世紀になると、その最終段階に達しました。専門家の間で、後期密教とよばれる段階です。

後期密教の特徴は、悟りを求めるための修行に、性行為を、不可欠の要件として、導入したことにあります。性愛の肯定が『理趣経』で論じられているのは、すでにふれたとおりです。しかし、『理趣経』では、性と悟りが不可分の関係にあるとまでは主張されていません。ところが、後期密教の経典は、性と悟りが不可分の関係にあると主張するようになるのです。

その最初の例としてあげられるのが、『秘密集会《ひみつしゅえ》タントラ』です。なお、インドやチベットの仏教界では、顕教経典を「スートラ（糸や紐によって貫かれたもの）」と呼ぶのに対し、密教経典を「タントラ（相続するもの）」と呼ぶ伝統があります。この「タントラ」という呼び名にゆらいして、欧米の研究者たちは密教を「タントリズム」と呼んできました。

なお、『秘密集会タントラ』の訳文は、松長有慶『秘密集会タントラ和訳』（法蔵館）からの引用です。

『秘密集会タントラ』は、

以下のように私は聞いた。ある時、世尊は一切如来の身語心の心髄である諸々の金剛妃の女陰に住しておられた。（三頁）

という、衝撃的な表現から始まります。「金剛妃の女陰に住しておられた」とは、「性的なパートナーである女性行者と、性行為をしていた」という意味です。

修行者が女性のパートナーとペアを組むという発想は、『秘密集会タントラ』に先行する『金剛頂経』が説くマンダラに、供養女というかたちで、女性の尊格が配されていることに始まります。しかし、『金剛頂経』では、女性と性行為をしているという表現は、まだ登場しません。

なぜ、性行為が不可欠なのか、については、これから説明するとして、その前に、『秘密集会タントラ』に空あるいは空性が、どう説かれているか、見てみましょう。まず、「菩提心についての第二分（第二章）」には、こういう文言があります。

〔菩提心は〕一切の存在を離れ、蘊、界、処、所執（認識の客体としての我）と能執（認識の主体としての我）とを断じ、法無我であり、平等性であり、みずからの心であり、本来不生であり、空性を（自）性とする。（一二頁）

これら現実に存在するものは、〔本来〕不生であり〔そこには〕存在もなければ、存在の本質もない。（一二頁）

諸々の存在するものは、自性としては清浄光明であり、本来的に清浄で、虚空に似ている。（一三頁）

「金剛の荘厳《しょうごん》と名づける三摩地《さんまじ》（瞑想）についての第三分（第三章）」には、こう説かれています。

オーン　私は本性として空性であり、知恵金剛を自性とするものである。（一五頁）

以上の引用には、空思想の特有の用語や表現が、つぎつぎに登場しています。この事実を見れば、『秘密集会タントラ』が、世尊が女性パートナーと性交するという、異様な設定を採用しているにもかかわらず、やはり空思想の後継者であることが、よくわかります。

特に、第三分の「私は本性として空性」という表現は、注目にあたいします。なぜなら、「私」とは「世尊身語心金剛如来《せそんしんごしんこんごうにょらい》」、すなわち『秘密集会タントラ』の教主である大毘盧遮那如来が、自分の本性は空性であると宣言しているからです。

▼楽空無別

つぎは、なぜ、世尊が女性行者と性行為を実践しなければならないのか、という問題です。性行為は、戒律で厳しく禁じられていたはずです。にもかかわらず、世尊自身が戒律にふれる行為をしているのですから、驚きべき事態です。

この問題に対する解答は、悟りを快楽として体得するという思想に求められます。この思想は「大楽《だいらく》思想」と呼ばれます。この思想は、以下に述べる考え方にゆらいします。

後期密教に限らず、あるいは仏教に限らず、インドの宗教思想にはひろく、究極の実在者は、精神性（チットゥ）・存在性（サットゥ）・快楽性（アーナンダ）の三局面をもつと考えられてきました。『秘密集会タントラ』にはじまる後期密教では、三局面から快楽性を抽出し、密教的な悟りの表現である即身成仏を実現しようと試みたのです。

彼ら密教徒・タントリストは究極的実在の快楽としての面によって即身成仏を達成せんとする。究極的実在は宇宙に遍満する快楽である。快楽は、他方、すべての生きとし生けるものに内在する。汚物の中にうごめく糞虫すら快楽を求める本能に駆られているのである。人間が宇宙の真実に帰入するには、人間の身体に基盤を置く性的快楽を、宇宙的快楽に一致させるより他に手段はない、と彼らタントリストは考える。

人間が三阿僧祇をかけて成仏する過程は、自己に内在する菩提心を修行によって質的に向上させ、やがて精神性としての究極的実在たる宇宙的な菩提心に帰入させようとするものであった。菩提心が古来、般若（智恵）と方便（実践）の合一したものとされ、また般若は女性に、方便は男性に譬えられていた点に着目したタントリズムは、般若を女性の体液、方便を男性の精液に比定した。性行為によって男女両性の精液が合したものが菩提心に他ならない。それを菩提心の宇宙的運動過程に対応させて構想した人体内の経路にそって、身体的工夫（即ち瑜伽）によって巡行させれば、個人的存在を究極的実在と相似に運転し得たことになり、即身成仏は可能である筈である。これが彼らのタントラ的発想であった。

（津田真一『反密教学』春秋社、一九八一—二〇〇頁）

そして、悟りが空あるいは空性を体得することであるならば、空あるいは空性を、至高の快楽として体得することもできるはずだという思想をはぐくみました。この思想は、「楽空無別《らくくうむべつ》」もしくは「楽空無差別」と呼ばれます。

たとえば、チベット仏教のゲルク派に伝承されてきた「ヤマーンタカ成就法」という修行法は、『秘密集会タントラ』と同じ系統に属しますが、そこには、こう説かれています。

自分の身体のすべての特徴が、虚空に生じた青い光の中に溶け込み、やがて消えてゆくと観想する。すなわち、自分という存在が消失したと観想する。そのとき、「あらゆる存在に固有の性質はない」という空性に関する正しい見解に思いを至らせ、この見解は、解脱を遂げてホトケとなった暁には、「楽空無差別」の智慧として把握されるのだと了解する。

（ツルティム・ケサン／正木晃『チベット密教』春秋社、二〇一一二二〇頁）

また、チベット密教界に、宗派を超えて伝承されてきた「ナーローの六法」という修行法の中の「倶生《くしょう》の智恵を生成する方法」にも、こう説かれています。

前に菩提心を下降させるプロセスで解説したように、菩提心は溶融され、金剛宝の先端に到達する。もし、射精することなく、とどめておけるならば、倶生の智恵が生成される。そのとき、すでに堅固になっている空性の見解をよくよく思い起こし、意識をそこに集中しなければならない。そして、楽空無別の中に、みずからを置きなさい。たとえ、あなたが空性の理論を深く理解していなくても、楽と無分別智の一体化が堅固になるまでは、少なくとも、あらゆる心の乱れを鎮め、楽の体験だけでもいいから、その中にみずからを置きなさい。

（ツルティム・ケサン／正木晃『チベット密教　図説マンダラ瞑想法』ビイング・ネット・プレス、二六七―二六九頁）

以上の引用のように、インド仏教の最終段階において、空あるいは空性は、戒律すらも無視もしくは超越してしまう方法によって、体得されるという事態が生まれました。

もちろん、戒律は仏教の基本の基本です。戒律なき仏教はありえないはずです。仏教の至上命題が悟りにある以上は、悟りのためなら、もはや戒律にこだわる必要はないのではないか。いや、いくら悟りのためとはいえ、戒律を守らなければ、もはや仏教とはいえないのではないか。

この相克に、明確な解答を準備することなく、インド仏教は滅亡しました。そして、この難問は、インド仏教の正統な後継者を自認するチベット仏教にゆだねられることになったのです。

第五章　チベットの空思想

▼チベット仏教の歴史

チベット仏教は、インド仏教の正統な後継者を自認しています。この主張には、歴史的な根拠があります。

平均高度が四〇〇〇メートルにもおよぶチベット高原へ、仏教が伝来したのは、日本への仏教伝来にやや遅れる七世紀のことでした。このとき、最大の貢献を果たした人物は、後期中観派のシャーンタラクシタとカマラシーラでした。かれらは、チベット在来のポン教や中国から伝来していた禅系の仏教と、論争や抗争を繰り返したのち、チベットにインド型の仏教を定着させることに成功しました。

とりわけ中国から伝来した仏教との論争は、チベット最初期の僧院として建立されたサムイェー寺で、七九四年からあしかけ三年にわたっておこなわれました。この論争は、サムイェー論争として、世界の宗教史上に名を残しています。

注目すべき点が二つあります。

一つは、シャーンタラクシタとカマラシーラという、当時のインド仏教界で最高峰の学僧が、わざわざチベットまで出掛けていった事実です。その後も、アティーシャ（九八二〜一〇五四）やシャーキャシュリーバドラ（一一二七〜一二二五）のような、インド仏教界の至宝といわれた僧侶が、チベットをつぎつぎに訪れています。それに対し、インドから中国へ仏教を伝えた僧侶の中に、インド仏教界で名を馳せていた例は見当たりません。もう一つは、シャーンタラクシタが、パドマサンバヴァ（八世紀）という人物を同行させたことです。パドマサンバヴァは在家の密教行者で、強大な霊力によってチベット土着の神々を片っ端から制圧して仏教に帰依させ、人々に密教の威力を見せつけました。このことは、インド型仏教のチベット定着にあたっては、宗教思想が高度なだけでは無理だったのであり、密教が得意とする呪術的な行為が欠かせなかった事実を物語ります。

こうしてチベットに伝来したインド型の仏教は、初期はチベット王国（吐蕃《とばん》王国）の保護下にありましたが、王国が滅亡した一一世紀以降になると、各地の有力氏族とかたくむすびつき、ながらく社会の指導的な役割を果たすことになります。そして、一五世紀の初頭までに、現在も大きな影響力をもつニンマ派・カギュー派・サキャ派・ゲルク派の四大宗派が成立しました。

一三世紀以降になると、チベット仏教にとって最大の支援者はモンゴル族でした。まずサキャ派が、次いでゲルク派がモンゴルへの布教に成功し、その軍事的かつ経済的支援を受けてチベットに君臨したのです。一七世紀には、ゲルク派の最高指導者ダライラマが全チベットを政教両面で統治する制度が確立し、一九五九年の中国共産党軍による体制転覆までつづきました。

チベット仏教は、インドの後期大乗仏教をもっとも忠実に受け継ぎ、その理論と修行法はきわめて緻密かつ実践的といえます。また、チベット語に翻訳された経典と論書は膨大で、しかも正確なことは定評があります。一二世紀ころまでは在俗の行者も活躍しましたが、やがて僧院に居住する出家者が活動の中心を占めるようになりました。

僧院では、顕教《けんぎょう》（密教以前の大乗仏教）と密教をともに学ぶのが基本です。その比重は宗派により異なりますが、密教をより重視する点は共通します。チベット仏教は一四～一五世紀に頂点に達しました。プトゥン（一二九〇～一三六四）とツォンカパ（一三五七～一四一九）という超天才があらわれて、顕教と密教を理論と実践の両面で統合する壮大なシステムをきずきあげたのです。

なお、チベットでは、密教の師僧は「ラマ」と呼ばれます。そのため、かつてチベット仏教は「ラマ教」と称されたこともありました。

▼チベット仏教と空

チベット仏教もインド大乗仏教の後継者という位置づけから明らかなように、空あるいは空《くう》性《しょう》は最大級の課題であり続けてきました。ニンマ派・カギュー派・サキャ派・ゲルク派の四大宗派は、長い時間をかけて、空にまつわる独自の見解をはぐくみました。四大宗派のほかにも、チョナン派は「他空説《たくう》」を主張し、シチュ派は空を体得する「チュー（断）」という特殊な修行法を開発しました。その多くは、ナーガールジュナを始祖とする中観《ちゅうがん》派の空思想とは、似ても似つかないものでした。

それにもかかわらず、どの宗派も、自分たちの見解は中観派の見解と同じだと強弁しました。なぜなら、チベットの仏教界では、中観派の見解こそ、唯一にして絶対の正統とみなされ、そこから逸脱することはけっして許されなかったからです。

以下では、四大宗派の空の理論、チョナン派の「他空説」、シチュ派の「チュー」について、できるかぎり簡潔にご紹介したいと思います。その際にもちいる基本的な資料は、ゲルク派の学僧だったトゥカン・ロサンチューキニマ（一七三七～一八〇二）が執筆した『一切の宗義の起源と綱要を示す「善説水晶鏡」』、略称『一切宗義』です。

『一切宗義』は、その書名がしめすとおり、各学派の僧侶を中心とした歴史、および各学派において確立された宗義（教義）を主に記述しています。具体的には、インド、チベット、中国、モンゴルにおける仏教の諸学派のみならず、中国の儒教、チベットのポン教まで含まれます。著者がゲルク派に属していたことから、ゲルク派の立場から他学派を批判する部分もありますが、全体としては、客観性に富む資料とみなされています。

日本では、公益財団法人東洋文庫において、一九六一年から研究が開始されました。その成果は『西蔵仏教宗義研究』という書名で、これまでにサキャ派・シチュ派・ニンマ派・モンゴル・カギュー派・チョナン派・ゲルク派の各巻が出版されています。

▼ニンマ派

チベット仏教の宗派の中で、もっとも古い歴史があるのはニンマ派です。「ニンマ」とは「古い」という意味ですから、ニンマ派は「古派」と言い換えられます。「古派」という呼称があるからには、「新派」という呼称もあるはずです。そのとおり、四大宗派のうち、ニンマ派以外の三つの宗派は「新派」に属しています。

「古（ニンマ）」と「新（サルマ）」の区別は、プトゥンが、ダルマ・ウイドゥムテン王の仏教弾圧（八四一年）を境に、チベット仏教の歴史を前後に二分する考え方を提唱したことに由来します。八四一年以前を「前伝期」といい、この時期までにチベットに入った密教経典を「古訳」と呼びます。また、中央チベットで戒律の伝統が復活した一〇世紀の後半以降を「後伝期」といい、これ以降にチベットに入った密教経典を「新訳」と呼びます。そして、古訳を奉ずる人々をニンマ派、新訳を奉ずる人々をサルマ派（新派）と称するのです。

もっとも、ニンマ派が「古訳」をもちいるというのは、あくまで建て前にすぎません。実際のニンマ派の教えの中には、「前伝期」と「後伝期」の経典に説かれる内容が混在しています。

厄介なことに、ニンマ派の場合は、話はこれで済みません。ニンマ派特有の埋蔵経典の問題があるのです。ニンマ派が奉ずる古いタイプとされる密教経典には、二つの種類が存在します。一つは吐蕃王朝以来、伝わってきた文献で、「仏説部（カーマ）」と呼ばれます。もう一つは、ニンマ派の密教者がホトケや神から霊的啓示をうけて感得した文献で、「埋蔵部（テルマ）」と呼ばれます。

さらに、話は錯綜します。その埋蔵部に、二種類あるからです。一つは、いまも述べたように、埋蔵教法発掘者（テルトン）が、実際に地中や水中から発掘したもので、「地中の埋蔵（サテル）」と呼ばれます。もう一つは、テルトンが霊的啓示をうけて著述したもので、「意趣の埋蔵（ゴンテル）」と呼ばれます。サテルにしろゴンテルにしろ、テルマの類はほとんどがテルトンの創作らしく、他の宗派からニンマ派が非難される原因の一端となってきました。

しかし、これらの文献を縦横に駆使して、チベットの人々、わけても一般大衆に多大の影響をあたえてきた事実は否定できません。また、創作とはいっても、まったくの零からでたらめに書き上げたというよりは、すでに存在していた典籍に新たな解釈や修行法をつけ加えた場合も多いといわれます。ちなみに、よく話題にされる『死者の書』も、テルマの典型にほかなりません。

また、ニンマ派の宗教者は、出家僧というよりは、在家行者のかたちをとることが多く、宗派や教団組織とはながらく無縁でした。ニンマ派が宗派としての体裁を整えるようになったきっかけは、ロンチェン・ラブジャムパ（一三〇八～一三六三）という天才が登場し、他の宗派や教団の非難にこたえて、みずからの立場を教義とそれにもとづく修行法の両面で、大成して以降です。

▼ゾクチェンと空

ニンマ派にとって、もっとも重要な修行法は「メーガー・ゾクパチェンポ（大《だい》究竟《くきょう》）」、略称「ゾクチェン」です。

「ゾクパチェンポ」について、『一切宗義』には、こう説明されています。

> 重視すべきものは「ゾクパチェンポ」の見（教義）・修（修行法）であると思うが、「垢れなき現時の明知、あるがままの輝きの空」、これに対して「ゾクパチェンポ」という。その言葉の説明も、顕現・有と輪廻・涅槃にまとめられる一切諸法は、この「空なる明知」のうちに究竟しているゆえに、「ゾクパ（究竟）」といわれ、また、それ以上の輪廻より解脱する最勝なる他の方法は無いゆえに、「チェンポ（大）」と言われるのである。
>
> （平松敏雄『トゥカン『一切宗義』ニンマ派の章』東洋文庫、一一三頁）

「ゾクチェン」には、「心部」・「界部」・「教誡《きょうかい》部」の三つの部門があります。このうち、もっとも重視されてきたのは「教誡部」です。その背景には、ニンマ派の教義と修行法を大成したロンチェン・ラブジャムパが、「教誡部」に属していたからです。

「心部」・「界部」と「教誡部」の違いは、以下のとおりです。

「心部」・「界部」は法性《ほっしょう》（絶対真理）一元論の立場をとり、現象しているもろもろの存在をそのまま絶対真理のあらわれと見ます。まさに如来蔵《にょらいぞう》思想の典型例といえます。

しかし、「教誡部」は、現象しているもろもろの存在を、妄想されたもの（妄）として区別しようと試みています。すなわち、唯識派が主張したアーラヤ識の影響が認められるとともに、アーラヤ識はそのままでは絶対真理に到達できないので、妄から真へと至る修道が必要になるという思想が提示されているのです。

ただし、それは徹底されず、「真妄一如《しんもういちにょ》」の思想はしぶとく生き残ったようで、如来蔵思想と完全に縁を切ったとまではいえません。その証拠が、『一切宗義』の「教誡部」に対する総説です。

> 教誡部は、捨取と離れ、融合している、二として無い智によって、輪廻・涅槃の一切諸法を法性である空を執取することと離れた状態にもたらす要訣によって、輪廻・涅槃いづれにも分けられない明知そのものが、法性の境として、顕然とのぼった後、自己の明知が〔金剛〕鎖の仏身として、熟して解脱させるものである。
>
> （同前、一一四頁）

▼根基と空

ゾクチェンと空の関係については、こう説かれています。

本初の真如、不生なる根基（シ）の空に対して、ンコウォ（本体・法身）が本来清浄といい、その空性の止滅する無き光彩に対して、ランシン（自性・受用身）が自然成就といい、浄・不浄いづれにものぼるその力に対して、トゥクジェ（慈悲・変化身）が遍満という。そして、最初のものに対して明知の空が同じであり、二番目のものに対しては輝く空が同じであり、三番目のものに対しては顕れる空が同じであるといわれる。

心と明知の差異は、無明の力によってあらゆる幻をひき起こすものであるところの突然現れる妄分別に対して心といい、無明によって汚されていないことによって、所取（客体）と能取（主体）の戯論とを離れ、輝と空とを執取すること無き空を見知るものに対して明知という。

心の相である顕れの部分、それが輪廻であり、心の体性である空の部分、それが涅槃である。輪廻と涅槃の二つは、自己の心性の体性である空の状態では、区別の因がないことによって、輪廻・涅槃無差別といわれる。

顕れを心と見定め、心を空と見定め、空を無二かつ融合と見定めたのちでは、一切諸法をあるがままの明知の空と悟ることは、漸悟者の明知を知る段階であり、ラマによって明知を印可されるだけで、どんな顕れもあるがままの空なる明知と悟ること、それが頓悟者の明知をみずから悟る段階であり、今生であるがままの空なる明知と明らかに悟らなかったとしても、修の力によって中有でその正しい悟りがのぼる者は、トゥゲル（超越と呼ばれる瞑想）を修する者の明知をみずから悟る段階である。

要するに、輝も空も執取するなき現時の自己の無垢な明知、これを広大無辺の漂いにおいて弛め放って、妄分別すなわち顕れ、心の住と動、いづれに関しても善悪を見ず、否定も肯定もなさず、あるがままの明知の空において、その状態をまもること、これがゾクチェンを修する仕方の精髄であり、大阿闍梨（パドマサンバヴァ）の密意の無上の精要であるといわれる。

（同前、一一五―一一六頁）

「根基」とは、「本初の真知、不生なる」とあるとおり、無視無終の最高真理であり、涅槃《ねはん》と輪《りん》廻《ね》、すなわちブッダと生きとし生けるものの世界に先だって存在し、両者を生み出した根源的な存在です。そして、「根基」には、本体・自性（本性）・慈悲という三つの側面があるというのです。また、三つの面それぞれに、以下の性質があると説かれています。

本体―空――法身
自性―輝き―受用身
慈悲―智恵―変化身

ですから、「根基」とは、これらの要素が一つに融合した存在なのです。

ここで問題となるのは、ニンマ派が「根基」という根源的な存在を認めている事実です。インドで生まれた宗教を理解するためには、属性（ダルマ）と基体（ダルミン）の関係がとても重要であることを、第二章で説明しました。バラモン教からはじまって、ヒンドゥー哲学につながる正統派によれば、基体こそ、世界の根本にほかならないブラフマンなのです。ブラフマンは、そこから世界が展開し、顕現する根本物質となり、しばしばそれが世界そのものとなります。

しかし、仏教は基体としてのブラフマンの存在を認めませんでした。ナーガールジュナが創始した空思想では、基体どころか、属性も認めませんでした。

ところが、第四章で如来蔵思想を論じたとき、如来蔵の「蔵」にあたる原語のガルバが、わたしたちをささえる根底もしくは基盤を意味している場合があると述べました。ニンマ派の教義における「根基」は、空の性質をもっていると説かれていながら、実際には基体としての「蔵＝ガルバ」とまったく同じ役割を果たしています。したがって、この教義は如来蔵思想のカテゴリーに属しているとみなせます。

さらに、ニンマ派の文献に、「根基」が繭《まゆ》あるいは卵にたとえられ、本体の中に自性があり、さらに自性の中に慈悲があると表現されている事例が見出せます（安田章紀『ロンチェンパのニンティク思想』京都大学学術リポジトリ http://dx.doi.org/10.14989/doctor.k15054　一八頁）。

この表現は、以下の二つのことにつながります。

一つは、ニンマ派においては、空が自性をもっているとみなされていたことです。いいかえると、ニンマ派がいう空は無自性ではないということです。これは、ナーガールジュナが創始した空思想とは、まったく異なります。

もう一つは、如来蔵の原義である「如来の子宮」というイメージです。空が子宮であり、その中に胎児としての自性が宿っている、そんなイメージです。また、万物がそこから生まれる根源として、ヒンドゥー教の神話に登場する「宇宙卵」のイメージもあります。

このほか、ゾクチェンが唯識《ゆいしき》派の思想から大きな影響を受けていることは、すでに指摘されています。引用にある「顕れを心と見定め、心を空と見定め、空を無二かつ融合と見定め」という表現は、まさしく唯識派の思想です。「根基」から「クンシー」が生まれ、「クンシー」から八識が生まれると説かれているあたりも、唯識派の影響が顕著です(同前、四七―四八頁)。

ゾクチェンの由来や成立については、中国の禅宗からの影響もよく指摘されています。根拠は、いくつもあります。サキャ派を大宗派に発展させたサキャ・パンディタ(一一八二〜一二五一)の著作に、ゾクチェンは中国禅の系統と書かれていることをはじめ、文献にその旨の文言がかなり見られること。「輝も空も執取するなき現時の自己の無垢な明知、これを広大無辺の漂いにおいて弛め放って、妄分別すなわち顕れ、心の住と動、いづれに関しても善悪を見ず、否定も肯定もなさず、あるがままの明知の空において、その状態をまもること」という表現が、禅宗の頓悟《とんご》や無努力という方向性に通じることなどです。

▼カギュー派

カギュー派は、キュンポ（九九〇～一一三九）とマルパ（一〇一二～一〇九七）という二人の在家密教行者から始まりました。この二人はそれぞれ別個に、インドに師を求めておもむき、キュンポはマイトリーパ（アドヴァヤヴァジュラ）とニグマから、マルパはナーローパとマイトリーパから教えを授かりました。マイトリーパもナーローパもともに当時、評判の高かった在家密教行者です。ニグマは男性行者の性的パートナーをつとめる女性密教行者で、ナーローパの妻だったこともあったと伝えられます。つまり、カギュー派の始祖たちは、多少時間がずれるとはいえ、同じ原点から出発したのです。

カギューとは「教えの伝統」を意味します。もっとも、キュンポとマルパの間には、全くといっていいほど、交流はありませんでした。そのうえ、後世、キュンポの法系（シャンパ・カギュー）が四つ、マルパの法系（タクポ・カギュー）が九つにも分裂して、互いに対立抗争を繰り返しました。このような歴史をもつにもかかわらず、一つの「教えの伝統」とみなされた理由は、同じ原点から出発し、当然ながらよく似た「教えの伝統」をまもりつづけたことに求められます。

この一派は、後発のサキャ派やゲルク派とはちがって、整然とした教理体系の構築などにはあまり関心を示さず、もっぱら密教行法の実践に、自分たちの存在価値を見出してきました。この点では、ニンマ派に近いところがあります。

カギュー派の支持母体は、地域に根ざした領主たちであり、血統を重んじる閉鎖的な氏族教団のかたちで、維持されてきました。この支持母体と、もともと秘儀的色彩の濃い密教行法とがあいまってカギュー派の性格を決定したといえます。分裂と抗争の歴史も、ここに原因の大半がありました。

以下では、後世への影響が大きいマルパの法系について、空想想との関係を述べていきます。

▼マルパとマハームドラー

マルパはインドへ留学して、マイトリーパ（一一世紀ころ）から授かった秘法が「マハームドラー」です。マハームドラー（大印《だいいん》・大印契《だいいんげい》）は、「マハー（偉大なる）」＋「ムドラー（印・印契）」を意味しています。この場合、「印（印契）」には、さまざまな意味が込められていて、性的ヨーガの女性パートナーを意味することもあれば、修行者の心そのものを意味することもあり、悟りを得るための秘法を意味することもあります。

このように、マハームドラーはとても抽象的で、いろいろな解釈を生む余地があります。また、その実践方法はいくつもあり、禅の瞑想に近いタイプから、身体技法を極限まで駆使するハタ・ヨーガ的なタイプはもちろん、性行為を導入した修行、つまり性的ヨーガを不可欠とするタイプまであります。

マルパがマイトリーパから伝授されたマハームドラーは、「母光明《もこうみょう》」とよばれる普遍的な真理を、「子光明」とよばれる個別的な体験として把握する秘法でした。ここでいう「普遍的な真理」とは、大乗仏教の真理にほかならない「空」のことであり、その空は、修行者には、その内面に出現する光明のかたちで体験されるといいます。

ただし、ここでいう「光明」は、わたしたちが考える意味の光ではないようで、この点は注意が必要です。この領域では、言葉では表現できない何かを、とりあえず「光明」とか「光」と表現しているからです。ですから、瞑想しているときに光を見たからといって、それが悟り体験と直結するとはかぎりません。たいがいは、表層の浅い体験にすぎません。

このときの体験を、マルパは次のような詩句に書きしるしています。なお、詩句のなかの「三身たる母」とは、「法身」とよばれる「母光明」であり、「母光明」とは、すでに述べたとおり、普遍的真理すなわち「空」をあらわしています。

東方のガンガー河の岸に行き、そこで大徳マイトリーパの恩恵により、
根本たる法性は不生なりと証解し、空性である心を把握し、
戯論を離れた不変なる最高真理の本体を見て、
三身たる母と現にまみえた。わが戯論をそれ以来断った。

(立川武蔵『トゥカン『一切宗義』カギュ派の章』東洋文庫、一六頁)

トゥカンによれば、マルパは中観帰謬論証派でした（同前、七〇頁）。なぜなら、師のマイトリーパが、中観帰謬論証派を代表するチャンドラキールティの思想を継承していたからです。したがって、マルパが体験した「光明」は、中観派的な解釈の「空」を、ありありと体験したことになりそうです。

たしかに、このときマルパは、マイトリーパの指導によって「心の不変なる自性とは、恒常的実体を欠いた心の法性である」と把握したと述懐しています。

しかし、この述懐には、一方で自体というようなものは存在しないといいながらも、一方では「自体の非存在性」を実在視するという、いわば相反する二つの方向が見られます（同前、一六頁）。現に、マルパは、「不変なる最高真理の本体を見」たといっています。

つまり、いくら否定しても否定しきれない「なにか」が実在するとみなしているのです。この点は、唯識派の影響も無視できません。それでなくても、光の体験は、認識のエネルギーまでが光と化してしまうという唯識派の主張を思い起こさせます。

この件について、立川武蔵氏は、「後世、チベットにおいて中観思想を奉じたと伝えられるマイトリーパが彼の時代の印契説（マハームドラー）の代表者であったことから、最高真理「無」の実体化が一一世紀のインド中観思想においてほぼ定着していたことを推測できるであろう」（同前、一七頁）と述べています。

▼ミラレパと空

カギュー派が生んだ偉人の一人に、ミラレパ（一〇四〇〜一一二三）がいます。かれはカギュー派の大聖者にして、チベット史上最高の詩人と称えられ、今もなお民衆に一番人気のある宗教者の一人です。

ミラレパはマルパの直弟子でした。そして、ミラレパの弟子の中から出たガンポパ（一〇七九〜一一五三）は、カギュー派が教義を確立するうえで大きく貢献しました。

ミラレパの詩集として名高い『十万歌』には、次のような表現があります。

最高真理（勝義諦）においては
障礙より他に仏性もなく
観想する人もなく、観想されるものもなく
踏み歩かれるべき地と道の印もなく

果身と智恵なく
それゆえに　涅槃もない
名と語により仮説されるのみである

三界はよるべとなるもの〔大地〕と生類もろとも
もとより存在せず　生まれず
根本なく　生来のものもなく
業もなく　過去世の業が成熟した果報もない
ゆえに　輪廻の名もない
究極のあり方においては、このようなのだ
（立川武蔵『トゥカン『一切宗義』カギュ派の章』東洋文庫、七一頁）

これらの詩句を読むかぎり、ナーガールジュナの『中論』の論法にそっくりです。
しかし、ミラレパは、こうも説いています。

おお　見よ　有情がなかったならば
三時の仏はどうして現れたであろう
因のない果はあり得ないゆえに
世間的真理においては
輪廻と涅槃がすべて存在する　とムニは説いた
（同前、七二頁）

この部分に対するトゥカンの解説にもあるとおり、実体としては存在しなくても、世間的真理（世俗諦《せぞくたい》）においては輪廻、涅槃、動作の対象、動作の主体、原因、結果の一切が存在する、とミラレパは考えていたのです。これは、チャンドラキールティの思想に沿ったものといえます。つまり、ナーガールジュナとは比較にならないくらい、現象世界の重要性を認め、現象世界に限定するならば言葉とその論理的整合性も重視しているのです。この方向性は、チベット仏教では、時代の推移につれて、さらに大きくなっていきます。

なお、ミラレパには唯識派の思想を語る著作もある事実から、トゥカンは、ミラレパの見解がすべて中観派の見解とは言い切れないと釘を刺しています（同前、七三頁）。

▼ランチェン・ドルジェの如来蔵思想

カギュ派には、中観派とはまったく別の思想も登場しました。その代表例が、ランチェン・ドルジェ（一二八四〜一三三八）の如来蔵思想です。

ランチェン・ドルジェは、数あるカギュ派の中でも有力なカルマ派の黒帽派第三代座主として、『大印契倶生行導論《だいいんげいくしょうぎょうどうろん》』や『大印契の誓願』などの著作をのこし、カギュ派の方向性を確立した人物です。このうち、『大印契の誓願』はわずか二五偈しかありませんが、カギュ派の歴史の中で、もっとも重要なものの一つとされる著作です。その第七偈には、こう説かれています。

（心の）浄化の行われる場であり、認識作用と空の融合した心そのものにおいて
浄化の手段である大印契のヨーガにより
浄化の対象である偶然的な（非本質的な）誤った心の汚れが浄化された結果
生じた無垢の法身を体得できますように。

（立川武蔵『空の思想史』、二一二頁）

このように、ランチェン・ドルジェは、心を認識作用（照／明）と空の融合したものとみなしています。その心は、偶然的なあるいは非本質的な汚れによって覆われているので、それを浄化する必要があります。その手段が大印契（マハームドラー）のヨーガであり、もし汚れが浄化されるならば、汚れに覆われていない究極の存在である法身に出会うことができると主張されています。ここでいう「無垢の法身」とは、永遠不滅の自性に相当しますから、ランチェン・ドルジェの思想的な核心は、明らかに如来蔵思想といえます。

大印契については、第一九偈に、こう説かれています。

意識することを離れれば、これが大印契である。
無いとか有るとかの辺を離れることは、かの大いなる中道である。
これをすべてをおさめる大究竟とも呼ばれる。

一を知れば、すべての意味を証解する自信を得られますように。

（立川武蔵『トゥカン『一切宗義』カギュ派の章』東洋文庫、九九頁）

「無いとか有るとかの辺を離れる」とか「中道《ちゅうどう》」という表現を使って、あたかも中観派の伝統を受け継いでいるかのようによそおってはいます。しかし、実際にはナーガールジュナの主張とは遠くへだたっています。そして、大印契とは「意識することを離れ」ることなのですから、言語活動や意識活動を停止してしまうことが、もくろまれています。この態度は、ニンマ派のゾクチェンや中国の禅宗に通じます。

▼チョナン派の他空説

ナーガールジュナ以来の空思想は、「自性が空」が根本とされます。ところが、「自性以外のものが空」、すなわち「他性が空」という思想が生まれました。これが「他空説」です。

「他空説」は、常住にして堅固な究極的な真理が実在し、現象界に遍在していると主張します。この主張から想像されるように、「他空説」は如来蔵思想のカテゴリーに属しています。

トゥカンによれば、この説の始祖は、チョナン派の宗祖となったユモ・ミキョ・ドルジェ（一一世紀）です。ちなみに、この宗派がチョナン派と呼ばれた理由は、宗祖から数えて七代目の座主《ざす》のときに、チョモナンと呼ばれる土地に僧院を建立したからです。チョモナンは、中央チベット西部最大の都市として知られるシガツェから一〇〇キロほど西の、ヤルンツァンポ河沿いに位置しています。

ユモ・ミキョ・ドルジェは、成立が一一世紀といいますから、仏教が生み出した最後の仏典となった『カーラチャクラ（時輪）・タントラ』に説かれている六支ヨーガを修習したところ、「空なる色身の本尊の相貌が内面に現れたことによって」（谷口富士夫『トゥカン『一切宗義』チョナン派の章』東洋文庫、二四頁）、他空の見解を体得したと伝えられます。

六支ヨーガとは、その名のとおり、六段階のヨーガにほかなりません。このヨーガを成就すると、物質的な五蘊から構成されていた修行者の身体が消失し、ついには修行者自身が「空の色身」もしくは「虹の身体」と呼ばれる身体を獲得して、『カーラチャクラ・タントラ』の主尊であるカーラチャクラそのものに変容する、すなわち成仏すると説かれています。

その際、「空の色身」もしくは「虹の身体」と呼ばれる身体は、森羅万象の根源とされる本初仏の姿をとっているとされます。したがって、もともと常住で堅固な性質をもっています。また、修行者自身に、生まれつきそなわっていたと考えられています。

すなわち、修行者自身に生まれつきそなわっている「空の色身」＝「虹の身体」＝本初仏が、物質的な五蘊《ごうん》から構成されていた修行者の身体が消失することによって、現れ出たというわけです。この構造は、如来蔵（「空の色身」＝「虹の身体」＝本初仏）と、如来蔵を覆っていた汚れ（客《かく》塵煩悩《じんぼんのう》）の関係として、説明できます。これが、「他空説」は如来蔵思想のカテゴリーに属しているとみなされる理由です。

▼トルプパ

「他空説」はチョナン派の秘法として、ユモ・ミキョ・ドルジェからその弟子へ、そのまた弟子へと継承されました。しかし、初期のチョナン派は、もっぱら体験を重視する行者ばかりで、理論的に説明することはなかったので、説得力に乏しく、知名度はさしてありませんでした。この状況を一変させ、「他空説」をチベット仏教界の有力な学説にまで育て上げたのは、トルプパ・シェーラプギェルツェン（一二九二〜一三六一）です。

トルプパは一三四八年に『山法《さんぽう》了義《りょうぎ》大海《たいかい》』という著作をしたためて、「他空説」を典拠と論理の両面において、確固たる次元にまで高めたのです。

彼がきずきあげた体系では、常住・堅固・恒常とされる如来蔵と、無常なる世俗とが、けっしてまじわることのない対極に位置しています。如来蔵は「他空」と呼ばれ、煩悩をはじめとする「他のもの」に関しては「空」であるの対し、如来蔵そのものは実在するとみなされています。また、世俗は「自空」と呼ばれ、それ自体が「空」であり、実在しないとみなされています。

ようするに、世界は、実在するものと、虚妄である真実には存在しないものとに、二分されるのです。そして、「他空」とは実在する悟りの世界を指し、「自空」とは実在しない迷いの世界を指しています。

さらに、トルプパは、こうも述べています。

最高の解脱であり、本性明浄なる法身であり、自生の智恵であり、究極の常楽我常であるものを得て、色身（物質的な身体をもつ仏）によって、生きとし生けるものすべての利益を実践しようと願う者たちは、以下のことを知るべきである。

……

明浄なる法身の功徳の大いなる蔵は、自他一切にいつでも存在するが、客塵の垢にさえぎられて見えず、理解されず、得られないから、常に苦の状態にとどまっている。この認識は、立派な師の特別な口伝を記述した無垢なる聖典と論理によって得るべきものであり、おのずから現れるものと得心すべきである。

また、分かつことのできない限りなき功徳の主宰者である最高の仏の法身が、一切衆生に生まれつきそなわっていても、解脱への道である二つの資量（智恵と福徳）が必要ないわけではない。なぜなら、客塵の垢を除かなければならず、世俗の色身を獲得して、生きとし生けるものすべての利益を実践しなければならないからである。

正しい見解を修習し、実践することによって、（智恵と福徳の）二つの資量を成就し、捨てるべき二つの障り、すなわち煩悩障と所知障（不完全な智恵）を断ち切って、果の仏を得るのである。

（同前、一〇頁）

ここでトルプパは、「明浄なる法身の功徳の大いなる蔵」と表現される如来蔵が誰にも生まれつきそなわっていると認めるとともに、その如来蔵が汚れに覆われているので、それを修行によって取り除かなければならないと述べています。如来蔵思想は、ともすると修行無用論に傾きがちですが、トルプパの主張であれば、それを回避できる可能性がありそうです。じつは、この種の発想は、チベット仏教に限らず、中国や日本の仏教、とりわけ禅宗に見出せます。

▼大中観論者

トルプパについては、もう一つ興味深い事実があります。彼は自分の立場を「大中観」と称したのです。つまり、自分は中観派の伝統を継承していると自負していたわけです。

しかし、これまで見てきたとおり、トルプパの主張は、ナーガールジュナに始まる中観派の思想とはまったく異なっています。また、彼が言及する人物はもちろん、経典や論書にも、中観派に関連する例は見出せません。たとえば、トルプパがもっとも多く名をあげているのは、唯識派のヴァスバンドゥ（世親《せしん》）なのです。さきほどの引用文に登場する「煩悩障《ぼんのうしょう》と所知障《しょちしょう》」という二つの障りも、唯識派によって創始された概念です。

しかも、トルプパは唯識派の思想をそのまま受けいれてはいませんでした。如来蔵思想の立場から唯識派の思想を理解しようと試みていたのです。このことは、トルプパが典拠としてあげる経典ならびに論書の多くが、『如来蔵経』や『不増不減経《ふぞうふげんぎょう》』、あるいは『宝性論《ほうしょうろん》』など、如来蔵系の文献で占められている事実からも明らかです。

これらの点について、トルプパは「見かけ上は唯識だが、究極的には大中観の深遠にして広大な意味を示している」と釈明しています。彼の目的は、唯識派の思想も如来蔵思想も密教も、ことごとく中観派の思想と同一視することで、「他空説」に、大乗仏教の正統派とされる中観派の権威をあたえることだったようです（同前、一三一―一四頁）。

「他空説」は、チョナン派以外の宗派でも、主張されました。具体的な例をあげれば、カルマ派の黒帽派第八代座主に就任したミキョ・ドルジェ（一五〇七～一五五四）が、競合する関係にあったゲルク派に対抗するために、「他空説」を展開しています。その際、ミキョ・ドルジェは、自分の著作に『中観他空説の主張を正しく開く燈火』というタイトルを付け、中観他空説の根拠を、トルプパと同じように、初期唯識派のマイトレーヤ、アサンガ、ヴァスバンドゥなど、初期唯識派の思想に求めたうえ、これらの学僧たちを「大中観論者」と呼んでいます。

「他空説」は、ナーガールジュナの主張とは遠くへだたっているというより、完全に逆転しています。そのためチョナン派は、他の宗派や学派から激しい批判を受けました。ところが、仏教においてなにより重視される瞑想修行において、「他空」を体得しやすかったゆえか、そう簡単には屈服しませんでした。現に、『インド仏教史』の著者として知られるターラナータ（一五七五～一六三五）のような、学問と実践に傑出して、名僧中の名僧とうたわれた人物も、チョナン派から出ています。

チョナン派は、ゲルク派の最高指導者として君臨していたダライラマ五世（一六一七〜一六八二）によって、宗教的というよりも政治的な理由から徹底的に弾圧され、滅び去りました。やや詳しく説明すると、チベットに聖俗の両面で覇権をきずきあげようとしたダライラマ五世にとって、最後の抵抗勢力となったのは、中央チベット西部を地盤とするシンシャク氏政権でした。この政権の指導者たちが、チョナン派と親しい関係にあったのです。そこで、チョナン派の「他空説」が槍玉にあげられ、シンシャク氏政権の滅亡とともに、葬り去られたというわけです。ちなみに、ゲルク派はニンマ派も厳しい批判の対象にしていましたが、ダライラマ五世自身がニンマ派の家系の出身ということもあってか、弾圧をまぬがれています。

▼サキャ派

一〇七三年、中央チベットの西部、サキャ（白色の土地）という場所に、コンチョクギェルポ（一〇三四〜一一〇二）という人物によって、サキャ寺が建立されました。この寺を本拠地に形成された宗派がサキャ派です。コンチョクギェルポ以前は古訳の密教を奉じ、在家密教行者を中心とする教団だったようですが、彼がドクミローツァワ・シャーキャイエシェー（ドクミ翻訳家、九九三〜一〇七四）から新訳の密教を伝授され、次第に新訳の密教をも修学することとなったことから、ニンマ派（古派）からサルマ派（新派）へと展開を遂げました。

コンチョクギェルポの子、クンガーニンポ（一〇九二～一一五八）は、チベット仏教史上、最大級の天才でした。彼は、それまでにインドから請来されていた密教を再統合し、独自の見解を加味して、「道果説《どうかせつ》（ラムデー）」を築き上げました。

「道果説」では、密教の修行で、解脱《げだつ》を求めて修行を重ねてゆく過程＝「道」に、すでに悟り＝「果」が実現しているとみなします。その典拠となったのは、あらゆる密教経典の中でもっとも性的な隠喩に富むことで知られる『ヘーヴァジュラ・タントラ』と考えられています。その創唱者は、インドの大成就者として名高いヴィルーパであり、何世代かへて、ドクミローツァワからコン氏に伝授されたと伝えられます。

一三世紀の初頭、サキャ・パンディタ（一一八二～一二五二）が登場するにおよび、サキャ派は戒律を重視し、顕教をもあわせ学ぶ宗派へと変容しました。サキャ・パンディタは、チベット仏教史上にかつて例を見なかった大学者であり、しかもヴィクラマシーラ寺最後の僧院長で、顕密を合わせ学び修行し、戒律も厳しく守ったシャーキャシュリーバドラ（一一二七～一二二五）の弟子だったからです。

サキャ・パンディタは、単なる仏教者というだけではとてもすまない存在でした。チベットの救世主だったといっても過言ではないくらい、重要な人物です。なぜなら、チベット侵略をくわだてて、軍隊を派遣してきたモンゴル人からチベットを守り抜いただけでなく、彼らをチベット仏教のもっとも熱心な帰依者にしてしまったからです。その結果、モンゴル皇帝とチベット仏教の筆頭僧侶のあいだに、「施主と説法師」もしくは「施主と帰依処（霊的指導者）」などと呼ばれる特殊な関係がむすばれたのです。

この関係は徐々に拡大解釈され、チベット仏教側がモンゴル側に、霊的な力を付与し、その権威を高める代わりに、モンゴル側はチベット仏教側に、必要な経済的な支援を、さらに時と場合によっては、軍事的な支援をあたえることすら可能になったのでした。こうして、サキャ・パンディタ以降のチベット仏教界は、モンゴルの力を背景に、発展していくことになりました。

▼顕教の見解

サキャ派に限らず、同じ宗派であっても、顕教と密教とでは、見解に違いが見られます。チベット仏教の一般的な傾向として、顕教よりも密教が優位とされます。あるいは、理論の面では顕教が、実践（修行）の面では密教が、それぞれ主になると考えられてきました。

なお、サキャ派の教理にまつわる記述は、トゥカン自身の文章ではなく、一六世紀に活動したサキャ派の学僧、マントェ・リュトゥプの著作からの引用です（立川武蔵『トゥカン『一切宗義』サキャ派の章』東洋文庫、一〇三頁）。

顕教の部門では、「ナーガールジュナに従う教誡」すなわち中観派の見解、および「マイトレーヤの教誡に従う修練」すなわち唯識派の見解が、ともに立てられています。乱暴な表現で恐縮ですが、あえていうならば、理論は中観派、実践（修行）は唯識派という、使い分けが、タイトルからも内容からも、見てとれます。

中観派の説明を読む限り、心身を構成する五蘊《ごうん》は実体であるという判断と、心身を構成する五蘊は実体ではないという判断が、ともに否定されていて、ナーガールジュナの『中論』に説かれている見解が忠実に受け継がれています。ただし、唯識派の説明には、忠実とは必ずしも言い切れないところがあります。

中観派の系列では、サキャ派においてはおおむね自立論証学派が優勢でしたが、ゲルク派の開祖となったツォンカパの師として著名なレンダーワ・シュヌルト（一三四九〜一四一二）は帰謬論証学派の立場を選びました。なかには、シャーキャチョクデン（一四二八〜一五〇七）のように、初期には中観派、中期には唯識派、後期にはチョナン派というぐあいに、大きく立場を変えた例もありました。

唯識派の系列では、トゥカンが「教誡に従う修練」というタイトルを立てている点が注目されます。現に、このタイトルが示すとおり、理論よりも、修行に関する記述が目につきます。まず、冒頭にこう説かれています。


マイトレーヤの教誡に従う修練。この流派においては〔修行をこれから始めようとしている時（基本の時期）、修行をしている時（道程の時期）、仏となった時（結果の時期）という三時期の中の〕基本の時期における智恵菩提――その自性は光明である――これこそが輪廻と涅槃という二つのものの根源である。
そ〔の根源〕の本質が理解されない限りは、とらえられるものととらえるものという二つのものとして誤って顕われるもの、これには現前のものと潜在するものとの二種があるが、こ〔の誤って顕れるもの〕が生死の根源であり、生来の無明（真如に関する智恵の欠如）である。したがって、マイトレーヤに従う教誡の修練にあっては、その根源〔である無明〕を断ち切り〔真如の〕根底に溶かし入れる必要がある。

（同前、七九頁）

この引用の中に出てくる「智恵菩提」は、密教の術語としては「如来蔵」と同じものを指しています（同前、一〇五頁）。つまり、自性が光明である如来蔵こそが、輪廻と涅槃の根源とされているのです。この思想は、密教に連結する可能性があります。

そして、唯識派の（修練）修行については、こう説かれています。

〔今までの修練に加えて〕さらに努力すれば、内のとらえるものである心が誤って顕れたものも消えて、光明そのものである自分の心にひらめきが次々に生じて、それをまのあたりに見るという体験が得られる。これが「もっとも勝れた法との間隙がない精神集中」である。この場合、生来我々に存する無明は清浄なものではない。しかし、生来のものであり、生まれてこのかた一層増大・強化された、とらえられるものととらえるものとして誤って顕れたものの中に、眼前のもののほとんどが清められて、光明がさし昇る。〔その結果、仏の位を目的地としてそれに至るまでの十段階（十地）あるいは十三段階（十三地）の中に〕「見道」〔と呼ばれる〕第一段階の知が生ずるのに支障のない状態まで、たやすく到達するのである。

……

このように観想した後に、種子をともなった生来の無明の一面であり、清浄であり、〔元来〕光明にほかならない自分の心の一部を、眼前に忽然と見ることを、「第一地見道」と呼ぶ。これ以後、第十地までの間には、自分の心の光明が覆いかくしている無明の部分ごとに、清浄なひらめきが徐々に大きくなって、第十一地にて仏になるときには、〔自他〕ともに清浄にすることができる、心の自性そのものである光明が、覆いかくされていないのを見るのである、と〔マイトレーヤに従う教誡は〕述べている。　（同前、八一頁）

中観派は、すでに述べたとおり、すべての判断が成立しないと主張します。唯識派は、認識の対象も認識している主体も、ともに「誤って顕れるもの」とみなします。そして、実践においては、認識の中に「誤って顕れるもの」、すなわちイメージを消し去っていき、ついには認識作用そのものを、光明に変えようと試みます。

以上の引用に書かれているように、唯識派がめざす最終的な境地は、すべてのイメージが消え去って、ただ光明のみになることにほかなりません。ただし、唯識派の場合は、認識がやがて光明となる素材であると考えるので、認識作用のすべてを否定しようとはしません。このあたりも密教につながる可能性があります。

▼密教の見解

サキャ派の密教について、（トゥカンが引用する）マントェ・リュトゥプの道果説を解説する著作には、こう書かれています。

> 密教の見解は、心のあり方を理解した者の見解である。それを体得するためには〔好・悪・美・醜・生・滅・一・多などの〕差別が生ずる場である心の特質を把握すべきであるから、まず心〔のあり方〕を考察して、それは認識作用（照）と空とが互いに融合しているものであると明確に理解し、そうした過程をとおして、本然の智恵である生来の心をずばりと把握する。
>
> （同前、八二頁）

まず、心とは、好・悪・美・醜・生・滅・一・多などの差別が生ずる場にほかなりません。ついで、密教とは、そのような心の本質を理解した者にしか、把握できません。そして、サキャ派の密教修行においては、どうすればそのような差別をなくすことができるのか、こそが根本的な課題として、提示されます。

ついで、この課題を解決するためには、心の本質が解明されなければなりません。結論から先にいうと、心とは、認識作用（照）と空とが互いに融合しているものなのです。

さらに、考察の途上においては、「どのようなものが心に顕れようとも、その顕れを概念作用の含まれていない智恵の働きの上に浮かび上がらせ、たとえ誤った顕れが生ずるようなことがあっても、正しい見解を忘れないようにつとめて、氷が水に溶けるように、誤った顕れすべてが、智恵のみとして浮かび上がるようにする」と説かれています。この部分は、明らかに唯識派の見解にならっています。ちなみに、サキャ派における心の探究法は、内面の意識に関してはカギュ派の心の考察法と同型である、とも説かれています。

このようにして、最終的には、以下のような確定に至るのです。

認識作用（照）と空との二つは不可分である。心の本性は空であり、空を求める人の転動〔すなわち心〕の動きは認識作用である。したがって、認識作用であるときは空であり、空であるところから認識作用が自然とあらわれてくるというように、認識作用と空との二つは融合している、とおのずと断定される。そういうところから、「融合に関する確定」という。

（同前、八二頁）

顕教と違って、密教では、考察するだけでは意味がありません。瞑想を実践し、以上の見解を、

「体験的な三要点」によって、みのり深いものとしなければなりません。三要点とは、①顕れたものは心であると確立すること、②心は幻であると確立すること、③幻は無自性であると確立すること、です。

第一段階：顕れたものは心であると確立して、「外的対象として顕れたものは存在しない」と理解する有相唯識の見解と同じ次元に到達します。この有相唯識の見解よりも、サキャ派の教説は「心の本性は認識作用（照）である」という側面において、優位に立つとみなされます。

第二段階：心は幻であると確立します。その際、瞑想の結果として得られた「心の本質は空である」という側面によって、有相唯識の見解よりも、また「心の本性は認識作用である」という見解よりも、優位に立つとみなされます。しかし、「認識作用であり空でもあるという心が実有である」という執着を断ち切れないならば、無相唯識の見解に至ったにすぎないので、さらに上に進まなければなりません。

第三段階：幻は無自性であると確立します。幻は無自性であると確立するには、①縁起の観点からの確立、②離言（真実は言葉を離れていること）の観点からの確立、の二つがあります。

①ナーガールジュナが説いたとおり、縁起の真髄にもとづいて、すべてのものが無自性であると確立します。すべてのものは、実有性を欠いているという意味の空であると体得します。瞑想によって、このような真理の体得が生ずるならば、般若《はんにゃ》あるいは中観と同じ次元に到達したとみなされます。さらに、実有性を欠いているという意味の空が、本然かつ生来の心の認識作用と融

合していると体得できれば、それが「輪廻涅槃無差別の見解」であり、縁起の相と断絶し、「ものは常に存在する」および「ものは断じて存在しない」という、二つの偏りを離れた最勝の中道にほかなりません。

②ここまで述べてきたもろもろを体得し、「外的対象として顕れたものは心である」と証悟し、「心として顕れたものは幻である」と断定し、「幻は縁起によって成り立っているものである」と断定し、すべての差別を離れて、確信を得ます。生じた核心の内容の本質を、このようである、とありのままに表現することができないから、ただ「離言」としか名づけられないのです。

▼真理と言葉

しかし、「離言」では困ったことがいろいろ起こってきます。そもそも、真理と言葉の関係は、ブッダ以来の難問であり、ナーガールジュナの空思想でも、対処のひじょう難しい課題でした。また、主体（主観）と客体（客観）をはじめとする二項の別を認めないことも、多くの難問を引き起こします。これらの点はマントェ・リュトゥプもじゅうじゅう承知していたらしく、以下の自問自答しています。

言葉によって表せないから、真実の世界は考えられない。また、観想されるものと観想するものがないから、対象を観想することができない。また、観察されるものと観察するものがないから、智恵によっても視ることができない。解脱させるものと解脱するものがないから、衆生を解脱させることはできない。ところが、話さなければ、言葉を理解しようがない。考えられない限り、意味がわからない。観想しなければ、体得できない。観察しなければ、本質が見えない。脱するところがない限り、仏になれない。では、どうすべきなのか。

本源たる真実の世界の本性においては、理解されるもの・理解するものなどの、二つのものとして顕れる側面があるのではないが、言葉に表せないもの、まさにそれを、日常的言語活動、〔すなわち〕世間的真理の次元において話すことによって、理解が成立するのである。

……

考えることができないもの、それを考えることによって、〔真実が〕わかるのである。つまり、言葉を離れた理解の対象そのものについて、考えられる者と考えるものとの区別なしに考えることにより、不可思議な〔法の〕世界において確信が生ずるのである。

……

解脱できないもの、それを解脱することによって、解脱するのである。〔この迷いの世界は〕本来縛られていないことを、縛られていないと悟ること、そのことが解脱であるからである。このように知れば、成仏することなく、成仏するのである。

……

では、生類への利益はどのようにほどこされるのか、といえば、真実の世界では生類というもの自体がありえないゆえに、生類に対して利益をほどこすこともないかもしれない。しかし、世俗の世界においては、如意宝よりも必要なもの、欲しいものすべてが生じてくるように、概念作用をともなわないままに、祈願の力によって、生類への利益が努力なしに生まれるのである。

（同前、八五—八六頁）

空思想にありがちな持って回った表現ですが、言葉に関していえば、日常的言語活動＝世間的真理の次元において話すことが、容認されています。というよりも、日常的言語活動＝世間的真理の次元において話すことなしに、真理を把握し、成仏へとみちびくことはできないというわけです。

また、この迷いの世界は本来縛られていないことを、縛られていないと悟ること、そのことが解脱であると知れば、成仏することなく、成仏する、というのですから、わたしたちが今いる世俗の世界は、そっくりそのまま肯定されることになります。この考え方は、いわゆる「煩悩即菩《ぼんのうそくぼ》提《だい》」にも通じます。

さらに、衆生は真実の世界にはありえないから、利益をほどこすことはできない、と言っておきながら、実際には、概念作用をともなわないという条件付きながら、祈願の力によって、生類への利益が生まれると主張されています。このあたりには、密教の現実重視の路線がはっきりあらわれています。

▼道果説とアーラヤ識

仏教では、迷いという悟りの「因」から、修行という「道」をへて、悟りという「果」に至ると理解されてきました。ところが、サキャ派の密教を特徴づける「道果説」は、先に述べたとおり、修行という「道」に、悟りという「果」が、すでに含まれているとみなします。つまり、通常は、「道」によって、「因」と「果」が結びつけられるのに対し、道果説では、「果」を結果として固定的に考えるのではなく、むしろ動的に把握して、「道」の中に「果」を引き込んでしまったのです。

いいかえれば、長い修行の結果として、それまでに体験したものとはまったく異質のものとして、悟りがあるのではなく、修行の過程そのものが悟りにほかならないという思想です。この種の発想は、『華厳経《けごんぎょう》』の「初発心時便成正覚《しょほっしんじべんじょうしょうがく》」、すなわち悟りを求める心を起こすやいなや、もうその時には悟りを完成している、というあたりから見られますが、「道果説」はそれを極限まで推し進めたといえます。

「道果説」には複数の系統があったようです。サキャ派に伝授された「道果説」は、『金剛句偈《こんごうくげ》』という書物に対する注釈として、発展してきました。

注目すべきは、『金剛句偈』が唯識派の学説を採用している事実です。クンガーニンポによる注釈書には、唯識派の学説において中核を占めるアーラヤ識について、こう述べられています。

①アーラヤ識とは、すべてのものの「基体」であり、また、個体が個体としてある一定の時間、身体を存続するための「連続（体）」である。
②アーラヤ識は、香が花にあるように、あるいは油が胡麻《ごま》にあるように、感覚器官および身体に存在し、すべてのものの「基体」であり、原因である「連続（体）」は、アーラヤ識を意味するだけでなく、感覚器官および身体をも意味する。
③「基体」であり、原因である「連続（体）」の第一義はアーラヤ識であるが、アーラヤ識そのものが、他の諸識やそれらとの関係から独立して存在することはできない。（同前、一二五―一二六頁）

このように、『金剛句偈』では、アーラヤ識が、唯識派の学説をはるかに超えて、ほとんど全世界を呑み込んでいるかのように、語られています。しかも、「道果説」の典拠となった『ヘーヴァジュラ・タントラ』には、「この身体をおいて、どこに悟りの場を得られようか」という文言すら登場します（D.L.SNELLGROVE『HEVAJRA TANTRA I』SCHOOL OF ORIENTAL AND AFRICAN STUDIES UNIVERSITY OF LONDON　九二頁）。

これらを総合すると、「道果説」では、自身の身体はもとより、現実の世界が、ナーガールジュナの空思想とはおよそ逆に、まるごと肯定されているといえます。

なお、「道果説」を実践するためには、後期密教が開発した性瑜伽（性ヨーガ）、すなわち性行為を導入した瞑想法が必須とされました。「この身体をおいて、どこに悟りの場を得られようか」

という文言が、その証拠です。

そのためもあって、サキャ派の内部でも、顕教を重視したサキャ・パンディタのように、「道果説」にほとんど関心を示さなかった人物もあれば、サキャ・パンディタの後継者としてサキャ派をひきい、元のフビライ・カーンによって、チベット全土を支配する帝師に任命されたパクパのように、「道果説」をモンゴル人たちに広めて、「道果行者」と呼ばれた人物もいました。

さらに時代が進むと、サキャ派の中の改革派ともいうべきンゴル派やゾン派のように、「道果説」にもとづきながらも、性的ヨーガはおそらく実践せず、清浄な戒律を守る一派もあらわれています。この背景には、ゲルク派が戒律を厳しく順守することで、多くの人々から支持され、他の宗派を圧倒しつつあった時代状況が考えられます。

▼ゲルク派

チベット仏教の最大宗派、ゲルク派を創始したツォンカパ（一三五七～一四一九）の経歴はすこぶる多彩です。まず三歳でカルマ派の僧侶から優婆塞戒《うばそくかい》（在俗信者のための戒律）を受け、八歳でカダム派の僧侶から沙弥戒《しゃみ》（見習い僧のための戒律）を受け、一七歳でディグン派の僧院長から同派に伝承されていた秘法を授けられ、次にサキャ派のレンダーワ（一三四九～一四一二）を師として修学に励んでいます。また、カギュ派の一派、パクモドゥ派とも親しい関係にありました。ようするに、ニンマ派をのぞき、すべてのチベット仏教を学び、それらを統合する方向へ向かったのです。

彼は、後伝期のチベットに、インドから最新の仏教を伝えたアティーシャを最高の師と仰ぎ、当然ながら、顕教と密教の統合を意図し、かつ実行しました。ツォンカパの登場は、仏教の歴史全体にとって、画期的な出来事でした。なぜならば、かれの登場によって、チベット仏教が最高の水準に到達しただけでは終わらず、八世紀のインドからこのかた、常に問題となってきた顕教と密教の関係、戒律と性的ヨーガの関係などの難問が、きわめて高い水準で解決を見たからです。

これらの点をとらえて、ツォンカパによる一連の活動を、チベット仏教における「宗教改革」とよぶ専門家もいます。しかし、「宗教改革」とはいっても、日本の、いわゆる「鎌倉新仏教」と同一の次元でとらえることは、まったくの的外れです。その理由は、ツォンカパによる「宗教改革」は、あくまで宗教のプロにほかならない出家僧侶のみを、対象にしていたからです。

当時の出家僧侶のなかには、性的ヨーガは悟りのための最高の方途と理屈をこねて、その実はおのれの欲望を満たすために、女性たちを相手に快楽にふける者も、少なからずいたようです。あるいは、性的ヨーガの実践方法を、秘法の伝授と称して、権力者に法外な交換条件で売りつける者すらもいました。このように、さまざまな領域で、快楽や権力や金品に執着し、ともすれば堕落しがちだった彼らを、戒律をはじめ、正しい仏教の道に導くための行動こそ、ツォンカパによる宗教改革の目的だったのです。

いいかえれば、宗教のアマチュアという位置にある民衆にまで、対象を広げたものではありませんでした。その意味からすると、ツォンカパによる宗教改革は、むしろ明恵《みょうえ》や叡尊《えいぞん》などによる鎌倉期の戒律復興運動に近かったといえます。

また、ツォンカパは、顕教と密教の統合をはかったとはいっても、悟りをえて解脱するには、密教のほうが圧倒的に優れているとみなしていました。その証拠に、ツォンカパはみずからの修行と学問に関する体験を回想した自伝詩『トジェ・ドゥレマ』に、「密教が顕教よりもはるかに優れているということは、太陽や月のようにあまねく知られている」と、はっきり述べています。

ツォンカパの著作は、その旺盛な宗教的エネルギーを反映して、膨大な数にのぼります。わけても、顕教を論じた『菩提道次第《ぼだいどうしだい》（ラムリムチェンモ）』と、密教を論じた『真言道次第（ガクリムチェンモ）』は、全仏教史における最重要の作品と高く評価されてきました。また、ツォンカパは、これまでチベットに伝承されてきた密教の修行法を網羅し、絶えていたものは復活させるするという重要な仕事も成し遂げています。

具体的な例をあげると、カギュー派のもっとも重要な修行法にほかならない「ナーローの六法」に、親交のあったパクモドゥ派の法王ミワン・ターパ・ギャルツェン（一三八五〜一四三二）から懇願され、詳しい註釈を添えて、後世のために書きしるしているのです。

この種の修行法は、ガンデン・カギューの名のもとに、ツァン（中央チベット西部）におけるゲルク派の大拠点として建立されたタシルンポ寺で、今日に至るまで、継承されてきています。

ガンデンは、本来は弥勒《みろく》仏が経営する兜率天《とそつてん》を意味しますが、ツォンカパが最晩年を送った寺の名がガンデン寺という事実からわかるとおり、ゲルク派というニュアンスも含まれています。そこで、ゲルク派のなかのカギュー派という意味合いで、ガンデン・カギューという言葉が使われてきたのです。

ツォンカパが晩年に至って開いた宗派は、ゲルク（徳行）派とも、あるいは儀礼の際にかぶる帽子の色が黄色であるところから、黄帽派《こうぼうは》とも呼ばれます。ゲルク派はすべての仏教宗派の中でいちばん厳しい戒律をもち、むろん生涯にわたって独身を貫きます。

▼ツォンカパの空理解

ツォンカパは中観派の帰謬論証派を、みずからの見解としました。中観派を選ぶにあたっては、師のレンダーワから、チャンドラキールティ（月称）の『入中論《にゅうちゅうろん》』を学んだことが大きく影響したようです。その後、ツォンカパはチベット各地に師を求めては、中観派の著作とその解釈を学びましたが、一四世紀後半のチベット仏教界では、中観派の伝統はひどく廃れていたので、ずいぶん苦労したと伝えられます。カギュ派やサキャ派における空思想をあつかった箇所で見たとおり、たとえ中観派を称していても、実質は如来蔵思想に影響された唯識派の教えが主流だったからです。

トゥカンによれば、ツォンカパが学んだ主な論書は、以下のとおりです。

ナーガールジュナ『中論』およびその自身による注釈書・『六十頌如理論《ろくじゅうじゅにょりろん》』・『広破と名づ

くる書』・『空七十の頌』・『廻諍《えじょう》の頌』・『宝行王正論《ほうぎょうおうしょうろん》』・『経集』・『大乗宝要論議《だいじょうほうようろんぎ》』

アーリヤデーヴァ『四百論』(『中論』の意味上の注釈書)

チャンドラキールティ『入中論』(『中論』の意味上の注釈書)・『明句論《みょうくろん》』(『中論』の言葉の注釈書)

ブッダパーリタ『根本中論註』(『中論』の注釈書)

バヴィヤ『中観心論思択焔』・『般若灯論《はんにゃとうろん》』(『中論』の注釈書)

アヴァローキタヴラタ『般若灯論広注』(『般若灯論』の注釈書)

シャーンタラクシタ『中観荘厳論《ちゅうがんしょうごんろん》』(『中論』の語句の意味を明らかにする書)・『中観荘厳論自註』

カマラシーラ『修習次第』・『中観明』・『細疏《さいしょ》』(シャーンタラクシタ『中観荘厳論』の注釈書)

シャーンティデーヴァ『入菩提行論《にゅうぼだいぎょうろん》』・『大乗集菩提学論《だいじょうしゅうぼだいがくろん》』

ジュニャーナガルバ『中観二諦論《ちゅうがんにたいろん》』・『中観二諦論自註』

(立川武蔵・石濱裕美子・福田洋一『トゥカン『一切宗義』ゲルク派の章』東洋文庫、一二一―一三頁/ツルティム・ケサン+小谷信千代共訳 ツォンカパ『クンシ・カンテル』文栄堂、七―八頁)

さらに、中観派の中でも帰謬論証派を選ぶにあたっては、ひじょうに興味深いというか、神秘的というか、通常では考えがたい体験がありました。それは、師のラマ・ウマパを介して、文殊菩薩と霊的な交信をしたのです。伝記には、ラマ・ウマパが「通訳」となったと書かれていますから、この人物が、宗教学でいえば、霊媒の役割を果したたと思われます。ツォンカパが三六歳になった年の秋に、師ウマパとともに、中央チベットのガーワトンという地で、独居して瞑想修行を実践していたときの話です。

そのとき、師ウマパが通訳をなさって、〔ツォンカパは〕聖〔文殊〕に対して、中観の見解、密教と顕教の違い、無上〔ヨーガタントラ〕の密教の道の難解な箇所、〔秘密集会聖者流の完成のプロセス（究竟次第）についてナーガルージュナが解説したと信じられていた〕五次第の順序、数目などについて、数えられないほど多くのことを御質問なさられた。

特にジェ〔ツォンカパ〕は心中、承認するものは何もなく、みずからの主張においてはどのような法も設定することなく、他人の論理においてのみ成り立つという中観の見解は少しは良いと思っていたので、〔ツォンカパは〕聖〔文殊〕に対して、「わたしのこのような中観の見解は正しい見解でしょうか」とお尋ねすると、〔文殊は〕「そうではない。なぜなら、あなた自身が、空の側面に関しては確信があるが、顕現の側面には〔確信が〕ないからだ」とおっしゃった。

「中観帰謬論証派と自立論証派の違いは何でございましょうか」とお聞きしたところ、〔文殊は〕顕現のみの執を排除する〔帰謬論証派〕か排除しない〔自立論証派〕かという観点から、〔その区別を〕述べた。〔ツォンカパが文殊に〕「どの論書の所説を学べばよろしいでしょうか」とお尋ねすると、〔文殊は〕「一般に、勝者（仏）に教説の良し悪しはないが、あなたの〔過去世の〕業の因縁は中観にあるので、それを学びなさい」とおっしゃった。〔ツォンカパが〕「密教のタントラはどれを学べばよいのか」とお尋ねになると、〔文殊は〕「阿闍梨チャンドラキールティの注釈書がある一冊を学びなさい」とおっしゃった。〔ツォンカパが〕「論師チャンドラキールティをすべての場合において正しい基準として理解してよろしいでしょうか」とお尋ねしたところ、〔文殊は〕「偉大なる菩薩（チャンドラキールティ）」に何の誤りがあろうか」とおっしゃった。

（同前、二九頁）

こうして、ツォンカパは中観派の帰謬論証派を、みずからの空理解の根底に据えたのでした。注目すべきは、ツォンカパが文殊菩薩から「空の側面に関しては確信があるが、顕現の側面には〔確信が〕ない」と指摘された点です。おそらく、この点こそ、ツォンカパが中観派の帰謬論証派の中から、チャンドラキールティを特に尊崇した理由が秘められています。

チャンドラキールティは、第三章でふれたように、言葉によって究極の真理は表現できないと主張しながらも、言葉もしくは言葉の対象としての世界を軽視せず、むしろバヴィヤよりもはるかに熱心に、現象世界の構造を語り、現象世界の重要性を認めていました。そして、少なくとも現象世界を対象とするかぎりにおいて、言葉とその論理的整合性も重視しました。

このようなチャンドラキールティの見解は、ツォンカパが確信をもてずにいた空思想における「顕現の側面」を、補ってくれる可能性があったのです。

▼空と縁起

トゥカンは、ツォンカパ以前にチベットの仏教界で論じられた空にまつわる見解をほとんど否定した上で、ツォンカパ自身の空思想を、こう総括しています。

①輪廻〔から〕涅槃〔に至るまでの〕一切諸法は、それぞれの仮設・命名の基体の側で勝義のものとして成立しているようなものは微塵も見られないけれども、仮設・命名の基体の上に言葉と分別知によって、投影されただけのものは、言説において正しい認識手段によって成立している。

②また諸法はそれぞれの本体を欠いているから〔こそ〕、言説においてそれぞれの法として成立しているのであり、また行為の客体（所作）・行為の主体（能作）などが妥当なものとして設定できる。

③それゆえに、自性によって成立しているものは、言説においてさえ、〔その存在が〕否定されるけれども、業とその果報などの行為の客体（所作）・行為の主体（能作）すべては、対論者の立場に立たなくても、みずからの立場において、正しい認識手段によって、成立し

ていると承認することが十分に可能である。

④そればかりか、縁起の法（存在）についての確信を導き出すことによって、同時に無自性についての確信がより大きくなるのである。

それゆえ、空と縁起がお互いに他を支え合う関係にあるという、この深遠なる思想は、ジエダクニーチェンポ（ツォンカパ）だけが、聖文殊のおかげで獲得し、〔それを我々に〕はっきりと教えてくださったのである。もしそうでなければ、それ以前に現れたチベットのどの学者も〔この縁起と空の関係について〕ありのままに確定してお説きになった方はいなかったのである。

したがって、（ツォンカパの直弟子の）ゲルツァプ一切智者は、

聖尊者（ツォンカパ）がいらっしゃらなかったら、輪廻の根本を断ち切る道である、縁起〔についての、実在論・虚無論という二つの〕極論を離れた中観〔の教え〕は、一部分さえ理解されることはなかったであろう。

と説かれたのである。

（同前、九四頁）

第二章で論じたとおり、ナーガールジュナは空（空性）＝縁起という見解を展開しました。あるいは、縁起と空という二つの異なったものをひとつの行為の中の二面として把握（立川武蔵）

しました。いずれにしても、空もしくは空性と縁起とは、切っても切れない関係にあるとナーガールジュナは主張したのです。

このようなナーガールジュナの空思想に、ツォンカパは回帰したといえます。逆にいえば、ツォンカパが登場するまでは、ナーガールジュナの空思想は、ほとんど理解されていなかったことになります。その背景には、チベットに本格的な仏教がもたらされた時期がナーガールジュナの時代からはるかに遠く、インドの仏教界においてさまざまな空理解が、いわば乱立していた事実があったようです。

▼ツォンカパの新しさ

ただし、ツォンカパの空思想は、ナーガールジュナそのままではありません。チャンドラキールティの見解にしたがって、わたしたちが眼前に見ている現象世界、あるいは輪廻の世界を超えた涅槃が、すべて現実的に有効なものであるという意味で、その存在が認められています。

たとえば、チャンドラキールティの『入中論』にほどこした注釈において、ツォンカパはこう主張しています。

> それら五つの構成要素（五蘊）が自性として成立していることを欠いている、それがもろもろのもの（有体）の空性である、と経典に述べられている。

（立川武蔵『空の思想史』、二二五頁）

ナーガールジュナ以来の、あえていえば正統な空思想では、「Y（五つの構成要素）はX（自体）を欠く」と理解されました。しかし、ツォンカパは、「Y（五つの構成要素）は、自性として成立していることを欠く」と理解したのです。

ようするに、「自性を欠く」という際の「自性」が、「自性として成立していること」に置き換えられています。この置き換えは、正統な空思想にもとづきつつ、新たな展開を示唆したという点で、じつに巧妙な措置です。

「Y（五つの構成要素）はX（自体）を欠く」は「Y（五つの構成要素）はX（自体）そのものに関して空である」という意味であり、この表現は最終的には「Y（五つの構成要素）もX（自体）も存在しない」ことを意味していました。空性に至った後に、よみがえるとしても、Y（五つの構成要素）もX（自体）もいったんは無になるとみなされていたのです。

ところが、ツォンカパは、「Y（五つの構成要素）は、自性として成立していることを欠く」と理解することで、自性として成立していないY（五つの構成要素）の存在を許しました。

そもそも、「自性として成立していることを欠く」ものとは、縁起の理法によって、成立しているもののことです。この原則は、ナーガールジュナと同じく、守られています。しかし、ツォンカパは、「自性として成立している」ものの意味を、縁起の理法によらないもの・因果関係によらないもの・独立に恒常不変に実在するものに限定したのです。

事実、ツォンカパの体系においては、彼が、チャンドラキールティとならんで尊崇していたダルマキールティの存在に関する定義、すなわち存在するか存在しないかの基準は因果的効果性、つまりそれが存在することによって、なんらかの効果があるか否か、にあると定めたことにもとづいて、一般社会においてその存在が認められている現象世界や言語活動を、その現実的な有効性という観点から、仏教者として、その存在が認められています。

このようなツォンカパの見解は、ナーガールジュナが、現象世界や言語活動すべてが存在しないと主張しましたのとは、大きく異なります。しかし、ナーガールジュナが生きていたころに比べれば、はるかに複雑で、現実世界の比重もはるかに大きくなっていた時代に、空思想を適応させる、あるいはよみがえさせることに成功したことは、確かです（立川武蔵『空の思想史』、二一六―二二〇頁）。

▼空の実践

もちろん、いくら立派な理論をきずきあげても、理論だけでは、仏教にとって最大かつ最終の目的である悟りには到達できません。やはり理論に裏付けられた実践が必要になります。チベットの仏教界では、密教の優位が常識でしたから、ツォンカパも自身がもっとも高く評価していた「秘密集会聖者流《ひみつしゅうえしょうじゃりゅう》」の修行を実践しました。この修行法は、第二章でふれたように、ナーガールジュナとその直弟子のアーリヤデーヴァが開発したと信じられていたので、ツォンカパにとってはとりわけ深い意味があったのです。

この修行を実践することで、ツォンカパは、大楽《だいらく》と空性《くうしょう》が一体となった境地、すなわち「楽空無差別（楽空無別）」の境地を達成した、と伝えられます。

〔五六歳で〕ガンデン寺において独居瞑想を正しくなさっていたとき、鼻の先の方から〔脊椎にあたりに走る〕中央脈管を通って下方に向かって光の縄のようなエーとワムの〔二つの〕文字が白い光を放ってまっすぐに通っていくのを、〔夢の中で〕ご覧になった。そのとき以来、〔白い菩提心が〕溶けて生じる殊勝なる大楽と〔赤の菩提心が溶けて生じる〕空性とが一体となった、四歓喜と四空を本質とする智恵が生じた。

それ以降〔ツォンカパ〕は、大楽と空性とが一体となった境地である殊勝なる智恵を不断に護持していたので、等至（瞑想の一境地）において、非仏教徒と仏教徒の両者に共通した三昧（すなわちあまり高くない瞑想の境地）の一部でしかないものについて、名前だけ「大楽と空性とが一体となった智恵」とつけただけのようなものではなく、タントラに説かれ大行者の論書にも説かれた〔真正の〕大楽と空性とが一体となった智恵の三昧に〔ツォンカパは〕入ったのである。また、瞑想を終えた後には、現れたかぎりの神々が大楽・空性の戯れとして顕現して、時を過ごしたのである。

……

と〔ケートゥプ・ゲレクペルサンポの著作である『秘密の伝記』に〕あるごときである。

（立川武蔵・石濱裕美子・福田洋一『トゥカン『一切宗義』ゲルク派の章』、三三一頁）

文中に登場する「四歓喜」とは、瞑想中に、性器の基底部で発生した快感が、中央脈管を通って上昇して過程で、さらに増幅されて体験されるという四段階の快感です。これらの快感は、下から順番に、①歓喜②最勝歓喜③離喜歓喜④倶生《くしょう》歓喜と呼ばれます。ただし、下降時に体験されるという説もないではないようです。いうまでもなく、倶生歓喜こそ最高の快感であり、悟りの体験に不可欠とされます。

同じく、「四空」とは、人が死にのぞんで、意識状態が徐々に薄れ、その結果として、主体（主観）と客体（客観）の対立が消えていく過程を、擬似的な死として、四つの段階に分けて体得する瞑想です。四つの段階は順番に、①空②極空③大空④一切空と呼ばれます。

「四歓喜」と「四空」を体得することで、修行者は生と死の本質を如実に知り、究極の智恵を獲得して、最終目的である悟りの境地へと到達するのです。

この体験をツォンカパは、五六歳といいますから、かなり晩年になってから、たった一度だけ、しかも目覚めていたときではなく、夢の中で得ています。夢の中の出来事というと、現代人はとたんに疑ってかかりがちです。しかし、チベット密教には「ミラム（夢）」と呼ばれ、文字どおり夢を利用する特別な修行が設定されているくらい、夢の中の体験を重視してきた伝統がありま す。むしろ、目覚めているときに得た体験よりも、夢の中で得た体験のほうが、価値があるとみなされていたのです。日本仏教でも同様の事情があって、たとえば親鸞が六角堂における夢告を信じて法然のもとをたずね、生涯の大転機をむかえたことは、よく知られています。

ただし、この体験はツォンカパに大きな負荷を強いたらしく、その翌年に至って、ツォンカパの身体がひどく衰弱した、とケートゥプが『秘密の伝記』に書き残しています。ツォンカパほどの天才をもってしても、「楽空無差別」というかたちで、空性を体得するのはまことに難しかったようです。

ちなみに、ツォンカパが実践した秘密集会聖者流では、明妃《みょうひ》と呼ばれる女性との性的ヨーガが不可欠とされていました。ところが、ツォンカパは戒律をかたく守り抜く立場を選んでいたので、生前は性的ヨーガを実践しませんでした。そのかわり、死の直後、中有において、明妃を抱いて、最上の成就を得たと伝えられます（同前、三四頁）。

第六章　中国の空思想

▼中国仏教の歴史

中国に最初に仏教が伝えられたのは、紀元前二年とされています。もともと中国には、儒教や道教という巨大な精神文明が存在していました。外来の宗教である仏教は、儒教や道教と、ときには対立し、ときには融合しながら、中国仏教という独自の宗教思想を形成していったのです。

中国仏教の全盛期は隋《ずい》・唐《とう》から宋《そう》の時代、つまり六世紀から一三世紀のころでした。天台宗《てんだい》の智顗《ちぎ》、華厳宗《けごん》の法蔵《ほうぞう》、密教の不空《ふくう》、法相宗《ほっそう》の祖で大翻訳家の玄奘《げんじょう》（三蔵法師）など、偉大な人材が次々に現れ、インドの大乗仏教を、中国の精神風土にうまく適合するかたちに再構築しようと試みました。

なかでも盛んだったのは、浄土教と禅宗でした。この世は破滅に向かって突き進んでいるという末法《まっぽう》思想を背景に、極楽浄土への往生を願って阿弥陀如来《あみだにょらい》を崇拝する浄土教は、隋・唐時代に道綽《どうしゃく》や善導《ぜんどう》により大成されました。ヨーガ（禅定《ぜんじょう》）はインドでは、瞑想修行の基本でしたが、中国では悟りを直感的に得る宗派として独立し、禅宗となりました。禅宗の大成者は唐時代の慧《え》能《のう》とされます。禅宗は儒教や道教の思想や方法論と融合し、中国人の感性にとてもよく合う仏教として、宋時代以降は中国仏教の代名詞となったのです。

ご存じのとおり、日本仏教は中国仏教の影響下に成立し、展開してきました。最初期は朝鮮半島を経由して仏教が伝えられたこともあって、半島の影響も無視できませんが、やがて時代の経過とともに中国から、いわば直輸入されるようになり、半島からの影響は薄れていきました。それよりなにより、朝鮮半島の仏教そのものが中国仏教の絶大な影響下にあったことを考えれば、日本仏教を論じるにあたり、まずもって中国仏教の動向を知っておく必要があります。

▼輪廻転生と無我論を拒否

仏教を受容するにあたり、中国人たちが理解しがたいと思った対象が、最低でも二つはありました。一つは、輪廻転生《りんねてんしょう》です。もう一つは、無我《むが》論です。

インド型宗教が絶対の前提としている輪廻という考え方は、あまり理解できなかったようです。また、輪廻と密接な関係にある応報の原理、つまり善因善果・悪因悪果という原理も、理解するのは難しかったようです。

仏教がインドから伝えられる以前の古代中国に、生まれ変わりという考え方がまったくなかったわけではありません。しかし、人間が死んで、また人間に生まれ変わるならともかく、他の生命体に生まれ変わることもあるという、インド由来の輪廻転生という考え方は、受けいれがたかったようです。たしかに、他の生命体に生まれ変わってしまったのでは、中国人が古代から連綿とつづけてきた先祖崇拝は成り立ちません。

仏教が伝来し、輪廻が主張されるようになると、理解も少しずつ深まっていった形跡は見出せます。しかし、儒教であれ、道教であれ、現世と直近の死後世界という二項だけに関心が集中していて、さらにその先のこととなると、まったくの想定外だったのです。

また、中国人は、死後における霊魂の実在を、かたく信じていました。中国の仏教界では、死後における霊魂の実在にまつわる論議は「神滅神不滅」というかたちで展開されました。この場合、「神」は語のgodではなく、霊魂を意味しています。精神というときの「神」の用法に近いとおもっていただいて、けっこうです。

さらに重要な事実があります。仏教がインドから盛んに伝えられた南北朝時代（四三九～五八九）に、サンスクリットのアートマン（我）を漢語に翻訳する際、この「神」をその訳語にあてたのです。この事実は、そのころの中国人の感覚では、アートマンは霊魂としかおもえなかったことを物語っています。このように、中国の伝統宗教や思想はおおむね霊魂実在論にもとづいていました。

もっとも、例外がないわけではありません。ブッダの時代のインドで、いわゆる六師《ろくし》外道《げどう》の一つに、徹底的な唯物論を主張し、死後世界も霊魂の存在も完全に否定した順世派《じゅんせは》（ローカーヤタ）があったように、古代中国でも唯物論者はいました。後漢の時代に、古代にしては異例の合理的な思考方法を開拓し、儒教を厳しく批判したことで有名な王充《おういん》（二七～一〇〇ころ）は、その著書『論衡《ろんこう》』の「論死篇」に、「人物也。物亦物也。物死不為鬼。……人死血脈竭。竭而精氣滅。滅而形體朽。朽而成灰土。何用為鬼（人間は物質である。物質にすぎないのなら、物質が死んだところで、鬼（幽霊）にはならない。……人間が死ねば、血脈は枯れ果てる。血脈が枯れ果てれば、精気は滅する。精気が滅すれば、身体は朽ち果てる。身体が朽ち果てれば、灰や土になるだけだ。鬼（幽霊）になるはずがない）」と書いています。

ただし、王充もその著書の『論衡』も、歴代王朝の御用学問となった儒教をきびしく批判したこともあって、異端視され、後世にあまり影響をあたえませんでした。主流はあくまで神不滅論であり、仏教もその影響をまぬがれなかったのです。

たとえば、過剰なほどの仏教崇拝で知られる梁《りょう》の武帝《ぶてい》（在位五〇二～五四九）は、僧侶や知識人を総動員して、神滅論を徹底的に批判させています。その結果、中国の仏教界では、神不滅論が確立し、死後における霊魂の実在をうんぬんする論争そのものがなくなってしまいました。

これでは、無我論が成り立つはずがありません。

▼鳩摩羅什

鳩摩羅什《くまらじゅう》（クマラジーヴァ、三五〇～四〇九ころ）は、現在は中国の新疆《しんきょう》ウイグル自治区クチャ県となっている亀茲《きじ》国で生まれました。父親はインド西北部のカシミール地方生まれの名門貴族。母親は亀茲国王の妹と伝えられています。

十代後半で出家し、はじめは初期仏教を学びましたが、のちに大乗仏教に転向しました。とにかく天才的な頭脳の持ち主で、仏教のほかにも、いろいろな才能に恵まれていたようです。中国本土に入ってからは、皇帝たちの側近として、風水を占う風水師や軍師をつとめたという伝承があります。

鳩摩羅什は、仏教に対する深い理解だけでなく、よほど語学や文学の才能にめぐまれていたらしく、その訳文は流暢かつ絶妙とたたえられてきました。鳩摩羅什とならんで、二大訳聖と称讃される玄奘三蔵にくらべると、玄奘三蔵の訳文は正確だが、鳩摩羅什ほど美しくないと評されています。

鳩摩羅什が翻訳した代表的な仏典には、以下があります。経典では『法華経《ほけきょう》』、『金剛般若経《こんごうはんにゃきょう》』、『維摩経《ゆいまきょう》』、『弥勒下生経《みろくげしょうきょう》』、論書ではナーガールジュナの『中論《ちゅうろん》』、アーリヤデーヴァの『百論』、ピンガラ（青目《しょうもく》）による現存最古の『中論』の注釈書である『無畏《むい》』、ハリヴァルマンの『成実論《じょうじつろん》』などです。どれをとっても、日本をふくむ、東アジアの仏教に絶大な影響をあたえたものばかりです。

▼諸法実相＝空性

以下にとりあげるのは、鳩摩羅什が漢訳した『無畏』の第一八章です。すでに述べたとおり、『無畏』はピンガラによる『中論』の注釈書です。ただし、鳩摩羅什は『無畏』を漢訳するにあたり、自己の思想を自由に盛り込んだ意訳としていて、とりわけ第一八章は、『無畏』の注釈を捨てて、まったく独自に注釈をあらわしたと指摘されていますから、鳩摩羅什の『中論』解釈を考察するのに支障はありません。

第一八章は、全部で一二の詩句（偈《げ》）で構成されています。そのうちの第三偈は、ナーガールジュナの原典では、こう説かれています。

「わたし」や「わたしのもの」という意識を持たない人も知られない。「わたし」や「わたしのもの」という意識を持たない人を見る者は、［真実を］見ない。

（桂紹隆・五島清隆『龍樹『根本中頌』を読む』春秋社、六九頁）

同じ偈を、鳩摩羅什はこう漢訳しています。

無我の智を正しく体得することは、実観を全身全霊で把握することにほかならないが、無我の智を正しく体得する者は、稀にしかいない。

得無我智者　是則名実観　得無我智者　是人為希有　（『大正新修大蔵経』第三〇巻、二四頁）

このように、この漢訳は、ナーガールジュナの原典と一致しません。といっても、鳩摩羅什は原典の意図を誤解していたわけではないようです。それは、彼の注釈を読むと、こう書かれているからです。

「わたし」や「わたしのもの」という意識を持たない人も、最高真理としては把握できない。凡夫は「わたし」や「わたしのもの」という意識によって、智恵の眼をくらまされているので真実を見ることができない。

無我無我所　於第一義中亦不可得　凡夫人以我我所障慧眼故　不能見実　（同前）

このとおり、原典の意図に沿った解釈をしています。

ということは、ナーガールジュナの主張をじゅうじゅう理解していながら、あえて鳩摩羅什自身の思想を主張するために、第三偈を独自に漢訳した可能性が大きいのです。

この問題を解く鍵は「実観《じっかん》」という言葉にあります。鳩摩羅什はこの言葉を「諸法実相《しょほうじっそう》」という意味で使っているのです。

その証拠は、第一八章の冒頭において、鳩摩羅什がこう述べていることに求められます。

ありとあらゆる存在が、究極的には空であり、生まれることも無く滅することも無いということが、諸法実相の意味であり、真実をきわめることとは、ありとあらゆる存在が空であり、「わたし」というものは存在しないという智恵を、獲得することにほかならない。

若諸法尽畢竟空無生無滅　是名諸法実相者　云何人　答曰　滅我我所著故得一切法空　無我慧名為人

（同前、二三頁）

▼諸法実相を特別視

これほど、鳩摩羅什は「諸法実相」を重視しています。その結果、『中論』の中でもひときわ高い意味をもつとされてきた第一八章の主題が、「諸法実相」を全身全霊で把握することにあるかのような印象を、読む者にあたえています。

実例をあげましょう。鳩摩羅什は第五偈において、原文の、

業と煩悩とは、概念的な思惟により生じる。もろもろの概念的思惟は、言語の多元性（戯論）より生じる。しかし、言語の多元性は、空性において滅する。

（桂紹隆・五島清隆『龍樹『根本中頌』を読む』、六九頁）

という文言を、こう解釈しています。

諸法実相が空性であることを全身全霊で把握できれば、言語の多元性（戯論《けろん》）は滅する。

得諸法実相畢竟空　諸戯論則滅

（『大正新修大蔵経』第三〇巻、二四頁）

すなわち、原文の「言語の多元性は、空性において滅する」を、「諸法実相が空性であることを全身全霊で把握できれば、言語の多元性（戯論）は滅する」と解釈することで、「諸法実相」に特段の意味というか地位というか、とにかく他の用語にはまったく例を見ないほど、特別視しています。

この種の用例は、これだけにとどまりません。第六偈以下の偈のほぼすべてが「諸法実相」について論じている、と鳩摩羅什は解釈しています。

第六偈：諸仏或説我　或説於無我　諸法実相中　無我無非我

（同前、二四頁）

第七偈：諸法実相者　心行言語断　無生亦無滅　寂滅如涅槃

（同前、二四頁）

また、第八偈は、「若仏不説我非我。諸心行滅。言語道断者。云何令人知諸法実相」という問いに対する答えとして述べられたと鳩摩羅什は解釈しています。

第九偈も、「知仏以是四句因縁説。又得諸法実相者以何相可知。又実相云何」（同前、二五頁）

という問いに対する答えとして述べられたと鳩摩羅什は解釈しています。

第一〇偈：若法従縁生　不即不異因　是故名実相　不断亦不常　（同前、二四頁）

第一二偈の「たとい諸仏が［この世に］現れず、さらに［諸仏の直弟子である］声聞たちもいなくなってしまっても、［世間から］遠ざかることにより、独覚たちの知は生じるのである」（『龍樹『根本中頌』を読む』、七〇頁）は、「仏説実相有三種。若得諸法実相。滅諸煩悩」（大正新修大蔵経　第三〇巻、二五頁）と解釈されています。

まさに文字どおり、「諸法実相」の羅列です。これは鳩摩羅什の独自性をもっとも顕著にあらわしているという指摘があります（丹治昭義『沈黙と教説』関西大学出版部、四一―四五頁）。ようするに、鳩摩羅什はナーガールジュナの『中論』を、「諸法実相」によって、読み解いたのです。ここまでくると、「諸法実相」はほとんど真理（真如《しんにょ》）の同義語と言っていいかもしれません。

▼「実相」という言葉はない

「諸法実相」という言葉は、通常は「法性《ほっしょう》（ダルマター）＝真如／真理」の異訳語としてもちいられてきました。現に、『中論』第一八章の漢訳では、「法性」と同じ意味で使っています。したがって、ここでは、「諸法実相」＝「法性」が空性《くうしょう》であるということになりますから、ナーガールジュナ以来の中観《ちゅうがん》派の見解を忠実になぞっているといえます。

その一方で、鳩摩羅什は「諸法実相」という漢語をかなり広い意味で使っています。ときには、原典にはない場合でも、もちいているくらいです。また、原語が「法性（ダルマター）」とは限りません。

たとえば、『摩訶般若波羅蜜多経《まかはんにゃはらみたきょう》』というタイトルで『八千頌般若経《はっせんじゅ》』を漢訳した際は、「ブータ（真理）」という言葉も「諸法実相」と訳しています。

鳩摩羅什の仕事の中でもっとも有名な『法華経』漢訳本では、その第一章にあたる「序品《じょほん》」と第二章にあたる「方便品《ほうべんぼん》」に、「諸法実相」という言葉が使われています。

「序品」は、こう説かれています。

諸法実相という真理について、わたしはあなたがたにすでに説いた。

諸法実相義　已為汝等説

（『大正新修大蔵経』九巻、五頁）

「諸法実相」の原語は「サルヴァ（すべての）・ダルマのスヴァバーヴァ（自性《じしょう》）」です。この場合の「ダルマ」は「もの」あるいは「存在」を意味している可能性が高いので、「諸法実相義已為汝等説」とは「すべてのもの（存在）の自性（本質）にまつわる真理を、わたしはあなたがたにすでに説いた」という意味になります。

話が難しくなって申しわけありませんが、しばしお付き合いください。サンスクリットの「スヴァバーヴァ」という言葉は、すでに何回も述べたとおり、複数の意味がありますが、そのいずれもあくまで内在する性質にかかわるものです。

それに対し、「相《そう》」という漢字は、つくりの部分に「目」があることから想像されるように、「視る」ことを字の本義としています。また、内在する本質の外にあらわれたものという意味もあります（白川静『新訂　字統』［普及版］平凡社、五五九頁）。つまり、「相」は外見的な特徴にかかわるのです。もし仮に、別の言葉で言い換えるとすれば、「姿」がよいかもしれません。

ところが、インド型の宗教では、「相」にあたる概念が見出しがたいのです。したがって、「サルヴァ・スヴァバーヴァ」に対する「諸法実相」という訳語は、適訳とはとても思えません。

また、「方便品」には、こう説かれています。

如来だけしか、諸法の実相は見極められない。
唯仏与仏　乃能究尽諸法実相
（『大正新修大蔵経』九巻、五頁）

ところが、原文には「すべてのもの（ダルマ）を如来たちのみが知っている」としか書かれていません。つまり、「諸法」にあたる「すべてのもの」はありますが、「実相」にあたる言葉は、ここでもないのです。

このように、「相」も「実相」も、原典には見当たりません。にもかかわらず、鳩摩羅什は

『法華経』を漢訳したとき、「実相」という言葉を九回も、それもひじょうに重要な箇所で使っています（立川武蔵『最澄と空海』講談社、一二二―一二八頁）。

▼実相＝真実の姿

鳩摩羅什はさらに飛躍を試みます。「実相」に「真実の相（姿）」という意味をあたえたのです。その事例は、『法華経』の「序品」に見出せます。

いま、仏が光を放たれたのも、真実の相（姿）を語るためのてだてなのである。
今仏放光明　助発実相義
（『大正新修大蔵経』九巻、五頁）

ここで鳩摩羅什が「実相義」と漢訳している原語は、「ダルマのスヴァバーヴァのムドラー」です。ダルマにはさまざまな意味がありますが、この場合は、「（仏の智恵によって見られた）真理」という意味のようです。ムドラーはもともとは「印」を意味しますが、「（修行を実践して体得された）教え」も意味します。この場合は、後者の意味で使われています。ですから、直訳すれば、「真理の自性（本質）の教え」です。それなのにあえて、鳩摩羅什は「真実の相（姿）の教え」と漢訳したのです。

そうなると、「諸法実相」は、以下の三つに解釈は可能になります。なお、この場合、真理と真実は同じ意味と考えていただいて、けっこうです。

①すべてのもの（存在）の本質

②真理の本質

③真実の姿

しかも、とても厄介なことに、漢文（中国語）の文法は曖昧です。言い換えれば、読み方の自由度が高いのです。現に、日本仏教でも、親鸞《しんらん》や道元《どうげん》が、典拠となる仏典の漢訳本を、そんな読み方はできるのかな、と思わせるくらい、奔放に読み解いて、みずからの主張を展開しています。ですから、「諸法実相」を、「諸法の実相」という本来の読み方から逸脱して、「諸法は実相」と読むことも可能です。

じつは、東アジアの漢字文化圏では、こののち、「諸法は実相」という読み方が主流となっていきます。その結果、良くも悪くも、インド以来の伝統とは大きく異なる方向へと、仏教をみちびいていくことになったのです。

▼天台智顗

以上のとおり、鳩摩羅什が「諸法実相」という言葉もしくは概念を特別視したために、東アジアの漢字文化圏にひろまった仏教は、絶大な影響をこうむることになりました。その典型例は、同じく鳩摩羅什が漢訳した『法華経』にもとづいて構築された天台教学です。

中国天台宗は、北斉の慧文《えもん》を初祖として、第二祖の南嶽慧思《はんがくえし》（五一五〜五七七）をへて、第三祖の天台智顗《てんだいちぎ》（五三八〜五九八）によって、基本的な教義がきずきあげられました。智顗はさまざまな論法を駆使して、『法華経』こそ「諸経の王」、つまりもっともすぐれた教えであると主張しました。智顗は必ずしも『法華経』至上主義ではなかったようですが、『法華経』を教学の中核に位置づけたことは確かです。

その論法の一つが「五時教判《ごじきょうはん》」です。成道直後の釈迦牟尼《しゃかむに》は『華厳経』を説きましたが、その内容があまりに難解だったために、だれも理解できませんでした。そこで、しかたなく声聞《しょうもん》乗《じょう》・縁覚《えんがく》乗の『阿含経《あごんぎょう》』を説き、ついで『方等経《ほうとう》』（一般的な大乗仏典）』を説き、『般若経《はんにゃ》』を説き、最後に最高ランクの『法華経』を説いたというのです。むろん、この解釈は歴史的な事実とは合致しませんが、東アジアに『法華経』がひろまるうえで、多大の功績があったことは、まさに歴史的な事実です。

『法華経』を智顗が最高の教えとみなした理由は、まだあります。この世のブッダが出現した理由、すなわち「出世の本懐」を『法華経』が明らかにしているから、『法華経』は偉大なのだ、と智顗は指摘しています。この点は、第二章にあたる「方便品」に説かれています。

仏は、たった一つの大きな仕事を成し遂げるために、この世に出現なさるのである。仏は、この世の生きとし生けるものすべてに、仏の知見を開示し、心身を浄化させるために、この世に出現なさるのである。仏は、この世の生きとし生けるものすべてに、仏の知見を教えるために、この世に出現なさるのである。仏は、この世の生きとし生けるものすべてに、仏の知見を悟らせるために、この世に出現なさるのである。この世の生きとし生けるものすべてを、仏の知見を実現する道にみちびくために、この世に出現なさるのである。

諸仏世尊。唯以一大事因縁故出現於世。諸仏世尊。欲令衆生開仏知見使得清浄故出現於。欲示衆生仏之知見故出現於世。欲令衆生悟仏知見故出現於世。欲令衆生入仏知見道故出現於世。舎利弗。是為諸仏以一大事因縁故出現於世。（『大正新修大蔵経』第九巻、七頁）

つまるところ、仏がこの世に出現する理由は、「仏の知見」をひろめて、生きとし生けるものすべてを悟りへとみちびくためだというわけです。

では、「仏の知見」とは何か、それが問題です。この点については、同じく「方便品」に説明があります。

仏が成就された内容は、希有であって、仏以外には理解しがたい真理だからである。仏だけしか、諸法実相を極め尽くせないのである。

仏所成就第一希有難解之法。唯仏与仏乃能究尽諸法実相（『大正新修大蔵経』第九巻、五頁）

以上の二箇所の引用を付き合わせると、「仏の知見」とは「諸法実相を極め尽くすこと」にほかならないという結論に、否応なくみちびかれます。

この認識をもとづいて、智顗が『法華経』の真意を解説した『法華玄義《ほっけげんぎ》』巻第七下には、こう述べられています。

小乗仏教では、（諸法）無常と（諸行）無我と涅槃《ねはん》（寂静）の三つの法印（仏教を他の宗教と分かつ標識）があれば、それは仏説であり、その教えどおりに修行すれば、悟りを得られる。もし、この三つの法印が無ければ、それは魔説である。大乗仏教では、たった一つの法印だけがある。それは「諸法実相」であり、これが説かれていれば、その経典は完璧な経典であり、その教えどおりに修行すれば、大いなる悟りを得られる。もし、（諸法）実相という法印が無ければ、それは魔の説いたものである。

小乗経。若有無常無我涅槃三印印之。即是仏説。修之得道。無三法印即是魔説。大乗経但有一法印。謂諸法実相名了義経能得大道。若無実相印是魔所説。

（『大正新修大蔵経』第三三巻、七七九頁）

すなわち、智顗によれば、「諸法実相」こそ、大乗仏教が最高の教えであることの証拠なのです。そして、「諸法実相」を説いているからこそ、『法華経』はありとあらゆる経典の頂点に位置するというのです。

▼「諸法の実相」から「諸法は実相」へ

智顗が『法華経』と「諸法実相」をこのように位置づけたことは、後世の東アジア仏教にはかりしれぬ影響をおよぼしました。とりわけ日本仏教において、『法華経』信仰が、こんにちに至るまで、圧倒的な力を維持できた理由の大半も、こうした智顗の影響抜きには、とうてい考えられません。

ここで、もう一つ、けっして忘れてはならないことがあります。それは、智顗が「諸法実相」を、どう解釈していたのか、です。

じつは、智顗はまったく異なる意味にとっていました。結論から先にいえば、「諸法実相」を、「諸法の実相」ではなく、「諸法は実相」と解釈していたのです。

「諸法の実相」と「諸法は実相」とでは、意味がまるで異なります。なぜなら、「諸法は実相」と読めば、「この世のすべてのもの（存在）は真実の顕現である」という意味に受けとれるからです。これは、「実相＝真実の姿」の項であげた①②③のいずれとも、まったく次元の異なる展開といわざるをえません。

諸法と実相の関係を論じるときに、智顗は「実《じつ》」と「権《ごん》」、あるいは「理」と「事」という対概念をもちいています。『法華経』の一句一句について、智顗が解説した『法華文句《ほっけもんぐ》』巻第三下には、こう述べられています。

すべての存在（一切法）が、権でも実でもあることはない。すべての存在には、ことごとく権があり実がある。これのみが正しい見解であって、他の見解はありえない。一つ一つの存在にみな、権と実（の両方）がある。権だけということもなければ、実だけということもない。すべての存在が、権でもなく、実でもないということもない。

……

なにものもないところに、すべての存在が成り立っている。なにものもないということが理であり、すべての存在が事である。理と事があるゆえに、仏の教えがある。……

理は真如である。真如はもとより浄らかであり、仏がいようがいまいが、なんら変化しないので、理を実と呼ばれる。事は、心や意識などを起動させ、浄らかであったり浄らかでなかったりするうえに、業《ごう》の起動因になるなど、変化して止まないので、事を権と呼ばれる。もし、理がなければ、事は成り立たず、事がなければ、理はあらわれない。事には理をあらわすという働きがある。

若一切法亦権亦実。復何所不破。一切悉有権有実。那得自是一途非他異解。一一法中皆有権実。不得一向権一向実也。若一切法非権非実。復何所不破。

……

従無住本立一切法。無住者理也。一切法者事也。理事故有教。……理是真如。真如本浄。有仏無仏常不変易故。名理為実事是心意識等起浄不浄業改動不定故。名事為権。若非理無以立事。非事不能顕理。事有顕理之功。

(『大正新修大蔵経』第三四巻、三七頁)

智顗の主張を整理してみましょう。

①すべての存在(一切法=諸法)は、権と実の両方から成り立っている。

②なにものもないところに、すべての存在が成り立っている。

③なにものもないことが理であり、すべての存在が事である。

④理と事があるゆえに、仏の教えがある。

⑤理は真如であり、浄らかで変化しないので、実と呼ばれる。事は性質が一定せず、変化するので権と呼ばれる。

⑥理と事は、相互に補完的な関係にある。

問題は「無住《むじゅう》」という言葉です。この言葉をめぐってはさまざまな説があります。『法華文句』巻第七上に、「無住之本立一切法故名為地。此円教実説也」(同前、九一頁)とか「唯有実相故名一相。一相即無住本立一切法」(同前、九四頁)と述べられていることなどを総合して推測すると、「無住」とは「なにものもないこと」であり、実相の異名でもあります。したがって、「なにものもないこと」が、すべての存在の根本にほかならない、と智顗は主張していると思われます。また、『法華玄義』巻第九上に、「理極真実。以実為相。故名実相」（同前、第三三巻、七九三頁）」と述べていますから、智顗が理＝実相とみなしていたことがわかります。

したがって、全体を図式化すると、こうなります。

理＝なにものもないこと＝真如＝浄＝不変化＝実＝実相

事＝すべての存在（諸法）＝浄不浄＝変化＝権

そして、理＝実と事＝権から、すべての存在は成り立っていると智顗は主張します。しかも、理＝実と事＝権は、いわば融合していて、分割することはできません。ようするに、諸法と実相は＝で結ばれているのです。すなわち、「諸法は実相」あるいは「諸法が実相」です。

これを、インド生まれの宗教を考察するときにもちいたダルマ（属性）とダルミン（基体）の関係にあてはめると、智顗の思想はインド型唯名論のカテゴリーに入ります。ただし、ダルマとダルミンの関係は、両者がさらに近づき、もはやまったく区別できないといっていいくらいになっています。このように、すべてが明確な境界を失って、融け合ってしまうという発想は、東アジアの仏教圏では、なんら特殊なできごとではなく、むしろ普遍的な傾向になっていきます。

▼如是＝「ありのまま」

智顗がもっともすぐれた経典と主張した『法華経』の「方便品」に、「十如是《じゅうにょぜ》」という言葉が出てきます。

如来が成就された内容は、希有であって、如来以外には理解しがたい真理だからである。如来だけしか、この世のありのままのすがたは見極められないからである。

すなわち、この世にありとしあるものすべての、ありのままの表面上の形態（如是相《そう》）について、ありのままの内在する性質（如是性《しょう》）について、ありのままの本体（如是体《たい》）について、ありのままの内在する力（如是力《りき》）について、ありのままの内在する力が外にあらわれるときの作用（如是作《さ》）について、ありのままの結果にまつわる変化の直接的な原因（如是因《いん》）について、ありのままの結果にまつわる変化の間接的な原因（如是縁《えん》）について、ありのままの直接的な原因と間接的な原因から生じる結果（如是果《か》）について、ありのままの結果がとる具体的なすがた（如是報《ほう》）について、そして以上の九つの要素がいかなる場においても一貫して成立していること（如是本末究竟等《ほんまつくきょうとう》）について、如来だけが理解しているのである。

仏所成就第一希有難解之法。唯仏与仏乃能究尽諸法実相。所謂諸法如是相。如是性。如是体。如是力。如是作。如是因。如是縁。如是果。如是報。如是本末究竟等。

（『大正新修大蔵経』第九巻、五頁）

サンスクリット原本には、「如是」は五つしかありません。ところが、鳩摩羅什は五つ足して、全部で「十如是」としています。これは、鳩摩羅什が「如是」をいかに重要視していたか、を物語ります。

この「十如是」を、智顗は『法華文句』において、「ありのまま」と解釈しています。たとえば、「如是相」については、こう述べています。

ありのままの相（如是相）とは、生きとし生けるものすべてに、例外なくある実相のことであり、生まれつき、それ自体として、備わっている。すなわち、ありのままの相とは（真如にほかならない）如来蔵の姿である。

如是相者一切衆生皆有実相。本自有之。乃是如来蔵之相貌也。（同前、第三四巻、四三頁）

ここで智顗は、実相＝如来蔵＝真如と主張しているのです。この例のように、智顗にはさまざまな概念を等号で結びつけてしまう傾向が見られます。

この傾向をうけて、智顗の実相論には、とても特徴的な面があります。実相が、善のみならず、悪をも含み、真理のみならず、無明《むみょう》をも含んでいるという思想です。この点は、講義録の『摩訶《まか》止観《しかん》』に、こう述べられていることから確認できます。ちなみに、文中の「蔽《へい》」は「染蔽悪法」の略で、「法性実相」と対語になっています。

もし、悪（蔽）が実相（法性）をさまたげるならば、実相は破壊されてしまう。もし、実相が悪をさまたげるならば、悪は生まれない。したがって、悪は実相にほかならないことがわかる。悪があるから実相があり、悪がなくなると実相もなくなる。

若蔽礙法性。法性応破壊。若法性礙蔽。蔽応不得起。当知。蔽即法性。蔽起即法性起。蔽息即法性息。（同前、第四六巻、一八頁）

ようするに、智顗は、善と悪、法性と無明とが、隔絶しているのではなく、すべての存在の両面であり、じつは融合しているとみなしていたのです。

さらに、智顗は、仏にも悪はあり、生きとし生けるもののうちの最低の存在にも善はあると主張します。すなわち、善と悪は、地獄から仏にいたるまでの、生きとし生けるものすべてにとって、共通する本質だというわけです。

この思想は、智顗が尊崇した『法華経』が、時期に違いはあっても、生きとし生けるものはことごとく、いつかは成仏できると説いていることと、深くかかわっているはずです。なぜなら、現実の問題として、生きとし生けるものが悪とまったく無縁とはいえない以上、その悪を一方的に排除したのでは、生きとし生けるものすべてが成仏できると主張できなくなってしまうからです。

▼三種類の読み方

智顗は、「如是」を順番を入れ替えて三種類に読み分けています。さきほど、漢文（中国語）の文法は曖昧で、読み方の自由度が高いと指摘しましたが、智顗自身がそれをおこなっているのです。

天台大師（智顗）は、こう述べている。「意味（義）にしたがって分を読むならば、三つの展開がある。一つめは、この姿（相）は如である、この本質（性）は如である、あるいはこの結果（報）は如である。二つめは、このような（如是）姿である、このような本質である、あるいはこのような結果である。三つめは、姿はこのようである（如是）、本質はこのようである、あるいは結果はこのようである」。

天台師云。依義読文凡有三転。一云。是相如是性如。乃至是報如。二云。如是相如是性。乃至如是報。三云。相如是性如是。乃至報如是。

（同前、第三三巻、六九三頁）

三種類の読み方のうち、二つめの読み方がもっとも妥当とされます。あとの二つの読み方は、文字どおり、言葉の魔術というか、変幻自在の曲芸というか、とにもかくにも強引かつ無理矢理の感が強いのですが、智顗にすれば、なにがなんでも、三つにしなければならない理由がありました。そうでないと、中国天台宗の教義が成り立たないからです。

この点について、智顗はこう説明しています。

（一つめの読み方のように）如という場合は、如は無差別平等（不異）をあらわすから、「空」と呼ばれる真理にあたる。（二つめの読み方のように）このような（如是）姿である、このような本質であるという場合は、空の姿や本質を分類してそれぞれに名を付け、別々のものとしてあらわれてくるから、このような（如是）は「仮」と呼ばれる真理にあたる。（三つめの読み方のように）姿はこのようである（如是）という場合は、是は中道実相《ちゅうどうじっそう》をあらわし、如には同じという意味もあるので、このようである（如是）は「中」と呼ばれる真理にあたる。

若皆称如者。如名不異即空義也。若作如是相如是性者。点空相性名字施設邐迤《せせつりい》不同。即仮義也。若作相如是者。如於中道実相之是。即中義也。（同前、第三三巻、六九三頁）

以上のように、智顗によれば、一つめの読み方は「空」と呼ばれる真理を、二つめの読み方は「仮《け》」と呼ばれる真理を、三つめの読み方は「中《ちゅう》」と呼ばれる真理を、おのおのあらわしているのです。

▼三諦の偈から一心三観へ

智顗がもちいる「空」・「仮」・「中」は、空性《くうしょう》・仮説《けせつ》・中道《ちゅうどう》を指しています。ただし、その意味は、ナーガールジュナがしめした意味とは必ずしも一致しません。

「空」・「仮」・「中」という三つの項目は、天台宗の伝統では「三諦《さんだい》（三つの真理）」と呼ばれてきました。中国天台宗の初祖だった慧文が、そのころはナーガールジュナの真作と信じられていた鳩摩羅什訳の『大智度論《だいちどろん》』を読み、「一心三観《いっしんさんがん》」という発想を得たと伝えられます。

なお、この場合の「心」は、いわゆる精神作用を意味してはいません。むしろ、わたしたちが体験しつつある瞬間瞬間のありかた、もっとはっきりいえば、生のありかたを意味しています。したがって、「一心三観」とは、「空」・「仮」・「中」という三つの要素が一つに融合して、わたしたちの生を構成しているという意味になります。

この発想は智顗に受け継がれ、中国仏教を代表する教学になりました。智顗は、ナーガールジュナの『中論』の第二四章第一八偈を、鳩摩羅什の漢訳で読み、独自の解釈をくわえました。以下に、まずナーガールジュナの原文の日本語訳、つぎに鳩摩羅什の漢訳をしめします。

どのようなものであれ縁起せるものは、（第一句）

われわれはそれを空性と呼ぶ。(第二句)
それは仮説であり、(第三句)
また中道である。(第四句)

(立川武蔵『空の思想史』二二七・二三一頁)

衆因縁生法(さまざまな原因や条件によって生じたものは)
我説即是空(これを空であると説く)
亦為是仮名(またこれは仮りに名づけられたものとみなす)
亦是中道義(またこれは中道を意味する)

(『大正新修大蔵経』第三〇巻、三三頁)

厳密にいうと、天台宗でもちいられてきた偈は、鳩摩羅什の漢訳そのものではなく、前半の二句が「因縁所生法　我説即是空」と少しちがうのですが、意味的にはほとんど変わりません。

智顗の解釈で問題となるのは、第三句です。「亦為是仮名」の「是《これ》」が、第一句の「縁(縁起)」を指すのか、それとも第二句の「空(空性)」を指すのか、です。

インドやチベットでは、第二句の「空(空性)」を指すと考えられてきました。したがって、第二句から第四句は、こういう意味になります。

縁起によって生じたものは空という性質をもつ。
空性は仮説である。

空性は中道である。

ですから、第一句から第四句は、縁起↓空性↓仮説・中道というぐあいに、わたしたちが進むべき階梯を示唆しています。これでは、まかりまちがっても、空性と仮説と中道が一つに融合したりはしません。

▼空性＝仮説＝中道

ところが、智顗は、第一句の「縁（縁起）」を指すと考えたのです。そして、同じことが第二句でも第四句でも適用されました。そうなると、第二句から第四句は、こういう意味に解釈できることになります。

縁起によって生じたものは空性である。

縁起によって生じたものは仮説である。

縁起によって生じたものは中道である。

図式化すれば、空性＝仮説＝中道です。こうなれば、空性と仮説と中道が一つに融合するのは容易です。さきほど、「如是」を論じた項で、実相＝如来蔵＝真如というように、智顗にはさまざまな概念を等号で結びつけてしまう傾向が見られることを指摘しましたが、ここでも同じことが指摘できます。

こうして、この三つの偈は「三諦の偈（三つの真理を述べている詩句）」と称され、天台宗の教学にひときわ重要な位置を占めるに至りました。その教学では、「空性」と「仮説」は、「真」と「仮」という対立項とみなされ、この対立項が一つに調和した状態が「中道」とみなされます。

用例をあげてみます。

『法華玄義』巻第二下：「有諦無諦中道第一義諦」（『大正新修大蔵経』第三四巻、一〇一八頁）。

『法華玄義』巻第三上：「有是俗諦無是真諦。亦不分別是遮二辺顕中道」（『大正新修大蔵経』第三三巻、七〇七頁）。

『摩訶止観』巻第六下：「若作三諦可解。若作二諦者。中道為真有無為俗」（『大正新修大蔵経』第四六巻、八〇頁）

このように、智顗は、「空」あるいは「空性」を「無諦」あるいは「真諦」と呼び、「仮説」を「有諦」あるいは「俗諦」と呼んで、「無諦」対「有諦」、「真諦」対「俗諦」というぐあいに、誰の目にも二項対立としか映らない表現を使っています。

しかし、「仮説」の原語である「ウパーダーヤ・プラジュニャプティ」に、「真」に対立する「仮」という意味はほとんどありません。ナーガールジュナにいわせれば、「仮説」とは、仏が凡《ぼん》夫《ぶ》を悟りへとみちびくために、あくまで方便《ほうべん》として、言葉をもちいて、仮に現象世界を知らしめているという意味なのです（立川武蔵『空の思想史』、二二九—二三〇頁）。

しかし、智顗は「仮説」を、「仮」という漢字に引きつけて、文字どおり「仮りのもの」と解釈し、俗なる世界、すなわち迷いの世界にある凡夫の心の状態と受けとめています。

そもそも、「空」あるいは「空性」の理解が、ナーガールジュナと天台宗の教学では、大きく異なっていました。「空性」と「仮説」が、「真」と「仮」という対立項とみなされたことから想像されるように、智顗にとって、「空」あるいは「空性」は、無というよりは根元という意味のほうが強いのです。つまり、さまざまなもの形や働きがそこからあらわれてくる根本を「空」あるいは「空性」と呼んでいるのです（立川武蔵『空の思想史』、二三五頁）。

このように、ナーガールジュナと智顗のあいだには、その見解にひじょうに大きな違いが見出せます。そして、智顗の後継者たちがきずきあげた天台教学では、仏教をその内容から区別するために、「化法《けほう》の四教」という論理が設定され、ナーガールジュナが示唆するような縁起↓空性↓仮説・中道という階梯論は最高の教えとはいえず、智顗が提唱した空性＝仮説＝中道という融合論こそ最高の教えと主張されるにいたります。

▼『華厳経』

天台宗とともに、中国仏教の全盛期を代表する思想をきずきあげた宗派が華厳宗です。この宗派は、その名がしめすとおり、『華厳経』にもとづいています。

『華厳経』はひじょうに規模の大きな経典であり、全体を構成する各章がそれぞれ独立した経典として成立し、後に一つにまとめられたと考えられています。もっとも古い「十地品《じゅうじほん》」は、一世紀から二世紀ころに成立しました。最終章にあたる「入法界品《にゅうほっかいほん》」の成立もそれにやや遅れるころとされます。全体が集大成されたのは四世紀ころのようです。現在の中国の西端に位置し、かつてはシルクロードの拠点として、おおいに栄えたホータンという都市において編纂されたという説が有力です。

全訳は漢訳のかたちでは、二つあります。一つは仏駄跋陀羅《ぶっだばだら》（ブッダバドラ）が東晋時代の四一八年〜四二〇年に訳出した『大方広仏華厳経《だいほうこうぶつけごんきょう》』六十巻本で、「旧訳」あるいは「晋訳《しん》」、もしくは「六十華厳」とも呼ばれます。もう一つは実叉難陀《じっしゃなんだ》（シクシャーナンダ）が唐時代の六九五年〜六九九年に訳出した『大方広仏華厳経』八十巻本で、「新訳」あるいは「唐訳」もしくは「八十華厳」とも呼ばれます。そのほか、チベット語訳の完訳本もあります。

この経典の教主（本尊）は毘盧遮那《びるしゃな》如来（ヴァイローチャナ）です。この仏は、早くも雑阿含経《ぞうあごんぎょう》などの原始仏典に見出せ、おおむね太陽をあらわしています。

その出自は、古代インド神界では非主流派だったアスラ系の尊格という説があります。さらにたどれば、イラン系宗教で崇められていた光明の神、アフラ・マズダーとの関係もあるようです。

そして、毘盧遮那如来、歴史上に実在した釈迦如来（ブッダ）とも、あるいは神話的な存在として登場した阿弥陀如来ともちがって、悟りそのものを象徴化し具現化した法身《ほっしん》に位置づけられています。問題はこの法身という存在です。まず、法身は絶対の真理そのものなので、時間や空間に限定されません。つぎに、法身はこの宇宙そのものでもあります。また、『華厳経』は「法界《ほっかい》」と呼ばれる絶対真理の領域が実在すると説きますが、法身はその法界そのものでもあるのです。

ようするに、法身たる毘盧遮那如来は、ほかの如来たちとは比べようもないほど、超越的な存在なのです。あえていうなら、世界創造だけはしないものの、他の点では一神教の神に近いとすらいえます。

大乗仏教はかずかずの如来を生み出しました。その多くは、歴史上に実在した釈迦如来を神格化した結果だと説明されてきました。しかし、こと毘盧遮那如来にかぎっては、あまりにも超越的なために、それでは説明しきれません。このあたりが、イラン系宗教の影響を考慮すべきではないか、という見解が出てきているゆえんの一つでもあります。

ちなみに、法身は絶対の真理そのものなので、姿も形もありません。ですから、造形表現できません。そこで、造形表現する場合は、法身が現実世界に出生するときの身体、すなわち報身《ほうじん》として表現されます。この報身を盧舎那仏と称するという説もあります。

▼蓮華蔵世界と重々無尽の縁起

『華厳経』が説きあかす世界は、蓮華蔵《れんげぞう》世界と呼ばれます。それは、毘盧遮那如来の過去における誓願と修行によって、浄らかに荘厳された世界であり、生きとし生けるものすべてに、真理の法が説かれる場でもあります。

その構造は、以下のように説かれています。まず、最低部に風輪がある。風輪の上に香水海がある。香水海の中に、超巨大な蓮華がある。その超巨大な蓮華の中に、世界が含蔵されている。ゆえに、蓮華蔵世界と呼ばれるのです。

　蓮華蔵世界は、微塵の数の世界が二十重に重なり合って、中央世界種を構成しています。さらに、中央世界種を中心として、そのまわりを百十一の世界種が、あたかも網のごとくとりまいて、世界網を構成しています。世界網はありとあらゆる宝物によって荘厳され、その中に仏が出現し、生きとし生けるものもまた、その中に充満している……。

『華厳経』の簡略版とされる『梵網経《ぼんもうきょう》』では、こうも説かれています。世界は千葉の蓮華からなり、その一葉一葉に百億の須弥山《しゃみせん》と四大洲などがある。毘盧遮那如来はこれらの根源として、蓮華の中央上に坐し、みずからの身体を千体の釈迦如来に変化させて、蓮華の一葉一葉に出現させる。さらに、その釈迦如来は百億の成道《じょうどう》前の釈迦となって、人間が住む南贍部《せんぶ》州にある菩提《ぼだい》樹《じゅ》の下にあらわれ、法を説く……。

『華厳経』の説く世界は、重々無尽の縁起とも表現されます。いま私たちが生きている世界が、そのまま真理を含んでいる。いいかえれば、現象がそのまま真理にほかならない。しかも、全宇宙のありとあらゆる事物がたがいにまじわりあい、なんらへだてなく、生き滅し転じ変じているというのです。

　それはたとえていえば、上下四方八方がすべて鏡でできている部屋の中心に仏像を置き、光を当てると、その像が四方八方の鏡に映り、その映った像がまた鏡に映って、無限に重なり合いながら映るようなものです。

また、「一即多《いっそくた》、多即一《たそくいつ》」あるいは「一即一切《いっそくいっさい》、一切即一《いっさいそくいつ》」という表現に象徴されるように、一の中に多があり、多の中に一がある。一の中にすべてがあり、すべての中に一がある。『華厳経』は、そう主張します。

▼基体を容認する思想

『華厳経』は、わたしたちは仏を見ることができるとも主張しています。ただし、そのためには、「浄心こそ諸仏を見る」(「菩薩雲集讃偈品」)、つまり、わたしたちの心が浄らかな仏心にならなければなりません。では、どうすれば、浄らかな仏心になれるのか。それは、自我を空ずることだと説かれています(鎌田茂雄「仏典開設講座　華厳経―無限の世界観―」『仏教文化』第三号、東京大学仏教青年会)。

①すべてのものは、かりに因縁によって成り立っているものにすぎないから、ものの本性は空なるものである、ということが理解できれば、仏を見ることができる。(『八十華厳』「須弥頂上偈讃品」)

②すべてのものは、本来空なるものである。ゆえにすべてのものは滅することもない。このことを悟るならば、仏がつねに現われていることになる。(『六十華厳』「菩薩雲集妙勝殿上説偈品」)

③ものの本来的あり方を見ると、それは空であって、とらえることも、これが空だと見ること

もできないものである。本来、空なるものであると知れば、それがすなわち仏なのである。（『八十華厳』「須弥頂上偈讃品」）

『華厳経』はこのように、空が悟りへと至るための必須の要素として強調されていると同時に、「法界」と呼ばれる絶対真理の領域が存在するとも説かれています。

たとえば、『華厳経』の中でももっとも有名な章は「入法界品」というタイトルが付けられています。この「法界」は、ただ単に真理の領域を意味しているのではありません。また、「もろもろのもの（法＝ダルマ）」の「本質（界＝ダートゥ）」でもありません。すなわち、『華厳経』が説く「法界」とは、「もろもろのもの（法＝ダルマ）」にほかならない「本質（界＝ダートゥ）」なのです。

つまり、「法界」は、「基体（ダルミン）」が存在し、その上に「基体」に半ば融け込むようなかたちで、「基体」とほとんど区別できない「属性（ダルマ）」が乗っているという構造をもっています。

「基体」は「属性」と分離できません。なぜなら、「基体」が「属性」と離れて存在しているわけではないからです。図式化すれば、「基体」⇃「属性」です。ようするに、生滅を繰り返す眼前のもろもろのものこそ、「法界」にほかならないのです。これは、『華厳経』の主張が、インド型の唯名論の系譜に連なることをしめしています。

いずれにせよ、『華厳経』が「基体」の存在を認めていることに、疑問の余地はありません。

しかも、その「基体」は、『華厳経』を読むかぎり、けっして排除されるべき対象ではなく、むしろ「聖なるもの」としての価値をもっています。

また、さきほど、『華厳経』は「法界」と呼ばれる絶対真理の領域が実在すると説くとともに、毘盧遮那如来という法身はその法界そのものでもある、と述べました。この文言は、毘盧遮那如来＝法界＝「基体」と図式化できます。

とすれば、『華厳経』が説く「基体」＝毘盧遮那如来は、ヒンドゥー教の神と、その本質においてひじょうに近いことになります（立川武蔵『空の思想史』、二四八頁）。大乗仏教を代表する『華厳経』の教主である毘盧遮那如来が、競合する関係にあったヒンドゥー教の神と、本質においてひじょうに近いという指摘は、東アジア漢字仏教圏で展開してきた『華厳経』の伝統的な理解、つまり華厳教学の信奉者からすれば、すこぶる意外であり、受けいれがたいかもしれません。しかし、仏教の歴史をインドまでさかのぼり、ひろくインド型宗教という枠組みで考えるならば、無視できない見解といえます。

▼中国華厳宗の誕生

後漢の滅亡から数えると三七〇年近くも分裂していた中国は、五八九年にようやく隋によって統一されました。ちょうどこの頃から唐の前期にかけて、『華厳経』を最高の経典とみなし、独自の教学をきずきあげた宗派、すなわち華厳宗が誕生しました。華厳宗の教学は統一国家の政治理念としても利用され、やがて日本へももたらされて、聖武天皇《しょうむ》による東大寺大仏の建立につながったことは、ご存じのとおりです。

華厳宗の教学は、第二祖の智儼《ちごん》（六〇二～六六八）と第三祖の賢首《げんじゅ》大師法蔵（六四三～七一二）によって、大成されました。

開祖の杜順《とじゅん》（五五七～六四〇）は、教学の構築者というよりも、むしろ神秘的な力を駆使して、民衆の救済に尽くす行者という性格が濃かったようです。ただし、まったく教学の関心がなかったわけではなく、『法界観門《ほっかいかんもん》』という著作が残されています。この著作は偽書説もありますが、もし杜順の真作とすれば、その根底は空観であり、空の実践を通じてその上に華厳の「一即多」を見ようとした、あるいは華厳の実践を見ようとしたと考えられています（鎌田茂雄『華厳の思想』講談社学術文庫、一一八―一一九頁）

▼中国華厳宗の教学

中国華厳宗は智儼の登場とともに、本格的な教義の構築がはじまりました。それは偶然ではありませんでした。なぜなら、その少し前の時代に、大訳経僧として名高い真諦《しんだい》（パラマールタ、四九九～五六九）によって、アサンガ（無著《むじゃく》）の『摂大乗論《しょうだいじょうろん》』やヴァスバンドゥ（世親《せしん》）の『倶舎論《くしゃろん》』、あるいはアシュヴァゴーシャ（馬鳴《めみょう》）の著作と伝えられる『大乗起信論《だいじょうきしんろん》』など、後世に絶大な影響をあたえることになる文献が漢訳されていたからです。とりわけ大きかったのは、

『摂大乗論』によって唯識《ゆいしき》派の思想が、『大乗起信論』によって如来蔵《にょらいぞう》思想が、紹介されたことです。

なお、『大乗起信論』の著者と成立年代をめぐってはまだ決着がつかず、近年では中国で執筆された可能性も指摘されています。そうなると、真諦による漢訳とはいえなくなりますが、仮にそうであったとしても、『大乗起信論』が中国仏教の教学に絶大な影響をあたえた事実は変わりません。

また、ヴァスバンドゥが『華厳経』の「十地品」に注釈をくわえた『十地経論《じゅうじきょうろん》』を、仏陀扇《ぶったせん》多《た》（生没年未詳）が漢訳したことも、華厳教学の構築に多大の影響をあたえました。

すでに述べたとおり、ナーガールジュナの『中論』をはじめ、中観派の文献は鳩摩羅什によって漢訳され、研究もかなり進められていました。しかし、いっさいは空であると主張する中観派の空思想は、中国人には納得しかねるものがあったようです。それに比べれば、心の階層構造を論じ、その根底にアーラヤ識という根源的な存在を認める唯識派の主張は、ずっと受けいれやすかったようです。さらに、唯識派の主張と相性の良い如来蔵思想が導入されたことで、華厳教学を構成する複数の要素がそろったのです。

ちなみに、中国華厳宗も、第四祖の澄観《ちょうかん》（七三八～八三九）になると、自分の華厳教学は、道教の聖典である『老子道徳経』に書かれている「玄之又玄（神秘のそのまた奥の神秘）」を仏教的に解釈したものだと明言しています。そして、この種の傾向は、なにも澄観からはじまったのではなく、智儼や法蔵の段階からあったと推測されています（鎌田茂雄『華厳の思想』、一二四頁）。仏教が中国にもたらされたとき、仏教をそのまますなおに受容するのではなく、中国にすでにあった思想や哲学の枠組みや概念を利用して、なんとか理解しようと試みる傾向は、よく見られましたが、華厳宗でも同じことが繰り返されたのです。いずれにせよ、これはけっして見過ごせない問題です。

▼『大乗起信論』の影響

さきほど『大乗起信論』に説かれる如来蔵思想が、中国仏教の教学絶大な影響をあたえたと述べました。その影響は、華厳教学の成立にとりわけ大きかったようです。この点について、明治以降の近代仏教学を代表する宇井伯寿氏が、こう指摘しています。

『（大乗）起信論』の学説は我国では相当に古い時代から「真如縁起論の説」と称せられ、一方においては真如なる宇宙生起の第一原因としての実体から三細六麁（三種の微細な深層意識的な心機能と六種の粗大な表層意識的な心機能）の順序によって万法一切を生ずることを説くと解釈し、他方においては真如は必ずしも実体ではなく不変と随縁との徳を具した一心真理で、因縁和合する時、細から麁に微から雑にと一相に次第して諸法の生ずるを説くと説明せられている。元来この論の説は「如来蔵縁起宗」または「実相宗」あるいは「如来蔵唯心縁起説」と呼ばるるものであって、これ華厳宗の命名であるが、華厳宗の説でいえば、五教中の大乗終教、大乗頓教、大乗円教の根底に存する通説となっている。……『起信論』は真如を宇宙の第一原因たる実体となし、これから時間的に諸法一切を生ずと説くとなす考えは従来の学者の一方において常に継承せられている考えである。

（宇井伯寿・高崎直道訳註『大乗起信論』岩波書店、一五七—一五八頁）

次に、『大乗起信論』の主張のうち、華厳教学とのかかわりという観点から見る場合、もっとも重要と思われる箇所を、上記の書籍の高崎直道氏による現代語訳から引用します。

〈心の真実のあり方〉（心真如）とは、すべてのものの共通の根元（一法界）、その全体に通じるすがた（大総相）であり、また、種々の教えの本体（法門体）である。すなわち、それは心の本性（心性）が、〔生滅変化を超えて〕不生不滅である点をさす。（一八〇頁）

また〈不空〉というのは、上来すでに、ものの本性〔すなわち真実のあり方〕は空、〔すなわち煩悩など〕虚妄なものは存在しないことを顕らかにしたが、それが真実なる心（真心）にほかならない。〔この真実なる心（すなわち心真如）は、同時に、生滅にかかわらない点で〕常住、堅固、不変であり、〔悟りに伴う〕清浄な徳相に満ち満ちているので、〔この満

ちている点を〕〈不空〉と表現するのである。（一八四頁）

〈心の現実の生滅する〔すがた〕〉（心生滅）とここにいうのは、〔上述の、心の真実のあり方――これを衆生心のうちに如来が蔵《かく》されているという意味で〈如来蔵〉とよぶが、その〕〈如来蔵〉という普遍的なあり方の上に、〔個別的な〕現実に生滅をくりかえす心（生滅心）があるという構造をいう。換言すれば、不生不滅〔なる真実のあり方〕と生滅のある〔現実の個別的すがた〕とが結合（和合）した状態で、この両面は〔あるべきあり方と現実のあり方という点で〕同じではないが、〔同じひとりの衆生の心である点では〕別異のものでもない。〔この両面を含んだ衆生ひとりひとりの心のあり方を、ここでは〕〈アーラヤ識〉とよぶ。（一八五頁）

経典中に、「如来蔵は〔生滅を離れているので〕本質的に不増不減であるが、しかも、それ自身に〔如来のもつ〕一切の徳性を具備している」と説いてあるのを聞いて、その経意が理解できず、如来蔵には物質と精神の両面にわたって種々の異なった特質が具わっていると考える。どうやってこの誤解を正すのか。これに対しては、〔この如来蔵というのは〕ただ衆生の心の真実にあり方（真如）をさして説いているのであること、および、〔そこに物質的・精神的な種々相が現象しているのは、無明にもとづく〕心の生滅において染汚している

ために現れている〔種々相〕を差別しているのであるからと説明する。（二四七―二四八頁）

経典中に、「世間のすべての生死輪廻に伴う汚れの現象は、すべて〔心の真実のあり方たる〕如来蔵において有る。それ故、一切の諸現象は真実のあり方（真如）と別に独立して〈離〉存在するわけではない」と説いてあるのを聞いても、その経意が解らないので、如来蔵自体に本来、すべての世間的な生死輪廻にかかわる諸現象が具わっていると考える。どうやってこの説明を正すのか。そのためには、如来蔵は本来、ただ〔如来とひとしい〕ガンジス河の砂数を超える無量の清浄な徳性のみが、心の真実のあり方〔にふさわしい徳性として、それ〕と離れず、断絶もせず別異ならざるものとして具わっている（不離不断不異真如）という意味であるから、また、ガンジス河の砂数を超える牟婁湯の煩悩の汚れた諸現象は、ただ〔根源的無知によって〕仮構された存在で（妄有）、本来あるものではなく、無始の昔からこのかた、決して如来蔵と本質的に結びついたものではないから〔と説明する〕。けだし、如来蔵の自体に本来、虚妄な諸現象が具わっていて、それをさとりを得ることで止滅させようとするのだというならば、そのような道理はありえない。（二四八―二四九頁）

以上の引用を読むと、ひとり華厳教学にとどまらず、中国で誕生し発展した禅宗の基本的な思想も、『大乗起信論』に説かれる如来蔵思想と無縁ではありえなかったことが、よくわかります。

▼智儼と「性起」

華厳宗の第二祖、智儼は、唯識派の思想とならんで、如来蔵思想にも強い関心をいだいていました。ただし、著作の『捜玄記《そうげんき》』を読むと、如来蔵を智儼は、もっぱら生死《しょうじ》の根拠としてとらえていて、如来蔵によって涅槃がありとする如来蔵のもうひとつの側面については、むしろ二次的なものと理解していた形跡があります（石井公成「智儼の如来蔵思想」二九八頁、『印度學佛教學研究』二八巻二号）。

石井公成氏によれば、智儼は「生死に流転する衆生ですらも如来蔵を有していて本来仏と変わることなく、また菩提へ向かい得るという点を強調するのではなく、そうした如来蔵であればこそ、不染なるままに随縁して生死となるという側面を強調している」といいます。

つまり、智儼は、如来蔵をあくまで煩悩との関係において把握し、わけても生死の体としてあるという面を強調してしまいました。そのため、生死の根底に如来蔵を見ない立場に対しては、痛烈な批判を展開しています。

また、智儼は「性起《しょうき》」と呼ばれる思想を、『華厳経』の六十巻本から読みとりました。「性起」とは「如来性起品」という章に登場する用語であり、「如来の性」すなわち「仏性《ぶっしょう》の顕現」を意味しています。もう少し具体的に説明すると、仏性が全宇宙を覆い尽くしているということです。この世のありとあらゆる存在が、仏性に光り照らし出されているといってもかまいません。いいかえれば、森羅万象ことごとくが、仏性の顕現にほかなりません。

こうなると、人間はもとより、自然もまた、仏性の現実的な顕現という結論に至ります。この結論は、見方によれば、ひじょうに楽天的な世界観ともいえます。

この「性起」は、『華厳経』のいちばんの中核にある（鎌田茂雄『華厳の思想』、七七頁）といわれるほど、重要です。ところが、「性起」という言葉の由来がわからないのです。「如来性起品」はもともとは『性起経』と呼ばれ、独立した経典だったと推測されていますが、「性起」にあたるサンスクリットの原語は、『性起経』には見当たらないのです（高崎直道『如来蔵思想の形成Ⅱ』、二五三頁）。

「性起」については、別の意味でも重要です。なぜかというと、この思想においては、高い立場から煩悩がそのまま菩提とみなされているため、煩悩と真如とがかかわりあうことによって生じるであろう汚染と浄化の働きを問題とする際には、如来蔵思想および如来蔵思想と結びついた唯識派の思想が有効になるという指摘があるからです（石井公成「智儼の如来蔵思想」二九九頁）。つまり、「性起」を考察することで、華厳教学が成立するうえで、如来蔵思想と唯識派の思想の結びつきが不可欠の条件だった事実を確認できるのです。

▼禅と「性起」

森羅万象ことごとくが、仏性の顕現にほかならず、人間はもとより、自然もまた、仏性の現実的な顕現という「性起」の思想は、そのまま禅宗をささえる思想に使えます。

このことは、臨済宗の聖典として有名な『臨済録《りんざいろく》』をひもとくと、腑に落ちます。『臨済録』は、唐中期の禅僧、臨済義玄《ぎげん》（?〜八六七）の語録で、日本の禅宗でももっともよく読まれてきた書物です。

『臨済録』を仏教学の立場から見ると、『華厳経』の「性起品」と唯識の思想が、二大支柱になっています。表面的な説明は、玄奘によって法相宗というかたちで中国にもたらされた本格的な唯識派の思想がにない、その背後にある説明は、『華厳経』の「性起品」がになっています。法相宗が説く唯識派の思想を、『華厳経』の「性起品」によって、貫徹したともいえます（鎌田茂雄『華厳の思想』、八三頁）。

なぜ、わたしたちは修行するのか。その理由も、「性起品」から説明されます。それは、こんな説明です。

仏の声を聴いたから、わたしたちは修行できる。仏の声を聴いたのは、仏性というものが、うまれつき、わたしたちにそなわっているから、わたしたちの心身を貫いているからだ。この認識なしに、修行は成り立たないというわけです。

そもそも、『華厳経』は、「十地品」において、修行の各階梯でどのようにして心の状態が深化していくかを説いています。ついで、「入法界品」において、善財《ぜんざい》童子という人格的な存在を設定することで、もっと具体的に修行の階梯を説いています。そして最後に、「性起品」において、修行が可能になるゆえんを、わたしたちには生まれつき、仏性があるから、と説いているのです。「性起」の思想があたえた影響は、中国禅にとどまりません。日本曹洞宗の祖、道元も『華厳経』の「性起品」に説かれる思想を導入しているようです。たとえば、鎌田茂雄氏は、「道元がいちばん言いたいのは、生きた具体的な現実だけが彼の関心事で、生きたこの具体的な現実がなぜ仏の相《すがた》か、それを説明したかったのである。ふつう専門の学者は、道元の『正法眼蔵』は天台の「本覚法門」が背後にあるというが、私が『正法眼蔵』を読むと、華厳の「性起品」をみごとに描いているように思う」と述べています（同前、九〇頁）。

禅宗がおしなべて華厳教学と親しい関係にある理由も、この「性起」に求められるということになります。

▼法蔵

華厳教学を大成した法蔵は、実叉難陀《じっしゃなんだ》（シクシャーナンダ）が『大方広仏華厳経』八十巻本を訳出したとき、その訳出の過程に参加しています。法蔵は、祖父が中央アジアのサマルカンド出身ですから、漢族ではありません。法蔵自身は唐の長安で生まれましたが、サンスクリットに通じていたので、訳出にかかわったと推測されています。

法蔵が華厳教学を大成できた背景には、語学にたけるなど、彼自身が秀でた才能の持ち主だっただけではありません。時代が華厳宗を求めたという側面もありました。とりわけ中国史上、唯一の女帝となった則天皇帝（則天武后《そくてんぶこう》）からあつく信任されていたことは、ひじょうに大きかったと思われます。

法蔵自身、女帝から宮廷に招かれ、『華厳経』を講義しています。また、黄金でつくられた獅子になぞらえて、『華厳経』の十玄門《じゅうげんもん》、すなわちこの世のありとあらゆる現象は完璧に融合していてなんら障りがない（円融無礙）の関係にあるという「玄（真理）」を、十種の観点から論じる『金師子章《こんししししょう》』は、則天皇帝のために書かれたという伝承もあります。さらに、法蔵も訳出にたずさわった『大方広仏華厳経』八十巻本の序文「大方広仏華厳経序」は、以下の引用のとおり、則天皇帝がみずから執筆しています。

大周新訳大方広仏華厳経序
天冊金輪聖神皇帝製

（『大正新修大蔵経』第二七九巻、一頁）

なお、冒頭に「大周」と書かれているのは、則天皇帝が唐朝を簒奪して、「周」と呼ばれる新たな帝国を樹立したことに由来しています。この序文は古来、名文と評価され、女帝の教養が並々ならぬものであった事実を物語ります。

唐朝を樹立した李氏は、実際には西北方系の鮮卑《せんぴ》族出身だった可能性もあり、漢族とはいえないようですが、李という姓が道教の祖とされる老子と同じことから、道教を信奉し、仏教は道教の下位に置かれていました。これを「道先仏後」と称します。

則天皇帝はその唐朝を廃して皇帝の地位についたので、唐朝の「道先仏後」をあらため、「仏先道後」としたのです。そして、「慈氏越古金輪聖神皇帝」、つまり弥勒《みろく》仏の化身を名乗った時期もありました。中国では、弥勒仏は革命運動と結びつく傾向があったので、新たな帝国の樹立にはつごうが良かったのでしょう。

現に、北魏時代の五一五年には、「法慶の大乗賊の乱」が、また隋時代の六一三年には「宋子賢の乱・向海明の乱」が「弥勒下生《げしょう》」、つまり弥勒仏がこの世にくだったと主張して、大きな反乱を起こしています。則天皇帝も帝位につくにあたっては、出自不明の薛懐義《せつかいぎ》という怪しげな人物を僧侶に仕立て、偽経の『大雲経《だいうんきょう》』をつくらせて、彼女は弥勒仏の下生だから、帝位にふさわしいと称讃させています。

もっとも、『大方広仏華厳経』八十巻本が漢訳されたときには、この経典の教主が弥勒よりもずっとスケールの大きい毘盧遮那如来ですから、弥勒では格下になってしまうと考えたのか、弥勒の化身を名乗らなくなります。もともと、則天皇帝が、唐の高宗の皇后だったときから、『華厳経』が説く毘盧遮那如来に関心をいだいていたことは、自分の化粧料をつかって、洛陽にほど近い龍門の石窟に、巨大な大盧舎那像（毘盧遮那如来像）を造立させている事実から、明らかです。

したがって、皇帝の地位についたのですから、みずからを毘盧遮那如来になぞらえても、不思議はありません。この意味でも、『華厳経』は大いに利用価値があったのです。

▼法蔵の空思想

法蔵の空に対する理解を考えるうえで、まず知っておくべきは、著作の『華厳五教章《けごんごきょうしょう》』に述べられている以下の文章です。

「色即是空」という文言をもって清弁《しょうべん》が空《くう》を解釈し、同じく「空即是色」という文言をもって護法《ごほう》が空を解釈したが、華厳教学にもとづき、空に対するこの二つの解釈を融合させることで、空のすべてを解き明かすことができる。

以色即是空清弁義立　空即是色護法義存　二義鎔融挙体全摂

（『大正新修大蔵経』巻四五巻、五〇一頁）

「色即是空」と「空即是色」は、ご存じのように、『般若心経《はんにゃしんぎょう》』に登場する有名な文言です。清弁は、中観派の大学僧として著名なバヴィヤ（バーヴァヴィヴェーカ）のことです。護法は、唯識派の大学僧として著名なダルマパーラのことです。したがって、法蔵は、華厳教学こそ、中観派と唯識派の空思想を統合する最高の成果にほかならないと宣言しているのです。

しかし、インド由来の中観派と唯識派の思想を、法蔵が正確に理解していたかどうか、については疑問の余地があります。
たとえば、法蔵は『般若心経』に注釈をくわえた『般若心経略疏《りゃくしょ》』という著作で、こう論じています。とりあげられるのは、『般若心経』の中でももっとも有名な、以下の四句です。

①色不異空
②空不異色
③色即是空
④空即是色

注釈にあたり、法蔵は以下の二つの方向を設定しています。

（a）「空の観点から色を見る」
（b）「色の観点から空を見る」

また、その際、法蔵は、「空」と「色」を補集合の関係にある、つまり、この二つを足せば、全部になるという関係に対応させています。これは、「空」と「色」が「自」と「他」の関係にあることも意味します。図式化すると、「自＝空」と「他＝色」もしくは「自＝色」と「他＝空」です。

以上の設定から、法蔵は四句を解釈しています。最初は、「自＝空」と「他＝色」から見たときです。

一廃己成他義。以空即是色故。即色現空隠也。
二泯他顕己義。以色是空故。即色尽空顕也。
三自他倶存義。以隠顕無二是真空故。謂色不異空為幻色色存也。空不異色名真空空顕也。以互不相礙二倶存也。
四自他倶泯義。以挙体相即全奪両亡絶二辺故。

（『大正新修大蔵経』第三三巻、五五三頁）

この漢文をわかりやすく図式化してみます。

一：空即是色→「自＝空」が否定され、「他＝色」が現れる場面
二：色即是空→「他＝色」が眠り（隠れ）、「自＝空」が現れる場面
三：色不異空→「自＝空」と「他＝色」がともに成立する場面
　　空不異色→「自＝空」と「他＝色」がともに成立する場面
四：　　　　→「自＝空」と「他＝色」がともに泯《ねむ》（眠）る（隠れる）場面→自と他＝空と色という二項対立が完璧に解消されている場面

ひじょうに興味深いことに、一から三にあたる四つの場面は、じつは究極の場面ではないと法蔵は述べています。法蔵によれば、究極の場面とは、「自＝空」と「他＝色」がともに泯《ねむ》（眠）る（隠れる）場面であり、①②③④の句には述べられていないのです。

といっても、①②③④の句から読みとれる場面が否定されるわけではありません。それどころ、

それぞれの場面はおのおの価値があると法蔵は考えています。この結論は、「自＝色」と「他＝空」から見たときも、大きな違いは生じません。

▼空と色が一つに融け合う

とりわけ注目すべきは、法蔵が「眠る」とか「隠れる」という表現をもちいている事実です。卑近なたとえで恐縮ですが、空と色が同じベッドで眠っているようすを想像してみてください。あらためていうまでもなく、空と色は一つに融け合っているのです。そして、この場面こそ、空と色に関する最高の場面だと法蔵はみなしたのです。

法蔵がそう考えていたことは、別の文献からも明らかです。ナーガールジュナが空思想を一二章にわたって解説した『十二門論《じゅうにもんろん》』に、法蔵が注釈をくわえた『十二門論宗致義記《しゅうちぎき》』において、こう述べられているからです。

また、有に異ならない空こそ、真の空である。空に異ならない有こそ、因縁によって生じた実体のないものである。したがって、この二つは不二であって、なんら異ならない。

又不異有之空。方為真空。不異空之有。方是幻有。是故此二不二。故無異也。

（『大正新修大蔵経』第四二巻、二一五頁）

ただし、この例では、色は有と言い換えられています。もっとも、色は物質的な存在を意味しますから、有と言い換えても、さして問題はありません。

通常は別々とみなされている二つの要素が、一つに融け合っていることは、教義学的な表現では「不二」と呼ばれます。ですから、空と有とが一つに融け合っているという表現は、「空と有とは不二」の関係にあると述べても、意味は変わりません。

いずれにしても、「空と有とは不二」という思想は、現実の世界を、ほとんど無前提に真実そのものと認めることにほかなりません。空にあったはずの否定的な性格は、もはや微塵も期待されていません。

これでは、法蔵の空思想が、インド由来の中観派と唯識派の思想と同じは、とても言えません。ようするに、智顗が大成した天台教学と同じように、法蔵が大成した華厳教学における空思想も、インドの空思想とはまったく別のものといっていいくらい、大きな変容を遂げたのです。

▼法界＝毘盧遮那如来

そして、「眠る」とか「隠れる」という表現は、法蔵が、空も色も、ある根源的な存在の様態と考えていたことを示しています。その根源的な存在こそ、「法界」と呼ばれる基体にほかなりません。

気をつけておかなければならないのは、華厳教学が提示する「法界」は、空や色の背後に姿を見せないで、世界と離れて存在するものではないということです。わたしたちの眼前で、生じたり滅したりしているもろもろのものが「法界」なのです。しかも、生じたり滅したりしているもろもろのもの＝「法界」は、「聖なるもの」としての価値を帯びています（立川武蔵『空の思想史』、二四六―二四八頁）。

こうして、この面からも、華厳教学において、現実の世界は、忌避すべき対象ではなく、全面的に肯定されるべき対象となるのです。

さらにいえば、わたしたちがいま生きている現実の世界は、『華厳経』の教主である毘盧遮那仏（如来）そのものなのです。この件に関連して、『華厳経』の研究で有名だった玉城康四郎氏は、こう述べています。

> 毘盧遮那仏は、われわれが今生きている宇宙世界そのものです。……われわれがいま生きているということは、自分は意識しないけれども、実は毘盧遮那仏のまっただなかに生きているのです。……今われわれは生きていて、やがては生命がなくなって死んでいくけれども、死んでも何もなくなるのではなくて、また次の世界に生まれ変わって新しい生命が展開するのですから、とにかく生きていても死んでいても眠っていても目がさめていても、われわれ自体が毘盧遮那仏のまっただなかに今呼吸し続けている。それが基本です。
>
> （『華厳入門』春秋社、二九―三〇頁）

この文言は、毘盧遮那仏（如来）が、シヴァ神やヴィシュヌ神などヒンドゥー教の神となんら変わらないと宣言しているようなものです。もっぱら日本仏教や中国仏教を研究の対象とする方々は、インドの宗教事情にあまり詳しくなく、またヒンドゥー教を仏教よりも低級の宗教として見下す傾向が見られます。しかし、それでは仏教を正しく理解することはできません。

第七章　日本の空思想

ってておきましょう。

▼日本仏教の歴史

日本仏教が空とどう向き合ったのか、を論じる前に、まずは日本仏教の歴史を簡単にふりかえっておきましょう。

六世紀の前半期に、朝鮮半島を経由して、日本の支配階層の人々に初めて仏教が伝えられました。その仏教は、中国的な変容を遂げた大乗仏教でした。このことは、日本仏教における空思想を考えるうえで、とても大きな意味をもっています。

当時の日本人は、仏教の深い思想を理解したわけではありません。仏菩薩を霊験あらたかな「蕃神《あだしくにのかみ》（外国の神）」として崇めたのです。そのため「国神《くにつかみ》（日本の神）」を崇める人々との間に、激しい対立が生じました。さらに、その対立が有力豪族間の権力闘争とからんだ結果、ついに崇仏派と排仏派との戦闘に発展しました。戦いは崇仏派の勝利に終わり、以後、仏教は、宗教のみならず、政治や文化の分野でも、古代日本をみちびく指針となったのです。
六世紀後半から八世紀初頭、大和盆地に法隆寺をはじめ、寺院が次々に建立され、日本最初の仏教文化が開花しました。仏教は大陸の最新文化の象徴であり、建築・工芸・医学・文学などの知識や技術が仏教とともに輸入され、中国から帰国した留学僧は、最高の知的エリートとして、各界を指導する立場についたのでした。

七〇一年、奈良に平城京《へいじょうきょう》が建設され、仏教を基軸とする天平《てんぴょう》文化が花開きました。とくに聖武《しょうむ》天皇は、『華厳経《けごんぎょう》』が説く「共栄」の考え方を国家建設の基本にすえ、全国各地に国分寺《こくぶんじ》と国分尼寺《こくぶんにじ》を、平城京に東大寺を建立し、その本尊として巨大な盧舎那仏《るしゃなぶつ》を造立した。大仏造立の際には、九州から上京した八幡神《はちまんしん》が協力し、神と仏の関係が新たな展開を示しはじめました。平城京には大規模な官立寺院がいくつも建立され、そこでは国家に認定された僧侶たちが仏教の学問的研究にいそしんでいた。三論《さんろん》・成実《じょうじつ》・法相《ほっそう》・倶舎《くしゃ》・華厳・律《りつ》の六つの宗派があったので、南都（奈良）六宗と呼ばれます。

国家主導の仏教とは別に、民間にも仏教が広まっていきました。その指導者は私度《しど》僧（私的に出家した僧）が多く、行基《ぎょうき》のように、国家が無視できないほど民衆に支持される者も現れました。民間レベルでも仏教は日本在来の神信仰と交渉を深め、両者の融合から、役行者《えんのぎょうじゃ》を開祖とする修験道《しゅげんどう》が誕生しています。以後、仏教は都市と山岳の、二つの場に展開していくことになります。

奈良時代の末期、仏教勢力が強大になった結果、玄昉《げんぼう》や道鏡《どうきょう》のように、僧侶が政治に介入し混乱する事態が生じました。その反省から、桓武《かんむ》天皇は仏教と距離を置く政策をすすめ、仏教が強い平城京から平安京《へいあんきょう》への遷都を実現したのです。

平安京遷都をきっかけに最澄《さいちょう》と空海《くうかい》が登場し、日本仏教は新たな段階に達しました。彼らは若いころ、自然の中で修行したのち中国に留学するという体験を共有し、最新最高の中国仏教を、最澄は法華経《ほけきょう》信仰を、空海は密教を、それぞれ日本の実状にあわせて変容させつつ導入する独創的な作業を試み、大きな成功をおさめたのです。ですから、最澄と空海を、日本仏教の進む方向を決定した二大巨人といっても、けっしていいすぎではありません。

やがて、平安時代も中期以降になると、社会不安の増大とともに、最悪の時代の到来を説く末《まっ》法《ぽう》思想が広まり、極楽浄土への往生を願って阿弥陀如来《あみだにょらい》を信仰する浄土教が大流行しはじめます。とりわけ源信《げんしん》は、『往生要集《おうじょうようしゅう》』を書いて浄土教の方向を決定づけ、後世に大きな影響を与えました。

末法思想の影響は、貴族層にとどまらず、殺人を職とするため嫌われた武士や知識に乏しい民衆にまでおよんでいきました。この動向の中から、武士や民衆の救済をめざす仏教が誕生しました。その開祖（祖師）たちが鎌倉時代に活躍したので、「鎌倉新仏教」と呼ばれます。彼らは、浄土教・法華経信仰・禅宗という、性格の異なる三つの領域から出現しましたが、念仏・題目《だいもく》・坐禅という、一つの宗教的行為の実践だけで救済は可能になると主張した点、および身分的には国家の保護を一切受けない僧侶だった点で、共通していました。

人々の信仰をもっとも多く集めた浄土教の流れからは、三人の開祖が現れました。浄土宗の開祖、法然《ほうねん》は「南無阿弥陀仏《なむあみだぶつ》」と唱える念仏のみで浄土に往生できると説きました。法然の弟子で浄土真宗の開祖、親鸞《しんらん》は法然の教えをよりいっそう徹底し、阿弥陀如来に帰依する以外の行為は全く必要ないとする絶対他力《たりき》を唱えました。さらに、時宗《じしゅう》の開祖、一遍《いっぺん》はたった一回念仏を唱えるだけでも浄土に往生できると説き、踊念仏《おどりねんぶつ》という民衆向けの布教方法を実践し、膨大な数の信者を獲得したのでした。

日蓮宗の開祖、日蓮《にちれん》は『法華経』こそ最高の仏教と主張し、「南無妙法蓮華経《なむみょうほうれんげきょう》」という題目さえ唱えれば、救済は約束されると説きました。来世を志向する浄土教を厳しく批判し、強い現実改革の方向性と激烈な他宗派攻撃が特徴です。

中国に留学した栄西《ようさい》と道元《どうげん》が、あるいは中国から日本へ渡来してきた蘭渓道隆《らんけいどうりゅう》や無学祖元《むがくそげん》などが、坐禅による悟り体験の追求を説く禅宗を伝えました。その教えは、日常茶飯、つねに生死の危機にある武士たちに、有事に際してうろたえない心身を鍛えあげる方途として歓迎され、多くの信奉者を生み出しました。

禅宗は、鎌倉時代の末から室町時代のころ、全盛期を迎えました。とくに大応《だいおう》・大燈《だいとう》・関山《かんざん》の三代の禅僧は、日本における臨済禅の頂点を体現したと称えられてきました。禅は政権を握る上級武士層にとって不可欠の教養となり、また中国文化輸入の窓口としても大きな役割を果たし、絵画や文学、茶道や華道など、中世における新たな日本文化創造の源泉ともなったのです。

室町時代の後期、あらゆる秩序が崩壊する状況の中で、親鸞の血を引く蓮如《れんにょ》は浄土真宗の組織化に成功し、本願寺《ほんがんじ》を頂点とする強大な教団を築き上げました。日本史上、最大最強の宗教組織となった浄土真宗は一向宗《いっこうしゅう》ともよばれ、各地で自治を求めて一向一揆《いっこういっき》を起こしています。

一〇〇年以上にもおよんだ戦乱を収拾した徳川政権は、仏教教団が再び政治力をもつことがないように、厳格な統制政策を実施しました。また、キリスト教などの布教を禁じるために、寺と檀家の関係を特定する寺請《てらうけ》制度を導入しています。その結果、仏教教団は安定した経済力を得た反面、以前の活力を失ったと評されがちです。しかし、仏教が日本全土に普及したのは実は江戸時代ともいわれ、日本人の価値観や死生観が江戸時代の仏教によって形成された可能性は無視できません。

明治維新後、新政府による神仏分離が実施されると、鎌倉新仏教系の一部をのぞき、日本仏教の大半は衰退しました。その中で、浄土真宗は清沢満之《きよざわまんし》などの努力により近代化にかなり成功し、日本人の精神的な糧となることができました。また、禅宗は知識人を中心に信奉者を集めただけでなく、鈴木大拙《だいせつ》らによって欧米に輸出され、東洋精神の象徴として世界的な評価を得ています。

その反面、神仏習合《しんぶつしゅうごう》にもとづく民衆仏教の領域は、修験道が壊滅的な打撃を受けたこともあって、伝統的な仏教宗派から失われ、さまざまな新宗教に奪われる結果を招きました。とりわけ、日蓮宗から派生したいろいろな教団が、その強烈な現実志向から、第二次世界大戦前から現在に至るまで、政治や文化の領域に多大の影響をあたえ続けてきた事実も見逃せません。

▼空海と中観派の空思想

日本仏教の歴史において、空を本格的に論じた最初の人物は、真言密教の祖、空海でした。たとえば、主著とされる『秘密曼荼羅十住心論《ひみつまんだらじゅうじゅうしんろん》』と『秘蔵宝鑰《ひぞうほうやく》』が、それが見られます。この二つの著作は、「心の世界（住心）」を一〇の段階に分けて論じ、各段階にインドで生まれたさまざまな宗教や仏教の各宗派に対応させています。

その中の、第七段階の「覚心不生心」に、三論宗の教学として、中観《ちゅうがん》派の空思想が紹介されています。この段階は、空海にいわせれば、「空を理解して二元論的な対立を超越した段階」です。なお、三論宗は、ナーガールジュナの『中論』と『十二門論』、アーリヤデーヴァの『百論』の三つの論書を研究する宗派なので、この名があります。

ここでは、『秘蔵宝鑰』から、わたしが現代語訳したものを引用します。

> そもそも、大空は果てしなく広く、すべての形あるものとすべての現象を、天地の間にある一つの大気のなかに含み、大海は底知れず澄みわたって、ありとあらゆる物を、どこまでも広がる一つの水のなかに宿しています。
>
> このことからわかるとおり、一という数は、数限りないものの母にほかなりません。同じように、「空《くう》」はこの世に現象としてあらわれているものすべての根源なのです。

この世に現象としてあらわれているものは、実在しているとは言えないが、現象として存在していることは確かであり、個々の存在は、現象というかたちで、あたかも森のなかに樹木が林立しているように、連なりあっています。

絶対の「空」は、まったく無いという意味ではなく、無いという固定的なありかたもまた無いのです。

色形あるものは、空というありかたで存在しますから、ありとあらゆる存在は、すなわち空であると言えます。空は、色形あるものにほかなりませんから、もろもろの色形あるものに固有の性質は認められないとはいえ、色形あるもの自体は、そっくりそのまま存在しているのです。

したがって、色形あるものはすなわち空であり、空はすなわち色形あるものなのです。この世の事物もまた、同じです。そうでないものなど、ないのです。それは、水と波がそれぞれ別にありえないのと、同じです。黄金という質料（素材）と黄金でつくられた装飾品という形相がそれぞれ別にありえないのと、同じです。

また、唯一ではなく、かといって二つでもないと主張される理由も、同じです。有にとらわれる者を教えさとすために、世俗を離れた最高真理（真諦《しんたい》／勝義諦《しょうぎたい》）が説かれ、空にとらわれる者を教えさとすために、世俗的な次元の真理（俗諦《ぞくたい》／世俗諦《せぞくたい》）が説かれる（非有非空《ひうひくう》）理由も、まったく同じです。

……「空性《くうしょう》」という真理は、それを悟っても何も得るところはないので執着の対象にならない（無所得空）と瞑想します。無益な論議を、心は生じない・滅しない・断絶しない・連続しない・一ではない・別でもない・去らない・来ないという、心の本質にまつわる八つの真理（八不《はっぷ》）を体得して、超越します。

……生死《しょうじ》がそのまま悟りの世界ですから、生と死をわけへだてる必要がありません。煩悩がそのまま悟りですから、煩悩を断ち、悟りを得る労も必要がありません。

しかし、わけへだてるという発想とは縁がないとはいっても、悟りへといたる階梯を否定するわけではないので、五十二の階梯はそのままたもたれます。そして、わけへだてるという発想とは縁がないために、たったの一念で悟りを成就することは否定しません。そして、ふつうであれば三大劫《さんだいこう》という膨大な時間を必要とする修行を、たったの一念のあいだに成就し、有と空の対立を超越した唯一絶対の道を疾走する乗り物に、声聞《しょうもん》と縁覚《えんがく》と菩薩《ぼさつ》を乗せて、悟りへとみちびくのです。

（正木晃『現代日本語訳　空海の秘蔵宝鑰』春秋社、一五一―一五四頁）

このとおり、中観派の空思想が、中国仏教的な変容をへながらも、かなり正確に述べられています。歴代の祖師たちの中で、ここまで中観派の空思想を理解できた人物はまずいません。

中国仏教的な変容をしめす箇所は、いくつか指摘できます。「空はこの世に現象としてあらわれているものすべての根源なのです」、「生死がそのまま悟りの世界ですから、生と死をわけへだてる必要がありません。煩悩がそのまま悟りですから、煩悩を断ち、悟りを得る労も必要ありません」、「わけへだてるという発想とは縁がないために、たったの一念で悟りを成就することは否定しません」というあたりが、そうです。話が先走って恐縮ですが、これらの文言は禅宗にも通じるものが感じられます。一般に思われてるのとは違って、じつは密教と禅宗は、同じコインの表裏に近い関係にあるので、当然といえば当然です。

▼空海と唯識派の空思想

空海は唯識《ゆいしき》派の思想も、同じ著作の第六段階にあたる「他縁大乗心《たえんだいじょうしん》」に、唯識派の思想を研究する法相宗の教学として、紹介しています。この段階は、空海にいわせれば、「実在するのは自分の心だけと見抜いた段階」です。ちなみに、空海は、中観派を唯識派よりも高く評価する立場でしたので、中観派が第七、唯識派が第六という順序になっています。

菩薩は、実体的な「我」は存在しないと見抜く人空《にんくう》と、外界の事物は原因と条件によって生じたものにすぎず、固定的な性質はもっていないと見抜く法空《ほうくう》を、ともに悟っています。

外界の事物はほんとうは実在していないのに、虚妄なる認識作用によって、あたかも実在するかのように認識されている場合が多いと見抜いています。存在の様態には、「妄想されたもの」と「他によるもの」と「完全に成就されたもの」の三つ（三性《さんしょう》）が想定されていますが、菩薩はその三つすべてをよく知っているのです。

〔「妄想されたもの（遍計所執性《へんげしょしゅうしょう》）」といい、文字どおり実在せず、妄想にすぎないのですが、世間のつねの人々はこの認識にとらわれ、執着しています。

「妄想されたもの」が生まれる原因は「他に依るもの（依他起性《えたきしょう》）」です。「他に依るもの」は、直前の虚妄《こもう》なる認識に依存して直後の虚妄なる認識が生まれるという因果関係が連続していることを意味しています。では、なぜ虚妄なる認識が生まれてしまうのかというと、世間のつねの人々の認識作用では、業《ごう》や煩悩にさまたげられて、対象をありのままに正しく把握できないからです。

「完全に成就されたもの（円成実性《えんじょうじっしょう》）」といい、虚妄なる認識作用が妄想された存在から解放された状態で、真理そのものにほかならず、仏にしか獲得できません。」〕

菩薩は人空と法空、そして三性をきわめ、自我に対する執着という塵をきれいさっぱり洗い流します。そのうえで、生きとし生けるものすべてに対し、楽をあたえ（慈）、苦をのぞき（悲）、他の人の喜びを自分の喜びとし（喜）、他の人に愛憎親怨の心をもたず平等に接する（捨）という四無量心《しむりょうしん》を実践します。また、分かち合い（布施《ふせ》）、やさしい言葉をかけ

（愛語《あいご》）、相手の利益を優先し（利行《りぎょう》）、誰に対しても平等に接する（同事《どうじ》）という四摂法《ししょうぼう》を実践します。さらに、人間の意識構造の最深部にひそむ阿頼耶識《あらやしき》のはたらきを深く詳細に考え抜き、心という実体は存在せず、幻や焔のようなものにすぎないと見極めるのです。

（同前、一三七—一三九頁）

このように、じつに要領よく、まるで教科書のように、唯識派の空思想が解説されています。

▼秘密荘厳心

しかし、唯識派がめざす心の世界も、中観派がめざす心の世界も、空海が究極とみなす真言密教がめざす心の世界、すなわち「秘密荘厳心《ひみつしょうごんしん》」に比べれば、まだ未熟な段階にとどまっています。その理由を、空海は、唯識派に対しては「心の本源にまだ到達していない。ただひたすら心の外の迷いを遮断できたにすぎない」、中観派に対しては「まだ無明と呼ばれる根源的な無知の領域にとどまったままだ」と述べています。

さらに、空海は、第八段階に「一道無為心《いちどうむいしん》」として天台教学を、第九段階に「極無自性心《ごくむじしょうしん》」として華厳教学を、それぞれ位置づけ、天台教学を「心の本性をきわめた段階」、華厳教学を「真理は眼前に顕現していると体得できた段階」とみなしています。もちろん、この二つの段階も、「秘密荘厳心」に比べれば、まだ未熟な段階にとどまっていると判定されています。

空海は究極の境地について、『大日経《だいにちきょう》』の「具縁品《ぐえんぼん》」において大日如来が語る偈（詩句）を引用して、説明しています。

「わたしは、もろもろの存在が生じることもなく滅することもなく常住不変であることを悟り、言葉による表現を超越して、もろもろの罪や過失から解き放たれました。原因と結果という関係を遠く離れ、空とよばれる最高真理は、虚空《こくう》に等しいと知って、ありのままの真実のすがたを対象とする智恵が生まれました。こうして、もはやありとあらゆる迷いを克服したのですから、わたしは最高真理に到達し、まったく汚れていません。」

（正木晃『現代日本語訳　空海の秘蔵宝鑰』、一九七―一九八頁）

我覚本不生　出過語言道　諸過得解脱　遠離於因縁
知空等虚空　如実相智生　已離一切暗　第一実無垢

（『大正新修大蔵経』第一八巻、九頁）

そして、空海はこの境地に到達するためには、瞑想法を実践する必要があると主張しますが、そこでも、心とは何か、が語られています。

生きとし生けるものはすべて、生まれながらにして金剛薩埵《こんごうさった》なのですが、貪りと瞋《いか》りと愚かさという煩悩に呪縛されているために、通常の手段では救いは得られません。そこで、もろもろの仏たちは、大いなる慈悲の心にもとづいて、巧みな手段にまつわる智恵を駆使し、これらのじつに深遠なる瞑想法をお説きになったのです。すなわち、修行者の内なる心に、太陽（日輪《にちりん》）と満月（月輪《がちりん》）を瞑想しなさいとお説きになったのです。

この瞑想法を実践して、自分の心の本性を観察すると、心の本性が寂静でしかも清浄なことは、満月から放たれた光が、虚空全体を満たしているようすにそっくりで、何ら区別せずに照らしています。

したがって、心の本性は、ありとあらゆる知覚や思考を離れたもの（無《む》覚了《かくりょう》）ともよばれ、清浄きわまりない真理の世界（浄法界《じょうほっかい》）ともよばれ、あるがままの真実のすがたにまつわる智恵の海（実相般若波羅蜜海《じっそうはんにゃはらみっかい》）ともよばれます。ありとあらゆる種類の、たぐい稀な宝物にもたとえられる心の世界を網羅していて、それらは清らかに光り輝く満月のようです。

……

自分の心を観察すると、その形は満月にそっくりです。なぜ、満月にたとえられるのかというと、満月の、完璧な円形で、光り輝くようすが、菩提心にそっくりだからです。

月輪（満月）は全部で十六の部分から成り立っています。これは、『金剛頂瑜《こんごうちょうゆ》伽経《がきょう》』に説かれている金剛薩埵から金剛拳《こんごうけん》菩薩までの十六大菩薩になぞらえるためにほかなりません。

（同前、一九九—二〇〇頁）

ちなみに、「月輪（満月）は全部で十六の部分」と「十六大菩薩」と、「十六」という数が強調される理由は、『大般若波羅蜜多経《だいはんにゃはらみたきょう》』には、内《ない》空・外《げ》空・内外《ないげ》空・空《くう》空・大《だい》空・勝義《しょうぎ》空・有為《うい》空・無為《むい》空・畢竟《ひっきょう》空・無際《むざい》空・散《さん》空・本性《ほんしょう》空・自性《じしょう》空・一切法《いっさいほう》空・無性《むしょう》空・無性自性《むしょうじしょう》空という一六種類の空が説かれていることに由来します。

▼本不生

以上の引用の中で、もっとも重要な言葉あるいは概念は「本不生《ほんぷしょう》」です。その意味は、すでに現代語訳で示したとおり、「もろもろの存在が生じることもなく滅することもないこと」です。

空海が開拓した真言密教の教学を考えるとき、この「本不生」は絶対に欠かせません。著作の『吽《うん》字義』では、『大日経疏《しょ》』巻七の文章（『大正新修大蔵経』第三九巻、六五六頁）を引用して、こう論じています。なお、以下は、『十巻章　改訂版』（高野山大学出版部）に掲載の原文を、わたしが現代語訳したものをしめします。

> もろもろの存在は、つねに変化していて、必ず何かの原因があって、初めて成立している。そこで、原因の原因を、果てしなく追求していくと、追求をいくら繰り返しても、最終的に依りどころになるような固定的な実体として原因など、どこにもないことがわかる。したがって、果てしないこと（無住）こそ、もろもろの存在の根元であると説くのである。

その理由は、さまざまな観点からありとあらゆる存在を、その原因と条件（因縁）から考察すると、すべての存在は固定的な実体から生じていない、すなわち不生であることが明らかになるからだ。したがって、ありとあらゆる存在は、わたしたちの心が生み出したものであると知らなければならない。

心の真実の姿（実相《じっそう》）こそ、如来の悟りの智恵（一切種智《いっさいしゅち》）にほかならない。ゆえに、如来の悟りの智恵とは、もろもろの存在がそのまま真理の世界（法界《ほっかい》）なのだと知ることにほかならない。真理の世界とは、もろもろの存在の本質にほかならない。したがって、固定的な実体としての原因は、どこにも見当たらないのである。

言い換えれば、もろもろの存在を生じる条件も原因も、ともに真理の世界であり、条件と原因によって生じた存在もまた、真理の世界なのである。（『十巻章　改訂版』、五三―五四頁）

ここでは、もろもろの存在はすべて、心が生み出したものであると主張されています。この主張は、唯識派の見解であると同時に、真言密教が聖典とみなす『大日経』の見解でもあります。また、如来の悟りの智恵とは、心の真実の姿を知ることであると主張されています。この主張は、『大日経』の「如実知自心《にょじっちじしん》」、つまり悟りとは自分自身の心をありのままに知ることにほかならないという主張に由来しています。

また、華厳教学における法界の解釈が、空海によってさらに徹底されています。なにしろ、

「もろもろの存在を生じる条件も原因も、ともに真理の世界であり、条件と原因によって生じた存在もまた、真理の世界だ」というのですから。

そして、もろもろの存在＝真理の世界（法界）＝もろもろの存在の本質という論理、およびもろもろの存在を生じる条件と原因＝真理の世界（法界）という論理、さらに条件と原因によって生じた存在＝真理の世界（法界）という論理によって、わたしたちの眼前に展開している現実の世界が、まるごと肯定されます。逆にいえば、現実の世界に、否定されるべきものは何もないのです。

ついで、空海は、真言密教が想定する真理を体得するために、不可欠な阿字観《あじかん》という修行を実践するうえで、その根本となる阿字について、『大日経疏』巻七の文章（『大正新修大蔵経』第三九巻、六四九頁）を引用して、こう述べています。

阿字の意味には三つある。不生の意味、空の意味、有の意味である。サンスクリットのアという文字には、根源的な（本初）声という意味がある。もし、根源的なという意味があれば、アは条件と原因（因縁）を意味するから、アは有と呼ばれる。また、アには、生じない（無生）という意味がある。したがって、もろもろの存在が条件と原因から成り立っているのであれば、条件と原因から成り立っているもろもろの存在には、固定的な自性はないことになる。したがって、アには空という意味がある。

また、不生の意味は、真実の領域という意味であり、中道にほかならない。
（『十巻章　改訂版』、五四―五五頁）

つまり、阿字（ア）には、不生と有と空が含まれているというわけです。なお、「本不生（アカーラーディヤヌトゥパーダ）」は「本初の不生」という意味で、用例を見るかぎり、「不生（アヌトゥパーダ）」と同じ意味で使われているようです。

この場合の有は、仮有であって、実有ではありません。すなわち、因縁によって一時的に生じているにすぎず、その和合が去れば、存在しなくなるゆえに、空でもあると説明されています（金岡秀友『密教の哲学』平楽寺書店、四一―四二頁）。ちなみに、日本の真言教学の伝統においては、『大日経疏』は「無自性空」を主張して、やや否定的な解釈（遮情《しゃじょう》）なのに対し、空海自身は「本有《ほんぬ》常住《じょうじゅう》」を主張して、もっとずっと肯定的な解釈（表徳《ひょうとく》）であったと受けとめられてきました。

ともあれ、阿字の中に、不生と有と空が含まれているということは、この三つが明確な境界を失って融け合い、渾然一体となっていることを意味しています。しかも、不生は真実の領域、すなわち法界であり、中道でもあるとも述べられています。

この主張を図式化すれば、不生＝有＝空＝法界＝中道となります。この図式は、中国仏教の天台教学が生み出した空（空性）＝仮（仮説）＝中（中道）という図式、同じく華厳教学が生み出した空＝色ならびに現実の世界＝法界という図式を、統合したものとみなせます。
こうして、『大日経』とその注釈書である『大日経疏』を自在に組み合わせ、さらに独自の解釈をくわえることで、空海は、東アジアの漢字仏教圏で成立した教学を網羅したといえます。ただし、その反面で、空海の空思想には、ナーガールジュナが空に託したような否定の力がかなり失われていることも、疑いようのない事実です。

▼非情成仏の思想

さらに、空海は『吽字義』の本文につづく偈《げ》の部分に、独自の見解を述べています。

草や木ですら仏になれるのだから、人間が仏になれないはずがない。

草木也成　何況有情

（『十巻章　改訂版』、六四頁）

時間的にも空間的にも遍満している真実の仏には、損なわれることもなければ、欠けることもない。

……

水を離れて波は存在しないように、心の内がそのまま認識の対象なのである。

草や木に仏性がなければ、波に潤いという性質がないことになってしまう。

仏性が有るものと無いものが存在するという教えは、仮の教えにすぎない。

有を否定して、無を立てるならば、それこそまさに損失であり減退である。

そのような考えをもつ人々は、損失や減退という鋭利な斧で、常に仏性を打ち砕いている。

しかし、真実の真実の仏には、損なわれることもなければ、欠けることもない。

空性・仮説・中道という三つの真理（三諦《さんだい》）は、究極的には一つに融け合い、過去過去・過去現在・過去未来＋現在過去・現在現在・現在未来＋未来過去・未来現在・未来未来＋統合された時間という十種類の時間（十世）は、心の中にあって、なんらさまたげ合わない。

生命あるものの世界（有情世間《うじょうせけん》）・環境世界（器《き》世間）・仏の世界（智正覚世間《ちしょうがくせけん》）という三つの世界から構成されるすべての世界は、そのまま仏の体にほかならない。

常遍本仏　不損不虧

……

水外無波　心内即境
草木無仏　波則無湿
彼有此無　非権而誰
遮有立無　是損是減
損減利斧　常斫仏性
雖然本仏　無損無減

三諦円渉　十世無碍
三種世間　皆是仏体　（同前、六五頁）

草や木、すなわち自然物が悟りを得て仏に成るという思想は、もともと仏教にはありませんでした。

インド仏教では、この世の全存在を、「心の働きや感情をもつもの」を意味する「有情（サットヴァ）」と、「心の働きや感情をもたないもの」を意味する「非情《ひじょう》（アサットヴァ）」に、はっきり分けていました。「有情」は動物、とりわけ人間をさしています。「非情」は山や川や土や石であり、植物も含まれています。ですから、自然は「非情」にほかなりません。

そして、輪廻《りんね》転生《てんしょう》も悟りも、もっぱら「有情」に限られていました。理由はこうです。輪廻転生の原因は悪しき行為です。悪しき行為の原因は悪しき心の働きや感情です。したがって、「非情」のように、心の働きや感情をもたないものは、輪廻転生しないのです。また、心の働きや感情をもたないものは、教化のしようもなく、悟りなどまったく縁がないとみなされていたからです。

ところが、空海は、以上の引用からあきらかなとおり、草や木をはじめ、自然物にも仏性《ぶっしょう》があり、仏になると考えたのです。草や木に仏性を認めないのは、仮の教えであって、真の教えではないとまで述べています。

さらに、時空間すべてが仏にほかならないとも主張しています。自然物に仏性を認めるのですから、当然の帰結です。実在論と断言するのはどうかと思いますが、空海がかなり実在論的な見解をもっていた可能性はあります。さきほど、日本の真言教学では、空海は「本有常住」を主張して、もっとずっと肯定的な解釈（表徳）であったと受けとめられてきたと述べましたが、その片鱗は以上の引用からもうかがえます。

なお、引用した偈は、『秘密曼荼羅十住心論』や『秘蔵宝鑰』と同じように、各宗派の見解の紹介という面もあります。

水外無波　心内即境→三論宗（中観派）
草木無仏～非権而誰→法相宗（唯識派）
三諦円渉　　　　　→天台宗
十世無碍　　　　　→華厳宗

▼曼荼羅＝真仏

「三種世間　皆是仏体」、すなわち「生命あるものの世界・環境世界・仏の世界という三つの世界から構成されるすべての世界は、そのまま仏の体にほかならない」をうけて、空海は「四種曼荼　即是真仏」、すなわち「大《だい》曼荼羅・三昧耶《さんまや》曼荼羅・法曼荼羅・羯磨《かつま》曼荼羅の四種類の曼荼羅は、真実の仏である」と主張します。つまり、すべての世界＝仏の体をあらわすものが曼荼羅だから、曼荼羅は真実の仏という論理です。もちろん、これは真言宗の見解でもあります。

曼荼羅とは何か、という問いに対する解答を、空海は著作の『即身成仏義《そくしんじょうぶつぎ》』に、『大日経』を引用して、こう述べています。


すべての如来には、三種類の秘密身がある。字と印と形像とである。

一切如来有三種秘密身。謂字印形像。


（『十巻章』、一二三頁）


なお、引用先の『大日経』には「諸尊有三種身。所謂字印形像」（『大正新修大蔵経』第一八巻、四四頁）と書かれていて、『即身成仏義』とは少し違いますが、意味はほとんど変わりません。ようするに、曼荼羅とは、如来の身体を、文字と印と形像で表現したものだというのです。

ついで、「四種の曼荼」を、『般若波羅蜜多理趣釈《はんにゃはらみたりしゅしゃく》』の「四種曼荼羅。一大曼荼羅。二三昧耶曼荼羅。三法曼荼羅。四羯磨曼荼羅。以此四種曼荼羅」（『大正新修大蔵経』第一九巻、六〇九頁）、ならびに『都部陀羅尼目《とぶだらにもく》』の「所謂大曼荼羅。三昧耶曼荼羅。法曼荼羅。羯磨曼荼羅」（同前第一八巻、八九八頁）という部分を引用して、説明します。

大曼荼羅は図像表現の曼荼羅であり、わたしたちが目にするのはほとんどがこのタイプです。三昧耶曼荼羅は仏菩薩や神々を、シンボルで表現する曼荼羅です。法曼荼羅は仏菩薩や神々を、種字《しゅじ》といって、特定の梵字で表現する曼荼羅です。羯磨曼荼羅は彫像による立体表現の曼荼羅です。東寺《とうじ》講堂の、いわゆる立体曼荼羅がこれにあたります。

▼自然＝曼荼羅

空海の曼荼羅論には、特に注目すべきことがあります。いまあげた四種類の曼荼羅は、人間の手になるもの、つまり人工物です。ところが、空海は自然そのものまで、曼荼羅とみなしていたようなのです。たとえば、空海の詩文集である『遍照発揮性霊集《へんじょうほっきしょうりょうしゅう》』（「せいれいしゅう」ともいう）巻第一の「入山興」には、こう書かれています。

進め、進め、空の真意を体得した、すなわち阿字本不生を悟った師よ。止まるな、止まるな、金剛界《こんごうかい》大日如来の種字である鑁《ばん》字からしたたる乳を飲む者よ。南にそびえる山の松や石は見飽きることがない。南にそびえる山から落ち下る清らかな流れはまことにいとしい。自慢してはならない、浮薄な名声や利得がもたらす毒を。焼かれてはならない、三界の猛火につつまれた家の中にとどまったままで。煩悩や欲望を捨て去り、一刻も早く、法身の世界へ入れ。

去来去来大空師。莫住莫住乳海子。南山松石看不厭。南嶽清流憐不已。莫慢浮華名利毒。莫焼三界火宅裏。斗藪早入法身里。

（『弘法大師　空海全集』第六巻、筑摩書房、七三二頁）

空海にいわせれば、自然こそ法身、つまり大日如来そのものです。したがって、自然に入ることは、すなわち大日如来と一体化することになります。三三九頁の引用にあったとおり、生命あるものの世界（有情世間）・環境世界（器世間）・仏の世界（智正覚世間）という三つの世界から構成されるすべての世界は、そのまま仏の体にほかならないですから、論理に矛盾はありません。

次に、「遊山慕仙詩幷序」には、こう書かれています。

汚れなき宝の楼閣、金剛法界宮は、堅固なダイアモンドの墻壁《しょうへき》でかこまれている。配下の仏菩薩や神々は雨のごとくあまたならび、その中央に大日如来が坐している。

無塵宝珠閣。堅固金剛牆。眷属猶如雨。舎那坐中央。　（同前、七三二頁）

この表現は、あきらかに金剛界曼荼羅を意味しています。すなわち、空海にとっては、山＝金剛界曼荼羅というわけです。

さらに、『性霊集補闕鈔《しょうりょうしゅうほけつしょう》』巻第九の「高野建立初結界時啓白文《けいびゃくぶん》」には、こう書かれています。

去る延暦二三年、わたしは大唐に入国でき、胎蔵曼荼羅と金剛界曼荼羅の両部の大曼荼羅の法、ならびに一〇〇部以上の密教経典をもって、無事に帰国できた。しかし、布教にふさわしい地は見つからず、時もまた熟さなかった。年月が長引くままに、あっという間に一二年が過ぎてしまった。仏法を擁護する王者が、この教えを広めようとするならば、必ずや適地はあるはずだ。そう考えて、各地を訪ね歩いた結果、この高野山こそ、その地であると判明した。このゆえに、天皇は特に印璽《いんじ》を下されて、この地に伽藍《がらん》を建立するために、わたしに賜《たまわ》った。今まさに、上は諸仏の恩にむくいるために密教を宣揚し、下は五種類の天におられる神々の威光を増し、生きとし生けるものすべてを苦しみから救い出すために、ひたすら密教によって金剛界と胎蔵《たいぞう》の大曼荼羅を建立しようと思う。仰ぎ願わくは、諸仏は歓喜したまい、諸天は擁護したまい、善神は誓願をおこされて、このことを成就させたまえ。この地の東西南北四方、また上下七里に跋扈《ばっこ》する邪悪な鬼神たちは、わたしが結界する領域から立ち去れ。あらゆる善神や鬼神のうち、仏法に利益をあたえられる神霊各位は、意のままにされよ。また願わくは、この道場に、あまねく五種類の天におられる神々、および地水火風空の五大の諸神、ならびに日本国開闢《かいびゃく》以来の歴代の皇帝と皇后の尊霊、さらにはすべての天神地祇を、施主として、お迎えしたい。重ねて伏して乞う。冥々のうちに力を発揮される神霊すべてにおかれては、昼夜を分かたず、擁護をたまい、わたしの願いが果たされますように。敬って、申し上げる。

以去延暦二十三年、入彼大唐、奉請大悲胎蔵及金剛界会両部大曼荼羅法、並一百余部金剛乗、平帰本朝。地無相応之地、時非正是之時。日月荏苒、忽過一紀。爰則輪王啓運、擬弘此法。必須得其地、簡択四遠、此地卜食。是故天皇陛下、特下恩璽、賜此伽藍処。今為上報諸仏恩、弘揚密教、下増五類天威、抜済群生、一依金剛乗秘密教、欲建立両部大曼荼羅。仰願諸仏歓喜、諸天擁護、善神誓願、証誠此事。所有東西南北四維上下、七里之中一切悪鬼神等、皆出去我結界。所有一切善神鬼等、有利益者、随意而住。又願此道場者、普以五類諸天、及地水火風空五大諸神、幷此朝開闢已来皇帝皇后等尊霊、一切天神地祇、為檀主。伏乞一切冥霊、昼夜擁護、助果此願。敬白。（同前、七六九頁）

内容は特に難しいところはなく、説明するまでもありませんが、問題は、金剛界と胎蔵の両部の曼荼羅が、なぜ、高野山に建立される必要があったのか、です。ご存じのとおり、空海は、平安京の入口にあたる東寺の講堂に、いわゆる立体曼荼羅を造立しています。しかし、「上は諸仏の恩にむくいるために密教を宣揚し、下は五種類の天におられる神々の威光を増し、生きとし生けるものすべてを苦しみから救い出すために」は、高野山に両部の大曼荼羅を建立しなければならない、と空海は念願していたのです。

これはあくまでわたし個人の見解ですが、東寺講堂の立体曼荼羅は、平安京を守護するためだったと思います。それに対し、高野山の両部の大曼荼羅は、引用にあるように、もっとずっと大きな目的を成就するためだったのです。

つまり、その大いなる目的を成就するための曼荼羅は、高野山という平安京から遠く離れた自然の中に建立される必要があったのです。そして、その曼荼羅を中心とする真言密教の道場は、自然の中にいます神々によって、擁護される必要があったのです。

考えてみれば、空海のもっとも深い宗教的体験は、まだ二〇歳そこそこのころ、四国の山中や海辺で、虚空蔵求聞持法《こくうぞうぐもんじほう》という秘法を実践していたとき、口中に明星《みょうじょう》が飛び込むという神秘を体験したことにさかのぼります。それを思えば、高野山に両部の大曼荼羅を建立したいという空海の念願は、いたって当然の結果といえます。

▼道元の自然観

日本曹洞宗の祖師となった道元《どうげん》（一二〇〇～一二五三）も、空海と通じる自然観をいだいていたという指摘があります（竹村牧夫「仏教の環境観について」『「エコ・フィロソフィー」研究』、二〇頁）。

以下の引用は、道元が仁治元年（一二四〇）一〇月一八日、興聖宝林寺《こうしょうほうりんじ》において修行僧たちに説いたとされるもので、『正法眼蔵《しょうぼうげんぞう》』「山水経」の一部にあたります。

　而今ノ山水ハ。古仏ノ道現成《げんじょう》ナリ。トモニ法位ニ住シテ。究尽ノ功徳ヲ成セリ。空劫已前ノ消息ナルカユヱニ。而今ノ活計ナリ。朕兆未萠ノ自己ナルカユヱニ。現成ノ透脱ナリ。山ノ諸功徳高広ナルヲモテ。乗雲ノ道徳。カナラス山ヨリ通達ス。順風ノ妙功。サタメテ山ヨリ透脱スルナリ。

（『大正新修大蔵経』第八二巻、六二頁）

道元に特有の表現ゆえに、わかりにくいところもありますが、ようするに、今わたしたちが見ている山水は、仏として、説法しているというのです。ただし、その山水は、わたしたちの認識対象としての、いいかえれば客体としての存在ではありません。主体と客体が未分化のままに、「いのち」の中で「現成」している、つまりありのままに出現しているものなのです。

『正法眼蔵』「仏性巻」では、こうも説いています。

イマ仏道ニイフ一切衆生ハ。有心者ミナ衆生ナリ。心是衆生ナルカユヱニ。無心者オナシク衆生ナルヘシ。衆生是心ナルカユヱニ。シカアレハ心ミナコレ衆生ナリ。衆生ミナコレ有仏性ナリ。草木国土心ナリ。心ナルカユヱニ衆生ナリ。衆生ナルカユヱニ有仏性ナリ。日月星辰コレ心ナリ。心ナルカユヱニ衆生ナリ。衆生ナルカユヱニ有仏性ナリ。国師ノ道取スル有仏性。ソレカクノコトシ。モシカクノコトクニアラスハ。仏道ニ道取スル有仏性ニアラサルナリ。イマ国師ノ道取スル宗旨ハ。一切衆生有仏性ノミナリ。

（同前、九七頁）

この引用に登場する「国師」とは、唐時代の大禅僧として知られる馬祖道一《ばそどういつ》の弟子だった杭州塩官県霊池院の斉安《さいあん》国師のことです。あらためていうまでもありませんが、自分と見解が一致しているからこそ、道元は斉安国師の説を引いています。

草木も国土も、太陽も月も星々も、心であり、心であるがゆえに、衆生である、と斉安国師は説き、道元もそれに同意しています。この場合の「心」は「仏性」を意味しています。したがって、草木も国土も、太陽も月も星々も、仏性をもっていることになります。

留意すべきは、道元が「仏性」という言葉をつかうとき、かなり特殊な意味が込められているという事実です。同じ「仏性巻」の冒頭近くにおいて、『(大乗)涅槃経《ねはんぎょう》』に説かれる「悉有仏性《しつうぶっしょう》」を、通常は「悉く仏性有り」と訓まれるのに、「スナハチ悉有ハ仏性ナリ。悉有ノ一悉ヲ衆生トイフ」(同前、九一頁)と訓んでいます。

すなわち、森羅万象すべて、天地自然すべてが「仏性」、つまり「仏の本質」にほかならないと道元は主張しているのです。

▼親鸞と空

第四章の「阿弥陀如来と空」のところで、日本における浄土信仰を大成したとされる親鸞は、その主著である『教行信証《きょうぎょうしんしょう》』の「証巻」と「真仏土巻」に、空に言及する経典を、意外なほどたくさん引用している。別の著書でも「阿弥陀如来とは、色もなく形もない空の真理を知らせるための媒介者だ」と主張している旨を、梶山雄一氏が指摘していると述べました。

別の著書とは、「自然法爾章《じねんほうにしょう》」です。親鸞が数え年八六歳といいますから、最晩年のころのころに、関東の門弟たちとかわした書簡を、親鸞の曾孫覚如《かくにょ》の次男従覚（慈俊）が編纂した『末灯《まっとう》鈔《しょう》』におさめられています。そこに、以下のような文言があります。

無上仏とまふすは、かたちもなくまします。かたちのましまさぬゆへに、自然とはまふすなり。かたちましますとしめすときには、無上涅槃とはまふさず。かたちもましまさぬやうをしらせむとて、はじめて弥陀仏とぞ、きゝならひて候。みだ仏は、自然のやうをしらせむれうなり。

真理そのものである最高の仏と申し上げる存在は、姿も形もありません。姿も形もないからこそ、自然と申し上げるのです。姿や形があるときには、最高の涅槃とは申しません。姿も形もないという真理を知らせるために、はじめて阿弥陀仏と申し上げると教えられてきました。阿弥陀仏は自然のありようを知らせるためのすべなのです。

この文言を読み解く鍵は、「自然」という言葉です。この言葉は、親鸞が八六歳のときに門弟に宛てた書翰の「自然法爾の事」で、「自はおのづからといふ、行者のはからひにあらず、然といふは、しからしむといふことばなり。しからしむといふは、行者のはからひにあらず」（『浄土真宗聖典注釈版』本願寺出版、七六八頁）を根拠にして、阿弥陀仏への信仰は、ひとえに阿弥陀仏の本願から発しているのであって、行者（信仰者）の主体の問題ではない、と説明されます。しかし、「自然法爾章」に登場する「自然」に限っては「道理」、つまり至極当然の理あるいは絶対の真理を意味しているようです。とすれば、「自然法爾章」において、親鸞は、阿弥陀仏とは姿も形もない存在であって、それが真理である、と述べていることになります。

この点に着目して、梶山雄一氏は、阿弥陀仏という存在を、こう説明しています。

そういう自然とか、法爾とか、形がない、ということはもし仏教の言葉に還元するとすれば、それは「空性」であるとか、「法性」あるいは「如」というようなものでありましょう。あらゆるものは、多くの原因によって成立してくるけれども、そこに変わらず永遠に続く本体というものはない。そして、変わらず永遠に続く本体がないからこそ、実は、すべてのものは、原因条件次第で生じてくるのだというのが、空の思想です。空というものは、否定的側面だけがあるわけではございませんで、肯定的な働きがある。空であるからこそ、一切のものが成立してくるという働きがあるわけであります。だから空なる世界において、法蔵菩薩の誓願の力とその兆載永劫の修行によって、阿弥陀仏という救済仏が出現してくるのでございます。

（『梶山雄一著作集　第六巻　浄土の思想』春秋社、三五二頁）

ナーガールジュナ以来、空思想の否定的な側面はいくらでも見出せますが、肯定的な側面はなかなか捉えられませんでした。その捉えがたい空思想の肯定的な側面が、親鸞に見出せると梶山雄一氏は主張しているのです。

▼日蓮の「立正安国」と「本時の娑婆世界」

『法華経』を絶対の聖典とみなし、日蓮宗（法華宗）の祖師となった日蓮も、生きとし生けるもの（衆生）の成仏と自然の成仏は一体と主張しています。主著の『立正安国論《りっしょうあんこくろん》』に、こう説かれています。

> あなたは自分だけ救われればそれでよいというような、誤った信仰を一刻も早く捨てて、いますぐここで、唯一、真実の教えにほかならない法華経に帰依しなさい。
>
> そうすれば、欲界・色界・無色界はたちどころに仏の国となるのです。仏の国には、衰亡ということがありません。全宇宙がそのまま浄土となるのです。浄土が破壊されることなど、ありえません。
>
> 国が衰亡せず、世界が破壊されないのであれば、わたしたちの身体は安全であり、わたしたちの心も静かで安定するに決まっています。
>
> わたしがいうことを、かたく信じて、あがめなさい。
>
> 汝早改信仰之寸心、速帰実乗之一善。然則三界皆仏国也。仏国其衰哉。十方悉宝土也。宝

土何壊哉。国無衰微、土無破壊、身是安全、心是禅定。此詞、此言、可信可崇矣。
（『昭和定本　日蓮聖人遺文』、二二二六頁）

日蓮に言わせれば、衆生の成仏は国土の成仏と、完全に一致します。その理由は、こうです。そもそも、成仏の原理である「一念三千《いちねんさんぜん》」は、衆生世間・五蘊《ごうん》世間・国土世間の、三種類の世間から構成されています。なお、五蘊世間とは、人間の心身を成り立たせている五つの要素（色《しき》・受《じゅ》・想《そう》・行《ぎょう》・識《しき》）を意味します。

三種類の世間のうち、衆生世間と五蘊世間は有情、すなわち心の働きや感情をもつものであり、生命あるものの世界です。国土世間は非情、心の働きや感情をもたないもの、つまり生命なき世界、自然の世界です。教義上の専門用語でいうなら、衆生世間と五蘊世間は正報《しょうほう》であり、国土世間は依報《えほう》です。

しかし、正報と依報は、別々の存在ではなく、不二の関係、すなわち相互依存の関係にあります。なぜならば、衆生も五蘊も、ともに国土に依存し、国土は衆生と五蘊の意志に左右されるからです。したがって、衆生の心が悪しくなれば、国土もまた悪しき状態になる、と日蓮は考えたのです。

この思想にもとづいて書かれた著作こそ、『立正安国論』にほかなりません。

同じく主著の一つとされる『観心本尊抄《かんじんほんぞんしょう》』には、こうも説かれています。

仏と『法華経』の教えを実践する者（受持者）とが一つに融合（感応道交《かんのうどうきょう》）するとき、受持者（本因）と永遠不滅のブッダ（本果）と浄土（本国土）とが一体化した純粋な宗教的世界が出現する。この世界は、もはやどのような災害もなく、時間的な制約もなく、永遠不滅の仏国土である。ブッダは過去世において入滅することもなく、未来世において生まれ変わることもなく、永遠不滅である。しかも、そのブッダと受持者は一体となっている。ということこそ、一念三千の真意であり、衆生世間・五蘊世間・国土世間の三種類の世間が成仏することにほかならない。

今本時娑婆世界離三災出四劫常住浄土。仏既過去不滅未来不生。所化以同体。此即己心三千具足三種世間也。（同前、七一二頁）

このように、日蓮が想定した浄土は、時空を超越した絶対世界（常住の浄土）でありながら、現実世界と不二の関係にあります。ですから、現世における即身成仏も、来世における霊山浄《りょうぜんじょう》土《ど》への往詣（霊山往詣）も、同時に成就されることになります。

もっとはっきりいえば、今わたしたちが生きている現実世界（娑婆《しゃば》世界）が、正しい信仰（正《しょう》法《ぼう》）をもつ者にとっては、そのまま霊山浄土なのです。たしかに、『法華経』の教えを実践する者も、生きているときは娑婆世界にあり、死ねば霊山浄土へ往詣します。しかし、それは、いわば見かけ上にすぎず、その本質は過去・現在・未来の三世を超越した永遠不滅の「本時の娑婆世界」の中のできごとなのだ、と日蓮は主張しているのです。

この点で、法然や親鸞が想定した極楽浄土への往生とは、大きく異なります。日蓮が浄土教を激しく批判した原因は、ここにあったのです。

▼臨済宗

日本には、現時点で三つの禅宗が活動しています。臨済宗、曹洞宗、黄檗《おうばく》宗です。いずれも中国で成立し、中世から近世の初頭にかけて、日本に伝来しました。

このうち、黄檗宗は日本への伝来が江戸時代の初期で、その影響力も限定的なので、ここではふれません。曹洞宗については、すでに道元の自然観というかたちでふれたので、以下では臨済宗における空思想を論じてみたいと思います。

曹洞宗と臨済宗では、性格がかなり異なりますが、とりわけ受容された階層に違いがあります。あえていえば、臨済宗のほうが上位の階層、いいかえれば支配階層に受容されてきたという事実があります。中世から明治維新まで、日本の支配階層は武士でしたから、臨済宗は上層に位置する武士たちが信奉する宗派として、活動してきたのです。その証拠に、この時代の首都だった京都や鎌倉で別格の地位をあたえられた「五山《ござん》」は、すべて臨済宗の巨大寺院で構成されていました。

また、曹洞宗では、いわゆる宗祖にあたる希玄道元を高祖、布教の天才で宗派の発展に大きく寄与した瑩山紹瑾《けいざんじょうきん》（一二六八〜一三二五）を太祖とし、あわせて両祖としているのに対し、臨済宗では祖とされる人物が多数います。ふつうは、栄西を日本臨済宗の祖とみなしますが、日本の鎌倉時代に、中国大陸がモンゴル族の支配下になったこともあって、多くの禅僧が日本に渡来してきました。鎌倉の建長寺《けんちょうじ》の開山となった蘭渓道隆《らんけいどうりゅう》（一二一三〜一二七八）、同じく円覚寺《えんがくじ》の開山となった無学祖元《むがくそげん》（一二二六〜一二八六）などが、典型例です。それだけでなく、日本からもあまたの禅僧が中国に留学しています。

そして、鎌倉時代から南北朝時代をへて、室町時代の初期のころ、日本の臨済宗は頂点を迎えました。それが応燈関の三代です。すなわち、南宋の虚道智愚《きどうちぐ》に師事した大応《だいおう》（南浦紹明、一二三五〜一三〇八）、その弟子の大燈《だいとう》（宗峰妙超、一二八二〜一三三七）、その弟子の関山《かんざん》（関山慧玄、一二七七〜一三六〇）という傑出した禅僧が世に現れたのです。ちなみに、大燈は大徳寺《だいとくじ》の開山、関山は妙心寺《みょうしんじ》の開山となり、後世に多大の影響をあたえました。風狂や頓知話で有名な一休宗純《いっきゅうそうじゅん》（一三九四〜一四八一）も、この法系につらなります。

ただし、臨済宗は、室町幕府の滅亡とともに、いたく衰退してしまいます。それは、もともと民衆とは縁があまりなく、おおむね権力と結びついて君臨してきた宗派の宿命だったのです。

▼白隠慧鶴と『毒語心経』

その臨済宗を再興したのが、江戸時代の中期に登場した白隠慧鶴《はくいんえかく》（一六八五〜一七六八）です。白隠は柔軟な思考の持ち主で、布教の天才でもありました。絵画の才能にも恵まれていたこともあり、身分に関係なく帰依を集め、臨済宗の復興に絶大な貢献を果たしたのです。もっとも、宗派内での評価はいたって低く、一寺の住職としては終生、座元《ざげん》という最低ランクの位階しかあたえられませんでした。

現状で一四派ある臨済宗は、ことごとく白隠を中興の祖として尊崇し、その教えを伝えています。ですから、白隠の空思想を知ることができれば、臨済宗の空思想を知ることができるはずです。

以下でとりあげる文献は、白隠が最晩年に出版した『毒語心経』です。『毒語心経』という書名は、いわば俗称です。原形は『心経《しんぎょう》 著語《じゃくご》 並《ならびに》 頌《じゅ》』という書名で、白隠が『般若心経』を四〇の短い句に分け、その一つ一つに評語と偈頌をつけたものでした。

わざわざ「毒語」という語を冠する理由は、こういうことのようです。すなわち、『般若心経』はわずか二六二文字しかないのに、これほど深い真理をもった経典は他にない。ただ誉めたのでは誉め足らないので、いっそのこと、悪口を言ってやろうと書かれたとされます（山田無文『毒語心経』禅文化研究所、二頁）。

現行の版は、弟子の東嶺《とうれい》（一七二一〜一七六九）が編集した『鵠林《こうりん》・東嶺両禅師毒語注心経』から、白隠述の毒語（著語《じゃくご》と頌）を抜き出して出版したものと考えられています（同前、三一六頁）。

▼『般若心経』

『毒語心経』の「心経」は、すでに述べたとおり、『般若心経』を指しています。日本でもちいられてきたのは、唐時代の初期に、インドへ留学して、『大唐西域記《だいとうさいいきき》』という著作を書いた三蔵法師こと玄奘《げんじょう》による漢訳本です。

『般若心経』といえば、現代の日本では、ありとあらゆる仏典の中で抜群の人気を誇ります。白隠が言ったとおり、わずか二六二文字しかないのに、これほど深い真理をもった経典は他にないとみなされています。世に『般若心経』の解説本があふれています。

しかし、インド仏教の長い歴史を見渡すと、『般若心経』は、良くも悪くも特殊な経典だった事実がわかります。成立は三〇〇～三五〇年ころといいますから、中期の大乗経典ですが、注釈書はなかなか書かれませんでした。現存する八つの注釈書は、いちばん早い時期の例でも八世紀末までくだります。ということは、密教がインド仏教の中核を占める段階になってから、ようやく注釈書が書かれたのです。しかも、すべてチベット語訳で、サンスクリット本は残されていません。

それに比べ、中国語（漢文）による注釈書は五〇以上にものぼります。法相宗、華厳宗、天台宗、禅宗などから、それぞれの立場を反映する注釈書が書かれました。日本仏教に伝来してきた注釈書の数は、さらに膨大です。古代から昭和七年（一九三二）一〇月三一日までに刊行された日本語および漢語の仏教典籍を網羅する『仏書解説大辞典』によれば、『般若心経』の注釈書の数は三六〇を超えます。その後も続々と書かれていることを考えると、現時点でいったいいくつあるのか、想像もできません。

これらの事実から推測すると、『般若心経』に対する評価は、インド仏教と中国仏教では、大きく違っていたようです。つまり、インド仏教ではいささかならず扱いかねると考えられていたのに対し、中国仏教や日本仏教ではこれぞ仏教の真髄と考えられていた可能性が高いのです。

そもそも、『般若心経』がいったい何を主張しているのか、あまりに短すぎることもあって、必ずしも明らかではありません。全体の構成から見ると、前半部は、空思想にまつわる短い語句、現代流の表現ならキャッチコピーの羅列です。後半部は、末尾に置かれた「羯諦《ぎゃてい》　羯諦……」という聖なる呪文が、いかに功徳があり、この呪文さえとなえれば、悟りは必ず得られると主張されています。ようするに、空思想の骨格と呪文の功徳だけが説かれているのです。そして、前半部の空思想と後半部の呪文の功徳との関係は、まったくといっていいくらい、説かれていません。

これでは理解しろ、というほうが無理です。逆にいえば、何とでも解釈できます。だから、中国仏教や日本仏教では、それこそ山ほども注釈書が登場したともいえます。

▼白隠の空思想

以上のような事情から、『般若心経』の全体を解説するのは、とても厄介です。関心のある方は、わたし自身も鎌倉の建長寺から依頼されて解説書（『決定版　知れば知るほど面白い　般若心経』西東社）を出版しているので、それをお読みいただきたいと存じます。

ここでは、『般若心経』に説かれている語句の中でももっとも有名な「色不異空　空不異色　色即是空　空即是色」の部分を、白隠がどう解釈しているか、検討してみます。なお、『毒語心経』の訓み下し文は、山田無文『毒語心経』（禅文化研究所）から引用しています。また、和訳にあたっては、山田無文老師の説を参考にしています。

▼色不異空　空不異色

まずは、わたしの現代語訳をお読みください。

色形あるものは実体を欠いているものと異ならず、実体を欠いているものは色形あるものと異ならない。

次は、立川武蔵氏が、サンスクリット本から和訳したものです。

色は空性に異ならない、空性は色に異ならない。

（立川武蔵『般若心経の新しい読み方』春秋社、八頁）

同じ語句を、白隠はこう解釈しています。

せっかくの美味しい吸い物、すなわち人間に、鼠の糞が二つ堕ちていた。その二つの糞とは色（身体）と空だ。そのせいで、食べられたものではない。色とか空とかいう理屈のせいで、生きにくくてたまらない。

どんなに美味しい食事でも、満腹の人は欲しがらない。仏法を理解し、真理のただなかに生きている人に、色とか空とかいう理屈は必要ない。

色をたとえるなら、水の上の波のようなものである。水には形がないから、空をたとえるなら、水のようなものである。波を離れて水はなく、水を離れて波はない。そのように、色を離れて空はなく、空を離れて色はない。すなわち、身体を離れて空はなく、空を離れて、身体はない。

色は空を邪魔しない。つまり、身体があるからといって、空を理解できないわけではない。

なぜなら、空そのものが色、つまり身体なのだから。

空は色を否定しない。つまり、空だからといって、身体が否定されるわけではない。なぜなら、身体そのものが空なのだから。

このように、色と空とは不二の関係にある。違うように見えて、じつは同じである。足の萎えたスッポンが、風呂を上がって、お化粧をし、夕涼みをしている。人間とはそんなものであろう。このように、あるがまま、常住坐臥、日常生活のすべてが空とわかれば、それが禅の悟りなのである。

好一釜《こういちぶ》の羹、両顆《りょうか》の鼠糞《そふん》に汚却《おきゃく》せらる。
美食、飽人《ほうじん》の喫《きつ》に当らず。
波を払って水を求む。波は是水。
色、空を遮《さえぎ》らず、空体色
空、色を破るに非ず、色身空
色空、不二法門の裡
跛鼈《はべつ》、眉を払って晩風に立つ

以上のとおり、白隠は色を人間の身体と受けとっていたようです。禅の修行がもっぱら坐禅によることを思えば、悟りの場は身体以外には考えられません。ですから、色を人間の身体と受けとるのは、当然なのでしょう。

しかし、もともと色という言葉には、人間の身体はもとより、この世における物質的な存在すべてが含まれているはずです。それを思うと、白隠の受けとめ方に問題がないとはいえません。なぜなら、色を人間の身体に限定してしまうと、人間の身体以外の物質的な存在が排除されてしまうからです。その結果、世界の構造がどうなっているのか、というような課題を考える端緒が見出せなくなってしまいます。

日本仏教の伝統を概観するとき、空海などごく少数の例をのぞけば、世界観や宇宙観を構築しようという動向はほとんど見当たりません。インド仏教にあったような、人間を含む世界全体が、どのような構造をしているのか、どのような関係性をもっているのか、見極めようとする意志にとても乏しいのです。これは日本仏教がかかえる大きな欠陥かもしれません。

▼色即是空　空即是色

これも、まずはわたしの現代語訳をお読みください。

色形あるものは実体を欠いているものであり、実体を欠いているものは色形あるものなのだ。

次は、立川武蔵氏の和訳です。

色であるものは空性であり、空性であるものは色である。

白隠の解釈は、こうです。


これはまさに必要のない道具だ。

猿は生まれつき木に登れるのだから、教える必要はない。

また、これは釈迦牟尼以来、二〇〇〇年間も売れない商品と同じように、二〇〇〇年かかっても、いまだ解決できない問題である。

謝郎《しゃろう》こと玄沙《げんしゃ》の師備《しび》禅師は、出家する前は漁師だったそうだが、魚を釣り上げるたびに、釣糸の水を絞ったりはしなかった。なぜなら、釣糸を水から上げれば、おのずから水は切れているからだ。

鶯が春先の微風の中で鳴いている。その声は、ときどき思い出したように、琴をはじくような感がある。

薄紅色の桃の花が咲いている。暖かい春の日が射して、遠くには春霞がかかっている。綺麗な眉とひろやかな額の美女たちが、そんな春の野で遊んでいる。彼女たちは皆、美しい錦で織られた服を身にまとい、その肩には桃の花の一枝がのせられている。このような春風駘蕩《しゅんぷうたいとう》、それが禅の悟りの世界である。

是れ何の閒家具《かんかぐ》ぞ。猱《さる》に木に升《のぼ》ることを教うること
又是れ二千年の滞貨。釣糸《ちょうし》水を絞る、謝郎が舟。
　黄鳥、風、微《かす》かにして希に瑟《しつ》を鼓す
紅桃、日、暖かにして薄く煙を籠む
蛾眉螓首《がびしんしゅ》、一群の女
各、花枝を戴《いただ》く、錦繍《きんしゅう》の肩

以上の白隠による解釈において、鍵となるのは、玄沙の師備禅師（八三五〜九〇八）の体験です。師備禅師の体験については、道元の七五巻本『正法眼蔵』の「一顆《いっか》の明珠《みょうじゅ》」に、「いま道取する尽十方世界是一顆明珠、はじめて玄沙にあり。その宗旨は、尽十方世界は、広大にあらず微小にあらず、方円にあらず、中正にあらず、活にあらず露廻廻にあらず。さらに、生死去来にあらざるゆゑに生死去来なり……」と説かれています。

「一顆明珠」とは「一粒の輝く珠」という意味で、ようするに真理を指しています。したがって、師備禅師が体得した悟りの境地にほかならない「尽十方世界是一顆明珠」は、「全世界は一粒の輝く珠」であり、すなわち「全世界は真理そのもの」ということになります。しかも、道元によれば、全世界のありようは言語で表現できるはずもなく、自身の身体で体得するしかないというわけです。

白隠の解釈について、山田無文老師は、こう述べています。

このありのままの現実の世界がそのまま空である。空とは現実の世界をはなれてはない。その現実の生活の中でも最も美しい自然の景色、そこに着かざった美女達が花見に出て野遊びをしている美しい姿を、そのまま空だとみていくことが般若の智慧でなければならん。空とは、何もないことでなくしてこの美しい自然の姿をありのまま人間生活だとみていけることでなければならん。

（山田無文『毒語心経』、一三三頁）

この見解は、わたしや立川武蔵氏の訳文とは、ずいぶん異なります。いちばん異なるのは、山田無文老師の見解には、空が本来もっていたはずの否定的な性格がまったくといっていいほど、見られない点です。山田無文老師による白隠の空思想理解は、おそらく間違ってはいないでしょうから、白隠の空思想が否定的な性格とは無縁だったといえます。

つまり、白隠は現実世界をまるごと肯定しているのです。さきほど、空海を論じたところで、「わたしたちの眼前に展開している現実の世界が、まるごと肯定されます。逆にいえば、現実の世界に、否定されるべきものは何もない」と、空海が考えていたと述べました。とすれば、白隠の空思想もまた、空海が開拓した路線の上に位置していたのです。

それどころか、白隠が、自然即真理にとどまらず、「そこに着かざった美女達が花見に出て野遊びをしている美しい姿」まで、すなわち宗教的とはとうてい思えない人間のいとなみまで、「そのまま空だ」と考えていたとすれば、空海よりももっと極端な空思想の持ち主、あえていえばもっとも日本的な空思想の持ち主だったことになります。

禅宗の僧侶は、とかく空とか無という言葉を発したがる傾向があります。しかし、かれらのいう空や無は、現実の世界を全肯定した上で、発せられたものです。じつはかれらは、現実の世界が確固として存在していることに、まったく疑いをもっていないのでしょう。だから、安心して、空とか無と言えるのかもしれません。

▼西谷啓治

本書を書き終えるにあたり、近現代における宗教哲学の領域で、大きな業績を上げたとされる西谷啓治《にしたにけいじ》（一九〇〇～一九九〇）の空思想を論じたいと思います。

西谷啓治の業績については、彼がながらく教鞭をとっていた京都大学大学院文学研究科・文学部の思想家紹介の頁に、こう紹介されています。

西谷は、現代世界における最大の問題、また自身の生涯にわたるもっとも切実な問題は「ニヒリズム」である、と言った。ニヒリズムは日本語で「虚無主義」と表されるが、それは特に一九世紀以降の西洋において生じ世界に拡がった、通常の虚無感が、克服されうる宗教の次元に再び現れる、という虚無の問題のことである。西谷は西洋の哲学や神秘主義、そしてなによりも禅をはじめとする東洋思想や修行法（参禅）を手がかりにして、「ニヒリズムを通してのニヒリズムの超克」という課題に取り組んだ。西谷は古今東西の思想を深く研究した上で、「禅の立場」にもとづく独自の宗教哲学を展開した。また、西谷の哲学的貢献は幅広く、科学や技術の問題、芸術論、文化論、社会問題、諸宗教間の対話においても見られる。現在西谷の哲学は日本人のみでなく、多くの西洋人哲学者や宗教学者からも注目され、また近年ではアジア諸国の研究者の注目も集めつつある。

この紹介文にあるとおり、「禅の立場」にもとづく独自の宗教哲学を展開し、かつ海外からも高い評価を得てきたという点で、近現代における空思想の動向をうかがうのに、西谷啓治は最適の人物と考えられます。

西谷啓治が、主に禅をはじめ、大乗仏教を考察の対象とした理由について、「大乗仏教のうちには、ニヒリズムを超克したニヒリズムすらもが至らんとして未だ至りえないような立場が含まれているのである」（『西谷啓治著作集』第八巻、創文社、一八五頁）と説明しています。

▼神と空

西谷啓治が生涯の研究課題とした「ニヒリズム（虚無主義）」を、中世ドイツのキリスト教神学者にして神秘主義者として有名なマイスター・エックハルト（一二六〇?～一三二八?）を引き合いに出しつつ、空思想から考察した論考が「虚無と空」です。そこで、西谷啓治はこう述べています。

上来、世界のうちに於ける神の遍在といふことに関して、或はまた、善人にも悪人にも平等に太陽を昇らせる神の無差別愛、乃至は神の「完全性」といふことに関して、そこに人格的な非人格性といふやうな性格を認めると考へたのも、神についてさういふ超人格性の面を考へたからである。エックハルトが人格的な神の「本質」としての絶対的なる無を説いたのも、さういふ立場を指示するものであった。それは、我々の主体性の直下に人格としての主体性をも突破してゐるやうな、さういふ絶対的肯定の場として、一言でいへば絶対的な死即生の場として考へられたのである。さういふ場は、真実には、単に我々にとって絶対的に超越的な彼岸としてではなく、むしろ我々が通常自己と考へているものよりも一層此岸のものでなければならぬ。エックハルトのいはゆる「離脱」、即ち単に自己と世界とからのみならず更には神のために神から逃れると彼が言ふやうな、「神」からさへもの超出は、いはば絶対的に超越的な此岸でなければならぬ。彼自身も神の根底は自己の内に於て自己自身よりも一層自己に近い、と言ってゐる。さういふ点が一層明瞭に現れてゐるには仏教でいふ「空」の立場である。「空」とは、そこに於て我々が具体的な人間として、即ち人格のみならず身体をも含めた一個の人間として、如実に現成《げんじょう》してゐるところであると同時に、我々を取巻くあらゆる事物が如実に現成しているところでもある。

（『西谷啓治著作集』第一〇巻、創文社、一〇二頁）

このように、西谷啓治はキリスト教の「神」と仏教の「空」を向き合わせます。こんな発想は、西谷啓治以前にはおそらく誰もしなかったでしょうから、すこぶる斬新です。西谷啓治がキリスト者の一部から高い評価を受けた一端が、ここにあります。

注目すべきは、「そこに於て我々が具体的な人間として、即ち人格のみならず身体をも含めた一個の人間として、如実に現成してゐるところであると同時に、我々を取巻くあらゆる事物が如実に現成しているところ」こそ「空」だ、と西谷啓治が主張している事実です。

とすれば、西谷啓治の考える空は、人間を含む万物、あるいは森羅万象の根源にほかならないことになります。インド仏教以来の伝統的な用語でいうなら、その空は如来蔵にあたるかもしれません。

そもそも、キリスト教における神は、いまさら指摘するまでもなく、人間を含む万物、あるいは森羅万象の根源に位置づけられています。その神と向き合わされたのですから、西谷啓治の考える空が、一神教が想定してきたような神をけっして認めたがらない仏教が、その代替として生み出した可能性のある如来蔵と、ひじょうによく似ているのも、不思議ではありません。

▼虚無を超える「空」の論理

同じ論考で、西谷啓治は、近代西洋のニヒリズムにおいては、無が無なる「もの」として表象されている、いいかえれば無を存在に対する否定概念として単に対立させているという事実を指摘したうえで、こうも述べています。


西洋に於る無の思想は、従来でもさういふ考へ方を脱してゐなかった。併し「空」といはれる時、そこには根本的な相違が見られる。

「空」は、空を空なる「もの」として表象するといふ立場をも空じたところとして、初めて空なのである。そのことは、空が単に有のそとに、有とは別なるものとして立てられるのではなく、むしろ有と一つに、有と自己同一をなすものとして、自覚されるといふ意味である。有即無とか、色即是空とかいはれるとき、先ず一方に有なるもの、他方に無なるものを考へて、それを結びつけたといふことではない。有即無といふことは、むしろ「即」に立って、「即」から有をも有として、無をも無として見るといふことである。勿論、我々は通常、有を単に有だけと見る立場、有に囚《とら》はれた立場に立っている。従ってその立場が破れ否定されれば、そこに虚無が現れてくる。そしてその虚無の立場は再び、無を単に無だけとして見る立場であり、無に囚はれた立場である。即ち、更に否定さるべき立場である。そしてさういふ二重の囚はれを脱した全き無執着の立場として、「空」が現れてくるのである。

（同前、一〇九頁）

ここでは、虚無を克服するための最も重要な役割を、「即」が果たすと主張されています。西谷啓治にいわせれば、「即」は、対立する概念をただ単に結びつけているのではありません。有即無とか、色即是空とかいうとき、大事なのは有でもなければ無でもなく、色でもなければ空でもなく、即こそ重要なのだというのです。

別の表現をするなら、即は＝《イコール》という等号の役割を果たしているわけではないというのです。つまり、有＝無でもなければ、色＝空でもないというのです。

あえていえば、即は対立する概念を両立させているというのです。この発想は、日本仏教に事例を求めれば、空海やその後継者たちが、異なる教えにもとづく胎蔵曼荼羅と金剛界曼荼羅を、「両部」として、もしくは「不二」として、ともに存立させたのと共通します。

現に、西谷啓治自身も「空と歴史」という論考において、「空の場に性起する現存在が『無我』的であり『自他不二』的である」（同前、二八九頁）と述べています。

「現存在」は、二〇世紀を代表する哲学者だったマルティン・ハイデッガー（一八八九〜一九七六）が提唱した概念で、「自己を現に存在していると自覚する自己」を意味します。人間以外の動物は、そういう自覚をおそらくもっていないでしょうから、現存在は人間を人間として特徴づけているといえます。

「性起」は、『華厳経』の「宝王如来性起品」に説かれている教説で、「（真理そのものにほかならない仏の）本性」より「生起」したのが衆生である、すなわちありとあらゆる人々には、生まれつき仏性がそなわっている（一切衆生悉有仏性）ということを意味しています。

さらに、「虚無と空」において、以下のような表現も見られます。

> 自と他も、それぞれが彼等自体であるところにおいて、絶対に断絶的であると同時に絶対に合一的、寧ろ自己同一的である。絶対の二と同時に絶対の一である。大燈国師の「億劫《おっくう》相別れて而も須臾《しゅゆ》も離れず、尽日相対して而も刹那も対せず」である。（同前、一一五頁）

▼行と空

また、西谷啓治は、「空と歴史」において、「仏道を行ずることは、空の場における自己の現存在そのものに外ならない。ここでの『為す』は必然的に『行』といふ性格をとってくるのである」（同前、二八七頁）とも述べています。

そして、禅仏教をしばしば考察の対象としてきた理由を、西谷啓治は「存在そのものが『行』としての本来相を現すといふことは、仏教のみに限られた事柄ではない。それは真の宗教的な生活には、すべて含まれている」と指摘したうえで、こう説明しています。

ここでしばしば仏教、特に禅仏教の立場が取り上げられたとしても、その根本理由は、そこにかの本来相が最も直截に現れてゐると考へるからである。少し前には、そのリアリティと人間との本来相を、道元の「生死すなわち仏の御いのち」とこころ得るといふところに認め、それを「如来」のこころのリアリゼーション（現成即会得《げんじょうそくえとく》）と解し、そしてそのことによって自己があくまで自己自身に「なる」といふことが、無我からの性起としての自己の「自然」であると語った。併し、同じことは、例へば絶対他力の法門に依る清沢満之の有名な言葉、「自己とは他なし、絶対無限の妙用に乗托して、任運に法爾に、此の眼前の境遇に落在せるもの、即ち是れなり」にも現れてゐる。そしてその言葉は、更に遡れば、親鸞の「信心よろこぶそのひとを、如来とひとしきとときたまふ、大信心は仏性なり、仏性すなはち如来なり」とか、「念仏は無碍の一道なり」とかいふやうな言葉にもつながるであらう。

（同前、二八八頁）

引用の文中に登場する清沢満之《きよざわまんし》（一八六三～一九〇三）の「自己とは他なし、絶対無限の妙用に乗托して、任運に法爾《ほうに》に、此の眼前の境遇に落在せるもの、即ち是れなり」は、明治三五年（一九〇二）六月一〇日発行の『精神界』という雑誌に掲載された「絶対他力の大道」という論考の冒頭に書かれた言葉です。「任運に法爾に」は、「ひとの作為をくわえずに、あるがままに」という意味です。

親鸞の「信心よろこぶそのひとを、如来とひとしきとときたまふ、大信心は仏性なり、仏性すなはち如来なり」は『諸経和讃』に、同じく「念仏は無碍の一道なり」は『歎異抄《たんにしょう》』の第七章に、それぞれ書かれています。

つまり、西谷啓治によれば、自力の道元も、絶対他力の親鸞や清沢満之も、自力とか他力とかを超えて、みな同じことを主張しているというのです。この見解が当たっているか否か、わたしには判断できません。

たしかに、自力と他力が融合する境地は、たとえば真言密教における加持《かじ》の理論でも説かれています。加持とは、ある種の行を実践することで、わたしたち人間と仏菩薩や神々との間に、おのずから無時間的な交流がはかられ、わたしたちと仏菩薩や神々が融合し一体化することを意味します。

この件については、空海が『大日経』の論旨を明らかにした『大日経解題』のなかで、加持とは「入我我入、これなり」と説明しています。「入我我入《にゅうががにゅう》」というのは、仏菩薩や神々が我の中に入り、我が仏菩薩や神々の中に入ることを意味していて、ようするにわたしたちと仏菩薩や神々が融合し一体化することにほかなりません。

もっとも、西谷啓治は密教には関心をいだかず、考察の対象はいわゆる鎌倉新仏教が中心を占めていたようです。ですから、ここで加持の理論をもちだしてきても、意味がないかもしれません。

それよりもっと気になるのは、西谷啓治が論じる「空」が、ほとんどの場合、日本仏教における空思想の所産に限られていることです。範囲を拡げても、せいぜい臨済や洞山といった中国禅の祖師たちにとどまっています。

いいかえると、ナーガールジュナ（龍樹）に端を発する空思想の、まさに多種多様にして、膨大としか言いようのない広がりや深まりからすれば、ほんの一部しか扱っていないのです。正直言って、これで空思想を、現代哲学の領域で展開したと主張されても、困ってしまいます。この点は、とても大きな問題ではないでしょうか。

いま、空思想に関心をいだく者としては、むしろ西谷啓治が扱わなかった「空」を考えるべきではないか、と思うのです。

【著者紹介】
正木　晃（まさき　あきら）
1953年、神奈川県生まれ。筑波大学大学院博士課程修了。専門は宗教学（日本・チベット密教）。特に修行における心身変容や図像表現を研究。
主著に『「ほとけ」論――仏の変容から読み解く仏教』『お坊さんのための「仏教入門」』『あなたの知らない「仏教」入門』『現代日本語訳 法華経』『現代日本語訳 浄土三部経』『現代日本語訳　日蓮の立正安国論』『現代日本語訳 空海の秘蔵宝鑰』『再興！ 日本仏教』『カラーリング・マンダラ』（いずれも春秋社）、『密教』（講談社）、『マンダラとは何か』（NHK出版）、訳書に『マンダラ塗り絵』『世界のマンダラ塗り絵100』（春秋社）など、多数の著書がある。

「空」論――空から読み解く仏教

2019年9月20日　第1刷発行
2023年6月10日　第2刷発行

著　　者　　正木　晃
発 行 者　　小林公二
発 行 所　　株式会社 春秋社
〒101-0021　東京都千代田区外神田2-18-6
電話　03-3255-9611（営業）
03-3255-9614（編集）
振替　00180-6-24861
https://www.shunjusha.co.jp/
装 幀 者　　鈴木伸弘
印刷・製本　萩原印刷株式会社

ISBN978-4-393-13437-5　　定価はカバー等に表示してあります

◆正木　晃の本◆

「ほとけ」論

仏の変容から読み解く仏教

仏教の根幹ともいえる「仏」の概念の展開を、その前提となるバラモン教から始め、釈迦、部派仏教、大乗仏教、密教、日本仏教までを網羅した「仏」から読み解く仏教史。

３８５０円

現代日本語訳　法華経

難しい仏教語をできるだけ避け、誰でもわかるような平易な日本語で全章を訳した労作。その上、注なしでも読めるような工夫が随所に凝らされ、巻末に各章の要点解説も付す。

２８６０円

現代日本語訳　浄土三部経

浄土宗・浄土真宗の基本経典である『阿弥陀経』『無量寿経』『観無量寿経』の三経を難解な仏教用語を避け誰でもわかるよう現代語訳。経典の成立過程や信仰の実態等の解説も付す。

２７５０円

現代日本語訳　日蓮の立正安国論

『立正安国論』の画期的な訳とその解説。第Ⅰ部は、難解な仏教語を避け初心者にもわかるような極めて明快な訳文。第Ⅱ部は、その時代背景や人物、「安国」の意味などを解説。

２２００円

現代日本語訳　空海の秘蔵宝鑰

弘法大師空海の名著を難解な仏教用語を避け、できるだけ平易に現代語訳。真言密教の真髄である十住心、世俗から密教までの十段階の心の世界とはどのようなものかがこの一冊でわかる。

２０９０円

▼価格は税込(10％)